BESTSELLER

MARÍA SEOANE
VICENTE MULEIRO

El dictador

La historia secreta y pública
de Jorge Rafael Videla

DEBOLS!LLO

Diseño de tapa: Isabel Rodrigué
Fotografía: Reuters

Seoane, María
    El dictador : la historia secreta y pública de Jorge Rafael Videla / María
    Seoane y Vicente Muleiro
    1ª ed. – Buenos Aires : Debolsillo, 2006.
    640 p. ; 19x13 cm. (Best seller)

    ISBN 987-566-121-X

    1. Investigación Periodística. 2. Videla. 3. Jorge Rafael-Biografía. I. Muleiro,
    Vicente II. Título
    CDD 070.44 : 923.1

Primera edición: marzo de 2001
Quinta edición y primera bajo este sello: marzo de 2006

IMPRESO EN LA ARGENTINA

Queda hecho el depósito
que previene la ley 11.723.
© 2001, Editorial Sudamericana S.A.®
Humberto Iº 531, Buenos Aires.

Publicado por Editorial Sudamericana S.A. ® bajo el sello Debolsillo

ISBN 987-566-121-X

www.edsudamericana.com.ar

AGRADECIMIENTOS

Alguien dijo que las ideas son sociales, acaso este libro también lo sea. En su nacimiento, fueron fundamentales la decisiva e inteligente cooperación del periodista Guido Braslavsky Núñez; el trabajo crítico y profundo de nuestros amigos Silvia Silberstein y Luis Salinas para el largo proceso de escritura y revisión de los textos, así como el apoyo desinteresado de nuestros colegas Rogelio García Lupo, Ricardo Kirschbaum, Isidoro Gilbert y Ana Barón, y el auxilio de las psicoanalistas Silvia Bleichmar, Gilou García Reinoso y Diana Grosz. Queremos agradecer especialmente a los periodistas Annabella Quiroga, Mariano Thieberger, Sergio Rubín, Eduardo de Miguel, Uri Lecziky, Ismael Bermúdez, Olga Viglieca, Oscar Flores, Florencia Monzón y a todos los colegas de Clarín que nos auxiliaron en todo cuanto pudieron para la compleja y difícil tarea de rearmar la historia que contamos. Valoramos el aporte decisivo de Ricardo Yofre, Federico y Jorge Mittelbach, Luis Alberto Romero, José Luis D'Andrea Mohr, Ernesto Soria Paz, Ricardo Monner Sans y Artemio López. Sería largo nominar a todos aquellos que contribuyeron a que este libro viera la luz; por eso, vaya nuestro reconocimiento a quienes nos alentaron y supieron alcanzarnos los datos necesarios para develar tantos enigmas.

Nuestro libro jamás hubiera nacido, sin embargo, sin la generosidad, el afecto y la paciencia de nuestras familias. Para Alexis y Hernán va nuestro amor.

No es muda la muerte. Escucho el canto de los
enlutados sellar las hendiduras del silencio.

ALEJANDRA PIZARNIK

Los liberales argentinos son amantes platónicos de una
deidad que no han visto ni conocen. (...) El liberalismo,
como hábito de respetar el disentimiento de los otros
ejercido en nuestra contra, es cosa que no cabe en la
cabeza de un liberal argentino. El disidente es enemigo;
la disidencia de opinión es guerra, hostilidad, que autoriza
la represión y la muerte.

JUAN BAUTISTA ALBERDI

El Dios de las venganzas y de las represalias es
el dios de los canallas.

HORST HERRMANN

PRÓLOGO A LA QUINTA EDICIÓN

La memoria donde aún sangra

Han pasado treinta años desde la noche en que los tanques hicieron que tomara estado público lo que ya estaba pasando en las catacumbas de la política: el 24 de marzo de 1976 comenzaba el reino del terrorismo de Estado. Han pasado casi cinco años desde la primera edición de "El dictador" y la vida del jefe terrorista de entonces, Jorge Rafael Videla, ha estado sometida a un minué judicial, nacional e internacional, intenso pero relativamente ineficaz; también a unas pocas molestias provocadas por el rechazo popular y a un episodio de salud derivado de su vejez. El 2 de agosto de 2005 el ex general cumplió 80 años. Ese día pudo haber sentido que su estrategia de cerrado silencio —interrumpido apenas por la tentación imparable de hacer declaraciones para este libro, dos veces en agosto de 1998 y una en marzo de 1999— ha resultado ciertamente exitosa. Sin embargo, tal como pudimos saber antes de dar a luz esta nueva edición, la relación de Videla con el silencio es ambigua. Durante el año 2005, asistido por su ex ministro y hombre clave en el pacto duro de la dictadura, José Alfredo Martínez de Hoz, y algunos de sus antiguos colaboradores que sobreviven, apunta recuerdos con la decisión vana de torcer el juicio de la Historia.

Preso domiciliario como manda la ley, el mundo exterior de Videla se bifurca en estrados judiciales y consultorios médicos y, puertas adentro, en una soledad familiera que algún dignatario de la Iglesia Católica conforta con asiduidad. También en la idea de un exiguo vía crucis, un módico martirologio que le infla el pecho y autojustifica su ya mundialmente famosa criminalidad política. La escasa frecuencia con la que le llegan las señales del escarnio público es un premio generoso e inmerecido para quien hizo estallar en la vida institucional de los argentinos los más regresivos núcleos ideológicos de su país y de sus Fuerzas Armadas, en una secuela asesina que indignó al mundo y que destripó, en su sed de sangre, la arquitectura cívica, material, moral, cultural y religiosa del país de los argentinos.

Satanizar a Videla —y no, junto con él, al elenco cívico militar que lo sostuvo— puede ser hoy un deporte fácil de jugar a la luz de las demoledoras constancias de su quehacer delictivo. Pero también es un juego decididamente siniestro olvidar a esa subjetividad escuálida, a esa pose militar repleta de grandes palabras, a esa pose entre piadosa y cuartelera que resultó funcional a un programa de gobierno ejecutado para desarticular el país plural y reponer a sus elites anquilosadas y carniceras. La constatación, años después, de que esas elites montaron 520 campos clandestinos de detención —un número mayor al que necesitaron los nazis— en la geografía argentina demuestra el miedo y el odio que supieron imponer sobre el cuerpo social, la pedagogía del terror sin dios ni piedad que Videla encarnó y que José Alfredo Martínez de Hoz administró.

En pleno siglo XXI, las consecuencias jurídicas de la dictadura videlista se extienden más allá de la causa por el robo de bebés que lo mantiene suavemente encarcelado en su departamento gracias al frustrado intento de algunos magistrados apurados por devolverle la libertad ambulatoria. El 4 de junio de 2002 se tuvo conocimiento público de que los jueces de la Corte Suprema Augusto Belluscio y Julio Nazareno habían elaborado un borrador secreto a favor de que el robo de bebés fuera considerado "cosa juzgada". Presiones políticas y errores de forma impidieron que ese escrito prosperara. En agosto del mismo año el Procurador General de la Nación, Nicolás Becerra, dictaminó que la apropiación de menores es imprescriptible. En julio de 2001 la causa por el robo de bebés se amplió con el agregado de 24 nuevos casos sobre los 22 por los que ya estaba acusado Videla.

La Operación Cóndor, la acción coordinada de los gobiernos totalitarios del Cono Sur para eliminar la oposición interna, se sumó a los desvelos judiciales de Videla. En abril de 2001 el juez Rodolfo Canicoba Corral le endilgó a ese plan la calificación de "asociación ilícita" entre los jefes de Estado de varios países. Junto con Videla resultaron imputados Guillermo Suárez Mason (Argentina); Augusto Pinochet Ugarte, Manuel Contreras y Pedro Espinoza Coronel (Chile); Alfredo Stroessner, Francisco Brites y Néstor Milcíades (Paraguay); Julio Vapora, Guillermo Ramírez, José Nino Gavazzo, Manuel Cordero, Enrique Martínez, Jorge Silveira y Hugo Campos Hermida (Uruguay). El juez Canicoba Corral imputó a Videla como integrante de la organización criminal pero el reo se negó a declarar una y otra vez. La querella siguió avanzando y sorteó todos y cada uno de los recursos planteados por los acusados: Videla fue bastante activo en esto. En setiembre de 2004 el juez Jorge Urso impuso a Videla prisión preventiva por 34 hechos de privación ilegítima de la libertad en torno de esas operaciones represivas coordinadas con sus pares de Latinoamérica.

Otra línea judicial, que resultaría central en el intento de los represores de esquivar sus responsabilidades, fue la inaugurada por el juez federal Gabriel Cavallo quien declaró inconstitucionales las leyes de Punto Final y de Obediencia Debida. Videla no había sido alcanzado por los beneficios de estas normas aprobadas por el Congreso durante el gobierno de Raúl Alfonsín y que liberaba a quienes no habían sido querellados por el Juicio a las Juntas de 1985 y a quienes habían atropellado la libertad y la vida humana escudándose en el cumplimiento de órdenes de sus superiores. En nuevas investigaciones sobre casos de desaparición forzada y de robo de bienes, los juzgados federales fueron insistiendo en el pedido de inconstitucionalidad hasta que consiguieron que fueran declaradas "insanablemente nulas" a mediados de 2003. Esto permitió la reapertura de causas que volvieron a implicar a Videla. El 14 de julio de 2005 la Corte Suprema —reconstituida durante el gobierno de Néstor Kirchner— selló aquella declaración de inconstitucionalidad.

La conquista legal abrió las puertas de otra: anular los indultos que había dispuesto el ex presidente Carlos Menem a las juntas militares y a los jefes guerrilleros, y a militares "carapintadas" que se habían sublevado en defensa de los represores durante la gestión alfonsinista. Los intentos parlamentarios por abordar este punto fracasaron pero el 17 de junio de 2005 el gobierno de Néstor Kirchner decidió "acelerar" la vía judicial para que fuera la Corte Suprema la que los dejara de lado. Los indultados durante el menemismo entre 1989 y 1990 son 289, entre ellos, Videla.

Otros acosos judiciales provinieron del exterior, sobre todo a partir de la acción del juez español Baltasar Garzón que en agosto de 2003 le solicitó al gobierno español que reclamara la extradición de 14 militares argentinos detenidos, entre los que se encontraban Videla y el ex jefe de la Armada Emilio Eduardo Massera. Los fiscales de turno se opusieron a la petición, más aún al considerar que las anuladas leyes de Punto Final y Obediencia Debida facilitaban el juzgamiento de los represores en la Argentina. Videla acercó un escrito en el que negaba la capacidad de Garzón para ejercer justicia fuera del territorio español. A pesar de que se concretaron nuevas detenciones por el pedido de Garzón (las de Alfredo Astiz, Antonio Bussi y Luciano Benjamín Menéndez, entre ellas), y de la acción de las organizaciones de derechos humanos para que Garzón pudiera cumplir su cometido, el juez Canicoba Corral los puso en libertad.

Videla, Massera, Suárez Mason, Rubén Oscar Franco, Héctor Antonio Febres, Jorge Eduardo Acosta y Juan Carlos Rolón continuaron detenidos ya que estaban en esa condición por robo de bebés o por desapariciones forzadas.

Otro impulso de justicia provino de Alemania. La Fiscalía de Nuremberg pidió la detención de Videla y de otros jefes militares de la dictadura por la desaparición de dos ciudadanos alemanes y la Corte alemana dictó órdenes de detención fuera de su país por primera vez en la historia. Luego de que se declararan nulas las leyes de Punto Final y de Obediencia Debida, la reapertura de otras causas incriminó a Videla. La responsabilidad lo alcanzó cuando el juez federal Alberto Súares Araujo anuló el indulto del represor Santiago Omar Riveros, principal acusado de los crímenes cometidos en Campo de Mayo, junto con Bussi y Fernando Ezequiel Verplaetsen. También el hallazgo de documentación por la desaparición del joven Jorge Sznaider lo incriminó junto a Massera y otros siete militares.

El cuadro judicial que los poderosos de la dictadura deseaban inamovible vive en permanente agitación. Sin embargo, todo parecía transcurrir en sordina y sin una definición jurídica y política fuerte, a la altura de la explosiva criminalidad videlista y de su desbordado reparto de crueldad. En términos de incomodidad personal el ex militar apenas sufrió un escrache en marzo de 2002 por parte de unos 400 miembros de las asambleas barriales de Belgrano. También gozó de una reivindicación esperpéntica cuando unas cuarenta personas, encabezadas por la pareja de actores Elena Cruz y Fernando Siro, le cantaron el Himno Nacional en la puerta de su edificio. Según acusó la Asamblea Permanente por los Derechos Humanos (APDH), Videla salió a saludar. Pero las denuncias para revocarle la prisión domiciliaria no prosperaron.

El 14 de diciembre de 2004 la vejez se le presentó con un problema de irrigación cerebral. Permaneció seis días internado en el Hospital Militar Central. El diagnóstico fue "accidente isquémico transitorio con afasia y desorientación personal". El cuerpo hace metáforas ineludibles: quedarse sin habla ha sido una táctica victoriosa del dictador. Mientras por primera vez desde el Estado, con gestos simbólicos, se reconocía la dimensión de la matanza: en marzo de 2004 se descolgó el cuadro de Videla en un acto del Colegio Militar encabezado por el presidente Kirchner. A su vez se dispuso la creación del Museo de la Memoria en el que fuera el predio de la ESMA.

Allí fueron salvajemente torturadas y asesinadas en 1977 las dos monjas francesas Renée Léonie Duquet y Alice Domon, que habían cuidado al hijo enfermo de Videla; desde allí fueron llevadas a los vuelos de la muerte. El mar la trajo a Leónie de vuelta junto a otras Madres de Plaza de Mayo secuestradas; los forenses reconocieron los huesos NN de Duquet. Videla no habla, escribe. No se siente responsable de estos asesinatos. Ni piedad, ni dolor. La nada de la banalidad del mal, la nada de la burocracia de la muerte.

Sin embargo, Videla puede contemplar algunas marcas fuertes de su paso sangriento por la conducción del Estado: la idea de cambio político quedó perdurablemente satanizada haciendo de la versión local de la regresión ideológica de las últimas décadas un instrumento apto para concentrar el poder económico, devaluar a los sectores populares y demonizarlos en su desintegración.

Estrictamente ligadas a esto, la transformación regresiva de la estructura social argentina, la elevación de los índices de pobreza e indigencia y la fuerte declinación de los sectores medios son otros de los logros indelebles del videlismo que se reforzaron engarzados con el esquema neoconservador del menemismo. Aun los gobiernos de la era democrática, que se plantaron de otra manera ante el esquema heredado de la noche militar, sólo pudieron operar sobre el achicamiento de la impúdica brecha social en un plano discursivo y con gestualidades ampulosas. La concreta circulación de la materialidad, la concentración de la riqueza, el esquema económico dependiente y voraz, las desastrosas consecuencias de la deuda externa, todo aquello que Videla bendijo a sangre y fuego, sobrevive.

Este libro insiste, entonces, con el deber de la memoria, pero también con su herida abierta. Insiste con el deber y el deseo de señalar las consecuencias dictatoriales que aún no se tocaron. Que aún no se tocan. Porque sólo la modificación de las consecuencias profundas y materiales que catapultaron a Videla al poder será el necesario, único y verdadero acto final de justicia.

MARÍA SEOANE Y VICENTE MULEIRO
Buenos Aires
Setiembre de 2005

PRÓLOGO A LA PRIMERA EDICIÓN

La dictadura iniciada en marzo de 1976 levantó una muralla de silencio sobre por qué, cómo y para qué unos argentinos asaltaron el poder y, para consolidarlo y mantenerlo, debieron matar con una crueldad desconocida, excepcional por sus métodos y su magnitud, a otros argentinos. A ese silencio, le correspondió la ocultación sistemática de la personalidad y de las motivaciones de su principal jefe, Jorge Rafael Videla. Si bien muchos años más tarde, cuando se juzgaron sus actos, los argentinos conocieron su obra, hubo un silencio ferroso, sin hendiduras, que dejó en un cono de sombra su historia privada y la parte más secreta de su historia pública, como si con un mutismo tenaz se buscara, finalmente, ir por el último botín de aquella guerra sucia que primero se cobró la vida de miles de personas y más tarde pretendió cobrarse la cabeza del conjunto de la sociedad, es decir, su posibilidad de tener una conciencia plena de lo ocurrido.

La ignorancia tejida sobre quién fue y aún —en los albores del siglo XXI— es Videla tanto para los argentinos como para el resto del mundo significaba para nosotros una prolongación inequívoca de aquella dominación dictatorial. Nominar el silencio implicaba, a contrapelo, develar muchos de los enigmas que atraviesan hasta el presente a la Argentina. En noviembre de 1996, se inició, por ese motivo, el camino de este libro. Después de largas conversaciones en las que determinamos su estructura, que debía incluir todo el conocimiento existente hasta el momento sobre Videla, elegimos a quien sería nuestro más cercano y decidido colaborador en la investigación que, sabíamos, llevaría varios años por la dificultad en la obtención de testimonios que rompieran el pacto de silencio que rodeaba a Videla y que rodeó, también, a los principales jefes de la dictadura. La elección recayó en un joven periodista, Guido Braslavsky Núñez, quien se transformó desde entonces en nuestro principal investigador de campo. Al mismo tiempo, encomendamos el trabajo inicial de archivo a la periodista Annabella Quiroga, mientras nosotros avanzábamos en la lectura de toda la documentación y bibliografía existente sobre el régimen videlista y sus antecedentes y en las entrevistas con fuentes de alta sensibilidad.

Las dificultades para la tarea que nos propusimos estaban a la vista. El régimen videlista había hecho desaparecer junto a miles de argentinos también las pruebas documentales para eludir la responsabilidad de sus delitos. La copiosa y dispersa documentación judicial existente, aportada sobre todo por las víctimas de la dictadura (algunos de cuyos testimonios, que formaron sólo una parte de la acusación a Videla, se reproducen en esta obra), así como la docena de libros escritos hasta la fecha del comienzo de nuestra investigación, contribuyeron a dar un conocimiento detallado del aspecto más dramático y esencial del régimen videlista: la represión ilegal y sus consecuencias tanto en el terreno humano, como político, social y económico. Sin embargo, eran pocas las referencias al papel protagónico que le cupo a Videla en cada una de las decisiones que tomó y que fueron guardadas como un secreto de Estado, no sólo en sus aspectos militares sino también en la oscura trama de negocios que marcaron su régimen. Es más, en general las referencias a Videla lo describían como un débil de carácter, un pusilánime pulcro y aplicado, un probo temeroso de Dios, que llegó a ser el más feroz dictador del siglo XX y que más tiempo permaneció en el poder sólo por razones circunstanciales. Las versiones sobre la personalidad y el papel de Videla tenían, inexorablemente, esa dirección. Esas imágenes no sólo reforzaban el círculo de silencio construido a su alrededor: tendían a exculparlo de haber ordenado crímenes atroces. Videla aparecía como un "general profesional", "un moderado", "una paloma entre halcones", que había tenido la desgracia de tener que ordenar una matanza sin ley.

La primera pregunta que nos hicimos, entonces, fue: ¿Es posible que la mayor tragedia de la historia argentina —tal como definió la Justicia y como entendió la sociedad— haya sido producto de las circunstancias y liderada por un hombre considerado a todas luces insignificante? A poco de andar, supimos que esta pregunta se tornaba como una de las cuestiones centrales a dilucidar para acercarse a una interpretación más certera de lo ocurrido. Instruimos entonces a nuestro colaborador para avanzar en la reconstrucción de la historia familiar y militar de Videla y para que lograra entrevistarse con él. En abril de 1997, enviamos a Braslavsky a Mercedes (provincia de Buenos Aires) y en enero de 1998, a San Luis y El Trapiche (San Luis), mientras avanzábamos en Buenos Aires, Tucumán y Córdoba, con el trabajo testimonial con fuentes civiles y militares que habían acompañado a Videla a lo largo de toda su vida: particularmente desde la asonada golpista hasta el fin de su gobierno, luego, en el llano, durante la agonía de la dictadura, y más tarde, cuando ya era un reo. Muchos quisieron hablar; otros, como José Alfredo Martínez de Hoz y el general retirado Albano Harguindeguy, callaron, como siempre. Entendimos que la preferencia por el silencio y el secreto entre los jerarcas de la dictadura estaba abonada por su idea de que eran pocas las cosas que podían contar que, finalmente, no los incriminaran. Videla supo, entonces, desde muy temprano que este libro biográfico se estaba realizando. El avance de la investigación —que nos condujo a sus amigos y enemigos, a causas judiciales, a colegios, a diplomáticos, a religiosos, a funcionarios, a empresarios, a víctimas y beneficiarios de la dictadura— se llevó a cabo inicialmente sobre la base de más de cien testimonios y miles de papeles oficiales y secretos que se consiguieron revolviendo en la memoria robusta de otros Estados —aunque muchas veces reticentes y nunca libres de complicidades con los regímenes represivos del Cono Sur—, en los registros de la diplomacia estadounidense, española, francesa y suiza. También indagamos en la memoria flaca del Estado argentino que, con su hábito de no cuidar la información pública —o permitir el saqueo privado de los archivos por parte de los funcionarios—, suele contribuir a borrar las pistas de la historia nacional con una desidia sólo igualable a la intención de impunidad. Sería acertado decir que, en lo que respecta a la Argentina, la información secreta es aún superior a la pública.

A fines de mayo del 98, y luego de casi dos años de investigación, comenzó a destrabarse la dificultad para entrevistar a Videla. En una conversación telefónica con su hija Cristina Videla de Adaro, radicada en San Luis, Braslavsky le pidió que intercediera ante su padre. Ante la certeza de que este libro era inevitable, Videla aceptó dar su versión sobre su vida y su régimen. Poco después, Videla aceptó ser entrevistado, cosa que no pudo realizarse inmediatamente porque fue detenido por el juez Roberto Marquevich, acusado por el robo de hijos de desaparecidos. Finalmente, la primera entrevista con Videla se realizó el 11 de agosto de 1998 a las 17.30 en punto. Recibió como preso domiciliario y en pijamas a Braslavsky. La segunda entrevista ocurrió el 25 de agosto de 1998 y la tercera entrevista, el 22 de marzo de 1999. En total, Videla aceptó hablar durante diez horas aunque su comportamiento fue ambiguo: deseaba hablar y deseaba callar. Tuvo una prevención inicial: *no quiero que después aparezca Videla, dos puntos, comillas...* En este libro hemos decidido respetar su pedido. Sus palabras textuales estarán, para el lector, en cursivas y sin comillas. Videla aceptó las entrevistas porque el silencio que se impuso es también insoportable para su profundo y escondido deseo de seguir modelando la Historia. Pero entre todas las máscaras que presentó a lo largo de esta investigación —que duró cuatro años— nos queda la convicción de que hay humanos grises que trascienden sólo si desaparecen otros humanos. El Videla que aquí les contaremos eligió romper su grisura esencial con un acto excepcional: trascender por una matanza. El Videla que aquí les contaremos es una certeza y al mismo tiempo un enigma: las sociedades hablan de sí mismas tanto por sus héroes como por sus villanos. Tanto por lo que se atreven a decir como por lo que niegan. No hubo demonios sino sujetos que eligieron, siempre, el camino que recorrerían y cómo lo recorrerían. Pero sí hubo un infierno del que sólo se podrá salir arrebatándole al fuego su poder destructor: hurgando en los papeles que quedaron de esas piras de la dictadura y en la memoria de los protagonistas. Tanto en su deseo de recordar como en sus deseos de olvidar.

En este punto es bueno prevenirlos: este libro es, tal vez, el más descarnado intento de explicar la historia política y la herencia mortal que nos legó el pasado dictatorial por los ciudadanos perdidos, por el país industrial, equitativo, soñado y también perdido. Un intento de revelar los secretos políticos y económicos del régimen videlista para entender mejor cómo se modeló el presente. En este sentido, nuestro libro es, tal vez, apenas una página del gran relato pendiente sobre un país que amamos y que aún llamamos la Argentina.

MARÍA SEOANE Y VICENTE MULEIRO
Buenos Aires
Diciembre de 2000

1. Inquisiciones

Detrás del visillo, en pijamas, con la nariz contra el vidrio, envuelto en un silencio doméstico, Videla espió el paso de una formación de Granaderos a caballo que desfilaban por la calle Cabildo una tarde de agosto de 1998. En su departamento de Buenos Aires, espió el paso de la formación y tal vez por un segundo, o una fracción no mensurable, el ex general, el ex Presidente, el ex jefe del Ejército, el reo, el encartado, el preso domiciliario, el dictador, desafió su condición, evocó glorias pasadas que marchaban con el desfile, esa fanfarria prolija, erecta, del cuerpo de Granaderos. Se sabe que el ex general se sintió hostigado por los fotógrafos apostados desde hacía tiempo en la puerta de su casa. Que corrió más y más las cortinas y bajó las persianas para que no lo viera, dirá, *un espión que después venda la foto*. ¿Fue eso? El secreto aparecía como un gesto recurrente, la marca de la guerra de inteligencia que comandó desde 1975, primero en la jefatura del Ejército y, luego, todas y cada una de las mañanas que siguieron al 24 de marzo de 1976, en los despachos de la Casa Rosada. Quizás ese gesto preventivo de ocultación sólo provino de la incomodidad que siente el cazador cuando, ya sin cartuchos, se transforma en presa. Anochecía en su departamento del quinto piso A de la calle Cabildo 639: empezaba la cuenta regresiva del veintitrés aniversario de aquella madrugada en la que asaltó el poder. Se anticipaba, inevitable, el último otoño del siglo. El ex general no le teme a un atentado a contraluz, pero baja las persianas. ¿No hay temor porque no hay culpa? El episodio de los Granaderos es apenas un detalle revelado en entrevistas sucesivas, en las que se debatiría entre el silencio y la negación, entre la mendacidad y la búsqueda racional de escenarios que explicaran por qué mandó matar. Detalles revelados no sin la incomodidad gestual que había manifestado el 9 de junio de 1998 a las siete de la tarde, cuando el juez Roberto Marquevich del juzgado número uno de San Isidro lo arrestó por "facilitar y promover la supresión de identidad de bebés, por el robo de bebés y por la falsificación de sus documentos". El testimonio de un ex jefe de Ginecología del Hospital Militar lo involucró sin pudor: "Recibíamos órdenes verbales y escritas para atender el parto de las prisioneras y luego se llevaban sus bebés por órdenes superiores". Un fotógrafo logró captar el momento de la detención de Videla, en el que aparece la imagen de un viejo flaco con orejas sobresalientes, rasgos calavéricos y anteojos modelo setenta, de marco grueso, que filtraban una mirada perpleja, elusiva; las manos —esposadas— venosas, crispadas sobre las rodillas, y que unos segundos después llevarían una frazada arratonada a la cara para taparla. Lo alojaron en una habitación contigua a la del juez antes de tomarle declaración. Afuera, un grupo de hijos y familiares de desaparecidos, trepados a una reja, como si quisieran alcanzar el cuerpo del ex general, gritaban con una furia macerada durante años: "Asesino, hijo de puta". Gritos, brazos impotentes que no logran alcanzarlo pero sí recordarle que en la calle anida la paradoja esencial de su libertad. "Videla estaba en posición de firme a dos metros de la ventana. Ni siquiera pestañeaba. Recién cuando se le anunció que debía esperar un rato para ver al juez, se le ocurrió sentarse". Entonces, el ex general esperó una hora, o tal vez más, sentado en un cuarto semivacío atravesado por las furias que se filtraban por las rejas, y golpeaban o quizá rebotaban contra su silencio, tan parecido al temor o al sacrificio al que somete un Dios iracundo, tan parecido a un violento grito de guerra. Cuando estuvo frente al juez, escuchó de qué se lo acusaba: "Sustracción y apropiación de cinco niños, nacidos en el cautiverio de sus madres desaparecidas en el hospital militar de Campo de Mayo". (¿Es posible recrear el momento del robo, el momento de una impiedad esencial, del mal en estado puro, en el llanto de una madre que sabe —sabe— que jamás volverá a ver a su hijo y que no volverá a verlo porque será asesinada, y que su hijo no podrá verla nunca porque nunca sabrá que nació de esas entrañas y no sólo no lo sabrá sino que será condenado, tal vez, a amar a los asesinos de su madre?) Videla respondió con una arenga altisonante, como si ésa fuera la respuesta a un ataque masivo contra la gesta de las armas de la patria que él comandó entre 1976 y 1981. ¿Acaso en 1985 no se lo había juzgado y condenado a reclusión perpetua, inhabilitado a perpetuidad y destituido del generalato por 66 asesinatos, 306 secuestros, 93 casos de tortura, cuatro de ellos seguidos de muerte, y 26 robos? ¿Acaso entonces no lo habían absuelto los jueces en el caso de secuestro de seis niños *hijos de subversivos* como para que ahora se volviera a insistir en condenarlo por el mismo delito, un delito que nunca prescribiría según una ley humana que no reconocería como su ley? ¿Acaso no había sido indultado por Carlos Menem en 1990? El reo se enardeció, alzó la voz como

quien modula en el orden cerrado del cuartel frente a tropas obe-
dientes y habló de *la cosa juzgada* y de que, en todo caso, él sólo
debía responder ante la justicia militar. ¿Acaso quiso decir que su
juez era un general o era Dios, nunca un civil, esa estirpe híbrida,
antojadiza, porque la Patria era él? ¿Quiso decir que era el Dios del
bien, fundamento de la moralidad, que reinstaura el orden alterado
por la violencia con otra violencia contraria y superior y se hace,
así, deudor del crimen? A las nueve cincuenta del 11 de junio un
policía abrió la puerta de la celda de la delegación San Isidro de la
Policía Federal y esposó a Videla. Lo subió al celular 8163 y lo trasladó al juzgado de Marquevich, quien, luego de que el reo se negara
a declarar, ordenó trasladarlo a la cárcel de Caseros. El 16 de junio,
el juez rechazó el pedido del hijo mayor de Videla, Jorge Horacio,
para que se le permitiera tener prisión domiciliaria. El 14 de julio, el
magistrado dictó la prisión preventiva del ex general y lo acusó de
ser el autor mediato del secuestro de bebés, además de dictarle un
embargo por cinco millones de pesos. El secretario del juzgado le
comunicó la preventiva en Caseros: "Videla parecía no conectar, no
entender lo que le pasaba", comentó. El 15 de julio, los abogados de
Videla apelaron. Treinta y siete días después de ser detenido se le
permitió el arresto domiciliario porque el ex general tenía más de
70 años; en la medianoche de ese largo día, fue trasladado desde la
cárcel a su casa. El 12 de agosto volvió a negarse a declarar en la
causa sobre el destino del cadáver del ex jefe guerrillero Mario Roberto Santucho. Argumentó una bronquitis infecciosa. ¿Para qué
declarar si antes ya lo había negado todo, cuando todavía era un
general retirado pero orgulloso, tenía 59 años y la gastritis no lo
doblaba? Lo hizo cuando compareció ante el tribunal militar del
Consejo Supremo de las Fuerzas Armadas, integrado por generales,
almirantes y brigadieres, a las quince horas y diez minutos del primero de agosto de mil novecientos ochenta y cuatro, para prestar
declaración indagatoria en la causa caratulada "homicidio, privación
ilegal de la libertad y aplicación de tormentos a los detenidos" contenida en el decreto 158/83 del presidente Raúl Alfonsín. Cuando
negó —según consta en fojas 924 y sucesivas— que la junta militar
que derrocó a María Estela Martínez de Perón y él presidió hubiera
coordinado o conducido centralizadamente la lucha contra la subversión.
Negó *en lo que acompaña mi memoria* que existieran archivos sobre la
represión que había comandado; negó *en lo que acompaña mi memoria*
que hubieran existido centros de detención clandestinos; negó *en lo
que acompaña mi memoria* que el aniquilamiento de los opositores armados y desarmados, *absolutamente no, señor presidente,* hubiera incluido las torturas, los secuestros, los homicidios; negó *en lo que*

acompaña mi memoria que se hubiera detenido ilegalmente a un ciudadano *porque en esa guerra —porque era una guerra—, señor presidente, se detenía a una persona y luego se la ponía a disposición de sus jueces naturales;* negó *en lo que acompaña mi memoria* que la directiva de operaciones represivas 504/77 —que establecía textualmente que la detención de los obreros sospechosos "se efectuará con el método que más convenga, fuera de las fábricas y de manera velada"— pudiera haber dado lugar, *señor presidente, a la comisión de hechos irregulares;* negó *haciendo gala de mi memoria* haber recibido informes *que hablaran de algún exceso* de la represión contra los ciudadanos, armados o desarmados; negó que la orden de aniquilar y exterminar a los opositores *fuera una incitación a matar;* negó que, un año antes de su ascenso al poder, *las Fuerzas Armadas conocieran, más que por versiones, la existencia de la Triple A;* negó que los comandantes de zona o subzona hubieran *condenado a muerte y luego fusilado a un prisionero, porque es un tema tan delicado que no quisiera dejarlo librado así al recuerdo;* negó recordar —aunque describió locuazmente la situación— el nombre de los civiles que *reconocieron y apoyaron* la lucha de las Fuerzas Armadas *contra la subversión;* negó, *porque desconozco,* que hubiera quedado alguna cinta grabada de reuniones con los civiles; negó conocer, *porque no me consta,* dónde se podía encontrar la documentación que revelara en detalle los informes elevados al todavía gobierno constitucional de Isabel Perón sobre la lucha contra *la subversión,* y negó que *hubieran sido dejados sin contestar los hábeas corpus presentados durante mi gestión.* Hubo sólo un momento, apenas un momento, en que Videla se volvió afirmativo, locuaz: cuando recordó con emoción de soldado la batalla que había comandado y arengó a los generales, almirantes y brigadieres que lo interrogaban en el Consejo Supremo de las Fuerzas Armadas: *Señor presidente, señores miembros del Consejo Supremo, resulta a mi juicio imprescindible en la consideración de los hechos que se están investigando tener en cuenta las circunstancias que vivía el país al momento de su ocurrencia, porque estas circunstancias, lamentablemente, en el transcurso del tiempo —por causas que no es del caso analizar— han sufrido todo un proceso de desinformación. La realidad de la década del 70 nos muestra a la nación argentina como objeto del accionar subversivo, que agrede a la nación argentina, y también nos muestra a la nación argentina que ya como sujeto dispone, a través del gobierno constitucional, la intervención del brazo armado de la nación para que en su totalidad y en la integridad de su territorio concurra en su defensa. Por eso, señor presidente, señores del Consejo Supremo, es que con la responsabilidad propia del comandante, que asumo en plenitud, rechazo los términos del decreto 158/83 y los delitos que allí se me imputan y, por el contrario, reclamo para el pueblo argentino en general y para las Fuerzas Armadas en particu-*

lar, el honor de la victoria en una guerra que, como expresara en otras oportunidades, no fue deseada ni buscada, que fue ordenada por el poder político en ejercicio del legítimo derecho de defensa de la nación agredida, que fue ejecutada con un alto espíritu de sacrificio por parte de las Fuerzas Armadas, de las fuerzas de seguridad y policiales, que fue reclamada, consentida y aplaudida en su triunfo por grandes sectores de la comunidad argentina. Una guerra, en fin, cuyo resultado final permitió al Proceso de Reorganización Nacional, iniciado el 24 de marzo de 1976, más allá de sus aciertos y sus errores, cumplir con la finalidad última expresada en su propósito cual era instaurar, en su debido tiempo, una democracia auténticamente republicana, representativa y federal, conforme al sentir y a la realidad del pueblo argentino. Y, entonces, esa arenga lo había mantenido de pie, le había hecho olvidar por un momento su condición de reo y expresar el orgullo de haber sido un buen padre de familia, un patriota que había sabido defender a la nación agredida, un soldado que no sentía culpa por haber cumplido las órdenes del poder político (aunque después ese poder no le fuera ajeno porque él mismo era el poder político y recibía órdenes superiores de alguien superior, un objetivo superior). Tampoco sentía culpa por haber tenido que manchar sus manos con sangre, porque nunca maté a nadie, o haber tenido que atormentar a un prisionero en un sótano o haber robado bebés porque, por su rango, no le había tocado hacerlo. (No siento odio personal contra ningún subversivo.) Esa arenga la pronunciaba porque había sido el jefe inevitable, el elegido, del golpe militar (porque si no quién), asunto del que se sentía orgulloso. La arenga parecía dibujar el estremecedor narcisismo de misión acariciado en los partes de inteligencia matinales en los que desfilaban las cifras del exterminio. Videla, en ella, volvió a negar lo innegable, la pendiente por la que, como jefe, había empujado a la nación que ahora lo juzgaba. Su repetición argumental como razón de sus actos semejaba, a la manera de en lo que acompaña mi memoria, una muletilla reveladora de la capacidad para resistir la inevitable existencia de los otros. O quizá revelaba la banalidad maldita que anidaba en los criminales, que nunca creyeron haber actuado mal simplemente porque su realidad, donde no cabían la culpa ni el arrepentimiento, era la única. Una realidad que acaso funcionaba en perfecta armonía con una sociedad no criminal pero que consentía y aplaudía porque estaba sometida al terror del crimen establecido como ley, es decir a una mendacidad sistemática, porque el crimen era oficial y estatal, y la práctica del autoengaño ("por algo será"), funcional para sobrevivir o para lucrar. Una realidad en la que el eufemismo de trasladar a un prisionero integraba un código compartido por las Fuerzas Armadas para encubrir, falsear, el asesinato. ¿Por qué usar su capacidad humana de juzgar los hechos *por los que soy imputado* cuando esa razón no le asistió al poder político *que me ordenó defender a la nación agredida* ni le asistió a la *nación agredida* que *aplaudía* la guerra *no deseada ni buscada,* y en la que él y el resto, *señor presidente,* sintieron la tentación de no matar pero debieron matar con premeditación y dureza? ¿No era acaso ilógico tratarlo como un criminal de guerra cuando sus manos nunca se habían manchado con sangre a pesar de lo ordenado *no por mí, señor presidente, sino por el poder político*? ¿Acaso no había cumplido con una orden suprema, obediente y consciente del mal que iba a infligir? ¿Por qué, entonces, admitir culpa ante estos brigadieres y almirantes del Consejo Supremo por algo por lo cual ellos también deberían ser juzgados? ¿Por qué admitirla ante nadie? Aún tenía 59 años y la gastritis no lo doblaba cuando se negó a declarar en la ciudad de Buenos Aires a los dieciocho días del mes de octubre de mil novecientos ochenta y cuatro ante los jueces civiles de la Cámara Federal, "para ampliar su declaración indagatoria porque se encuentra procesado con motivo a las responsabilidades que puedan caberle respecto de los homicidios, privaciones ilegales de la libertad, violaciones, tormentos, robos, supresión de estado civil y demás delitos que se atribuyen como cometidos por las Fuerzas Armadas y de Seguridad, bajo su comando operativo en la lucha contra el terrorismo subversivo". Y cuando, por los mismos delitos, se negó a declarar, *haciendo uso de mi derecho,* en la causa 13/84 en la ciudad de Buenos Aires, ante el mismo tribunal federal, ante los mismos jueces civiles León Carlos Arslanian, Andrés D'Alessio, Jorge Valerga Aráoz, Guillermo Ledesma, Ricardo Gil Lavedra y Jorge Edwin Torlasco a los veintiún días del mes de febrero de mil novecientos ochenta y cinco, apenas tres meses antes de la vergüenza de sentarse en la Sala de Audiencia de los Tribunales y de que se lo obligara a permanecer de pie como un delincuente cualquiera —durante la acusación— mientras desde los palcos del tribunal que presidieron esos jueces civiles se lo obligaba también a escuchar *tantas infamias,* y entonces debía, susurrando apenas, encomendarse a Dios (*porque no saben lo que hacen*). En ningún momento sintió que Dios pudiera abandonarlo, *Dios me puso a prueba tantas veces…,* porque su Dios era también un dios curtido, cuartelero, de fajina, siempre justo con sus servidores. *Porque ésta, señor, fue una guerra justa y el cristianismo cree en las guerras justas,* confesaría en la penumbra de su departamento de Cabildo en el último otoño del siglo. Se sintió a prueba, sin duda, cuando los muertos, los desaparecidos y su estirpe comenzaron a golpear a las puertas de un viejo que ya había sido declarado *un muerto en vida* para la sociedad. ¿Acaso ésa era la venganza póstuma de los *que no están, no son,* que él existiera sólo como un fantasma del pasado? ¿Finalmente habían logrado transformarlo en un civil, en un preso territorial porque su cárcel era toda la geografía argentina, en un prófugo de la justicia del mundo, en un indultado, es decir, en un criminal imperdonable? Aún estaba vivo. Sintió que daba una nueva prueba a Dios cuando exactamente un día después de haber sido detenido por el juez Marquevich fue citado a declarar ante el juez Alfredo Bustos en San Martín. Se negó, se negaría hasta que una ambulancia lo llevara de su casa al juzgado a los tres días del mes de setiembre de mil novecientos noventa y ocho a las quince horas, cuando finalmente "el señor Jorge Rafael Videla" tuvo que responder sobre el destino de los cadáveres del ex jefe guerrillero del Ejército Revolucionario del Pueblo (ERP) Mario Roberto Santucho y de su lugarteniente Benito José Urteaga, muertos en combate por una patrulla del Ejército el 19 de julio de 1976 en Villa Martelli y cuyos cadáveres, llevados por el Ejército *que yo comandaba,* nunca aparecieron. Al "señor Jorge Rafael Videla" le costó recordar cómo había matado *al principal enemigo subversivo.* Repitió que se lo citaba *por un hecho por el que ya fui juzgado* aunque no se lo interrogaba por la muerte de un hombre sino por la desaparición de su cuerpo. (Alguien había dejado filtrar la foto del cadáver del *principal enemigo* a la prensa hacía un par de años. Un militar había tomado esa foto como quien toma la de un ciervo rematado en una cacería. Una foto que no decía nada del lugar donde estaba el cadáver porque era toda cadáver. Un cuerpo hinchado, golpeado, amoratado, seguramente exhibido para que no quedaran dudas sobre el golpe asestado, sobre la victoria conquistada). El "señor Videla" reconoció que la orden de *ubicar y capturar* a Santucho había sido dada por él como comandante en jefe del Ejército: *En octubre de 1975 impartí la directiva 404/75 mediante la cual el ejército entró en operaciones en su totalidad contra las organizaciones subversivas en cumplimiento de los decretos 2.770/71/72 del poder político,* pero negó *porque no puedo precisar* qué militares se habían entreverado a los tiros con la cúpula guerrillera, cargado sus muertos propios —el capitán de inteligencia Juan Carlos Leonetti— y los cadáveres de sus enemigos, aunque el Ejército admitió las muertes en un comunicado. Negó, *porque no tengo conocimiento,* saber quién era el jefe de Leonetti o quién, *porque no lo puedo precisar,* había ordenado el operativo. Negó *porque desconozco* dónde habían sido llevados el capitán Leonetti y los demás heridos del *bando militar.* Negó, *porque desconozco,* saber si algún médico había firmado la partida de defunción de los guerrilleros. Negó, *porque desconozco,* saber si algún juez había intervenido en los procedimientos. Negó, *porque desconozco,* saber qué sucedió con los cuerpos luego del combate en Villa Martelli. Negó *porque no tengo conocimiento* de que se hubieran quemado civiles en Campo de Mayo. Negó *porque desconozco* que hubiera habido un Museo de la Subversión en Campo de Mayo (en noviembre de 1999 el Ejército admitiría su existencia al entregarle, de ese museo, pertenencias de Santucho a su familia). Negó *porque no recuerdo* que hubiera habido una orden especial por la cual no se entregaban los muertos a los familiares. No vaciló cuando aseguró que *sí, en lo que fue de mi conocimiento, se entregaban habitualmente los restos de los oponentes muertos a los familiares de los mismos para su inhumación conforme a las creencias y convicciones de sus seres queridos.* Entonces, si se desconoce sólo lo que efectivamente sucedió, ¿repitió *desconozco* para no admitir que sabía pero que lo negaría siempre? *Más allá del dolor y el respeto que significa la pérdida de una vida debo reconocer que la muerte en combate del señor Santucho tuvo, desde un punto de vista institucional militar, una repercusión muy positiva.* ¿Podía admitir, acaso, que la captura y muerte de la *cúpula guerrillera enemiga* habían sido impiadosamente festejadas con brindis y comentarios soeces, sin apego a la ley humana y divina del respeto a los muertos, con la obscena exposición de los cadáveres como trofeos de guerra sucia, como se conocería años después, dentro de los cuarteles y en el Ejército *que yo comandaba, señor juez?* ¿Había tenido tiempo de perfeccionar el discurso sobre bebés robados y ciudadanos desaparecidos desde esa tarde del 9 de junio de 1998 en la que fue arrestado?, ¿de esperar pacientemente que se aceptara su apelación para que todos estos crímenes fueran considerados cosa juzgada y se le permitiera una vejez sin más sobresaltos que el revoloteo de los nietos, algún timbrazo del cura o los amigos en el departamento de Cabildo donde ahora anochece y su esposa, Alicia Raquel Hartridge, le trae un mate? ¿Había tenido tiempo de visitar los oscuros, áridos, tediosos, superficiales y banales rostros del mal que hizo en nombre del bien de la *nación agredida,* donde los argentinos opositores y sus cadáveres y su descendencia fueron superfluos porque no se pretendía, en definitiva, su obediencia sino su *exterminio?* ¿Había tenido tiempo de decirse que el sistema *que yo comandaba, señor juez,* fue excepcional?, ¿o que fue natural y esencial a la tradición del poder en la Argentina por lo menos durante dos siglos? Anochece en el departamento de la calle Cabildo. Es veintidós de marzo de mil novecientos noventa y nueve. Es el último otoño del siglo. En la intimidad inevitable de una entrevista, Videla responde: *Cumplí con el deber que el Estado me dio. No fue difícil para mí. No hubo ningún descontrol: yo estaba por encima de todos.*

2. El golpe

En posición de firme y uniformado, acomodando los huesos en un movimiento breve y rápido para renovar esa postura con la que esperaba, vertical y solo, nada ni a nadie en un rincón del casino de oficiales del Colegio Militar de la Nación, Videla, general de brigada y jefe del Estado Mayor General, celebró el nuevo aniversario del Ejército en situación de disponibilidad. Era el 29 de mayo de 1975. La onda expansiva que había volteado a su jefe, el comandante general Leandro Enrique Anaya, lo había alcanzado también a él y en un momento inoportuno: con el secretario general del Ejército, general de brigada Roberto Eduardo Viola, habían comenzado a diagramar el golpe que darían diez meses más tarde. Nadie prestaba atención a Videla y esa situación no parecía incomodarlo. El bajo perfil, el sigilo, era un estilo que le venía dado por cuna y temperamento, cierto manto pietario, distante, como si las cosas le sucedieran, como si del otro —de afuera— sólo se pudiese esperar un vía crucis que debía ser aceptado con resignación, y del cual obtendría un reconocimiento extraordinario, cuasi divino. El gesto, en el fondo, se transmutaba en cinismo, en algo de culpa cristiana por desear lo indeseable, en negación para esconder el interés por las cosas, aunque le importaran y disfrutara con ellas, en este caso el poder del que había sido apartado pero al que no renunciaría. En esa soledad, en el rincón del casino de oficiales, su silencio era una forma de protección o de desprecio; estaba en esa etapa del vía crucis. En el país de mayo del 75, además, convenía no dar pasos en falso. El poder de un hombre que sospechaba de él, José López Rega, ministro de Bienestar Social, secretario privado con rango presidencial y hombre clave del gobierno de María Estela Martínez de Perón (Isabel o Isabelita), se consolidaba y extendía al mismo ritmo que la depredación de la Triple A (la Alianza Anticomunista Argentina, el grupo terrorista de ultraderecha armado por López Rega para asesinar a opositores de la izquierda peronista y marxista), y la escalada de la insurgencia civil armada de la guerrilla guevarista del ERP, que dirigía el contador santiagueño Santucho, y de la peronista Montoneros, que comandaba Mario Eduardo Firmenich. La muerte de Juan Domingo Perón, en julio del 74, había hecho volar la tapa de la caja de Pandora en la que se encerraba el enfrentamiento entre la derecha, expresada por los sindicatos, el partido de gobierno asentado en el eje Isabelita-López Rega y las bandas armadas del lopezreguismo, y la izquierda peronista, encarnada en los Montoneros, las corrientes obreras rebeldes y los estudiantes. El ERP había concentrado todo su poder de fuego en el combate contra el Ejército, y apenas un mes después de la muerte de Perón había intentado copar un regimiento en Catamarca y una fábrica de armas en Córdoba. Además, desde 1974 tenía en pleno desarrollo una compañía de monte en Tucumán, con la que había inaugurado su fase de guerrilla rural, y el montaje de una fábrica de ametralladoras, denominadas JCR, sigla de la Junta de Coordinación Revolucionaria que la guerrilla guevarista había conformado con el Movimiento de Izquierda Revolucionaria (MIR) de Chile, el Ejército de Liberación Nacional (ELN) de Bolivia, dirigido por el Partido Revolucionario de los Trabajadores de Bolivia (PRTB), y los restos del derrotado Movimiento de Liberación Nacional Tupamaros de Uruguay, muchos de cuyos dirigentes y militantes se habían exiliado en la Argentina luego de los golpes militares en sus países. El fracaso de la ofensiva guerrillera sobre los cuarteles tuvo dos consecuencias: el asesinato de prisioneros en Catamarca, por parte del Ejército, y el inicio de una política de venganza con el asesinato indiscriminado de oficiales del Ejército, por parte del ERP. La guerrilla, que había jurado no detenerse hasta conquistar el poder y establecer un gobierno revolucionario, obrero y popular, es decir, socialista, había tomado el camino sin retorno del militarismo, que acentuaría la anomia política de la sociedad civil, cada vez más indefensa frente al autoritarismo del Estado peronista, y más alejada de la super-ideologización de la juventud rebelde. Los jóvenes revolucionarios marxistas y peronistas parecían no darse cuenta de que en esa encrucijada de la Argentina no se jugaba el destino de una revolución socialista sino tan sólo bajo qué formas y qué contenidos se seguía transitando por una democracia capitalista que marchaba hacia su inevitable reconversión económica y social. Estaba en juego si esa reconversión se basaba en un pacto político y social que mantuviera la matriz del país industrial, una distribución no regresiva del ingreso, y sus instituciones políticas funcionando, o si, por el contrario, se haría con el cuño carnicero de la oligarquía argentina: desmontando el Estado de bienestar, arrasando vidas y bienes con una milicia de faenadores que carnearían ciudadanos en mataderos clandestinos.

El peronismo, en tanto, se devoraba a sí mismo. El radicalismo, conducido por el viejo liberal antiperonista Ricardo Balbín, expresaba el temor sin límites de la clase media argentina frente a la violencia y al deterioro del nivel de vida, y la tentación de confiar en la salida cuartelera ante la impotencia del sistema político. Jaqueado por López Rega y abandonado por Isabel, el líder de la burguesía nacional José Ber Gelbard, que apostaba a sueldos altos y al consumo interno, había renunciado a conducir la economía luego de la muerte de Perón. La mediana y pequeña burguesía se había afiliado al proyecto Gelbard y tenía, como partido, al peronismo dirigido por Perón. Estaba sin rumbo político ni económico, viviendo, sin saberlo, los últimos meses del Estado de bienestar del siglo XX. Lo mismo sucedía con los trabajadores. En el primer trimestre del 75, el poder adquisitivo había descendido un 35% y los sindicatos peronistas tenían un margen de negociación cada vez más estrecho. La gran burguesía agraria e industrial argentina, imbricada con las grandes empresas extranjeras, se expresaba en el Consejo Empresario Argentino (CEA) que dirigía José Alfredo Martínez de Hoz. Nacido en Buenos Aires el 13 de agosto del 25 (el mismo mes y el mismo año que Videla, aunque once días más tarde), hijo y nieto de terratenientes, Martínez de Hoz se recibió de abogado en el 49 y ocupó distintos cargos durante el gobierno del golpe antiperonista del 55. A partir del 64 fue presidente de Petrosur (una compañía de fertilizantes), presidente de la acería Acindar, miembro del directorio de la Compañía Ítalo Argentina (la Ítalo) de Electricidad, asesor de la Westinghouse Electric Company, estanciero, presidente del Centro Azucarero de Jujuy y Salta, y miembro de los directorios de compañías como Pan American Airways e ITT. Semejante currículum anticipaba por qué Martínez de Hoz comenzaba a apostar a un modelo de país que enterrara las chimeneas de las grandes industrias locales para siempre. Para Martínez de Hoz y el CEA, el plan económico era una reedición de las variantes ortodoxamente liberales: internacionalización de la economía argentina con sesgo agroexportador, apertura irrestricta al comercio exterior, drástica concentración de la riqueza y reducción del crédito a pequeñas y medianas empresas, y endeudamiento externo. El plan era para un país con diez millones de habitantes; sobraba la tercera parte y, sobre todo, los obreros industriales.

El plan tenía un solo aliado, fuera de los sectores económicos dominantes: la represión a cargo del Ejército. ¿Qué Estado podía definir esa alianza? Aún no se sabía, aunque se la descontaba sangrienta. El Ejército era la columna vertebral del partido del orden de la gran burguesía sin partido político con representación parlamentaria, que sólo podía seducir a minúsculos partidos conservadores provinciales. Y a partir de la muerte de Perón ese partido bayonetario se había definido sobre todo fiel a sí mismo. Ese partido también necesitaba un líder, pero su carisma, esta vez, tendría que reflejar —reflejaría— una condición distinta de la que había expresado el profesionalismo integrado y antiperonista del general Alejandro Agustín Lanusse, que lideró el Ejército desde la Caballería, y le había entregado el gobierno al peronismo en el 73. El profesionalismo integrado tenía un talón de Aquiles para sobrevivir en el 75: estaba obligado a respetar los tiempos del sistema político, a respetar a la sociedad civil y a sus partidos. Leandro Anaya, no sin ambigüedad, pertenecía a esa corriente. Videla y Viola, no. Viola, como Videla, creía en el Ejército como único y último baluarte de la Nación, pero la política lo seducía. Viola concebía la política como una sucesión de manipulaciones, de trenzas, más parecida a una táctica de inteligencia y contrainteligencia que a un juego donde la regla esencial fuese la libertad. Para Viola, ser "el político" consistía en saber usar las armas de la manipulación. Sus interlocutores interpretaban sus silencios como sabiduría. En ese momento, no se sospechaba aún que los silencios de Viola no tenían espesor alguno, ni más sentido que obtener información. Era uno de los pocos oficiales argentinos, entre 635, que había recibido cursos de especialización en métodos de contrainsurgencia (represión, asesinatos y tortura de comunistas y opositores al capitalismo) que se impartían en Fort Gulick, sede de la Escuela de las Américas, el bastión educativo del Pentágono en el Comando Sur instalado en Panamá; una caldera de dictadores latinoamericanos en los años cincuenta y sesenta, los más álgidos de la Guerra Fría que enfrentaba al capitalismo y al socialismo, es decir a los Estados Unidos y a la URSS, en todos los escenarios del mundo. Además, su poca devoción por las formas, su permisividad poco cuartelera, no lo hacían confiable para muchos camaradas de armas. Viola y Videla eran de la misma promoción. Para muchos, esta dupla se complementaría como nunca antes en la historia del Ejército. Ambos integraban la Infantería, ambos habían estado destinados en el Colegio Militar; habían cursado, también juntos, la Escuela Superior de Guerra y cultivaban una muy buena relación personal. Pero no eran amigos ni lo serían nunca. Los distanciaban sus orígenes sociales distintos. Videla era hijo de un teniente coronel; su mujer, Hartridge, hija de un embajador de cuño conservador. Videla pertenecía a la clase media alta por su nivel de ingresos, pero al patriciado oligárquico por convicción e ideología. El padre de Viola, en cambio, era un sastre del que él se avergonzaba. En su pasión por destacarse en la política a través de la carrera militar se veía la marca de cierta inmigración, aquella que sólo expresó sueños de ascenso social y deseos de orden vinculándose al poder. Y que encontró en los cuarteles, o en los seminarios religiosos de mediados de siglo, el prestigio y el trampolín ausentes en sus orígenes. En agosto del 98, Videla confesó: *Viola era un distinguido camarada, teníamos una relación surgida de la función. Yo era el Ejército y Viola... la política.* ¿Sintió que había roto un pacto de silencio, que había traicionado a Viola? Se corrigió: *Decir que yo era el Ejército es de una vanidad tremenda, pero es una forma de objetivar. Es que ésta era la esencia de nuestras personas. Estuvimos juntos en las campañas de azules y colorados. Eramos colorados. En la época de Anaya, yo era el de operaciones y él, el político. ¡Es que así era! Yo era jefe del Estado Mayor General del Ejército y Viola el secretario general, cuyas funciones son políticas. Él hacía los discursos de Anaya; yo, las órdenes de operaciones. Viola no era un escribiente, claro, pero es la forma en la que puedo ejemplificar las funciones que cumplíamos. Yo no era político, y él tenía afición por la política. Cada cual se sentía muy cómodo en lo suyo. Además, si había alguna cosa que Viola decía, en el Ejército se preguntaban por qué lo dirá..., qué estará buscando...; en cambio, si lo decía yo, era así y punto. No tuve vocación ni formación política. Las circunstancias me llevaron.*

El militarismo supuestamente despolitizado, el profesionalismo ascético de Videla, con una foja de servicios intachable, consistía en la negación del sistema político y de la sociedad civil como instancia superior o, siquiera, como interlocutora central del poder militar. Videla despreciaba a los "profesionales integrados" que lo habían precedido en la jefatura del Ejército, porque esa postura reconocía la subordinación del poder militar al poder civil, aunque el poder militar tuviera la facultad de árbitro. Del futuro comandante que sucedería a Leandro Anaya, el general Alberto Numa Laplane, dijo: *Era un hombre recto, salvo por eso del profesionalismo integrado, sí.* La esencia del poder, para Videla, era la negación del parlamentarismo y de la autonomía del poder político. *Yo soy el Ejército y no la política* tenía una traducción significada a lo largo del siglo, especialmente luego del golpe militar de 1930. Videla expresaba, entonces, la esencia del Ejército de casta, imbricado con la elite terrateniente que arrasó el poder civil y el sistema político del 30 e inauguró la llamada Década Infame. Su no a la política no era un no al poder político del Ejército: era un no al sistema de partidos políticos que democratiza la política a través del voto. Así definida su idea de la política, en medio de las *circunstancias que me llevaron,* el carisma del hombre que lucharía por tener todo el poder del Ejército en el 75 no debía radicar en la inteligencia ni en la ductilidad para relacionarse con la sociedad y el poder político, aunque no pudiera prescindir de un "político" como Viola. El carisma del jefe militar que comenzaba a ser necesario para la clase dominante argentina crecería sólo en función de su absoluta lealtad a la casta militar, y en su más absoluto desprecio y prescindencia respecto de los reclamos del poder político o de la sociedad, aunque no de las elites. Debía ser infante porque ésa era el arma que tenía el peso de la represión a la guerrilla y a las manifestaciones obreras desde fines de los sesenta, debía ser "colorado" (antiperonista y anticomunista, es decir antiobrero) por tradición militar, y liberal-conservador por ideología y postura económica. ¿Mayo del 75, con un poder político maltrecho pero aún con aliento, era el momento adecuado para que estos dos hombres emergieran sobre la cabeza del Ejército? Videla y Viola habían conseguido trepar hasta lugares estratégicos a partir de diciembre del 73, con la caída del comandante general Jorge Carcagno. Desde allí elaboraron la política de Anaya con la segura cobertura del Estado Mayor y de la Secretaría General del Ejército. A principios del 75, la cúpula militar integrada por Anaya se asentaba en un trípode que poco después se revelaría vertebral: además de Videla, jefe del EMGE, y Viola, secretario general del Ejército, estaban los generales de brigada Carlos Guillermo Suárez Mason (Jefatura II-Inteligencia), Eduardo Betti (Jefatura I-Personal), Francisco Enrique Rosas (Jefatura III-Operaciones) y José Montes (Jefatura IV-Logística). Anaya, Videla y Viola eran de Infantería, por lo que el Ejército tenía su principal cúpula alineada en el arma que estaba preparada para ser una fuerza de ocupación, que estaba combatiendo a la guerrilla y al movimiento obrero rebelde al gobierno de Isabel, y a los sindicatos oficialistas. En una entrevista, en agosto del 99, Anaya explicó la relación que lo unía con Videla y Viola. "Videla era un hombre serio, sin tachas, un profesional. Nos reuníamos a las 20 y trabajábamos hasta las 23, con un grabador delante. Videla trabajaba conmigo la situación de la fuerza, y Viola se ocupaba de lo político y lo gremial". El vínculo de Anaya con el gobierno isabelino era ambiguo en un aspecto pero muy definido en otro. El teniente general sabía que debía complacer al peronismo neutralizando las presiones militares contra los seguidores del ministro de Defensa, Adolfo Savino, y de López Rega. Sin embargo, tenía una absoluta lealtad al plan que habían elaborado Videla y Viola para ir colocando en los lugares estratégicos de la estructura del Ejército a hombres impermeables al peronismo y que hicieran profesión de fe en la represión.

Luego de la muerte de Perón, el plan de Videla y Viola, cuya cara visible era Anaya, impuso una política que consistía en lograr la cohesión del Ejército en la lucha contra la guerrilla y las revueltas obreras que se oponían a la caída del salario real; presionar al gobierno de Isabel para que diera un encuadre legal a la escalada militar contra la guerrilla; cercar a López Rega, que había armado una fuerza paramilitar sin control —aunque con participación de algunos oficiales del Ejército— y era el principal escollo en el gobierno del dúo Viola-Videla; comprometer el apoyo del radicalismo dirigido por el viejo Balbín (cuyo operador principal, el ex diputado nacional Alberto Garona, era amigo de Viola) a una represión aún legal contra la guerrilla y los obreros levantiscos de los cordones industriales de Buenos Aires, Villa Constitución y Córdoba, y sellar un pacto político con el almirante Emilio Eduardo Massera, jefe y caudillo de la Marina desde fines del 73, para que su alianza inicial con López Rega —por el entrevero codicioso del almirante con el peronismo— no entorpeciera los planes del Ejército. El ascenso de Massera había costado la cabeza de siete vicealmirantes. Como después Videla y Viola, Massera colocó a hombres de su más absoluta confianza en puestos clave: el entonces contraalmirante Armando Lambruschini fue designado jefe de Operaciones Navales; el nuevo Jefe del Estado Mayor fue el contraalmirante David De la Riva. Para muchos esto constituyó prácticamente un golpe de mano en la Marina, ya que Massera llegó a la comandancia con el grado de contraalmirante, algo que no había ocurrido nunca. Massera tenía 49 años cuando asumió y había pasado 31 en la Armada. Con el correr del tiempo sería evidente que no sólo apetecía el poder de la Armada.

En enero del 75, entonces, la cúpula militar y la estructura de mandos —integrados por las promociones 73 a 76, con mayoría de Infantería y con un pasado "colorado"— respondían sin fisuras a la decisión de transformar al Ejército, constituido en partido militar desde hacía por lo menos dos décadas, en núcleo del poder. Unos meses antes, en un acto para festejar un nuevo aniversario del EMGE, Videla había expresado con claridad el credo militar que guiaría toda su cruzada política: *El Ejército, brazo armado de la Nación, debe parecerse a un león listo para la pelea, pero encuadrado en la jaula dorada de la disciplina, cuyos barrotes son la ley y los reglamentos.* En poco tiempo quedaría demostrado que no se refería a la Constitución Nacional sino a la ley marcial. Lo cierto es que el general Luciano Benjamín Menéndez reemplazó a Betti en la Jefatura I, y los demás nombres y destinos fueron impuestos por Videla y Viola sobre las presiones del gobierno para colocar a los pocos generales que tenían alguna afinidad con el peronismo, como Carlos Alberto Dallatea, Laplane o Alberto Cáceres. Suárez Mason, desde la Jefatura II, fue el encargado de establecer los vínculos de inteligencia con la

Armada y la Aeronáutica, que aún dirigía el brigadier Héctor Luis Fautario, y de cooptar para el trabajo de inteligencia dentro de la Triple A al mayor Roberto Bauza, un oficial filoperonista que había servido a Lanusse como enlace —o infiltrado— en la CGT, donde tenía amigos como el textil Casildo Herreras, quien era el jefe de la central sindical desde enero del 75 y había sabido urdir una buena relación con López Rega reclutando oficiales y suboficiales del Ejército para la banda terrorista de derecha. Bauza había sido jefe, desde fines del 73, de la Agrupación de Seguridad e Inteligencia de la Casa de Gobierno. También había sido oficial de Anaya en Córdoba en los años 50, por lo que era muy amigo del jefe del Ejército y uno de sus principales canales con López Rega y la CGT. En su carácter de oficial de inteligencia, Bauza habría trabajado a dos bandas: pasando información a López Rega, pero también a la Jefatura II del Ejército sobre la estructura del grupo terrorista regenteado por el oscuro y esotérico secretario privado de Isabel.

Lanzados a tomar el poder, los militares no aceptarían más condicionamientos del gobierno isabelino, aunque aún no estuviera todo dicho mientras la sociedad, sus partidos, sindicatos, estudiantes e incluso la guerrilla tuviesen poder de fuego y fuerza movilizadora; mientras López Rega e Isabel contaran con importantes apoyos dentro del Ejército, expresados sobre todo en Laplane y el jefe de la Gendarmería Nacional, general Cáceres, y, con ambigüedad, de Massera en la Armada. El almirante tenía una relación oblicua con Videla y con Viola, una competencia no declarada por el papel político protagónico (reservado a un general de Infantería y que un marino no tendría nunca) en el diseño de un nuevo poder militar. Esta situación se expresaba solapadamente en el encono de la relación de Massera con Viola y más tarde, en el poder, se manifestaría en las feroces internas con Videla. El encono entre Massera y Viola tal vez provenía de lo que los igualaba: las ambiciones políticas, la fama de trencheros, el cinismo necesario para decirle al otro lo que quiere escuchar, no por convicción sino por demagogia autoritaria, en una imitación del estilo politiquero, en una mala copia de la forma de hacer política de los caudillos conservadores. Cáceres contó anécdotas de esta oblicuidad del "negro" Massera en plena gestión de Anaya. "Un día, Massera me invita a almorzar. Me extrañó esa invitación. Me pregunté qué querrá el negro pícaro, pero accedí. Durante la mayor parte del almuerzo hablamos de boludeces. A los postres, de repente viene un ayudante de Massera y le dice que si no se apura llegará tarde a un acto. El Negro comienza a ponerse el saco y me dice que la Marina no ve con buenos ojos la gestión de Anaya. Me dice: En la Armada hemos resuelto que el nuevo jefe del

Ejército seas vos". Parecía evidente que Massera estaba anticipando su actitud en caso de que el gobierno pidiera la cabeza de Anaya. Pero no fue así.

Videla y Viola tenían aliados importantes. Habían encolumnado detrás de sí a la mayoría del Ejército y contaban con la neutralidad de la Aeronáutica en manos del brigadier Fautario. En el gobierno estaba el hombre que resultó el más operativo a favor de sus planes, el senador justicialista Ítalo Argentino Luder, número dos en la línea de la sucesión presidencial. En la oposición estaba Balbín. A instancias de Videla y Viola, Anaya se reunió con Balbín y con Luder para definir el apoyo del radicalismo al decreto de intervención militar en Tucumán, donde operaba una fuerza regular de la guerrilla, la Compañía de Monte "Ramón Rosa Jiménez" del ERP. El 5 de febrero, el gobierno isabelino en pleno firmó el decreto 256 que dio inicio legal al Operativo Independencia, por el cual el Ejército, con la V Brigada de Infantería, pasaba a controlar la tercera parte del territorio tucumano con cuatro mil soldados. En un principio, la dirección militar estuvo en manos del general Adel Edgardo Vilas, cercano al justicialismo y al poder sindical. Ésta fue una concesión de Anaya y Videla al gobierno; en realidad, su candidato hubiera sido el general de brigada Ricardo Muñoz, muerto en enero en un accidente aéreo. A propuesta de Videla y Viola, se decidió que, además de los conscriptos, participaran oficiales y suboficiales en las fuerzas de tareas que enfrentarían a los 300 combatientes del ERP, una cifra que la guerrilla jamás volvería a reunir. Esta decisión de Videla revela la manera en que fue diseñando la estructura de un Ejército cohesionado y cómo comenzó a involucrarlo en un pacto de sangre indispensable para asaltar el poder e iniciar la represión a gran escala. Videla estaba convencido de que ese momento llegaría, pronto.

A poco de andar el Operativo Independencia, Massera fue invitado a participar con infantes de la Marina en los combates antiguerrilleros en Tucumán. Videla y Viola necesitaban romper la interesada alianza del almirante con el gobierno. El peso creciente de ambos, que cohesionaba al Ejército y lo autonomizaba cada vez más del poder político, comenzó a erizar al gobierno, particularmente a Savino y a López Rega. Presentían que la mayor amenaza a los planes hegemónicos del lopezreguismo provenía del Edificio Libertador, sede del comando del Ejército. Y no se equivocaban. López Rega había profundizado su trágica campaña para copar el gobierno. En esta dirección, los primeros embates fuertes, a partir de la muerte de Perón, habían sido forzar las renuncias de Gelbard y del ministro de Defensa, Ángel Robledo, y reemplazarlos por el economista Alfredo Gómez Morales y por Savino respectivamente. La jugada ya había incomodado a Massera quien, sin romper lanzas definitivamente, intensificó sus contactos con el Ejército, donde su mejor interlocutor era Suárez Mason. Anaya, Videla y Viola le producían desconfianza al almirante. Sin embargo, hacia fines de abril del 75, luego de un encuentro entre Massera y Anaya, se selló el pacto interfuerzas que en esencia consistía en la participación de la Armada en Tucumán, en aumentar la presión sobre Isabel para conseguir la centralización de la inteligencia policial en manos del Ejército y, sobre todo, en liquidar el poder de López Rega. Videla y Viola habían estado trabajando en este último proyecto, con el apoyo de Balbín, de Enrique Vanoli y del diputado radical Alberto Garona, enlace permanente de Balbín con ambos. El radicalismo también consideraba indispensable la salida de escena de López Rega. En realidad, el oscuro secretario de Isabel concentraba el encono de partidos, sindicatos, estudiantes, militares y guerrilleros. Montoneros elaboraba un plan para matarlo. Videla también, pero su objetivo no era parar la masacre de opositores en una protoguerra sucia funcional a sus propios planes —la guerrilla y sus colaboradores eran brutalmente atormentados y hasta dinamitados por la Triple A—, sino acorralar al gobierno para que dejara de presionar al Ejército y, ante todo, centralizar la represión legal e ilegal, fuera del control del Ejército en los salvajes y paralelos comandos lopezreguistas. La lucha entre la cúpula del Ejército y López Rega era una lucha por el poder: se debatía la hegemonía militar en el control del Estado.

El dúo Videla-Viola había logrado armar el organigrama de la Triple A, y recolectado pruebas sobre la relación con López Rega y el financiamiento de los terroristas a través del Ministerio de Bienestar Social y los fondos de la Presidencia. Sabían, por ejemplo, en qué sitio funcionaba uno de los comandos centrales de la Triple A; sabían de la participación de oficiales del Ejército y la Marina en el grupo terrorista. Pensaban usar la información para acorralar al gobierno en el tiempo y la forma que eligieran. Pero un episodio casual apresuró estos tiempos. El coronel Jorge Felipe Sosa Molina, entonces jefe del Regimiento de Granaderos a Caballo, contó, veintitrés años después, ese episodio que revela cómo Videla, ante la difusión que había tomado la participación de oficiales del Ejército en la Triple A, eleva un informe al ministro Savino y sella, de alguna manera, la suerte de Anaya. Ese informe también fue entregado a Vanoli por Viola, y transmitido por Balbín a Luder y a Isabel. "Creo recordar que descubrimos el centro de operaciones de la Triple A por casualidad. El entonces teniente Juan Carlos Segura, luego ascendido a capitán y que muere en un accidente en Córdoba en 1979, era parte del regimiento de Granaderos y le había tocado custodiar el coche de un embajador. Cuando están por avenida Figueroa Alcorta al 3200, muy cerca de lo que aparentemente era el comando operativo de la Triple A, tienen un desperfecto en el auto de seguridad en el que viajaba Segura, custodiando al del embajador. Mientras revisaba el coche, se acerca un policía y lo invita a buscar ayuda en una casona en la que lo reciben una secretaria de López Rega y Felipe Romeo, director de la revista *El Caudillo*. Ellos le dicen a Segura que estaban trabajando con oficiales de las tres armas en ese comando. Cuando regresa al regimiento, el teniente me informa lo sucedido. Yo llamo a un suboficial escribiente y redactamos un informe que firmo para proteger a Segura. Inmediatamente, meto el informe en un sobre y se lo llevo en persona al jefe de Operaciones Rosas, quien lo mira y me dice: ¡Pero esto es gravísimo, puede tener trascendencia para el gobierno! A los dos o tres días, como Anaya estaba en Bolivia, Videla me llama. Voy al comando y me recibe junto a Menéndez, Suárez Mason, Rosas, casi todos los jefes del estado mayor. *Lo mando llamar porque acá hay una denuncia suya sobre la Triple A*, dice Videla. Sí, pero no es una denuncia sino un pedido de investigación, le contesto. *Bueno, pero quiero saber si usted ratifica esto, porque, imagínese las consecuencias que puede tener...*, me dice, temeroso de las represalias a Segura. Respondo que me corresponde a mí asumir la responsabilidad y no al pobre teniente. *Imagínese* —sigue Videla— *que usted está tocando la posible intervención de oficiales de las tres fuerzas. Esto, si es así, no se puede investigar en el Ejército. Esto yo lo tengo que elevar al Ministerio de Defensa donde está el ministro Savino, que es muy amigo de López Rega.* Mi general, ésos son problemas que no me competen —le respondo—. Yo hice el pedido y ya reuní a los oficiales del regimiento para explicarles que solicité una investigación. Videla se puso muy serio y me dijo: *No esperaba otra cosa, coronel. Lo felicito.* Y me dio la mano, todos los generales me dieron la mano. Al otro día, Videla fue a ver a Savino y le entregó el informe. Parece que Savino se puso enérgico: ¡Apenas venga el general Anaya de Bolivia que me venga a ver, inmediatamente! A los pocos días, Anaya se entrevistó con Savino. Ambos se tuteaban. El ministro lo recibió así: Hijo de puta. ¿Así que ahora venís con esta denuncia? ¿Vos no conocés igual que yo todo esto? En el informe no había ningún nombre. Pero yo estaba seguro de que Videla conocía como jefe del EMGE, a través de Suárez Mason, los nombres de cada uno de los que integraban la Triple A. Ahora, hasta ese momento, a pesar de que hubiera algún militar o algún marino en esa banda, no creo que las Fuerzas Armadas la hubieran impulsado. La dejaban hacer, eso sí. Y es posible que el mayor Bauza les diera información". Había sido tan violento el intercambio entre Savino y Anaya, que el fallecido teniente coronel Miguel van der Broeck, ayudante de Anaya, contaría más tarde a sus colegas que había sentido vergüenza al ver cómo era tratado su jefe.

El informe de Sosa Molina, un coronel filoperonista y legalista, metió un palo en la rueda de quienes en el Ejército y la Armada analizaban la posibilidad no ya de hacer la vista gorda o pasar información a las bandas de facinerosos de la Triple A, sino de aliarse con López Rega. Y derivó en el relevo de Anaya. El 5 de mayo, el jefe del Cuerpo I, general Laplane, recibió de López Rega la oferta de ser el nuevo jefe del Ejército. El 12 de mayo, Isabel le comunicó su relevo. Pero ¿por qué fue Videla y no Anaya quien le transmitió a Savino el informe de las bandas de López Rega, si, como dijo Anaya en la entrevista citada, él mismo recibió el informe y lo firmó y le pidió a Videla que lo elevara para no "cajonearlo", ya que él partía a Bolivia por siete días? ¿Acaso tuvo temor —Anaya— de enfrentarse con Savino? Nunca lo admitió. Y Videla, ¿se dio cuenta de que su cabeza tampoco estaría a salvo? ¿No se opuso porque, ante todo, debía cumplir una orden? ¿O fue que Videla vio la posibilidad, a partir del informe de Sosa Molina, de ejecutar, bajo la apariencia de la fatalidad y el azar, *las cosas me sucedían, sucedían más rápido que la mente*, lo que ya tenían decidido hacer con Viola porque mucho antes de ese informe conocían la estructura y el funcionamiento de la Triple A? Ni siquiera en la inevitable intimidad de las entrevistas realizadas en 1998 y 1999, Videla estuvo dispuesto a admitirlo: *Por lo menos una vez, antes del informe, López Rega y el ministro de Defensa, Adolfo Savino, habían pedido mi cabeza y la de Viola a Anaya*. El desarrollo posterior de los acontecimientos conduce, sin embargo, a una conclusión: Videla estaba a las puertas de asumir la jefatura del Ejército porque ya contaba con los apoyos suficientes. Fue Videla, además, quien se opuso en esos días a iniciar un acuartelamiento para defender a Anaya; quería dejarlo caer.

El 13 de mayo asumió Laplane; su gestión duró hasta el 29 de agosto del 75, apenas ciento seis días. Y esa centena de días fue decisiva para que Videla conformara el estado mayor golpista, aunque aquella tarde del 29 de mayo, mientras esperaba solo en el rincón del casino de oficiales, nadie lo imaginara. Lo cierto es que unos días antes el generalato había dado muestras de alinearse en defensa de Videla, en momentos en que Laplane armaba la nueva cúpula militar. Laplane realizó algunos nombramientos que serían bien vistos por el gobierno, en la Secretaría de Inteligencia del Estado (SIDE), en la ayudantía de campo y en la jefatura de prensa del Ejército, al tiempo que dejaba vacante la Secretaría General del arma, un lugar que en manos de Viola había sido una usina de conspiración contra el mismo gobierno. Por consejo o por presión de Videla, Viola y Suárez Mason —compañeros de promoción—, Laplane elevó a Savino la propuesta del nombramiento de Videla como comandante del estratégico Cuerpo I; de Viola en el Cuerpo II, y del general Rodolfo Eugenio Cánepa en el Estado Mayor Conjunto (EMC). El ministro la rechazó. El gobierno quería a Videla "en el freezer", es decir, lejos del mando de tropa o de la dirección del Ejército, y ordenó que Videla fuera al EMC, que el general filoperonista Cáceres pasara al Cuerpo I y que Cánepa reemplazara a Cáceres en la jefatura de la Gendarmería. El 20 de mayo, en disponibilidad forzosa, Videla analizó la posibilidad de renunciar, pero Viola ("Un hombre muy astuto. Cuando jugaba al truco uno nunca sabía si mentía o no, si tenía cartas o no. Era muy mentiroso", diría Sosa Molina) terminó de convencerlo de que no era el momento de alejarse cuando estaban muy cerca de conseguir el control total del Ejército porque el generalato los apoyaba. El cuadro de mandos en ese mayo del 75 se formó así: Cáceres en el Cuerpo I (Capital Federal), con el general Enrique Laidlaw como segundo; Viola en el II (Rosario), con el general Leopoldo Fortunato Galtieri, que tenía ya fama de duro en la lucha contrainsurgente, como segundo, y Carlos César Ildefonso Delía Larocca, un general de Caballería que no era peronista pero que tenía un buen vínculo con Laplane en el III Cuerpo (Córdoba), con el general Menéndez, también un halcón antisubversivo pero alineado con Videla, como segundo. El V Cuerpo (Bahía Blanca) le correspondió a Suárez Mason; su número dos fue el antiperonista y anticomunista general Ramón Genaro Díaz Bessone. El EMC quedó vacante con la salida de Ernesto Federico Della Croce: Videla se resistía a ir al "freezer".

La cúpula que sostenía Laplane se formó con el general Francisco Enrique Rosas, un hombre que no comulgaba con Viola ni con el filoperonista y nacionalista Cáceres, jefe del Estado Mayor; el general filoperonista y nacionalista Guillermo Ezcurra, en Personal (JI); el general José Goyret, un artillero amigo de Laplane, al frente de Operaciones (JIII), y los generales Antonio Domingo Bussi y José Montes que permanecieron en Logística (JIV) y Finanzas (JV). La Secretaría General que había dejado vacante Viola, y que había sido el blanco de las obsesiones de López Rega, fue ocupada por un infante, el coronel Llamil Reston. No obstante, la mayoría de sus funciones, en especial las de la relación con las fuerzas políticas y los hombres del gobierno, quedaron bajo el control de Inteligencia (JII) y a cargo de otro "duro", el general Otto Carlos Paladino. Este cambio fue, quizás, el más importante del esquema militar luego de la caída de Anaya: se militarizaba también la actividad relacionada con la sociedad civil y sus partidos, que a partir de ese momento serían objeto de espionaje permanente.

Lo cierto es que al asumir Laplane la situación militar dibujaba un mapa de hegemonía de la Infantería y de los "colorados"; un predominio, en la segunda línea de los cuerpos de Ejército, de los más fanáticos partidarios de la represión ilegal de la guerrilla, y de la línea anticivil y antiparlamentaria bajo la máscara del profesionalismo aséptico de Videla-Viola. Porque Videla contaba con el apoyo de tres de los cuatro comandantes de cuerpo y tenía decisiva influencia en cuatro de los diez comandos de Brigada. Todos esos jefes militares querían que Luder asumiera la jefatura provisional del Senado para poder realizar, en una primera etapa, el recambio institucional de Isabel; consideraban indispensable el uso intensivo de la inteligencia militar para derrotar la rebelión popular armada y desarmada, y presionaban para que se les diera todo el poder en la represión, para lo cual la primera condición era la expulsión de López Rega del gobierno, por las buenas o por las malas. El asalto final contra Isabel, entonces, era sólo una cuestión de tiempo.

La etapa del protogolpe se había estado gestando, con nitidez, a partir del ascenso de Videla y de Viola, con Anaya, a la cúpula del Ejército. Tal vez por eso, el 29 de mayo del 75, en un rincón del casino de oficiales, Videla parecía no sentir la angustia de una despedida del Ejército. Sabía que contaba con el respaldo de sus camaradas y que, en todo caso, era Laplane quien tenía los días contados. Es más, tal vez hasta se regocijó con esa penitencia, luego de oír el discurso de Laplane, quien, al lado de Isabel, dijo exactamente lo que Videla quería escuchar y quería que escuchara el generalato que le era fiel. Laplane se manifestó a favor del profesionalismo integrado, de la defensa de las instituciones, y criticó el profesionalismo prescindente (ascético) que, según él, "aísla al Ejército de la Nación". El general José Rogelio Villarreal, un hombre de confianza de Videla que lo había acompañado en destinos como los de Tucumán en el 69 y que estaba llamado a participar en el putsch que derrocaría a Laplane, sintetizó de este modo el efecto de ese discurso entre el generalato: "Laplane empieza su gestión con presión interna en el Ejército, porque los comandantes de cuerpo, en su mayoría, no lo apoyaban. Va percibiendo que no tiene demasiado juego propio ni libertad de acción. Para colmo, él tuvo esta doctrina del profesionalismo integrado, que a todos nos chocó porque dijimos: momentito, a nosotros que no nos integren en una doctrina de tipo político. No, no, el Ejército no es de un partido político, es de la Nación. Todo esto empezó a provocar un cierto mar de fondo, la presión de los generales era grande y se ven obligados a ponerlo a Videla en el EMC". Laplane, como muchos políticos de entonces, cometía un error fundamental: creer que el profesionalismo ascético aislaba a la milicia de la Nación. Todos se equivocaban. Para la línea videlista, el Ejército era la Nación, y los que proponían lo contrario bastardeaban la milicia al equipararla a la sociedad civil. Pero no se trataba sólo de un Ejército, como se afirmaba con cinismo y ocultación en el discurso de sus generales, sino de un partido armado que terciaba y obligaba a cambiar planes de gobierno bajo la presión y el chantaje de las armas. Que no era apolítico se demostraba sólo con los hechos: su política consistía en la negación y el sometimiento sin resistencia de la sociedad civil, y se elaboraba como planes operativos desde los estados mayores de cada una de las fuerzas. Además, y sin contar la experiencia histórica en la que el Ejército había sido, por lo menos desde el 30, el poder árbitro de las crisis, en los setenta el peregrinaje de dirigentes políticos a las oficinas de Viola, por las que pasaron desde los conservadores de los partidos provinciales hasta los radicales y peronistas e incluso los comunistas, confería a esa definición de "apolítico" una franca cualidad de encubrimiento intencional.

Durante junio del 75, Videla y Viola tuvieron una intensa actividad parapolítica. Participaron en numerosas reuniones sociales y tuvieron comunicaciones secretas con el generalato y con Massera. El almirante había comenzado a cortejar a la presidenta viuda con bombones, ramos de flores y propuestas de asesoramiento para que no estuviera tan sola. En el intercambio de atenciones había sabido deslizar la conveniencia de sacar a Videla del ostracismo. Estas actividades se montaron sobre la creciente debilidad del gobierno isabelino. Además, el ascenso de Videla a un escalón superior al que ocupaba a mediados del 75 sería producto de la trágica anomia de la sociedad y del gobierno, y, al mismo tiempo, de un delicado tejido de conspiraciones, relevos y ascensos dentro del partido militar. La crisis vertiginosa del país era el caldo propicio en el que se preparaba la conspiración. El gobierno no lograba contener la ola de huelgas ni desarticular definitivamente a la guerrilla —con la que nunca intentó una estrategia de desarme pactado, ya que su intención era exterminarla—, y la crisis económica estaba a punto de estallar. Desde la muerte de Perón, los muertos por la violencia política habían sido 433, en su mayoría civiles de izquierda. El 2 de junio, López Rega promovió a Celestino Rodrigo al Ministerio de Economía en reemplazo de Gómez Morales. Rodrigo anunció una serie de medidas drásticas que fueron popularmente bautizadas como

"Rodrigazo": una devaluación de entre el 100% y el 160%, y aumentos de tarifas que llegaban, como en el caso de la nafta, al 200%; mientras, la oferta salarial en las paritarias en curso promediaba el 38%. La reconversión capitalista cortaba el hilo por lo más delgado, el salario de los trabajadores. La presión gremial se intensificó. Los convenios colectivos conseguían aumentos a veces superiores al 100%. Isabel intentó que no fueran homologados, pero el 27 de junio la CGT promovió una multitudinaria manifestación que enfrentó, por primera vez, a los gremios peronistas con el gobierno. Pedían la renuncia de López Rega y de Rodrigo. Ese mismo día se realizó una reunión de mandos en la Capital Federal, a la que asistieron todos los comandantes de cuerpo y los generales que ocupaban cargos equivalentes a general de división, para rechazar el pedido de Isabel y de López Rega de intervenir la CGT. El generalato necesitaba que se diera esa batalla dentro del oficialismo para quebrarlo, asestar el tiro de gracia a López Rega y forzar la renuncia o el sometimiento de Isabel. Es más, un día después, el generalato —aprobando un plan del dúo Viola-Videla y con acuerdo de Massera— se sumó a la presión de los sindicatos y amenazó con difundir, esta vez públicamente a través de la prensa, la integración de la Triple A, para exponer al gobierno a la ira popular. López Rega y Rodrigo resistieron el embate por unas semanas, mientras que Isabel se opuso a la propuesta de que Luder fuese ungido presidente del Senado, cuerpo que había quedado acéfalo con la renuncia del democristiano José Antonio Allende. La línea sucesoria la encabezaba Raúl Lastiri, presidente de la Cámara de Diputados y yerno de López Rega. El 30, Rodrigo anunció su plan de shock. En tanto, había otros actores en la crisis. Para su cruzada antilopezreguista, el generalato había contado con el inestimable apoyo de la embajada de los Estados Unidos. Su jefe, Robert Hill, que había llegado a la Argentina en diciembre del 73, era un halcón republicano experto en las batallas de la Guerra Fría y amigo personal del presidente Richard Nixon. A pesar de la renuncia de Nixon a la presidencia de los Estados Unidos por el escándalo Watergate —el espionaje al Partido Demócrata organizado por los republicanos—, su sucesor, Gerald Ford, ratificó a Hill en el cargo. El embajador estadounidense había logrado cultivar una estrecha relación con el entonces embajador del Vaticano en la Argentina, el nuncio Pío Laghi. Hill tenía un fluido contacto con el generalato, en especial con Viola, a quien consideraba el verdadero cerebro de cualquier batalla anticomunista seria en la Argentina. Sabía que Viola se había formado en los rudos principios contrainsurgentes de Fort Gulick, donde había aprendido a tratar a los opositores políticos, generalmente considerados "comunistas peligrosos" (o subversivos, como en la Argentina, donde el comunismo no podía ser asociado a la violencia revolucionaria). Hill también confiaba en la formación ideológica de Videla como soldado de la Guerra Fría. En 1957, Videla había estado destacado en Washington con el rango de mayor, como auxiliar del teniente general Julio Lagos en la Junta Interamericana de Defensa (JID), un organismo que tenía como objetivo coordinar la "defensa del mundo libre" —libre del comunismo— y que era una especie de estado mayor continental de la Doctrina de la Seguridad Nacional (DNS). La DNS consistía en que los EE.UU. tomaban como un problema de seguridad interna cualquier movimiento revolucionario inspirado en el marxismo o ideologías afines que surgiera en países soberanos del continente americano —con lo .cual legalizaban sus aspiraciones intervencionistas—, y en que los gobiernos latinoamericanos también debían considerar la lucha contra el comunismo como una cuestión de seguridad nacional, lo que legitimaba la participación militar en la represión a los civiles. Videla era un hombre formado en ese caldero anticomunista: un militar de estrategia, un ideólogo. Videla había pasado quince días —en marzo del 64— supervisando el curso de adiestramiento intensivo en Panamá del Regimiento 10 de Tiradores de Caballería Blindada, y había regresado a Washington en 1967 para afinar la estrategia de la DNS continental; también era un soldado de la tercera guerra mundial (la guerra contra el comunismo). Viola, como se dijo, era también un "operativo" educado en Fort Gulick en las artes prácticas de espiar y triturar a los opositores. Había aprendido mejor que Videla a diseñar un plan represivo completo; había comenzado a actuar mientras les hacía creer a los dirigentes políticos con los que hablaba (deseosos de creerle) que sólo le interesaba usar las armas de la política, como lo hubiera hecho cualquier oficial de inteligencia. Es más, en privado se jactaba de haber hecho morder el anzuelo a los comunistas. Hill, por su parte, había enviado el 16 de junio del 75 un aerograma confidencial (E.O.11652) de la embajada al Departamento de Estado norteamericano, cuyo secretario era Henry Kissinger, otro halcón republicano que había promovido y apañado la participación de la CIA en el derrocamiento del gobierno socialista chileno de Salvador Allende. En ese aerograma concluía que el principal problema terrorista de ese momento era la Triple A, aunque la guerrilla de izquierda siguiera actuando, y recomendaba dos políticas: "No alentar las inversiones de los EE.UU." y que "cualquier delegación ante el gobierno argentino debería subrayar que el gobierno de los EE.UU. se opone a la violencia de cualquier extremo del espectro político, para no dar ninguna indicación de que los medios ilegales son considerados aceptables". Hill, lamentablemente, no tardó en cambiar de opinión.

Ningún lúcido disecador de la política hubiera podido percibir en esos días, en que los acontecimientos se precipitaban rápida y caóticamente, que junio del 75 sería, en realidad, el último mes de gobierno efectivo de Isabel. Luego vendría una larga agonía del poder político, jaqueado y sometido al chantaje permanente del partido militar. Es decir, si la cohesión del Ejército para asaltar el poder se había iniciado en la gestión de Anaya, la cuenta regresiva para el golpe de marzo del 76 se inició durante el convulsionado junio del 75. El final del conteo, a partir de ese momento, estaría determinado por los tiempos que el partido militar necesitaba para liquidar la resistencia civil armada y desarmada, y conformar el estado mayor del asalto. En tanto, ese período de conspiración requería de un paraguas legal, que el Estado y el gobierno siguieran funcionando como si el justicialismo conservara aún el poder. El primer triunfo del generalato, en plena crisis, fue asistir el 4 de julio a la asunción de Videla como jefe del EMC, el mismo día que la CGT, que no cesaba su presión sobre el gobierno, convocaba a una huelga general. En ese acto, Videla, que trasladaba así al EMC la operación golpista, ya que el plan era coordinar allí con las otras fuerzas los pasos por seguir, definió lo que esperaba del partido militar. Dijo: *Mandar no es sólo ordenar. Mandar es orientar, dirigir el esfuerzo del conjunto en procura de un objetivo superior. Mandar es resolver y afrontar las responsabilidades emergentes de las decisiones adoptadas. (...) A cambio exigiré de vosotros subordinación. Subordinación no es sumisión, no es obediencia ciega al capricho del que manda. Subordinación es obediencia consciente a la voluntad del superior en procura de un objetivo superior que está por encima de la persona que manda y por encima de la persona que obedece.* ¿Quién era el superior o el objetivo superior de Videla al que todos debían tributar obediencia debida? Era obvio que no hablaba de la Presidenta, ni siquiera del poder político. El *superior* seguramente era Dios, o el Ejército; es decir, esa entelequia cuya existencia estaba definida por el conjunto de órdenes que se obedecían para alimentar su exigencia ilimitada y que dotaba, investía a él y a sus seguidores de un poder ilimitado, suprahumano o inhumano para cumplir *un objetivo superior* trazado desde siempre, fuera de las mesas de comando, preexistente e inapelable como la Nación misma, cuyos valores ya habían sido definidos: occidental, capitalista, cristiana. La obediencia se le debía a ese ser o entidad *superior* —no a un general, a un hombre— que exigía disciplina incondicional, *consciente,* para descargar sin culpa todo el poder de fuego sobre el vasto cuerpo social. Era una obediencia tributaria de una entelequia, de un poder totalizador que nunca pediría cuentas ni asunción de responsabilidades en los tribunales humanos. Videla sentía que estaba predestinado a cumplir una misión histórica. Cuando esa mañana asumió la jefatura del EMC, sabía que más temprano que tarde todo el poder debería ser entregado al Ejército. Pocos lo entendieron en ese momento: Videla ya estaba hablando de un nuevo orden que lo tenía a él como líder carismático emergente de una crisis social aguda, pero como un líder ejecutor de una voluntad superior; el carisma no radicaba en él sino en el Ejército, en una entidad colectiva suprahumana. Videla se ponía afuera de la responsabilidad de mandar: el que mandaba era un ser o *un objetivo superior*. Hablaba, entonces, de un nuevo orden que tenía su fundamento no en reglas exteriores —la legalidad— sino en un irracional tributo (místico) *a un objetivo superior,* que en esa etapa era unir al Ejército y aplastar al "enemigo subversivo" por cualquier medio y a cualquier costo; es decir, al costo de la vida de todos los que se opusieran al nuevo orden. Ese mensaje de Videla que escucharon y consintieron Laplane, Massera y el brigadier Fautario, presentes en la ceremonia, contenía ya la idea de exterminio, de poder ilimitado, ilegal e irresponsable, ejercido por un ejército de hombres que nunca se sentirían obligados a responder ante sus superiores de carne y hueso, sino ante un ser superior inalcanzable pero legalizador y perdonador de sus actos. Evidentemente, en julio del 75 Videla aún no tenía el Estado en sus manos. Sin embargo, en discursos altisonantes anticipaba, para quien quisiera oír debajo de la arenga, para qué lo quería y qué haría con él: feudalizarlo, fragmentarlo, irresponsabilizarlo. En el reino de este mundo, el plan sedicioso del dúo Videla–Viola (al que muchos generales no dotarían de intencionalidad porque lo consideraban, básicamente, una guerra de posiciones, táctica, que dependía de la correlación de fuerzas entre el partido militar y el poder civil) recibió en esos días una ayuda inestimable. Como número dos del EMC asumió el brigadier nacionalista Jesús Orlando Capellini, un hombre dispuesto a completar con entusiasmo el casillero que les faltaba a Videla y a Massera: presionar en la Aeronáutica para que Fautario asumiera una actitud de combate abierto contra la insurgencia civil y abandonara el legalismo que hasta ese momento lo subordinaba más al poder político que al destino manifiesto de las Fuerzas Armadas. La tarea de Capellini dio sus frutos. Un mes más tarde, Fautario declaró: "La guerrilla es más peligrosa que la crisis económica". Era un acta de fe contrainsurgente que parecía incorporar a la aviación al triángulo. En diciembre, Capellini completaría su faena.

El segundo triunfo del generalato fue lograr, cuatro días después de la asunción de Videla a la jefatura del EMC, que Luder fuera confirmado como presidente del Senado para habilitar la línea sucesoria si Isabel terminaba yéndose. Pero Isabel resistía. Esa pequeña mujer patética, de voz chillona y luces escasas, cuyo único patrimonio político era ser la viuda de Perón, se aferraba al poder con una irrealidad y una ambición dignas de una peronista que se sentía ultrajada por viejos enemigos, porque su resistencia a ceder el gobierno no partía de su particular apego a la ley ni de una particular valentía para la defensa de la Constitución. Era evidente que actuaba por impulso, por fuerza de cierta comunión política con el movimiento que creía representar pero del que sólo representaba, aún, algunos fragmentos. En tanto, la presión sobre López Rega no cedía. El diario La Opinión, dirigido por Jacobo Timerman, publicó un informe completo sobre la Triple A, que le proporcionó Viola. Los acontecimientos se desencadenaron con tal vértigo y caos que en ese momento fue difícil percibir su implacable lógica interna; era como si todos respondieran a un plan maestro destinado a que el gobierno de Isabel naufragara entre icebergs. Porque si bien es cierto que había estallado una crisis social, política y económica, esto también había ocurrido en muchos otros momentos de la historia y en muchos otros países; lo decisivo fue el papel jugado por los protagonistas. En la Argentina, los protagonistas —los militares, los políticos, el gobierno, los empresarios, es decir, quienes tenían control sobre el aparato político, militar y económico del Estado— diseñaban con entusiasmo una estrategia de choque, todos hablaban de una "guerra contra la subversión". La sociedad presentía la tragedia y se replegaba, sus sindicatos no protegían a todos los trabajadores, sus patrullas armadas (la guerrilla, que no contaba más que con unos mil combatientes desigualmente entrenados y mal armados) se militarizaban cada vez más en función de la colisión inevitable, a la que llamaban guerra revolucionaria. El odio, y sus arrabales de miedo, parecían expandirse sin límite; contar los muertos de la violencia política era una práctica cotidiana. La sangre derramada empañaba la comprensión de lo que en realidad se estaba resolviendo.

En silencio, los empresarios del CEA dirigidos por Martínez de Hoz trabajaban en un plan de apertura económica y de desguace de la industria básica y mediana, y afilaban los contactos con la cúpula del Ejército. En ese momento, los principales contactos de Martínez de Hoz, aunque no los únicos, eran Massera, con quien compartía la afinidad por las carreras de caballos, y los generales retirados Alcides López Aufranc, integrante del directorio de Acindar, y Hugo Miatello, quien había sido titular de la SIDE durante la presidencia de Lanusse y era uno de los pocos amigos que Videla frecuentaba. Miatello y Videla se habían conocido en la parroquia de Mercedes, de modo que eran compañeros desde la infancia. Se volvieron a encontrar en el Colegio Militar, y luego en distintos destinos, como compañeros de promoción. Durante la entrevista del otoño del 99, Videla aceptó: *Con Miatello comulgábamos las mismas ideas políticas; él era colorado.* Pero hay algo más. Miatello, el amigo más íntimo de Videla, era el oficial más brillante que el Ejército había tenido en el área de Inteligencia (había sido pasado a retiro durante el gobierno de Héctor Cámpora, en 1973, por considerarlo un enemigo peligroso del gobierno popular). Era un experto en la lucha contrainsurgente y en los métodos para combatir a la guerrilla que desplegaba la guerra revolucionaria. Miatello fue quien más influyó en Videla para convencerlo de que la lucha contra los opositores había que realizarla como una guerra de inteligencia, con los métodos clandestinos y terroristas de la contrainteligencia interna. Miatello, desde las sombras, sería un hombre clave para el diseño del golpe militar, y el nexo entre Videla y Jaime Perriaux, jefe de un grupo de civiles de derecha, antiperonistas, anticomunistas y ultraliberales, entre los que revistaban Enrique Loncán, Horacio García Belsunce, Martínez de Hoz, Luis García Martínez, Mario Cadenas Madariaga y Guillermo Zubarán.

El plan del CEA, por supuesto, necesitaba orden, quebrar la resistencia de los delegados fabriles y quitarles poder de maniobra a los sindicatos y a la CGE, porque los empresarios nacionales —con su caudillo Gelbard en el llano y a punto de ser enjuiciado por corrupción en los contratos del Estado con la planta de aluminio Aluar, de la que era uno de los dueños—, sin fuerza política y lanzados a competir sin protección estatal en un mercado donde pisaban fuerte los grandes grupos económicos extranjeros, también morirían por inanición. En esos días, impulsada por Martínez de Hoz, se conformó la APEGE (Asamblea Permanente de Entidades Gremiales Empresarias), que reunía a los grandes empresarios industriales y los terratenientes representantes de la Sociedad Rural Argentina (SRA), las Confederaciones Rurales, la Cámara Argentina de Comercio, la Unión Comercial y la Cámara de la Construcción. Los grandes exportadores y propietarios de la tierra, la industria y el comercio se agrupaban para presionar mejor al gobierno isabelino y para influir en cualquier estrategia de recambio económico que preparara Martínez de Hoz.

La turbulenta crónica de esos días revela que Videla y Viola, y también Massera, habían decidido presionar, cercar al gobierno sin tregua. Y que esa presión no se detendría en los trofeos menores: querían todo el poder. El 10 de julio, los generales, reunidos en pleno pidieron la renuncia de López Rega. En esta ofensiva se perfilaron dos líneas: una expresada por Videla y otra por Cáceres (comandante del Primer Cuerpo de Ejército). Los dos eran los relevos posibles de Laplane, aunque el candidato natural, por ser el más antiguo, debía ser Delía Larocca. Los fieles a Videla fueron Viola (comandante del II Cuerpo de Ejército), Delía Larocca (comandante del III), Suárez Mason (comandante del V) y Diego Ernesto Urricariet (director de Fabricaciones Militares), además de los segundos comandantes de cuerpo —Galtieri, Menéndez, Díaz Bessone y Osvaldo René Azpitarte—, que tenían posiciones aun más belicistas: querían la renuncia de Isabel y que el Ejército tomara el control total de la guerra contrainsurgente. Cáceres y su segundo, Enrique Laidlaw, sólo acordaban con Videla y sus generales en el pedido de renuncia de López Rega. No estaban convencidos de la necesidad de un alejamiento transitorio de Isabel —vacaciones— para que Luder asumiera interinamente la presidencia. En realidad, ya se había comenzado a cuestionar el poder de Laplane. El 11, López Rega renunció y arrastró en su caída a Savino y a Alberto Rocamora como ministro del Interior. Lo remplazó Aníbal Demarco, un ubicuo y ambicioso amigo de Isabel, de Viola y de Massera. El 18, cayó Rodrigo. Jorge Garrido (Defensa), Antonio Benítez (Interior) y Pedro Bonanni (Economía) fueron los relevos que Isabel confirmó. Por miedo, por autodefensa o por convicción, se aferraba a la idea de que el poder debía seguir en manos de los civiles, aunque debiera ceder el control territorial al Ejército. Después de todo, ella odiaba a "los imberbes" y a los "terroristas" con la misma pasión, y había tolerado los crímenes de la Triple A y protegido a su jefe. El combate a la guerrilla, y los documentos de inteligencia militar elaborados por el "criminalito" Otto Paladino (como lo llamarían años después algunos oficiales) lo explicaban así, serviría como pretexto para que el Ejército encubriera su marcha hacia el poder. El 19, López Rega huyó del país. Su salida fue, aunque entonces no se podía saber, la última. El "Brujo" preso y enfermo, volverá extraditado a morir en Buenos Aires. El 23 de julio, Lastiri renunció a la presidencia de Diputados. La "deslopezreguización" del gobierno se había cumplido, pero era tan sólo una parte del plan de Videla-Viola. En agosto se produjo una nueva ofensiva en medio de una notable tensión entre el partido militar y el gobierno, empeñado en no ceder más atribuciones al Ejército que la lucha contrainsurgente y con cierto apego a la ley, cuestión que se revelaría fundamental como límite para que la represión transitara por los canales legales, aunque las operaciones paramilitares de la Triple A habían continuado, y demostrado que el Ejército no quería desactivarlas hasta tanto no consiguiera el total control de la lucha antiguerrillera. A partir de la huida de López Rega, la Triple A residual seleccionó como blancos preferidos a los delegados fabriles y estudiantiles, desnudando el verdadero carácter de la represión ilegal.

Acorralado, también Laplane intentó neutralizar a Videla y sus generales. Planteó la bordaberrización —un esquema donde la Presidenta debía gobernar bajo la supervisión de las FF.AA.— y el nombramiento del coronel Vicente Damasco, secretario de la Presidencia, en Interior. Videla y sus generales, cuyo operador visible era el "doble faz" Viola (así lo definían algunos generales), se opusieron. En el primer caso, porque no querían perder tiempo en involucrar al Ejército en la gestión de un gobierno compartido con civiles; no figuraba en sus planes salvar del naufragio a Isabel. Por lo tanto, siendo Damasco un oficial en actividad aliado del gobierno, que fuera catapultado al gabinete comprometía el primer objetivo. Uno de los amigos de Damasco, el coronel Carlos Alberto Martínez, número dos de la inteligencia militar —otro halcón entrenado en la Escuela de las Américas y oficial con destinos en la JID— era candidato a ocupar la SIDE. Su nombre volvería a sonar como uno de los más fantasmales y decididos generales responsables del diseño de la represión ilegal. La conspiración final del generalato contra Laplane comenzó entre el 18 y el 24 de agosto del 75. Los hechos, y la confesión posterior de algunos de sus protagonistas, demuestran que el ajuste de cuentas en el Ejército tuvo como objetivo autonomizarlo del poder político y catapultar a Videla y a Viola a la cúspide. Hay un dato más, muy importante para confirmar el carácter premeditado del plan golpista: en el legajo militar de Videla, remitido por el Ejército a la Justicia en 1999, todos sus movimientos como general de brigada desde 1974 hasta fines de 1976 son prácticamente ilegibles, como si hubieran sido borrados intencionalmente para no dejar rastros del periplo del general. Sin embargo, en esos papeles adulterados se alcanza a leer que Videla realizó viajes por distintas provincias, una salida a Bolivia y a "diversos destinos". La adulteración del legajo sin duda fue realizada quince años después, y revela no sólo la intención de borrar las pistas de la responsabilidad de Videla en la conspiración. También manifiesta la tesonera idea militar de evitar que la historia oficial, contada en los días del putsch contra Laplane, fuese modificada. Por todo esto, es seguro que el movimiento de Videla y Viola sólo tuvo apariencia de caos; en verdad se trató de una operación de inteligencia en varios niveles. El dúo dispuso que Viola comenzara a operar entre los sindicalistas y dirigentes políticos radicales y peronistas, para convencerlos de la necesidad de la salida de Laplane. Antonio Cafiero, Humberto Romero, el gobernador de Buenos Aires, Victorio Calabró, y el influyente ministro de Bienestar Social Demarco, para citar algunos nombres del justicialismo, eran partidarios del reemplazo de Laplane por Videla. Los generales conspiradores acordaron en que Videla se mantuviese en un segundo plano público en el putsch, para que el Ejército no desprestigiara a su candidato en caso de que la rebelión lograra ser abortada por el gobierno. Delía Larocca contará años después que el 14 de agosto Laplane lo citó al comando del Ejército y le comunicó que había decidido pedir el pase a retiro de Videla y Viola, quienes lo seguían en antigüedad. "Si usted produce ese tipo de determinación, es probable que su autoridad también se erosione. Háganos caso, que nuestras reflexiones también valen. Al gobierno hay que dejarlo que se defienda solo, ellos tienen el orgullo, los votos y el apoyo popular; no metamos a nuestra institución, a la que hay que preservar de toda contaminación con esta degradación política, le dije. Laplane se desprendió el chaleco y preguntó: ¿Me lo dice en serio? Se lo digo de la única manera que yo hablo, le contesté. Entonces, apareció Rosas, el segundo de Laplane, y me dio la razón. Cuando terminó la reunión —que no fue, como se dijo, una reunión de todos los comandantes— nos despedimos cordialmente. Salgo y en el pasillo estaban esperando Videla y Viola: Laplane los había convocado para retirarlos. Entonces, ahí en el pasillo, yo les digo: Me parece que Laplane cambió de idea. Siéntense, oigan y sean criteriosos en la conversación. Laplane no los pasó a retiro. Pero cuando terminó la reunión, ellos me dijeron: Este tipo no sabe qué hacer, parece que tenía preparado nuestro retiro, y cambió todo. Me lo decían con desprecio, como si no tuvieran nada que agradecer".

De hecho, Delía Larocca fue el encargado de encabezar el putsch contra Laplane. Se argumentó que era el general más antiguo y que, por amor propio, por convicción corporativa y un notable sentido de protagonismo patriarcal, había aceptado ser el jefe formal de la sublevación. Pero Delía Larocca no formaba parte del grupo selecto de conspiradores encabezado por Videla y Viola; además, se lo había investigado por una presunta venta irregular de caballos del Ejército y, en definitiva, ya no eran los tiempos del reino de la Caballería. El preferido del gobierno era Cáceres. Urricariet, director de FM, amigo y compañero de promoción de Cáceres, fue, según éste, el encargado de pedirle en la mañana del 24 de agosto que se sumara a la rebelión. Cáceres no accedió. Sabía que su nombre sonaba como candidato a reemplazar al jefe jaqueado. Esa noche el subsecretario de Defensa, general retirado Carlos Augusto Caro, le ofreció, en nombre del gobierno, el cargo de Laplane. "Usted comprenderá —dijo Caro— que la Presidenta no puede entregar el

Ejército a estos generales rebeldes". No fueron sentimientos patrióticos sino corporativos los que finalmente pesaron en la resolución de Cáceres. No estaba dispuesto a poner en peligro la unidad del Ejército porque su promoción implicaba el pase a retiro de toda la cúpula militar. Y le dio a Caro el nombre de un candidato: su amigo, el general Luis María Julio del Corazón de Jesús Miró. El gobierno sabía que transitaba tiempo de descuento, así que horas después citó a Cáceres a Olivos, donde estaba reunido todo el gabinete. Los informes de la época cuentan —y los protagonistas nunca lo desmintieron— que en esas horas Massera visitó a Isabel en Olivos y le sugirió el nombre de Videla como sucesor de Laplane. Ante la negativa de Cáceres, el gobierno no tenía más remedio que aceptar las condiciones de Videla y Viola. No sería suficiente la resistencia de la CGT, que amenazaba con convocar a un paro general en defensa de Laplane: uno de sus prohombres, el gobernador Calabró, quería a Videla en ese cargo. Los ministros de Isabel no pudieron convencer a Cáceres. "Si la primera razón para no aceptar fue que con mi promoción pasaba a retiro toda la cúpula del Ejército, la segunda fue que el gobierno estaba tan débil que si yo hubiera necesitado reprimir violentamente el movimiento, me habría desautorizado. Y yo terminaría yéndome por la puerta trasera". Cáceres le informó a Laplane que se retiraría del Ejército, que no lideraría la comandancia del I Cuerpo para que Videla asumiera como comandante y que, además, personalmente le diría a Videla en los términos más duros que jamás compartiría el baño de sangre que estaban tramando. Cáceres contó que en esa reunión hubo insultos, que a Videla "le temblaban los músculos de la cara". Y que cuando Videla le preguntó *por qué te retirás*, Cáceres le contestó: "Porque no quiero ser cómplice de lo que ustedes van a hacer".

Finalmente, Cafiero y Demarco impusieron en el gobierno el nombre de Videla como sucesor de Laplane. Es posible que este impulso haya sido más el resultado del temor que de la convicción, pero las consecuencias prácticas fueron las mismas. Videla era el oficial superior más antiguo de su camada, pero sobre todo el general más dispuesto a aceptar la doctrina del elegido, más proclive a creerse llamado a cumplir una misión divina. Ninguno de sus camaradas —ni siquiera Viola— tenía esa mística, ninguno hubiera dicho: *si no era yo, quién...* Fue Delía Larocca y no Videla —quien nunca aceptó salir del Estado Mayor Conjunto mientras se desarrollaba el golpe contra Laplane, pero que en esa presunta neutralidad consumaba uno de los presupuestos formales del golpe— quien apareció como la cabeza visible del movimiento que le despejó el camino escalafonario a la dupla golpista, aunque su desprecio por "esos dos infantes, esos dos boludos (Videla y Viola)" se consolidaría sin atenuantes a lo largo de las décadas venideras, tal como confesó en una entrevista en 1999. Fue Viola, entonces, el encargado de entrevistarse con Laplane en la mañana del 28 de agosto para convencerlo de presentar la renuncia. Fue Delía Larocca el encargado de ver a Videla, en la mañana del 28 de agosto en el Cuerpo I, desaliñado y casi sin dormir, preparando su mensaje como nuevo jefe del Ejército. Fue Videla quien prometió *respetar la Constitución, la ley, la República, etcétera*, con un fervor verbal cada vez más exacerbado y altisonante, como buscando tapar la contundencia de una mentira. La consecuencia del putsch contra Laplane fue el comienzo del fin del gobierno de Isabel. El poder político se había subordinado definitivamente al poder militar. La sociedad civil era engullida por un militarismo ciego que distribuía cadáveres, amenazas, exilios y un ominoso manto de silencio sobre el destino de bienes y personas, en medio de una crisis económica creciente. Los grandes derrotados de la asonada militar habían sido, además del gobierno, los trabajadores y los sindicatos verticalistas, expresados sobre todo por los metalúrgicos conducidos por Lorenzo Miguel, que se aferraban a la supervivencia de Isabel como la última tabla de salvación de sus intereses corporativos.

Entre setiembre y diciembre del 75, Videla y Viola montaron, pieza por pieza, la maquinaria del asalto final. Massera se sumó a la escalada con letra propia. Su presión sobre Isabel para promocionar a Videla no era inocente. Por primera vez en la historia de la relación entre el Ejército y la Armada, el almirante tenía la posibilidad de competir por el liderazgo militar. Pensaba que Videla "carecía de talento, carisma, audacia, capacidad de éxito y liderazgo civil". Quien fuera más feroz en la represión ilegal contra civiles armados y desarmados y desplegara un proyecto político basado en la seducción que ese poder absoluto podía generar, sería quien a la larga estaría en condiciones de liderar la conquista de cierta legalidad para blanquearse en las urnas. Por eso, hubo una decisión expresa de Videla y Massera en los días posteriores al putsch contra Laplane: buscar todos los caminos posibles para que Isabel no dejara el gobierno aunque estuviera desangrándose y, luego, para que el peronismo no dejara el gobierno incluso en su peor agonía. La idea era vencer las resistencias de una sociedad exhausta, casi resignada, que estaba exigiendo orden sin conocer el precio. Las confesiones de los protagonistas son definitivas y no dejan ninguna duda sobre la premeditación sediciosa de las Fuerzas Armadas. Mientras los discursos prometían defensa de la Constitución, en el edificio Libertad, sede de la Armada, se estructuraban las bases del futuro Estado terrorista.

Por lo menos cuatro meses antes del 24 de marzo de 1976, se formó un equipo conocido como Equipo Compatibilizador Interfuerzas (ECI) para montar el aparato golpista. Era el estado mayor clandestino, ilegal, de acecho, que se conformaba para dirigir el despliegue de otros; en todas las guarniciones militares, los destacamentos de inteligencia eran adecuados para servir como centros de detención. En la ESMA, a principios de noviembre se comenzaron a montar las instalaciones para transformarla en el principal campo de concentración de la Armada y se armó el plantel de los grupos de tareas (GT), equipos de oficiales que participaron en la represión ilegal a los opositores y la ejecutaron. Massera, en esos días, estaba orgulloso por la edificación de su imperio de tinieblas o, como se vio a poco de andar, de la sede de su búnker político. Mientras esa Argentina letal y secreta preparaba los andamios del nuevo régimen, en la superficie institucional su representante, Videla, ocupaba un lugar visible en la historia. Apenas asumió la comandancia, trabajó en dos direcciones: la cohesión del Ejército y su absoluta subordinación a la guerra abierta —en Tucumán y en otras zonas urbanas y rurales— y a la guerra secreta, es decir, al funcionamiento de unidades de combate clandestinas, que desplegaran la inteligencia militar como arma eficaz para la represión. El método no era novedoso, por supuesto. Había sido empleado en Argelia, Vietnam y en el Chile de Augusto Pinochet. La diferencia radicaba en que, por primera vez en la historia del Ejército, Videla, su jefe, no tendría límites morales ni políticos en el camino de apañar, potenciar, armar y lanzar a la calle a grupos de oficiales estructurados como una pequeña célula terrorista. Es decir que ya en esos días Videla no dudaba acerca de la conveniencia de armar un Ejército de catacumbas, formado por células de oficiales, con nombres falsos, centros clandestinos de interrogatorio y mandos paralelos. La columna vertebral de las operaciones militares sería el uso intensivo de la inteligencia a partir de la información sobre los rebeldes arrancada en los interrogatorios. La tradición de torturar opositores venía del fondo de la historia argentina, pero era, también, una convicción profunda de Videla, *porque una guerra de inteligencia es una guerra de información. Y aquí no fue como en Chile, que el enemigo estaba a la luz porque había formado parte de todo el aparato de gobierno (de Salvador Allende). Aquí, desde el 74, cuando Perón los echó de la plaza de Mayo, los "imberbes..." (los montoneros), los enemigos hicieron glup y todos pasaron a estar subterráneos,* diría aún en el otoño del 99, acompañando el *"glup"* con el gesto de engullir algo. Aunque luego se asustara del gesto, *la tortura es horrorosa,* no dejaría de justificarlo: *Israel la legalizó cuando se trata de una cuestión de Estado. Estoy seguro de que en este momento en alguna comisaría se está torturando, porque cuando se quiere llevar adelante una investigación en serio...*

Videla creyó necesario armar un ejército *subterráneo* como el de sus enemigos, y mutar al Ejército preparado para la defensa nacional en uno esencialmente dedicado a la cacería de civiles. No fue de ningún modo el primero en intentarlo, pero su mérito reside en haber sido, sí, el primero en lograrlo. Esa criatura militar nació de la unión más celebrada por el Ejército en esos días, entre el flamante comandante Videla y su nuevo jefe de Estado Mayor Viola. Los generales de brigada que ocuparon a partir de octubre los principales mandos del Ejército tenían bajo su responsabilidad dotar de movimiento a la criatura, a lo largo y a lo ancho de la Argentina. En octubre, los puestos número uno o dos de cada Cuerpo y Brigada estaban cubiertos con los oficiales más antiperonistas, anticomunistas y partidarios de la guerra sucia. Los nombres de la primera y segunda línea de mandos promocionados garantizaban que no habría ninguna vacilación en la represión que se planeaba, ni entonces ni después. Rodolfo Cánepa y Albano Eduardo Harguindeguy estaban en el I Cuerpo; Suárez Mason y Jorge Carlos Olivera Rovere en Bahía Blanca; Ramón Genaro Díaz Bessone y Paladino en Rosario; Luciano B. Menéndez y José Antonio Vaquero en Córdoba; Eduardo Betti reemplazó a Videla en el EMC; Santiago Omar Riveros y Carlos Dallatea ocuparon Institutos Militares en Campo de Mayo. Completaban la lista Osvaldo Azpitarte en la Secretaría General, Diego Urricariet en Fabricaciones Militares, Enrique Laidlaw en Gendarmería, Rodolfo Mujica en la Escuela Superior de Guerra y Cesário Ángel Cardozo en la Dirección de Escuelas; Luis Miró siguió al frente de la JID. Los comandantes de brigada —Fernando Humberto Santiago (Mendoza), Adel Vilas (Tucumán), Juan Antonio Buasso (Neuquén), José Rogelio Villarreal (Córdoba), Luciano Adolfo Jáuregui (Paraná), Adolfo Sigwald (Comodoro Rivadavia), Edmundo René Ojeda (Tandil) y Cyris Feu (Corrientes)— estaban llamados a ser los alfiles de la represión y, muchos de ellos, a ocupar un puesto destacado en los mandos de la guerra sucia. Sólo el destino del filoperonista Vilas estaba sellado. Semanas más tarde fue reemplazado por Bussi, en Tucumán, y esto dio comienzo a la segunda y sangrienta etapa del Operativo Independencia; se establecieron los primeros 14 centros clandestinos de detención regenteados por el Ejército. El estado mayor de Videla y Viola se conformó con los más adictos a la dupla: Andrés Aníbal Ferrero en Personal (JI), Martínez en Inteligencia (JII), Galtieri, amigo de Viola, en Operaciones (JIII) y José Montes en Logística (JIV). El coronel Martínez, ascendido a general en diciembre, fue el encargado de hacer realidad el sueño de Videla. Armó la estructura de inteligencia de la represión ilegal, proyectada en los G2 de los destacamentos de inteligencia de cada comando. Tenía un encargo que, si lograba cumplirlo, le permitiría ganar la confianza final de Videla y Viola: atrapar a cualquier precio y por cualquier método a los jefes de la guerrilla de Montoneros y del ERP. Videla sabía que ése era un requisito esencial para ejercer el poder sin amenazas.

A pesar de que algunos generales catapultados por Videla simpatizaban en mayor o menor medida con el peronismo o el radicalismo —como era el caso de Suárez Mason—, lo que más los unía era el anticomunismo y la ausencia de límites para la represión. Videla se aseguró una estructura que respondiera a esta idea madre, mientras Viola no paraba de elaborar órdenes de operaciones, la inicial en la primera semana de octubre, la ultrasecreta 404 (más conocida como "La Peugeot"), en la que Videla establecía los métodos para que el Ejército actuara como fuerza de represión ilegal en todo el territorio. Videla no podía competir con Viola en imaginación, por lo que solía dejar en manos del otro los nombres de fantasía de las operaciones encubiertas, la relación con los políticos que revoloteaban por el edificio Libertador peleándose por un lugar bajo el sol militar, con los sindicalistas antiverticalistas (aquellos que querían la renuncia de Isabel), los periodistas y los empresarios. La tarea que Videla no delegaba en Viola era la revisión diaria de los partes de inteligencia que Martínez, jefe de inteligencia militar, le entregaba cada mañana, instaurando una costumbre que se mantendría por mucho tiempo. La Armada no tardó en sumarse a la planificación del ejército subterráneo. El 21 de noviembre, Massera, junto con su jefe de Operaciones Navales, el contraalmirante Luis María Mendía, lanzó desde Puerto Belgrano el Placintara (Plan de Capacidades para el Marco Interno de la Armada de la República Argentina), que establecía la forma en que la Marina se sumaba a la "lucha antisubversiva". La 404/75 fue la letra que necesitaban los jefes puestos en sus cargos por Videla. La mayoría de los militares que entonces lo vio ordenar ese diseño creyó que Videla había llegado ahí por una casualidad escalafonaria. Sin embargo, la conformación de la nueva estructura de mandos requirió tanta precisión, revisión de normas, conspiración y premeditación que de ningún modo pudo haber sido fruto sólo del impulso burocrático que en tiempos normales reciben los ascensos militares. Seguramente surgió de un largo ajuste, una prolongada evaluación, mucho café e innumerables horas de trabajo en las oficinas del edificio Libertador que, pasillo de por medio, mantenían unidos a Videla y a Viola en el afán guerrero, en la pulsión de asumir todo el control de la guerra contrainsurgente, de exterminar a los opositores armados y, *porque en una guerra no hay neutrales,* también a los desarmados. En definitiva, cada uno de los comandantes militares estaba destinado a ser un gobernador paralelo, a funcionar en la estructura de dirigentes del partido militar que desde el edificio Libertador recibía instrucciones detalladas acerca de cómo comportarse no sólo en el exterminio de la guerrilla sino ante las crisis políticas provinciales.

Entre las operaciones psicológicas planteadas por la 404/75, la idea de Videla y de Viola fue presentar el seguro derrocamiento de Isabel como algo inevitable, una fatalidad, una consecuencia y no una causa. ¿Era una fatalidad? Los sucesos posteriores a la asunción de Videla como jefe del Ejército demostraron que lo que transformó en inevitable el golpe de Estado fue, precisamente, la decisión del partido militar de asumir el poder. Existían caminos políticos y legales posibles. Videla y Viola no quisieron optar por ellos. Esto sucedió por varias razones; una de ellas fue asegurar el aplastamiento de la sociedad civil, la anulación de la política y de la protesta social, para llevar adelante la reconversión del capitalismo argentino. El liderazgo del nuevo régimen recaería en la burguesía financiera y agraria, y en un Estado aún monopólico que financiaría con deuda externa esa reconversión, y daría un golpe definitivo al país industrial. De manera que Videla debía esperar que el gobierno peronista se desangrara y, mientras, lograr el control absoluto de la Argentina en el plano militar. Este proceso se realizó en varios movimientos. Una vez avanzado el desarrollo de la modalidad de la represión, y antes de dar el salto definitivo, debía decidir qué hacer con Isabel y con la economía. La ofensiva contra el gobierno fue escalonada. En setiembre, Isabel tomó licencia y marchó hacia Ascochinga, en las sierras de Córdoba, acompañada por las esposas de Videla, Massera y Fautario, en un intento patético de tender lazos personales con ellos. Luder, quien se desempeñaba como presidente provisional del Senado, quedó a cargo de la Presidencia. Si el poder de Isabel radicaba, todavía, en la legalidad institucional, en los fieles del justicialismo y en la fuerza de los sindicatos verticalistas que le seguían respondiendo, el de Luder reposaba en el descontento generalizado con el gobierno, que el partido militar liderado por Videla supo capitalizar muy bien. La asunción de Luder significó un recambio en el gabinete, con el enroque de Damasco por Ángel Robledo en Interior y de Garrido por Tomás Vottero en Defensa, pero, además, el comienzo de la ofensiva contra Isabel para obligarla a renunciar. Un paso significativo en este sentido fue la apertura de una causa por malversación de fondos públicos, en relación con la llamada Cruzada de Solidaridad que había pergeñado con López Rega.

El verdadero gabinete de Luder pasó a ser el triunvirato militar de Videla, Massera y Fautario. Un ataque sangriento de Montoneros a un regimiento de Formosa fue la excusa para que Luder y el triunvirato avanzaran en el andamiaje represivo y le dieran publicidad. Los decretos 2.770 y 2.771 crearon el Consejo de Defensa Nacional, en el que se unificó la represión oficial con un manto legal, ya que Isabel debía presidirlo. En sucesivas reuniones con Luder, el triunvirato prometió no dar un golpe de Estado —algo que en ese momento se interpretó como no interferir en los actos del gobierno— a cambio de la autonomía absoluta, en todo el país, para luchar contra la subversión *con los métodos y los instrumentos que fueran necesarios*. Videla pidió cobertura legal para este planteo. Luder accedió y firmó el decreto 261 S, y 2.772 que extendía el Operativo Independencia a todo el país. Se estableció que "las Fuerzas Armadas bajo el comando superior del presidente de la Nación, que será ejercido a través del Consejo de Defensa, procederán a ejecutar las operaciones militares y de seguridad necesarias a los efectos de aniquilar el accionar de los elementos subversivos en todo el territorio del país". También determinaba que la Secretaría de Prensa y Difusión de la Presidencia, la Secretaría de Informaciones del Estado, la Policía Federal y el Servicio Penitenciario Nacional quedaban "funcionalmente afectados al Consejo de Defensa a los fines de la lucha contra la subversión" y que los gobiernos provinciales debían proveer "los medios policiales y penitenciarios que les sean requeridos por el citado Consejo". Es decir, toda la estructura represiva del Estado quedaba bajo el mando del triunvirato militar, con una fachada de legalidad, y, además, los gobernadores también debían obedecer a los comandantes de cada región en todo lo relacionado con la represión. El gobierno nacional subordinaba la política a las armas, en un gesto que, lejos de garantizarle la supervivencia, lo mataría. "Aniquilar el accionar de la subversión" tuvo varias lecturas póstumas pero una sola verdadera; en la guerra que Videla afirmaba estar librando, la palabra aniquilar significaba, sencillamente, exterminar. En el otoño del 98, Videla recordó los pormenores de ese acuerdo con Luder, que para él significó el comienzo de la "guerra total" y la justificación legal de que la matanza que vendría era la consecuencia lógica de una *orden del poder político*. Porque *el decreto de Luder puede tomarse como la declaración de guerra a la subversión, aunque si vemos lo que pasó en Tucumán se puede tomar como punto de partida febrero del 75. Los errores, excesos, horrores, de esos seis meses que van desde octubre del 75 hasta marzo del 76 son iguales a los del 24 de marzo en adelante... Nosotros se lo planteamos a Luder: Mire que actuando así el problema se termina en un año y medio, si no esto va a la larga,*

*tipo El Salvador, Honduras, Guatemala. Mire —le dijimos—, que esto va
a traer abusos, etcétera, etcétera...* Videla usó *etcétera* para nombrar el
asesinato en masa, una palabra que expresa todo y nada al mismo
tiempo, que es secundaria, marginal y banal, como una manera de
llamar a lo que siempre consideró *un costo* secundario. Contó, en la
entrevista otoñal: *La evaluación que nosotros hicimos es que así en un año
y medio esto se terminaba. Era una guerra de inteligencia, con todos los
horrores que esto acarreaba. En nuestros cálculos las cosas hechas de este
modo iban a tener un menor costo en vidas humanas que un conflicto prolongado. A mí, como comandante en jefe, me tocó hacer la exposición del
planteo a Luder, pero estaba todo el gabinete. Le planteamos a Luder que
había cuatro opciones. La primera era la más extensa en el tiempo, la forma
paulatina, pautada (¿legal?). Algo tipo Nicaragua, Honduras... Después
venían las opciones dos y tres, de mayor intensidad, y la cuarta, que era la
más intensa. Implicaba atacar en masa, con todo, en todo el terreno, sacarlos
de sus guaridas. Y ellos eligieron esta opción. El decreto de aniquilamiento
es consecuencia de esta exposición.* Videla se irresponsabilizó de la decisión de iniciar la represión ilegal a gran escala, cuyos aspectos operativos diagramaron con meticulosidad y secreto él, Viola, Galtieri y
Martínez. No admitió que ésa, la cuarta, era la opción por la que
pujaban. Videla dijo *ellos eligieron esta opción. Es una arbitrariedad considerar que la guerra empezó el 24 de marzo. Nada de lo que pasó después
fue distinto de lo que pasó en Tucumán o en todo el país. ¿No sabían los
políticos lo que estaba pasando en Tucumán? Si no se enteraron es porque
no querían o porque miraron para otro lado. Además, ¿enero del 76 no fue
el mes en que más desapariciones hubo? Nosotros todavía no estábamos en
el poder.* La negativa posterior de Luder a aceptar que la palabra
"aniquilar" fuera sinónimo de "exterminar" resultaría irrelevante
porque la matanza que sobrevino no dejó espacio para discusiones
semánticas. A partir de octubre del 75, la Triple A prácticamente
dejó de existir porque las operaciones ilegales quedaron en manos
del Ejército.

¿Cuándo llegó Videla a disfrutar en secreto la posibilidad de tomar el poder, que en este caso significaba decidir sobre la vida y los
bienes de los argentinos? Se cree (así lo creen muchos de quienes lo
vieron actuar entonces) que fue precisamente en esos días de octubre, cuando el gobierno terminó de aceptar que el poder real pasaba
de la Casa Rosada al edificio Libertador. Es decir, más allá de los
discursos en Tucumán, donde Videla viajó apenas iniciada su comandancia. (*El golpe de Estado es una negación. Preferiría afirmar la vocación institucionalista de las Fuerzas Armadas, que asumen con
responsabilidad el rol que les toca en este proceso de sostén de las instituciones de la República, garantizando el libre juego de ellas, para que la Nación*

alcance, a través de la democracia, los objetivos que la historia le tiene depa-
rados). Se cree que fue en esos días, cuando los decretos de Luder
que consumaban de hecho la bordaberrización del gobierno de Isabel le dieron vía libre para ejecutar el esquema represivo ideado por
él y Viola, y que sería compartido por Massera y, en menor medida,
por Fautario. La mayor parte de la dirigencia política tenía la esperanza de que Isabel renunciara. Apostaban a que a su regreso de
Ascochinga, cosa que ocurrió el 15 de octubre, la viuda diera un
paso al costado. Las comunicaciones secretas de la embajada de los
Estados Unidos al Departamento de Estado en Washington reflejaron bien este clima. El embajador Hill, quien junto con el embajador del Vaticano en Buenos Aires, monseñor Pío Laghi, fue una
pieza clave en el tablero político de la crisis, informó en sucesivas
comunicaciones dirigidas del 2 al 16 de octubre al secretario de Estado Kissinger y a su secretario de Asuntos Interamericanos,
William Rogers, lo que se estaba debatiendo: "Hay un vacío de poder en el centro de la estructura política argentina y la pregunta
central es: ¿quién lo llenará? Seguramente no será, no puede serlo,
la señora Perón. Fuentes que se han comunicado con las esposas de
los tres comandantes en jefe desde su retorno de Ascochinga la habrían descrito como extremadamente nerviosa, irritable y anémica.
Además, el 3 de octubre el ministro de Economía, Cafiero, le dijo
en confianza al embajador Hill que la señora Perón tiene úlceras
sangrantes que no muestran signos de mejoría. Cafiero le informó al
embajador que los planes actuales son que la señora Perón retome la
presidencia el 17 de octubre sólo por unos pocos días". En una comunicación del 7, agrega: "Rumores de posible golpe en Argentina.
La embajada es informada por Tomás Vottero que hay bastantes posibilidades de un golpe que bien podría generar un gobierno militar
o el cambio de la señora Perón por otra persona, tal vez el presidente interino". Luego, la embajada celebraba los decretos de Luder:
"Después de 18 meses de indecisiones, el gobierno finalmente ha
logrado una posición unificada para hacer frente al problema de la
subversión. Queda claro que el gobierno se siente presionado por la
opinión pública, que pareciera adelantarse al gobierno en el reconocimiento de que son necesarios esfuerzos enérgicos para poner fin al
terrorismo". Respecto del regreso inminente de Isabel al gobierno,
la embajada anotaba: "Altos colaboradores del senador Fernando de
la Rúa, vicepresidente del Comité de Asuntos Constitucionales, informaron hoy que si ella trata de regresar al poder, se autorizará que
proceda la investigación por el escándalo de los cheques (de la Cruzada de Solidaridad) con todos los impedimentos y dificultades legales que esto le ocasione". Y el 16, un día después del regreso de

Isabel a Buenos Aires, Hill escribió: "Consternación por el retorno de Isabel de su licencia. La situación es muy confusa; el anuncio de la señora de Perón ha enturbiado las aguas de modo considerable y hay bastante incertidumbre. Podría ser que, tal como le dijera Cafiero al embajador Hill, ella retome la presidencia sólo por pocos días. Fuentes bien informadas le han dicho hoy a la embajada que los militares están a punto de tomar la decisión de no dejarla regresar a la Casa Rosada. Una gran mayoría en Buenos Aires, incluyendo experimentados políticos, esperan, repito, esperan que los militares actúen entre hoy y el 17 de octubre para impedir que ella retome el poder, para que ella no regrese, pero dejando el poder en manos civiles: podría ser Luder o alguien como él".

Sin embargo, Isabel no renunció, Luder no estuvo dispuesto a reemplazarla y Videla, que le había prometido a Luder prescindencia en la crisis a cambio de los decretos, tampoco quería anticipar un golpe de Estado que lo distrajera, en principio, de la preparación del Ejército para el gran salto. Horas después de que Isabel ratificara en la Plaza de Mayo su decisión de continuar al frente del gobierno, Videla viajó a Montevideo para asistir a la XI Conferencia de Ejércitos Americanos. Allí pronunció un discurso que sería entendido como su verdadero documento de identidad política y el credo de un Uruguay que ya transitaba la dictadura más cerrada y el del Chile de Pinochet: *Si es preciso, en la Argentina deberán morir todas las personas necesarias para lograr la seguridad del país*. Videla, "flaco, alto, con inmensos bigotes", como lo describió un diario mexicano, hizo algo más que convertirse en la estrella de la reunión. Inició las conversaciones con sus colegas de Uruguay y Chile para incorporarse al Plan Cóndor, un plan que impulsaba con Pinochet para regionalizar la represión ilegal. Esa regionalización del terrorismo de Estado vigente ya en Uruguay y Chile tenía, al fin, un aliado incondicional en Videla. El 26 de noviembre se realizó en Santiago de Chile la primera reunión constitutiva del Plan Cóndor, en la que participaron delegados militares de los tres países. Esta reunión había sido precedida por contactos previos entre la policía secreta de Pinochet, la DINA, y la inteligencia militar argentina. El 2 de setiembre había viajado a Santiago, vía Asunción del Paraguay, el teniente coronel José Osvaldo Riveiro, subjefe del Batallón 601, para participar, invitado por la DINA, en el primer cónclave del Cóndor. Allí se definieron las características del supraestado terrorista regional y sus aspiraciones a futuro: el apoyo mutuo y operaciones conjuntas entre la Argentina, Chile, Bolivia, Paraguay y Uruguay para eliminar las actividades de guerrilleros, activistas u opositores en el Cono Sur; impedir que los buscados encontraran refugio en países vecinos;

centralizar la información regional de inteligencia; permitir la instalación de "delegaciones" de un país a otro; formar equipos conjuntos para operar dentro del área; coordinar un plan de vigilancia de fronteras para control del movimiento de personas entre los países del área; formar equipos de ejecución de blancos para operar en el resto del mundo. Era la formalización de los contactos que ya había iniciado el espía del Batallón 601 de inteligencia militar —a cargo del coronel Alberto Alfredo Valín— Juan Martín Ciga Correa, también militante de la Triple A y de la ultraderechista Milicia, que actuaba con el seudónimo de mayor Mariano Santa María, con el espía chileno y jefe de la estación de la DINA en Buenos Aires, Enrique Arancibia Clavel. Ambos habían desplegado las garras del proto-Cóndor en el atentado al amigo y ex ministro de Defensa de Salvador Allende, el general Carlos Prats, exiliado en Buenos Aires: lo dinamitaron junto a su esposa dentro de su coche en la noche del 30 de setiembre de 1974.

Entre noviembre y diciembre del 75, la resistencia de Isabel a renunciar a pesar de su mal estado de salud terminó de convencer a Videla y a Massera de la necesidad de prepararse para el asalto mientras la dirigencia política buscaba caminos para forzar la salida de la viuda dentro de los marcos legales. La embajada registró esos movimientos: "El senador (Fernando) De la Rúa, en una reciente presentación social, insistió ante el embajador Hill en que ella debe ser sometida a juicio político". Un cuarto de siglo más tarde, el contraalmirante retirado Horacio Zaratiegui confirmó lo que entonces era un secreto militar bien guardado: hubo premeditación golpista de las Fuerzas Armadas mientras por razones de simple estrategia se determinaba el momento del asalto al poder. "La Armada empezó a planificar a fines de octubre o principios de noviembre de 1975 cómo tenía que ser el gobierno militar próximo cuando se terminara de caer toda la estantería. Con el convencimiento de que no podía volver a ocurrir lo de siempre, que lo manejara nada más que el Ejército, la Armada comenzó a redactar el famoso Estatuto donde ponía una serie de limitaciones: por ejemplo, que ningún comandante en jefe podía durar más de tres años en el cargo, con lo que obligaba al recambio y evitaba la aparición de una figura fuerte, como un (Juan Carlos) Onganía, que pretendiera quedarse demasiado tiempo. Se creaba una Junta Militar por encima del Presidente —se reconoció de entrada que debía ser un general por ser el Ejército la fuerza mayoritaria—, que tenía que cumplir las órdenes de la Junta". El periodista Claudio Uriarte, en su biografía de Massera, describió con precisión ese momento. "La planificación del golpe y del gobierno militar posterior en la Armada estuvo a cargo del contraalmirante Eduardo Fracassi, a la sazón secretario general y principal operador político de Massera, y de los capitanes de navío que formaban parte del Gabinete de Asuntos Especiales: José L. Segade, Guillermo Arguedas (infante experto en inteligencia y operador de la relación de Massera con el sindicalismo), Joaquín Gómez y Carlos Bonino, entre otros. La planificación del golpe contemplaba dos momentos: la organización del derrocamiento de Isabel propiamente dicho, y los movimientos militares que era necesario ejecutar directamente después, que incluían secuestro, tortura y asesinato de opositores. La planificación del gobierno militar implicaba determinar su estructura operativa. Massera tenía ideas bien definidas sobre todos estos puntos, lo que lo convirtió en el principal protagonista de esta planificación ante un Ejército que en octubre de 1975 todavía dudaba acerca de la necesidad de tomar el poder y una Fuerza Aérea que recién se había incorporado a la lucha antisubversiva. Massera sostenía que el futuro gobierno militar debía evitar una repetición de la experiencia vivida con Onganía: la usurpación masiva del poder por un autócrata mientras las Fuerzas Armadas permanecían al margen de las decisiones de gobierno. Su propuesta implicaba, por el contrario, que el gobierno estuviera directamente en manos de las Fuerzas Armadas, con un presidente que fuera solamente el ejecutor de las decisiones de los tres comandantes en jefe, constituidos en Junta Militar. Vista desde esta óptica, la jefatura del Estado correspondería en realidad a la Junta Militar, mientras el presidente sería su mera representación protocolar. Según este enfoque, éste debería ser elegido por la Junta Militar, y podía ser un civil o un militar en retiro. Varias razones confluían en esta perspectiva. Una era que la subordinación del presidente no podía garantizarse si se trataba de un oficial en actividad, y menos si se trataba de uno que dirigiera una de las fuerzas y fuera integrante de la Junta Militar, lo que lo convertiría naturalmente en un primus inter pares. Otro motivo era el deseo de Massera de aumentar el poder de la Marina de Guerra en el futuro gobierno más allá de lo que la verdadera relación de fuerzas expresaba: en 1976 el Ejército tenía 80.000 hombres, la Armada 30.000 y la Fuerza Aérea 18.000, pero en este esquema cada fuerza detentaba un pulcro y abstracto 33 por ciento del poder de decisión del gobierno. Una tercera razón consistía en que este diseño evitaba el desgaste directo de la Junta como órgano de gobierno, trasladando ese desgaste al presidente. Los extraños movimientos, cambios y secretos que empezaban a ocurrir en octubre de 1975 en la ESMA tenían que ver con la constitución del primer Grupo de Tareas (GT) para la lucha antisubversiva de la Marina de Guerra. Massera reprodujo la estructura celular de las organizaciones guerrilleras: el Grupo de Tareas estaría dividido en tres áreas, Operaciones, Logística e Inteligencia, que no tendrían relación entre sí, y cuyos planteles no comerían juntos ni compartirían el casino de oficiales. El GT actuaría como un organismo de tres compartimentos estancos, que solamente se vincularían a través de la común subordinación a un jefe, quien a su vez estaría en línea de mando directa con el comandante en jefe de la Armada."

Sin duda, la planificación militar del golpe se puso en marcha entre fines de octubre y principios de noviembre bajo el nombre ideado por Viola de "Operativo Aries", y coincide en el tiempo con dos hechos: la resistencia de Isabel a renunciar y la negativa del Ejército a prestar un hombre para poner al frente del gobierno. Algunos legisladores de los partidos provinciales y del radicalismo insistían en el juicio político para que la Asamblea Legislativa designara un nuevo presidente. Viola y Videla participaron de las discusiones en las que Balbín y dirigentes provinciales especulaban con la posibilidad de que Viola o el general Delía Larocca reemplazaran a Isabel, lo que hubiera completado institucionalmente el esquema de bordaberrización. Pero el peronismo, mayoritariamente, seguía resistiendo esta salida. En tanto, mientras el debate sobre qué hacer con Isabel mantenía ocupada a la dirigencia política, Videla y Viola nombraban los delegados del Ejército a las reuniones secretas del ECI en las que se aceitaban los mecanismos para el asalto. El equipo que tenía la misión de darle una estructura al Operativo Aries —el signo del zodíaco que rige desde el 21 de marzo al 20 de abril, y que anticipaba el período dentro del cual los militares golpearían— funcionaba en una zona o "área restringida" del edificio Libertad, sede de la jefatura de la Armada. Los delegados del Ejército, hasta fines del 75, fueron los coroneles Miguel Mallea Gil, encargado del Departamento de Política Interior del Ejército, Antonio Llamas, del Departamento de Ciencia, y el coronel José Raúl Ortiz, de Política Exterior, todos integrantes de la Secretaría General del Ejército bajo el mando del general Azpitarte y su segundo, Llamil Reston. A partir de enero del 76, el general Carlos Dallatea reemplazó a Azpitarte. El equipo de la Fuerza Aérea estaba dirigido por el brigadier Basilio Arturo Ignacio Lami Dozo. Los jefes de cada delegación formaron a su vez el mencionado ECI, que actuó como correa de transmisión con los jefes de Estado Mayor y los comandantes. A partir de febrero del 76, el equipo golpista comenzó a reunirse a diario. El general Mallea Gil confirmó en una entrevista realizada en 1999 que ese equipo se reunía "fogoneado por la Armada, que ya tenía decidido el golpe desde octubre. Porque hasta octubre hubo toqueteos, y Videla y Viola participaban de la idea, pero empezaron a vacilar. Se deciden por el golpe a partir de enero del 76".

Pero en esos "toqueteos" golpistas a los que se refiere Mallea Gil, Videla avanzaba con escasas vacilaciones en sus contactos con un grupo de civiles que expresaba la más cerrada ortodoxia liberal todo terreno, especialmente en el área económica, de la que él y Massera lo ignoraban todo, y en otras áreas de gobierno. Carlos Túrolo, un empresario hijo de un general "colorado", reconstruyó los vínculos de Videla con Jaime Perriaux y con Martínez de Hoz, los civiles clave en el diseño del golpe militar y en las políticas futuras del régimen dictatorial. "Comienzan los contactos con un grupo de civiles defensores del liberalismo más crudo, quienes desempeñaron un papel decisivo en el plan económico adoptado por los militares golpistas: el grupo Perriaux, por Jaime Perriaux, conocido en los ambientes encumbrados como Jacques, el hombre que fue indiscutido líder y factor aglutinante de ese grupo. Los orígenes del grupo Perriaux se podrían remontar, en cierto modo, al viejo Club Azcuénaga, formado por numerosas personalidades preocupadas por la marcha del país. Debió su nombre a que la casa en la que se celebraban las reuniones estaba situada en la calle Azcuénaga, en la Capital. En realidad, no era un club en el sentido corriente de la palabra. Lo dirigía Federico de Álzaga, teniente coronel de caballería perteneciente a una de las más aristocráticas familias de la Argentina. La casa en la que se llevaban a cabo las reuniones había sido cedida a Álzaga por Carlos Pedro Blaquier. El general de brigada retirado Miatello fue quien puso —oficialmente— en contacto al grupo Perriaux con el Ejército". A mediados del 75, Videla había designado a dos generales para que mantuvieran contacto directo con el grupo Perriaux: Riveros y Suárez Mason, en tiempos en que este último era jefe de la inteligencia militar. Su función era preparar un plan económico que enfrentara la crisis. El primer plan ultraliberal que promovía una brutal reducción de salarios —una medida demasiado antipopular— no fue aprobado por los "políticos" Viola y Massera. Un segundo plan, más gradual pero no menos ultraliberal, que estuvo listo en el verano del 76, consiguió luz verde para que finalmente lo hiciera suyo Martínez de Hoz. Videla había soñado enlazar su historia personal con la de la oligarquía terrateniente más cerradamente conservadora (en parte lo había logrado con su casamiento con una Hartridge), con representantes como los Blaquier, cuya historia era, además, la historia del desprecio brutal a la Argentina con derechos sociales y democrática. La mayoría de ellos y de sus antepasados había participado o instigado los golpes de Estado o las asonadas militares a escala nacional o provincial. El currículum de Perriaux, en este sentido, no tenía nada que envidiarle al de Miatello, aunque se circunscribía al área judicial. Perriaux era un abogado, políglota y culto, cuyos principales contactos con el Ejército estaban en la inteligencia militar. Fue el mentor, en 1971, de la creación del llamado "Camarón", un tribunal especial para juzgar a los guerrilleros y a sus simpatizantes. Sus jueces, que eran nueve —entre ellos estaban Jaime Smart y Jorge Quiroga—, acumulaban denuncias de detenidos, abogados, familiares y dirigentes políticos. En todas se los acusaba de presenciar las sesiones de tortura en las que los detenidos eran interrogados por la policía. Quiroga fue asesinado por un grupo guerrillero y Smart sería uno de los funcionarios bonaerenses avalados por Videla (fue ministro de Gobierno de la provincia de Buenos Aires). Miatello y Perriaux fueron sus amigos, consejeros y hombres de confianza política, junto con Martínez de Hoz. Esto echa luz sobre un aspecto importante. Videla decidió tomar el poder no sólo por una pasión propia de soldado convocado para aplastar y aniquilar a civiles armados o desarmados, entre ellos a los trabajadores levantiscos que Miatello consideraba "infiltrados del marxismo en las fábricas". Videla fue el elegido, el brazo armado de estos militares y civiles cuyo proyecto nacional correspondía a una Argentina feudalizada. Porque una cosa parecían compartir Videla y los suyos: había que retrotraer al país a un estadio previo a la existencia del peronismo y del yrigoyenismo.

A fines del 75, el gobierno hizo otro esfuerzo por contener la avalancha militar y adelantó las elecciones presidenciales previstas para 1977 a octubre del 76. La convocatoria pasó inadvertida porque la suerte de Isabel estaba echada. Su permanencia en el gobierno dependía de que Videla y Massera definieran el momento oportuno para golpear. El informe de Hill sobre la coyuntura fue el siguiente: "Viola le dijo a Balbín, el fin de semana, que durante una reunión de generales realizada el 5 de diciembre se decidió no intervenir —repito, no intervenir— esta vez". Y agregó: "Álvaro Alsogaray pide paciencia a los militares por un tiempo más. Que deben esperar hasta último momento, hasta que quede claro que la única alternativa para este caos económico y político total es una intervención militar". En realidad, al diseño golpista le faltaban varias piezas. Una se colocó con los enroques y ascensos en la estructura de mandos del Ejército con probados videlistas. Viola se llevó como segundo a su gran amigo Galtieri. Suárez Mason quedó al frente del estratégico I Cuerpo, con Olivera Rovere como segundo, y tenía bajo su dominio la Capital Federal y la mitad norte de la provincia de Buenos Aires y La Pampa. Díaz Bessone pasó a ser el comandante del II Cuerpo (Rosario) con Ferrero como segundo; Menéndez, del

III Cuerpo (Córdoba), con José Vaquero como segundo; Azpitarte quedó al frente del V (Bahía Blanca) con Vilas, a quien reemplazó Bussi en Tucumán, como segundo. El lugar de Azpitarte en la Secretaría General lo ocupó Dallatea. Harguindeguy se hizo cargo de la Policía Federal. Paladino quedó al frente de la SIDE en reemplazo del contraalmirante Aldo Peyronel. La función de Paladino sería, entre otras, regular la presión sobre el gobierno para que Isabel renunciara. Los generales Antonio Buasso y Rodolfo Mujica pasaron al EMC. Cesário Cardozo fue designado director de la Escuela de Guerra (ESG) y Reynaldo Benito Antonio Bignone del Colegio Militar. El estado mayor videlista quedaba integrado por incondicionales: José Rogelio Villarreal, jefe de Personal, cuya función era, precisamente, colocar en lugares clave a los videlistas; Carlos Alberto Martínez en Inteligencia; Luciano Jáuregui como jefe de Operaciones y José Montes de Logística. Los generales que quedaban al frente de la represión territorial eran Bussi (Tucumán), Sigwald (Palermo), Abel Teodoro Catuzzi (Paraná), Jorge Antonio Maradona (Mendoza), Rafael Zavala (Curuzú Cuatiá), Horacio Tomás Liendo (Neuquén), Edmundo Ojeda (Tandil), Cristino Nicolaides (Corrientes), Luis Jorge Warckmeister (Comodoro Rivadavia) y Juan Bautista Sasiaiñ (Córdoba). Videla, finalmente, había logrado una estructura de mandos militares donde no quedaban vestigios de filoperonistas o de lanussistas; una estructura que había sido concebida con premeditación política como una Blitzkrieg de guerreros sin límites morales para acabar con "la subversión apátrida" y asaltar el poder civil. Había conseguido alinear a todos aquellos que estuvieran dispuestos a matar a *todos los que sea necesario*. En enero del 76 esta estructura de mandos estuvo completa y en funciones. Enero fue, entonces, el mes en el que comenzó la escalada militar para derrocar a Isabel.

En este esquema, y para cualquier proyecto unificado, faltaba el apoyo incondicional de la Aviación. Capellini, un fiel a Videla, hizo el trabajo. Videla había viajado a Caracas y se había entrevistado con el presidente Carlos Andrés Pérez. Antes de viajar, supo de los planes de Capellini a través de Viola. Habría un ensayo general del golpe; era necesario obligar a Fautario a renunciar a la conducción de la Aeronáutica para incorporar esa fuerza al plan militar, y se debía aprovechar el movimiento de los aviadores para medir la reacción del gobierno y de la sociedad ante la sedición. El 18 de diciembre del 75 Capellini se había sublevado en la base aérea de Morón; exigió la renuncia de Fautario y que Videla tomara el poder para terminar "con el caos y la corrupción". Videla volvió de Caracas y se reunió con Massera. Ambos querían al brigadier Orlando Ramón

Agosti al frente de los aviadores. Agosti era el más antiperonista de todos los comandantes —había estado preso en 1951 por apoyar la sublevación del general Benjamín Andrés Menéndez contra Perón—, y entre sus cualidades estaba la de ser amigo personal de Massera y vecino de Videla, en Mercedes. Sin embargo, y según el plan, por esas horas correspondía que Massera y Videla se presentaran como paladines de la defensa de las instituciones. Videla envió un radiograma lo suficientemente ambiguo: expresó que compartía *las preocupaciones que suscitaba la acción de gobierno* en los medios castrenses. Reconoció que la crisis no era sólo institucional de la Fuerza Aérea, sino que se había extendido al plano nacional e hizo un llamamiento *a las instituciones responsables* para que *actúen rápidamente en función de las soluciones profundas y patrióticas*. Claramente, se cuidaba de criticar la asonada de Capellini. Culpaba al gobierno y, de paso, advertía sobre lo que podía ocurrir. Aún se sentían los efectos de la asonada de la aviación en el atardecer del 23 de diciembre, cuando unos 55 guerrilleros del ERP (en total hubo unos 150 que participaron en toda la zona) intentaron copar el Batallón Domingo Viejo Bueno en Monte Chingolo, para robar 13 toneladas de armamentos. Deberían combatir contra unos 5.000 miembros de las fuerzas de seguridad. La guerrilla que dirigía Santucho creyó necesario armarse aun más para enfrentar el golpe de Estado que, como todos, consideraba inminente. Delatado a la inteligencia militar por un infiltrado en el ERP, el ataque fracasó; hubo 60 muertos y varios desaparecidos. Fue el último combate importante del ERP. A partir de ese momento, ya sin fuerza en Tucumán ni en las principales ciudades, y con la debacle de Monte Chingolo, la guerrilla marxista perdió su capacidad ofensiva y, por ende, su peligrosidad. Esta victoria de la inteligencia militar del ya ascendido a general Martínez (JII) y del coronel Alberto Valín, jefe del Batallón de Inteligencia 601, se consolidó un día después del ataque del ERP, cuando un grupo de tareas secuestró a Roberto Quieto, uno de los máximos dirigentes de Montoneros. La búsqueda de Quieto hizo que la guerrilla peronista llegara hasta el jefe de Policía, Harguindeguy. En realidad, la guerrilla montonera, como antes el ERP, estaba buscando los canales de una tregua militar a causa de su extrema debilidad. El encuentro y el diálogo entre el general y otro jefe montonero, Roberto Cirilo Perdía, en un desolado Puerto Madero, confirman la decisión militar de exterminar sin ley a sus opositores. "Hablé con Harguindeguy cuando lo secuestran a Quieto. Decidimos conversar con los militares a ver si había un margen de negociación, para sacarlo a Quieto y a otros compañeros presos. Norberto Habbeger armó la reunión con Harguindeguy. Lo conocía porque habían estado juntos en el Operativo Dorrego. La reunión se hizo en Puerto Madero, en uno de los doques. Harguindeguy me esperaba solo, en su Ford Falcon. Subí al coche, los dos estábamos armados con un revólver 38, y de allí comenzamos a dar vueltas por el puerto durante dos horas. Lo primero que me preguntó fue quién era yo. No me conocía. Yo pensé que usted era (Marcos) Osatinsky, dijo. Ustedes mataron a Osatinsky hace un mes, le contesté. Entonces, le pregunté por Quieto. No pude hablar a fondo con Viola porque todavía se está sacudiendo el polvo de la bomba que ustedes le pusieron, así que no pude transmitirle el afán de diálogo que tienen ahora, ironizó. Nosotros habíamos puesto el 30 de diciembre una bomba cerca del despacho de Viola en uno de los pisos del edificio Libertador. Harguindeguy agregó: Quieto no va a aparecer, olvídense. Y, además, nosotros no vamos a andar tirando cadáveres en las calles, como ahora. Vamos a hacer otra cosa. Dictadura va a ser la nuestra. Hasta ahora, ustedes conocieron una dictablanda, como la de Lanusse. Ahora, no lo van a ver más a Quieto, a nadie van a volver a ver. Ése fue el tono. Me anunciaba que ya habían decidido la desaparición masiva de gente como método. Esto ocurrió a principios de febrero del 76".

Harguindeguy expresaba la opinión de "los halcones" Suárez Mason y Massera, que consideraban que no se debía perder más tiempo y dar el golpe, sobre todo después del levantamiento de Capellini y de Monte Chingolo. Videla y Viola, más preocupados por armar un diseño político que sostuviera el asalto al poder, terminarían por darle la razón justamente en esa primera semana de enero del 76. Videla había pasado la Nochebuena en plena zona de operaciones antiinsurgentes en Tucumán, para reforzar la comandancia de Bussi. Viajó junto con Riveros, comandante de Institutos Militares, y Azpitarte, secretario del comando general. Lo que dijo allí fue entendido como el primer ultimátum a Isabel. Su arenga reunía, con nitidez, la filosofía guerrera de la cruz y la espada que en boca de Leopoldo Lugones había constituido la oración de la derecha terrorista desde los años treinta en adelante. *En esta celebración ruego a Dios Nuestro Señor para que por su gracia divina permita gozar de la celestial contemplación de Dios a los héroes muertos por la Patria y colme de cristiana resignación a sus sufrientes familias. Ilumine a aquellos que modificando rumbos deban adoptar las decisiones que solucionen los problemas del país, y no ruego por el castigo eterno de aquellos que han abandonado el recto camino, pero sí lo hago para que la ley de los hombres caiga con todo rigor sobre ellos. Así sea.* ¿Los opositores civiles muertos no tenían status de humanos por lo cual no habría que lamentar su muerte, ni siquiera tendrían status de muertos? ¿Serían muertos vivos o vivos muertos en una renegación de la muerte que tenía algo de familiar (de historia personal de Videla) y por tanto de siniestro? ¿El cielo sólo estaba reservado a militares, marinos, aviadores, policías y civiles entregados a la causa de militares, marinos, aviadores, policías? Videla anunciaba que no habría *neutrales en la guerra contra la subversión apátrida* en la que *nuestro Ejército, el ejército de la Nación, en operaciones aquí en Tucumán, combate para defender el estilo de vida cristiano.* Se sospechó, entonces, que Bussi le mostró a Videla en su recorrida el centro de detención clandestino de Famaillá. El diario conservador La Prensa contribuía, en esos días, a reproducir la cosmovisión videlista: computaba los muertos del año 75 agrupándolos en policías, militares, civiles y subversivos. La consideración de los opositores armados o desarmados como no humanos garantizaba, en primer lugar, que su muerte no fuera un crimen. También que los dueños de un Estado pensado para asesinar opositores no fueran considerados criminales y, lo que es más importante, responsables de esos crímenes. En este contexto, el análisis de coyuntura del embajador estadounidense Hill resulta sorprendente. En una curiosa interpretación sobre militares "duros" y militares "blandos" que se instalaba como un notable malentendido, informaba a Kissinger: "Videla es moderado, un soldado profesional en cada sentido de la palabra, un constitucionalista que si bien entiende que la Sra. Perón debe ser depuesta, quiere dejar el poder en manos de los civiles si fuera posible. (...) Claramente espera que los civiles puedan incluso ahora poner a un lado a la Sra. Perón por sí solos, con la amenaza de un juicio político, con presiones sobre su propio partido o apelando a cualquier otro medio. Si fallan, Videla tendrá que optar por hacerlo él mismo, como jefe de las Fuerzas Armadas, o podría ser depuesto por hombres como los generales Suárez Mason, Díaz Bessone y Menéndez, quienes estarían al mando de un poder militar absoluto. En una posición difícil, Videla trata de mantenerse dentro de la Constitución. Si lo logra, hay bastantes oportunidades para que un presidente civil reemplace a la Sra. Perón. Si no, entonces el régimen constitucional probablemente terminará dentro de poco". Los Estados Unidos, gobernados por el republicano Ford y con un secretario de Estado como Kissinger, veían con simpatía cualquier movimiento que realizaran Videla y Viola para extirpar la amenaza comunista, la insurgencia antiimperialista en la Argentina. Hubo, luego, algún temor y cierta repugnancia tardía de la diplomacia estadounidense por los métodos de la represión ilegal, siempre comentados por lo bajo. Hubo gestos destinados a señalar los costos de la matanza pero muy pocos para detenerla, por lo menos hasta enero del 77, cuando el demócrata James Carter llegó a la Casa Blanca.

Isabel, en tanto, acosada por la propuesta de juicio político que motorizaba el radicalismo en busca de una salida que no pasara por los cuarteles —y que impulsaba el senador De la Rúa desde el Congreso—, lidiaba con la crisis del peronismo y del gobierno. Isabel había decidido relevar al gobernador de Buenos Aires, Victorio Calabró, porque la convocatoria a elecciones imponía que la principal provincia de la Argentina quedara bajo el control del verticalismo isabelino, uno de cuyos principales exponentes era Lorenzo Miguel, jefe de los metalúrgicos y líder de la CGT. Calabró había demostrado más fidelidad a Videla y a Suárez Mason que al justicialismo. Además, había facilitado con entusiasmo toda operación represiva contra los trabajadores bonaerenses y había sido una pieza clave en la represión a la guerrilla guevarista, en Monte Chingolo, y también a la peronista. Videla y el generalato tomaron la expulsión de Calabró del PJ y el decreto de intervención a Buenos Aires como una declaración de guerra. En consecuencia, el 29 de diciembre comenzó a desplegarse la segunda etapa del Operativo Aries. Luego de una reunión de Videla, Massera y Agosti, quienes ya funcionaban como el estado mayor golpista en operaciones, Videla decidió enviar como delegado al vicario castrense monseñor Adolfo Servando Tortolo (que era entonces el confesor de su madre) a convencer a Isabel para que renunciara. El triunvirato sedicioso había analizado varias posibilidades para reemplazarla sin tener que tomar el control del Estado. Necesitaban un poco más de tiempo: la nueva estructura de mandos aún estaba ocupando posiciones en los respectivos frentes y el proceso se completaría a mediados de febrero, por lo que ningún asalto al poder constitucional era posible antes de marzo. Se pensó de nuevo en Luder. Tortolo visitó a Isabel y le dijo que los militares querían defender la Constitución pero con la condición de que ella se apartara del gobierno. Videla y sus colegas de la Armada y la Aviación tenían una particular idea de la defensa de la Constitución. Esa defensa, para ellos, incluía el derecho a derrocar a una presidenta electa; consideraban que el sistema democrático de partidos y la decisión política de la sociedad civil de elegir a sus representantes o removerlos por la vía electoral o legislativa no formaban parte de la Constitución. Isabel ofreció un recambio de gabinete, liberarse de su fiel secretario privado Julio González —un sobreviviente del lopezreguismo— y hasta apaciguar a su más sólido apoyo verticalista, Lorenzo Miguel, pero anticipó que no renunciaría. Un Tortolo más cuartelero que eclesiástico le aclaró: "La única cosa no negociable es que usted debe alejarse del poder". Desesperada, Isabel acudió entonces a los oficios del embajador del Vaticano, Pío Laghi, para que disuadiera a los militares. Y a los oficios de su amigo, el embajador en Uruguay, Guillermo de la Plaza, quien se reunió con Viola para transmitirle el pedido de auxilio de Isabel y para abrir un canal de negociación secreta con el triunvirato militar al margen del ministro de Defensa. Videla recibió a De la Plaza en su despacho del comando del Ejército. Aceptó reunirse con Isabel y convocar a Massera y a Agosti. La reunión se realizó en Olivos el 5 de enero. Videla fue el vocero del triunvirato, aunque Massera, sin las flores ni los chocolates con los que solía seducir a Isabel, esta vez no escatimó palabras crueles para calificar "su desgobierno". Videla fue terminante: la Presidenta debía renunciar para impedir un golpe de Estado. Isabel lloró y se resistió al chantaje militar. Mallea Gil, segundo de Carlos Dallatea en la Secretaría General del Ejército, había sido convocado para redactar el memorándum que Videla le presentó a Isabel y que contenía una serie de puntos inaceptables para la Presidenta. Veintitrés años después, en una entrevista, Mallea Gil contó: "Hubo dos memorándum. El primero fue rechazado por Isabel, vía De la Plaza, y decía, entre otras cosas, que si no terminaba con el sindicalismo, restringía el libertinaje político y producía cambios en la economía debía renunciar, dejando el puesto a un civil, Luder, o a un militar retirado, aprobado por nosotros. Luego, los comandantes me dicen que bueno, que haga un segundo memorándum más suave. Así se hizo. Literariamente era más suave, pero en realidad decía lo mismo con un poco de flores y de Chanel 5. Se lo dan a De la Plaza. Pero también es rechazado. A partir de ahí... ¿Esto es el reconocimiento de un delito?" Mallea Gil se interrumpió; sabía que si decía "y a partir de ahí se decidió el golpe" estaría reconociendo su participación en el delito de sedición. Lo cierto es que Isabel recurrió al nuncio Laghi para buscar protección vaticana. Si era necesario —y lo sería— estaba dispuesta a enviar a su canciller Manuel Aráuz Castex a Roma para solicitar la protección del papa Paulo VI. ¿A quién sino al representante de Dios en la Tierra podía hacerle caso Videla? La reunión de Laghi con Isabel tuvo lugar en la nunciatura la tarde del 8 de enero. El 13 de enero, Laghi se reunió con su amigo Hill y el secretario político de la embajada estadounidense, Wayne Smith. Les contó, con lujo de detalles, cómo había sido la reunión de Isabel con los militares. Hill, a su vez, contó su reunión con Laghi en un documento secreto (confidential 0114, priority 4122) enviado a su jefe Kissinger y que sólo se conocería veintidós años después, cuando una investigación periodística reveló y analizó documentos secretos de la embajada en Buenos Aires, desclasificados por el Departamento de Estado. Hill escribió a Kissinger: "1) (Laghi) relató la confrontación de la Sra. Perón en la tarde del 5 de enero con los tres comandantes en jefe.

Según la Sra. Perón, ella los había invitado a Olivos por otro tema, pero, al llegar, los tres inmediatamente le exigieron que renunciara por el bien del país. Le aseguraron que estaban a favor del proceso de institucionalización y no querían violar la Constitución; sin embargo, estaban sometidos a la tremenda presión de los oficiales subordinados que ya no aceptaban a la Sra. Perón como presidenta y querían poner fin a la corrupción de su gobierno. Por lo tanto, para evitar un golpe, lo mejor que ella podía hacer era apartarse y permitir que el poder pasara a un sucesor constitucional. Si no, ellos no se hacían responsables. 2) La Sra. Perón le dijo (a Laghi) que se negó rotundamente e insistió en que era la única peronista con suficiente respaldo para controlar la situación. Si ella se hacía a un lado dejando a Luder en su lugar, en dos meses habría una desintegración total de la base política del gobierno y, en consecuencia, los propios militares se verían forzados a asumir el control directo. Y esto, insistió ella, sería desastroso para el país, ya que favorecería a los terroristas y volcaría al movimiento peronista hacia la izquierda. Les dijo que mantener el orden y la disciplina en sus instituciones era problema de ellos, y no debían usar ese argumento para exigir su renuncia. 3) El punto de vista de los comandantes militares era bastante distinto, sostenían que era más probable evitar la desintegración con su ausencia que con su presencia. La Sra. Perón le dijo (a Laghi) que especialmente el almirante Massera usó un lenguaje muy duro. Le contó que Massera dijo que los militares no temían una lucha si ésa era una de las consecuencias. La Sra. Perón contó entonces que les dijo a los comandantes que tendrían que sacarla arrastrando de la Casa Rosada, usando la fuerza física. Admitió haberse puesto muy emotiva y haber estallado en llanto (lo que le hace a uno suponer que esto debe haber sido muy perturbador para Videla, altamente disciplinado y nada sensible)". El informe de Hill es estremecedor. En esa reunión se selló el destino del gobierno y de la Argentina. No deja de sorprender que Isabel se aferrara con desesperación y convicción a la defensa del poder civil ante los conspiradores militares —con más valentía que la que había tenido un hombre, el uruguayo Juan María Bordaberry—, aun cuando les hubiera concedido toda la batería de leyes antiinsurgentes y de excepción. Que en definitiva su mensaje haya sido que ella no les iba a ahorrar a los comandantes sediciosos ningún costo político por derrocarla y usurpar el poder; de eso tendrían que hacerse cargo públicamente. Y algo más: que su gobierno tambaleaba, pero que ellos, y no la crisis, serían los responsables de su caída.

Videla dio luz verde para ajustar el diseño del golpe con Massera y Agosti. La Operación Aries establecía el momento hacia fines de marzo; sólo restaba determinar el día. Mientras tanto, Videla y Viola transmitieron instrucciones para que nadie admitiera que las Fuerzas Armadas querían derrocar a Isabel; es más, para que esto se desmintiera enfáticamente. Este cinismo o, dicho en jerga militar, este discurso de contrainteligencia en el que Videla se sentía cómodo, permitía a los militares trabajar tranquilos en el diseño del nuevo régimen. Hacia fines de enero, descartada la posibilidad de bordaberrización y también la de que prosperara el juicio político para remover a Isabel, hubo una discusión crucial entre Videla y Massera, que insinuaba una feroz pelea entre ambos por el control de los espacios de poder. El tema de la discusión fue la repartija del poder de cada Fuerza luego de la toma del gobierno y la modalidad de la represión ilegal en todo el país. Massera propuso que cada Fuerza tuviera el 33% del poder en el reparto de ministerios, y que la represión fuera "tabicada" entre las Fuerzas; es decir, que ni el Ejército ni la Armada ni la Aviación tuvieran que rendir cuentas sobre lo que hacían con los prisioneros o con sus bienes. El Ejército se especializó en la represión al ERP, a otras organizaciones guerrilleras guevaristas y a todos los civiles desarmados que simpatizaran con las ideas socialistas o que pudieran ser sospechosos de colaborar con la izquierda marxista. La Armada, por tradición antiperonista pero también —como se vería en el futuro— por los planes políticos de Massera, se encargó de la represión a Montoneros y a los civiles vinculados con el peronismo. Todas las operaciones del golpe contra Isabel fueron compartidas por las tres fuerzas pero dirigidas por el Ejército. En la discusión sobre cómo se integraría la cúpula del nuevo régimen, Videla y Viola defendieron la posibilidad de que el "cuarto hombre", es decir, el ungido presidente de la Nación y delegado de la Junta de Comandantes, fuera un militar retirado. Se pensó en el general Ibérico Manuel Saint Jean —un anticomunista ferviente que se había retirado del Ejército por desacuerdo con la política de Lanusse de acercamiento al peronismo—, aunque a Videla lo seducía la posibilidad de que el elegido fuera Miatello. Massera, en cambio, pretendía que Videla pasara a retiro y asumiera la presidencia, cosa imposible de aceptar para el Ejército. Ninguna de estas propuestas prosperó. Luego de una serie de reuniones entre Videla, Massera y Agosti, la Armada terminó aceptando que por un período de dos años Videla fuera no sólo el sucesor de Isabel sino también el comandante en jefe del Ejército, con presencia activa en la junta que gobernaría el país. No obstante, según este razonamiento, Videla no reinaría, porque en los documentos fundacionales del régimen que estaban elaborando en el ECI los delegados, se había visto obligado a ceder a las pretensiones de Massera de feudalizar, por tercios, el poder. De todos modos, no era una idea que no compartiera, planteada como costo para mantener unido el poder de fuego de la represión ilegal. A mediados de febrero, Massera quiso adular a Videla: "Vos tenés que ser el Presidente". *El Ejército no acepta que el Presidente pueda ser otro que su comandante en jefe*, contestó Videla. Algunos leyeron en estas palabras un notable desprecio de Videla por el poder, una aparente falta de ambición personal. Veintitrés años después, en pijamas y durante su arresto domiciliario, confesó: *Yo podría haber eludido la responsabilidad. Pero, si yo decía no, ¿quién? El tema del cuarto hombre…, así estaba estipulado en los documentos y había aceptación de las tres fuerzas de que proviniera de afuera, y que fuera del Ejército. Pero esto era complicado para la parte que estaba en actividad, complicado por la guerra en marcha. Y cuando se plantea que no fuera alguien proveniente de afuera sino uno de los que estábamos, el planteo fue por qué vamos a perder a nuestro comandante, el comandante es Videla y no debemos perderlo, que siga él. ¿Viola? Es que despertaba ciertas suspicacias. Y en esos momentos se pensaba en una etapa más militar del Proceso. ¿Si había duros y moderados? Je, je… yo estaba por encima de ambos.* Videla, entonces, asumiría con placer vergonzante todo el poder. Su ex jefe López Aufranc comentó: "No podía ser de otra forma porque era el comandante en jefe. Raro que un comandante en jefe delegue en otro asumir la presidencia de la República, ¿no? Me hubiera llamado poderosamente la atención, porque por más que Videla no es un hombre ambicioso, de cualquier manera, si uno asume la responsabilidad de interrumpir un proceso más o menos democrático como el que estaba funcionando con Isabelita, no es tampoco para darle el testimonio a otro". Videla no estaba dispuesto a faltar a la cita de elegido por la historia, en representación de aquello con lo que se había alineado toda su vida y de quienes lo encarnaban, y en un lugar al que nunca había conseguido llegar su padre, el pueblerino teniente coronel Videla. De manera que aceptó la propuesta de Massera de feudalizar el poder a cambio de colocarse en la cúspide, para reinar y gobernar. Si en Massera pesó la necesidad de conseguir la fragmentación para eludir el poder del Ejército y reforzar su propio liderazgo, en Videla influyó la necesidad de que en la *guerra en marcha* todos se comprometieran con la eliminación de opositores. Ambos se necesitaban porque ese plan fue el medio para conseguir el poder absoluto. En una entrevista realizada en 1998, Mallea Gil reflexionó sobre la partición del poder: "La idea fue de la Marina y no hubo forma de cambiarla. Había una, que Videla dijera: Vení Negro, mirá, vos has estado ayer con el embajador de Alemania y le has dicho que yo soy un pelotudo, que quiero una salida con los radicales y los peronistas. Hacéme el favor, presentá tu solicitud de retiro, yo ya he hablado con el almirante 'Pingules' y él mañana asume, y tus mandos lo apoyan. En ese caso, el 33 por ciento hubiera sido instrumental. Pero después los duros, como mi amigo Riveros, se hacen más leales a la ideología masserista, que los convence de que el único liberal, el único que mantiene la llama del 16 de setiembre (golpe contra Perón en 1955), el único revolucionario real es Massera". Estas pujas por el poder iban a cobrarse libras de carne entre los opositores. Cada uno de los comandantes sería un señor feudal dispuesto a ejercer en su territorio un dominio absoluto sobre vidas y bienes y también a que toda acción común entre los señores feudales, o señores de la guerra, fuera una negociación, un trueque permanente. Videla consideró funcional repartir así el poder; también repartía las responsabilidades futuras por sus actos.

Para tranquilizar a Videla, a mediados de enero Isabel pidió la renuncia de todo el gabinete. Aceptó sólo cuatro. En Interior nombró a Roberto Ares; en Defensa, a Ricardo Guardo; en Cancillería, a Raúl Quijano; en Justicia, a José Alberto Deheza. El recambio de hombres no sirvió para serenar a los golpistas pero sí para alejar la posibilidad del juicio político a la Presidenta. En esos días, el viejo líder de los radicales se entrevistó con Villarreal, un mensajero de Videla, en secreto. Balbín, que había hecho a los militares el favor de definir la represión contra el movimiento obrero como de lucha contra la "guerrilla industrial", le dijo que Videla podía contar con su apoyo —"no voy a aplaudirlo, pero no pondré piedras en el camino"— en caso de tener que llegar a "una salida extrema". "No sé si el gobierno está buscando el golpe, pero está haciendo todo lo posible para que se lo den", dijo Balbín poco después. Para esa fecha, la dirigencia política y muchos sindicalistas se entregaban con resignación, y una buena cantidad con cierto gozo, a los brazos de los militares. Mientras, la guerrilla se replegaba, herida de muerte por sus desatinos militares y políticos, la sociedad entraba en una anomia basada en el temor y los medios de comunicación amplificaban, a veces fogoneados por las usinas golpistas, los descalabros del gobierno. Viola, que se sentía como pez en el agua sembrando tempestades y maniobrando en partidos y sindicatos, daba las puntadas finales al documento que serviría de base para el asalto al poder. Videla y Viola pasaron muchas horas discutiendo el llamado "Plan del Ejército" y las órdenes de operaciones 1/76 y 2/76. A mediados de febrero, el plan estaba listo e incluía tres fases: la primera, de preparación para el golpe; la segunda, de ejecución o asalto al poder, y la tercera, de consolidación. Ya con el poder en la mano, la Junta de Comandantes Generales (JCG) debía emitir un bando militar al que le atribuían carácter de ley. Videla y Viola habían debatido con Massera y Agosti, a través del ECI, el texto completo de la proclama militar. Los documentos secretos de operaciones, con la firma de Videla y Viola, comenzaban con una minuciosa descripción de las "fuerzas amigas" (sólo las de seguridad, los vicariatos castrenses y los civiles simpatizantes del golpe) y de las "fuerzas enemigas", categoría que incluía a todas las organizaciones políticas y civiles que quedaban fuera de la primera. Por supuesto, Viola se había ocupado de detallar a fondo la modalidad del operativo para detener a Isabel y a todo el gobierno: "La JCG ante el grave deterioro que sufre la Nación ha resuelto adoptar las previsiones para el caso de tener que destituir al gobierno nacional y constituir un gobierno militar". Los documentos llamaban día D —como los aliados habían bautizado su desembarco contra los nazis en Normandía y con una notable exacerbación de la misión "libertadora"— al día del golpe. Y más adelante establecían que el I Cuerpo de Suárez Mason tendría a su cargo la ofensiva contra el gobierno: "Operará a partir del día D a la hora H con efectivos de 1 Fuerza de Tareas (FT) con elementos blindados para bloquear y eventualmente atacar la Casa de Gobierno para lograr la detención del PEN y posibilitar su traslado al lugar que determine el gobierno militar..." Algo más: se consideraba la posibilidad de que Isabel estuviera descansando en Chapadmalal —su salud era terrible, sufría diarreas permanentes—, por lo que se definía la participación de una fuerza de tareas naval para el arresto. Como era y sería siempre con la burocracia militar, el plan de Videla y Viola, de más de cien páginas, era detallado hasta la exageración. Fue remitido a todos los comandos, y dejó en claro que el único plan previsto por los golpistas era la represión.

A la ofensiva militar le faltaba la ofensiva económica sobre el gobierno. Los sindicatos estudiaban la posibilidad de ceder en sus reclamos de aumentos para no debilitar más al gobierno, pero a esa altura ya no importaba. El grupo Perriaux impulsaba un paro empresarial a través de la APEGE, la central que lideraba Martínez de Hoz. La situación era tan tensa y el golpe tan anunciado que Hill le envió a Kissinger varios documentos que anticipaban las características de la sedición. "Las Fuerzas Armadas parecen haber dejado de creer en la capacidad de los civiles de poner las cosas en orden y en estos momentos sencillamente están esperando el momento apropiado para intervenir". Al embajador le preocupaba que se pensara que los Estados Unidos estaban trabajando activamente en los planes golpistas. "Los militares están hablando demasiado y siguen preguntándose si los reconoceremos. Me gustaría que escucharan más y hablaran menos. A todas estas cuestiones referentes a nuestra actitud les hemos replicado que entendemos cómo es la situación aquí, que la forma de gobierno de la Argentina es un asunto que atañe exclusivamente a los propios argentinos y que el gobierno de los Estados Unidos reconocerá cualquier gobierno que tenga los prerrequisitos. Al mismo tiempo, tratamos de destacar discretamente que si bien apoyaremos un gobierno responsable, sea éste militar o civil, deberá cuidarse para evitar problemas de violaciones a los derechos humanos si se quiere asegurar nuestro apoyo continuo". Hill anticipaba el reconocimiento de su gobierno, con la cautela necesaria y, también, el frente de tormenta por la represión en curso. "El reconocimiento del nuevo régimen no sería un problema. De acuerdo con nuestras prácticas corrientes, esperaremos un comunicado del nuevo régimen y, asumiendo que esté claramente en control efectivo, le enviaremos una nota de reconocimiento, preferiblemente luego de que varios Estados latinoamericanos lo hayan hecho". El 16 de febrero el Congreso entró en receso hasta el 1º de mayo. Ese día, la APGE convocó al paro empresarial que se realizó con éxito dos días después. El cerco sobre Isabel se estrechaba. Como segundo de Viola, Galtieri le comunicó a Villarreal que debía elaborar el plan de detención de la Presidenta. La "Operación Bolsa" se ponía en marcha. En tanto, Viola le pidió a Paladino avanzar con la operación psicológica sobre Isabel. Deheza contó años más tarde que el 17 de febrero, Paladino, que era jefe de la SIDE, le dijo a Isabel: "Señora, si usted no renuncia va a haber golpe militar, un golpe muy cruento, va a correr mucha sangre". "Isabel me llamó —afirmó Deheza— y me dijo: Vea doctor, yo no renuncio ni aunque me fusilen. Porque renunciar acá sería convalidar lo que va a venir después". En esos días, el secretario para Asuntos Interamericanos, Rogers, tenía en sus manos el plan del golpe de Videla y Viola. Le informó a Kissinger con lujo de detalle los movimientos golpistas con un mes de anticipación: "Se suspendería al Congreso y habría un presidente militar o bien uno civil como figura decorativa (...)". Y anticipó: "Cuando intensifique su lucha contra la guerrilla es casi seguro que el gobierno militar cometerá violaciones a los derechos humanos que generarán críticas internacionales. En Estados Unidos esto podría originar presiones públicas y del Congreso, que complicarían nuestras relaciones con el nuevo régimen". Rogers, como gran parte de la dirigencia política y de la sociedad, vio venir la matanza. A fines de febrero, el embajador Hill sabía que era "más probable que Videla, más que Viola", fuese el Presidente. Lo informado por Hill a su gobierno revela que el embajador vaticano Laghi estaba al tanto del destino de Isabel: "El nuncio dijo que tiene entendido que la señora Perón quedaría detenida en un centro de descanso militar

(...) Y que tiene entendido que el almirante (Oscar Antonio) Montes será el nuevo ministro de Relaciones Exteriores".

A fines de febrero del 76, por lo tanto, Videla, Massera y Agosti habían avanzado lo suficiente en el plan: discutían los nombres de los ministros de la dictadura. Funcionaban de facto como un gobierno paralelo que tenía su sede en el edificio Libertador. En una reunión con Massera y Agosti en la casa del primero, Videla estampó su firma en el acuerdo que establecía el reparto del poder en el gobierno según el esquema masserista del 33 por ciento. El diseño por el que peleaba Massera desnudaba las puntas de su plan político futuro, que se podría calificar de "terropopulista": basado en el terror como arma de reclutamiento de la intelligentsia de montoneros secuestrados y la esperanza de lograr cooptar a un sector del peronismo. Finalmente, Massera retuvo para sí los ministerios de Bienestar Social, Relaciones Exteriores y Educación, ministerio en el que impuso el nombre del civil Ricardo Pedro Bruera. Al Ejército le correspondían Interior, Comunicaciones e Información Pública y toda el área económica, aunque Videla era partidario de dejar en manos del grupo Perriaux su conformación, con Martínez de Hoz a la cabeza. A Agosti se le permitía reinar en Defensa, Justicia, Trabajo y Deportes. Sin embargo, el reinado era siempre compartido, porque cada arma tenía sus representantes en todos los ministerios, en lo que constituía el otro ejército subterráneo pero de funcionarios civiles y militares, un ejército de burócratas dictatoriales. En esas reuniones, Videla impuso el nombre de Martínez de Hoz como ministro de Economía, aunque el candidato de Viola era Lorenzo Sigaut. El jefe de los terratenientes y grandes empresarios nacionales se encontraba a muchos kilómetros de los cónclaves militares. Ese verano, estaba cazando en África. Martínez de Hoz compartía con Harguindeguy la pasión por la caza mayor. Les gustaba cazar a cuchillo, es decir, degollar a sus presas y sentir su lenta agonía hasta la muerte. Para muchos, resultaba difícil unir la imagen de ese patricio, huesudo y juncoso, de modales decorosos, con la pasión por la carnicería; en el caso de Harguindeguy la asociación no planteaba ninguna dificultad. De todas formas, la unión de esas almas del régimen dictatorial no tenía que ver con los modales. Ambos eran piezas clave a encastrar para levantar los cimientos del nuevo régimen. ¿Ésa era la tarea de Videla: más que gobernar, encastrar partes de una maquinaria fragmentada? A mediados de marzo, Martínez de Hoz fue convocado por Videla a una reunión en la casa de Massera. Los comandantes le pidieron a Martínez de Hoz que preparara un plan económico detallado para el fin de semana previo al golpe, cosa que hizo. Pero los militares sediciosos no querían sólo letra, sino también que Martínez de Hoz se hiciera cargo de la economía. Algunos jurarán que el empresario vaciló. Lo cierto es que cuando dio el sí puso una condición: necesitaba una década para hacer realidad el plan. Videla, seguro, le prometió cinco años, con el total apoyo de las Fuerzas Armadas.

El triunvirato sedicioso que se reunía en esos primeros días de marzo en la casa de Massera o en los edificios Libertad, Libertador y Cóndor, sede de la Aeronáutica, había avanzado en el diseño de la ejecución del golpe. Además de montar un gobierno en las sombras que funcionaba clandestinamente, fijó la fecha del día D: el 24 de marzo. Videla le comunicó a Villarreal que sería el nuevo secretario general de la Presidencia, mientras lo instaba a diseñar sin errores la "Operación Bolsa", que le había encargado Galtieri a mediados de febrero. Los comandantes habían decidido que la detención de Isabel estuviera en manos de otro triunvirato, Villarreal, Lami Dozo y el contraalmirante Pedro Santamaría, y que el general José Luis Sexton fuera el encargado de encarcelar al resto del gobierno. El gobierno hizo intentos desesperados para evitar lo inevitable. Hubo otro cambio de gabinete, que sería el último. Los viejos aliados de Luder —Cafiero y Carlos Ruckauf, ex ministro de Trabajo— ya habían abandonado el barco isabelino. Sólo permanecieron al lado de Isabel unos pocos fieles. Deheza fue nombrado en Defensa. Su tarea era enviar cada día mensajes de tregua a Videla, quien solía prometerle acatamiento a la Constitución. Desde fines de febrero hasta la noche del 23 de marzo, Videla le negó a Deheza que estuviera en marcha un golpe de Estado. "Parecía un gran pelotudo, pero era un gran simulador", dijo Deheza años después. E incluso recordó: "Pocos días antes, le había dicho a Videla que estaba preocupado por la posición argentina en la zona de las Cataratas del Iguazú porque era una frontera desprotegida, que nuestros gendarmes andaban a lomo de mula y los brasileños en helicóptero. Y que las radios paraguayas inundaban toda la zona, hasta Corrientes. Bueno, doctor —me contestó—, para julio haremos un viaje juntos a la región. Hasta ese límite llegaba su hipocresía". Los acontecimientos se precipitaron a partir del 20 de marzo. Ni el gobierno ni la dirigencia política atinaban a poner en marcha una salida contra el golpe, aunque intentaron apurar la sanción de leyes económicas y de defensa para calmar la voracidad de los militares. En la mañana del 23 de marzo, antes del mediodía, Videla, Massera y Agosti se reunieron con Deheza en Defensa. El ministro les entregó un documento del gobierno. El poder civil pretendía subordinación militar a cambio de ajustes económicos, y reafirmaba su decisión de convocar a elecciones. Videla fue el vocero del triunvirato sedicioso. Pidió tiempo para analizar el documento y responderlo por la tarde. Las agencias de noticias ya daban cuenta del movimiento de tropas, cuando Videla, Massera y Agosti volvieron a Defensa. Videla mintió. Invitó a Deheza a discutir el documento en la sede del Ejército el 24 de marzo al mediodía y negó que pensaran derrocar al gobierno. Cerca de la medianoche del 23, dos horas antes de que Isabel fuera detenida mediante un ardid —se simuló una falla del helicóptero en el que viajaba—, Videla se recluyó en su despacho del edificio Libertador para dirigir a su estado mayor golpista. A la una de la madrugada, Isabel fue derrocada; horas después, todo su gobierno fue encarcelado, junto con cientos de dirigentes políticos, partidarios, gremiales y estudiantiles. Se prohibió la política. Las tropas ocuparon todos los edificios públicos y las sedes de las confederaciones gremiales y empresariales vinculadas al peronismo. La viuda de Perón, que había presidido un gobierno dramático, violento y caótico, había cumplido sin embargo con lo prometido: no renunciar. Es más, a Villarreal, el encargado de detenerla, le vaticinó algo que, en parte, fue verdad. "Correrán ríos de sangre cuando la gente salga a defendernos", dijo Isabel. La gente no salió a defender al gobierno, pero hubo ríos de sangre imposibles de olvidar. Isabel fue encarcelada en el Messidor, una residencia de descanso en Neuquén, ya bajo control militar.

Videla tuvo muchas razones para festejar ese miércoles 24 de marzo de 1976. Era un comandante general exitoso, el elegido para liderar la sedición contra el gobierno civil y refundar la Argentina con un régimen que tendría estatutos en vez de leyes y al que pomposamente habían bautizado Proceso de Reorganización Nacional (PRN), en un intento mesiánico, pero que revelaba con claridad su ideología, de asemejar ese régimen al surgido un siglo antes, en 1862, cuando se fundaron las bases jurídicas de un Estado nacional sustentado en la hegemonía de las elites terratenientes y agroexportadoras, aliadas al capital inglés. Pocos sabían que ese día, una fecha fijada con minuciosidad y premeditación como la hora cero del gobierno de Videla, cumplía años su hijo menor, Pedro Ignacio. Quizá, como otras veces, Videla ocultó su intención, ocultó el placer que le producía ser dueño del poder, tanto como para obsequiarlo cual legado personal a su hijo. Videla llegaba al gobierno con un plan simple: el argencidio, es decir, el exterminio de argentinos, algunos armados y la gran mayoría desarmados, que se oponían al arrasamiento de una Argentina democrática e industrial.

3. El nombre de los muertos

Jorge y Rafael son los nombres de dos muertos, los mellizos nacidos en 1922, hijos del oficial de ejército Rafael Eugenio Videla y de María Olga Redondo Ojea, casados en Mercedes el 6 de setiembre de 1920. Para el matrimonio el consuelo arribaría tres años después, el 2 de agosto de 1925, con la llegada de un varón que cargaría con los nombres de los hermanos difuntos en 1923, indefensos ante una epidemia de sarampión que no respetó siquiera los recursos y diligencias de una familia de clase media de la llanura bonaerense. El nuevo embarazo de María Olga no disipó los fantasmas de la desgracia en esa casa apenas separada por un alambrado del Regimiento 6 de Infantería de Mercedes en el que revistaba el capitán Rafael Eugenio. Los nueve meses de gestación de Jorge Rafael fueron complicados; la madre los atravesó postrada y rodeada de cuidados por el temor a una nueva pérdida. En ese hogar piadoso, otra muerte hubiera impactado como un designio de Dios y hubiera ensombrecido aun más el clima dominado por la parquedad del oficial Videla, que jamás se desprendía de la chaquetilla militar ni de la pose de quien sólo abre la boca para decir lo justo. Si el padre era adusto y firme y hacía gala de austeridad con el aire de pertenencia que confiere una ascendencia uniformada, la madre llevaba la marca del sacrificio. Era aquella joven que desde sus primeros años había cargado con responsabilidades familiares por la temprana muerte de su padre, don Manuel Redondo. Jorge Rafael Videla, presente con sus berridos para rescatar una estirpe en peligro, creció consentido y dócil a los requerimientos de María Olga, mientras vislumbraba en el pater familias los signos que determinarían tanto su vocación como una altiva frugalidad. Sin duda, el hecho de nacer y crecer en Mercedes —a cien kilómetros de la Capital Federal— en el seno de una familia de clase media conservadora, y de atravesar los primeros años de vida en la atmósfera de la Década Infame incidió en la conformación ideológica, aun cuando Videla jamás demostró arraigo al pago natal y aunque su permeabilidad al mundo circundante no apareciera, en su primera infancia, como una cualidad por donde asomaran las condiciones de un futuro hombre público.

Mercedes reitera el paisaje plano y el juego social de los pueblos de la campaña bonaerense que resisten los embates del tiempo. Las casas, antiguas y cuadradas como la de la familia Videla en 29 y 14 —la segunda que poseyeron en el pueblo y a la que se mudaron luego de vivir junto al regimiento—, reproducen la vieja fachada del alto portal con dos ventanales a la calle. Casi no se han levantado chalets y unos pocos edificios, por caso el Apolo de diez pisos y veinte departamentos, se exhiben como un truncado arresto de renovación edilicia. Una recorrida por sus calles facilita la trampa de un bucolismo que su historia desmiente. Por todas partes pululan chicos, en grupos o solos, en bicicleta o a pie, con guardapolvos o uniformes de colegios religiosos. La gente vive a menos de dos horas de la Capital Federal, más cercana aún desde la inauguración de la autopista del Oeste, pero permanece alejada del compás de la vida urbana. Los tribunales aportan cierto trajín burocrático que no alcanza a derrotar el ritmo pacífico. Sin embargo, es la misma ciudad en la que moran los fantasmas de una veintena de desaparecidos, algunos de ellos ligados a familias tradicionales y que no fueron salvados ni por los mismos parientes que usufructuaron el poder sobre la vida y la muerte tras el golpe de Estado del 24 de marzo de 1976. Es la ciudad de otro integrante de la Junta Militar, Agosti, y la que cobijó al paramilitar y nazi confeso Raúl Guglielminetti, quien en una quinta de los alrededores preservaba su arsenal de matador ya en plena democracia. También es la ciudad donde asentó sus reales el obispo Emilio Ogñenovich, uno de los más rotundos representantes del integrismo católico en la cúpula de la Iglesia. Y es el pueblo que recién el 24 de marzo de 1998, tras quince años de democracia y gestiones vanas, pudo declarar a Videla persona no grata por iniciativa de un grupo de ediles.

La ciudad que en los años 20 vio nacer a Videla era tan cerrada como todas las aldeas de la pampa húmeda que crecieron como avanzadas del criollaje ante la presencia indígena. La producción agrícola y ganadera siguió a la primera razón de ser de esos poblados con certificado de nacimiento en fortificaciones militares. Hacia 1875 ya se había producido un desarrollo suficiente como para que un grupo de familias fundara el Club Social de Mercedes, al que no podía ingresar cualquiera. En la mayoría de las actividades no estaba permitida la participación de las mujeres. Durante la semana, se hacían recepciones con el concurso de una orquesta integrada por músicos locales; también se celebraba la "réveillon" (cena de nochevieja y nochenueva), la fiesta con que las familias más encumbradas recibían el año nuevo.

Los Videla formaban parte de esa sociedad. El mayor Rafael Eugenio tenía 36 años cuando nació su hijo Jorge. De alcurnia fortinera, su matrimonio con María Olga Redondo Ojea lo había ubicado entre los grupos encumbrados que, como los de otras ciudades similares, basaban su prominencia más en la diferenciación con los menos favorecidos, que en un pasado de incomprobable aristocracia. Aquel arranque militar y pastoril que definió los primeros contornos de la ciudad de Mercedes evolucionó luego hacia el despegue comercial y profesional con la familia judicial que crecería desde la instalación de los Tribunales. En 1854 se estableció el primer juzgado del Crimen; en 1875 se agregó otro, del fuero Civil. En 1908 se inauguró frente a la plaza principal el Palacio de Justicia; que acentuaría la marca leguleya de la ciudad. Los notables de Mercedes eran los Ojea, los Redondo y mucha gente vinculada al ambiente tribunalicio: Dubarry, Espil, Unzué, Maleplate, Tabossi, Benítez. La módica versión mercedina de la belle époque pasaba por los bailes en la intendencia municipal, un salón famoso por sus cortinados al que sólo se accedía con una invitación especial. En esas ocasiones, buena parte del resto de los pobladores vivía el placer esquivo de agolparse para contemplar el ingreso de las damas de la sociedad ataviadas con vestidos largos y de los mozos enfundados en jacquet. La ciudad, que llegaría a tener a un presidente de la Nación de facto, se jactaba de haber aportado un racimo de personalidades que accedieron a cargos públicos en el gobierno nacional y provincial: Felipe Espil, embajador en Estados Unidos; su hermano Alberto, diputado nacional; Alfredo Calcagno, que sucedió a Joaquín V. González en el rectorado de la Universidad de La Plata y fue embajador ante la Unesco; Emilio Siri, intendente de la Capital Federal durante el primer gobierno peronista; el ex presidente Héctor J. Cámpora, nacido en la cercana San Andrés de Giles, pero que cursó el secundario en Mercedes, y Jorge Carcagno, el comandante en jefe del Ejército del tercer gobierno peronista que encabezó la misión que en Venezuela se opuso a la Doctrina de Seguridad Nacional, en la Conferencia de Ejércitos Americanos en 1973. Mercedes es una ciudad de placas recordatorias, como si allí el pasado se empeñara en mantener activa su fuerza centrípeta. Es, además, una ciudad donde el espíritu del catolicismo se expresó en sus variantes más conservadoras y exhibicionistas. Los viejos memoriosos repasan la inauguración de la Catedral, en 1921, como uno de los fastos más pomposos de su historia. Las buenas familias habían impulsado el proyecto en la creencia de que ese logro las haría merecedoras y dueñas de aquellos solares benditos. Los Unzué y la señora Dorrego de Unzué figuran en la nómina de los que realizaron significativas donaciones para que se iniciara la construcción, en 1904. En Mercedes, sin embargo, la más notable presencia en la historia, el aporte de uno de sus hijos a la Presidencia de la Nación, circula en un limbo de susurradas tensiones y en 1999 no tenía más presencia pública que la casa de los Videla que habitaba Marta, hermana de Jorge Rafael, y el panteón familiar en el cementerio. Ya no quedan rastros del Regimiento 6 de Infantería "General Viamonte", en 29 y 2, trasladado a La Pampa en mayo de 1992, luego de que la cúpula del Ejército encabezada por el general Martín Balza tomara nota de su condición de reducto irredimible de militares carapintadas que salieron a conmover las instituciones republicanas en diciembre de 1990, respaldados por una fanática iconografía religiosa y con la defensa de los crímenes prohijados por Videla como causa. La instalación del cuartel en noviembre de 1915 también da pistas sobre el ambiente de la sociedad mercedina a principios de este siglo, cuando se integraron comisiones que peticionaron ante las autoridades nacionales para que la ciudad tuviera su plaza militar. El Regimiento 6 de Línea había sido creado el 3 de noviembre de 1810. La orden llevó la firma del presidente de la Primera Junta, Cornelio Saavedra. Por entonces, en Mercedes la presencia militar no estaba ligada al Regimiento 6 sino a la Guardia de Luján, un fortín establecido en 1752 y que fue varias veces arrasado. Protegía a la región de las arremetidas de los malones ranqueles, pampas y querandíes. Luján, hacia el 1600, había sido una avanzada del Virreinato del Río de la Plata para ganarles espacio a los indios. Los historiadores mercedinos se han esforzado por documentar que allí está el verdadero origen del Ejército Argentino, en las cargas de los Blandengues, un cuerpo integrado sólo por criollos, porque la soldadesca española no soportaba los rigores del desierto pampeano. Con esto han tratado de rebatir el linaje fundador del regimiento de Patricios integrado en 1806. Los Blandengues, afirman, eran una fuerza de pura cepa nacional y empleaban sus armas contra el indígena mucho antes de que los fusiles se empeñaran en las guerras de la independencia. El 6 de Línea, del que el padre de Videla fue jefe hasta su pase a retiro el 6 de junio de 1941, combatió en las campañas independentistas del siglo XIX, se mezcló en las luchas fratricidas que acompañaban las pujas políticas de los gobernadores, tuvo también una actuación preponderante en la guerra del Paraguay y contó con el general Luis María Campos entre sus jefes históricos. La instalación del Regimiento 6 en Mercedes en aquel 1915 generó la oposición de algunas familias temerosas de que la soldadesca "abusara" de las niñas de la sociedad mercedina. En ese entonces, el servicio militar obligatorio era una novedad que había impuesto el segundo gobierno del general Julio Argentino Roca, para asegurar altos niveles de reclutamiento e integrar a los jóvenes a la ideología conservadora amenazada por el aluvión inmigratorio. De todos modos, esa disputa y otras, como una cesión de terrenos a la que se negaba la Sociedad Rural, fueron superadas y un médico reputado, el doctor Víctor Míguez, se dio finalmente el gusto de encabezar la recepción oficial al regimiento. El cuartel, ubicado a unas pocas cuadras del centro, sobre la ruta, le dio mayor movimiento a la ciudad. Los oficiales jóvenes se convirtieron en la atracción del pueblo y se incorporaron a la vida social concurriendo a bailes y recepciones familiares. En ese minué de relaciones, Rafael Eugenio Videla conoció a María Olga Redondo Ojea, una de las casaderas de Mercedes, en un hecho que confirmó, por la vía formal de un matrimonio bien avenido, aquellas medrosas prevenciones de abuso.

La pacatería mercedina tejió también una historia de desavenencias con el Busto de la Libertad esculpido por Lola Mora. En 1910, el año del Centenario de la Revolución de Mayo, un grupo de alumnos y ex alumnos de la Escuela Nº 4, animados por su director, el maestro Cecilio Gallardo, decidió que el pueblo no debía estar ausente de las celebraciones. La artista, que estaba en Europa por esos años, cedió su obra por apenas unos quinientos pesos de la época. Las facilidades que tuvo Gallardo para concretar su iniciativa tenían antecedentes en el vínculo afectivo de la famosa escultora con la ciudad de Mercedes. En la mansión de los Unzué, en las afueras del poblado, habían tenido lugar los furtivos encuentros amorosos entre Lola Mora y el dos veces presidente general Julio Argentino Roca. El 22 de mayo de 1910, en el cruce de las avenidas 29 y 30, junto con la colocación de la piedra fundamental de la Biblioteca Sarmiento, se inauguró la estatua. Años después, cuando la calle fue levantada para reemplazar el empedrado por asfalto, las autoridades municipales encontraron la oportunidad para arrinconarla entre los trastos de un corralón de materiales. De ese galpón la rescató un particular que luego de pelear contra la burocracia consiguió emplazarla frente a la Escuela Nº 1. Cuando el establecimiento fue refaccionado, un constructor italiano, Piero Maggi, preservó la estatua hasta que, en 1940, un grupo de ex alumnos de la Escuela Nº 4 logró su reposición, esta vez en el cruce de las calles 2 y 29: el Busto de la Libertad quedó enfrentado al Regimiento 6 cuyo jefe era el ya teniente coronel Rafael Eugenio Videla. Los promotores de la reinstalación de la estatua de Lola Mora dieron razones que los militares no pudieron obviar: exactamente por ese sitio habían pasado las fuerzas del general Juan Lavalle en su camino hacia el Ejército de los Andes que el general José de San Martín estaba organizando en

Mendoza para encarar la campaña libertadora. La estatua sería testigo de una jornada de tensión política que tuvo como protagonista al padre de Videla. A dos años de su retiro del servicio activo, después del golpe militar de 1943, el presidente Edelmiro Julián Farrell lo nombró comisionado municipal de Mercedes. Don Rafael estaba en esas funciones el 25 de agosto de 1944, día de la liberación de París. En la ciudad se integró una multisectorial política de la que formaron parte algunos conservadores, radicales, socialistas y comunistas, con el objetivo de celebrar la expulsión de los alemanes por las tropas de Charles de Gaulle. Después de todo, ese grupo de mercedinos apenas se propuso no permanecer al margen de los festejos por el triunfo de la resistencia francesa contra el nazismo que se reiteraban en las principales ciudades del país, aun a pesar de que los militares en el poder eran sospechados de simpatizar con el Eje. El grupo obtuvo el permiso del comisionado Videla para realizar el acto. Pero la dispensa contenía un contrasentido por donde se filtraba el verdadero humor político de la autoridad mercedina: prohibía que en la celebración se entonaran el Himno Nacional y La Marsellesa. Los organizadores aceptaron la limitación a regañadientes. Una camioneta con parlante propalador traqueteó por calles convocando a la reunión. A la hora señalada, dos centenares de mercedinos se juntaron en torno del Busto de la Libertad flanqueado por las banderas argentina y francesa. Videla padre, el jefe municipal, encontró en un acto cultural que se realizaba en la intendencia la oportuna excusa para que él y sus colaboradores pudieran darle la espalda a la ceremonia. Sin embargo el poder local estuvo presente: tres policías a caballo, en una franca actitud de vigilancia, se habían ubicado a un costado de la gente reunida, y otros jinetes uniformados merodeaban en los alrededores. Hubo un discurso flamígero en el que apareció una y otra vez la palabra libertad. Dos radicales, el escribano Pedro Larregle y el empleado bancario Oscar "el Gordo" Bagliotto, no pudieron contener el entusiasmo libertario e incitaron a la concurrencia a entonar el Himno. El "Oíd mortales" sonó para los policías como la orden esperada para cargar contra el gentío. Los tres caballos atropellaron y otros dos galoparon en apoyo desde las inmediaciones, dispersaron a los manifestantes y aplastaron las ofrendas florales que habían acercado las representaciones de colonias extranjeras. Una maestra y un empinado industrial de la zona que había concurrido vestido de rojo y enarbolando una bandera belga resultaron heridos. Los organizadores se reagruparon unos minutos después en la plaza principal. Furiosos, pretendieron ser recibidos por el comisionado Videla para que diera razones de la represión. Un dirigente conservador, Miguel Dulevich, encaramado en un banco, exhortó a los presentes a ingresar sin más al municipio. El secretario de gobierno, Julio Ojea, emparentado con el teniente coronel, les ordenó no ingresar a la sede comunal; mientras, Videla padre observaba la escena desde la puerta. Desde allí accedió a recibirlos con la condición de que "no hicieran lío, porque estaba por comenzar un acto cultural". La crónica de un diario local diría que ese acto "contó con la asistencia de una buena cantidad de público", cuando en verdad el salón de actos lucía semidesierto en el momento en que una veintena de señores indignados entraron para presentarle sus quejas a Videla padre, quien los apaciguó con palabras de circunstancia y con la promesa de tomar medidas contra los responsables de la represión. La reparación no conformó a quienes habían decidido celebrar la liberación de París: un subcomisario, que ese día estaba a cargo de la repartición, fue trasladado a un pueblo cercano. Don Rafael cumplió en una versión modesta con el destino de los militares argentinos de ocupar cargos electivos saltando el expediente de la representatividad democrática. Su nombramiento al frente de la municipalidad constituye un buen ejemplo. Franklin Lucero, quien acompañó a Farrell y más tarde fue ministro de Perón, recordó al opaco teniente coronel retirado, puntano como él, que había hecho casi toda su carrera militar en Mercedes con la excepción de un comienzo en una guarnición de La Plata, y lo hizo nombrar al frente de la municipalidad. Tenía fama de ser un hombre recto y ejecutivo, y en su relación con la función pública pondría a resguardo cualquier sospecha sobre su honestidad: renunció al cobro de honorarios y se rodeó de colaboradores insospechados de corrupción. La transparencia de las finanzas y la prolijidad administrativa fueron las obsesiones más cultivadas al frente de la comuna de Mercedes por este militar con fama de reglamentarista que se pretendía apolítico pero que no había permanecido ajeno a un hecho crucial que redefiniría la relación entre civiles y militares en la Argentina: el golpe de José Félix Uriburu contra el gobierno constitucional del radical Hipólito Yrigoyen el 6 de septiembre de 1930.

En 1998, en su departamento de la calle Cabildo, un semipiso limpio y reluciente con un gran living en ele, Videla y su mujer Hartridge exhibieron los portarretratos de la iconografía familiar. Las fotos de los distintos tramos de la vida de la pareja superaban ampliamente a las imágenes del paso por el poder. Entre ellas se destacaba una: la foto del teniente coronel Rafael Eugenio Videla montado a caballo y con la Casa de Gobierno como trasfondo. Entre 1976 y 1981, el hijo colocó ese retrato de su padre —que había muerto el 5 de octubre de 1952— en un lugar destacado de su despacho presidencial. Tal vez lo movió el orgullo de quien ha superado la trayectoria paterna, quizá fue la impronta simbólica de hacer ingresar al padre a la sede del poder para cerrar el círculo autocrático y autoritario que los vinculaba, entre aquella primera asonada que daría nacimiento a la Década Infame y al intervencionismo militar, y el emergente más dramático y criminal del golpismo representado por el Proceso de Reorganización Nacional. En el 30, el mayor Rafael Eugenio Videla, tan presumiblemente apolítico que quienes no conocían sus inclinaciones conservadoras llegaron a creerlo radical, levantó el 6 de Infantería a favor de Uriburu cuando el comandante del Regimiento permanecía en Buenos Aires y él, junto con otro mayor, Fortunato Giovannoni, habían quedado a cargo de la tropa. Videla padre no vaciló en meter preso a su amigo Giovannoni, que simpatizaba con el radicalismo y se oponía al derrocamiento del gobierno constitucional. El entonces Ferrocarril Oeste transportó desde la estación de Mercedes a los infantes que en la Capital Federal tendrían la misión de ocupar parte del Congreso Nacional y la Confitería del Molino, ubicada frente a la sede parlamentaria, en previsión de reacciones populares. Desde la perspectiva de la micropolítica pueblerina, el mayor Videla actuó en sintonía con el espíritu antiyrigoyenista prevaleciente en Mercedes. Allí, las familias conservadoras participaban de las invectivas contra el "Peludo" y más aún del afán de restauración oligárquica que yacía detrás de la mascarada pro fascista que se consolidaría con la acción de gobierno de Uriburu, un hombre tan seducido por la imponencia del ejército imperial alemán que de un viaje a ese país retornó para siempre con el apelativo de "Von Pepe". El pretendido apoliticismo del entonces mayor Rafael Eugenio Videla, levantado por su hijo, resulta desmentido aun por la misma foto que Jorge Rafael exhibió con orgullo y colocó sobre la mesa ratona de su departamento de Belgrano durante la entrevista del 25 de agosto de 1998. *Es muy bonita,* dijo, concediéndose un fugaz impulso emocional.

Participar del golpe de Uriburu siendo oficial del Ejército en 1930 no implicaba precisamente ser apolítico, salvo que esa condición fuera entendida como una negación de la política representativa y no como prescindencia en la lucha por el poder. Pero los sectores que habían sido desplazados por la vigencia del voto secreto no se habían resignado a perder el control estatal en manos de la democracia popular. La Ley Sáenz Peña que impuso el sufragio universal y obligatorio fue aprobada por el Congreso en 1912 y puesta en marcha ese mismo año, con elecciones en Santa Fe y en Buenos Aires. Las primeras elecciones presidenciales bajo esa Ley se celebraron en 1916 y significaron un rudo golpe para los grupos conservadores y ultraconservadores que se habían turnado hasta entonces en el Gobierno. El presidente Roque Sáenz Peña, defensor del voto secreto que enterraría las prácticas electorales amañadas de una institucionalidad deficiente pero funcional a los intereses de la oligarquía, no se propuso precisamente desalojar a quienes venían administrando el país desde el modelo agroexportador que había provocado un crecimiento espectacular. La flexión ascendente de los indicadores macroeconómicos, la acumulación de riqueza de las "buenas familias" y el impresionante desarrollo comercial y urbano tenían su contracara en las desigualdades sociales y en la falta de representación política de los sectores populares. De lo primero se hacían cargo los anarquistas y socialistas que, de la mano de la inmigración europea, sembraban el germen de la rebelión y presionaban por la democratización de la sociedad. De lo segundo, por antonomasia, la Unión Cívica Radical, que hizo de las elecciones libres un intransigente grito de guerra. Sáenz Peña, a despecho del conservadurismo recalcitrante que vivía el usufructo del poder como un derecho heredado y natural, ubicó a la UCR en la categoría de un mal menor. Los conservadores querían que la UCR cumpliera el papel de una oposición minoritaria que no colisionara con los intereses de fondo de los grupos dominantes. Así pretendían amortiguar la presión social, permitiendo la creación de un nuevo sistema político que disimulara su cara más autoritaria. Pero la jugada les salió mal a los conservadores dispuestos a este suave aggiornamento. Dos factores concurrieron para que el poder cambiara finalmente de manos. Uno fue la dispersión de las fuerzas conservadoras, que no alcanzaron a saldar en su seno la puja entre los que querían remozarlas, encabezadas por Lisandro de la Torre, y las facciones tradicionalistas que no estaban dispuestas a moverse de los vicios autoritarios de su extenso reinado. El otro factor fue la imparable popularidad de Hipólito Yrigoyen, el jefe de la UCR, una personalidad enigmática y eficaz en su poder de comunicación contra "el régimen falaz y descreído", que tenía para gran parte de las masas la aureola de un "santón laico" e intentaba democratizar la publicitada riqueza que el país había exhibido con orgullo entre los fuegos artificiales de la celebración del Centenario de la Independencia de España en 1910. El 4 de marzo de ese mismo año, Rafael Eugenio Videla ingresó como cadete al Colegio Militar, que había sido creado por Domingo Faustino Sarmiento en 1869 con la intención de profesionalizar sus cuadros. Pero Videla padre se sumó a las filas de una fuerza que ya había puesto en marcha los instrumentos que inficionarían la institución y a sus oficiales con un espíritu de casta del que emanaría la engañosa y trágica idea de superioridad sobre la sociedad civil. Esta concepción convirtió al Ejército en la guardia pretoriana que marcó a fuego y con fuego la vida política de gran parte del siglo XX en la Argentina. En el centro de estas mutaciones de las Fuerzas Armadas estaba la Ley de Servicio Militar Obligatorio, propuesta y defendida ante el Parlamento por el ministro de Guerra, general Pablo Riccheri en 1901, durante la segunda presidencia de Roca. Los estudiosos de la sociología militar han analizado el impacto de la conscripción forzada, dentro y fuera del Ejército. Según Alain Rouquié: "La función de la formación cívica y moral del servicio militar (...) reviste una particular importancia en un país de inmigración masiva. En la Argentina, la conscripción es el antídoto contra el cosmopolitismo. A falta de la posesión de la tierra que retiene, el hijo de inmigrante se arraigará a través de la escuela y el Ejército, encargados de inculcarle el apego patriótico a los valores nacionales. El servicio militar, por la remoción social y la disciplina, neutraliza los virus de disociación social que vinieron del Viejo Mundo. El Ejército, que supo anteriormente doblegar al gaucho, en adelante tiene como objetivo argentinizar al gringo y formar al argentino". Pero la contención de espíritus jóvenes y potencialmente rebeldes no fue el único efecto de la milicia. Apareció acompañada de una hiperprofesionalización del Ejército que mantuvo los valores de los padres fundadores, fraguados en las guerras de la Independencia, las luchas intestinas, el exterminio y la domesticación del indígena y sus vínculos con las familias patricias, pero que se cerró todavía más sobre sí mismo. Los oficiales que formaban parte de ese renovado ejército se sintieron portadores de una misión purificadora de la nacionalidad que los particularizaba, en clave de prepotente supremacía. Esta condición despeja cualquier pretensión de apoliticismo. Pertenecer a la oficialidad del Ejército Argentino fue siempre una manera de plantarse ante el país y sus instituciones desde un atalaya vigilante. El patrioterismo armado es profundamente político toda vez que, antes de definirse por valores propios, delinea su identidad como oposición a todo aquello que se presume diferente. La vacua apelación a un "estilo de vida argentino" explotó de una manera patética en los discursos del Proceso de Reorganización Nacional. Videla justificaría las matanzas de su gobierno en esos términos tradicionalistas, forjados a principios de siglo, cuando la creciente marea de la inmigración hizo tambalear los patrones de una pertenencia que estaba más clara con el "viejo ejército" de reclutamientos abusivos como el de Martín Fierro, con sus levas, sus potros de tormento y su reducción a la servidumbre.

El padre de Videla se educó en aquellos parámetros misioneros del Ejército. No se trata de trazar una fácil causalidad ni de arriesgar hipótesis psicológicas de ardua comprobación, pero sucede que en

Videla hijo, detrás de una personalidad caracterizada por la pobreza, por una subjetividad escuálida que no le permitía problematizar las profundas consecuencias de sus actos, se esconde un recipiente que resultó plásticamente llenado por algo que podría definirse como la razón negativa del Ejército. Y en esa operación simple las figuras del padre y de la institución armada se amalgamaron en una sola pieza, en una potente identificación: en la vida real el padre nunca se quitaba el uniforme, ni para sentarse a la mesa; en la flaca vida simbólica del cadete Videla, del oficial Videla, del presidente de facto Videla, el uniforme nunca estaría liberado de la impronta paterna. La peripecia del teniente coronel resulta relevante porque entre padre e hijo se verificó una indudable continuidad de disociación y acción: por un lado el declamado apoliticismo y por otro la intervención política decidida en pasajes clave de la vida nacional del siglo, dentro de las coordenadas más reaccionarias del espectro ideológico argentino. Videla padre y Videla hijo se plantaron como personajes sin espesor, de poca monta, rodeados por un aura santurrona. No se encontró en ellos un discurso brillante ni la mueca de una desmedida ambición de poder personal. Sin embargo, en las escalas pueblerina y nacional afinaron sus cuerdas en el mismo tono. Compartieron, también, cierto aire de falsa inocencia: pareciera que no hubiesen hecho nada. Tal vez habría que conceder en un punto: Videla padre y Videla hijo fueron moldeados por la institución Ejército como subjetividades vacuas, listas a ser completadas y dotadas de sentido entre los límites de las aulas del Colegio Militar y los alambrados que separan los cuarteles de la sociedad civil. Los Videla no se destacaron jamás por una actitud creativa ante la doctrina militar. Tomaron de ella la grandilocuencia mesiánica y las consignas totalizadoras, como si se tratara de instrumentos fijos para ordenar tanto una idea de país como el destino personal y la cotidianidad. La ampulosidad de la institución Ejército que se consolidó en la segunda década del siglo XX les calzó como un guante. Al respecto, la falaz sentencia del teniente coronel Carlos Smith, escrita en 1918, constituye una poderosa síntesis: "La patria para el Ejército, la política para los políticos". El espíritu que empinó a las instituciones armadas por encima de la ciudadanía fue acompañado y reforzado por otros núcleos ideológicos. Hacia 1920, buena parte de los oficiales que formaban a los cadetes en el Colegio Militar había pasado por el ejército imperial alemán, de donde tomaron ese gravitante espíritu de casta que influiría específicamente sobre la oficialidad hasta hacerla sentir una elite privilegiada como contrapartida del "desorden" del sufragio universal y la creciente participación de las capas medias, medias bajas y obreras en la vida política. Esa germanización dejaría también huellas indelebles en una acentuada formalización de lo militar en la que el uniforme, las armas y el recio paso de desfile conformaban una armazón de altivez propia y desdén para con el resto de los compatriotas. Ninguna formación humanística equilibró el péndulo hacia un posible "argentino promedio". Encerrado en sí mismo, exornado por los símbolos exteriores de la fuerza, el espíritu prusiano se completó con un reglamentarismo extremo. Como quedaría demostrado en el golpe de 1930 y en los sucesivos cuartelazos, esa escrupulosidad militar no se despegó de las marcas de clase que la oficialidad del Ejército arrastraba desde el siglo anterior, cuando operó como brazo armado de las antiguas familias que cimentaron su poder político en el modelo agroexportador. Más aún, hasta el advenimiento del peronismo las casi paródicas avanzadas nazifascistas de los oficiales argentinos que admiraban el creciente protagonismo de los ejércitos europeos terminarían en una exclusiva conjunción de intereses con los representantes del comercio y las finanzas ligados a la renta de la tierra. A lo largo de esa historia, la ritualización de lo militar se recortó siempre sobre el poder de los grandes propietarios, aun cuando el esquema que había provocado el crecimiento potencial de la Argentina empezara a hacer agua a partir de los cambios de la economía internacional que influyeron negativamente sobre aquellos países que basaban su prosperidad en la exportación de productos primarios. La ideología militar fraguada en los años previos al golpe del 30 llevó la impronta de una cáscara formalista dispuesta a ser colmada con los contenidos del poder más tradicional, asustado ante la movilidad política y social que promovían el voto secreto y obligatorio y la incipiente circulación de ideas anarquistas y socialistas que ganaban adeptos en los sectores del trabajo. Rafael Eugenio Videla egresó del Colegio Militar el 12 de diciembre de 1912 junto con otros 17 oficiales mucho más jóvenes y fue el último de su promoción. Su hijo tomó de él una cualidad que caló hondo: ese minucioso reglamentarismo que, en apariencia, lo puso a salvo de los desórdenes de la política. No obstante, como sucede con todos los fundamentalismos, tanto afán ordenancista reclama su contrario; el estricto apego a las reglas llama a su violación. Cada Videla, a su turno, destripó las normas precisamente en nombre de su cumplimiento.

En 1998, Videla defendió a su padre como quien se defiende a sí mismo. Afirmó que no le quedaban muy claras las razones que habían llevado a Rafael Eugenio a alzarse contra el gobierno constitucional en el putsch que encabezó con excesiva suerte el general José Félix Uriburu: *Él tuvo una participación activa, importante, el 6 de sep-*

94

tiembre. Prácticamente levantó al 6 de Infantería, reconoció, sin poder explicarse por qué su padre, tan "apolítico", había actuado de ese modo. *La verdad es que no sé. Quizá veía esa participación como algo militar,* afirmó. La participación de Rafael Eugenio en el golpe fue, indudablemente, algo militar, pero no de todos los militares —cuya mayoría se identificaba con el general Agustín Pedro Justo— sino de aquellos que cruzaban la influencia del ejército imperial alemán con las novísimas influencias fascistas. Pero Uriburu y Justo compartieron el desiderátum de recuperar el poder para los sectores conservadores vernáculos. Uriburu desfiló por la Capital Federal con el apoyo de los cadetes del Colegio Militar de la Nación. Hacia adentro del Ejército no obtuvo adhesiones unánimes y, desde la sociedad, su paso rumbo a la Casa de Gobierno sólo fue saludado por representantes espontáneos de las clases acomodadas que soñaban con la restauración de un poder que el voto popular les había arrebatado. Entre los militares que participaron activamente en el golpe estuvieron quienes veían en un gobierno de fuerza la única posibilidad de frenar las protestas sociales y la influencia de las ideas comunistas que brotaban entre sectores proletarios e intelectuales desde el triunfo de la Revolución Rusa en 1917. En la oficialidad habían ganado terreno las ideas de Charles Maurras y Benito Mussolini, a cuyo calor se habían conformado grupos nacionalistas. El grito imperativo del poeta Leopoldo Lugones resumió el credo golpista: "Ha sonado otra vez, para bien del mundo la hora de la espada. Así como ésta hizo lo único enteramente logrado que tenemos hasta ahora, y es la independencia, hará el orden necesario, implantará la jerarquía indispensable que la democracia ha malogrado hasta hoy, fatalmente derivada del socialismo". Sin embargo, la grandilocuencia absolutista de este llamado al asalto contra los bastiones de la democracia popular tendría durante el gobierno de Uriburu otras características que se tornarían permanentes en la ideología de las Fuerzas Armadas y, dentro de ellas, en el Ejército. Durante la gestión de "Von Pepe" (como lo bautizó la aristocracia salteña), más que la soberbia hora de la espada sonaría el reloj atrasado del liberalismo conservador, por encima del corporativismo nacionalista con el que había amagado el general golpista. El admirado modelo del fascismo italiano tenía, después de todo, una presencia popular y un anticlericalismo inaceptables para las familias que habían colocado sus representantes en el gabinete uriburista.

De estas vacilaciones se hizo cargo el general Justo para forjar su liderazgo político-militar. Llegó al gobierno en febrero de 1932, con el expediente del fraude y la proscripción, y tuvo bajo control a los nacionalistas extremos, aunque su régimen tomó de ellos el sesgo más autoritario para tornarlo funcional a su modelo de exclusión. Ese sesgo incluyó los terrores de un anticomunismo cerril que asimilaba cualquier actividad política a la amenaza sobre las clases propietarias, un catolicismo integrista de raigambre hispana y contrarreformista, el chauvinismo y aun el antisemitismo. La Sección Especial de la Policía y las distintas ligas y logias nacionalistas se encargaron de dejar en los cuerpos de inmigrantes y connacionales las huellas de ese complejo odio. Pero el fracaso del híbrido proyecto corporativista de Uriburu había producido un gusto amargo en los nacionalistas. Sus esfuerzos propagandísticos se redoblaron hacia adentro del Ejército, en el que veían a la institución por excelencia para liderar una sociedad autoritaria jerárquica y católica. Nada hace suponer que Videla padre haya tenido una acabada compenetración y adhesión intelectual a estas semillas ideológicas que en su caso, como uno de los jefes del Regimiento 6 de Mercedes, se entremezclaban con el más añejo tronco del conservadurismo bonaerense y, más atrás todavía, con el liberalismo conservador de su padre, el doctor Jacinto Videla, que había sido gobernador de San Luis. En términos de un proyecto político, es posible deducir en Videla padre una relación tangencial como la que producen las grandes palabras en la mediocracia. Pero, indudablemente, tuvo una relación fáctica con ese huevo de la serpiente que se incubaba en el Ejército en los años 30. Y para confirmarlo basta con rastrear las relaciones privilegiadas que mantuvo con algunos personajes de ese tiempo. Fue uno de los pocos oficiales que concurrió en apoyo de Uriburu y para participar del golpe encarceló a un compañero de armas de quien, además, era amigo. Videla hijo lo excusó —*esas cosas pasaban en aquella época*—, como si los actos humanos no tuvieran jamás consecuencias políticas o morales y sólo se justificaran en un nunca explicitado "deber ser". *En aquella época* pasaban otras cosas, como el realineamiento de los oficiales superiores del Ejército con diversas corrientes ideológicas. Muchos de ellos fueron desde simpatizantes hasta animadores y líderes de las asociaciones de ultraderecha que florecieron en los años 20 y 30: la "Legión de Mayo", la Guardia Argentina, la Legión Colegio Militar, la Milicia Cívica Nacionalista y la Legión Cívica, que derivaría en la más activa y fundamentalista de todas: la Alianza de la Juventud Nacionalista, cuyo líder fue el general Juan Bautista Molina. Precisamente, este general tuvo una relación personal y un fuerte ascendiente sobre Videla padre. Juan Bautista Molina —junto con los oficiales Álvaro Alsogaray, Pedro Pablo Ramírez y Emilio Kinkelín— formó parte de la conspiración que preparó el golpe contra Hipólito Yrigoyen y, como premio a su lealtad, llegó a la Secretaría General de la Presidencia. Molina se tomaba a pecho el espíritu refundador y corporativista con el que se había gestado el golpe de Uriburu. Se ubicaba a la derecha de cualquier derecha, con una disposición fuertemente antiliberal y anticomunista, teñida por la admiración al esquema político del Duce. Junto con otro nacionalista ultramontano, el doctor Juan Carulla, le dio vida e incluso legalidad a la Legión Cívica Argentina. El 20 de mayo de 1931 consiguió que el presidente de facto Uriburu la reconociera oficialmente por medio de un decreto en el que se resaltan las cualidades de una "asociación de hombres patriotas que moral y materialmente están dispuestos a cooperar con la reconstrucción institucional del país". Así, el régimen uriburista tuvo sus propias fuerzas de choque, que fueron un remedo de las "camisas negras" mussolinianas. Sus cuadros civiles se entremezclaban con el Ejército, del cual recibían instrucción militar. Detrás de la integración de esta fuerza paramilitar estaba el sueño típicamente fascista de partido único en estrecha vinculación con el Ejército. En un momento en el que la actividad político-partidaria estaba estrictamente prohibida, la Legión de Molina fue la única organización política autorizada a actuar públicamente. Pero la intención de Uriburu resultó frustrada por el ascendente liderazgo de Justo, quien logró imponerse en el seno de las Fuerzas Armadas y consiguió el apoyo de los conservadores, liberales y socialistas independientes con los que formó la Concordancia, para cerrarles el paso a los radicales mediante el "fraude patriótico". La derecha católica y antiliberal perdió posiciones durante el gobierno de Justo. Molina también participó de esta gestión pero convenientemente neutralizado. Sin abandonar sus quimeras mesiánicas, se retiró del servicio activo en 1939, cuando el presidente Roberto M. Ortiz acometió con una nueva limpieza de nacionalistas en el Ejército. Molina no permaneció inactivo. Con el mapa de Europa conmovido por gobiernos autoritarios, repudió la posición de Ortiz a favor de la causa de los Aliados. El 23 de agosto de 1940, la Legión Cívica se había transformado en la Alianza de la Juventud Nacionalista y organizó un mitin en el centro porteño para pedir la renuncia del Presidente. En 1941, cuando Ramón S. Castillo ocupó la presidencia tras la muerte de Ortiz, Molina se montó sobre la disconformidad de los nacionalistas del Ejército que se encontraban en servicio activo y organizó un complot de opereta que fue fácilmente conjurado en las calles de Buenos Aires. En su ideario conspirativo se conjugaban la mística del deber militar, una germanofilia militante, una retórica moralista que no le había impedido ser acusado de corrupto durante el gobierno de Justo, el catolicismo integrista, la convicción de que la hidra de la subversión subyace en toda representación política democrática y la admiración por los regímenes totalitarios europeos de Adolf Hitler, Benito Mussolini y Francisco Franco. Con respecto a la relación entre este personaje que parece cargar con todos los estigmas fundamentalistas de los que se había nutrido el Ejército y el desdibujado Videla padre, eterno integrante del Regimiento 6 de Infantería de Mercedes, Emilio Gutiérrez Herrero, veterano nacionalista que paseaba sus recuerdos por Montevideo, donde se exilió en los años 50, afirmó en marzo de 1998, en su domicilio, que el vínculo era lo suficientemente estrecho como para que Videla padre no negara una contribución a las cruzadas de la Alianza de la Juventud Nacionalista: "En el año 41, estábamos en la vieja Alianza de la Juventud Nacionalista y teníamos la intención de abrir un local en Mercedes. El general Juan Bautista Molina, que era el jefe en las sombras de la Alianza, nos dio una carta de presentación y un domingo fuimos a la casa. Rafael Eugenio Videla era uriburista, más o menos se había mantenido en la línea de los generales. Era un hombre de formación conservadora uriburista, inserto inclusive en el aparato absolutamente conservador de la provincia de Buenos Aires. Entre el 30 y el 45 el conservadurismo tuvo mucha fuerza en la provincia. Videla era amigo de Molina, no amigo personal, era un subordinado. No olvidemos que Molina era general y en aquella época el Ejército tenía una estructura muy distinta de jerarquías y grados. Era muy difícil para los subalternos ser amigos personales, pero era un hombre al que le tenía mucha consideración, Molina no le iba a pedir una ayuda para su causa nacionalista a alguien que no fuera de su entera confianza. Videla nos atendió en su casa, muy bien. Ahí le pedimos la contribución y dijo que sí, lógicamente; era gente muy atenta, muy correcta. Él tenía un hijo militar, que era Jorge Rafael; él nos lo presentó, un muchachito, en fin, que estaba en su casa, un hijo... Ellos eran de familias muy afincadas, muy tradicionales de la zona; se había casado con una mujer emparentada con los Ojea, que eran gente muy conservadora. Los jefes de las unidades militares argentinas en aquella época eran gente muy respetada en su localidad, hacían vida social. Ése era el ejército de aquel tiempo". La admiración por los buenos modales y la predisposición de Videla padre hacia los propósitos aliancistas no le duraría mucho a Gutiérrez Herrero, porque el teniente coronel jamás concretó el prometido aporte. Acaso esa actitud ilumine la relación del oficial con la política y permita comprender por qué Gutiérrez Herrero lo definió sin vacilaciones como un uriburista tamizado por el conservadurismo bonaerense, mientras que otros testigos de la época lo consideraron apolítico y su propio hijo recordó que hubo quienes lo creyeron radical. Los testimonios recogidos en Mercedes coincidieron en la descripción de la figura "respetada", del teniente coronel que se manejaba con pocas palabras y paseaba por las calles la estampa del militar más encumbrado del pueblo. Su predisposición a contribuir con la Alianza de la Juventud Nacionalista o el solo hecho de que un nacionalista fascistoide y oligárquico como Molina lo contara entre los suyos lo acercan a un lugar específico del mundo de las ideas que circulaban en los años 40. El incumplimiento de su promesa refleja su medianía, la flojedad y el escaso nivel de compromiso con una causa que tenía un proyecto concreto de poder quizá demasiado perturbador para un reglamentarista. Molina buscaba apoyo en la institución para conspirar, pero, a diferencia de Videla padre, ya estaba fuera del Ejército.

Cuando las Fuerzas Armadas derrocaron a Ramón S. Castillo y volvieron al poder, el teniente coronel Videla, ya retirado, no tuvo dificultades para aceptar ser comisionado municipal de Mercedes. En sus actos, quizá queda expresada una típica ecuación videlista: cumplir un rol político cuando estuviera revestido por cierta clase de legalidad, una legalidad que contenía las más flagrantes violaciones al orden civilizado que la Argentina se había dado trabajosamente a sí mismo, pero que provenía de una institución —el Ejército— sagrada para los Videla. No fue ésta la única característica que hizo de su hijo Jorge Rafael el más acabado representante de estas concepciones autoritarias. En el dictador del 76 emergieron y se consolidaron distintos afluentes de la ideología oligárquico-militar.

Videla hijo creció, entonces, en un entorno en el que se creía en la misión restauradora del Ejército y en su concepción reactiva a la política profesional y aun a la sociedad civil. Un breve ordenamiento cronológico indica que tenía cinco años recién cumplidos cuando su padre partió de la estación de Mercedes con el grado de mayor, a apoyar el golpe de Uriburu; que tenía 16 años cuando Juan Bautista Molina envió a sus emisarios para comprometer al ya teniente coronel en las andanzas de la Alianza de la Juventud Nacionalista; 17 años cuando se produjo el golpe de 1943 y también 17 cuando su padre fue nombrado comisionado municipal del gobierno de facto. A la edad de 16, Jorge Rafael Videla ingresó al Colegio Militar de la Nación, después de cursar el secundario completo en el Colegio San José, de los padres bayoneses, situado en el barrio del Once, por exigencia paterna. La resonancia del mundo militar fue especialmente potente en Videla. Su padre conoció a quien sería su esposa porque la quinta de sus suegros, los Redondo, lindaba con el Regimiento 6 de Infantería. Ésa fue su casa natal. El predio fue luego comprado por el Ejército a la familia Redondo para ampliar las instalaciones militares; se convirtió en la enfermería del cuartel y, luego, en museo. El proceso de socialización de Videla dio sus primeros pasos junto al regimiento. Su padre intentó que no fuera militar, imaginaba para él un destino de médico. Quizás Videla padre se sentía frustrado por su trayectoria de oficial de Ejército y temía que su único hijo varón reiterara el destino gris que a él le cupo: no alcanzó a ser oficial superior porque no había pasado por la Escuela de Guerra que habilita a los oficiales a acceder al título de oficial de Estado Mayor. Cuando Videla padre le desaconsejó la carrera militar, la vocación de Jorge Rafael estaba echada, marcada a fuego por el uniforme como posibilidad privilegiada y acaso única de proyectar una personalidad. Tal vez el uniforme del Ejército era, para ese chico parco y "apartado", la única posibilidad de ser en el mundo. El padre le exigió al hijo que revisara su determinación y cursara el secundario completo, algo que en 1942 no era una obligación, ya que entonces se ingresaba al Colegio Militar apenas con el tercer año aprobado. Videla nunca tuvo una comprensión cabal de aquello que los signos castrenses significaban para el conjunto de la sociedad, pero sí un alto grado de contaminación con esos signos exteriores. Creció respirando el lenguaje y la iconografía militares pero comprendiéndolos a medias, en su cáscara, como si hubiera permanecido en un cuartel con escasas conexiones con el mundo civil. Su imposibilidad para desarrollar alguna línea política rica y compleja y su tendencia a poner en el lugar de la problematización la más pura obediencia a los reglamentos formaron parte de esa comprensión inacabada. Para Videla, las palabras parecieran ser "activas", es decir no radicarse en su interior sino pertenecer a un afuera sacralizado (la institución Ejército, la institución Patria, la institución Iglesia). Del rastreo de su infancia surge que muy pocas cosas, demasiado pocas, se interpusieron entre su subjetividad y la pertenencia al Ejército. En la niñez, la compenetración con ritos y palabras militares necesariamente se debe haber producido en la clave de emoción e ingenuidad. Videla nunca renovó ese arsenal simbólico cristalizado sobre la megalomanía de lo militar. Sus conexiones con el exterior fueron pobres para que el niño Videla y el hombre Videla ampliaran el conocimiento del país, de la complejidad de su sociedad y aun del mundo. Habitualmente, con estos parámetros se forman oficiales que pasan sin ninguna trascendencia por la carrera militar. Con estas ramas secas del desarrollo personal, fue extraordinario que haya sido el jefe máximo del golpe del 76. Pero tampoco fue casual que esa personalidad haya buscado fundarse en un acto de violencia extrema que la constituyera.

Videla fue un "niño bueno" y distante. No les causó un solo problema a sus padres, a sus maestros, a sus profesores del secundario ni a sus instructores militares. Quienes lo conocieron en esas épocas coincidieron en que era tímido, retraído y cumplidor. Los ecos de la muerte de sus hermanos tres años antes hicieron que su primera infancia transcurriera en un clima de cuidados especiales. Cursó el primario en la Escuela N° 7 "Domingo Faustino Sarmiento", un establecimiento público que, junto con la Escuela N° 2, era de los más reputados por su ubicación en la planta urbana y por la buena fama de su directora y de sus maestros. Muy cerca de la casa de los Videla también estaba el instituto religioso San Patricio, pero aun las buenas familias de clase media mandaban a sus hijos a la escuela pública. Pedrò Pasquinelli, casi un coétaneo de Videla, defendió sus recuerdos desde la autoridad que le confería haber vivido enfrente de la segunda casa familiar en Mercedes. Afirmó que desde chico "Jorge heredó una profunda inclinación por la Iglesia, por la religión, tengo entendido que si no era un hombre de comunión diaria lo era por lo menos de comunión semanal. La madre era muy religiosa y el padre lo mismo, es una herencia que recibe". Aunque vivió años frente a la casa de Videla, y a pesar de que durante la dictadura fue beneficiado con un cargo en La Plata (director de Educación Física del Ministerio de Educación bonaerense), Pasquinelli no se definió amigo de Videla sino apenas vecino: "Es muy difícil ser amigo de Jorge porque es muy reservado. Él tiene sus amigos, pero no es un hombre de gran cantidad de amigos". Videla siempre fue visualizado como alguien que estaba en "otra cosa". El odontólogo mercedino Pedro Uncal Basso, que sí se reivindicó amigo de la infancia de Videla, dijo que "Jorge no era muy salidor". Su punto de contacto con Videla eran las cabalgatas cuando en el regimiento le prestaban los caballos para que los varearan entre media y una hora. Definió a Videla como un buen jinete y a la hora de hablar de sus características de entonces dijo que era "amable, respetuoso, diría tímido". "No era de discutir ni de herir cuando hablaba..., un tipo común". Pasquinelli no acudió a un repertorio de calificaciones muy diferente: "Buen alumno, respetuoso, secote, así como fue siempre". Ambos estuvieron de acuerdo en que la influencia paterna dejó importantes huellas en Jorge Rafael, aunque para Pasquinelli el padre era "más ejecutivo" y para Uncal Basso, "más milico". Los testimonios coincidieron en darle al padre una impronta de mayor firmeza de carácter que a su hijo. Sarita Videla, prima de Jorge Rafael, afirmó en la ciudad de San Luis que Jorge salió favorecido por algunas aristas suavizantes del carácter que adjudicó exclusivamente a su madre María Olga: "Jorge, físicamente y de carácter, salió a Videla. La bondad la sacó de María Olga, que era toda bondad". Uncal Basso lo recuerda "siempre igual, alto, negro, flaco". "Sí, era el Flaco Videla. Tenía alma de milico, sí, y por el padre; yo tengo las influencias del mío y tengo un hijo médico. No recuerdo si Jorge quería ser militar, pero en esa época nadie pensaba en nada, yo no pensaba en ser odontólogo". De sus primeros años de vida no se desprenden rasgos distintivos fuera de esta modalidad de "chico de lejanías", jamás involucrado en andanzas infantiles o adolescentes, ni siquiera en algún desarreglo o ingenua picardía.

Todos los que lo conocieron afirmaron también que la primera vez que lo vieron con una novia fue con Raquel Hartridge, a quien Jorge Rafael conoció durante unas vacaciones en El Trapiche, provincia de San Luis. En los años 30 y 40 Videla era un integrante ocasional de la barra de diez o quince muchachos que se conformaba en torno de la pileta del Club Mercedes, junto al río, y que también integraba Agosti. Pero para los mercedinos, a la distancia que imponía su carácter se agregó también la distancia concreta, porque mientras cursó el secundario en el San José sólo regresaba los fines de semana, y cuando ingresó al Colegio Militar apenas frecuentaba a sus conocidos mercedinos, con quienes se cruzaba los domingos en la plaza principal, después de misa. Respecto de su carrera militar, el ex coronel Juan Jaime Cesio, que por razones generacionales siguió de cerca la trayectoria de Videla, lo definió como un militar que pertenecía al "grupo de nadie", en una época en la que la conformación de grupos y la variedad de adhesiones tenían hacia dentro del Ejército una gran dinámica. Esta marca de no pertenencia es algo que el mismo Videla reconoció desde su infancia más temprana. Nació en el seno de una familia con una fuerte genealogía mortuoria. A él lo antecedió la muerte de los mellizos que le dieron su nombre y, a su vez, su existencia precedió a la muerte de su hermana Lala, que nació en 1928 y murió en 1946 de tuberculosis. El padre había quedado huérfano de madre al nacer. Su madre también había conocido la orfandad de padre a los diez años, había cumplido el papel de la "mayorcita" responsable de la organización familiar y tenido una infancia de tono grave, alejada de la despreocupación típica de esa edad. Tampoco la frescura fue la seña de infancia de Jorge Rafael, quien vivió sus primeros años en la quinta lindera al Regimiento 6. Por las mañanas, su padre lo acercaba en auto a la Escuela N° 7. Los contactos con sus compañeros se reducían a los recreos y cuando trasponía el umbral no volvía a verlos hasta la clase siguiente. Esto era así hasta tal punto que su principal amigo de ese tiempo fue un adulto, el quintero de la finca de los Redondo. Recordar el apellido de Donato, aquel italiano viudo y solitario, le costó a Videla un esfuerzo de memoria en 1998; no tuvo el mismo éxito para convocar el nombre de su otro amigo, su petiso preferido, un bayo gateado con la cola y la crin negras. De la quinta de la infancia le quedaron el parral, el gallinero, la vaca que les daba la leche diaria, los frutales y el galpón de las herramientas. Algo se superpuso y fue más fuerte que las postales campestres de un niño solipsista: la vecindad con el cuartel y la figura de su padre siempre uniformado.

El otro vínculo institucional fuerte, también temprano y heredado, lo estableció con la Iglesia Católica. Los vecinos de Mercedes guardaron de la madre de Videla los pasos cotidianos rumbo a la iglesia de San Patricio. Jorge Rafael, en cambio, fue bautizado en la Catedral. Allí también tomó su primera comunión y ofició de monaguillo. A sus coetáneos les costó definir a aquel chico por algún rasgo enteramente propio, pero acordaron en que su imagen de "apartado" estaba subrayada por la manifestación pública de su fe, un reflejo que lo acompañaría toda la vida. Esta particularidad retornó a la mente de los mercedinos cuando en marzo de 1976 recibieron la noticia de que uno de sus hijos sería presidente. Hugo Bonafina, empleado de la Dirección Rentas de la ciudad y miembro de la Comisión de Homenaje a los Desaparecidos y Muertos de Mercedes, recordó el revuelo que produjo esa noticia: "Acá en Mercedes hubo una gran aprobación al golpe. En ese momento mucha gente sentía la necesidad de orden y acá se sintió más que en ningún otro lado, diría yo. Nosotros somos como un ejemplo en pequeño de la Argentina. Con Videla, como tenía todo eso del tema religioso, era tan chupavelas y toda esa historia, la gente se tragó el cuento de que era una buena persona". Aquel 24 de marzo, en Mercedes, a muchos les costó recuperar una imagen del presidente golpista. Pero allí estaba la familia, su madre María Olga y su hermana Marta. Pensaron que el retoño de esa familia devota, a quien casi habían perdido de vista desde que había partido a Buenos Aires para hacer el secundario como pupilo en el San José, podía ser el hombre señalado para conducir al país en la turbulencia. A esas mismas personas, cuando comenzaron a conocerse los horrores del régimen les costó encajar las piezas de la condición religiosa, correcta y reservada de la familia Videla con la violación a los derechos humanos y los principios cristianos de su hijo más famoso. El abogado Rodolfo "Tojo" Ojea Quintana, emparentado con Videla por la rama materna, ex militante montonero que pasó siete años preso y con dos hermanos desaparecidos, recordó una frase dicha por Marta Videla, cuando en vano acudieron a pedirle por el paradero de Carlos Miguel Tillet, desaparecido que había sido amigo de la infancia de su hijo Solano Espil: "¿Cómo Jorge puede permitir que pasen estas cosas?", se preguntó la hermana. Jorge hizo mucho más que "permitir". Y todos los enigmas que contiene esa pregunta tienen sus respuestas históricas, institucionales y subjetivas. Son los enigmas nacionales, militares y personales de una compleja y firme afiliación a la muerte.

★ ★ ★

"A los Videla nunca los quisieron en San Luis. ¿Dónde hay una calle Gobernador Videla?" La prima de Jorge Rafael Videla, Sarita, se ha maquillado como para "recibir" en su centenaria casona puntana que aún conserva el mobiliario y la decoración de los años 30. Acaso la amargura que cruzaba su cara se instaló desde el mismo momento en que aceptó la entrevista. Quizá reflejaba la irresuelta tensión entre hablar y no, entre cumplir un tácito y familiar pacto de silencio y no resistir la tentación de recuperar, por unas horas, retazos de su identidad. El aire de resignación y agobio de la septuagenaria se acentuó cuando una vez más puso en duda la pertinencia de ceder su tiempo y sus palabras, y más aún cuando afirmó que sus antecesores no se habían ganado el cariño de sus comprovincianos. Tal vez pensó que en ello se escondía una maldición o una irreparable injusticia, y entonces para qué. Aparentemente, Sara Videla no aspiraba a que el régimen liderado por su primo fuera tomado como la coronación de una patriótica trayectoria de sus antepasados y comprendió que si los supuestos blasones familiares tenían alguna posibilidad de reparación la habían perdido para siempre a partir de 1976.

Es estrictamente cierto que ninguna calle en la provincia recuerda la gestión de Jacinto Videla, abuelo de Jorge Rafael, que ejerció la gobernación provincial durante poco más de dos años, entre mayo de 1891 y julio de 1893, cuando fue derrocado por una revuelta popular encabezada por su primo hermano, el doctor Teófilo Saá. El desapego de los puntanos para con los Videla sería, para Jorge Rafael, un amor no correspondido. El ex general no se sentía mercedino, se sentía puntano. Otro pariente de San Luis, que a diferencia de Sara Videla prefirió preservar su identidad, corroboró: "Él se considera puntano y lo dice: *Mi gente está acá*. Dice que aquí está su raíz, pese a que tiene una hermana que vive en Mercedes". Videla tenía razones para reivindicar esa pertenencia. Sus mayores se asentaron en San Luis con ímpetu de pioneros. La dinastía videlista es cuyana y el primer pie con ese apellido holló las tierras de Mendoza en el siglo XVI. El historiador puntano Néstor Pedro Menéndez rastreó esa genealogía y ubicó la referencia más remota sobre el apellido en una antigua familia de Ledesma, a quien también llamaban Vidella y aun Vilella, a orillas del río Tormes, en la provincia española de Salamanca. Alonso de Videla, "El Viejo", nacido en Murcia, fue el precursor. Murió en Mendoza en 1602. Por esa época el apellido también se diseminó en territorio chileno. Un bisnieto de un nieto de Alonso, Juan de Dios Videla y Salazar, aparece ornado por atributos militares: fue coronel, subdelegado de la Real Hacienda y comandante de armas de la ciudad de San Luis entre 1787 y 1806. Fue el encargado de inaugurar la rama puntana de los Videla. Juan de Dios era hijo del maestre de campo (jefe de Estado Mayor) don Alonso de Videla y Pardo Parragués y de doña Gregoria Salazar Sotomayor, ambos mendocinos. Durante su gestión como subdelegado de la Real Hacienda (delegado en San Luis del gobernador intendente de Córdoba), fundó en 1797 el poblado de Villa de Melo, en el noroeste de San Luis, a la vera de la capilla de Piedra Blanca. Villa de Melo es hoy Merlo, la localidad turística famosa por su microclima. En 1799, Videla y Salazar donó materiales para la erección de la iglesia matriz de San Luis. La cruz y la espada aparecen hermanadas desde los primeros capítulos de la estirpe puntana de los Videla. Las minas de La Carolina se descubrieron y comenzaron a explotarse durante la gestión de Juan de Dios quien, para su avanzada, levantó su estancia a unos diez kilómetros al oeste de San Luis en un solar cuya primera denominación fue Represa de los Videla y que, a su vez, dio origen a la actual población de Balde. Tres matrimonios hubo en la vida de Juan de Dios Videla y Salazar: con Francisca Quiroga, con Feliciana Páez Quiroga y con Natividad Sierra. De sus numerosos descendientes, los hijos varones gestados con Feliciana (Blas, Bernabé, Luis, Gonzalo e Ignacio) se encargarían de acentuar el derrotero paterno militar y de ampliar la fama patriarcal del apellido. Según el profesor Menéndez, "eran muy gauchos y tenían armoniosas relaciones con los indios del sur". Con esta rama puntana comenzó la participación de los Videla en los acontecimientos nacionales de primer orden. Blas Videla fue el militar que condujo a los soldados que envió San Luis a Buenos Aires para defenderla de las Invasiones Inglesas y entre los que también marchó su hermano Luis, quien a su vez, en 1827, hipotecó sus bienes para contribuir al sostenimiento de la guerra con el Brasil. El resonar de la palabra patria en los discursos de Jorge Rafael Videla tenía su abolengo: Juan de Dios Videla fue el primer comandante militar luego de que los cabildantes de San Luis se alinearan con la Primera Junta el 30 de junio de 1810. Entre esos cabildantes estaba el joven alférez Luis de Videla. Más adelante, el general José de San Martín reclamaría el apoyo de los hijos de Juan de Dios para la conformación del Ejército de los Andes. Todos participaron con el Libertador en la campaña de Chile. La saga sanluiseña de los Videla gozó por esos años de cierta expansión y de una buena fama que el tiempo y las luchas fratricidas se encargaron de disipar. Menéndez refirió que entre los años 1810 a 1820 "la Represa de los Videla se llamaba también Laguna de Chorrillo y se ubicaba allí la primera posta del camino de San Luis a Mendoza, que fue denominada La Dupuyana". "El teniente gobernador de San Martín, Vicente Dupuy, construyó un canal desde San Luis hasta la estancia, que aún se conserva. Por esa posta, con dos enormes represas, pasaron innumerables viajeros y por ello tenemos varios testimonios sobre lo que era la gran estancia de los Videla". A partir del siglo XVII, los varones Videla entremezclaron su derrotero con el de la conquista de territorios que se fueron ganando paulatinamente al indígena. Avanzaron en paralelo con la era colonial en la que de hecho se conformaron los primeros sistemas políticos de lo que más adelante serían las provincias tributarias del Virreinato del Río de la Plata. También adhirieron a un estilo de conducción política que se consolidaría después de la Conquista: los liderazgos regionales y autoritarios, el poder discrecional, el aliento teocrático y la frecuente desestimación de las regulaciones del derecho en manos de un poder de facto basado en el ascendiente personal y en la propiedad de la tierra. Desde aquel punto de partida, los Videla se fueron ubicando entre las familias consulares de relativa fortuna, hasta que las luchas intestinas que se sucedieron tras las batallas de la Independencia los encontraron decididamente en el bando de los unitarios. La familia se desangró en manos de los federales que fusilaron a cinco de sus retoños. Tres de los hijos de Juan de Dios tuvieron ese aciago destino: Luis, gobernador de San Luis tras el golpe militar de 1830, fue fusilado por Juan Manuel de Rosas en San Nicolás de los Arroyos tras el fracaso de los levantamientos de José María Paz y de Juan Lavalle; Blas e Ignacio fueron ejecutados en Mendoza, en 1831, después de encabezar en San Luis una rebelión unitaria; Dolores Videla Sierra, hermanastro de los anteriores, había muerto en el Combate de las Pulgas, en Villa Mercedes, San Luis, en 1821, y otro hermanastro, Eufrasio, estuvo entre los cabecillas ajusticiados tras el levantamiento unitario de San Luis en 1840.

El fusilado Blas fue quien abrió la línea de descendencia que llega a Jorge Rafael Videla. Según el historiador Menéndez: "Don Blas de Videla se desposó con Jacinta Domínguez (quien tenía tres hijos de su anterior matrimonio con Jose de Saá) y con ella engendraron tres varones: Daniel, José de la Cruz y Blas Videla Domínguez. Los Saá y los Videla Domínguez tuvieron una actuación destacadísima en el plano nacional en la época de la Confederación

Argentina, durante las presidencias de Justo José de Urquiza y de Santiago Derqui. Daniel fue senador nacional y, caída la Confederación, luego de la batalla de Pavón, debieron marchar al exilio en Chile y refugiarse entre los indios. Hijo de José de la Cruz fue Jacinto, tercer abogado con título que se vio en San Luis, gobernador de la provincia de 1891 a 1893, varias veces legislador, ministro y convencional constituyente. Hombre de gran talento, equilibrada actuación política, mesurado y muy responsable como letrado, logró amasar una fortuna. Vivía en Colón 640 de San Luis, donde levantó el edificio más grande y moderno de la ciudad a principios de siglo, hoy ya demolido. Don Jacinto Videla murió en La Represa en las cercanías del Centenario de Mayo. Nietos, bisnietos y tataranietos de don Juan de Dios Videla y Salazar, fundador de Villa de Melo, ocuparon importantísimos cargos en el gobierno provincial, en la docencia y en las Fuerzas Armadas. Sin poder eludir el trágico destino que perseguía a su familia, un nieto de Jacinto, el general Jorge Rafael Videla Redondo, fue presidente de la Nación entre 1976 y 1981. En el panteón de los Videla del cementerio central de San Luis se conservan los restos de esta familia que estuvo marcada por la fatalidad y cuya descendencia está hoy desparramada por los cuatro puntos cardinales de la provincia y el resto del país". El historiador Menéndez trazó una línea de fatalismo familiar cuyo último representante sería el ex general. Coincidió en esto con el propio Videla, quien se sentiría "elegido" para una suerte de martirio, una misión patriótica que posteriormente lo tendría preso, separado de la sociedad y escarnecido en su domicilio. En ningún caso, sin embargo, se trató de ineludibles fatalismos apadrinados por un Dios tronante que señalara a los Videla como gloriosos y sacrificiales corderos; sí, siempre, de concretas luchas por el poder en el marco de una historia turbulenta, dirimida con ferocidad, que repitió las brutales gestualidades de una autocracia fundacional de la vida política del país.

Nieto del fusilado Blas e hijo de José de la Cruz Videla y Margarita Poblet, Jacinto se casó con Ercilia Bengolea. La pareja tuvo diez hijos. Las mujeres fueron Rosario, Ercilia, Margarita, Angélica y Hilaria; los varones, Jacinto, Cruz, Mariano, Ignacio y Rafael Eugenio, el teniente coronel padre de Jorge Rafael. Ercilia murió en el parto de Rafael. Don Jacinto se casó nuevamente, con Petrona Sosa, y tuvo otros cuatro hijos: Oscar, Carlos, Blas y María. Sara Videla recordó que "al morir la madre en el parto, de fiebre puerperal o algo así, en todo caso algo frecuente en la época, quien cría a Rafael y a sus hermanos Mariano e Ignacio, que eran los más chicos, es Margarita Poblet, la madre de don Jacinto, es decir, la abuela a quien llamaban Mamá Bayita". Dos líneas mortuorias se entrecruzaron entre los mayores de Videla. Una provino de la lucha política con los cinco fusilados y llegó hasta 1840, año de la ejecución de Eufrasio. La otra, la de las muertes naturales pero tempranas, se abrió con el fallecimiento de la abuela paterna de Jorge Rafael, Ercilia Bengolea, e impregnó la historia familiar hasta la muerte, incluso, del tercer hijo de Jorge Rafael, Alejandro Eugenio Videla, que había nacido discapacitado y dejó de existir en la colonia Montes de Oca de la localidad de Torres (cercana a Mercedes), en junio de 1971. Tras el golpe del 24 de marzo de 1976 y una vez designado Videla Presidente de facto, los antecedentes políticos de la familia Videla no fueron investigados por la prensa, ni especialmente rescatados por el régimen, un hecho curioso si se tiene en cuenta que se trataba de exhibir ante la sociedad a quien los jerarcas del Proceso veían como el rostro más presentable y político de la cúpula. Dos factores concurrieron a este olvido: el rescate de los antepasados del flamante dictador —y aun el de su padre golpista del 30— no resultaba apropiado, por sus huellas mortales, para una gestión que pretendió ocultar la clave de su plan político. La otra razón fue más burda: el propio Videla apenas tenía un panorama somero de la trayectoria de sus mayores y no se había adentrado con curiosidad minuciosa en la actuación pública de sus predecesores. De la nebulosa de ese pasado cruel, en el que el tatarabuelo Blas y sus hermanos se batieron en las luchas de la independencia y en las guerras internas, Videla rescataba fundamentalmente la mítica gema de la participación de los Videla en el Ejército de los Andes. Pero él nunca enriqueció su escaso saber con un repaso a fondo de la lucha política, de las posiciones frente al gobierno central y las pujas regionales, los intereses de fondo y trasfondo, la trama al fin, en que sus ascendientes se desenvolvieron en pasajes clave de la organización política del país que tomó por asalto. Videla no fue un lúcido conocedor de sus antepasados, pero sí un heredero cabal de marcas políticas de su estirpe.

Apenas producida la Revolución de Mayo de 1810, San Luis, una provincia asediada aún por inorgánicas incursiones chilenas y por los malones, se alinea con la Junta de Gobierno que ordena al Cabildo local la publicación de una leva rigurosa "excitando a los buenos patriotas que voluntariamente quieran contraerse al servicio de las armas" para engrosar las fuerzas militares de Buenos Aires. La Junta también requirió a los cabildantes que empleasen su celo "a fin de aprehender a todos los vagos y hombres sin ocupación de conocida utilidad a la sociedad". Este tipo de órdenes que estaban en la base de la integración de los ejércitos hispanoamericanos, hijos del autoritarismo borbónico, dotaban a quien debía ejecutarlas de un ilimitado poder: vagos y malentretenidos eran aquellos hombres de entre 18 y 40 años que no formaban parte de la clase propietaria. A buena parte de la conformación del Ejército Argentino le cabe la imagen de un pelotón desharrapado, encabezado por un mozo hijo de terratenientes que recorre la llanura para avistar a campesinos desprevenidos y doblegarlos por medio de la violencia. El poder de reclutamiento forzoso contribuyó, por el expediente del puro atropello, a la aristocratización de la oficialidad del naciente ejército, que tendría en sus manos una magnífica herramienta para decidir sobre la libertad ajena. En 1822 Julián Agüero escribió una frase de desgraciado alcance profético: "En todo el curso de la revolución hemos vivido bajo una verdadera aristocracia militar, la más temible de todas las aristocracias". El privilegiado fuero del reclutamiento involuntario en San Luis, por una orden de la Junta fechada el 9 de julio de 1810, alcanzó al tatarabuelo de Videla, Blas, quien como comisionado del poder central se presentó el 7 de agosto. La leva empeñó a don Blas mucho más allá de las facilidades imaginadas a partir de los mil pesos que le habían suministrado desde Córdoba para que cumpliera su misión. Blas se encaminó hacia Buenos Aires recién el 19 de enero de 1811, a la cabeza de 252 soldados forzosos, y arribó el 2 de marzo con 225, tras soportar las inevitables sangrías de la deserción. Como se ve, los Videla intervinieron en la vertiginosa historia de la primera década de vida nacional desde la convulsionada provincia de San Luis. El apellido apareció en las filas del Ejército Libertador, con su epicentro en la cercana Mendoza; integró las listas de cabildos, ayuntamientos y tribunales con que desprolijamente se fue conformando la institucionalidad provincial y, sobre todo, vistió uniforme militar en los campos de batalla donde sus portadores se trenzaron con indios, españoles o compatriotas. En 1821, el coronel Dolores Videla Sierra —hijo del tercer matrimonio de Juan de Dios Videla y Salazar— inauguró la saga trágica al morir en la Ensenada de las Pulgas, en combate contra el caudillo restaurador chileno José Miguel Carrera. Dolores —al frente de la milicia de infantería— fue el encargado de resistir un intento de conquista y combatió contra las fuerzas de Carrera que venían de vencer a las tropas del gobernador de Córdoba Juan Bautista Bustos. La historiografía reseña que se enfrentó en inferioridad de condiciones a la caballería enemiga y que, intimado a rendirse, prefirió resistir hasta su propia muerte y la de toda su tropa. El episodio quedó inscripto en la historia de San Luis como un sacrificio inútil pero también como "un legítimo laurel para la altivez y el valor de los puntanos", según la pluma adjetivada de Laureano Landaburu. Dolores sería el primer y último Videla de la saga puntana que quedaría parado en la historia como un mártir que ofreció su vida ante la invasión extranjera. Los otros cuatro muertos no integrarían un panteón tan incuestionable; su destino controversial sería el de tantos militares que guerrearon en la Independencia y luego complicaron su destino en las guerras civiles. También quedaron enredados en los venales negocios de los hombres, como Blas y Luis de Videla intimados el 17 de agosto de 1828 por el ministro de Hacienda Rafael de la Peña a pagar las contribuciones que le debían al Estado provincial. En tanto los hermanos Videla eran conminados a abonar sus diezmos, transcurría en San Luis el último tramo de la gobernación del general José Santos Ortiz, amigo y aliado político de Facundo Quiroga, con quien moriría en Barranca Yaco el 16 de febrero de 1835. Los Videla conspiraron abiertamente contra el gobierno de Ortiz, mientras el país resultaba conmovido por el creciente antagonismo entre unitarios y federales. En febrero de 1829 Ortiz, cercado por las conjuras y la inestabilidad política, delegó el mando en el comandante Prudencio Vidal Guiñazú, quien salió a la caza de los cabecillas rebeldes y encarceló, entre otros, al tatarabuelo de Jorge Rafael, Blas. Luis de Videla también se mantenía activo en San Juan, donde participaba de la organización militar de otros bastiones rebeldes mientras era acusado por los federales de distraer, para sus propósitos facciosos, sables que el Estado le había encargado en custodia. Tras una asonada, los unitarios accedieron finalmente a un breve y convulsionado reinado en San Luis. Los hermanos Luis e Ignacio Videla se sucedieron en la gobernación. Luis fue propuesto por el jefe de la rebelión Hermenegildo Alba y asumió el 15 de marzo de 1830. La historia ha rastreado alguna de las razones por las cuales los Videla no consiguieron aunar poder político y popularidad. A poco de asumir, Luis delegó el mando en su hermano Ignacio para emprender una campaña militar por el norte provincial. Ignacio Videla impulsó la persecución de los adversarios políticos. "En el acto mismo acordamos la captura de todos los individuos enemigos y sujetos que juzgamos, tanto por sus hechos públicos como privados, ser enemigos de la quietud y la tranquilidad pública", dice una de las comunicaciones gubernamentales de 1830, escrita por Joaquín Figueroa con prosa destemplada. Los fusilamientos no tardarían en llegar, hasta tal punto que Hermenegildo Alba, aquel que había encabezado el alzamiento militar para entregarles el gobierno provincial a los Videla, le escribió a Ignacio: "No puedo mirar sin dolor la mazamorra que ustedes están haciendo en la campaña, pues soy de sentir que no se hace otra cosa que hacer callar déspotas y criar otros, y abrirle cada día más y más las puertas a una anarquía más feroz que la que acabamos de hacer callar". Entre la crispación de la vida política nadie le reconocería al comandante Alba tales empeños de prudencia. Cayó preso en Córdoba y fue fusilado por una partida de montoneros encabezada por el capitán Pedro Bustos.

Durante su gestión los Videla amalgamaron política y negocios con un estilo que les ganó la enemistad de los patrones rurales. Luis de Videla, desde Mendoza, instó a su hermano Ignacio a conseguir contribuciones para mantener a las tropas que comandaba. Sin eufemismos, propuso "embargar de cuenta del Estado todos los cueros, cerda y crin que hallen en la provincia de propiedad de don José Fernández o en compañía con él, como igualmente los de otros individuos que por sus opiniones políticas sean contrarios a la causa del orden". Resulta arduo no trazar paralelismos ni dibujar continuidades entre el accionar político que se concretó en distintas épocas bajo el mismo apellido. Es imposible pasar por alto el germen de una conducta despótica y su desventurada prolongación en un país y en un tiempo, la pervivencia de las formas más brutales en la lucha por el poder y de un alineamiento oligárquico-militar en el que, con referencia a la rama puntana de los Videla, se verifican más constantes que fisuras. Resignificar el pasado videlista en función de las atrocidades cometidas por el Proceso de Reorganización Nacional, como si el apellido cargara con una condición satánica, sería aproximarse apenas al trazo grueso. El apellido Videla, sin embargo, no carga con una marca satánica. Sí está imbricado con un autoritarismo nacional en el que la dominación política y la expoliación económica derivaron fatalmente en el exterminio del otro como condición para la propia supervivencia. Por otra parte, el primitivismo político de los unitarios del interior del país podría ser analizado con la fría distancia de un historiador que examina el erizado período de las luchas entre unitarios y federales y comprueba las terribles crueldades que no se ahorraron de uno y otro lado. Lo que impresiona, sin embargo, es que aquel primitivismo político volviera a encarnarse en el último videlismo.

Los Videla Blas, Luis, Ignacio y Eufrasio representaron la causa de un unitarismo sui generis en la tensa etapa que va desde 1819 hasta 1831. La doctrina se gestó en la Buenos Aires autónoma tras los fracasos de la organización nacional que acompañaron las luchas por la independencia. El Buenos Aires rivadaviano dio el primer salto hacia un esquema económico ligado a los intereses británicos y generó el inicial envión de progreso urbano y cultural que entraba en contradicción con las economías regionales. Los caciques provinciales intuyeron las desgracias de sus tierras y conformaron las fuerzas políticas federales. El unitarismo se presentó como un impulso racional e innovador, heredero de las corrientes de la Ilustración que acompañaron a la Revolución de Mayo. La organización político-territorial colocaba a San Luis como una provincia dependiente de la gobernación-intendencia de Córdoba. Cuando el federalismo sufrió un revés en Navarro, Juan Lavalle fusiló a Manuel Dorrego y se adueñó del poder bonaerense, mientras el general José María Paz fue quien consolidó la Liga Unitaria en el interior precisamente con base en Córdoba. Los Videla fueron sus correlatos puntanos y corrieron la misma suerte que el militar cordobés. Quiroga fue el nombre de la desgracia y el rostro del fin para los hermanos Videla. El unitarismo provinciano de los hijos de don Juan de Dios estuvo teñido de un fuerte espíritu antipopular y, más que una puja ideológica de fondo, representó las luchas de facciones entre la campaña y los incipientes núcleos urbanos.

El resentimiento ante la "chusma" y la "barbarie", es decir ante la presencia popular en la política, quedó sellado en el apellido Videla y lacrado con las descargas de fusilería de los federales sobre los cuatro cuerpos. La última descarga cayó sobre el coronel Eufrasio Videla el 11 de noviembre de 1840, quien al frente de los unitarios de San Luis, había depuesto al gobernador federal José Gregorio Calderón. En una carta enviada a Juan Manuel de Rosas, Calderón se explayó sobre las características del golpe de mano videlista. Eufrasio tomó la capital puntana junto con "los unitarios de este pueblo (...) combinados con el forajido Manuel Baigorria y los traidores caciques Painé y Pichún", relató Calderón, quien antes del asalto final se había retirado a su estancia El Durazno y delegado el mando en su ministro Romualdo Ares y Maldes. Ares se vio prontamente obligado a capitular ante Eufrasio Videla tras la feroz y eficaz amenaza de que, si no dimitía, los vencedores "dejarían al pueblo desierto haciéndolo degollar y saquear todo por los indios". En su carta a Rosas, Calderón no ahorró pormenores sobre la avasallante conducta de Eufrasio y sus aliados: "Entonces se me concedió, por medio de una nota oficial del gobierno intruso, todas las garantías que había pedido, conviniendo en esto por no encontrar otro arbitrio para salvarme. Este gobierno comisionó al caudillo de la revolución, titulado coronel y comandante general de armas, Eufrasio Videla, para que me entregase la nota que contenía las garantías y allanase conmigo cualesquiera dificultad que yo pusiese y me diese cuantas otras garantías pidiese. Así vino a ser una capitulación con aquel gobierno a quien, según el derecho de mi libertad, pedí mi pasaporte para Chile porque para ninguna otra parte se me quiso conceder. Finalmente, con la mayor perfidia, propia de los salvajes unitarios, faltó a todas las garantías que se me habían dado y se me puso una contribución de 1.500 pesos plata, y sin embargo de estar en cama gravemente enfermo, trataron de sacarme de mi casa y llevarme preso al campamento general que tenían. Esto se pudo evitar por primera vez a fuerza de súplicas, ruegos y lágrimas, pero se me puso entonces una guardia de tropa armada para que no pudiese fugarme; más enseguida fui atropellado en mi casa por el forajido Manuel Baigorria con toda una gran cuadrilla que le acompañaba, situándose esta en la calle, y desde la puerta ordenó a mi esposa que le entregase prontamente mil pesos en plata y los estribos y espuelas de plata de mi uso, y una espada que él había perdido cuando con el Regimiento de Auxiliares batí a los indios en los Molles de Rosario, el año 34, y que si no le entregaba todo esto, él entraría a sacarme de la cama y a fuerza de lanza le había de entregar cuanto pedía. En este conflicto, mi familia llamó al señor Obispo y vino en el acto y suplicando al forajido Baigorria que se retirase al cuartel y diese tiempo para buscar el dinero que pedía. Se le entregaron los estribos y espuelas y trescientos pesos en plata, única cantidad que se entrega prestando el señor Obispo parte de ella a mi esposa; y desengañado yo y mi familia de que debía morir en mano de los facinerosos por no poder encontrar más dinero, me resolví a la fuga mientras el señor Obispo entretenía a Baigorria con súplicas para que se retirase y diese tiempo para reunir el dinero que faltaba y que se lo remitiría al cuartel donde estaba alojado. Yo verifiqué mi fuga disfrazado por las puertas interiores y salvando altas paredes por escaleras, hasta ocultarme en la casa de mi hijo Gumersindo. Baigorria se retiró en la persuasión de que yo quedaba en mi casa y la guardia permaneció en la misma persuasión. El primer día de la revolución, el caudillo de ella, Eufrasio Videla, entregó todos los efectos de mi tienda que quisieron y pudieron cargar todos los indios que vinieron en pacotilla a saquearla y al siguiente día, con este cebo, volvieron los indios y rompieron cuatro puertas de mis posesiones y saquearon las correspondientes piezas completamente y sólo se han escapado de saqueo cuatro piezas: la trastienda con algunos efectos, el despacho de gobierno con el archivo, la sala de recibo y el correspondiente dormitorio, y un cuarto; todas estas piezas con los intereses que ellas contenían. Cuando los indios se retiraron, fueron a mi estancia del Durazno y la asolaron...". La ferocidad de Eufrasio Videla quedó ampliamente documentada en escritos que firmaba "Dios, Patria y Libertad" y en los que ordenaba a su subordinado Manuel Baigorria "que con los enemigos que no han querido aprovecharse de nuestra indulgencia sea usía inexorable con todo el que encuentre con las armas en la mano o trabajando de cualquier modo en favor de los tiranos, a quienes también pronto llegará su turno". Las pasiones estaban desatadas. Los "salvajes unitarios" o los "bárbaros federales" no ahorraban sangre ni adjetivos. Cuando las tropas del fraile y caudillo José Félix Aldao recuperaron San Luis, Eufrasio Videla bebería la misma medicina que había distribuido a discreción entre sus adversarios. El bisabuelo, José de la Cruz Videla, hijo del fusilado Blas, integró una generación bisagra mientras el rosismo imponía sus dominios. Fueron los años en que la Argentina gastó en luchas fratricidas y en la larga y difícil búsqueda de una fórmula que permitiera licuar tensiones y alumbrar una institucionalidad abarcadora de su amplio territorio y de su enconada diversidad política. Algunos Videla participaron en esos intentos siempre acechados por amagues de sacar a relucir las armas. Cuando el orden liberal-conservador calmó las aguas, el abuelo Jacinto pudo volver a instalar de lleno el apellido en la vida política de San Luis: llegó a ministro de Gobierno por primera vez en 1873 durante la gobernación de Lindor Laurentino Quiroga; regresó al cargo en 1881, con el gobierno encabezado por el comandante Zoilo Concha. Finalmente, Jacinto accedió a la gobernación en 1891 y desde allí honró a sus mayores unitarios como representante de una política y un partido —el Demócrata Liberal— tributario en San Luis de la constelación roquista. En 1893, el abuelo Jacinto cayó a manos de otra revuelta popular encabezada por el "cívico" Teófilo Saá.

Jorge Rafael Videla rehuyó las definiciones, sobre todo las políticas. No formaba parte de su personalidad ni de su concepción del mundo ubicarse en algún sector que fraccionara las grandes entidades —Dios y la Patria— de las que se sentía eterno e idealizado deudor y concreto acreedor. El perfil de Jacinto Videla crece en interés porque su abuelo es la única figura política que Jorge Rafael ha decidido reivindicar de manera inequívoca: *Tanto por la familia de mi padre, como la de mi madre, había una raíz conservadora, una idea política que en este sentido era coincidente. Yo le diría que me referencio en la democracia liberal que veo encarnada en la figura de mi abuelo, el que fue gobernador de San Luis, Jacinto. El conservadorismo tiene una raíz nacionalista muy profunda que choca con mis sentimientos... el conservadorismo es muy cerrado. Claro que, frente al radicalismo, yo me definiría como conservador. Pero no me sienta ese conservadorismo al estilo de la provincia de Buenos Aires, es muy antiyanki, tiene esa cosa nacionalista. Perón, en última instancia, con todo lo que se pueda decir, es un conservador nacionalista con este rasgo antiyanki*, dijo en la segunda entrevista, en agosto del 98. ¿Qué concepciones políticas y qué legitimación de poder acompañaron la gestión del admirado abuelo Jacinto para que, como se lamentaría Sara, la prima de Jorge Rafael Videla, su nombre no quedara en ninguna calle de la provincia que gobernó hace más de un siglo? El abogado Jacinto Videla asumió sus funciones el 8 de mayo de 1891 y su primer objetivo fue concretar lo que más de un siglo después se denominaría un plan de ajuste. Entonces no imperaba un lenguaje tecnocrático que permitiera disimular la política económico-social y la manera de plantarse en el poder. Al historiador Urbano Núñez no le costó mucho definir los primeros pasos de don Jacinto: "(...) Fundado en razones de economía, inició una severa supresión de empleos, sin dejar por eso de ubicar a gente de su confianza". Con el mismo rigor dictaminó que nadie en la administración podía tener más de un puesto, obligó a los jubilados con trabajo a que se recluyeran en sus casas o renunciaran a la pensión. Pero en su impulso racionalizador cometería algunos errores: eliminó la policía montada y la jefatura política que tenía sede en Villa Mercedes, en la confianza de que el orden imperante las tornaba innecesarias. Se trataba de una percepción omnipotente. A ocho meses de estar en el cargo debió poner en acción a las fuerzas policiales ya que a sus oídos habían llegado "reiteradas denuncias sobre agrupaciones ilegales armadas con propósitos de alterar el orden".

El monstruo de la política volvía a moverse. Don Jacinto ordenó a la policía la disolución de los grupos rebeldes y encomendó al Ejército, en la persona del capitán Mariano Rodríguez, que armara piquetes de ciudadanos para garantizar el orden. A la luz de aquellas medidas de reducción de las fuerzas de seguridad puntanas, estaba claro que el abuelo de Videla creía que su provincia no iba a ser tocada por las revueltas que se extendían por todo el país y que comenzaban a cuestionar el orden liberal-conservador que había primado a partir de 1860. En 1889 se había conformado ya la Unión Cívica, que congregó a todos aquellos que pretendían terminar con el fraude y los vicios de la era conservadora. En 1890 habían tenido lugar en Buenos Aires la Revolución del Parque, que generó la renuncia de Miguel Juárez Celman, y aunque el régimen extendió sus dominios en el tiempo, aquella búsqueda de representatividad política genuina y vigencia de los derechos cívicos sometió a los conservadores a un estado de crisis y a una inestabilidad política que tuvo frecuentes expresiones públicas. En julio de 1893 el gobierno de Jacinto Videla fue desbordado; la toma del cuartel de policía constituyó el último eslabón del levantamiento popular. Teófilo Saá —integrante del ala antimitrista de la Unión Cívica— se hizo cargo del gobierno provisorio y a los pocos días una medida reveló más que ninguna la razón de fondo de la rebeldía: el padrón electoral existente (que le había dado el triunfo a Jacinto Videla) fue anulado y se reabrió la inscripción para renovarlo y adecentar las prácticas electorales. No se trataba, otra vez, del "virus Videla" reaparecido para hacer el mal, sino de la adscripción de don Jacinto, el numen político de su nieto golpista, a una determinada política —la de la era conservadora— en su etapa crepuscular.

Entre los rasgos de la institucionalización en la que ingresó la Argentina luego de décadas de anarquía, se contó el predominio de una elite que creyó que los asuntos de Estado le pertenecían sin objeción. La propiedad de la tierra y de cabezas de ganado —y las redes comerciales que derivan de esa posesión— empinó socialmente y dejó a sus beneficiarios habilitados para el ejercicio del poder. La tradición liberal que arrancó como poseedora de la razón política que facilitaría el progreso involucionó hacia una aristocracia con escasas diferencias y un exiguo debate ideológico en su seno. El personalismo tiñó las disputas mucho más que la discusión sobre el diseño del país y sus consecuencias sociales. De este modo el manejo de la cosa pública apareció enfrentado a la política, como si las ideas, las presiones y las posiciones de los distintos grupos sociales no fueran a enriquecerla sino, por el contrario, a debilitar la posibilidad de una administración prolija. Esta concepción de "poder sin ideas políticas" pasó por su cenit durante la presidencia de Juárez Celman, contemporáneo de la gestión de Jacinto Videla. Ambos parecieron comulgar el mismo credo: para llevar adelante una gestión eficaz, nada ni nadie debía moverse. Esta paradójica ideología tuvo sus consecuencias prácticas. Muchas veces, las elecciones —sobre todo las de los gobernadores provinciales— eran una ratificación forzada con malas artes de una decisión ya tomada en los círculos de poder. Fue la democracia de los dueños de la tierra, de los no democráticos, que le cambió la cara a la Argentina con un impulso modernizador pero que al mismo tiempo dejó insalvables marcas de injusticia y autoritarismo. La conexión automática entre abuelo y nieto resultaría forzada, pero ilumina una forma de concebir el manejo de la cosa pública, donde los signos vitales de la presencia popular siempre serían motivo de temor.

El apellido no es un signo mágico que estigmatiza a quien lo porta, pero ser Videla —abuelo, padre y nieto— connota una ubicación muy precisa de la que el golpista se enorgulleció. A la línea puntana de la familia Videla le cabe aquella frase de Jorge Luis Borges: "A la realidad le gustan las simetrías". En cambio, Videla no le asignó demasiado valor al otro ascendiente político que navegaba por su sangre por vía materna: el conservadurismo bonaerense de los Ojea. Sin embargo, esta otra vertiente de su familia, cuyo desarrollo percibió durante su adolescencia, merece ser considerada. Además, para Rodolfo Ojea Quintana, sobrino de Jorge Rafael, Videla consiguió enmascarar ante buena parte de la sociedad su índole

criminal a partir de cierto halo ético que marca a los Ojea. El parentesco de Videla con este apellido proviene de su madre, María Olga
Redondo Ojea, quien era hija de Marcelina Ojea, abuela materna
del ex militar. Marcelina era hermana de Leopoldo y Justino Ojea.
Los Ojea son un apellido legendario en Mercedes, donde se instala-
ron alrededor de 1840, provenientes de España. Eran más intelectuales que comerciantes, y los argentinos de primera generación
fueron enviados a España a cursar sus estudios. La respetabilidad de
los Ojea se había acentuado con la trayectoria de Justino, un médico
que en 1870 le puso el cuerpo a la epidemia de fiebre amarilla que
diezmó a la población. Su hijo Julio Oscar se recibió de abogado en
La Plata en 1913 y fue discípulo de Joaquín V. González. Su nieto
Rodolfo lo definió como "el único liberal que defendía al Estado".
"Ideológicamente —dijo— arrancó desde una especie de socialismo
romántico y terminó siendo conservador, un poco como todas las
familias burguesas de la época. Era un conservador de tintes muy
particulares, fue muy activo en el derecho y, entre otras cosas, organizó la Federación de Abogados. Era muy amigo de (el general Pedro Pablo) Ramírez quien, cuando llegó a la presidencia, lo llamó
para la intervención de la provincia de Buenos Aires. Ahí sólo duró
unos meses". Más cercano a Videla estuvo uno de los hijos de Julio
Oscar, Julito Ojea, el padre de Rodolfo, que se alineó tempranamente en el nacionalismo católico y fue candidato a diputado en
1945 por el peronismo. Pero esa adhesión política le duró muy
poco y lo llevó a situarse precisamente en las antípodas ya que, según Rodolfo "fue algo así como el ideólogo" del general Eduardo
Lonardi, primer presidente de la Revolución Libertadora que derrocó a Juan Domingo Perón. Julio Ojea murió de cáncer a los 45
años. Rodolfo Ojea Quintana no titubeó al afirmar que Videla "heredó del viejo (Rafael Eugenio) la impronta militar" y de la rama
materna la impronta ética: "Mi abuelo tenía uno de los estudios jurídicos más grandes de la provincia. En una oportunidad alguien le
quiso pagar los honorarios con hectáreas de campo y lo rechazó. Él
era abogado, no podía aceptarlo... Esa impronta ética de los Ojea ha
teñido a Videla de alguna manera; eso de que te pueden tocar en
algún momento de la vida, por tu actividad, determinadas funciones
que exceden la realidad de lo que sos, pero que no son para aprove-
charlas en beneficio personal". Si la cualidad ética de los Ojea fuera
cierta, en Videla se convertiría en eticismo, una derivación lavada y
funcional para habitar el limbo de los justos mientras dictaba las órdenes más atroces. Rodolfo Ojea, su sobrino de Mercedes con dos
hermanos desaparecidos, lamentó esa química casual entre militarismo autoritario y ética cotidiana, y arrojó sobre su tío ex presidente

una de las definiciones más impiadosas: "Videla es el hijo de puta más consecuente de los milicos. No es ladrón, es un tipo que tiene una ética pero con una ideología de mierda. Lo trataban como boludo, pero hay que tener en cuenta que en el ambiente militar era intachable profesional y éticamente. Yo creo que estas características que él poseía sostuvieron a la dictadura. Videla fue uno de los centros de gravedad del Proceso, y el otro fue (José Alfredo) Martínez de Hoz. Videla era un tipo muy esquemático. Visto a la distancia, creo que en él se dio una combinación muy casual entre la mentalidad militar con la formación de los Ojea de la ética. No lo veo como un tipo mesiánico, al estilo de (Mohamed Alí) Seineldín. Lo veo más que nada estructurado, coherente con esas diversas influencias familiares".

Pero si la ética familiar de los Ojea lo alejaba de las tentaciones de la corrupción, la impregnación ideológica del Partido Conservador reforzaría otras herencias antipopulares que ya provenían de la vía paterna. Es que esta fuerza política, expresión local del Partido Demócrata Nacional, fue uno de los escasos sustentos políticos del uriburismo. El conservadurismo dominó el clima político de los años 30 y 40 en el interior de la provincia de Buenos Aires. Como aliado del golpismo militar, su función principal fue contribuir a la proscripción del radicalismo reflotando las más violentas y tramposas prácticas electorales para dejarlo una y otra vez fuera de carrera. En 1935, y mediante un triunfo electoral fraudulento, llegó a la gobernación Manuel Fresco. Entre sus primeras medidas figuraron la prohibición de "las actividades comunistas" y la reimplantación de la enseñanza obligatoria de "nuestra Religión Católica Apostólica Romana". El nacionalcatolicismo encontró en la campaña bonaerense un aparato político que facilitó su difusión. Cuando el general Agustín P. Justo, decidió que el heredero de su trono sería el radical-conservador y antiyrigoyenista Roberto M. Ortiz, mediante otra elección viciada por el fraude, la provincia de Buenos Aires facilitó su acceso al poder con el voto a sobre abierto, la presencia de matones armados y la ausencia de fiscales de la oposición. Fresco, conocido como el "Mussolini criollo", montó un aparato político que extendería sus tentáculos por toda la provincia. El antiamericanismo conservador del que Videla receló se formó por esos años, y no a raíz de una teoría de la dependencia o un espíritu antiimperialista sino por las simpatías hacia el Reich, el fascismo y la Falange española. Las familias mercedinas Espil, Ojea y Lima participaron, con distintos matices y alineamientos, de esta fragua donde también hubo lugar para una corriente democrática y aún popular que luego se alió con el peronismo. Este último matiz da algunas pistas sobre el modo en que Videla se ubicó ante el peronismo: no se consideraba un gorila de pelaje espeso. Reconoció que en el 55 estuvo ideológicamente con los libertadores; que en las duras internas militares de los 60 se alineó con los colorados, la facción más exclusivista, liberal y antipopular, y que en 1973 se negó a subir al chárter que trajo a Perón de regreso al país. Miles de peronistas, además, serían encarnizadamente perseguidos por su régimen. Sonriendo, en la segunda entrevista de agosto de 1998, Videla manifestó que Perón *tenía evidentemente su atractivo, muy particular, más allá de las ideas que uno tuviera y de que uno se acorazara*. Pero —afirmó también— *todo mi contacto con él fue en el Colegio Militar, cuando yo estaba destinado allí. Lo veía de lejos, mezclado en el grupo de oficiales, por supuesto, cuando él pronunciaba todas sus arengas*. Videla se rió más abiertamente cuando se le preguntó si él era de los que se acorazaban: *No lo voy a engañar. En el 55 yo estuve del bando contrario. Y después está lo que ya se sabe, cuando me negué a ir a buscarlo en el chárter. Pero yo no he sido gorila, nunca me consideré antiperonista. Yo no era de los que se les ponían los pelos de punta con el peronismo, ni de los que veían al peronismo como enemigo*. Videla sustentó su lugar de "no tan gorila" también a partir de su amistad con un oficial peronista, el mayor Máximo Renner, desde el 76. *Renner me visitaba en la Casa de Gobierno. Él había sido mi jefe de pelotón en el Colegio Militar. Él estaba en cuarto y yo en primero. Él manejaba doce chiquilines. Creo que yo era un buen cadete y él me estimaba. Renner era así, tipo alemán, alto, bien formado. Para mí era un poco un adalid, un modelo de cadete. Después del Colegio y por largos años no nos vimos más. Él era peronista y, ya retirado, había sido edecán de Perón*. La autodiferenciación de Videla de los gorilas juramentados no tenía que ver con un accionar político concreto. Videla jamás se movió un milímetro de la política antipopular y excluyente de sus antepasados, más aún estuvo de acuerdo con los fusilamientos de peronistas en 1956, bajo el gobierno de Pedro Eugenio Aramburu. La segura reacción hacia cualquier expresión política popular es hija de un robusto resentimiento. Videla acomodó su discurso, el *nunca me consideré antiperonista* puede ser tan cierto como el apoliticismo de su padre. En cuanto a su antirradicalismo que, con menos voltaje que el gorilismo, también integraba el currículum familiar, se verá fortalecido a partir de 1983. Al igual que en el de muchos compatriotas de similar genealogía, en el esquema de Jorge Rafael Videla la política es un elemento desordenador y peligroso. Sólo es prolija y protectora cuando se ejerce sobre el silencio de la sociedad, cuando —paradójicamente— se niega a sí misma y se confunde con la administración de un statu quo, cuando representa grandes entidades abstractas (la religión, la patria) detrás de las cuales se esconde la defensa de intereses precisos y acotados a un sector social. Videla no fue un producto excesivamente consciente de las claras inclinaciones políticas que signaron su estirpe desde 1602. El Ejército conformó su subjetividad con mucha más fuerza que cualquier otra influencia exterior, aun la familiar. Sin embargo, resulta dramáticamente cierto que Videla fue un representante acabado de las corrientes restrictivas, antipopulares y autoritarias que lo precedieron en su lastimado árbol genealógico. También es evidente la amplia coincidencia de los Videla públicos (desde el Blas que reclutaba criollos por la fuerza en 1810, hasta el Rafael Eugenio golpista con Uriburu) con la evolución ideológica del Ejército Argentino. Exclusión y muerte son los elementos que se confunden y se integran en la concepción y en la actuación política de Jorge Rafael Videla.

★ ★ ★

Se la veía caminar hasta la iglesia de San Patricio, sola, con los lentos pasos de una anciana respetada que, como todo el pueblo sabía, había quedado huérfana de padre muy niña y enviudado tempranamente en 1952. Se la veía ingresar por el portal de la parroquia, en los últimos años ayudada por su bastón, reclinarse en la penumbra y mantener largos diálogos con el Señor. Porque para María Olga Redondo Ojea, viuda de Videla, la vida bien podría resumirse en la mueca infinita de dolor de Cristo, en la corona de espinas que lo hacía sangrar, seguir sangrando, a través de los siglos. Sus rodillas caían sobre el reclinatorio, bajaba la cabeza, reconcentrada, la levantaba para ver la imagen del hijo de Dios y comenzaba una de sus interminables comunicaciones con el cielo, ese cielo donde habitaban su padre Manuel Redondo, que se había ido tan rápido; su madre Marcelina Ojea; sus hijos mellizos Jorge y Rafael arrebatados aún en estado angélico, y su hija Olga, muerta de tuberculosis a los 17 años. María Olga conversaba en silencio con los santos de su devoción, con sus padres y sus hijos muertos, y pedía por su hijo el Presidente, hasta que se levantaba, se persignaba, volvía a enfrentar la imagen siempreviva y siempremuerta del Cristo crucificado desde el pasillo de la nave central, y por último, antes de salir a la calle y retornar a su casa, saludaba con sonrisas aquiescentes a quienes se cruzaba por las calles de Mercedes, como siempre, sin que nada denotara que ella ya no era más Doña Olga o Mamanina, porque ella quería ser Doña Olga o Mamanina contra la asombrada incomprensión de todos aquellos a quienes, apenas enterada del nombramiento de su hijo, les había dicho: "Yo a Jorge lo quiero de general, no lo quiero de Presidente". De general, el grado al que su marido el teniente coronel Rafael Eugenio no había logrado ascender, retenido siempre por un regimiento y una ciudad que, después de todo, no le habían dado mucho: ser el militar del pueblo, sentirse saludado con una pizca de consideración especial ("Buenas tardes, teniente coronel"); ese desleído grado de dos palabras que no tenía el prestigio contundente y encumbrado de las tres sílabas ("Adiós, coronel", "buenas tardes, general"). Doña Olga hubiera querido nada más que poder decir "mi hijo, el general" y que Jorge la acompañara a misa un domingo mercedino. Ella tenía unos diez años cuando murió su padre, Manuel. Su madre, Marcelina Ojea, no quedó en condiciones de afrontar la vida con cuatro hijos —se enfermó— y María Olga, que era la mayor, debió marcar los tiempos de la familia y de la casa sobre sus tres hermanos menores, Manuel, Mercedes y Alicia. También hubo de guiar los pasos de su propia madre rumbo a la ciudad de Buenos Aires para que visitara los mejores médicos, en una época en la que ir a la Capital era poco menos que una expedición. La suya no fue, sin embargo, una orfandad desasistida. El matrimonio de sus padres, el casamiento entre Marcelina Ojea y Manuel Redondo, había sido un acontecimiento social de pura cepa mercedina. Los abuelos maternos de Videla, propietarios del almacén de ramos generales ubicado en pleno centro y que continuaba la tradición comercial de los Redondo, combinaban el progreso económico con la pátina más intelectual de los Ojea. María Olga Redondo Ojea de Videla había nacido el 13 de enero de 1897. Avanzó por la infancia, la adolescencia y la primera juventud como una chica especialmente devota y de carácter adusto por las tempranas responsabilidades familiares. Las circunstancias podrían haberla encaminado hacia la soltería, pero el caserón sobre la ruta 9 la apartó de ese destino: Cuando a su vera se instaló el Regimiento 6 de Infantería, el ya no tan joven oficial Rafael Eugenio Videla se fijó en ella. La pareja se entendería por una atmósfera anímica compartida: la severidad, el temple ante las tempranas adversidades de la vida que se repetirían más adelante, con la pérdida de tres hijos. Los rigores del microclima militar no le eran ajenos a esa mujer que había crecido al lado de un cuartel, en la vasta quinta de los padres que sería también el primer hogar matrimonial, antes de que los Redondo le vendieran los terrenos al Ejército. A partir del casamiento con el oficial Videla, casa y cuartel desdibujarían su frontera y a esa contigüidad se le sumaría el uniforme siempre impecable que su hombre vestía por las mañanas y sólo abandonaba al regresar al lecho. María Olga se casó a los 23 años y el oficial Videla, que había llegado a la ciudad con el regimiento, tenía 32. En Mercedes, doña Olga era considerada la personificación vívida de la devoción cristiana.

Quizás a través de ella se buscaba exculpar a los Redondo Ojea por haberse emparentado con el dictador: "Veías a la vieja y yo, personalmente, lo poco que la he visto, me decía que madre e hijo eran dos personas disociadas. Si ese hijo es de esa madre, la madre no es responsable del hijo", dijo Hugo Bonafina en un esfuerzo máximo por otorgarle plena absolución. Esa visión de una madre sufriente se puso de manifiesto en la cobertura que los medios locales hicieron de la visita de Videla el 28 de setiembre de 1980, con motivo del bicentenario del afincamiento de los primeros pobladores de Mercedes. Un suplemento extraordinario de la revista Todo dedicado a las fiestas patronales enfocó sus cámaras en el rostro de la anciana; la publicación de medio tabloide contiene nueve fotografías. La principal ocupa una página: la cara redonda surcada por arrugas que se arraciman en los ojos brillosos, las cejas despobladas, el mentón destacado por las comisuras de los labios que bajan hacia la papada, el peinado tirante ajustado por una peineta es el de alguien que nunca se dejó tentar por la coquetería frente al tocador. En la foto, sólo el adorno del pañuelo que cae desde el cuello con rayas negras y blancas matiza el traje negro de anciana. El epígrafe juega a adivinar los sentimientos de la madre hacia el hijo dictador: "Protégelo, Señor..." se lee al pie. El tratamiento piadoso se acentúa en la página que la enfrenta. Una instantánea muestra a Raquel Hartridge saludando a su suegra. "Ánimo, Mamanina", dice el pie de foto. En otra instantánea se la ve reconcentrada; el epígrafe dice: "si estuviera tu padre...". Pero la expresión que mejor resume el modo en que era visualizada la madre de Videla es "...la vida quita, y también devuelve", impresa sobre el rostro pensativo de la anciana. La página se titula "Una madre, un rostro, un ejemplo" y dice su texto: "Doña Olga Redondo Ojea de Videla, madre del Presidente. Madre de un hombre que fue requerido para conducir al país en difíciles circunstancias. Doña Olga —Mamanina para sus familiares— siente, piensa, vive, actúa y se resigna como sólo lo sabe hacer una madre de verdad. Doña Olga, una madre con mayúsculas, nos ofreció su rostro expresivo durante la visita de su hijo. Perdón, doña Olga, por atrevernos a poner en palabras lo que su rostro nos sugiere. Pero seguramente, si no fue en ese preciso instante, usted pensó muchas, muchas veces, en cosas como éstas". Olga Redondo había pensado también en otras cosas el día en que su hijo retornó al pago natal en visita oficial, pocos meses antes de concluir su mandato presidencial. A ella habían acudido los notables de Mercedes para que en las afueras de la ciudad, en los vastos terrenos de la localidad mercedina de Gowland, se asentara el Mercado de Hacienda con sede en la porteña Liniers. Ese día, junto con los fastos del bicentenario de la antigua Guardia de Luján, Videla iba a descubrir la piedra fundamental del nuevo mercado, bendecida después por el obispo Luis Tomé. Videla, escasamente recordado en Mercedes hasta su encumbramiento, retornaba para darle a su pueblo un impulso que los ganaderos de la zona esperaban desde hacía años. Algunos mantenían cierto grado de escepticismo, porque en más de cuatro años de gestión Videla no había favorecido en nada a su pago natal. Pero ese 28 de setiembre de 1980 era el día de su retorno como hijo pródigo. A las 9 de la mañana inauguró el predio del futuro Mercado de Hacienda; el secretario de Agricultura y Ganadería, Jorge Zorreguieta, resaltó la importancia del acto para Videla y los mercedinos como él. La comitiva observó luego el entrecruzamiento de tropillas y banderas a cargo de los grupos tradicionalistas y se dirigió al centro de Mercedes, que aguardaba a las autoridades embanderado y vestido de fiesta. Allí se realizó una misa de campaña y un desfile cívico-militar en el que los alumnos de los colegios primarios portaron una bandera argentina de 80 metros. Posteriormente, Videla fue homenajeado con un almuerzo en el Regimiento 6 de Infantería, del que su padre había sido jefe. A las 14, la delegación retornó a los terrenos donde se instalaría el Mercado para presenciar una fiesta tradicionalista y un partido de pato entre "El Fogón" de Chivilcoy y "El Señuelo" de Rivas. En el acto central Videla pronunció palabras emocionadas: *Estas calles de Mercedes son mis calles; aquí está la casa donde nací; la escuela donde aprendí mis primeras letras; el asiento del Regimiento 6 de Infantería "General Viamonte", a cuya vista fue despertándose paulatinamente mi vocación militar. Ese Regimiento del cual fue jefe mi padre, y de quien recibí, junto con su ejemplo, una fuente permanente de inspiración y de sostén. Aquí finalmente residió desde siempre mi familia, esa que fue para mí permanente escuela de fe, crisol de virtudes ciudadanas y templo del amor.* La comisión que había pugnado por el traslado, comprado el predio en Gowland y volcado a su favor la opinión del gobierno de la provincia de Buenos Aires, que encabezaba el general Ibérico Saint Jean, creyó que con tanta pompa y la gestión de doña Olga de por medio el Mercado de Hacienda sería un hecho, el legado de Videla a su pago chico. El paso de las semanas les hizo ver que se habían equivocado. Para concretar el traspaso del Mercado de Hacienda, Videla debía imponerse a los intereses de los ganaderos de Liniers. Pero no quiso o no pudo. Los mercedinos, que albergaron un resentimiento imborrable y que afirmaban conocer su mentalidad, vieron en el cajoneo del proyecto una actitud pusilánime. En primer lugar, porque retrasó la firma del decreto de traslado hasta los últimos meses de su mandato en 1980, algo que puso en riesgo la realización de la iniciativa, ya que nadie creía que fuera a mantener su influencia después del cambio de mando; en segundo lugar, porque una vez firmado el decreto y realizada la colocación de la piedra fundamental, Videla congeló el proyecto sin dar razones. El hombre, al fin, no se sentía mercedino más que para regalarse un baño de importancia frente a sus familiares y vecinos. Respecto de los motivos por los cuales Videla no hizo nada concreto por su ciudad natal, su vecino Pasquinelli estaba convencido de que "debe haber pensado que siendo el Presidente iba a ser acusado de hacer un gesto de favoritismo hacia su ciudad. Alguna gente —agregó—, y sobre todo quienes fueran perjudicados por la medida, iban a hablar mal de él". En la misma línea, ex alumnos de la Escuela N° 7, donde Videla cursó el colegio primario, se quejaron porque las expectativas de que desde el poder favoreciera a la institución no se cumplieron jamás, y de que la otrora prestigiosa "escuela común" mostró durante la dictadura los primeros síntomas del abandono que a partir de esos años comenzaría a deteriorar la enseñanza pública.

En la vida de Videla abundaron las decisiones de aparente moralidad que expresan cierto temor por el qué dirán aunque esto no ocurriera cuando se trataba del asesinato de compatriotas. La inacción de Videla ante los pedidos que provenían de su ciudad natal permite entrever su temple: no pudo pronunciar un no contundente y definitivo a las solicitudes de empinar a Mercedes como sede del Mercado de Hacienda. Su madre estaba como intermediaria de ese pedido y él llegó a firmar un decreto para el traslado. Dejó que se pusiera en marcha la teatralidad de una celebración que lo tuvo como centro, pero después de la flaca gloria de ser lisonjeado por familiares y vecinos como un favorecedor del pueblo no hizo nada, eligió no complicar el último tramo de su régimen en una puja de intereses con ganaderos poderosos (los que controlaban las transacciones del Mercado de Liniers) que habían sido uno de los sostenes del golpismo y de su gestión. Es posible, también, que haya sentido el resquemor de ser acusado de parcialidad. Videla, en todo el episodio, se exhibió como un fáctico instantáneo, el que resuelve los problemas a cada paso pero que en el fondo no resuelve ninguno porque nada se encarna demasiado en él, ni siquiera la posibilidad de un gesto hacia sus paisanos mercedinos. ¿Le importaba favorecer a su pueblo natal, complacer a sus vecinos, sus familiares y aun a su madre? ¿En qué entidad "macro", en qué gran verdad queda grabado el acto terrenal de ablandarse y desde el poder omnímodo de su dictadura portarse siquiera como un "buen mercedino"? A Videla no le importó Mercedes o quizá sólo le importaron las vivencias de un día de módica celebridad: firmar el libro de visitantes ilustres del municipio, hacer una misa de campaña y en el atrio de la Catedral para entregarle al país otra seña pública de su catolicismo, y no mucho más. Después, ante los hombres, pronunciaría una frase del tipo *yo no gobierno solo*, un concepto que acompañó toda su gestión, y que sería aplicado para diluir su responsabilidad.

Aquel 28 de setiembre de 1980 doña Olga seguramente pudo sentirse orgullosa y reivindicada en su eterno vía crucis. Pero su orgullo tiene que haber sido efímero, porque jamás vería el Mercado de Hacienda. Sí vería a su hijo juzgado y condenado por la Cámara Federal. Doña Olga murió el 6 de junio de 1987. Según Bonafina, "el velorio de la madre fue normal". "Normal de gente —aclara—. Quizá hubiera habido más en otras circunstancias... Toda esa familia tiene vínculos muy grandes. Para mí, el hijo no tenía nada que ver con la vieja. Así que, según mis recuerdos, fue un velorio normal de una persona grande, vieja, de la que nadie se va a condoler demasiado porque está vieja y nada más. La madre era buena persona, la conocí más que nada por los cuentos de mi abuela y de mi madre". A doña Olga, este aura de bondad que tiñó su memoria le venía de muy lejos, como su apodo. El mote cariñoso de Mamanina era una síntesis de "Mamá" y Marcelina, el nombre que habían compartido la bisabuela y la abuela maternas de Videla. Él inculcó a sus hijos que llamaran a su madre de igual modo. En doña Olga, la benevolencia se acentuaba por el añejo dolor de la orfandad, la muerte de sus dos primeros hijos mellizos, la muerte de la hija, su viudez en 1952, la enfermedad y muerte en junio de 1971 de su nieto Alejandro, y, finalmente, el juzgamiento y presidio de su único hijo varón vivo. Para amortiguar este último golpe no bastaron los argumentos que mentaban la ingratitud de este país para con sus mejores retoños o la persistencia de las fuerzas diabólicas del filocomunismo representadas por el alfonsinismo y la Cámara Federal.

La muerte de los mellizos inauguró la saga doliente de los Videla y puso en marcha una particularidad que tendrá otras expresiones en el clima familiar: la presencia en la casa de los muertos vivos, la circulación de un estatuto indefinido que se balanceaba entre la vida y las sombras de los que ya no estaban. El recién nacido Jorge Videla recibió esa marca con el bautismo en 1925. El traspaso del nombre de los bebés muertos en una epidemia de sarampión pasa a su existencia como una posta: Jorge Rafael es él y es simultáneamente dos muertos. En esa época era frecuente recibir el nombre de un familiar fallecido, pero en familias atadas a una conducta tradicional lo más común era —y sigue siendo— ponerle al recién nacido el nombre del padre vivo, de un abuelo vivo o muerto o de un bisabuelo muerto, en un juego ancestral que constituye un diálogo más consolador entre vida y muerte. No fue el caso del nombre de los mellizos. La precoz desaparición de los pequeños, el salto trágico de la vida a su contrario en apenas un año, dejó huellas que no tenían que ver con la renovación. Para el oficial Rafael Eugenio y su mujer María Olga, los hijos muertos representaban el posible fracaso del proyecto de una pareja inmersa en una atmósfera social donde la procreación era la razón fundamental del matrimonio sacramentado. Jorge Rafael cumplió el papel de "salvador" de esa pareja; se convirtió en "único" en cuanto varón, ya que tras él nacieron dos mujeres (María Olga en 1928 y Marta en 1931). Su gestación fue penosa para la madre, que permaneció en cama durante gran parte del embarazo. Durante la infancia, Jorge Rafael fue sometido a una mirada vigilante que se acentuaría al llegar a los seis años, cuando contrajo sarampión, y a los once, cuando tuvo escarlatina, episodios que inevitablemente debieron revivir en la pareja los temores de la pérdida, ante quien estaba encargado de perpetuar el apellido y traer al mundo de los vivos el recuerdo de dos muertos. Quizá, desde sus primeros pasos en este mundo, las miradas cotidianas, sobre todo la fundamental mirada de la madre, tuvieron una carga de ambigüedad: con quien no está del todo vivo ni del todo muerto, con quien representa a los muertos y corre peligro. Al momento de definir la cualidad que más admiró en su madre, Videla dio una de sus respuestas más espontáneas: *La piedad por sobre todo; su profunda fe. Una mujer castigada por la vida y siempre entera. Vivió 90 años intensamente dedicada a la fe.* Aparentemente, el hijo, en la intimidad de la relación con la madre, no atisbó otras conductas que lo apartaran de esa visión mitificada de mujer especialmente sufrida que compartían parientes, amigos, conocidos y, al parecer, todo el pueblo de Mercedes. Sufrimiento y piedad fueron, en la vida de la madre de Videla, un par inseparable. De esa dedicación a la fe no surge con claridad qué tipo de relaciones entablaba María Olga con los vivos comunes y corrientes. De ahí la incógnita acerca de qué repertorio vital le fue entregando al hijo, más allá de la existencia entendida como "valle de lágrimas" y como tortuosa e imperturbable peregrinación hasta la muerte, la resurrección y la posterior paz celestial. Es incontestable que María Olga Redondo de Videla, con una fuerte formación católica, pudo haber buscado esos consuelos extraterrenos desde edad muy temprana, si se tienen en cuenta las pérdidas que signaron su vida. Acaso no halló elementos para asirse a la vida desde un perspectiva que la alejara del dolor y la frontera vida-muerte, como si las lealtades y las empatías siempre tuvieran que ver más con un mundo de ultratumba que con los seres concretos que la rodeaban. Un episodio que tiene como protagonista precisamente a María Olga echa luz sobre ese estatuto indefinido entre la vida y la muerte que sobrevolaba en la familia Videla: la desaparición de un dilecto amigo de uno de sus nietos, en 1976. Marta, la hermana de Jorge Rafael, se casó con el dirigente conservador Juan Espil, quien era un gran admirador del jefe del conservadurismo popular Vicente Solano Lima. Esa admiración hizo que a uno de sus hijos varones le pusiera de nombre Solano. El 3 de diciembre de 1976, un compañero de juegos de la infancia de Solano "de esos que iban a la casa desde que jugaban a la bolita", Carlos Miguel Tillet, pasó a integrar la lista de desaparecidos. Hugo Bonafina relató que Videla no permitía que desde su familia le llegaran pedidos por ciudadanos desaparecidos, aunque formaran parte del mundo afectivo de sus parientes más cercanos. Enterada de la desaparición del amigo de infancia de su hijo, Marta no se movilizó en favor del muchacho. María Olga también fue informada de esa desaparición pero no pidió por Tillet a su hijo el dictador. Rezó, sí, por la vida (o la muerte) del amigo de su nieto. María Olga no actuó desde el privilegiado lugar de madre del jefe del régimen en defensa de una vida concreta; le pidió al Señor por ella. Mientras tanto, el amigo de su nieto fue descendido a las catacumbas de la dictadura, lacerado su cuerpo, tronchada su vida y desaparecido su cadáver.

El matrimonio Videla tuvo cinco hijos, de los cuales sólo sobrevivieron dos. Los mellizos Jorge y Rafael nacieron en 1922 y murieron un año después. Jorge Rafael nació en 1925, María Olga en 1928 y Marta, quien permaneció en la casa familiar de Mercedes, en 1931. La cuarta hija, la que repetía el nombre de su madre María Olga y a quien llamaban "Lala", presentó un cuadro de tuberculosis en la adolescencia mientras cursaba el Colegio Normal y murió a los 17 años, el 9 de mayo de 1946. Lala, dijo su hermano mayor Jorge Rafael, *era una chica muy buena y muy querida por sus compañeros;* se la recordó también poseedora de una rara belleza. Diagnosticada la tuberculosis de Lala, y después de intentar sin éxito los tratamientos al uso, se acudió a otro recurso habitual de la época: el aire puro de las sierras de Córdoba en los sanatorios del valle de Punilla, en las proximidades de Cosquín. La travesía resultaría inútil porque la tuberculosis se complicó con un cuadro de meningitis. Las dos María Olga retornaron a Mercedes. La madre sabía que su hija estaba desahuciada. Por esos días, Jorge Rafael cumplía su primer destino como subteniente en el Regimiento 14 de Río Cuarto, donde recibió la noticia de la agonía de su hermana y llegó a tiempo a su ciudad natal para verla con vida (Lala falleció a los cuatro días de su arribo). El periodista mercedino Alberto Florella relató el impacto de aquel acontecimiento: "El sepelio de Lala Videla fue un hito social. Ella fue depositada en su féretro con el vestido de sus quince años. Se remarcaba la palidez de la muerta con los bigotes gruesos del viejo Videla. Recuerdo esa imagen de la época casi como un retrato, como una postal mercedina". Esta descripción gráfica de Florella llama poderosamente la atención: bigotes, palidez y muerte fueron los tres elementos que subieron al podio del poder político con Videla el 24 de marzo de 1976. La doctora María Olga Espil, hija de Juan Espil y de Marta Videla, sobrina del ex general, destacó especialmente las épocas en que iba a visitar a sus primos y a sus abuelos: la presencia, distribuida en toda la casa, de mates que no se usaban. Su curiosidad se vio satisfecha más adelante cuando sus parientes le contaron que la abuela María Olga y la fallecida prima Lala disfrutaban especialmente de las largas mateadas. Mientras ambas estaban en Córdoba y la tuberculosis de Lala ingresaba en su fase terminal, madre e hija hicieron una promesa: si la niña se curaba renunciarían para siempre a ese placer compartido. Pero la niña no se curó; murió pocas semanas después de aquella ofrenda. La madre no volvería a cargar sus mates de yerba, sino que los expondría en la casa como raros exvotos que repartían, a su vez, el recuerdo de la hija muerta.

Con el fallecimiento de Lala, las muertes tempranas pasaron a ser una marca sustancial de la familia Videla-Redondo y, como suele ocurrir con los fallecimientos traumáticos, los muertos circulaban como vivos. La respuesta elaborada por su familia a esas muertes fue la de una extraña convivencia con los muertos. Tal vez esto vuelva inteligibles algunos de los dichos de Videla en los que no jugó la ideología del desprecio y la bestialización del "enemigo subversivo" o "terrorista" sino un pragmatismo degradado por donde se filtraba la imposibilidad de comprender la tragedia de la muerte. *Hubo muertes, como las de Elena (Angélica Dolores) Holmberg y la de (Héctor) Hidalgo Solá que no fueron reconocidas por los guerrilleros*, afirmó en la segunda entrevista realizada en agosto de 1998. *Fueron parte de los costos de vivir una situación como ésa.* A más de veinte años del secuestro y la muerte de Hidalgo Solá, un hombre que se alineó con su política, Videla afirmó, sin que la piedad o la ira aparecieran en las inflexiones de su voz militarmente clara, que el crimen fue un *costo*, casi una consecuencia burocrática *de vivir una situación como ésa.* En función de *objetivos superiores,* Videla encubrió por omisión a los asesinos de uno de sus hombres; no se hizo cargo siquiera de quienes perdieron la vida por integrar sus filas. Detrás de definiciones como la de *costos* se escondía una nublada comprensión del horror de un crimen. Hubo algo aun más desconcertante: una brizna de ingenuidad en la voz cuartelera que trató de decir verdades de a puño, una suerte de entrenado desinterés por la vida ajena, una cosificación del ser humano que se convirtió en *costo* una vez muerto porque era casi un objeto cuando estaba vivo.

Desplazarse en la vida con el nombre de dos muertos, padecer la desaparición temprana de una hermana menor, habitar en un hogar donde los límites entre vida y muerte son borrosos, no crían necesariamente a un asesino de masas. Pero en el caso de Videla, la impronta personal de esa desdibujada frontera se cruzaría con una institución que tiene su propia historia en relación con el respeto a la vida de los demás. La combinación sería explosiva: Ejército y Videla se pertenecen en lo peor que cada uno tiene. Videla sería al fin el único hijo varón de esa familia diezmada. Cargó, desde su nacimiento, con el protocolo ambivalente de un muerto-vivo, y un muerto-vivo es silencioso, transcurre por la vida buscando su lugar con sigilo, sin provocar demasiado ruido a su alrededor. El ensimismamiento que el propio Videla admitió durante su primera infancia, su conducta retraída, implicaron un alto grado de concentración sobre sí, la saboreada sensación de ser —y efectivamente en su familia de origen lo fue— un hombre único. Videla solía tomar el camino de la modestia y de un aparentemente recortado repertorio de ambiciones personales, aunque se conectaba con la omnipotencia a partir de su pretendida familiaridad con Dios. Su excesiva pudicia terrenal no resultó cierta. Videla fue sin esfuerzo un "único silencioso". Todo lo que consiguió hasta su vertiginoso ascenso en la cúpula militar y de allí a la asaltada Presidencia de la Nación tuvo que ver con ese sesgo de hombre innotado y singular con el que se desplazó por la vida. En su versión de esta sucesión de hechos, Videla afirmó que *ser general ya era una cosa importante. Y, para mí* —aclara—, *llegar a ser director del Colegio Militar me hacía sentir cumplido. Pero después todo sucedió tan rápido... casi diría que no hubo tiempo para pensar. Yo era un general recién ascendido y encantado con su destino en el Colegio Militar. Pero de repente se vino toda la barrida, inimaginable, y me encuentro de pronto como segundo comandante de un cuerpo.* La vida le depararía otras sorpresas. En apariencia, no fue necesario para ello que él hiciera demasiado; ser único y silencioso habría bastado para que otros empezaran a visualizarlo como el hombre del destino. En la superficie, Videla no salió a disputar poder con energía; sin embargo, quienes lo rodeaban presintieron que tenía condiciones para ocupar un lugar especial, supuestamente porque esto emanaba de su persona y de su conducta. A pesar de los encogimientos de una modestia obispal, Videla se sentía único e impregnaba sus relaciones y su trayectoria con esta aureola de singularidad que en algunas oportunidades hizo explícita. En ocasión de repasar su "papel histórico" y hablando del "cuarto hombre", es decir, de la designación en marzo de 1976 de un Presidente que perteneciera al Ejército pero que estuviera fuera de la Junta Militar integrada por los jefes máximos de cada una de las fuerzas, Videla expresó sin prevenciones la evidente fascinación de sentirse elegido. No sólo porque *estaba por encima de todos* sino por el orgullo de haber seguido manteniendo buenas relaciones con todos. No ilustró este aparente atributo con los ejemplos más felices: Videla rescató los buenos vínculos con Menéndez y con Riveros, duros entre los duros, desaforados de la represión instrumentada por su plan criminal de gobierno, que contuvo rostros más feroces tras la fachada de una imagen, la suya, en apariencia más moderada y presentable. Medroso, muchas veces sonrojado a pesar de la gestualidad cuartelera, Videla reprodujo a escala nacional ese papel de único-silencioso. Su sigilo serviría también para que todo el elenco dictatorial escapara en buena medida al juicio colectivo. Videla se presentó como un hombre que si algo supo fue usar el silencio, inconmovible entre las más nutridas e intrincadas líneas de fuego. Para el plan criminal la figura de Videla resultó estrictamente funcional. Videla, el silencioso, podía mantener la ilusión de que los gritos de terror se asordinaban con su sola presencia. Bastante tarde, Videla comprendería que el silencio no le había servido del todo. Que la imagen que circulaba de él en la sociedad no le permitiría caminar por la calle Florida o los centros comerciales del Barrio Norte de Buenos Aires y recibir el cordial saludo de "adiós general", placer del que a una escala menor, pueblerina, había gozado su padre. Resultó difícil sonsacarle, hablando de historia argentina o del período que le tocó protagonizar, el entusiasmo de un hombre de acción, de alguien que desde su sitial se propuso operar sobre la realidad para modificarla y dejarle su sello personal. La quietud inanimada movería su admiración más que la épica militar. Entre sus predecesores en el Ejército, Videla afirmó no admirar especialmente a nadie. Los fuertes y diversos liderazgos de Juan Carlos Onganía o de Alejandro Agustín Lanusse no le generaron el subrayado de un notable respeto. Hubo una sola figura entre sus predecesores que sí consiguió su devoción: Pedro Eugenio Aramburu, *pero el Aramburu muerto. Es decir por sus circunstancias —aclaró—, por su martirio. Un hombre que por su final me mueve a la admiración.*

★ ★ ★

"Si Sarmiento que tuvo un origen tan humilde llegó a ser presidente, ¿por qué no puede llegar a serlo uno de ustedes?", dijo en clase, una mañana de 1935, la maestra de cuarto grado de la Escuela

Nº 7 de Mercedes, Elena Morando de Lasala. No sabía que sus palabras tendrían valor profético. Entre sus alumnos estaba aquel chico de impecable guardapolvo almidonado, flaco y huesudo, con su pelo renegrido peinado a la gomina y que presentaba sus tareas escolares con una "prolijidad tremenda", según la docente jubilada rememoró el 29 de marzo de 1976, el día que Videla asumió la presidencia, cinco días después de encabezar el golpe de Estado. Videla había cursado la escuela primaria sin tropiezos, de la mano de ciertas características que reaparecerían en toda su trayectoria de estudiante y cadete: excelente alumno, cumplidor en extremo y con un buen rendimiento que no llegaría a la brillantez, como recordó su compañera de curso Guillermina Gutiérrez de Palmieri: "No brillaba particularmente en ninguna materia, él era bueno en todo". Tanto la maestra como su compañera de curso lo recuerdan retraído, más bien serio y carente de picardía. Apuntan, de todos modos, algunas cualidades expansivas de su carácter. Para la maestra era "muy cariñoso y de sonrisa fácil"; para su ex compañera de clase, la seriedad no se oponía a cierto sentido del humor. El chico Videla no compartiría con sus compañeros de la Escuela Nº 7 la agridulce despedida de los estudios primarios, el egreso con todos y como todos. Su madre lo entusiasmó para rendir el último grado libre y adelantar en un año el ingreso al colegio secundario. Mientras cursaba el quinto grado, Videla estudiaba por las noches para rendir, como lo hizo con éxito, el sexto grado libre. A raíz de este logro, al año siguiente, en 1937, ingresó como pupilo al Colegio San José en el barrio de Once, regido por sacerdotes vasco-franceses. Videla ya tenía decidida su vocación pese a las expectativas paternas de que se inclinara por la medicina. Los intentos del padre por presentarle otras alternativas a la carrera militar fueron infructuosos. Videla no se dejó convencer y siguió su destino hacia las armas, después de cumplir con la imposición de cursar íntegramente el secundario, aunque en su época, para ingresar al Colegio Militar sólo hiciera falta completar el tercer año. Ingresó al San José en marzo de 1937, con once años. Fue uno de los más jóvenes de la clase. (*Confieso que después me arrepentí. Mis compañeros eran más grandes, a esa edad unos pocos meses hacen la diferencia en el desarrollo.*) Quizá esa situación acentuó su habitual repliegue; sus compañeros lo recordaban como extraviado en las dimensiones de esa institución. Concurrir al Colegio San José era continuar una tradición instalada en la familia materna. El tío Manuel Redondo, el médico más reputado de Mercedes, había cursado la enseñanza media en esas aulas; allí también se habían educado los varones de la familia Ojea y otros primos de la misma generación de su madre. Videla se incorporó en calidad de pupilo a ese colegio prestigioso que había sido fundado por los padres bayoneses en 1858 y que albergaba, hacia fines de la década del 30, a los hijos de la clase media "decente" que podía pagar un colegio privado que no estuviera entre los más caros de Buenos Aires. La matrícula accesible no lo ubicaba en esa elite donde sí figuraban la Escuela Argentina Modelo o el Champagnat. Su reputación de entonces estaba basada en la antigüedad, en la educación profundamente cristiana y en la fama de severidad y de rectitud de los padres bayoneses, quienes así como inculcaban rígidas normas disciplinarias y una rutina diaria exigente también eran apreciados por manejar códigos de comportamiento estrictos donde no tenían lugar los dobles discursos, la hipocresía moral ni la delación. Los curas se encargaban de dictar casi todas las materias y la presencia de laicos era, por entonces, escasa. Compañeros de Videla recuerdan haber tenido en cinco años apenas dos o tres profesores sin sotana. El prestigio de integridad y rigidez se difundió aun más cuando en 1932 las autoridades del San José expulsaron por faltas disciplinarias al rebelde hijo del ministro de Agricultura de la administración del presidente Agustín P. Justo.

En las clases confluían los pupilos y externos. El sistema de pupilaje resultaba ingrato para muchos, como el dirigente radical bonaerense y ex gobernador de la provincia de Buenos Aires, Alejandro Armendáriz: "A las seis de la mañana estábamos de pie. Asistíamos a misa durante media hora todos los días. Yo decía que allí he escuchado misa como para toda mi vida. Después desayuno, un descansito y a clase. Fui pupilo en segundo y tercero, después no aguanté más. Quería salir un poco porque nuestras salidas eran sólo los domingos entre las 10 y las 19, es decir que teníamos que volver justo cuando se ponía lindo para ir a las confiterías o al cine. A mí me cansó, a mitad de cuarto quedé medio pupilo. Mi familia vivía en Saladillo, pero en Buenos Aires tenía a mi abuela que vivía con tres hermanos solteros de mi padre". Videla retornaba a su pueblo los fines de semana desde Once y el tiempo no le alcanzaba para mucho más que visitar a su familia, por lo que los mercedinos decían que a los doce años prácticamente había dejado el pago natal. Los pupilos como Videla se diseminaban en uno de los cinco grandes dormitorios colectivos del San José. Ese anticipo de la cuadra militar estaba custodiado por dos curas que dormían uno en cada extremo y que calzaban alpargatas para no hacer ruido mientras recorrían las camas para constatar que todos estuvieran dormidos. Por la noche, los internos usaban camisón y estaban obligados a desvestirse de la cintura para arriba antes de colocarse esa prenda y de la cintura para abajo una vez cubiertos como fantasmas jóvenes. El pudor mandaba en ese colegio de varones. A toda hora los curas encargados de la disciplina circulaban por el colegio con unas libretas en las que anotaban las mínimas faltas disciplinarias de los alumnos. Si sorprendían a alguno hablando en una situación indebida, la sentencia habitual era: "Fulano, media hora". La pena que quedaba registrada en la libreta era el "piquete" o plantón que debía cumplirse en los interregnos de tiempo libre, en los recreos entre clase y clase. El fin de semana, antes de la esperada salida, se debía rendir cuenta del cumplimiento del castigo y el que no estaba al día debía pagar con un retorno tardío a sus breves horas de esparcimiento. Por eso, las inconductas del viernes eran las más peligrosas: los recreos que restaban ya no eran suficientes para cumplir con las faltas y mientras todos se precipitaban hacia la calle, los más díscolos permanecían haciendo sus "piquetes" entre las enormes columnas de los patios, bajo la mirada de los curas. Pero Videla no conocería jamás estas amarguras, la obediencia absoluta a las normas de comportamiento institucionales o emanadas de alguna autoridad sería una constante en toda su vida estudiantil y militar.

Los ex compañeros de secundario de Videla no recuerdan mal al San José pese a la aspereza de su cotidianidad. En el caso específico de Videla la estrictez de la rutina será algo que agradecerá: le servirá luego para cumplir sin zozobras los hábitos del Colegio Militar de la Nación. Además, los padres bayoneses no completaban aquella rigidez con una formación victoriana o una filosofía ultramontana. "Los padres nos trataban bien en general —recordó Armendáriz—, salvo que nos levantaban a las seis de la mañana. La enseñanza era bastante objetiva y había algunos curas de formación liberal con los que uno podía coincidir. La formación no era para que nos transformáramos en chupacirios. En historia había que hablar de Santo Tomás de Aquino y se hablaba. Pero llegaba el momento de estudiar a los protestantes, a Calvino, a Lutero, y se hablaba de ellos y se los estudiaba sin reparos". El profesor Francisco Azamor, vicerrector del Colegio Nacional de Buenos Aires y condiscípulo de Videla, recordó a fines de 1998 a los curas como "muy compañeros". "Si yo tuviera que elegir de nuevo —dijo— volvería al colegio. Eran curas franceses, capaces y de mente abierta. Generalmente estudiábamos con libros que ellos mismos habían editado, como el de Historia de la Civilización que era del padre Chartout. Lo recuerdo ahora y me parece increíble pero nosotros, los alumnos, almorzábamos con vino. En las mesas éramos seis, había un jefe de mesa y un botellón de litro para cada mesa. ¡Y comíamos como locos! Tomábamos sopa, tres platos, postre y té. ¡Sopa y tres platos! Por la noche era sopa y dos platos". Aquella mentalidad bastante abierta y cosmopolita de los curas franceses se notaba en el momento de la confesión, que se concretaba en un reclinatorio y a cara descubierta. Algunos chicos que provenían de hogares con una crianza católica más tradicionalista y cerrada se asombraban de que para los confesores casi nada fuera pecado. Los alumnos repetían las picardías de su edad por las que en otras parroquias les daban penitencia, pero en el templo de los bayoneses no era difícil obtener la absolución. El nacionalismo francés alineó a los curas durante la Segunda Guerra en un bastión decididamente antifascista y desde el órgano de la Parroquia solían sonar los compases de La Marsellesa. La formación que dispensaban los padres era intensa y completa. Los muchachos salían bien preparados para enfrentar sin tropiezos la continuidad de sus estudios. El padre Bergeret Lafon, que los adolescentes tenían de profesor, era también el autor de una historia de la civilización; el padre Toullaret había escrito el libro con el que se estudiaba literatura en quinto año; el cura Labourie era el entrenador de rugby y autor de un libro de lógica; Touron también impartía clases de psicología y los alumnos estudiaban de un libro de su autoría, y lo mismo pasaba con el padre Nutz, profesor de Botánica. A la camada de Videla pertenecieron el ex gobernador Armendáriz, Azamor, el abogado Horacio García Belsunce y el abogado Raymundo Podestá, a quien Videla incorporaría a su gobierno como secretario de Industria, y Pablo Viglioglia, profesor emérito de Medicina de la UBA; el oftalmólogo César Ríos Guelar y el especialista en derecho de familia Emilio Ferré, entre otros. En este grupo de elite, Videla no llegó a destacarse. Sus compañeros lo ubicaron entre los integrantes del pelotón de quienes estaban "de la mitad para arriba". García Belsunce lo evocó como "un buen alumno": "No le diría que fuera de los más brillantes, pero era un buen alumno, aplicado". Belsunce compartió con Videla las horas privilegiadas de la Academia Literaria, una institución del colegio de la que participaban los alumnos más destacados de cuarto y quinto año. La Academia era dirigida por el padre Toullaret y los alumnos a los que les interesaba pertenecer debían cumplir dos condiciones: tener buenas notas y aprobar, al culminar el tercer año, un concurso de admisión mediante una prueba escrita. Videla formó parte de ese veinte a treinta por ciento que exornaban su paso por el secundario con el calificativo de académicos. Por encima de su pomposo nombre, la Academia Literaria implicaba la ventaja de concurrir durante unos 45 minutos después de almorzar a un salón donde a los alumnos se les permitía fumar —una concesión de espíritu muy liberal para la época—, jugar al ping pong o escuchar a quien se animara a tocar el piano. Los académicos también quedaban habilitados para participar, a fin de año, de un certamen literario y otro de oratoria. Además, asistían a charlas especiales que daban alumnos, docentes, personalidades invitadas o ex alumnos que, como García Belsunce, fue convocado para hablar de economía poco antes de ser nombrado secretario de Hacienda del presidente José María Guido en 1962. A Videla, sin embargo, sus compañeros no lo recordaron especialmente activo en ese salón que reunía a los notables durante 45 minutos todos los días, mientras el resto se quedaba en el patio jugando al fútbol. Videla, según Azamor, tampoco aprovechaba la libertad académica conquistada para fumar, como si el peso de la férrea moralina que traía de su hogar no pudiera ser disuelto siquiera en alguna proporción por esos curas que se proponían entreabrir una puerta desde los rigores de la disciplina hacia las libertades de la juventud. El padre Juan Morales fue celador de estudios de Videla en cuarto año. Su función consistía en vigilar a los alumnos mientras hacían las tareas y repasaban las lecciones. El anciano cura deslizó una crítica sobre el sistema de pupilaje: "Sirvió en su momento. Daba una convivencia muy intensa entre alumnos y profesores: nos veían hasta en la sopa. Esto les dio la ventaja de hacerlos más sueltos en la vida, prepararlos para que se defendieran solos. Pero afectivamente no los desarrollaba, estaban lejos de la familia, entre reglamentos y paredes".

El secundario de Videla, su última etapa civil antes de ingresar al Colegio Militar, no parece haber contribuido a otorgarle un repertorio de recursos humanos y de conducta para tornar más plástica su personalidad y más amplio ese perfil espartano que acentuaría con el uniforme. El padre Morales recordó a Videla como "un alumno muy bueno, sin llegar a ser el genio de la clase". También reparó en que García Belsunce había obtenido premios en la Academia Literaria por sus dotes de orador, pero no recordó a Videla desempeñándose con particular talento en el arte de la elocuencia. Morales afirmó que la oratoria que se enseñaba era "de tipo solemne, sonora, de grandes gestos" y que "no se aceptaba la oratoria simple ni la conversación con el público". Videla no consiguió destacarse en ese ámbito, pero sin duda el aprendizaje le sirvió para la carrera militar y, entre sus futuros condiscípulos, los cadetes, arrancó con la ventaja de haber tenido en el San José un entrenamiento previo que pudo aprovechar en las alocuciones cuarteleras.

La sociedad no vio en Videla un presidente dotado de riqueza expresiva. Pero para los fines militares y, también para la fantasía de transformar al país entero en un cuartel, esa mezcla de parquedad y reciedumbre de la voz militar, combinada con resabios del aprendizaje de oratoria en el San José, lo tornó un orador potable al menos para algunos de sus camaradas de armas. Podestá recordó a su compañero del San José como un "estudioso razonable". En cambio, su visión del gobernante al que acompañó en innumerables giras por el interior mientras fue funcionario del videlismo fue más realzada: "Lo que más me impresionó de Videla fue su don de transmitir lo que él sentía y pensaba. Lo hacía realmente con una gran eficacia, como un muy buen profesor universitario. Recuerdo que en una gira por Jujuy tuvo entrevistas con alumnos secundarios y les hizo una exposición para mí brillante... no excesivamente brillante sino, más que nada, cautivante. Claro, no olvidemos que fue profesor del Colegio Militar. Pero lo que a mí me impactaba no era sólo que expresaba lo que sabía, sino que expresaba lo que sentía. Él transmitía un convencimiento y una comprensión especiales. Para mí, eso era lo más característico de Videla, sin duda alguna, su capacidad de transmitir, su concepto del hombre, de la vida, esas cosas que expresaba con claridad y con una comprensión muy humana. Tenía una especial emoción y fuerza cuando hablaba en algunos regimientos, cuando se refería al problema militar y a las víctimas militares de la subversión. Eso a él lo conmovía hasta lo más profundo. Y se expresaba con una grandeza que realmente, a mí, me impactaba". Esta descripción de la capacidad verbal de Videla contrasta con otras visiones, como la de su camarada de armas el capitán retirado José Meritello o la del padre Ismael Calcagno, confidente de Videla y primo hermano de Raquel Hartridge. Ambos afirmaron enfáticamente que Videla "no hablaba". Es probable que las diferentes impresiones sean, todas, ciertas: las que veían en él a un hombre inexpresivo y las que lo consideraban capaz de conmover con sus discursos. La doble condición destaca una peculiaridad fuerte de su persona: Videla funcionaba cuando se encontraba enmarcado y cubierto por algún tipo de institucionalidad, y sobre todo por la institucionalidad militar. Despojado de uniforme, de los atributos exteriores que otorga la vida castrense, Videla se desdibujaba. Puesto a cumplir nuevamente con alguna actividad que tenía que ver con defender sus fueros y su historia de uniformado (por ejemplo las declaraciones en los juzgados para defenderse de acusaciones relacionadas con violaciones de los derechos humanos) el hombre muchas veces se rearmaba: cargaba su conducta de una inflada complexión militar y ponía en marcha hasta su lengua, un segundo antes trabada en el silencio. "En el colegio me enseñaron una cosa muy particular que es hablar", dijo García Belsunce. "Yo fui primer premio de oratoria a los 15 años, eso me sirvió de mucho". En cada reunión de ex alumnos, García Belsunce sería convocado por sus propios compañeros para los discursos evocativos. Videla no era invitado a hablar en esas reuniones, ni siquiera lo fue en el 35° aniversario del egreso en 1976, cuando era presidente de facto, ni en las

Bodas de Oro celebradas en 1991. Algunos, como Armendáriz, vicepresidente de la Academia cuando cursaba quinto año, ni siquiera recordaron que Videla había pertenecido a ese ámbito. Azamor coincidió en que el alumno Videla no era "ni muy brillante ni muy malo, del montón diría yo, del montón para arriba". Raymundo Podestá hizo un esfuerzo para ubicarlo en un lugar preciso en el conjunto de 35 egresados, de los cuales 28 fueron profesionales (tres de ellos militares): "Recuerdo a Videla como un buen estudiante, sin ser tampoco el número uno, que era más bien García Belsunce. Videla andaría por el sexto lugar, era más bien constante, muy cumplidor, prolijo". Las cualidades que hicieron de Videla un adolescente de módicas aptitudes (constancia, cumplimiento, prolijidad) serían sopesadas como diamantes en el Colegio Militar de la Nación. La sobrevaloración de la disciplina confundiría a sus superiores y ese muchacho "del montón para arriba" avanzaría lentamente hacia la primera línea, pero no por un súbito desarrollo de sus cualidades intelectuales ni por la aparición de un foco de interés o algún saber que le permitirá destacarse. Videla ocuparía espacio sin ruido, repartiendo ante sus superiores bien administradas dosis de obediencia, dedicación y silencio. Pablo Viglioglia era, en el grupo de estudiantes secundarios, un especialista en la invención de sobrenombres para sus compañeros y profesores, pero no encontró ninguno para aquel morocho engominado, de cara angulosa y más petiso que el resto por ser un año menor. De modo que Videla, de a poco, se ganó el mote de "el Flaco". Más adelante, una vez finalizado el Colegio Militar, al que volvería una y otra vez (como instructor, profesor y finalmente director) sería "el Cadete". Por último, como dictador —y gracias a Massera que así lo apodó— tendrá un sobrenombre cómico: La Pantera Rosa. La conjunción de un perfil escuálido, el suave balanceo de su andar, el silencio permanente y el escaso repertorio gestual lo asimilarían al dibujo animado creado por Blake Edwards y que hizo furor en la Argentina en la segunda mitad de los años 70.

Replegado, tímido para algunos y tranquilo para otros, el chico Videla transcurrió el colegio secundario sin dejar huellas notables, aunque muchos de sus ex compañeros lo recordaron con especial afecto, como si de su comportamiento parejo y sin relieves emanara cierta bondad. En primer año, quienes ingresaban como pupilos al San José eran divididos en dos grupos: los que parecían más aniñados en su carácter y presencia física eran destinados a la división A, quienes tenían características varoniles más desarrolladas se integraban en la división D. Videla ingresó al grupo A y pasó los primeros meses del secundario bastante aislado. Venía del campo, de las soli-

137

tarias tardes en la quinta de Mercedes, ya había incorporado los hábitos de higiene, pulcritud y presentación que no abandonaría jamás: el pelo achatado con gomina, las zapatillas blancas de los internos que no se ensuciaban como las de sus compañeros con las corridas por el patio de baldosas, cuando en los recreos jugaban al fútbol con una pelota de goma. A Videla se lo notaba poco en ese primer año, porque no participaba en el juego. El fútbol socializaba mucho más que las clases y aún no había otros deportes en los que se pudieran mostrar habilidades aprendidas fuera de los potreros. Más adelante, cuando el estirón de la adolescencia le diera la ventaja de la altura, el Flaco Videla adoptó el básquet; después de tercero también jugaría, como todos, a la pelota vasca que promovían los curas. Pero en el inicio del secundario Videla, según el doctor Ferré, "era el que menos se notaba, el que menos se veía en el grupo; estaba entre los que se retraían, por no jugar al fútbol y por ser menor que nosotros". Su presencia en los deportes apareció más por omisión. "Que yo recuerde —dijo el padre Morales— él no jugaba al fútbol. En esa época había un equipo de básquet y él estaba entre los más altos. Jugaban en los patios, y a veces con gente de afuera, puede que haya participado en algún campeonato intercolegial". García Belsunce aseguró que tampoco participaba en otras actividades deportivas que los curas estimulaban, como el rugby. Ni siquiera recordó que era hincha de Independiente, como se supo una vez que ocupó la presidencia. Ferré apuntó que el básquet en el San José recién comenzaba a practicarse a partir de tercer año. Hasta entonces, la memoria deportiva y colegial remite a las disputas futboleras del recreo largo, cuando el patio más amplio se dividía en dos sectores, uno para los que jugaban al fútbol y otro para el resto. Los chicos no se cambiaban la ropa y corrían en malones detrás de la pelota hasta que la campana llamaba a clase. A los pupilos como Videla, se les pedía que se peinaran para regresar al aula, pero nadie lo recuerda desastrado y sudoroso después de agotar sus energías en el recreo largo. Pasado el primer año de extrañamiento, Videla se fue acercando más a sus compañeros, quienes no expresaron animadversión hacia él ni rescataron ningún gesto preciso que lo tornara especialmente recordable. El adolescente Videla parecía poseer cierto aire de "buena gente". El espectro de palabras a las que sus compañeros acudieron para describirlo no fue muy amplio: "Callado, relativamente tímido, llano, sencillo, no tenía historias, nunca molestó a nadie" (Ferré). "Como compañero lo recuerdo con mucho afecto y simpatía, no era particularmente reservado" (Azamor). "Recuerdo bien la cara y la figura de él. Siempre muy medido, pulcro, tranquilo, pero nada especial. Era constante, cumplidor y prolijo. No tengo más que recuerdos favorables y cordiales. Era de esas personas que no perturban, que están haciendo siempre las cosas que hay que hacer. No estaba por arriba de nadie ni era un temeroso, un tipo que hacía las cosas absolutamente normales" (Podestá). "Un chico muy serio, muy aplicado, de carácter reservado..., y ése es el recuerdo que tengo de él, un buen, buen recuerdo" (García Belsunce). "No lo recordaba a Videla como compañero de estudios, su imagen me reaparece cuando él tiene vida pública" (Armendáriz).

Si algo no estuvo en juego en la personalidad de Videla durante el colegio secundario fue el temperamento militar, el don de mando, la impronta del jefe o la capacidad de liderazgo. No hubo en su adolescencia anticipos de un ejercicio de autoridad como para subrayar rasgos de firmeza de carácter. Su celador de estudios, el padre Morales, señaló: "Videla era de carácter muy sencillo. Es más, si me hubieran dicho qué carrera va a seguir este chico nunca hubiera dicho milico, nunca. Cuando empezó a ser un personaje conocido lo que más me extrañó es que fuera militar. El temperamento no coincidía con la caricatura que hacemos del militar. Elevamos a símbolo del militar a cabos y sargentos. Los milicos aparecen como más tajantes que el perfil y el carácter que en ese entonces conocí en Videla". El padre Morales ni siquiera había imaginado a Videla como un profesional independiente, no lo veía como una persona especialmente emprendedora, sino como alguien que podría integrarse a una empresa o a un estudio jurídico y ejercer allí sus virtudes de constancia, responsabilidad y contracción al trabajo. Las cualidades entrevistas en Videla siempre coincidieron en la corrección y el cumplimiento. Nadie recordó especiales gestos de solidaridad o transgresiones. El adolescente Videla permaneció al margen; sus condiscípulos del San José no lo evocaron como un compañero de andanzas. Los jueves, cuando en el patio 5 los pupilos del primario recibían visitas, los muchachos del secundario espiaban a las hermanas mayores, se escapaban de las actividades, se exhibían buscando alguna sonrisa cómplice; Videla jamás lo hizo. Cerca de los exámenes, algunos estudiantes cometían faltas para que los sancionaran y ganar así una media hora o una hora de plantón junto a las columnas del patio. Se trataba de un recurso inocente para poder estudiar sobre la hora de los exámenes. A Videla nunca le hizo falta recurrir a ese expediente, nunca dijo "padre, voy a hacer piquete". No. "Videla no era de ésos" ni se contaba entre los que, ya en quinto año, transgredían las disposiciones horarias que obligaban a los alumnos a salir después de la misa del domingo y retornar el domingo a la noche. Algunos curas hacían la vista gorda. Sabían que los chicos se escapaban los sábados por la tarde y que dormían en el hotel Castro —donde pagaban camas por noche— con la complicidad del dueño, cuyo hijo también estudiaba en el San José. Los estudiantes, como Azamor o José Calviño, sorteaban los paredones y quedaban libres para ir al cine o al fútbol. A veces, estimulados por la curiosidad, trajinaban las confiterías de la calle Corrientes, donde las orquestas ejecutaban los compases de un tango y a veces se bailaba. Otras merodeaban por las calles laterales, donde los locales eran menos prestigiosos, pero se podía conseguir una compañera de baile por unos pesos. Para los muchachos del San José, y para todos los jóvenes que serpenteaban por la ciudad con sus ritos iniciáticos, Buenos Aires ofrecía la penumbra de los cabarés en el Bajo, el merodeo por juegos y sorteos en el Parque Japonés, el vértigo de la montaña rusa y de las calles de mala vida. Azamor no recordó a Videla participando en esas escapadas. El padre Morales, quien admitió con una sonrisa las huidas al hotel Castro, tampoco. Las pequeñas transgresiones de los muchachos del San José, todos hijos de familias "decentes", no consiguieron perforar la formación cerrada que Videla traía de su casa. Ninguno de sus compañeros recordó una escena en la que el adolescente mercedino hubiera sido sorprendido en falta. El secundario no actuó como un paréntesis para ampliar el repertorio vital de Videla con una visión más rica y compleja donde cupieran las ofertas de la ciudad. Según el testimonio del profesor Pedro Pasquinelli, para el padre de Videla incluso la módica transgresión de jugar a las cartas, diversión en la que participaban el juez, las autoridades municipales y otros militares tras los cortinados del club de Mercedes, era "pecado mortal": "¡No, no! El padre de Videla no jugaba. ¡Oh, pecado mortal! Nada de eso, no. Impensable", enfatizó. Con un reglamento moral tan severo, una amplísima gama de actos humanos debía pertenecer, para Videla, al rubro del pecado. Todo indica que Videla sólo cumplió, y lo hizo sin quejarse, sanciones colectivas como aquella de quinto año cuando el desorden en la clase del profesor de italiano trascendió los límites del aula. El encargado de disciplina, el padre Bergeret Lafon, consiguió que volviera el silencio con su sola presencia y mandó a la clase a copiar, todos los días hasta las 20, mil renglones del libro de Historia de la Civilización. ¿Qué individualizaba a Videla entonces? No jugaba al fútbol, no se destacó en la Academia Literaria ni como orador ni como escritor, no integró los equipos de rugby, no recorrió las calles porteñas junto a sus compañeros que estrenaban con absoluta ingenuidad, según ellos mismos resaltaron, los ejercicios de la adolescencia, el pantalón largo, el sombrero requintado y el cigarrillo. Todos remarcaron su corrección innotada, ese ser "único, silencioso" y tranquilo, y el juego del básquet que no tenía un lugar demasiado destacado en el San José. Hubo algo más, según el padre Morales: "Era muy religioso. En eso siempre lo vi igual, sin cambios". Según el cura, la inclinación religiosa del adolescente Videla se manifestaba "por su manera de comportarse en la capilla, la manera de comulgar". "Quiero decir —aclara— que el chico reflejaba lo que estaba sintiendo en ese momento con todo su cuerpo, con todo su físico. Para decirlo con palabras de la época, Videla era piadoso". La piedad, sin embargo, no fue una característica que apareciera con la misma intensidad en la vinculación del púber Videla con sus compañeros; tampoco la impiedad. Aparentemente, las virtudes positivas sólo aparecían acentuadas cuando Videla se conectaba por encima de las relaciones con los seres humanos. Ninguno de sus compañeros (y ninguno de los del secundario habló mal de él) dijo, por ejemplo, que Videla tenía un comportamiento "piadoso" en su cotidianidad. Ninguna de las personas que recordaron a Videla en su paso por la enseñanza media pudo nombrar algún amigo verdaderamente cercano a Videla en aquella época. Quienes rescataron su figura, dijeron, como García Belsunce, que Videla era pupilo y que "los pupilos generalmente son más amigos de los pupilos, porque comen juntos a la noche, duermen en el mismo dormitorio colectivo, se desayunan juntos a la mañana y nosotros caíamos después, ¿no?" La inclusión de Videla en ese grupo, sin embargo, aparece desdibujada. Esa característica se acentuaría aun más durante los primeros años de su carrera militar. En realidad, el contorno preciso del Flaco Videla fue recuperado por la barra del San José después de su llegada a la comandancia del Ejército, primero, y al poder después. Nunca antes. Es sorprendente, porque el San José generaba en sus ex alumnos un recuerdo amable y agradecido; el Colegio los retenía y los llamaba, y ellos volvían. Videla egresó en 1941 y muchos de sus compañeros participaron de reuniones en ocasión de celebraciones especiales o en los encuentros realizados los primeros viernes de cada mes, para los que había que comunicar con cierta antelación si el ex alumno concurriría solo o con la esposa. Videla nunca reapareció, no concurrió a ningún acto, no asistió jamás a las reuniones de ex alumnos. Durante años, nadie supo qué había sido de él, y sólo algunos recordaban que había ingresado al Colegio Militar. Sus antiguos compañeros tampoco asociaban el nombre Videla con aquel chico adusto y correcto, en sus escasas apariciones públicas antes de arribar a la comandancia.

Videla volvió a ser registrado por sus compañeros y regresó al San José en 1976, en el 35° aniversario de su egreso. En esa ocasión, sus condiscípulos lo buscaron, atraídos por la nueva situación, porque aquel manso ex compañero que no se destacaba ni para bien ni para mal había pasado a ser nada menos que el presidente de facto de la Nación. Él acudió entonces a los reencuentros con sus hasta entonces descuidados compañeros del San José. Entre ellos encontró una comprensión que en otros ámbitos sociales se le negaba. La actitud acrítica es comprensible en casos como el de Podestá, quien comulgó con los ideales del Proceso y fue secretario de Industria durante la gestión del ministro de Economía José Alfredo Martínez de Hoz. Podestá afirmó: "Tengo una imagen opuesta a la que se ha dado de Videla, porque yo viví todo lo contrario. Era muy comprensivo de las cosas, aunque muy obligado por el deber. Pero eso de que lo ponen de ogro, de malvado, no, en absoluto". Podestá eximió a Videla de cualquier rasgo de autoritarismo o de soberbia en el trato personal. Como en las aulas del San José, el presidente de facto lo tuteaba y lo trataba con la medida cordialidad de la que hizo gala también en otros ámbitos civiles.

A diferencia de otros dictadores latinoamericanos, por ejemplo su contemporáneo Augusto Pinochet, la delicadeza en el trato de Videla operó como la contracara necesaria de la criminalidad, masiva y al mismo tiempo ocultada. Trato ameno para sus conocidos y en los ámbitos donde tenía que "mostrarse" como el único jefe. Honestidad. Exposición pública de su religiosidad. Videla construyó una imagen de sí mismo que resultó muy funcional al régimen militar. Reunía esas virtudes de "la clase media decente y bien nacida" que sus compañeros de estudios, que pertenecían al mismo sector social, supieron advertir y valorar. Ésa fue una de las imágenes que buscó proyectar hacia la sociedad. La exculpación del "ogro" que comparten Podestá y García Belsunce se extendió a otros compañeros de aula. Pero aun compartiendo la ideología del Proceso y su accionar represivo, algunas conciencias no pudieron sustraerse al cuestionamiento de esa personalidad aquiescente y aparentemente virtuosa. No fue el caso del padre Morales, quien perdonó a su ex alumno aun a pesar de que no actuó para salvar a un amigo desaparecido. Morales realizó una categorización binaria de sus ex alumnos: los "negros" eran "los tipos que se portaron mal en la vida"; a Videla lo incluyó entre los "blancos". El cura Morales, sin embargo, desmintió su propia clasificación en ocasión de la entrevista que tuvo con Videla para pedirle por la vida de un abogado que había desaparecido en La Plata: "Tratamos de explicarle que no todo se trataba de blancos y negros. Que también había rojos, violetas, verdes. No con esas palabras exactamente, pero sí manteniendo el sentido". En aquella entrevista, el abogado desaparecido fue descrito por el cura como "un poeta, podía estar reunida la plana mayor de los Montoneros ahí y para él era un equipo de rugby". Según Morales, el abogado fue secuestrado y desaparecido porque su hijo sí integraba las filas de la guerrilla montonera. Videla respondió que *no todas las cosas estaban en sus manos*. "Ni noticias —resumió Morales—. Mi impresión es que no estaba totalmente al tanto de lo que ocurría. Vio que a veces a los presidentes no se les dice todo...".

Sus ex compañeros del San José salieron a buscar a Videla apenas se catapultó al poder. Tal vez se preguntaron si aquel flaco de quien no recordaban temperamento militar, capacidad de liderazgo ni excesivas cualidades intelectuales respondería; aquel del que no había demasiado para decir, que no era mal tipo pero a quien costaba imaginar en acciones, discursos o arrojos, el del peinado para atrás, medio callado, muy religioso, el pupilo que venía de Mercedes y no se quedaba jugando al fútbol sino que se apuraba hacia la estación Once del Ferrocarril Oeste, el hijo del militar, el Presidente, ¿se acordaría de ellos? Emilio Ferré fue el primero que intentó restablecer el contacto, cuando Videla fue designado jefe del Ejército en agosto del 75. Le escribió una carta, que rememoró sin esfuerzo, en la que le decía: "Pienso que sos vos el que han designado. Si lo sos te cuento que en mi vida he hecho estas cosas: me casé, tuve hijos, he ejercido la profesión con honestidad, no he hecho mal a nadie, he puesto siempre las cosas en su lugar, pudiendo sacar ventajas nunca lo hice porque elegí tener la frente limpia, etcétera, etcétera. Si vos sos el que yo recuerdo, el que usaba zapatillas blancas en el Colegio (sí, lo tuteé en la carta), creo que tendrás esos mismos principios y seguirás siendo el mismo. Entonces, ya que no nos hemos podido tratar en años, espero que ahora que cumplís una función en la que no tenés que moverte tanto de lado a lado, podamos vernos un día y conversar de tantas cosas que pasaron un poco por el bien de país y también para hablar de las cosas que a todos nos atañen". Videla no respondió. Ferré no sabía si era "el mismo", pero tendía a creer que sí. Después de que Videla fuera ungido presidente de facto, lo llamaron por teléfono otros dos condiscípulos, el marino José Calviño y el arquitecto Moore. Le dijeron: "El Flaco Videla nos quiere reunir en un almuerzo porque dice que a vos te debe una comida, así que quiere que nos juntemos los cuatro". Videla no decepcionaría a sus compañeros. "Nos recibió como si nos hubiera visto un día antes —contó Ferré—, lo único que estaba con uniforme y que estábamos en la Casa de Gobierno". Ferré refirió que "de la tarea que él tenía por delante" no hablaron. "Lo que sí puedo contar es que él nos dejó entrever que desgraciadamente, no sé si digo las palabras exactas, que estaba todo muy encasillado, que no podía cambiar algunas normas que ya venían dispuestas". La impresión de Ferré fue que Videla tenía "el poder compartido". "Que tenía el poder compartido era evidente, se notaba —explicó—. Mi deducción es que él nos dio a entender que no estaba claro si él tenía la última palabra. Él se hacía responsable de lo que pasara. Pero si él podía decidir las cosas..., no lo sé". Ferré armó una complicada trama de justificaciones que le permitieron poner a Videla a salvo de las atrocidades. Cada paso de Videla parecía adecuarse a las circunstancias. Videla dejó abiertos pequeños espacios de autoexculpación que sus interlocutores advirtieron. Ferré, Moore y Calviño no lo pusieron en aprietos con preguntas impertinentes sobre torturas o desapariciones, aunque la reconstrucción del encuentro de estudiantina en la Rosada permite deducir que el teniente general se defendió sin que lo atacaran. Quizá Videla, recordado como un hombre de principios por alguno de sus compañeros, sintió la necesidad de cubrirse por si alguno de ellos sabía algo de los centros clandestinos de detención que ya había puesto en marcha. Pero no hubo más que eso y Videla se sintió satisfecho y agradecido, al punto de aceptar rápidamente la propuesta del trío de visitantes de organizar una visita al Colegio, para que él regresara por la puerta grande, como presidente de la Nación. Videla dijo que sí a ese encuentro con todos sus ex compañeros y desestimó la organización de una cena. Tal vez sintió cierta nostalgia, porque propuso que se realizara un almuerzo en el mismo comedor que había frecuentado en sus tiempos de pupilo. En ocasión de ese nuevo encuentro, Videla fue bien tratado por todos sus ex compañeros. Ni siquiera el radical Armendáriz se animó al reproche, pese a que integraba una línea interna que había criticado la aseveración del jefe radical Balbín de que Videla era un militar democrático. Ferré fue el encargado de darle las palabras de bienvenida. Acaso Videla, entre las lisonjas y el buen trato, pudo creer que la vasta y soterrada cacería de opositores se estaba llevando a cabo con éxito. Ninguno de esos señores, profesionales serios e informados, parecía dispuesto a mencionar el tema. Pero el momento llegó. Azamor lo recordó así: "En el primero de esos encuentros estábamos en esas mesas largas, de seis. Y Videla estaba sentado frente a mí en diagonal. En esa época, al principio del Proceso, todavía nadie hablaba de desaparecidos. En mi casa sí se hablaba porque mi mujer es irlandesa y recibía el Buenos Aires Herald, entonces el único medio que trataba la tragedia de los desaparecidos. Y yo le dije: Pero decime una cosa, ¿por qué no hacen juicios sumarios? Un juicio sumario, se lo pone allí, se lo liquida y se le tira el cadáver a la familia. Pero esto de que la gente desaparezca ¡es tremendo!, porque uno no se consuela nunca. En el otro caso, se te muere un pariente, padre, hermano, lo que sea, lo llorás profundamente un mes, dos meses y bueno uno después olvida, si no la vida sería imposible. Pero cuando está desaparecido... Y él me respondió: *Yo no gobierno solo.* Alcancé a retrucarle: Pero vos ponés tu firma. La cosa no dio para más, era un encuentro entre compañeros".

La respuesta de Videla ilumina algunos rasgos de su personalidad. Aparece como de indudable doblez, ya que en una sola frase reconoció los métodos de represión que negaría sistemáticamente, manifestó algún grado de desacuerdo y se exhibió imposibilitado de modificarlos. El dictador, entonces, tenía respuestas de adaptación a los criterios de los otros aunque se opusiera a ellos. Videla jamás habló de condicionamientos en ninguno de los juzgados por los que trajinó. Lo guardó para uso privado, para salvar su imagen ante gente que le merecía cierto respeto. El intercambio con Azamor aparentemente no preocupó demasiado a Videla, porque el mismo año concurrió a otra reunión con sus ex compañeros y mantuvo el contacto con ellos hasta 1991. Después de todo el San José no lo había tratado mal. Más aún: durante su régimen sus autoridades colocarían una placa que recordaba su paso por el colegio. Un recordatorio oportunamente desmontado con el retorno de la democracia. Algunos de sus condiscípulos, sin embargo, se plantearían problemas de conciencia al caer en la cuenta de que habían halagado, apoyado con su afecto y compartido su tiempo con un criminal. En esas contradicciones se revolvió, por ejemplo, Emilio Ferré. Para el abogado, haber estudiado en el San José hacía a los hombres de una sola pieza. Según su criterio, el colegio entregaba una ética de la que jamás los egresados debían apartarse: "Los padres mandaban a sus hijos al San José porque había allí una muy buena educación cristiana y una muy buena educación moral. Lo que más se castigaba por parte de las autoridades, de los profesores, era la delación y la no asunción de las responsabilidades, el no saber decir fui yo y el andar dando vueltas para reconocer una falta. Dar la cara de frente era bien visto. No en vano el colegio había sido fundado por vascofranceses. Aplicaban la disciplina con estrictez. Eso podría generar fastidios pero dio sus resultados". Para el posteriormente desencantado Ferré, los preceptos del colegio coincidían casi con exactitud con la personalidad de su ex compañero. Después de aquella primera carta, le remitió una segunda, cuando asumió la presidencia. Decía: "Mirá, no te voy a felicitar porque te espera una tarea inmensa, pero yo voy a ser el Catón de tu Gobierno. Te voy a marcar los errores con toda la bondad con que los puede marcar un amigo". Videla aceptó el juego y respondió de puño y letra las sucesivas cartas enviadas por Ferré, quien recordó: "Él se hacía un poco eco de lo que yo decía, en general dándome la razón o un justificativo.

Pero a partir de un determinado momento, quizá porque el trabajo lo había superado, ya no respondía él. Él firmaba pero el texto no era de su autoría, era impersonal. Estamos hablando del año 78, 79. Yo le hacía críticas a situaciones de la administración, no cosas referidas a esto de las muertes, porque las conocía. Esa nueva actitud me decepcionó, me dije: Éste no es el mismo Videla de antes". El distanciamiento epistolar fue el punto de partida de una decepción que aumentaría con el tiempo. Su monólogo evidentemente angustiado reflejó algunas de las reflexiones (y confusiones) que Videla generó incluso entre las personas que, como este médico, aprobaron el golpe y, años más tarde, se asombraron de sus más terribles consecuencias: "Hay cosas que no entiendo —dijo Ferré—; si son ciertas algunas cosas que se dicen de Videla es como si yo no lo hubiera conocido o no hubiera conocido a mis compañeros. Porque cuando uno convive con los muchachos, desde que son chicos hasta que son grandes, uno sabe cómo piensan, cómo son, cómo razonan, cuál es su idiosincrasia. Y ahora sucede que hay gente que me dice que Videla ha sido un sacrílego, que se merecería la excomunión. Yo estoy seguro de que cuando Videla supo la realidad de las cosas habrá pedido algún consejo y estoy seguro de que se le debe haber pasado por la cabeza largar todo e irse. Para mí ha sido una situación muy difícil que ha tenido que afrontar y quizás en ese momento no tuvo ningún apoyo, ninguna ayuda. En esos momentos hace falta un consejo sano y honesto, decirle lo que tenía que hacer y si no lo podía hacer, irse, dejar el Gobierno. Yo, por lo menos, me hubiera ido. Está bien que él decía *por delante está el país...* Yo no tengo en realidad elementos para decir es una cosa u otra. No tengo más que la esperanza de que así fuera. No puedo creer, honestamente le digo, que Videla haya jugado una carta sucia. ¡Eso nunca, nunca, nunca, bajo ningún concepto! ¡Porque eso sería no haberlo conocido en lo más mínimo! ¡Yo no puedo creer que una persona de la noche a la mañana se transforme en otra cosa! Yo no he querido verlo en los últimos tiempos. No sé si le haría bien que yo lo viera. Y estos temas saldrían, yo no hubiera podido hablar de bueyes perdidos, él sabe cómo soy. Por la misma razón nunca quise ir a verlo a Magdalena, algunos compañeros me ofrecieron ir pero si yo lo visitaba cuando estaba preso le hubiera hecho la pregunta: ¿Sabías o no sabías? Eso para mí ha sido una cosa tremenda. Yo no digo en sí que haya estado mal. Estuvo mal no decir lo que hicieron, no publicar los bandos, no decir: Fusilamos a esta gente por esto".

Ferré volvió a ver a Videla en las Bodas de Oro de los egresados en 1991 y se quedó con su intríngulis y con esa frontera entre creer y no creer que su ex compañero era un asesino. Probablemente, de haber atisbado la angustia y la posible objeción moral de Ferré a partir de los principios que el San José les había entregado a ambos, Videla se hubiera acomodado a las circunstancias, le hubiese ofrecido un *yo no gobernaba solo* susurrado o un altisonante *por delante estaba el país*. A una persona como Ferré, para quien una actitud recta apenas requería de una represión "por derecha", era fácil responderle si quien debía hacerlo era Videla, quien hizo del frío planeamiento del crimen y de su negación su verdadero lugar en el mundo. Otros ex compañeros evidentemente no se formularon estas preguntas. Ferré pareció entrampado en las argucias dialécticas que Videla supo manejar con maestría. Más sereno, el abogado recordó: "Videla es un muchacho que nunca eludió una responsabilidad. Desde que asumió la comandancia, el día que nos invitó a almorzar nos dijo que si hubiera sido por él, ese movimiento, el del 24 de marzo, no se hubiera producido. Que él ya no podía frenarlo y que tampoco era su deseo frenarlo, pero que tampoco lo hubiera fomentado. Pero que él era responsable del movimiento desde que asumió la comandancia y que era responsable del Ejército en cualquier circunstancia. Y conociéndolo del colegio y lo que era su casa, no me extrañó. En su lugar yo hubiera hecho lo mismo: El responsable soy yo y se terminó". Ferré mencionó todo el repertorio de trucos videlistas: Videla podía al mismo tiempo asumir una responsabilidad y eludirla. Si hubiera sido por él —Videla, cabeza del golpe de Estado—, la Constitución no se hubiera violado, pero estaba ahí y había tenido que hacerlo. Pudo haber frenado un gobierno cuya obra quedará en la historia por los centros clandestinos de detención, por el terrorismo de Estado que según él no "fomentó", pero no era su deseo "frenar". Ante quienes no pudiesen creer que ese "buen cristiano" era un criminal juzgado y condenado, Videla diría que él "no hubiera fomentado" pero que como es un hombre íntegro "asumió toda la responsabilidad". Quienes vieron en él —y no son pocos— a un general anodino puesto en la cúspide de un poder homicida, a alguien que se dejó utilizar por personajes funestos, deberían prestar atención a estas frases ambiguas, donde aparece desplegada su temible seducción: la de un "virtuoso" asesino de masas. De esta trampa emanaría una extraña cualidad que movió a muchos al perdón y a cierta piedad. Conocidos que denostaron sus crímenes, como Azamor, se refirieron a él como a un "pobre tipo preso".

Videla no era de una sola pieza. Era, en cambio, camaleónico. Supo ocultar, supo mentir, manejar los silencios, decirle a cada quien lo que quería escuchar; supo descargar culpas sobre quienes lo rodeaban, para exhibirse como mejor persona que ellos. Los que, como su ex compañero de la escuela secundaria Ferré, no estuvieron dispuestos a creer que fue un "sacrílego", encontrarían en las palabras de Videla la pista que permitía la exculpación, esa extraña cualidad por la cual conseguía escindirse de sus propios crímenes. ¿Videla, el de las zapatillas blancas, el que jamás molestó a nadie, el que hacía siempre lo correcto, aquel muchacho silencioso y creyente? ¿El morocho peinado hacia atrás que nunca salía con sus compañeros? Sí, ése.

4. Dios, familia y Ejército

Videla ingresó como cadete al Colegio Militar de la Nación el 3 de marzo de 1942. Traspuso el arco mayor de la institución ubicada en la localidad bonaerense de El Palomar en un momento en el que, puertas adentro de los establecimientos castrenses, prevalecía el exclusivismo sembrado por el nacionalismo oligárquico durante los años 30. Para entonces, el Ejército era señalado como el "último recurso" ante los peligros de disgregación nacional. Leopoldo Lugones había sido un ariete de esta ideología: "El Ejército —proclamó— es la última aristocracia, vale decir, la última posibilidad de organización jerárquica que nos resta frente a la disolución demagógica. Sólo la virtud militar realiza en este momento histórico la vida superior que es belleza, esperanza y fuerza".

En la época en que Videla ingresó como cadete al Colegio, el Círculo Militar editaba y difundía estas invocaciones del poeta nacional. Tras el golpe de Uriburu de 1930, la Década Infame avanzó con el "fraude patriótico", que tuvo al general Justo ejerciendo la presidencia. Su sucesor Ortiz, entronizado en otras elecciones no mucho más limpias, enfermó en 1940 y murió en 1942. Su cargo lo ocupó un conservador catamarqueño, el vicepresidente Ramón Castillo. En el transcurso de esa docena de años inaugurada por el golpismo, la institucionalidad se degradó. El liberalismo de Justo abrió paso a una política entreguista que tuvo episodios vergonzosos como el pacto Roca-Runciman, por el que la Argentina quedaba aun más atada a los intereses británicos. El clima de época permitía la difusión de doctrinas salvacionistas en las que incidía, sobre todo, el nacionalismo militarizado en ascenso en Europa. En el terreno local, el retumbar de la palabra patria se combinó con un fuerte reverdecer del clericalismo. Hacia 1935, el superior y amigo del padre de Videla, el coronel Juan Bautista Molina, resumía con sus pedidos públicos la esencia del pensamiento reaccionario al urgir "la disolución de los tres poderes de gobierno, la abolición de los partidos políticos, el establecimiento de una dictadura militar, la censura de prensa y campañas para arrancar de raíz la inmoralidad: la prostitución, la usura y la especulación, los vestidos provocativos en las mujeres y el lunfardo". En la provincia de Buenos Aires, con artilugios tan fraudulentos como en el plano nacional, el caudillo conservador Manuel Fresco gobernaba con mano de hierro. Las irregularidades metodológicas para alcanzar la gobernación no le impidieron difundir la consigna "Dios, Patria, Hogar" con un acerado tono moralizante, tampoco proponer la eliminación del voto secreto, al que otorgaba un rango satánico. El desarreglo de las formas políticas, del que habían participado activamente las clases propietarias, fue una de las causas para pregonar la necesidad de "autoridad y disciplina", y difundir las ideologías que pretendían trasladar el orden cerrado de la vida militar a todo el cuerpo social y político. Inventar al enfermo —la anomia institucional ante el golpismo uriburista— y proponerse como único salvador fue la teatralidad que impuso un sector político minoritario y activo pero imposibilitado de conquistar el favor popular. Ese militarismo oligárquico no se caracterizó por poseer un cuerpo doctrinario o una hoja de ruta para el destino nacional: la amenaza de una revolución socialista sería su verdadero motor, la excusa tras la cual escudarse para sospechar de toda movilidad social y política. Su liberalismo fue sólo económico y parcial. Su creatividad nunca superó el límite de imaginar a la Argentina tributaria de una potencia hegemónica. En términos políticos, el supuesto liberalismo se licuaba aun más: la representatividad popular era considerada, por el polo oligárquico-militar, como la antesala del comunismo.

Los nacionalistas más retrógrados supieron expresar estos temores con absoluta claridad; para ellos, la vigencia de la democracia era el puente por el cual el liberalismo terminaría añadiendo la hoz y el martillo a la bandera nacional. Desplazados de los primeros planos del gobierno nacional por el liberalismo fraudulento, los nacionalistas más recalcitrantes realizaron a conciencia y con éxito una sola tarea. Trabajaron en el interior de las organizaciones armadas difundiendo el germen de la reacción, ese nacionalismo sin pueblo, vacuo y amenazante, pletórico de grandes palabras, que encontraba a cada paso sus objetos de odio en la sociedad civil y que imaginaba peligros allí donde la voluntad individual o la representación gremial o social exhibiera signos vitales. Calificados nacionalistas como Marcelo Sánchez Sorondo (los uniformados son "hombres de características superiores") o Jordán Bruno Genta ("los guerreros son la clase más estimable del Estado") armaron sus doctrinas con esta mélange reaccionaria y la diseminaron en los cuarteles. El Instituto Juan Manuel de Rosas no sólo buscaba en el caudillo federal bonaerense del siglo XIX un ícono para volver a juntar en un solo emblema la cruz y la espada sino que difundía la ideología nazi que ya había llegado a los institutos militares y las universidades. Los uniformados, llamados una y otra vez a hacerse cargo del Estado, se compenetraron de esa imagen redentora y derrocaron a Castillo el 4 de junio de 1943. Mientras tanto, Videla, en el Colegio Militar, se formaba como cadete. La institución en la que se educó proclamaba que su asalto al gobierno pretendía terminar con "la venalidad, el fraude, el peculado y la corrupción" a los que sin duda había contribuido con el cuartelazo del 30.

La conformación del núcleo golpista de 1943 demuestra que la reacción fue el punto de partida del bloque militar–oligárquico y no la iniciativa propia o los objetivos definidos con claridad. El grupo fue estrechando filas en la medida en que fracasaba el gobierno de Castillo, pero se abroqueló todavía más ante el temor de que las fuerzas democráticas conformaran un polo de poder al estilo del Frente Popular de España, derrocado por el franquismo. Éste fue el nacionalismo que se enseñoreó en Buenos Aires poco antes del golpe, el 25 de mayo de 1943, con el coronel Molina como mentor. Unos diez mil nacionalistas se adueñaron de la calle con consignas de neutralidad ante la Segunda Guerra Mundial. El despliegue de un espíritu antinorteamericano y antibritánico era compartido por otros sectores políticos no necesariamente reaccionarios, como la Fuerza de Orientación Radical de Juventud Argentina (FORJA) donde militaban nacionalistas democráticos como Arturo Jauretche, Raúl Scalabrini Ortiz y Homero Manzi. Pero el nacionalismo cajetilla —de la alta sociedad— que inficionó la formación militar en los cadetes que décadas después asaltarían el poder tenía otros ingredientes, como el que les permitió a los señoritos que se pasearon por la gran vía del norte bajo el mando y la inspiración del coronel Molina gritar "muerte a los judíos".

El 4 de junio de 1943 los militares dieron el segundo golpe de Estado en el siglo. En el centro del núcleo golpista estuvo el Grupo de Oficiales Unidos (GOU), una veintena de oficiales superiores, coroneles en su mayoría, de adscripción nacionalista. La coalición militar que asaltó el poder no era, sin embargo, monocolor; en ella, en un equilibrio difícil, los nacionalistas convivían con los liberales. Las versiones más puras y recalcitrantes de ambos polos quedarían fuera del juego cuando se consolidara el liderazgo de Juan Domingo Perón, quien decepcionaría a los liberales por su política de masas y a los nacionalistas a ultranza por no incluir el sesgo patriarcal y aristocratizante que levantaban muchos de los que habían rescatado la figura de Rosas. De todos modos, la revolución del 43, ya con Perón como uno de sus animadores, desplegó en su acción de gobierno algunas de las malformaciones políticas tan mentadas en los años 30. Genta pasó a ser interventor de la Universidad Nacional del Litoral; el antisemita confeso Gustavo Martínez Zuviría, "Hugo Wast", ocupó el Ministerio de Educación con el objetivo de "cristianizar el país" (...) "fomentar la natalidad más que la inmigración" (...) y "extirpar las doctrinas de odio y ateísmo". Los golpistas del 43, en suma, exhibieron en su actividad pública muchas de las características nativistas y fascistoides que los ideólogos de la más rancia ultraderecha habían promocionado en aulas y salones militares. La actividad de personajes como Genta o Martínez Zuviría no merecería mucho más que un comentario irónico si no fuera porque esas doctrinas siguieron trabajando voluntades dentro de los cuarteles. Unas tres décadas más tarde, el cadete Videla, que por entonces se arrastraba cuerpo a tierra por los terrenos del Colegio Militar, le dio espacio y carácter institucional a ese cuerpo doctrinario tóxico. Las peores facetas de los nacionalistas y los liberales que protagonizaron el golpe del 43 quedaron en estado latente con el liderazgo político de Perón. El peronismo abonaría aun más su odio de clase y un núcleo duro de "gorilas" con uniforme se deslizaría por la vida militar imaginando enemigos en todas partes. La nociva cultura política en la que se habían formado se cruzó más adelante con la ambición de poder y el gusto por los negocios; las larvas dictatoriales transitaban los cuarteles alimentadas con una amalgama ideológica: clericalismo, anticomunismo, antiperonismo, clasismo, xenofobia, antisemitismo, quietismo social, desprecio por la política (pero no por los privilegios derivados del usufructo del poder), temor y odio a la inteligencia. En ese sustrato se fue cultivando la verdadera protoideología del Proceso.

Videla, como se mencionó, era en ese entonces un cadete en el Colegio Militar de la Nación. Los golpistas le habían dado trabajo a su padre como comisionado municipal. Sin duda, los institutos militares no se convirtieron estrictamente en una fábrica de "videlas" en serie. Pero es indiscutible que para ponerse a salvo de esa asfixiante ideología era necesario que los jóvenes cadetes tuvieran una formación social y política más amplia y abierta. Éste no era el caso de Videla ni de Menéndez; tampoco de Harguindeguy, Ramón Camps, Suárez Mason, Roberto Roualdés, Riveros o Bussi. Todos ellos, y muchos más, con Videla a la cabeza, fueron hijos dilectos de una institución que se fue convirtiendo en una verdadera maldición nacional, convenientemente recubierta de bruñido espíritu patriótico y con una cara presentable ante gran parte de la sociedad que comenzó a padecer su autoritarismo en la vida pública y sus profundos desaciertos en el manejo de la política, la economía y la administración estatal. Videla ingresó al Colegio Militar en un momento en el que esa matrícula era un bien especialmente codiciado. Para acceder a ella, en primer lugar, era preciso aprobar un examen psicofísico e intelectual relativamente exigente, tener 15 años cumplidos y tercer año de la enseñanza media aprobado. A partir de 1944 el requisito fue el bachillerato completo. Videla tenía esas condiciones y, además, provenía de una familia de militares y, por vía paterna, de la oligarquía declinada del interior del país. El Colegio Militar ofrecía anualmente 150 vacantes para las que se presentaba aproximadamente un millar de aspirantes. La carrera estaba muy bien cotizada, a los cadetes les aguardaba una buena remuneración en el futuro, y el uniforme y las jinetas daban cierto lustre. El coronel retirado Horacio Ballester, integrante del CEMIDA (Centro de Militares para la Democracia), la única entidad de militares retirados que revisó críticamente la actuación pública del Ejército, repasó las ventajas que suponía ser cadete en los años 40, antes de que la escalada golpista desprestigiara profundamente a las instituciones armadas: "Cuando uno volvía a las provincias, las madres trataban por todos los medios que sus hijas se casaran con el subteniente recién llegado. Era lo que se dice un buen partido. Además, uno desfilaba por las calles de Buenos Aires y la gente arrojaba flores. Los 9 de Julio había desfile y se armaban palcos en las principales avenidas. La gente iba por miles, era impresionante. El desfile empezaba en Plaza de Mayo y terminaba en Palermo. Eran cuadras y cuadras de personas vivándonos". Sin embargo, el Colegio Militar contenía en su seno las anomalías que lo perfilaban como un cuerpo extraño a la sociedad de la cual se alimentaba. Fundamentalmente, el alto grado de particularización por la nula intervención de otros estamentos del Estado en la selección de los futuros oficiales. Desde el reclutamiento, la formalización de lo militar encarnaba en los jóvenes con inusitada fuerza. La enseñanza del Colegio Militar no se caracterizaba por la búsqueda de equilibrio para dotar a sus alumnos de conocimientos generales o de una comprensión más abierta y variada de la vida, del mundo, de los hombres y de sus organizaciones. Como señaló el politólogo francés Alain Rouquié: "El joven cadete aprende los reglamentos de las diversas armas y se inicia en las sacrosantas prescripciones de los servicios de guarnición y de los servicios de campaña, que representan la fuerza principal de los ejércitos, su singularidad más universal. Así, entre los 15 y los 18 años de edad, no ignora nada de la compleja etiqueta de saludos, modales y fórmulas que regulan la vida de la compañía o del escuadrón. Sin una sólida educación general que permita relativizar ese puntilloso formalismo, éste constituye muy rápido una segunda naturaleza, por lo menos el horizonte intelectual de un buen número de subtenientes". Tapizado de reglamentos, sin otros horizontes bélicos que las ensoñadas hipótesis de guerra con Brasil o con Chile, el joven militar estaba preparado sobre todo para desfilar y mandar en el cuartel, aunque las clases altas le hicieran creer que se había transformado en reserva moral a partir de su entrenamiento en el mando y su poder de fuego. Si, como también dice Rouquié, la ausencia de escenarios bélicos reales llevaba al militar a valorizar "la parada por la parada misma", Videla se convirtió en un acabado producto de la formación que le dio "su" Ejército. Todavía hay quien se refiere a él como el "Cadete", por el apego al reglamentarismo adquirido en sus tres años de Colegio Militar. Videla fue un formalista por excelencia; tal vez, el cadete Videla, entre los pasos de ganso y la musculatura tensa de las formaciones, percibió que no se había equivocado, que en los modos cuarteleros posteriormente más sofisticados del oficial superior estaba su lugar en el mundo.

En la época en que Videla ingresó al Colegio Militar, los cadetes eran internos; pasaban la semana en el Colegio, se retiraban los sábados a media tarde y retornaban al día siguiente por la noche. Tenían, por lo tanto, poco más de 24 horas libres por semana. La rutina diaria incluía ocho horas de descanso; el resto era la actividad que comenzaba a las siete de la mañana, con dos jornadas completas de instrucción militar sobre el terreno. En los tres días restantes también se concurría a las aulas, pero aun en esas ocasiones no se descuidaba la preparación física. "Los movimientos físicos —afirmó Ballester— tenían, según el instructor, determinados grados de violencia. No recuerdo a los desplazamientos como muy normales: a la carrera, venga, vaya, cuerpo a tierra...". El abuso físico sobre los cadetes del Colegio Militar generó leyendas negras; en más de una oportunidad, la institución debió dar explicaciones por hechos de violencia. Ballester atesoró estos recuerdos de Videla cadete: "Él estaba en segundo y yo en primero. El encargado de la compañía (las compañías se integraban con cadetes de distintos niveles o años) era Jorge Carcagno, sargento cadete, que después fue teniente general. Carcagno estaba en quinto, era de la promoción 70. Se enojaba a menudo y nos sacaba a todos cuerpo a tierra. Ahí salíamos Videla, Harguindeguy, Menéndez el cuchillero..., salíamos todos cuerpo a tierra. Videla era un cadete de bajo perfil, más bien tirando a introvertido". Acerca de los rasgos distintivos de su personalidad en aquella época, Ballester afirmó: "Él fue constante toda su vida, desde que era cadete hasta que llegó a ser presidente de la República. En el fondo era una buena persona, pero como dice un amigo mío:

Y qué querés, ¡que encima sea malo! Digo bueno en el sentido de que comulgaba siempre, era buen amigo, andaba con la ropa impecable, era atento y amable con el superior, no era desconsiderado y exigente con el subalterno. Porque en el Ejército existe una broma que dice que para triunfar hay que ser atento y amable con el superior y desconsiderado y exigente con el subalterno. Él era atento y amable con todo el mundo... No era una persona extravertida a la cual todo el mundo amaba. Era estudioso, trabajador, muy correcto. Tengo dudas de que haya sido un cadete inteligente. Estudioso sí, constante sí, muy tenaz. Tenía una caligrafía impecable, me acuerdo de eso porque llamaba la atención, llegaba siempre a hora, cumplía estrictamente todas las órdenes que recibía. Pero de allí a que haya sido inteligente... tengo mis robustas dudas".

El coronel retirado José Luis García compartió con Videla más que las clases en el Colegio Militar. Todos los sábados salían juntos a tomar el ómnibus 57, de la empresa Atlántida, en un grupo de unos seis o siete cadetes "del oeste" que no marchaban en formación al tren especial que llevaba a los futuros guerreros a la estación Retiro. García viajaba junto con Videla hasta Luján, donde estaba su casa paterna, y Videla transbordaba allí rumbo a Mercedes. Los domingos, de regreso al Colegio, volvían a subirse al micro en las horas de mayor movimiento junto a las familias que retornaban de su peregrinación al santuario de Luján. Los choferes ya conocían a la clientela fija de cadetes y les abrían la puerta de la izquierda. García evocó aquellos retornos al cuartel como el último paréntesis ameno, antes de volver a la sumisión rigurosa: "Era lógico, el ómnibus estaba lleno de pasajeros, de peregrinos, siempre había algunas señoritas y uno entablaba conversación. Nosotros teníamos nuestra pinta, estaba prohibido vestir de civil en la vía pública, así que viajábamos con nuestro uniforme azul con vivos rojos, el sable réplica del sable corvo de San Martín, los guantes blancos. Todo muy elegante. Y las madres, como el cadete era muy bien valorado, ya que se trataba de una carrera firme y uno iba a ser oficial del Ejército, abrían sus faltriqueras y nos convidaban sándwiches, pollo, cosas que los vagos aceptábamos encantados mientras charlábamos con las chicas. Pero Videla se sacaba los guantes blancos, no aceptaba nada, no hablaba con las niñas... Sí, él se diferenciaba del resto, éramos todos así, menos Videla". Videla no era compinche de estos momentos previos al internado semanal. Cierta dificultad para asociarse con pares lo acompañó toda la vida y fue especialmente notable en su adolescencia y en su juventud. La experiencia de García con Videla, el cadete y distante compañero de viaje de los fines de semana durante tres años, tendría una arista amarga, inolvidable. Al coronel (retirado)

García se le iluminó la cara al recordar a "una simpatía, una rubia muy linda" que tenía en Mercedes y que en una ocasión lo había invitado a un baile que se realizó en el Salón Municipal de los pagos de su compañero. Aquel sábado, García llegó de franco, saludó rápidamente a su familia y buscó su traje entallado, estilo Divito; se acicaló y tomó el ómnibus rumbo a la cercana Mercedes. Llegó tarde, cuando todo el mundo estaba bailando; entre los hombres, los oficiales del Regimiento 6 eran mayoría. Uno de ellos, el teniente Ricardo Martín Lohezic, bailaba con "su" rubia. Pero la muchacha cumplió estrictamente con su invitación, le agradeció al teniente las piezas que había bailado con ella, saludó y fue a buscar a su amigo José García. El teniente Lohezic fijó los ojos en ese recién llegado que había imantado a la muchacha con sólo cruzar la entrada del Salón Municipal de Mercedes. También se preguntó por qué García usaba el pelo tan corto; sospechó que podía ser un cadete. Si esto era cierto, ¿no sabía el intruso que los cadetes no podían estar vestidos de civil en lugares públicos? García se dio cuenta de que el teniente no le sacaba los ojos de encima y le adivinó la intención. Muchos años después recordó haber pensado: "Éste se quedó caliente porque le arrebaté a la rubia; si se llega a dar cuenta de que soy un cadete, se va a vengar, me va a arrestar, me va a mandar sesenta días a un regimiento perdido en cualquier rincón del país, voy a perder a la rubia, voy a perder todo un año de estudios. Ese teniente me quiere reventar". El cadete García se fue con su compañera de baile a la otra punta del salón, lejos de la mirada inquisidora de su superior. Pero el teniente no se conformó, preguntó una y otra vez si alguien conocía al flaco trajeado que bailaba el fox-trot con esa chica que hasta hacía unos minutos estaba danzando con él. Lohezic divisó al cadete Videla, el mercedino hijo de quien había sido jefe de su regimiento, y le preguntó si ese forastero de pelo corto era compañero suyo en el Colegio Militar. "Y Videla, sin misericordia —recordó García—, le dijo que sí, que yo era un cadete". Lohezic le ordenó a Videla que fuera a decirle a su compañero que debía presentarse de inmediato en la guardia del Regimiento 6. Videla cruzó la pista del salón y cumplió la orden. "¿Y cómo sabe que soy cadete?", recordó haber preguntado García, ante la mirada sorprendida de la muchacha rubia. *Porque yo se lo dije.* "¿Y por qué se lo dijiste?" *Porque me preguntó.* García caminó las pocas cuadras que separaban el Salón Municipal de la guardia del Regimiento 6 interrogándose sobre el porqué de la actitud de su compañero cadete: Videla era dos años más antiguo que él, no eran por lo tanto compañeros de curso, podría haber dicho tranquilamente que no lo conocía; en el Colegio Militar revistaban en ese año más de mil cadetes.

Amargado, traspuso la barrera del Regimiento 6 y se presentó; debía aguardar allí por orden del teniente Lohezic. Se dispuso a esperar lo peor. Se había quedado sin baile, sin rubia y con la posibilidad de perder un año de estudios por una delación que no podía comprender. Su "simpatía", la muchacha rubia, consternada por el gesto de Videla, dejó el salón y se dirigió a hablar con su padre, quien era nada menos que el juez del Crimen de Mercedes, amigo de los respetables del pueblo. Entre ellos, el jefe del regimiento y el obispo, que acordaron interceder ante Lohezic para que liberara a García y no le cayera con una sanción que podía complicarle la carrera y la vida. Sin otro remedio, Lohezic se dirigió a la guardia del Regimiento 6 y, según refirió García, con la voz de los despechados le gritó al cadete que no toleraría que volviera a presentarse sin uniforme en un ámbito civil. Más tarde, García debió someterse al "baile" del teniente celoso, que se vengó de su imposibilidad de sancionarlo ordenándole movimientos vivos en torno de la penumbrosa caseta de la guardia. A pesar del sudor y del traje arruinado por los "cuerpo a tierra" y los "carrera mar", García tuvo su consuelo: la muchacha rubia, el juez y el jefe del Regimiento 6 lo estaban esperando en la puerta del cuartel para darle ánimos y pedirle que olvidara el episodio. Al año siguiente, Lohezic fue destinado al Colegio Militar y García confesó que pasó ese tiempo intentando no cruzárselo jamás.

A 54 años de aquel episodio, la reflexión del coronel retirado García fue: "No. Videla no se justificó de ninguna manera ante mí por haberme delatado. Creo que para él era natural no proteger a un camarada y quedar bien con un superior. Tuve una gran bronca contra él pero quedó en eso. No, no me acuerdo de su comportamiento en el baile, en esa época no me interesaba el cadete Videla. Pero a mí siempre me pareció, no sé, que en esa época, cuando éramos chicos de 16 o 17 años, que él estaba fuera de los patrones normales que seguíamos los jóvenes de esa edad, lo que eran nuestros intereses y nuestra vida de relación. Un pibe a esa edad tiene la cabeza en otras cosas. Uno: las chicas; dos: la comida; tres: dormir: cuatro: el fútbol. Pero este Videla tenía otras cosas en la cabeza, no me pregunte cuáles, pero tenía otras cosas. Todos los que compartíamos ese viaje en el 57 pensábamos igual. Pero no le dábamos importancia ni trascendencia, porque nadie compartía nada con él. Era un tipo aislado del grupo, del resto, no participaba de la diversión común de la edad".

Un primer análisis del episodio del baile podría tomar a Videla como un simple soplón. Pero lo que asomó en Videla adolescente fue una marca inalterable que conservó en su vejez: la carencia de lealtades personales y la lealtad absoluta e invariable a la institución

Ejército. El coronel García remató así su relato: "Para él era natural no proteger a un camarada, quedar bien con el superior". Videla no tuvo fama de "mal tipo" o de "mal compañero" entre sus coetáneos. Esto fue confirmado incluso por un decidido enemigo político suyo, Horacio Ballester. Videla no fue compinche, pícaro ni dador, no integró barras de amigos. Sin embargo, no fue detestado ni visualizado como una persona ruin, ni siquiera por sus subalternos. La aparente virtud se desdibuja cuando por lealtad a las grandes entidades (Dios, la Patria, el Ejército) que conforman su personalidad, Videla es capaz de cualquier cosa, desde la pequeña delación a un compañero de viaje hasta la mentira. Entre la supuesta cortedad de carácter y el crimen impasible hubo una cabeza "institucionalizada" con los numerosos objetos de odio de la ideología oligárquico-militar. Durante su adolescencia, la personalidad social de Videla tuvo un pobre despliegue. Nadie lo recuerda bailando, relacionándose espontáneamente con los pasajeros del ómnibus 57, al que subió todas las semanas durante tres años. Ninguno de sus compañeros del Colegio Militar destacó —y en esto coincidieron con los condiscípulos del San José— actos de audacia o de clara solidaridad. Videla no fue un amigo incondicional de nadie, ni siquiera en el mundo que había elegido para marcar con tinta indeleble su destino: el mundo militar. Los relatos y caracterizaciones de García, sin embargo, pueden haber sido parciales. García tenía razones personales y en términos políticos estuvo siempre en la vereda de enfrente de Videla. García era de la promoción 75 como Ballester; en 1971 ambos se sublevaron —junto a otros cinco coroneles— contra el mando del entonces presidente de facto teniente general Lanusse. Además, García, junto con Ballester, fue uno de los animadores del CEMIDA. No obstante, con el tono afectivo de los más cercanos y de la absoluta sintonía ideológica, el general retirado Manuel Haroldo Pomar también dio cuenta de la cortedad vital y social de Videla con quien hizo, ya desde el Colegio Militar, gran parte de su carrera. Dijo Pomar: "Yo le presté el primer traje para que se sacara la foto de la libreta de enrolamiento. Figúrese lo que sería el padre que lo tenía siempre como cadete, siempre con el uniforme puesto. Yo lo llevé por primera vez al cabaret a Videla, era uno de la calle Corrientes y fuimos a escuchar a la orquesta de tango de Juan D'Arienzo, el rey del compás. Videla era cálido, afectuoso, sensible y se sonrojaba". Pomar no fue el único uniformado que habló de Videla en términos amistosos y con cierta ternura. Advertido en sus limitaciones y en las consecuencias que sobre su personalidad tenía la moral victoriana del padre, el "pobre Videla" fue ayudado para que gozara algunos toques de vida común: un traje de civil para sacarse una foto carnet, una salida por Corrientes para escuchar unos tangos y sonrojarse. De los recuerdos de Pomar se desprende que la severidad del padre era conocida por los compañeros de Colegio. No fue ésta una severidad corriente que pasara, por ejemplo, por la coacción física. Lo que estaba en juego en el adolescente Videla era la marca "moralista" y la huella profundamente militar, revelada en la orden de no sacarse nunca el uniforme en la vida pública, del mismo modo que él, el padre, no lo hizo hasta que se retiró. Quizás hubo algún grado de ambigüedad en la invitación del padre a elegir otros caminos fuera de la milicia y, sobre todo, en el mandato de cursar el secundario completo para asomarse a otras alternativas vocacionales. Tal vez existió la sospecha paterna de que el hijo no estaba dotado para las inclemencias de la vida militar. Pero Videla no se distrajo; en él reapareció el verdadero temperamento paterno: el militar anda con uniforme, siempre, jamás descuida su condición. Si Jorge Rafael, avizorado en algún momento por su padre como un jovencito al que no le daban las condiciones para los rigores y el mando, se animó a reiterar la opción profesional de su padre, no lo hizo a medias: sería militar ciento por ciento y obedecería y cumpliría con todos y cada uno de los ritos que lo habían incluido en la casta uniformada.

Pomar afirmó: "Los militares se casaban jóvenes porque los destinos los alejaban de su madre y de su familia. Yo creo que la única mujer que conoció Videla en su vida fue su esposa, Alicia". El joven oficial de infantería Videla se casó a los 23 años, ya con el grado de teniente. A Alicia la había conocido un par de años antes en El Trapiche, una localidad veraniega de San Luis, los pagos de su padre y el villorio donde los Videla pasaban las vacaciones en los años 40. Alicia Raquel Hartridge había nacido en Morón el 28 de setiembre de 1927, era hija de María Isabel Lacoste y del embajador Samuel Hartridge. La que fue primera dama "de facto" había quedado huérfana de madre a los diez años. Con la madre muerta de cáncer a los 33 años y un padre embajador que trotaba por el mundo, fue criada por su tía la "Gringa" Lacoste y su marido Raúl Calcagno. El matrimonio de los padres de Alicia tuvo su costado controversial, ya que Samuel Hartridge era hijo de irlandeses anglicanos y los Lacoste no podían soportar esa desnaturalización de la pureza católica. El embajador Hartridge fue rebautizado católico, apostólico y romano para que pudiera unir su apellido al de los Lacoste, la familia de donde también provenía otro calificado personaje, el almirante Carlos Alberto Lacoste, que presidió ese centro de componendas y negociados que fue el Ente Autárquico Mundial 78 (EAM 78) y por cuyo dominio habrá una fuerte puja entre el Ejército y la Armada.

El matrimonio Lacoste-Hartridge tuvo cuatro hijas mujeres y dos varones: María Isabel, Tita, quien se casó con el brigadier Carlos Washington Pastor; Samuel (Tete); Sara; Alicia (casada con Videla); Jorge Pedro (apodado Quinny, "la reinita" por ser el primer varón tras el nacimiento de varias mujeres) y Loly, que se fue a vivir a los Estados Unidos. Según el sacerdote Ismael Calcagno, primo de Alicia Hartridge y confidente de Videla: "Alicia Raquel salió a los Hartridge; no a su madre, María Isabel, la China Lacoste, que era hermosísima". El casamiento con Alicia le dio a Videla cierto lustre social, ya que los Lacoste, la rama materna de su mujer, estaban emparentados con conocidos apellidos de familias patricias, como Brandsen y Santa Coloma. Alicia se crió en los pagos bonaerenses de Morón —cuando el lugar aún era una villa que lindaba con el villorio de Haedo—, en una inmensa casa de 14 habitaciones y un gran patio en el que por las tardes se sentaban a comer pan recién horneado con jamón del almacén del pueblo. En esa vivienda donde creció la mujer de Videla también se respiraba política: el dueño de casa, Raúl Calcagno, padre del cura Ismael y tío de Alicia, estuvo muy vinculado al fraudulento y pro fascista Manuel Fresco, el bravo gobernador de los 40, animador y pieza clave de los fraudes patrióticos que le dieron el triunfo al general Justo y al radical Ortiz asimilado al régimen. En los años 30 la villa de Morón experimentó un súbito crecimiento con la radicación de quintas de descanso que compraban los políticos conservadores.

Videla y Alicia Hartridge se conocieron en San Luis en el verano de 1946. En esa temporada, el padre de ella, durante años embajador en Turquía, fue invitado a pasar unos días de descanso en la casa de su amigo Reynaldo Pastor, caudillo conservador de la provincia. Según el cura Calcagno, "en una fiesta en casa de Pastor en la capital de San Luis se conocieron todos", María Isabel con Carlos Washington Pastor y Alicia Raquel con Jorge Rafael Videla, que ya era subteniente. El cura recordó las visitas del pretendiente Videla a la casa de Morón donde vivía Alicia: "Era un noviazgo a la antigua. Videla llegaba temprano, a eso de las tres de la tarde, pero las chicas todavía no estaban listas para recibir a sus simpatías, así que se quedaba jorobando con los muchachos, los hermanos y los primos. A eso de la cinco de la tarde Alicia ya estaba lista y el joven Videla se animaba a preguntarle al dueño de casa Raúl Calcagno si podían salir a pasear. Mi padre sacaba su reloj de bolsillo, se demoraba unos segundos interminables mirándolo y sacando cuentas de la hora y después de otro silencio le decía: A las ocho de vuelta para la cena. Y eso implicaba que a las ocho todos estuvieran sentados a la mesa". En el cura quedaron grabadas las bromas que su madre, la Gringa

Lacoste, tía de Alicia, le hacía a su sobrina cada vez que Videla llegaba a visitarla: "¿De verdad que te vas a casar con un muchacho tan feo?", preguntaba la Gringa. Y Alicia martilleaba con ¡yo lo quiero, yo lo quiero, yo lo quiero! La tía terminaba consintiendo: "Y bueno. Mejor que sea feo pero de buena familia". La Gringa se había resignado al aspecto del joven Videla, quien nunca logró conquistarla. "Demasiado narigón y puro hueso", recordó el cura que decía. El noviazgo avanzaba y se consolidaba en las precavidas invitaciones a charlar y caminar. En los años 40, El Trapiche era un lugar propicio para el romance, con no más de una veintena de casas diseminadas en torno a un arroyo serpenteante cuyas cascadas generaban un murmullo que apenas conmovía el silencio de los cerros. En ese microclima privilegiado tenían sus casas los Pastor, los Paladini, los García Quiroga. En el barrio de abajo estaban los Videla, los Chacur, los Landaburu. Si el destino hubiera querido que Claude Monet conociera esos parajes, el pintor sin duda hubiese retratado a esas familias decentes en su solariego juego social y romántico a la vera del arroyo que se abría paso entre la vegetación de los más suaves y los más intensos tonos de verde.

A principios de los años 40, ese entorno fue, aparentemente, la única y obligada distracción de Videla. Don Rafael Eugenio, su padre, había comprado la casa de verano a medias con su prima Ercilia Arroyo, quien estaba casada con el doctor Osvaldo Della Crocce. Hacia mediados de los 60 ambos fallecieron sin dejar descendencia y Videla compró la parte de los Della Crocce y la incorporó a su patrimonio en un acuerdo de bienes con su hermana Marta, que se quedó con la casa natal de Mercedes. El Trapiche sería para siempre el lugar de vacaciones de Videla. Siempre conservó la imagen de pueblo de montaña donde el mundo había dejado de girar y aún era posible hallar una paz de isla. En su adolescencia, Videla paseaba por allí a caballo, con un zaino de su propiedad que era su preferido y uno de los principales atractivos de las vacaciones. Los hijos del caudillo Reynaldo Pastor formaron parte del grupo de compañeros de correrías. Los jóvenes cabalgaban, comían asado y se bañaban en un rincón privilegiado llamado El Cajón, a sólo trescientos metros de la casa de los Videla. En la vereda de la única hostería, propiedad de Edmundo López Echeverry, se armaban tertulias espontáneas. Hasta veinte muchachos se juntaban para escuchar a don Edmundo, que pulsaba la guitarra para entonar música criolla, zambas y rancheras. Para Videla, a quien en el mundo de las relaciones afectivas las cosas se le presentaban sin que saliera a buscarlas, fue una suerte que el embajador Samuel Hartridge aceptara la reiterada invitación de su amigo Reynaldo Pastor. El viudo don Hartridge llegó desde Buenos

Aires y se alojó con sus dos hijas María Isabel y Alicia Raquel en la hostería El Trapiche cuando Videla era ya un oficial subalterno que había regresado de su segundo destino en Salta. El aviador Carlos Washington Pastor y el infante Videla pusieron sus ojos en María Isabel y Alicia. Según José Antonio Chacur, compañero de andanzas de Videla adolescente en El Trapiche, Alicia era "llamativa, muy bonita, macanuda, dada, no era una echada para atrás". Chacur rememoró las costumbres de la época: "Entre las doce de la noche y la una de la mañana ya estaba todo el mundo en sus casas. Para bailar había una vitrolita con una manija para darle cuerda, y allí ponían los discos", para entretenerse, entre otras cosas, con "la polca de la dama". Esta diversión consistía en colocar un pañuelo blanco sobre la vitrola. "Ésa era la señal —afirmó Chacur— para que fueran las chicas quienes sacaran a bailar a los muchachos". Las hermanas Hartridge ya habían decidido a quién sacar a bailar. Chacur recuerda que en esa danza de noviazgos veraniegos la palabra clave era "afilar" y que la pregunta "¿querés que afilemos?" era la que disparaba una relación de pareja que después podía quedar como un sueño de una noche de verano o fundar una familia.

Ése fue el caso de Jorge Videla y Alicia Hartridge. El nuevo destino del subteniente, por primera vez asignado a una misión en Buenos Aires, facilitó las cosas para que durante 1947 pudiera ir a visitarla a Morón a la casa de los Calcagno y proseguir con un noviazgo que culminaría en matrimonio el 7 de abril de 1948. El pedido de autorización para el casamiento había sido elevado por Videla el 26 de enero de 1948 al "Señor Jefe de la tercera Compañía reforzada" en estos términos: "Solicito a usted tenga a bien recabar ante quien corresponda se me conceda la correspondiente autorización para contraer enlace con la señorita Alicia Raquel Hartridge Lacoste, domiciliada en Juncal 673, primer piso, Capital", otro domicilio familiar. La nota está firmada por Videla, entonces teniente de la Tercera Compañía Reforzada Motorizada de Buenos Aires. El expediente recorrió velozmente los meandros burocráticos del Ejército y el 7 de febrero llegó la autorización, firmada por el teniente coronel Héctor Solari, secretario ayudante del ministro de Guerra y redactada con el lenguaje ripioso, administrativo y críptico de las comunicaciones militares: "Al señor Director General de Personal: Por Resolución de SE el señor Ministro de Guerra doy traslado del presente expediente al señor Director General a los fines pertinentes". De modo que el teniente Jorge Rafael Videla, con 22 años cumplidos, avanzó con paso seguro hacia el altar para cumplir con el fin pertinente de desposar a la chica que había conocido dos veranos antes en San Luis. Era un militar cumpliendo su destino.

El panorama se presentaba bastante promisorio y todo indicaba que aquel muchacho sobrio, solitario y que había crecido entre historias familiares teñidas de muerte, ascetismo y severidad, podía imaginar un futuro de general si mantenía su línea de obedecer en silencio y no crearse demasiados problemas. No tenía impedimentos para conseguirlo. Había egresado del Colegio Militar de la Nación con un promedio de 8,6171 en el sexto lugar de la promoción 73, en la que recibieron el sable 197 subtenientes, entre ellos Roberto Eduardo Viola (vigésimo en orden de mérito) y Carlos Guillermo Suárez Mason (en el lugar 34). En sus primeros destinos, Videla se esmeró a conciencia para conseguir galones y perfilarse con más posibilidades que su padre. Su legajo de subteniente lo dejaba muy bien colocado, como se lee en la "Clasificación de aptitudes":

Morales de carácter: Sobresaliente
Espíritu militar: Sobresaliente
Conducta: Sobresaliente
Intelectuales: Excelente
Instrucción: Excelente
Competencia en el mando: Excelente
Competencia en el gobierno: Excelente
Físicas: Sobresaliente

En los legajos de los militares, además de esa clasificación constan los comentarios de unas pocas líneas que hacen sus superiores. Videla sumaba los más preciados adjetivos para subir en el escalafón grado a grado: "Se ha caracterizado por su amor al servicio haciendo más de lo preciso. Es un oficial inteligente, estudioso, activo, enérgico, de excelentes condiciones de mando. Instructor paciente, metódico, expresa sus conceptos con claridad. Exigente en el detalle. Correcto y caballeresco en todos sus actos, educa con el ejemplo. Excelente camarada. Discreto y leal". El comentario está firmado en Río Cuarto por un teniente coronel del Regimiento 14. La firma es ilegible, pero no así la del siguiente comentario rubricado por el coronel José María Velloso el 20 de junio de 1945: "Se destaca por su amor a la profesión. Contraído en las obligaciones, muy serio, correcto, inteligente y tiene mucho amor a la responsabilidad". O el del general de brigada Osvaldo R. Martín, comandante de la cuarta división de Ejército: "Este oficial se ha desempeñado eficientemente como instructor. Conoce los reglamentos, es activo, serio y disciplinado". El jefe de Regimiento Diego Perkins, en otro informe firmado en La Rioja el 15 de octubre de 1945 le había puesto un "Excelente" tras esta valoración: "Serio, correcto, pundonoroso.

De brillantes aptitudes generales. Por su espíritu de trabajo, abnegación e integridad de procedimientos, inspira confianza en sus superiores. Inteligente, activo y sumamente enérgico, se desempeña con capacidad y obtiene excelentes resultados en la instrucción. Respetuoso, subordinado y ecuánime. Culto en sus maneras con superiores y subalternos. De gran iniciativa, no escatima esfuerzos para cumplir. Con más experiencia en el mando y desarrollo de su criterio táctico y aplicativo, será sobresaliente. Inmejorable camarada". La verborrea militar se repetiría en la foja de teniente, grado al que Videla ascendió el 15 de junio de 1947. Construyó su perfil militar y les adosó a las virtudes inherentes una pátina de refinamiento que le permitió conseguir el plus de "culto", "respetuoso", "serio", "correcto" y "pundonoroso", virtudes que la fuerza Ejército, como institución, le requeriría en su momento para que se exhibiera como fachada moderada y presentable en la represión ilegal. Pero en tanto perfeccionaba su templanza, en esos años la vida nacional se destemplaba para los habituales parámetros de su statu quo: el Ejército y el país eran conmovidos por un general, Perón, que le daba a la fuerza un inesperado protagonismo en el cambio estructural que incorporaría a las grandes masas a la política, a la movilidad social, a un proceso de industrialización y a inusuales niveles de consumo. El joven Videla, fiel a la inconmovible ideología pueblerina y conservadora, refractaria a cualquier dinámica que rompiera con la estratificación social en términos tradicionales, se colocaría en la otra vereda, pero lo haría muy sordamente, para no arruinar esa brillante carrera que debía llevarlo a lo que para entonces era su máxima aspiración: el generalato. En su foja se acumulan los mojones de ese camino aunque muchos de sus camaradas no vieran en él tantos valores y, a su turno, objetaran los comentarios favorables basados en la dignidad y el virtuosismo. De todas maneras, para esa entidad mayor, para esa delegación celestial, para "la fuerza", Videla estaba en el buen camino.

* * *

El helicóptero que llevaba al Presidente de facto y comandante en jefe del Ejército, Lanusse, ya había despegado del helipuerto del Colegio Militar en El Palomar y ganaba altura. El director del Colegio, Videla, firme, cuadrado, seguía haciendo la venia a su superior: la mano derecha extendida en ángulo exacto y la punta de los dedos casi rozando su visera de general de brigada. La máquina estaba a unos setenta metros del suelo y Lanusse, que miraba achicarse la figura inmóvil de Videla, le dijo a su acompañante, el periodista

Jorge Lozano: "¡Mire qué pelotudo! ¡Vamos a llegar hasta las nubes y va a seguir haciendo la venia!". Sin embargo, Lanusse no podía estar muy sorprendido. En 1972 ya conocía muy bien a ese oficial y, para él, era un soldadito, un militarista de cartón. Lo había ayudado a ascender porque existía entre ellos cierta sintonía ideológica —fundamentalmente el antiperonismo—, pero también, y más importante, porque consideraba a Videla, como a muchos de su promoción, un hombre inocuo y por lo tanto funcional a su liderazgo en el Ejército.

El capitán de caballería retirado Federico Mittelbach no se asombró de la percepción de Lanusse. Acercó la propia: estaba seguro de que los tics de Videla encubrían la intención de perfeccionar ilimitadamente su compostura, como si el cuerpo pudiera registrar las huellas de una profunda alienación por las formas militares. Todo videotape que registre escenas como la de la ceremonia de asunción presidencial del 29 de marzo de 1976 es útil para describirlo: la cabeza hacia arriba, el cuello estirado hasta lo imposible y ese esfuerzo por acomodar su humanidad a la envarada pose marcial; la boca amenaza torcerse y un ojo se le cierra. "Él se vive corrigiendo —afirmó el capitán Mittelbach—. Está parado y se está componiendo hasta que queda en la posición militar perfecta. Son los tics del que sólo está pensando en la perfección de lo formal". Mittelbach era cadete cuando Videla revistaba como teniente inspector del Colegio Militar y recordó que "tenía imagen de buen tipo". Según Mittelbach: "Nunca se metía con nadie, nunca lo escuchábamos gritar. Teníamos de instructor a Jorge Carcagno, que era para nosotros un grandísimo hijo de puta, un torturador redomado. Éramos cadetes de 16 años y la noche anterior a la instrucción no dormíamos pensando en lo que nos iba a hacer Carcagno. Al lado de él, un tipo como Videla para nosotros era un remanso. Si Videla entraba de oficial de servicio ya se presumía una jornada tranquila. Por entonces, no dividíamos en piolas o boludos, para nosotros eran los buenos y los malos, los que dejaban dormir y los que no. Y Videla estaba entre los buenos, al lado de oficiales temibles como Bussi o el "Cachorro" Menéndez que te metían setenta días de arresto porque no los saludabas como ellos pretendían o simplemente porque vivían martirizando a los cadetes. En cambio, Videla era de esos oficialitos que, si había un centinela distraído o durmiendo, era capaz de hacer ruido para que se constituyera a tiempo en su lugar y así no tener que sancionarlo. Él no iba a meter preso a nadie salvo que lo encontrara borracho o con una mina. Videla jugaba siempre al cero a cero. Ha sido un prototipo de lo formal, siempre antepuso la forma al fondo. Fue un típico militar para los tiempos de paz. No sirve para la guerra, sirve para desfilar, para ir de maniobras, siempre impecable porque no es capaz ni de hacer un cuerpo a tierra. Yo tengo otro modelo. Para calificar a mis cadetes no pensaba si se cortaban el pelo de acuerdo con el reglamento. Yo me preguntaba: ¿Quién me gustaría que esté conmigo si fuéramos a la guerra? Jamás hubiera elegido a un Videla".

Sus camaradas de entonces no recordaron que Videla hubiera asumido posiciones políticas definidas. El coronel retirado Juan Jaime Cesio, que perteneció a la promoción siguiente a la de Videla, relató: "Nunca le conocí una idea política. Era, por decirlo de algún modo, un típico militar, dedicado íntegramente a su profesión. Era neutro, no tenía ideas propias. Nadie podría hablar mal de él, pero tampoco nadie podría contar con él". Mittelbach, por su parte, insistió: "Videla era a-ideológico, siempre respondió a una idea que tenía de sí mismo. No se lo vio de manera notoria contra Perón, no tuvo un papel activo cuando en 1962 se produjo el enfrentamiento entre azules y colorados. No lo he visto jamás en un cantón, en una revuelta, siendo como era, entre comillas, un tipo de prestigio. Nunca lo vi asomar. Él seguía corrigiéndose para estar en el momento oportuno bien corregidito, prolijito, preparado para salir al desfile y hacer el paso al compás. Lo llamaban, tocaban el silbato y aparecía el cadete Videla. Porque siempre fue un cadete, un cadete impecable. Tan cadete que casi todos sus destinos pasaron por el Colegio Militar. Él incurrió en ideologías, pero no le importaba. Le importaba desfilar, ser abanderado. Y terminó siendo abanderado del país".

Es cierto, como afirmó Mittelbach, que el Colegio Militar fue el lugar por excelencia de la carrera militar de Videla. Tras su primer destino en el Regimiento 14 de Río Cuarto, entre el 22 de diciembre de 1944 y el 13 de noviembre de 1946, regresó a Buenos Aires y fue destinado al Ministerio de Guerra; a la Compañía de Vigilancia, primero, y al Batallón Motorizado, después. Luego de ese interregno porteño, el Colegio Militar lo atrajo como un imán. Revistó en El Palomar entre fines de enero de 1948 y comienzos de 1952. Allí estaba cuando en noviembre de 1949 fue ascendido a teniente primero. En esos tres años de Colegio se desempeñó básicamente como oficial instructor. La ideología, según Mittelbach, pasaba a su lado sin rozarlo, aunque hasta cierto punto: el peronismo desacomodaba la inmovilidad social que estaba en el centro de su concepción política y conmovía también las estructuras del Ejército. Videla fue un tibio en medio de una situación que se recalentaba; siempre desdibujado, inhallable en los momentos febriles. No obstante, nunca se equivocó de bando a la hora de tomar posiciones desde una segunda o tercera fila. En 1955, por ejemplo, acompañó la caída de Perón. Mittelbach dudó de la verdadera naturaleza "gorila" del Videla de entonces: "En el 55 Videla salió porque le tocó ésa, pero si le tocaba otra, como defender a Perón, también se hubiera encuadrado. El peleaba por su calificación militar, por el sobresaliente cien puntos. Estoy seguro de que los movimientos políticos le molestaban, alteraban su rutina de prepararse para el próximo desfile del 9 de Julio, cuando sus soldados estuvieran todos impecables, marcando al compás el paso de 30 centímetros, todos parejitos, haciendo la vista derecha con él a la cabeza, por supuesto".

La supuesta ausencia de ideología se convirtió en ideología activa muy pocas veces en la carrera de Videla, antes de que se transformara en dictador. En esas fugaces definiciones tomó siempre la dirección tributaria de la línea oligárquico-militar. En tanto representante epónimo del Ejército, Videla asumió su ideología básica, aunque su condición camaleónica y su empecinado silencio le sirvieran para confundir. El coronel retirado Augusto Rattenbach exhibió cierto nerviosismo al recordar a Videla. Compartió con él la carrera militar en la jefatura del Estado Mayor a mediados de los 60. Para pintar una semblanza, seleccionó estos recuerdos: "Lo conocí en un mano a mano en las reuniones que se hacían en la Jefatura del Estado Mayor y que eran presididas por el general Alcides López Aufranc. Allí se planteaban una serie de problemas para discutir y resolver, y una de las características de Videla era su no compromiso con ninguna idea. Era un individuo ambiguo, jamás arriesgaba, nunca definía categóricamente una opinión, siempre dejaba flotando la sensación de un ni y un so al mismo tiempo. Tanto es así que me acuerdo de que en una de las reuniones, el general López Aufranc se fastidió y le exigió que dijera sí o no. El sí o el no implicaba tomar una determinación y no siempre sobre cosas demasiado sesudas, pero su constante era la indefinición. Videla no se tiraba a la pileta ni con el salvavidas puesto porque era un hombre con una enorme inseguridad interior y, naturalmente, a medida que avanzaba en la carrera cada vez tenía que asumir responsabilidades mayores".

El general López Aufranc confirmó que tuvo a Videla como subordinado cuando se desempeñó como subjefe de Operaciones en el Estado Mayor, pero no estuvo dispuesto a corroborar aquel episodio de exasperación: "Yo lo conocí como subalterno, y el que toma las decisiones es el superior, así que no puedo hacer un juicio de valor muy ajustado". López Aufranc buscó espantar rápidamente las caracterizaciones de Rattenbach quien, después de todo, era un hombre del CEMIDA y no golpista como él, defensor de la dictadura que encabezó su amigo Martínez de Hoz. Los recuerdos referentes a su subordinado Videla se deslizaron por la línea del cumplimiento, el recato y las supuestas virtudes cristianas. Lo definió como "un ejecutor brillante y un profesional sobresaliente, con una personalidad muy reservada, muy medido, jamás le vi un gesto chocante o una expresión fuera de lugar". Y concluyó: "Un hombre piadoso con una familia numerosa". Para López Aufranc, un duro, Videla se ganó la fama de blando como Presidente, cuando aceptó compartir el poder con la Marina y la Fuerza Aérea, en un momento en que el Ejército era "la fuerza de mayor gravitación en el país, por volumen, por caudal histórico y por muchas razones". Según López Aufranc, el poder no se comparte y los triunviratos, como los de las Juntas Militares, "no han andado nunca".

La ascética renuncia de Videla a lo mundano, que encandiló a algunos de los que lo rodearon, se opacó muchas veces. Ese oficial de una aparente "sola pieza" conocía de dobleces, y ya en la primera fase de su carrera esa tendencia a la indefinición y a rehuir los problemas tendría consecuencias trágicas. Hacia los años 50, Videla era jefe de compañía en el Colegio Militar que más tarde llegaría a dirigir. A sus órdenes se alistaba el cadete Blas Brisoli, quien había entrado al Colegio por imposición paterna. Su padre era gobernador de Mendoza y amigo personal de Perón. Por esa razón, los superiores se contenían a la hora de los desplantes y las provocaciones del díscolo adolescente Brisoli, que imaginaba su vida fuera del orden de las academias militares. El joven Brisoli sentía que no tenía nada que perder; apostó a sus compañeros que se adelantaría en una formación, se desabrocharía la bragueta y orinaría delante de todos. La mala suerte quiso que el aprensivo instructor Videla estuviera a cargo y lo sorprendiera. Ante la flagrante evidencia, Videla no pudo rehuir la responsabilidad y sancionó al cadete protegido hasta por el mismísimo Perón. El teniente primero debió digerir la escena temida porque el incidente trascendió; poco después, Videla cometió el error de aceptar un traslado de compañía para no tentarse con una "persecución" al cadete Brisoli. El coronel Ballester recordó el episodio con todo detalle. Los militares, y sobre todo los instructores, sabían que estos avatares se podían presentar con los hijos y entenados de influyentes. Ballester afirmó que un oficial íntegro hubiera adoptado una actitud muy diferente de la de Videla, ante la propuesta de trasladado para no tener que cruzarse con el alumno sancionado: "Él tendría que haberse negado al traslado de compañía. Tendría que haberse plantado ante el director del Colegio y decir: No voy a ser tan miserable de sacarme la bronca con el cadete Brisoli. Y advertir sobre las consecuencias de la actitud de quien, como ese cadete, estaba dispuesto a transgredir todas las normas acaso para que lo echaran del Colegio o porque sentía que el padrinazgo presidencial lo habilitaba para todo". La crítica de Ballester se extendió a todo el sistema de complicidades del Colegio, porque la falta cometida había sido gravísima, una repulsa definitiva que debió haber derivado en lo que Brisoli buscaba: la expulsión. En aquel momento, todo se arregló con unos días de arresto, pero al año siguiente el caso tuvo una derivación inesperada. El teniente primero Segnorelli, amigo de Ballester, descubrió al hijo del gobernador de Mendoza cometiendo fraude en una de las prácticas de tiro. El muchacho anotaba puntajes falsos en las pruebas. Se trataba de una falta quizá menor a la cometida en la formación pero que, sin embargo, para la normativa militar constituía una infracción descalificadora, hasta el punto de que podía ser sancionada con la baja de la institución. El 21 de mayo de 1951, Segnorelli amonestó verbalmente a Brisoli, le advirtió que debía informar sobre su comportamiento y que seguramente le correspondería un sanción disciplinaria muy fuerte. Minutos después, Segnorelli bajaba las escaleras de ingreso al campo de instrucción. Escuchó que alguien gritaba su nombre desde el pelotón de cadetes que encabezaba. Cuando se dio vuelta, Brisoli le descerrajó tres tiros y se suicidó.

★ ★ ★

El lunfardo militar tiene un símbolo vegetal para cierto perfil de personalidad, para los que se proponen hacer su carrera bajo el signo del cumplimiento con el objetivo de esquivar la sanción disciplinaria. Para estos hombres, salvarse de la sanción es un deseo más fuerte que asumir una actitud activa, de liderazgo. Son los que "cagan la tipa". La tipa es un árbol cuyas largas hojas caen abruptamente. En el mundo de la milicia, tipa equivale a castigo. "Entipar", "me entiparon", "guarda que hay tipas", son expresiones habituales. Y "cagar la tipa" es vivir con temor a ser sancionado. Para muchos que lo conocieron en el Colegio Militar o en los diversos destinos, Videla pertenecía a este grupo, como lo muestra el caso de la interminable venia a Lanusse. El capitán Mittelbach rescató otro episodio de 1956, cuando coincidió con Videla en el Colegio Militar y el entonces capitán instructor le hizo una inesperada confesión. "A mí —recordó Mittelbach— Videla me conocía de cadete, de cuando él era teniente. En mis épocas de cadete se había puesto de moda la visera lanzada, por oposición a la visera recta, que era la que usaban los alemanes. La lanzada era la que utilizaba (el general norteamericano Douglas) Mac Arthur, un héroe cinematográfico para nosotros, los militares. Había vencido a los japoneses en el Pacífico y comandado las fuerzas de la ONU en Corea. La visera lanzada quedaba muy canchera pero muy pocos oficiales se animaban a usarla porque era vista como una transgresión. Yo, de cadete, la usaba. Y años después, en una noche de la guitarreada en el casino del Colegio Militar, Videla me vino a confesar que envidiaba mi manera de ponerme la gorra. Cuando uno pasa a ser oficial y deja su atuendo de cadete, otros tienen la posibilidad de hacerse del uniforme del que se recibe. Y Videla me vino a recordar que el día que yo me recibí él entró al casino de oficiales y gritó: ¡Canto la gorra de Mittelbach! En nuestra jerga el que 'cantaba' tenía prioridad para llevársela. Así que el teniente Videla quiso la gorra de un cadete que la usaba como él no se animaba a hacerlo siendo ya oficial. Por supuesto que yo, que estaba loco por ponerme la ropa de oficial, me la saqué y se la di para que él pudiera completar su atuendo y ser casi canchero, no demasiado canchero porque, claro, vivía 'cagando la tipa'". Mittelbach de algún modo fue un privilegiado. Al resto de sus camaradas les costó encontrar una anécdota al hablar de Videla y, más aún, una en la que apareciera una persona con un mínimo deseo y no un personaje sólo traccionado por el encuadre institucional. Porque la imagen que dejó Videla bien se podría resumir en las palabras de Cesio: "Se caracterizaba por su seriedad, su muy buen comportamiento, su prolijidad en el vestir. Era estudioso, no demasiado inteligente, más o menos dotado sin exagerar. Era un hombre que gozaba de bastante respeto entre sus camaradas. Era un hombre aséptico en todo, quizás ésa fuera su característica. Incapaz de la más mínima transgresión; no se le pasaba por la cabeza". Sin duda, entre los jóvenes que habían elegido ser oficiales de Ejército existían "indisciplinados" que acumulaban sanciones por no tener los zapatos bien lustrados, por no haber arreglado la ropa antes de acostarse, por tender mal la cama, llevar largo el pelo, ponerse la gorra de un modo no reglamentario, usar la camisa desabrochada. En los institutos militares hay códigos y reglamentos para casi todo: llegar tarde de licencia, hablar después del toque de silencio, leer a la luz de una vela luego de que en la cuadra se han apagado las luces... Muy pocos pasaban los tres años de Colegio Militar sin llevarse siquiera alguna módica amonestación. Videla, sin embargo, realizó la hazaña de no ensuciar su foja con faltas de ese tipo. Sus calificaciones fueron regularmente como las que firmara el mayor Pedro Lucero para su capítulo de teniente primero, en El Palomar, el 15 de octubre de 1949: "Posee condiciones que lo distinguen en el trabajo diario. Serio, prolijo, muy dedicado y resistente a la fatiga. Colabora en las tareas de la plana mayor del batallón con lealtad y entusiasmo poco comunes. Inteligente. Se desempeña en forma sobresaliente en la vida de campaña. Muestra gran interés por la instrucción de oficiales (...) Calificación sintética: Sobresaliente".

Un único castigo figura en toda su carrera y está fechado el 7 de julio de 1953 por "no cumplir en la mejor forma órdenes impartidas al ser designado ayudante del jefe para un ejercicio de alumnos y presentarse al mismo sin la carta de situación". Ese día seguramente figuró entre los peores recuerdos de Videla, quien al recibir aquella sanción ya era capitán y alumno de segundo año de la Escuela Superior de Guerra. La mancha se diluiría en el tiempo, la imagen impoluta no se vería alterada. Sus amigos, como Pomar, no modificaron su visión: "Videla era muy estricto con su propia persona, muy correcto. Jamás hizo una canchereada. Era muy respetado y muy querido. Era un tipo inteligente y muy buen expositor. En la vida militar era un reglamentarista a fondo y si el hijo cruzaba un semáforo con la luz roja era capaz de hacerlo pasar de nuevo". Otra vez, las opiniones de quienes lo estimaron no contradicen las de quienes lo impugnaron, más bien parecen complementarlas. Es posible advertir alguna diferencia respecto de su nivel de inteligencia, pero quienes lo rodearon, aun los que le tuvieron cierto aprecio personal, no enriquecieron en demasía su perfil. Continuó Pomar: "Videla no tenía formación política, no tenía calle, no tenía café. Él era muy capaz de asumir el trabajo de otros, no tenía ningún problema en quedarse más tiempo. Una frase típica de él era: Déjamelo a mí. Fumaba y tomaba café; tuvo un problema de tiroides. Era un católico practicante que se tomaba todo en serio. Su vida era así: de casa al regimiento y del regimiento a casa". En realidad, cuando Videla tomó la determinación de conspirar abiertamente contra las instituciones no tuvo que alterar su rutina: los cuarteles eran el lugar por excelencia para la sedición.

El general Juan Carlos Colombo, premiado con la gobernación de Formosa durante la dictadura de su amigo Videla, lo evocó desde los años compartidos (1968 y 1969) en el Estado Mayor: "Se dedicaba a su familia y al Ejército; el resto del tiempo dormía. No leía ni Rin tin tín. Era un distinguidísimo jefe de operaciones, reconocido y muy respetado. Era muy capaz, daba el ejemplo. En términos políticos era un colorado no activista, un tipo democrático". La pretendida característica "democrática" de los colorados tuvo rasgos específicos: el iluminismo ramplón de la "democracia de los demócratas", que comenzó por excluir decididamente toda conformación política que aspirara a representar intereses populares. Aun así, y pese a ser "un colorado no activista" según Colombo, Videla exhibiría un módico activismo en el derrocamiento de Perón el 16 de septiembre de 1955, un antecedente que compartió con todos los que años más tarde, en los 60, se tiñeron de colorados, la pigmentación ultraconservadora del Ejército conservador.

Como muchos otros sucesos relevantes en la vida del país, el golpe del 55 encontró a Videla en el Colegio Militar, con el grado de capitán y a cargo de la primera compañía de cadetes. El jefe del Batallón de Infantería era el mayor Dámaso Pérez, quien conspiraba abiertamente junto al director del Colegio, el general Julio Ángel Maglio. El CM no tenía un gran peso en lo estrictamente militar, pero su presencia en el golpe era entrevista como de gran importancia por el prestigio institucional. Maglio y Pérez arrastraron a la línea de capitanes: Albano Harguindeguy, al frente de caballería; Carlos Dallatea, capitán jefe de la compañía; Carlos Bernardo Chasseing, a la cabeza de los zapadores. A ellos se sumó Videla, según Mittelbach, casi de casualidad, "porque estaba ahí". *No lo voy a engañar, en el 55 yo estuve en el bando contrario,* dijo Videla en la segunda entrevista en agosto de 1998. Sin embargo, en seguida buscó un punto de equilibrio: *No he sido gorila, nunca me consideré antiperonista. Yo no era de los que se les ponían los pelos de punta con el peronismo, o que los haya visto como enemigos.* De creer a pie juntillas en sus declaraciones también habría que avalar la hipótesis de Mittelbach: Videla podría haber estado en el bando de enfrente si los vientos hubieran soplado en otra dirección. Sin embargo, al contrario de lo que hizo el propio Videla, cabe apostar a los hechos. Videla no sólo se enroló en el antiperonismo; tomó las armas por esa convicción. Siendo un reglamentarista extremo, se prestó a violar los reglamentos junto con sus camaradas, como lo haría más adelante ya en el papel protagónico. Aunque intentó diluir el voltaje político de su adhesión a *los que se les ponían los pelos de punta con el peronismo,* Videla desarrolló el tramo nuclear de su carrera alineado en un Ejército que consideraba al peronismo una maldición, que una y otra vez fue la principal razón de la actuación política de la fuerza. Si el Videla "reflexivo" no estuvo dispuesto a declararse antiperonista, el Videla fáctico victimizó peronistas a partir de la "casualidad" que lo ubicó en una institución armada que se levantó contra Perón en 1955 y que encabezó en 1976 un golpe de Estado contra los restos de otra gestión peronista. Medrosa, sinuosa, silenciosamente, Videla fue claramente útil al ejército gorila, y claramente gorila y antipopular él mismo, aunque cierta difusa intuición respecto de sus pecados políticos y éticos lo llevara a intentar diferenciarse de los ultramontanos. Tomando como punto de referencia el golpe de 1955, no resulta difícil concluir que nada en el pasado de Videla ni en su genealogía política desmiente su condición de gorila cabal, de los que veían a los peronistas *como enemigos.*

Mientras el peronismo se instalaba en el gobierno, crecía y se desarrollaba, Videla realizó su carrera de oficial subalterno en ese segmento intermedio que Perón no logró conquistar hacia adentro de las Fuerzas Armadas. Muchos oficiales superiores encontraron durante el peronismo su lugar en el mundo. Disfrutaron de una dosis de poder político jamás imaginada que los hizo plegarse al proyecto peronista o adherir, desde las convicciones, a un nivel de desarrollo industrial autónomo que se reflejó positivamente en el equipamiento militar. En los cuadros intermedios la politización se dio en otro sentido: los intentos del propio Perón por difundir su doctrina en las Fuerzas Armadas fueron tomados por esa oficialidad como una inaceptable táctica para subsumirlas en un partido único; la estrecha relación del gobierno con la Confederación General del Trabajo (CGT) y la relación directa de Perón con las masas reforzaron el odio de clase, componente central del gorilismo militar de medio pelo, que no soportaba el acceso a la política y al consumo de vastos sectores populares. El culto personalista a las figuras de Perón y Eva Perón contribuyó a acentuar el rechazo. Detrás del discurso moral con que esa oficialidad intermedia criticaba al peronismo, se ocultaba otro proyecto restaurador y regresivo del que las instituciones armadas, con el Ejército llevando el estandarte, se harían cargo para abrir, a partir de 1955, una era de golpismo.

Es así como, algo entredormido, Videla fue golpista en el 55. La otra institución que regía sus pasos, la Iglesia Católica, también pasó a la oposición. Con su habitual sigilo, Videla se emparentó con los capitanes del Colegio hartos del protagonismo plebeyo del peronismo. Más adelante, su héroe (como él mismo confesó) fue el general Pedro Eugenio Aramburu, el segundo presidente de la Revolución Libertadora que entre el 11 y el 12 de junio de 1956 fusiló a 38 peronistas, entre militares y civiles, que se habían levantado contra el gobierno de facto, conducidos por el general Juan José Valle. Videla estuvo absolutamente de acuerdo con esos fusilamientos. Como siempre, su participación concreta fue elusiva. Tal vez eso permita a algunos creer que realmente podría haber estado en el otro bando. Videla no tuvo una actuación decidida porque adhirió a la rebelión el 21 de septiembre, esto es cinco días después de que el Ejército la iniciara. El Colegio Militar en el que revistaba como jefe de compañía no tuvo una participación activa en el levantamiento. Pero Videla no armó su atado de ropa el 15 de septiembre a la noche y se plegó a alguna de las unidades levantiscas. Dejó pasar los días cobijado en el bajo perfil del Colegio en la revuelta, tramando silenciosamente algún paso conspirador más resonante que nunca se cumplió. El día 21, con el cuadro militar decidido y volcado a favor de los libertadores, el Colegio recibió la orden de ocupar el Ministerio de Guerra en nombre de los revolucionarios. Y allí se dirigió Videla al frente de la compañía C. Según las afirmaciones del coronel retirado Carlos Sánchez Toranzo, que vivió ese episodio como cadete, "Videla fue un revolucionario del día 21". Videla aunó su ser militar y su posición política de fondo convenientemente resguardado por el triunfo de los antiperonistas y, por lo tanto, asumiendo una dosis de riesgo considerablemente menor para su vida y su carrera profesional.

El antiperonismo como elemento central del pensamiento del Ejército no encontró en el escenario internacional variables que atemperaran su perfil restringido y antidemocrático. La Guerra Fría (la tensión entre Estados Unidos y la Unión Soviética) generó un anticomunismo que, en el trazo grueso de la ideología militar, se amalgamó directamente con el antiperonismo: toda conquista social, toda asociación sectorial para defender intereses no patronales, fueron consideradas entidades dirigidas a socavar el derecho a la propiedad y los valores de Occidente. El triunfo de la revolución cubana en 1959 y el rápido alineamiento de Fidel Castro con la URSS acrecentaron la imaginación política de los militares argentinos: los satánicos enemigos de la tradición, la familia y la propiedad ya estaban diseminados en Latinoamérica y en el propio territorio nacional. Al luchar contra ellos, no sólo protegían los intereses que antológicamente habían defendido; también recibían el regalo inesperado de la geopolítica internacional que les servía una misión que los ubicaba junto a los buenos en la cruzada de Estados Unidos contra las banderas rojas. La conjetura de que una Sudamérica comunista era el objetivo más deseado por la URSS para arrinconar territorialmente a Estados Unidos ancló en la mente de las cúpulas del Ejército con una fuerza inusitada. No hubo casualidad en ese entusiasmo político. Los añejos proyectos de una Argentina autoritaria y restrictiva coincidían ajustadamente con la misión que Estados Unidos les asignaba a los países periféricos en el marco de la Guerra Fría.

En el nuevo escenario, los militares podían autoadjudicarse el rol de salvadores de la patria sin el temor bien pensante que habían sentido ante el nazismo alemán anticlerical de los años 30 y sin la posibilidad de enfrentarse con Estados Unidos, como hubiese sido el caso si en aquel momento hubieran tomado el camino de la germanofilia. Los "liberales", entonces, podían vigilar y castigar a sus compatriotas, en nombre de la defensa de la democracia. En esta combinación de posperonismo y Guerra Fría terminó de disolverse el pensamiento liberal de algunos sectores del Ejército. El anticomunismo combinado con el clericalismo arrastró a la institución en su conjunto. Casi no quedaron espacios de reflexión; la lucha contra la penetración comunista contaminó la acción política de las Fuerzas Armadas, convenientemente azuzada por la Iglesia Católica, que les otorgó a los cristianos el rol de frenar la diseminación del ateísmo que venía de la mano de "las ideologías extrañas". La oficialidad intermedia, en cuyo clima Videla se formó, fue sumamente activa en la absorción de la ideología reaccionaria. Ex combatientes e instructores de la francesa Organisation de l'Armée Secrete (OAS), que había tenido un papel preponderante en la represión de las luchas de liberación argelina, aterrizaron en Buenos Aires para dar sus lecciones a la oficialidad argentina. Se habían perfeccionado en el uso de la tortura para arrancarles información a los rebeldes y transmitían los conocimientos adquiridos durante la guerra colonial de los 50. En su país de origen, sus buenos servicios eran inútiles tras la liberación de Argelia, y su marginalidad política los había llevado a planificar el asesinato del presidente francés, Charles de Gaulle. Pero en el mundo subdesarrollado que hacía cursos de anticomunismo, enseñaban sus materias. Enseñaban, por ejemplo, que el primer golpe de efecto que predispone al rebelde capturado a delatar es la visión de los instrumentos de tortura a los que será sometido. O que para lograr un mejor resultado en la aplicación de la picana eléctrica lo conveniente era fijar un electrodo en el lóbulo de la oreja derecha y en un dedo de la mano derecha. También que el suplicio con agua más efectivo consistía en conectar una manguera a un grifo, colocar un trapo sobre la cabeza del preso, taparle la nariz e introducirle un trozo de madera entre los dientes; en el lugar de la boca que quedaba libre se introducía el otro extremo de la manguera. Con este método, según los manuales de la OAS, la sensación de ahogo era insoportable. Los instructores también recomendaban quemar a las víctimas en la cara y los genitales. El videlismo amplió el repertorio de flagelaciones.

El nacionalismo ultracatólico entendió que, como en los años 30, los uniformados constituían un auditorio dispuesto a asimilar sus viejas verdades en el combate contra el comunismo y los católicos reformistas hijos del espíritu del Concilio Vaticano II. Jordán Bruno Genta y el sacerdote ultramontano Julio Meinvielle, ya ancianos, continuaban con su discurso inflamado: "El judaísmo, la masonería y el comunismo son las tres manifestaciones de la negación del Divino Redentor", decía por aquel entonces Genta. En 1958, en la Escuela de Caballería, el curso se cerró con el primer Juego de Guerra Revolucionaria. Lo dirigió el capitán Federico Mittelbach junto con su jefe de Regimiento, Jorge Hugo Arguindegui, quien llegaría a la titularidad de la fuerza durante el gobierno de Raúl Alfonsín.

En la Escuela de Guerra se realizaban ejercicios similares. En los anaqueles de la biblioteca del Círculo Militar aparecieron los primeros títulos sobre la guerra contrarrevolucionaria. Eran de inspiración francesa y estaban escritos por militares que habían pasado por París como muchos otros argentinos, pero en su caso no para ponerse al tanto de la producción filosófica del existencialismo. En los momentos más tensos de la Guerra Fría, el feroz anticomunismo de los núcleos de poder norteamericanos tras la revolución cubana hizo que esa potencia les prestara atención a los militares latinoamericanos. El fortalecimiento del vínculo derivaría en becas para entrenar a los militares nativos en métodos de identificación y tormento destinados a anular toda actividad política que, de acuerdo con los análisis militares de Estados Unidos, tuviera tintes de rebelión anticolonialista. Esa universidad de la represión a la que eran enviados los uniformados argentinos y latinoamericanos había comenzado a funcionar en 1946 con el nombre de Escuela de las Américas (School of the Americas, SOA), en los cuarteles generales del Comando Sur con sede en Panamá. Allí se inculcaba la Doctrina de la Seguridad Nacional, un aparato conceptual simplista dirigido a perseguir opositores y a reconocer al enemigo en las fronteras del propio país. Según este "ideario", las Fuerzas Armadas no competían estrictamente en el terreno político pero se reservaban el papel de custodios de la nacionalidad y tenían derecho a intervenir allí donde vieran peligrar los valores que la sustentaban. La escasa sustancia de la "doctrina" es evidente: se apartaba aparentemente de la política para reservarse un lugar por encima de ella, un lugar hiperpolítico, como era intervenir donde circularan ideas que colisionaran con las de los cancerberos de la pureza nacional.

Los Estados Unidos ya habían visualizado claramente a los ejércitos de Latinoamérica como guardia pretoriana aliada en su lucha contra el comunismo en la arena internacional. No era, claro, una lucha de principios. La ultramilitarización del continente coincidía con la consolidación de una estructura económica precisa que buscaba disciplinar la región a los objetivos de expansión de los principales grupos económicos multinacionales. Detrás del terror oficial, propiciado para disolver el fantasma del castrocomunismo, el Ejército Argentino retornaba a su terca recurrencia política: la imposibilidad de imaginar un destino sin atarse al de una potencia. La Doctrina de Seguridad Nacional (DNS), desparramada desde la Escuela de las Américas, resultaba especialmente apta para otro intento de restauración oligárquico-militar en tanto abría la puerta para salir a la caza del "enemigo interno". Pero la SOA, motejada por sus objetores norteamericanos —que pelearon por el cierre de su sede en el estado de Georgia que se concretó en diciembre de 2000— con la sigla School Of Assassins (Escuela de Asesinos), no sólo sentaba doctrina. También formaba torturadores, lo que en el caso argentino equivalía, en términos históricos, a una formación de posgrado: "Cuando trabajaba en la Escuela de las Américas sabíamos que los alumnos que venían a entrenarse eran militares latinoamericanos que en sus países violaban continuamente los derechos humanos. Pero no nos importaba. Los manuales operativos que usábamos contenían conceptos como abuso físico, extorsión, asesinar, neutralizar, es decir todo lo que equivale a torturar", confesó en 1998 el mayor retirado Joseph Blair, veterano de Vietnam y ex instructor de la SOA, quien también se pronunció por el cierre de la escuela, a la que calificó como "un dinosaurio de la Guerra Fría". Los instructores en técnicas "antisubversivas" de la Escuela (el arresto ilegal, las dantescas técnicas de interrogatorio, el espionaje, la lectura de la actividad política en clave paranoica) encontrarían entre los militares argentinos algunos de sus mejores alumnos. Por allí pasaron, entre otros, Galtieri; el coronel de la rebelión ultraderechista y carapintada Mohamed Alí Seineldín, destacado por una ferocidad que lo llevó a ser instructor de la escuela de comandos en Panamá, y el general Carlos Alberto Martínez, jefe de Inteligencia del Estado Mayor del Ejército desde el 76. Pero por sobre todo, quien se instruyó en las terribles artes de la contrainsurgencia fue el general Viola, partero junto con Videla del golpe del 76. Videla y Viola realizaron sus carreras en paralelo, con frecuentes puntos de encuentro y una coincidencia inalterable en la visión política. La incidencia de los métodos utilizados por los torturadores franceses en la lucha colonial argelina y las enseñanzas de Estados Unidos vía Escuela de las Américas fue expresamente reconocida por Videla en agosto de 1998, cuando habló de los antecedentes de los métodos represivos exacerbados en su gobierno: *La incorporación de la doctrina operacional es de larga data. La hipótesis de insurgencia interna también; es de 1962, creo que ahí ya se venía dando, con el tema de Argelia. Después se incorpora la doctrina utilizada por Estados Unidos en Vietnam. La determinación de atacar a la subversión del modo que lo hicimos no surgió de un día para otro. Siempre hubo varias hipótesis en danza. Uruguay que se comuniza... (sic), el tema de dividir al país en cinco zonas y cada una de ellas en subzonas ya estaba hace mucho. Cuando viene el 76 lo único que hay que hacer es desempolvar esa carpeta.* Videla lo hizo sin hesitar. Él mismo era, como se definió, *un operativo* y desde el escritorio del Colegio Militar o los despachos del Estado Mayor había repasado innumerables informes sobre métodos de persecución y exterminio. La carrera militar le había dado incluso la posibilidad de absorber en Estados Unidos el nuevo mapa de la geopolítica internacional, que ya se definía claramente bipolar.

El enfrentamiento Estados Unidos-URSS se encaminaba hacia la Guerra Fría cuando, en ese clima, Videla fue enviado a Estados Unidos en 1956. Las razones profesionales del viaje se cruzaron con un drama familiar, la enfermedad de su tercer hijo, Alejandro Eugenio, que había nacido el 7 de octubre de 1951. Hasta entonces, el hogar de Alicia Hartridge y Jorge Videla había marchado sin sobresaltos. La primera hija del matrimonio, María Cristina, nació el 5 de febrero de 1949; el primer varón, Jorge Horacio, el 16 de mayo de 1950. La seguidilla de hijos evolucionó de acuerdo con los parámetros de esa familia católica y formal. Pero la llegada de Alejandro en 1951 perturbó esa realidad apacible: Alejandro nació con una discapacidad cerebral que rápidamente se reveló de difícil resolución, aunque la pareja durante los primeros años no asumiría que se trataba de un problema irreversible. Una versión dice que el origen de la discapacidad de Alejandro fue una operación de hernia de Alicia Hartridge mientras estaba embarazada. A principios de la década del 50 la anestesia que se administraba para dormir al paciente contenía gas y el gas habría afectado el cerebro de Alejandro, en gestación en el vientre de su madre. Videla no confirmó ni negó esta hipótesis: *Fue un problema genético. Yo tuve una comisión en los Estados Unidos que iba a ser por dos años y luego se resolvió en un año y meses. Es verdad que el Ejército me destinó en comisión para que pudiera tratar a mi hijo y enterarme si tenía posibilidades de mejorar. Pero allí nos desahuciaron respecto al chico. Nos dijeron que las cepas del cerebro no se habían desarrollado y ya no lo harían. Nos sugirieron que había que internarlo en un lugar donde se ocuparan.*

Videla gestionó el viaje a Estados Unidos cuando Alejandro tenía cuatro años. No era un niño postrado, pero no reconocía siquiera a sus padres y, según recuerdan vecinos y parientes, andaba "como un animalito o una plantita". Una mirada no alcanzaba para detectar la enfermedad de Alejandro, a quien todos describieron especialmente hermoso y, años más tarde, apuesto. Pero, según quienes lo conocieron, bastaba verlo caminar para tomar nota de sus dificultades. La familia no se resignó al cuadro irreversible de Alejandro. El padre apostó a las consultas en centros especializados de Estados Unidos. La conformación de la Delegación Argentina ante la Junta Interamericana de Defensa (JID) le dio a Videla la posibilidad de viajar con toda su familia e instalarse en Washington. Hasta entonces, las representaciones ante la JID se conformaban con un miembro de cada fuerza, pero ese año se creó un nuevo cargo, el de presidente de la Delegación, que recayó sobre el general Julio Lagos. La JID también incrementaba su importancia, la palabra Defensa se asociaba cada vez más a la lucha contra el comunismo internacionalista y a sus representantes en América Latina. El general Lagos necesitaba un auxiliar y en ese puesto fue designado Videla, para que, además, pudiera realizar las consultas por la enfermedad de su hijo.

Con una carrera de ascensos lineales, cumplidor puntilloso pero sin ramalazos de talento, Videla realizó muy pocos viajes antes de asaltar la presidencia. Entre 1956 y 1958, sin embargo, durante 18 meses tuvo la ocasión de respirar el clima político de un momento particular en el ordenamiento del poder mundial, con el bloque soviético y el norteamericano en plena tensión. Su relato de aquella experiencia fue la siguiente: *La Junta era un organismo de orden internacional. Yo, como auxiliar, tenía cierto contacto con sus integrantes y con militares norteamericanos y de otros países. Fue una experiencia humanamente muy rica. La función de la JID era atender problemas de tipo continental. Se estaba en plena Guerra Fría, año 1957, estaba el tema del TIAR (Tratado Interamericano de Asistencia Recíproca). La Junta deliberaba y producía recomendaciones, etcétera, no obligatorias, por supuesto. La JID también organizaba viajes, visitas a instalaciones, en fin, una serie de actividades. En esas circunstancias, creo que a fines del 57, fui a ver una explosión atómica en el desierto de Nevada. El invitado al ensayo nuclear había sido el general Lagos, pero él me lo derivó: Usted es un hombre joven aprovéchelo, me dijo. Yo tenía el grado de mayor. Ver esa explosión fue para mí, primero un privilegio, algo que muy pocos tienen ocasión de ver. Después fue una corroboración en los hechos de todo lo que había visto en las películas, lo que me habían contado y demás.* En esta narración anodina de su viaje, se reiteran algunas constantes: la importancia que para Videla tenían los *privilegios*, el acceso a una posición a la que *muy pocos* accedían. Detrás de su máscara de modestia se adivina el placer de la singularidad. Puesto a mirar el hongo atómico entre un grupo de militares, Videla volvió a sentirse único. Regresó al país en 1958, cuando Arturo Frondizi era el presidente de un retorno constitucional deficiente, que se había consumado con la proscripción del peronismo. Regresó sabiendo que no había modo de remontar la enfermedad de su hijo Alejandro, *desahuciado*, y con su ideología anticomunista reforzada. Estaba por cumplir 33 años y no se podía quejar de su derrotero militar, aunque su peripecia no se traducía en crecimiento económico del grupo familiar, que era asistido por parientes, sobre todo por la rama Hartridge, y que aun así tenía un pasar apenas discreto y debía enfrentar los gastos generados por la discapacidad del tercer hijo.

Videla revistó en el Colegio Militar de la Nación entre el 29 de enero de 1948 y el 28 de marzo de 1951. Durante ese período, el 3 de noviembre de 1949 fue ascendido a teniente primero. En marzo de 1952 recibió el grado de capitán. Entre ese año y 1954 cursó la Escuela Superior de Guerra, que lo habilitó como oficial de Estado Mayor, aquel rango al que no había accedido su padre. Apenas egresado volvió a su destino por antonomasia, el Colegio Militar, esta vez como jefe de compañía. Videla aprobó en octubre de 1951 el examen para ingresar a la Escuela Superior de Guerra con un promedio de 8,04. La nota más alta la obtuvo en Táctica General (8,65) y la más baja en Historia Militar (6,75). El primer año lo promovió con un promedio de 7,58, el puntaje más destacado lo sacó en Conducción Blindada Mecanizada y nuevamente el más deficiente en Historia Militar (6,75). En segundo año, la calificación en Historia Militar (6,50) hace descender su promedio a 6,80. Pero el concepto general, según el jefe del segundo año, el oficial Julio Enrique Silva, fue: "Capitán serio, sencillo y estudioso que ha obtenido buenos resultados en el curso poniendo de manifiesto muy buenos conocimientos". En tercer año, el capitán Videla se esforzó más y culminó la carrera con 7,67 de promedio y la satisfacción de haber obtenido por fin un 8,25 en Historia Militar, apenas algo menos que en Operaciones Aéreas y Operaciones Navales (8,50). Su legajo de alumno se cerró satisfactoriamente el 20 de diciembre de 1954: "Obtuvo diploma de oficial de Estado Mayor". Videla ascendió a mayor el 18 de julio de 1958. En esa condición, tras su regreso de Washington, continuó sus servicios en la Subsecretaría de Guerra. En la clasificación de aptitudes se reiteran los "sobresaliente", excepto en Administración, donde no clasificó; en la carpeta no figuran las razones de esa ausencia.

El currículum como mayor colocó a Videla rumbo a una alta jerarquía profesional. Desde que recibió el sable de subteniente en adelante, trabajó su perfil ascendente con la proa puesta en el generalato y trató de que la vida política, en la que los militares irrumpían como factor central, no le frustrara ese proyecto, aunque su alineamiento y su ideología no le permitirían quedar totalmente al margen de los acontecimientos. Videla trabajó en dos frentes: la búsqueda de excelencia en el terreno profesional y el bruñido de su imagen. El general Lagos evaluó de esta manera su funcionamiento en Washington: "Ha sido un auxiliar eficiente en las complejas tareas que desarrolla la JID. Supo captar la buena voluntad y admiración de sus colegas extranjeros. Noble, leal camarada, merece el más alto concepto". En 1960, el Ejército introdujo cambios en el método de calificación de sus oficiales. Toda la actividad pasó a confluir en cinco rubros: Carácter, Espíritu militar, Capacidad intelectual, Competencia en el mando, Competencia en el gobierno (en la administración). En cada uno de estos cinco rubros, sus calificaciones fueron las más altas. Su promedio, 100, era insuperable cuando regresó por otro largo período (1958-1963) al Colegio Militar de la Nación. Según el teniente coronel Orencio César Anaya, Videla mereció las máximas calificaciones por "el hecho de haber sido seleccionado para prestar servicios en el CMN y por una permanente ratificación de sus condiciones". El general de brigada Rosendo Fraga, además de conspirar desde su puesto de director del Colegio Militar, tuvo tiempo para refrendar las calificaciones de Videla en estos términos:

a) Excepcional preparación profesional y general - Cultura

b) Extraordinario espíritu militar - Capacidad de trabajo - Abnegación y modestia - Firmeza y humanidad en el mando - Se destaca nítidamente en el Ejército.

Videla era ya un militar formado por excelencia en el Ejército. Su funcionamiento en ese ámbito, y fundamentalmente en el Colegio, comenzó a adquirir características emblemáticas. A esa altura estaba muy bien adiestrado para conseguir el sobresaliente. Conocía las condiciones: cumplimiento, contracción, obediencia, orden en la vida privada. Videla quedó huérfano de padre en 1952, año en el que Rafael Eugenio murió súbitamente de cáncer, aunque es posible que ese padre siguiera presente, diseminado en la institución militar. Con pasos cortos y firmes, Videla avanzó por el escalafón del CMN. Fue instructor, capitán jefe de compañía, mayor jefe de batallón, teniente coronel jefe de cuerpo, coronel subdirector y, ya en el generalato, director del Colegio Militar. Por ese eterno retorno fue apodado "el Cadete". Aun en los años en los que el Ejército asaltó el poder, se fraccionó y padeció duros enfrentamientos internos, él siguió manteniendo su compostura y continuó en esa institución por donde pasaban oficiales prestigiosos pero sin el peso político que por ese entonces confería el poder de fuego. Videla llegó incluso al golpe de 1976 sin que esas turbulencias lo rozaran. No sufrió un solo arresto; jamás se había visto obligado a cruzar la frontera. Los gobiernos pasaban y el cadete Videla seguía avanzando, mientras muchos de sus camaradas tenían una vida militar activa, cruzada con la política y la conformación de nuevos grupos económicos que les abrían otros horizontes y otras tentaciones. Videla contemplaba de cerca esa dinámica pero no se dejaba tentar. Su naturaleza de único silencioso se realizaba en esa foja impecable, tensado siempre en el cumplimiento y soportando sólo la angustia típica de la vida militar que se plantea ante cada ascenso o traslado.

Videla hizo muy poco en una fuerza en la que sucedía mucho. Como su padre, se impregnó automáticamente de ese ejército en el que los cadetes del Colegio deslizaban entre sus manos las cuentas de un rosario indio, el quipu, hecho con hilos, al mismo tiempo que dibujaban esvásticas en el reverso de las tapas de madera de los pupitres, una mezcla de nazificación y religiosidad que más adelante ocuparía la vida pública, cuando él asaltara la presidencia. El mismo Colegio en el que un cadete de apellido Kessel fue aislado por sus compañeros por la sospecha de que el apellido tenía antecedentes semitas. El Colegio en el que por las noches se leían los textos apocalípticos del nacionalismo conservador. La impecable marcha profesional de Videla no se compadecía, sin embargo, con su situación económica. La economía familiar era demasiado ajustada, pero el escudo del ascetismo personal le permitía sobrellevar las estrecheces derivadas de una prole numerosa.

Con su quinta hija en brazos, Videla regresó de Washington. El cuarto hijo, Rafael Patricio, había nacido en Morón el 6 de mayo de 1953. Después de la seguidilla, hubo un paréntesis de cinco años en la fecundidad de Alicia Raquel Hartridge, hasta el alumbramiento de María Isabel en Estados Unidos, el 25 de enero de 1958. La familia se amplió con el nacimiento de Fernando Gabriel el 7 de febrero de 1961. Un último y sorpresivo embarazo puso en el mundo a Pedro Ignacio, el 24 de marzo de 1966. El matrimonio Videla había fijado su primer domicilio en Morón antes de mudarse a Hurlingham. Esa ciudad fue la elegida para establecerse definitivamente, allí compraron la primera vivienda, la tercera que habitaron y en la que vivirían quince años. En esa oportunidad se trasladaron a una zona más favorecida, el barrio Parque Quirno, a doce cuadras de la estación Hurlingham del Ferrocarril San Martín. El Palomar, con el Colegio Militar, y Campo de Mayo, principal asentamiento del Ejército, estaban cerca. La casa propia de los Videla cumplía el sueño arquetípico de un matrimonio de clase media en ascenso en los años 50. No tuvo ni el espacio ni el brillo del excedente económico. El barrio, con casas bajas, pequeños chalets típicos con techo a dos aguas y otros grandes con amplios jardines, sin duda contenía una promesa de progreso para el matrimonio. La casa de los Videla siguió sobre la calle General Francisco Miranda 1846, entre Pizzurno y Bélgica. Era de una sola planta, con techo de tejas, entrada de garaje, un pequeño jardín al frente y otro atrás. De su aspecto a principios de los 50 sólo cambió la fachada, que pasó del ladrillo a la vista al revestido en piedra Mar del Plata. También el aspecto del barrio cambió, adquirió prestigio porque era la zona urbanizada, residencial, de Hurlingham más cercana al centro. Cincuenta años antes, las casas lindaban con terrenos baldíos y estaban esparcidas irregularmente. Con el tiempo, el gas natural desplazó al camioncito de las garrafas, llegó el agua corriente y desaparecieron los charcos de las calles de tierra. Cuando el joven matrimonio Videla se mudó a Parque Quirno sólo había tres chalets en la cuadra. El que ocuparon había sido construido por un italiano, Tino, cuya familia —Sabatino— siguió viviendo a la vuelta. Antes de llegar a manos de Videla, la casa había sido edificada para un chileno, quien la vendió a un segundo propietario. Su constructor rememoró que el chalet por entonces constaba de dos dormitorios, una pieza para coser (la mujer del primer propietario había sido costurera) que Videla transformó en un dormitorio más para albergar a su familia numerosa, un living de 3,50 por 6 metros, cocina y baño. La casa tenía los mismos problemas que otras del barrio: debajo de los pisos proliferaban unos enormes hormigueros cuya erradicación requería levantarlos. A los Videla nunca les alcanzó para esa renovación; unos quince años después, quien le compró la casa se quejó ante los vecinos por esas verdaderas ciudades de hormigas. El nuevo dueño sí cambió los pisos. Treinta años después de que el matrimonio dejara Parque Quirno, un puñado de vecinos recordó anécdotas que quizá se hubieran diluido si el jefe de familia no hubiera llegado a ocupar un cargo de talla nacional, algo impensable para cualquiera de ellos en la época en la que los frecuentaban. Ante esos vecinos, los Videla dejaron una imagen de familia normal, muy unida, con un padre que trabajaba todo el día y una esposa entregada a sus tareas de ama de casa y a la crianza de los hijos, "todos muy buenos chicos". Las palabras, a la hora de describir a Videla, fueron coincidentes: "sencillo, amable, recto, atento, muy serio". En verdad, al oficial lo veían muy poco durante la semana. Los recuerdos de fin de semana acudieron con mayor facilidad: los sábados Videla se ponía pantalón corto, zapatillas, remera y cortaba el pasto de la entrada con una máquina manual de cuchillas en rodillo. La vecina alemana, en cambio, lo recordó "cortando el pasto con tijeras". "Si uno lo saludaba —afirmó— él devolvía el saludo muy amable, pero no era de conversar. A mí me quedó la imagen de que era de esos hombres que si tenía que cumplir un deber lo cumplía". Otra vecina relató: "Acá eran todas calles de tierra, todo campo hasta la estación. Los días de lluvia pasaba el lechero con su carro tirado por un caballo y lo acercaba a Videla, que iba a la estación, porque viajaba en tren hasta El Palomar para trabajar en el Colegio Militar". Los antiguos vecinos también recordaron que los domingos toda la familia Videla caminaba hasta la Parroquia del Sagrado Corazón, aunque algunas veces iban en auto, una Estanciera en los primeros tiempos y un Ford Falcon, que en ocasiones manejaba un chofer y que el mismo Videla lavaba en la puerta de su casa los fines de semana. En el último tramo de los quince años en Hurlingham, Alejandro fue internado en la colonia Montes de Oca en Torres, precisamente el 28 de marzo de 1964, y los Videla lo visitaban los domingos por la tarde.

La evocación de Alicia Hartridge generó en los vecinos una semisonrisa. Dijeron de ella que era "amable, conversadora y simpática". La almacenera de entonces la recordó preocupada por la buena mesa, en contraste con el desinterés de su marido. La memoria logró extraer incluso una frase intacta de su ex vecina: "Tengo que hacerle un postre, él no es de mucho comer así que tengo que hacerle algo vistoso". Sin embargo, el rasgo más notable en el vecindario al hablar de la señora de Videla es hablar inmediatamente de Alejandro y de su discapacidad como una experiencia que marcó a toda la familia y que a la Hartridge la tenía "muy atada". Cuando el matrimonio salía sin los hijos una señora quedaba a cargo de ellos y sobre todo de Alejandro, quien con el paso de los años comenzó a agredir a los hermanos hasta hacer insoportable la convivencia, según contaba en el barrio, desolada, su madre. De acuerdo con el relato del padre Ismael, primo de Alicia, Alejandro tenía en la casa una habitación especial, con las paredes acolchadas porque "se daba topetazos". Los vecinos lo veían en la calle caminando con dificultad, alto, delgado como el padre, rubión. "Lo que han hecho por él" dijo suspirando Sandra, una de las vecinas. Recordó que cuando los Videla regresaron de Estados Unidos "los médicos les dijeron que tenía un problema con las cepas del cerebro, que era un caso entre diez mil y que justo les había tenido que tocar a ellos". "Al volver —siguió— Alicia nos contó que su marido la acompañaba a todas las consultas porque él hablaba inglés y ella no". La memoria del vecindario también registró a los otros hijos del matrimonio: María Cristina, la hija mayor, quien se trasladó a San Luis y que cuando tenía unos 18 años hizo en su casa una especie de colonia de verano con los chicos de la cuadra, para hacerse unos pesos; Jorge, que se recibió de médico y al que veían poco porque se tomaba en serio los estudios; Rafael Patricio, oficial del Ejército, que siguió a Alejandro y reiteró otros pasajes de la peripecia paterna, ya que al igual que su padre desde chico quiso ser militar y, como él, trató de ser disuadido. Rafael intentó con la carrera de Ingeniería pero finalmente concretó su destino. Los vecinos también recordaron a Pedro Ignacio, el menor, que a sus ojos era el más avispado. La historia escolar de los hijos de Videla contiene nombres religiosos: el Sagrado Corazón, el Emaús de El Palomar. También el Liceo Militar, donde Jorge hizo el secundario. Otro establecimiento al que concurrieron los hijos menores de Videla fue el Instituto Privado Don Jaime, situado en Bella Vista y que llevaba el nombre de un caballero español de la Edad Media que alentaba la imposición del Evangelio mediante la fuerza. Allí los adolescentes recitaban estos versos: "Ay Virgencita que luces/ ojos de dulces miradas/ que vieron pasar espadas/ que dieron paso a las cruces/ brillen de nuevo las luces/ del filo de las espadas". Los hijos de Videla asistieron, luego, a un nuevo brillo de cruces y espadas con su padre a la cabeza.

Los Videla, durante su largo período en Hurlingham, fueron considerados una familia "de puertas adentro". Recibían cada tanto la visita de la madre de Videla, doña Olga, y del embajador Hartridge, de quien los antiguos vecinos recordaron el parecido con su hija, "también grandota, bonita de cara, pero bastante fuera de línea". Según la opinión del almacenero, "fue evidente que cuando le tocó hacer de primera dama adelgazó mucho". Cuando viajaron a Estados Unidos, una vecina le ofreció a Alicia cuidar las plantas, pero ella lo rechazó; en cambio manifestó que al volver las cambiarían todas. Sin embargo, sí tuvo un gesto de confianza: le dejó la llave de la casa a Laura, de la familia Sabatino, que también tenía una proveeduría y un almacén. Cuando Videla asaltó el poder en 1976, hacía ya una década que se había marchado del barrio y las anécdotas tendían a pintarlo como un hombre justo. Videla, por ejemplo, jamás había llevado a un conscripto para que lo asistiera en tareas domésticas. En cierta ocasión mientras podaba un ligustro que hacía las veces de medianera con la casa de los Sabatino, uno de los italianos le preguntó por qué no traía un cadete para que hiciera la tarea. *Los cadetes son para servir a la Patria*, fue su seca y altiva respuesta. Un mito barrial que pervivió fue la cerrada negativa de Videla a ayudar a cualquier vecino que pretendiera salvar a su hijo del servicio militar obligatorio o ubicarlo en un destino que no perjudicara sus estudios o su trabajo. El latiguillo invariable era: *Perdóneme, pero eso es algo que no hago ni por mis propios hijos*. La vecina de origen alemán continuó defendiendo a Videla: "Él era un hombre que no tenía desbordes en nada". No obstante, la rectitud aparece, en Videla, relacionada con la inacción, sobre todo cuando se trata del prójimo.

En los años de Hurlingham, Videla se acercó a los grupos del Movimiento Familiar Cristiano (MFC), que había conseguido una fuerte implantación en la zona. En los sesenta, la movilidad de ideas, la renovación de las costumbres, la creciente presencia de la preocupación política en los distintos sectores sociales, se reflejaban también en el MFC, donde las parejas adultas tenían sus reuniones coordinadas por un sacerdote. El clima de la época se prestaba para la pluralidad y los grupos se integraban con familias de clase media de diversas profesiones y cierta variedad ideológica, con el parámetro común de la creencia en el culto católico, apostólico y romano. Videla era el único militar de su grupo, en el que participaban también el contador Horacio Palma, administrador de campos en Mendoza, confeso hombre de izquierda que en las discusiones y análisis sociales se enfrentaba con frecuencia con Videla, o el matrimonio Sostres, interesado en la política, la literatura y la filosofía. Algunas discusiones eran ardorosas, sobre todo cuando los católicos de clase media cuestionaban la validez de su fe ante las desigualdades sociales y la exclusión. La hija de los Sostres, María Lidia recordó que Videla, en cambio, "tenía todo resuelto, el mundo se dividía en dos: malos y buenos, blanco y negro, creyentes y ateos". Según María Lidia Sostres: "Para su propia autoestima y para vivir en paz con su conciencia, comulgaba todos los domingos con su misal bajo el brazo y el gesto humilde y recogido. Tenía el orgullo de jamás haber usado a ningún soldado como otros jefes militares para tareas personales, algo que lo irritaba de sobremanera". El matrimonio Videla coordinaba un grupo de jóvenes en el marco del MFC. María Lidia Sostres estaba entre ellos; se aburría con los debates, esperaba impaciente que se hicieran las doce de la noche para que del debate se pasara al baile. Según Sostres, para los Videla "el mundo real no existía, ni el de afuera ni el de adentro. No existían ni la pobreza, ni las huelgas, ni el sexo".

La monja francesa Yvonne Pierron, residente en Misiones y que realizaba trabajos parroquiales en Morón y Hurlingham, recordó a Videla merodeando por grupos "que tenían ese discurso nazi-católico". Dijo la hermana Pierron: "En Hurlingham había un montón de gente en eso. Los movimientos del tipo Tradición, Familia y Propiedad eran fuertes en los 50 y en los 60. El Movimiento Familiar Cristiano era otra cosa, familias de las comunidades cristianas. En esto estaban los Uriburu, los De Nevares, los Díaz". En la parroquia Sagrado Corazón, Videla, de saco y camisa abierta, servía la misa de los domingos. En ese templo los hombres adultos oficiaban de monaguillos. Yvonne recordó: "Él, cuando estaba en misa, se adelantaba a ese fin, para servir al padre. Era voluntario, de los que se acercan a pasar el agua, el vino y hacen las lecturas que no están destinadas al sacerdote oficiante". La almacenera Laura, también testigo del papel de monaguillo de Videla, rememoró: "Se lo veía como una persona en paz". El juicio de la hermana Pierron, quien precisamente por esos años compartió actividades de catequesis con otras dos monjas francesas, Renée Léonie Duquet y Alice Domon, que serían asesinadas por el régimen videlista en 1977, fue diferente: "Si había una misa él estaba. Y era un oficial común, un hombre común. Francamente cuando subió al poder nos sorprendió porque era un hombre que no sobresalía en nada. Lo poco que lo he visto y recuerdo de aquellos años me alcanzó para darme cuenta que había sido criado en ese catolicismo de Dios y la Patria, Dios y la Patria. Él era eso".

* * *

"Mi esposo no gana como para gastar demasiado" era la frase que aún repiqueteaba en los oídos de las vecinas de Hurlingham. La pronunciaba Alicia Raquel Hartridge en los años 60, acaso para que ellas no se confundieran: ser militar, si se era honesto como su esposo, no significaba automáticamente ser rico. Otra vecina recordó que cuando Alicia quedó embarazada de su último hijo, Pedro, dijo: "Y, una enfermedad grave es mayor gasto, así que lo vamos a tener". ¿Acaso habían sopesado otra alternativa? ¿O doña Alicia simplemente había dicho eso en relación con el dinero que gastaban por la enfermedad de Alejandro? En la observación del vecindario, la situación económica de los Videla por entonces era sobre todo de carencia, aunque la pareja fuese cumpliendo con la típica renovación de automotores de la clase media de hace tres décadas (la Estanciera Ika, el Ford Falcon). De todos modos, el sueldo del oficial Videla no era el único sostén de la familia numerosa. Como se dijo, en momentos de apuro recibieron el apoyo económico de los Hartridge. Cuando murió Samuel, el padre de Alicia, recibieron dinero extra de la venta de propiedades del embajador. "La plata no les sobraba, al contrario", afirmó la vecina Laura. Pero alcanzaba para no alejarse demasiado de los signos exteriores del rango social de "bien nacido", como correspondía al antiguo apellido Videla, bruñido desde el fondo de la historia nacional, realzado por la raigambre fundadora de los puntanos y por la posesión de tierras que luego se desvalorizarían y se perderían.

No sin esfuerzo, Videla conseguía sin embargo mantener cierto decoro. El lugar en el que vivía, Hurlingham, con su aire british, ponía en evidencia su inserción social, aunque ese pueblo, como otros del conurbano bonaerense nacidos con cierta reputación añosa y solariega, terminara invadido por la prosperidad de los sectores medios y bajos, un fenómeno que a la larga le haría perder su marca diferenciadora. El ajustado desarrollo económico del matrimonio Videla-Hartridge acerca también la certidumbre de que, por entonces, Videla no participaba de la creciente cercanía entre jerarcas militares y empresas monopólicas, una vinculación que les permitiría a muchos oficiales de Ejército aumentar sus patrimonios y explorar nuevos horizontes de crecimiento y status social. Pero el oficial Videla no dejó de trabajar para mantenerse en un grupo de pertenencia aproximadamente distinguido. Si bien su posición económica no le permitía enseñorearse con las nuevas gemas del consumo ni con resonantes viajes al exterior, utilizaba otros métodos para permanecer en la antigua casta, y fundamentalmente uno, en el que se movía con severa naturalidad: el ritualismo religioso, la ampulosa manifestación de su fe. Para un "seco" como Videla, la religiosidad funcionó como una estética de clase. En los años 60 Videla no parecía muy interesado en actualizarse en las nuevas reglas del juego social de los sectores medios. Prefirió tomar el inalterable rasgo religioso, mostrarse como un hombre "bien" a partir de la exteriorización de su creencia. Los oligarcas de cuna abandonarían de a poco el ascetismo en favor del acceso a formas superiores de consumo. En Videla, en cambio, se da la curiosa paradoja de la exhibición ostensible de su afición al culto, tal vez para demostrar la posesión de una ética que lo mantuviera entre los privilegiados. Sin embargo, su religiosidad funcionó ante todo como ornamento y quizá como interioridad autosatisfecha, porque no hubo acciones solidarias o comunitarias que marcaran una comprensión más abierta y actualizada del cristianismo en la época en que concurría a la parroquia de la antigua calle Kvour con la camisa abierta y el pañuelo al cuello. Más adelante, tampoco le costaría destripar sin reparos los principales mandamientos de su fe. Para su cristianismo virtual, esto no implicaría ninguna contradicción.

El obediente Videla adulto, casado, con hijos y una carrera profesional en marcha, adecuó su vida a los parámetros heredados del clima de la casa paterna. No objetó nada; antes bien, radicalizó esa marca. Videla partió de las coordenadas sociales y económicas en las que se generaría el más rotundo espíritu reactivo a cualquier posibilidad de integración social. En Mercedes, a diferencia de los Agosti, los Videla no tenían conexión con los sectores populares. A Agosti padre, por ejemplo, se lo recuerda andando en bicicleta por el pueblo; el rodado tenía un canasto donde transportaba las máquinas de escribir que arreglaba en su taller. Los hijos integraban amplias barras del club de Mercedes, en las que Jorge apenas se dejaba ver algún fin de semana. Los Videla eran una familia recogida en su casa y con pocas compuertas hacia el exterior. En la familia paterna también hubo arcas flacas y corazón religioso. Videla padre fue, al igual que su vástago, un pobre de solemnidad, un hombre de clase media conservador de las antiguas virtudes, de ese sector de propietarios de tierras empobrecidos que, al no poder empinarse socialmente con el poder económico, preservó la moral de clase como signo de su lejano origen patriarcal. Como muchos primos pobres de la oligarquía, el padre rescataba el pasado militar de sus mayores para hacerse un lugar bajo el cielo; no tenía posesiones que mostrar ni se distraía en placeres mundanos. Los Videla "vivían con lo justo", "no se mostraban"; "se los veía mucho en la Iglesia". Incubaron, entre los años 30 y 40 y por excelencia desde la aparición del peronismo, la ideología de clase más restrictiva del paisaje social argentino: la del medio pelo resentido, estrecho en sus goces, ahogado en sus vínculos. Y una religión gélida, con escasísimas conexiones con el prójimo de carne y hueso. La misma combinación del matrimonio paterno puso en el mundo a Jorge Rafael Videla en el lugar de un oficial de Ejército desclasado, pariente pobre de los fundadores y de los verdaderos dueños de la tierra, casado con una ama de casa hija de comerciantes que no poseía el lustre de un apellido tradicional pero que trataba de imitar las virtudes victorianas de aquellos patricios para ubicarse socialmente.

La pareja paterna Videla-Redondo no era aproximadamente aristócrata, ni tampoco se asoció para convertirse en una familia burguesa de clase media ascendente. Don Rafael y doña Olga eran apenas la suma del virtuosismo interior y el puesto público derivado de la carrera militar. Su pertenencia social era tan débil e inestable que el progreso de los otros, de los que venían de sectores tradicionalmente postergados, les resultaba especialmente perturbador. Para don Rafael, el peronismo fue algo insoportable; cultivaría un gorilismo rabioso y extremo hasta su muerte. En el sector que integraba, cuanto más se aproximaban los sectores del trabajo al poder adquisitivo de quienes sólo tenían su apellido, más potente era el odio de clase. Altivo y amargado, en los últimos años de su vida el padre de Videla vio evaporarse el capital simbólico que había recuperado tras el golpe del 43, cuando había sido designado comisionado municipal. La herencia de su padre gobernador de San Luis había sido flaca; accedió a su primera vivienda por su matrimonio, a través de los Redondo; fuera de la casa que más adelante compraría en Mercedes, del auto y de la adquisición en sociedad con su prima Ercilia de la casa de veraneo en el paraje El Trapiche de San Luis, Videla padre no pudo exornar su señorío con aquello que realmente lo hubiera sustentado: la posesión de tierras feraces. El techo social de don Rafael fue el "buenas tardes teniente coronel". En aquellos años, y aún en estos, el Ejército siempre se integró con devaluados que veían de cerca la fiesta del verdadero dinero, del verdadero lustre. El hijo no tuvo demasiados elementos para proponerse otra cosa que heredar la frágil situación del padre y tratar de enriquecerla con alguna jineta más. Don Rafael Eugenio, el que acercó su apellido de criollo viejo a los comerciantes Redondo, el que no tuvo recursos para superar su destino mercedino, asumió con las insignias de teniente coronel todos los ritos de un pueblerino de pro: trajinó por entidades vecinalistas, impulsó homenajes al general José de San Martín, cruzó la plaza con la cabeza alta de los hombres respetados, se movió entre "la parte sana" de la población. Esta ideología de plaza y Rotary, tan notoria en los pueblos de provincia, llegó a su punto de máxima tensión durante el gobierno peronista. Desde que dejó la función pública y hasta el día de su muerte, don Rafael la cultivó con fruición.

En poblaciones como la de Mercedes, la división entre gente "principal" y gente "inferior" adquirió un tono decididamente político. En un tiempo en que los resquemores de clase dividían al país en "peronistas" y "contras", esta partición binaria podría pasar más inadvertida en las grandes ciudades, pero se hacía patente en los pueblos chicos. Por un lado estaban los que ocupaban un lugar en el mundo por la vigencia de las nuevas leyes laborales y sociales; por otro, los "placeros" decentes y bien nacidos, que ya no tenían dinero pero mantenían la diferenciación con la actitud despectiva y la teatralidad religiosa. A raíz de la brusca pincelada de protagonismo popular de los años 40 y 50, hubo tensiones políticas, enemistades partidarias y de clase, diferencias culturales. Los parientes pobres de los verdaderos dueños de la tierra nunca se sintieron tan al borde de la disolución y nunca vieron a las mayorías como un todo amenazante, aunque en términos estrictos sus escasas posesiones materiales y su ascético acervo simbólico no estuvieran amenazados. El país cimarrón en plena movilidad sociopolítica logró ponerles los nervios de punta. Videla padre no pudo reivindicarse (sin duda, a más de un "libertador" del 55 le hubiera complacido reponer a ese oficial decente en el asaltado Palacio Municipal); su hijo, cabal heredero de la ideología del padre, cumplió con el mandato familiar de borrar al peronismo y ser un "contra" activo.

En realidad, la rama de los Videla que don Rafael encarnó venía mal perfilada. La tierra de San Luis, como la de gran parte del interior del país, se había desvalorizado durante el período de consolidación y apogeo de los sectores agroganaderos del litoral. Señores de Cuyo, pioneros de San Luis, las derrotas políticas infligidas por los federales y las sucesivas muertes de los varones cabeza de familia fueron empobreciendo a la rama puntana. Dos años antes de que naciera Jorge Rafael, el 20 de julio de 1923 a las tres de la tarde, vastos parajes de los Videla sanluiseños fueron a remate. El martillero público Miguel Roig había publicado la orden de remate público el 28 de junio de ese año. Las deudas hipotecarias carcomían las posesiones de los Videla, según se lee en el edicto aparecido en el periódico de Villa Mercedes El Tribuno: "Por disposición del juez de Primera Instancia en lo Civil y Comercial de esta circunscripción judicial, doctor Félix Quiroga, en el juicio que por cobro hipotecario de pesos sigue el Banco Español del Río de la Plata contra Emma Sosa de Videla se hace saber que se ha ordenado la venta en remate público del inmueble hipotecado propiedad de la deudora, el que se encuentra ubicado en esta provincia y departamento, partido de Villa Mercedes, denominado Fuerte Viejo con todo lo edificado, alambrado, plantado y demás que tiene adherido al suelo, con una superficie de doscientas treinta y nueve hectáreas sesenta y ocho áreas, cuarenta centiáreas". El Fuerte Viejo o Fuerte de San Lorenzo había sido una de las posesiones más caras a los Videla. Allí se habían plantado para ganarles territorios a los indios ranqueles en las orillas del río Quinto. La pérdida de tierras los colocó en situación de desventaja social y económica ante quienes gozaban de sus posesiones en la pampa y el litoral, verdaderos protagonistas del despegue burgués de los descendientes de los conquistadores que llegaron a sentirse una aristocracia per se. El puesto público, los lugares intermedios y bajos del poder político y de la administración, las carreras universitarias y las escuelas militares fueron las opciones para que los empobrecidos como Videla edificaron su sitial para progresar en la vida. Esta rama de los Videla no optó por el comercio ni por los oficios pequeñoburgueses rentables que les hubieran permitido un buen nivel de ingresos y una nueva perspectiva. Prefirieron dejar ese impulso para los "gringos" y enguantarse las manos en las fiestas patrias.

El declinante derrotero económico sanluiseño estuvo rodeado por el clima del conservadurismo provinciano tributario del Partido Demócrata, el único partido político que Videla manifestó admirar verdaderamente y al que le hubiera gustado que pertenecieran sus hijos y nietos. Los Videla tenían muy cerca al caudillo Reynaldo Pastor. Jorge Rafael Videla conoció a su esposa en una de las visitas que su suegro, Samuel Hartridge, le hizo a don Reynaldo a la provincia. Videla promovió al gobierno a uno de los hijos de Reynaldo, Carlos Washington, quien pasará de la crianza de pollos en Pontevedra a la Cancillería, entre 1978 y 1981. El viejo caudillo Reynaldo Pastor sentó doctrina de odio racial y social, con las más cínicas y odiosas observaciones sobre la movilidad económica de las clases bajas durante el peronismo, irritado por el cambio de costumbres de la que antes había sido su servicial peonada. Así, se molestó porque en las villas miserias se avistaban antenas de televisión; para este dirigente conservador, cualquier signo de avance del pobrerío resultaba ofensivo. Conspiró en el fallido golpe de 1951, donde trabó amistad con el general Lonardi, y por fin halló lugar en el gobierno nacional con el exitoso golpe de Estado de 1955, como integrante de la Junta Consultiva primero y como embajador en Portugal después. Este caudillo puntano que marcó con su liderazgo el conservadurismo del interior más allá de su provincia, supo pregonar como nadie la ideología de "la democracia de los demócratas" y despreciar las opciones políticas de las mayorías. En un discurso en la Escuela de Guerra, el 8 de setiembre de 1956, este verdadero pariente político de Videla se refirió de esta manera a la libertad: "Algunos la quieren realmente y tratan con empeño de conseguirla para todos, otros la subordinan a otros fines, como la seguridad social o la igualdad económica". En esa misma línea, se congratuló de que una vez derrotado el peronismo el país siguiera siendo "sustancialmente igual en sus creencias e ideales" y no concibiera "otra organización social que la fundada sobre la familia monogámica, la responsabilidad individual, la libre iniciativa y la propiedad privada". El concepto de libertad de Pastor tenía sus restricciones y azuzaba sus fantasmas: "Durante el régimen depuesto —dijo en el mismo discurso— el proceso de masificación a que se venía sujetando el país, la destrucción sistemática de todos los grupos y asociaciones espontáneas saludables que existían, disgregaba y atomizaba la sociedad y favorecía el avance comunista".

Las libres manifestaciones políticas de las multitudes le parecían a este protoprocesista el verdadero peligro que afrontaba la vida cívica: "El hombre desarraigado del ambiente, sin contacto con la tierra, que no convive en núcleos pequeños cuya influencia recibe pero sobre los que puede actuar a su vez, pierde su personalidad y acaba por seguir ciegamente los impulsos primarios de las multitudes, tan fáciles de sugestionar y dominar según leyes psicológicas bien conocidas y aprovechadas por demagogos y dictadores". El antiperonismo fue entonces la verdadera fragua del desiderátum democrático de este admirado tío político de Videla. Según Pastor, la seguridad social y la igualdad económica no integraban los proyectos de un demócrata cabal, la libertad era un bien que sólo podían utilizar quienes hubieran nacido con seguridad social y situación económica resuelta. La ilusión de quietismo atraviesa su discurso: pese a los avances del estado de bienestar, restaurado el orden conservador, el país seguía siendo el mismo en su "esencia". Siguiendo a Pastor, la peonada plebeya debía volver al campo a esclavizarse, entregar la libreta de enrolamiento al patrón de la estancia en los días de elecciones y permanecer en contacto con la tierra —sobre todo con los dueños de la tierra— desde su función de sirviente y tributario de las virtudes, el consumo y la holgada vida de los latifundistas. El contacto con la ciudad, con las fábricas, con los sindicatos, con la información, con la movilización popular que marchaba en pos de sus derechos y de su opción política la degradaban. Pastor advirtió también sobre la fatal transformación del peronismo en comunismo que, según se desprende de sus dichos, había sido evitada a tiempo por los "libertadores". De esa hipótesis evolucionista posteriormente se hicieron cargo el Ejército y el conjunto de las Fuerzas Armadas, para inaugurar un largo período de gobiernos ilegítimos y proscripciones. Pastor falleció en 1967, mientras era embajador en Portugal de otro dictador, el general Onganía. En San Luis, Videla, por relaciones familiares, frecuentación social y afinidad política, abrevó su ideología; no alcanzó a agradecerle esas lecciones con un cargo, pero sí pudo concedérselo a su hijo, Carlos Washington Pastor, casado con la otra Hartridge y, por lo tanto, su concuñado.

En "Prosa de hacha y tiza", Arturo Jauretche se ocupó de don Reynaldo, quien tras el triunfo de la Libertadora publicó el libro "Frente al totalitarismo peronista". En esa obra, Pastor desplegó sin ambages su molestia por el desarrollo del turismo popular, que tal vez arruinó la vista de El Trapiche, su pueblito de veraneo. Dice Pastor: "El turismo oficializado para holgorio de unos cuantos privilegiados fue un azote descargado sobre el rostro de los pueblos del interior, que tenían el atractivo maravilloso de una vegetación acogedora y de una singular belleza panorámica. Hombres y mujeres de todas las edades, de las más variadas siluetas y tipos, y con abundante superávit de oscura pigmentación, fisgoneadores e impertinentes, llegaban a los modestos pueblitos del interior, se instalaban durante días en lugares de mayor tránsito, en las márgenes de arroyuelos cristalinos y rumorosos, haciendo alarde de sus desnudeces y excrecencias adánicas, que, para peor de todos los males, eran la contrapartida de la estética, la belleza y el sentido del pudor con que la belleza suele adornar a la criatura humana. Así convivían día y noche, en una tremenda promiscuidad; hacían sus necesidades al aire libre, bailaban y escandalizaban durante noches enteras, prendían fogones sin cuidar la vida de las plantas y, por fin, cuando levantaban vuelo, quedaban los emplastos de los excrementos, sobras de comidas, papeles sucios, latas y botellas rotas y, sobre todo, quedaba herido el sentimiento de estos sobrios y cultos pueblos, tan apegados a las tradiciones solariegas y tan impregnados de las costumbres de natural recato y una llana concepción moral de la vida".

Jauretche vapuleó a Pastor definiéndolo como una "versión casi masculina de las señoras gordas" y recordándole que su añoranza bucólica de los pueblecitos del interior tenía como contracara la miseria de quienes ahora podían pasear e incomodar con sus miradas impertinentes a los tilingos que se sentían dueños hasta de los paisajes serranos. También al concluir que las observaciones escatológicas de Pastor y su obsesión por los emplastos alumbran la famosa visión de "este país de mierda". Así pensaba el líder del partido que Videla confesó todavía admirar, el mismo partido con el que su abuelo Jacinto alcanzó la fraudulenta gobernación de San Luis. ¿Se le puede creer a Videla cuando dice *yo no era de los que se les ponían los pelos de punta con el peronismo*? Si se saca la cuenta de peronistas muertos y desaparecidos por su gobierno se arriba a la conclusión de que manejó burdas operaciones discursivas para contribuir a su exculpación. Los odios, en Videla, fueron públicamente contenidos. Es posible imaginar que mientras a su alrededor se lanzaban expresiones de indignación por la invasión del "aluvión zoológico", Videla se mantuviera sobrio. Después de todo, estaba realizando su carrera militar bajo ese gobierno que tenía en el Ejército una de sus patas políticas y si de algo se ocupaba Videla era cuidar su persona y su carrera. Pudo decir que en aquel tiempo fue algo menos gorila que quienes lo rodearon. No obstante, no pudo sostenerlo en el período posterior, cuando el Ejército se transformó en un partido dividido en dos facciones y él adscribió, con menos tibieza que otras veces, al coloradismo, la línea más claramente antiperonista.

Videla cumplió 35 años en 1960. A partir de 1962, con su adhesión al ala minoritaria del partido militar, terminó de conformarse en una sola pieza de subjetividad política profundamente retrógrada, matizada por una vida personal y social cerrada, que acentuaba los rasgos de su personalidad solitaria. A los 35 años, este ser inconmovible que reubicó trabajosamente a su estirpe con una carrera militar de excelencia profesional fue incomodado por un feroz internismo que lo obligó a tomar posiciones. La Revolución Libertadora que derrocó a Perón se encontró con un problema irresoluble: armar una institucionalidad que poseyera algunos rasgos de legitimidad en línea con las tradiciones democráticas de Occidente y, al mismo tiempo, sacar de la escena a la fuerza política mayoritaria y a su líder, Perón, quien aun exiliado tenía un papel preponderante en la vida política. La primera solución pergeñada por los "libertadores" fue resultado de la onda expansiva de su triunfo militar y del clima rotundamente "gorila" que imponían a las instituciones y al humor cultural la lisa y llana proscripción del peronismo. En las elecciones de 1958 se impuso Arturo Frondizi, candidato de la Unión Cívica Radical Intransigente (UCRI), una escisión del radicalismo que tomaba nota de la existencia del peronismo (de hecho, en el triunfo de

Frondizi incidieron sus negociaciones con Perón, que ordenó votarlo) y que se proponía no dejar de lado el desarrollo industrial de los años 40 y 50. El frondicismo planteaba una economía y una promoción social mucho más plena que la que proponían los enemigos del peronismo, pero cargaba con el estigma del peronismo proscrito y su búsqueda estaba dirigida a hallar una ecuación política en la cual ese proyecto se pudiera concretar sin la presencia activa de las masas y de sus organizaciones. La complejidad del transcurrir político dio lugar a una proliferación cuasi cancerígena: por izquierda, Frondizi no podía evitar las críticas y acciones del peronismo proscrito; por derecha, la presión militar generó la insoportable dinámica de los "planteos" militares (Frondizi padeció 34), que no eran más que la imposición de políticas a cambio de mantener el cargo presidencial y no ser desalojado con el probado expediente de un cuartelazo. La presencia de los uniformados en la lucha por el poder alcanzó niveles absolutos, pero no se completó con una dirección política clara. Por el contrario, en las guarniciones militares, por esos años, prevalecía un estado deliberativo, una multiplicidad de liderazgos repartidos entre militares en actividad y retirados, y un grado de división interna exacerbado y fuera de control. Videla se escudó en un coloradismo más bien secreto, seguramente por temor a que una toma de posición explícita arruinara sus calificaciones. Mucho más activo fue su alter ego Viola.

En la maraña de posturas, intereses y presiones se podrían trazar dos grandes corrientes en el Ejército, que más tarde evolucionarían hacia los bandos que se conocieron como azules y colorados, una vez que se produjo el derrocamiento del presidente Arturo Frondizi. La frecuente intervención de las Fuerzas Armadas, con la amenaza nada tácita de expulsar al jefe del Estado, fue dibujando una vez más el punto en común que reunía a las tres fuerzas y presentándolas ya como un verdadero partido político con sus corrientes internas. Al fin la amenaza se corporizó y el 29 de marzo de 1962 Frondizi fue derrocado y detenido en la isla Martín García. Tras algunos movimientos tácticos de opereta que expresaron las contradicciones entre los uniformados, asumió otro civil, el presidente provisional del Senado, José María Guido, un oscuro legislador de Río Negro que entre los fuegos cruzados de los hombres de armas trató de cumplir el propósito de entregar el mando a otro presidente electo por la ciudadanía. En los cuatro años de frondicismo y los dos de Guido, las Fuerzas Armadas emergieron como actores centrales. A pesar de su fragmentación aparecían como entidad única. Tenían en común un antiobrerismo declarado y rabioso que pasaba por el antiperonismo y el anticomunismo, y un fin concreto: despojar a los sectores del trabajo de sustento jurídico, abrir el país a la utopía decimonónica de la explotación infinita, hacer de esa ausencia de derecho un estado de derecho permanente. Sólo algunos oficiales del Ejército estaban dispuestos a reconocer la existencia de las organizaciones sindicales, pero más por presumir en ellas un papel activo en la lucha contra el comunismo que por una concepción moderna de la organización social. Antes de su caída, Frondizi había permitido la realización de elecciones municipales y provinciales —entre 1959 y 1961— y para gobernador, el 18 de marzo de 1962. La ilusión de que en la sociedad se hubiera desdibujado la inclinación por el peronismo se estrelló contra la realidad, ya que el peronismo se apuntó triunfos clave, entre ellos la gobernación de la provincia de Buenos Aires. El resultado favoreció a Andrés Framini, peronista y de extracción sindical. Las matemáticas, el escrutinio de los votos, no coincidían con una democracia a medida de la "razón" de algunos iluminados, tributaria del lugar privilegiado que ocupaban o pretendían ocupar en la organización social y en el poder. Tanto los "planteos" impuestos a Frondizi como los condicionamientos a cara descubierta a su sucesor Guido reflejaron aquello que unía al partido militar como instancia orgánica. El primer pliego de condiciones acercado por los comandantes de las tres armas a Guido exhibía el programa mínimo del partido militar: retorno de todas las normativas antiperonistas dictadas por la Libertadora en 1956, que habían sido derogadas por Frondizi; intervención a todas las provincias; anulación de las elecciones del 18 de marzo; modificación del sistema electoral, en la búsqueda de una alquimia en la que no se pudieran filtrar los intereses populares, y eliminación del derecho de huelga. El presidente títere y los tres comandantes firmaron un acta secreta donde constaban estos puntos y otros que parecían francamente redundantes del monólogo reaccionario inspirado, según el texto, "en los altos intereses del país". En ese texto francamente clasista quedaban claras la "proscripción del comunismo, el peronismo y toda forma totalitaria de gobierno" y la imposibilidad de cualquier ciudadano que abrazara estas ideas de ser candidato siquiera a la cooperadora de un colegio o al club de fútbol de sus amores. A estos cruzados sólo les faltó dictar órdenes secretas de exterminio.

A pesar de ese ideario común, las Fuerzas Armadas se fraccionaron en un proceso en el que se entremezclaron una amalgama de ideologías, intereses personales y ansias de poder. En este proceso, Videla se alineó con el bando de los "colorados" y participa sin demasiado protagonismo en los enfrentamientos facciosos. Sin duda, el coloradismo sería el antecedente ideológico de la línea política que tiñó sin matices, y aun exasperado, el golpe de 1976. Como antecedente inmediato de lo que serían los "azules" y los "colorados", el ensayista Robert Potash divide al Ejército post-Revolución Libertadora en dos grandes grupos:

El grupo de los legalistas o integracionistas, formado por la oficialidad que no parecía dispuesta a avalar del todo las evidentes violaciones a la Constitución y buscaba una salida seudodemocrática, algún tipo de representatividad pero sin peronismo o con un "peronismo blanco", más "civilizado", con presencia sindical atenuada y control de los conflictos gremiales.

El grupo de los antiintegracionistas, formado por "gorilas" cabales, que aspiraban a que los sectores del trabajo sencillamente dejaran de ser sujetos de derecho, para lo cual era necesario un Estado policial, una coincidencia absoluta entre militarismo y Estado. En este grupo, por lo tanto, militaban los golpistas por excelencia. No se definían por su apoyo a proyectos o ideas de país, sino por el rechazo a otros proyectos o realidades sociales vigentes. A su vez, apelaban a una democracia ideal que sería gozada por la población después del sometimiento a la condición de "buen salvaje".

Entre los "azules" había también quienes aspiraban a un país con altos grados de desarrollo industrial, fundamentalmente con una industria para la defensa. Los "colorados", en cambio, se remitían a una supuesta edad de oro del país agroexportador, pastoril y respetuoso de jerarquías naturales. Apenas esbozaban una vaga idea de desarrollo de industrias básicas en consonancia con el papel que los centros mundiales de decisión le atribuían a la Argentina. En términos sociológicos, el coloradismo no coincidía exactamente con la representatividad que las familias consulares tenían en el Ejército. Muchos más apellidos patricios engalanaban la nómina de los "azules". Pero el coloradismo, en su exacerbado rechazo a los sectores bajos, arrastraba al medio pelo en su conjunto, a los empobrecidos del interior, a la oligarquía declinada y embobada ante los signos de poder de la que era tributario Videla, y a la clase media en ascenso que repelía la movilidad social de las capas inferiores, como era el caso de Viola. Se podría aventurar que el dúo golpista que parió la dictadura del 76 se soldó como nunca antes en esta época, en la que las Fuerzas Armadas, y sobre todo el Ejército, se cargaron de esta ideología extrema.

Los "azules", autobautizados bajo la inspiración de juegos de guerra realizados en maquetas donde el "enemigo" era "colorado", conformaban una clara mayoría en el Ejército y contaban con el apoyo de la Fuerza Aérea. La minoría colorada sumaba a la Armada y a su líder por excelencia, el almirante Isaac Rojas, que había sido vicepresidente de Lonardi y Aramburu durante el gobierno de la

Libertadora. Si bien hubo fraccionamientos, matices, pujas, cruces y zonas grises entre ambos bandos, para ahuyentar equívocos conviene señalar que los "azules" no fueron de ningún modo una suerte de "ala izquierda" en el espectro ideológico nacional. Osiris Villegas, el más feroz divulgador de las doctrinas contrarrevolucionarias, militaba en el bando azul y sólo dirigía su mirada hacia el peronismo como instrumento funcional para frenar al gran monstruo cuya presencia azuzaba el Pentágono: el temible comunismo. Los "colorados", en cambio, avizoraban en esa fuerza política la antesala siniestra de la inminente integración de los soviets criollos. En los "azules" militaron dos futuros presidentes de facto de la década del 60: el clerical Juan Carlos Onganía y el liberal antiperonista Alejandro Agustín Lanusse. En los "colorados", otros dos futuros presidentes de la década del 70: el "tibio" Jorge Rafael Videla y el más activo Roberto Eduardo Viola. Los "azules" derrotaron militarmente en dos oportunidades a los "colorados", en septiembre de 1962 y abril de 1963, en combates tácticos que consistieron más en pasear el poder de fuego que en usarlo. Sin embargo, no se ahorraron vidas de soldados inocentes: 19 del Ejército y cinco de la Marina. El triunfo de los "azules" abrió el camino a multitudinarias purgas. El Consejo Supremo de las Fuerzas Armadas acusó a 292 oficiales de participar en el levantamiento de abril. La Infantería, dominada por el coloradismo, sufrió un drenaje considerable. Videla se encontró frente a la escena más temida: la posibilidad de una sanción que prácticamente lo dejaría afuera del Ejército. Con su imagen correcta y "profesionalista", junto con su escondida participación desde una tercera línea, logró la piedad de sus superiores. Mientras muchos oficiales jóvenes, capitanes, mayores y teniente coroneles vieron interrumpidas sus carreras para siempre, Videla, desde su coloradismo silencioso, consiguió salvar el pellejo.

El pico de tensión entre "azules" y "colorados" encontró a Videla como jefe del Cuerpo de Cadetes del Colegio Militar. Cuando los enfrentamientos públicos de los jerarcas de uno y otro grupo anunciaban la inminencia de un choque armado, Videla se halló en una posición incómoda, porque el Colegio estaba mayoritariamente alineado con los "azules". El coronel retirado Carlos Sánchez Toranzo era entonces teniente y recordó que, al no poder inclinar al Colegio hacia el bando colorado, Videla intentó neutralizarlo. En una reunión de oficiales planteó que a los cadetes no había que involucrarlos. Y, según Sánchez Toranzo, agregó: *Y aunque piensen que el teniente coronel Videla es cagón, será cagón.* Los "azules" aceptaron esa postura pero exigieron que, ante las circunstancias, el personal de cuadros no quedara en el limbo de la indefinición. De un total de aproximadamente cien oficiales, sólo quince —entre ellos Videla— se manifestaron "colorados". En un playón del Colegio se realizó la despedida de quienes se marchaban a sumarse a las unidades coloradas. La escena fue tensa, displicentemente se dieron la mano y se desearon suerte quienes quizás, horas después, podrían estar jugándose la vida de un lado y otro de la línea de fuego. Sin embargo, Videla no se puso al servicio de ninguna unidad de combate sino que según Sánchez Toranzo y otro testigo del momento, el capitán retirado José Meritello, se fue a su casa. Para los "azules" esa actitud resultó del todo coherente, porque Videla, afirmaban, no manifestaba sus posiciones con claridad. Otros dirían con sorna que no era ni "azul" ni "colorado", era "violeta". Videla negó haber tomado el camino de una retirada vergonzante: *Yo era el jefe del Cuerpo de Cadetes del Colegio Militar. Cuando se produce el episodio, le planteo al director que no comparto la idea de hacer intervenir a la institución y me voy al comando colorado que funcionaba en el Comando en Jefe, con los generales (Juan Carlos) Lorio y (Bernardino) Labayrú, que era el jefe del Estado Mayor. De todas formas esto duró horas. Yo me ausenté del Colegio Militar y como consecuencia del episodio estuve un mes y pico en disponibilidad, en mi casa, esperando. Al Colegio no podía volver.*

"Azules" y "colorados" combatieron durante cuatro días, entre el 21 y el 24 de septiembre de 1962. Fue un combate con escasas víctimas, mucho movimiento táctico y gran protagonismo de la "guerrilla psicológica" y comunicacional, bien manejada por los "azules", asesorados por el sociólogo José Miguens y el periodista Mariano Grondona. La población civil asistió azorada a la marcha de los tanques que se quedaban sin combustible por las rutas de la provincia de Buenos Aires, temiendo que sus hijos, bajo la leva del servicio militar obligatorio, perdieran la vida por los intereses de los jefes militares que así dirimían su liderazgo y sus ansias de poder, como en efecto sucedió en algunos casos. Videla no puso el cuerpo. Según sus propios dichos, hizo un vuelo rasante por el comando colorado y se retiró a Hurlingham, donde un vecino de la familia Sabatino, asombrado por verlo en su casa mientras en las radios retumbaban sones militares y se emitían partes de combate, le preguntó por qué había quedado fuera de la refriega. El jefe del Cuerpo de Cadetes del Colegio Militar dio una respuesta entre principista y "violeta": *Por el capricho de los demás no voy a sacar (a la calle) a los que están estudiando.* Obligado por las circunstancias a manifestar su posición de fondo y a involucrarse en la realidad de los cuarteles, Videla optó con blandura y pies de plomo. Se confesó "colorado", acercó una ligera adhesión a quienes estaban a punto de perderlo todo por poner sobre el tapete sus posiciones políticas y se guardó, a la espera de no perder lo único que verdaderamente le importaba, su vida militar. Muchos otros "colorados" que se jugaron a fondo, aun de baja graduación, vieron tronchada para siempre su carrera.

Hacia fines del 62 Videla esperaba en casa. Los "azules", encabezados por el general Juan Carlos Onganía, se apuntaron una victoria abrumadora que tendría otro episodio militar más dramático en abril de 1963. Sobrevino la limpieza de "colorados", pero no por eso decreció su influencia en la acción política concreta; los "azules" se habían contaminado de los parámetros de democracia restrictiva, represión, control de la vida pública y aspereza dictatorial y restauradora de los "colorados". La ingravidez de su posición pública le sirvió a Videla para ser rescatado de la ansiosa espera doméstica. Como contracara, hizo que lo consideraran voluble o pusilánime también en el terreno político. El verdadero factótum del salvataje de Videla fue Harguindeguy, quien en la dictadura se cobró ampliamente la deuda de gratitud como ministro del Interior. Tras el choque entre "azules" y "colorados", revistaba en la Subsecretaría de Guerra. Allí fue donde rescató a Videla y Ruiz Palacios para el servicio activo ante el inmediato superior, el coronel Manuel Laprida. El subsecretario de Guerra era por entonces el general Julio Alsogaray, uno de los líderes de los "azules". Videla mantuvo una larga conversación con él, en la que le pidió que respetara su posición. Alsogaray no tuvo problemas en hacerlo, entre los rivales había un punto de coincidencia: la disposición a evitar la conformación de un gobierno legítimo. Videla siempre agradeció la comprensión de su jefe, al que siguió recordando como un caballero. Quien también consiguió la reincorporación, aunque con más dificultades que Videla, fue Viola. Luego de su participación más activa en la pelea interna desde el bando perdedor, se había tomado seis meses reglamentarios para decidir sobre su continuidad en la fuerza, mientras buscaba cómo reacomodarse. Viola reapareció en los primeros meses de 1964 en la Jefatura de Personal de Estado Mayor, un área en la que estaba especializado.

El historiador estadounidense, especialista en la historia del Ejército Argentino, Robert Potash hace una caracterización pertinente: Videla, Viola y Ruiz Palacios formaban parte de un sector de oficiales cuya conducta era objetada por los victoriosos "azules". Estaba claro, al menos, que los tres se habían ausentado de sus puestos para no acantonarse con los "legalistas", pero una vez amainados los conflictos sus servicios fueron nuevamente requeridos por los superiores. Para muchos de los militares consumidos en aquellas pasiones, haber sido "azul" o "colorado" marcaba una identidad. Desde la perspectiva que dan más de tres décadas, las zonas grises resultan evidentes. Los militares, proclives a posiciones tajantes, hacían de aquellas alineaciones una definición del país y hasta un carácter. La caracterización de "colorado no activista" que el general Colombo le aplicó a Videla resuena como la más precisa. Al explicar aquellas posiciones, el mismo Videla relativizó las coloridas fronteras y entregó otra pieza de su labilidad: *"Azules" y "colorados" eran como una entelequia. Es muy difícil explicar qué era una cosa y qué era otra y cuál era la diferencia. ¡Yo tenía amigos íntimos que estaban en otro bando y pensaban igual que yo! Podría decir que en parte era una cuestión de armas y que yo era "colorado" porque la Infantería lo era, mientras la Caballería era "azul". Hay quien dice que lo que realmente estaba en juego era dirimir la supremacía entre las armas para ver quién iba a heredar a Frondizi. No puedo explicar por qué yo era "colorado". Quizás puedo decir "porque era infante" o porque éramos más antiperonistas. ¿Pero es esto cierto? ¿Y Lanusse entonces? ¿Había alguno más antiperonista que Lanusse? Después está el tema de que unos eran más trenzadores* (sic) *que otros... Distintas explicaciones, en fin.* Lo que yo le puedo decir, esto sí, es que yo no quería que volviera Perón. La fragmentación del Ejército era lo que incomodaba a Videla. La institución debía ser un solo bloque, una sola pieza. Por eso se serenó cuando en 1963 al comandante en jefe Juan Carlos Onganía no le tembló la mano para acometer una gran limpieza en la fuerza. No le importó que Onganía fuera "azul". Según sus propias palabras: *Onganía estaba al frente y, ahí sí, hubo importantes medidas de disciplina. Se acabó la política en el Ejército.* Hay que decir que se acabó de una manera muy particular, con un Onganía tácticamente "azul" para obtener parciales consensos y terminar, finalmente, presidiendo al país en "colorado" tras derrocar a otro gobierno constitucional pero surgido en elecciones con el peronismo proscrito, el del radical Arturo Illia.

Videla era capaz de abdicar de su propia identidad en la interna militar, en el altar de la unidad del Ejército. Las abdicaciones posteriores traerían *costos* mucho más terribles que los que tuvo ponerse a salvo de aquel conflicto. No obstante, no se debe tomar esta relativización de los bandos que hizo Videla solamente como una indefinición. En su ideario político no había lugar para la participación política ni sindical. Como ocurrió con tantos de su especie, su rechazo al peronismo no provenía de los modos amarillistas del gremialismo o de las deficiencias institucionales del peronismo y del propio Perón. El rancio coloradismo militar —tanto como el gorilismo supersticioso—, en su esencia profundamente antiobrera, contribuyó a hacer del peronismo "el hecho maldito del país burgués", acaso más que el ala izquierda de ese movimiento impulsada en los 60, antes de la creación de las organizaciones guerrilleras, por

John William Cooke, quien se desempeñó como secretario de Perón entre los años 1956 y 1958 y murió en Buenos Aires en 1968. Videla, el "colorado no activista", para parafrasear a su admirado don Reynaldo Pastor, retenía emplastos ideológicos y los iba a exhibir apenas se sintiera bien protegido y legalizado por su institución. Curiosamente, su juego turbio durante el clímax "azules-colorados" no arruinó su foja militar; su sinuosa conducta no consta en sus fojas de teniente coronel. Curiosamente, el legajo saltea incluso el mes y medio de disponibilidad que el propio Videla confesó. En cambio, quien tuvo la misión de calificarlo, el mismo que participó de su salvataje, el coronel Manuel Laprida, volvió a otorgarle cien puntos. En una planilla aparte figuran estas breves palabras tituladas "Objeto: Fundamentar la calificación extrema". Allí se lee, de puño y letra de Laprida: "Las causas que han motivado la calificación extrema referida son su capacidad como profesional, sus destacadas condiciones de soldado y su hombría de bien. Es un ejemplo para sus subordinados su lealtad bien entendida". Poco después, la adjetivación militar se repetiría, esta vez por mano de un entonces general de brigada que no lo tenía en tan alta consideración, el líder de los "azules" Lanusse, para quien Videla mereció nuevamente los cien puntos por su "responsabilidad y eficiencia en el cumplimiento de sus obligaciones". "La corrección y seriedad de todos sus procederes constituyen un ejemplo para sus subalternos y una garantía para sus superiores jerárquicos. Por su capacidad intelectual y su gran espíritu militar vislumbro en él a un destacado oficial que llegará a prestigiar a su arma y a la institución", escribió Lanusse. Durante la dictadura videlista, Lanusse tendría ocasión de arrepentirse de su contribución al ascenso de Videla, cuando un dilecto amigo y colaborador suyo, Edgardo Sajón, que había oficiado de vocero presidencial durante su gobierno de facto entre 1971 y 1973, fue secuestrado y desaparecido por el Proceso el 1º de abril de 1977. Lanusse, un gran animador de la escalada golpista del Ejército entre 1955 y 1973, se enfrentó con el videlismo cuando ya era tarde para todo, aun para volver sobre sus pasos y corregir la acumulación de odio e intervencionismo militar a cuya circulación en la sociedad él había contribuido con el esmero de un liberal duro. Su pronóstico sobre la figura de Videla y el prestigio que le daría a la fuerza conocería su exacto reverso con un Ejército que, tras la gestión del otrora subordinado, llevaría su reputación a los más oscuros subsuelos.

Flaco, 80 kilos de peso y 1,78 de estatura, Videla siguió teniendo calificaciones favorables mientras fue teniente coronel, sumó siempre cien puntos y hasta fue percibido como un hombre con valores intelectuales. En su derrotero hasta 1963, sin embargo, figura apenas un viaje al extranjero. Hasta que arribó a la comandancia del Ejército en 1975 no recibió premios ni condecoraciones; no le fueron asignadas tareas especiales y en su foja no consta una sola publicación sobre tema alguno; apenas habla y lee "con dificultad" el idioma inglés. En la planilla reservada a la práctica de deportes Videla tachó el "sí" en polo, buceo, tiro y esgrima. No lo tachó para natación y equitación, y agregó de puño y letra otras dos actividades: paleta y golf. Con el ciento por ciento de rendimiento Videla se desempeñó en la Secretaría de Guerra como oficial de Estado Mayor, a salvo del poder de fuego de los "azules" que quemaba decenas de carreras de la soldadesca colorada. Silencioso y eficaz, planificaba maniobras militares a las que nadie les prestaba atención, en torno a hipótesis de conflicto que nunca se concretaban. Su Ejército, mientras tanto, se dedicaba a otra cosa, al poder político. Manejaba a un presidente de opereta como José María Guido, hacía ecuaciones imposibles para dotar a las instituciones de un barniz democrático y miraba cada vez más de cerca las doctrinas y las instrumentaciones de la contrainsurgencia. Circunspecto, con la cruz de la enfermedad de su hijo Alejandro que empeoraba, que hacía escenas de violencia en la casa de Hurlingham y complicaba la vida familiar, Videla acunaba su coloradismo mudo. Era un milico cien puntos.

* * *

Mohamed Alí Seineldín podía considerarse un adelantado. A la luz de los acontecimientos posteriores, Videla hubiera tenido que darle la razón y hasta pedirle disculpas por las severas reconvenciones que le hiciera en 1961 en los campos de entrenamiento del Colegio Militar. Videla era entonces teniente coronel y jefe del Cuerpo de Cadetes y Seineldín, un oficial instructor de 28 años convencido de que el futuro de las Fuerzas Armadas se jugaba en la táctica y la estrategia contrainsurgentes. En el plan de instrucción diario para los cadetes, figuraba ataque frontal, arremetida contra un objetivo con el mayor grado posible de teatralidad guerrera. Pero el joven Seineldín desobedeció; decidió que sus muchachos encubrieran su condición militar, se quitaran las insignias que los identificaban como cadetes y se ejercitaran en la captura de una presa mucho más remisa y esquiva que el clásico soldado de la línea enemiga. Seineldín enseñaba a sus cadetes a capturar supuestos guerrilleros. No fue felicitado por ese arte de visionario. Su jefe Videla se presentó sorpresivamente a inspeccionar y descubrió que su subordinado no había respetado la orden del día. Videla, disgustado por aquellos movimientos subrepticios, sorprendido porque los cadetes no estaban en traje de fajina, interpeló a Seineldín: ¿*Qué dice el plan?* "Ambiente convencional, ataque frontal, mi teniente coronel", respondió Seineldín. ¿*Por qué no lo está haciendo?* "Vea, teniente coronel. Lo que se viene es la guerra revolucionaria", fue la respuesta del joven instructor. En su prisión de Campo de Mayo, en agosto de 1998, Seineldín rememoró la escena. Recordó especialmente la energía con que su entonces jefe intentó convencerlo: "Me dio una charla de una hora sobre por qué el Ejército no tenía que meterse en este tipo de guerra, que se trataba de un problema policial y de las fuerzas de seguridad. Videla no quería saber absolutamente nada con la guerra revolucionaria, no la conocía. Él estaba preparado para la guerra convencional. Es que Videla es un hombre convencional, entrenado para esa guerra, con el grado al aire. Él había estado de uniforme toda la vida y no concebía que alguien se sacara el grado. Es así que, cuando vio a los cadetes haciendo el ejercicio sin grado, se espantó. Más aún, me acuerdo que dijo: *El oficial debe llevar el grado porque ahí está la responsabilidad.* Custodio de su posición militar y de su mayor objetivo por entonces —comportarse para ascender—, Videla parecía no tolerar la profunda sensación de desorden que experimentaba cuando la actividad cuartelera se apartaba de los cánones en los que había sido formado. Por razones generacionales, en esa época tenía diferencias con los oficiales que, como Seineldín, hacían de la lucha contra el comunismo una razón de vida.

Es que al compás de la Guerra Fría Seineldín había atravesado sus primeros años de adiestramiento en un clima de creciente florecimiento de la desviación paramilitar, y terminaría encarnando un prototipo del uniformado anticomunista con características personales que acentuaron la condición fanática que compartió con muchos de sus coetáneos. Nacido en Concepción del Uruguay, provincia de Entre Ríos, el 12 de noviembre de 1933, este hijo de inmigrantes libaneses había sido criado en la fe musulmana, pero en su adolescencia se convirtió al catolicismo y trasladó al integrismo católico los rasgos de fanatismo druso heredados de su padre. El "Turco", o el "Camello", tenía condiciones ideales para convertirse en un comando de elite cuando el Ejército Argentino (Videla incluido) superó las aprehensiones hacia la guerra irregular y contrató a un oficial del Ejército de los Estados Unidos veterano de la guerra de Corea, William Cole, para que formara grupos según el modelo de los rangers norteamericanos especializados en el combate a la guerrilla, los mismos que en 1967 salieron a la caza del Che Guevara en los montes bolivianos. Seineldín sería un destacado comando; afinaría sus recursos como represor durante el videlismo e incluso exportaría sus conocimientos de contrainsurgencia a Panamá al servicio del general Manuel Noriega, para quien entrenaría los cuerpos "Machos del Monte" y la Compañía Doberman de Tranquilidad Pública. Contaba con la experiencia de haber entrenado a los cadetes del grupo Halcón creado por el Ejército Argentino en los primeros años de la década del 60, lejos de la vigilancia por entonces renuente de Videla. Su especialidad fue el adiestramiento físico al límite de lo soportable, combinado con el rezo de oraciones cristianas y altas dosis de filosofía tomista ramplona e imperativa. Seineldín era el modelo de oficial intermedio profesionalizado en la represión, un perfil especialmente requerido en la dictadura procesista. Con esta trayectoria no resultó casual que muchos años después terminara siendo jefe de los "carapintadas" que se atrincheraron para defender a los jefes de la represión ilegal del régimen. Seineldín quedó preso en Campo de Mayo, luego de su último putsch del 3 de diciembre de 1990.

Aquellos llamados al orden en el lejano 1961, para que Seineldín dejara de lado sus clases de terrorismo de Estado se explican por una sobrevaloración de la normativa más que por un desacuerdo ideológico con las razones de la contrainsurgencia. "Reglamentarista extremo", "incapaz de una transgresión", son definiciones de Videla que aparecieron insistentemente en boca de sus camaradas de armas. No obstante, más adelante, cuando alcanzó la suma del poder público, aparentemente Videla consideró que el Ejército en el Gobierno legalizaba todo y fue el padrino por excelencia de la actuación de los uniformados sin grado y sin uniforme, de la asunción para su fuerza de aquellas funciones que en 1961 sólo le otorgaba a la policía y a las fuerzas de seguridad. La vida profesional le daría incluso la posibilidad de enriquecer aquel estricto punto de vista con sus visitas a Panamá en 1964 y a Washington en 1967. Sin embargo, la propensión de Videla a la inmovilidad, la necesidad de que ningún desborde alterara la realidad concebida en los viejos organigramas, actualizaría en más de una ocasión su dilema reglamentarista y lo sumergiría en contradicciones, como si no hubiera tenido claro qué castigo podía esperar de la institución-padre: una objeción descalificadora por no cumplir con las planificaciones aprendidas en los cursos de Estado Mayor o una mueca de desprecio por no adaptarse veloz y dinámicamente al creciente papel de la fuerza en la represión política interna.

Tras la rehabilitación luego de su tibio apoyo al coloradismo, la carrera militar de Videla siguió su curso en despachos y oficinas. Revistó como oficial de Estado Mayor en la Secretaría de Guerra primero y en el Estado Mayor General del Ejército después. Su seca racionalidad lo mostró apto para participar de la redacción del estatuto del personal docente de las Fuerzas Armadas coordinando un equipo en el que había representantes de los institutos militares (Escuela Técnica, de Suboficiales, de Servicios de Apoyo de Combate, Escuela de Guerra, etcétera). En 1965 también participó en la redacción del reglamento para el personal civil de las Fuerzas Armadas. En esas tareas Videla parecía sentirse a sus anchas: una de sus especialidades, muy valorada, era compatibilizar opiniones para dejar conformes a todas las partes. Redondear normativas con puntillosidad extrema era una actividad para la que tenía indudables cualidades, y que lo alejaba de los riesgos del mando de tropa y de la imparable dinámica de la conspiración cuartelera. El coronel Jorge Felipe Sosa Molina, que fue profesor de la Escuela de Guerra mientras Videla coordinaba la elaboración de las normas para el personal docente, lo definió como "un buen oficial de Estado Mayor, donde hay que ser flexible y compatibilizar ideas". Pero agregó: "Ahora bien, es distinto hacer ese trabajo de ser comandante. Un comandante tiene que tener mucho carácter, mucha personalidad, y un jefe de Estado Mayor, una gran inteligencia y flexibilidad. Como comandante, a Videla le faltó carácter para imponerse a sus subordinados. ¿Es posible suponer a un militar en la presencia de Videla? Para mí no, su presencia es pobre. Se caracteriza a un militar como un hombre duro, rígido; es posible reconocerlo hasta en los gestos, en la forma de hablar. Y Videla, así como es, finito, delicado puede dar, en fin, la presencia de un buen jefe de Estado Mayor, pero no de un comandante. No estoy revelando nada especial, en esto coincide todo el mundo".

Tales características no obstaculizaron sin embargo el derrotero de Videla, que pasó al Centro de Altos Estudios para realizar el curso de coronel y alcanzó el grado el 31 de diciembre de 1965. El ascenso tuvo un indudable peso biográfico, con esas insignias superó el techo que su padre había alcanzado en la fuerza. La rutina escalafonaria lo llevó después a cumplir funciones en la jefatura del Estado Mayor del Ejército. En esa etapa también fue enviado en comisión a las provincias de Salta, Jujuy y Corrientes, y realizó un curso superior de Estrategia. El coronel Abelardo Nemesio Daneri, al calificarlo nuevamente con cien puntos, puso de relieve "su sobresaliente espíritu de trabajo que le permitió ser ejemplo entre sus subordinados y obtener, en conjunción con sus relevantes aptitudes intelectuales, destacados resultados en la preparación del Plan de Capacitación de los Cuadros". En tanto, mientras Videla pasaba sus días de teniente coronel para escalar al grado superior, la Argentina acrecentaba sus tensiones con el Ejército como protagonista central:

la sociedad se movilizaba y se politizaba cada vez más, y sus instituciones armadas se abroquelaban en una actitud reactiva. El coronel Sosa Molina ironizó sobre la visión del Ejército de entonces: "Yo estaba en la Escuela de Guerra, era profesor. En todo el país había levantamientos y agitación social, había grupos revolucionarios que actuaban en Bolivia, en Brasil. Nosotros hacíamos nuestros ejercicios de guerra y antes de comenzarlos contabilizábamos lo que llamábamos 'propia tropa'. Y claro, propia tropa era Ejército, Marina, Fuerza Aérea, Gendarmería, Policía Federal, un partido de centro del que ya no me acuerdo, creo que el de Álvaro Alsogaray, y un grupito del peronismo. Computábamos después al 'enemigo' y ahí ubicábamos a la CGT, a las 62 Organizaciones, al partido peronista, a la Unión Popular... Uno se preguntaba: ¿con quién están las Fuerzas Armadas? ¿Qué tenemos? ¿Un quince, un veinte por ciento de la población y el resto es enemigo? Ése era el esquema con el que nos manejábamos. Pero había en danza otro criterio más según el cual los peores no eran los que actuaban, los peores eran los que alimentaban intelectualmente todo eso. Y entonces se hablaba de la Universidad, las radios, la televisión, los artistas. Detrás parecía estar la intención de una caza de brujas como la de (Joseph) McCarthy en los Estados Unidos de los años 50". Aunque acaso se exceda en los porcentajes de la "propia tropa", la descripción de Sosa Molina resulta ilustrativa del papel de las Fuerzas Armadas como custodia de los intereses que se veían amenazados por la marea contestataria y aun por el profundo cambio de costumbres en la vida social. Este crispado diagnóstico que se entrevé en los juegos de guerra que se pergeñaban en las instituciones de militares de los 60 tendría un potente correlato institucional en el golpe de Estado que llevó a la presidencia al general Juan Carlos Onganía el 28 de junio de 1966. Onganía, quien había cobrado prestigio como líder del triunfante bando "azul", había sido categórico al otorgarles un nuevo papel a las Fuerzas Armadas fronteras adentro de su país, mientras crecían los síntomas de rebelión social. Lo explicó en un famoso discurso pronunciado en la Academia Militar de West Point, Estados Unidos, en 1964. Allí dijo que un gobierno amparado en la legitimidad constitucional "habrá dejado de tener vigencia absoluta, si se produce, al amparo de ideologías exóticas, un desborde de autoridad (...). Y agregó: "En una emergencia de esa índole, las instituciones armadas, al servicio de la Constitución, no podrían, ciertamente, mantenerse impasibles, so color de una ciega sumisión al poder establecido". El desiderátum golpista se reactualizaba con el fantasma de la "ideología exótica" amparado en las pautas de la Guerra Fría, que en Latinoamérica se reforzaba con la influencia de la Revolución

Cubana, más demonizada aún por Estados Unidos a partir del acercamiento de Fidel Castro a la Unión Soviética. Con un fuerte respaldo estadounidense, las Fuerzas Armadas, y sobre todo el Ejército, se otorgaban a sí mismas la facultad de diagnosticar cuándo un gobierno constitucional dejaba de serlo.

La administración títere de Guido se había mantenido en el gobierno entre marzo del 62 y octubre del 63. Con el peronismo proscrito, el radical Illia ganó las elecciones y accedió al poder con una representatividad herida. Su gestión, signada por el pecado original de haber aceptado esa interdicción, se caracterizó por cierto nacionalismo económico y el respeto a las libertades públicas. Rápidamente, el presidente Illia fue objeto de acusaciones de inacción y de una virulenta campaña psicológica que preparó el camino para otro golpe de Estado, al que se puede ubicar en la línea del protovidelismo por su intención de acomodar la economía a las exigencias del sector externo, vigilar la vida pública con un moralismo paternalista, católico y retrógrado, y sofocar con represión todo aquello que fuera catalogado de ideología "exótica": la izquierda y las variantes combativas del peronismo. Si de lo que se trataba era de recuperar alguna incierta Edad de Oro, un vago tradicionalismo patriarcal, las Fuerzas Armadas, como partido conservador, tenían razones para inquietarse: los sectores medios con acceso al conocimiento y a la información se politizaban aceleradamente. Su flamante preocupación por la cosa pública se sobreimprimía a la postergación económica y política de los sectores del trabajo. Los cambios en la vida cotidiana y en las expresiones artísticas ampliaban un clima de búsqueda opuesto al conformismo. El poder bayonetario leía esa búsqueda, desde la píldora anticonceptiva hasta los rasgos de la cultura pop, como un desborde que lastimaba su concepción social. La Universidad, que había gozado de un desarrollo potente respaldado por un fuerte crecimiento de la investigación científica y un prometedor clima de diálogo y circulación de ideas, fue visualizada por los militares como una usina del mal. En sintonía con lo que estaba ocurriendo en el ámbito universitario de la mayoría de los países occidentales, las ideas marxistas clásicas y sus actualizaciones ganaban adeptos y generaban interpretaciones propias y latinoamericanistas, bajo el fuerte impacto del castrismo y el aura altruista de Ernesto Che Guevara, que buscaba exportar la triunfante experiencia foquista de Sierra Maestra a América Latina. Ante este clima, la autodenominada Revolución Argentina que encabezó Onganía se dispuso para el "shock autoritario", como lo definió el historiador Luis Alberto Romero, que se manifestó por antonomasia en la triste "Noche de los Bastones Largos", la incursión represiva en las aulas para hacer cumplir el decreto 16.912, que borraba de un plumazo la autonomía universitaria, perseguía a los sospechosos de manejar aquellas "ideologías exóticas" e interrumpía con la severidad de la presencia policial su flexión ascendente. Muchos de los más brillantes investigadores e intelectuales que habían contribuido a ese clima de crecimiento pasaron a utilizar sus saberes en universidades extranjeras. Aun en el año 2000, aquel asalto policial a los claustros era considerado un mojón en el camino de la decadencia nacional.

Onganía había dado sus primeros pasos con el apoyo de una fanfarria periodística que le había otorgado a "la morsa" (bautizado así por el humorista Landrú en atención a su característico bigote, quien por esa ocurrencia afrontó la clausura del semanario "Tía Vicenta") el perfil de un mesías. Pero su intento de control social no estuvo despojado de obstáculos. El crédito abierto por Perón desde su exilio en Madrid duró poco; los sindicatos peronistas que habían negociado con el nuevo régimen contemplaron cómo se acentuaba la radicalización del resto del gremialismo —lo que les hacía perder ascendente sobre sus bases—, mientras Onganía, el jefe "azul", el bando del Ejército pretendidamente más nacional e industralista, tomaba el camino de la desnacionalización de la economía y entregaba su conducción a un representante de los grupos económicos monopólicos: Adalbert Krieger Vasena, abogado del grupo Deltec, con intereses en los frigoríficos.

La figura de Onganía le había resultado atractiva a Videla ya en 1963, cuando el primero asumió la comandancia del Ejército como resultado del triunfo de la fracción azul y propuso, hacia adentro de la fuerza, el perfil más acorde con la concepción de Videla: el de un profesionalismo falsamente prescindente (como quedaría demostrado en el discurso de West Point). A Videla le molestaba el permanente serpenteo de la política en los cuarteles, que generaba acantonamientos, climas deliberativos, súbitas líneas internas. Y Onganía puso orden, en ese sentido, aunque no lo hizo precisamente despolitizando a sus subordinados sino politizándolos en una clave defensiva ante el "enemigo interno" de acuerdo con la Doctrina de Seguridad Nacional. Cuando Videla afirmó que en 1963, con Onganía, *se acabó la política en el Ejército,* expresó su acuerdo con una política de consolidación del partido militar actualizado con el catecismo anticomunista que tenía sus bases en la Escuela de las Américas y en el Pentágono.

Como coronel, Videla participó activamente de esos ajustes ideológicos desde ese centro de operaciones que era el Estado Mayor General del Ejército. Con Onganía en la presidencia, siguió interviniendo en un nivel de relevancia. Su asimilación a las pautas autoritarias generó la confianza de sus superiores y en 1967 Videla llegó incluso a desempeñarse brevemente como vocal de la Junta de Calificaciones del Ejército. Videla resultaba un oficial útil a los propósitos de los "leones" que se disputaban entre sí los primeros planos del Ejército y, por lo tanto, del Estado. Generales como Lanusse, Osiris Villegas, López Aufranc o Julio Alsogaray necesitaban de la obediencia de esos coroneles para ubicarse de la mejor manera posible en las internas donde dirimían sus diferencias políticas (sobre todo entre el conservadurismo clerical y el liberalismo modernizador) y las pujas marcadas por la ambición personal. Por esas aguas a veces mezcladas, Videla avanzaba hacia el generalato. El coronel retirado Ballester hizo una caracterización del ascenso que en la fuerza consiguieron personajes oscuros como Videla. Se trató de una camada de oficiales que en los años 60 se deslizaron semiocultos en sus funciones y que, cuando salieron a la luz pública, mostraron los dientes con una ferocidad que asombró aun a sus pares. Dijo Ballester: "Videla siempre estuvo en el bando triunfador. Cuando se produce un movimiento interno, un cinco por ciento juega para un lado, un cinco por ciento para el otro y en el medio queda la masa informe. Cuando uno de los dos bandos triunfaba, la masa informe se inclinaba para ese lado y al resto los eliminaban por 'haber atentado contra la unidad del Ejército'. Entonces los únicos que después llegarían a generales, cuando por razones de edad desaparecieron los leones, fueron aquellos que los leones habían preferido para mantener su liderazgo. Cuando esos mansos llegaron a su vez al generalato, no quisieron a nadie que les complicara la vida con posturas críticas. A partir del 76 esos mansos, como Videla, son los que dejan actuar a los locos represivos, como (Alfredo) Astiz, o como el coronel (Roberto) Roualdés". En 1967, el manso coronel Videla que se desempeñaba en la Jefatura de Operaciones del Estado Mayor General del Ejército tuvo la posibilidad de hacer conocer su aspecto frugal en los cuarteles del interior, con viajes de inspección a Olavarría, Mendoza, Chaco, Salta, Neuquén y Rosario. Los habituales formularios de la institución sobre su vida privada coinciden por antonomasia con el modelo intachable que proponía el Ejército: ningún desarreglo moral o sentimental, ningún desorden manchaba su foja. La vida traería un poco más de movimiento al año siguiente, con su designación de segundo comandante de la V Brigada de Infantería con asiento en Tucumán, una de las provincias calientes, que padecía una crisis económica por la caída de los precios internacionales de su principal producción, el azúcar. Videla arribó a ese territorio en ebullición el 18 de octubre de 1968 y durante su permanencia en ese destino se produjeron grandes cambios en el país, en el Ejército y aun en su esfera personal. Videla desempeñó sus funciones en la sede de la brigada norteña de la calle 25 de Mayo al 500 en San Miguel de Tucumán. Se mudó con todos sus hijos —excepto Alejandro, que quedó internado en la colonia Montes de Oca, en Torres— a un edificio de departamentos ubicado a una cuadra de su trabajo. El capitán retirado José Meritello compartió su destino y recordó que cuando salían de la brigada caminaban juntos hasta el edificio donde él también vivía, en el sexto contrafrente. Según Meritello, le impresionaba una característica de su jefe y era que "no hablaba": "Hacíamos todos los días ese trayecto juntos y no sé si llegábamos a cruzar dos palabras". Meritello afirmó que Videla cumplía con esa cotidianidad anodina mientras los militares se entremezclaban con los civiles en reuniones y guitarreadas unas tres veces por semana. A Raquel Hartridge la recordó como la encargada de las "relaciones exteriores" con el vecindario. Meritello había sacado sus propias conclusiones sobre el perfil de Videla de entonces. Lo definía como un "tipo parco, poco comunicativo, reglamentarista y puritano". Y abundó: "No se pueden decir cosas raras del Videla de entonces: era muy católico y abnegado con la familia. Para él la vida eran la familia y el Ejército". Sin embargo, en 1969 el frenético movimiento del país y del mundo conmovía incluso a los militares de hábitos serenos. El esquema de Onganía de saneamiento de las cuentas del Estado, inversión pública con créditos internacionales y desnacionalización de la economía le devolvía parte de la buena salud a la macroeconomía pero al precio de una depreciación y una inquietud social que se expandía y abonaba el ascenso de la organización política y la protesta. La rebelión popular pasó por su cenit en mayo de ese año en Córdoba, donde existía un alto grado de conciencia sindical clasista, despegada de las organizaciones peronistas conciliadoras. Una espontánea combinación de ese nuevo espíritu gremial con el estado levantisco del estudiantado, que luchaba contra los aumentos en los comedores universitarios (esa reivindicación había arrojado la muerte de un estudiante en Corrientes bajo las balas policiales) y la participación inorgánica y fervorosa de amplios sectores de la sociedad civil derivó en el Cordobazo, la formidable movilización que el 29 de mayo de 1969 desbordó el accionar de las fuerzas represivas y terminó con la ilusión de la paz mentirosa sobre la que reposaba la gestión de Onganía.

Los militares en el poder perdían nuevamente la brújula; la asfixia política saltaba por todos los resquicios y el divorcio entre la sociedad y sus Fuerzas Armadas salía a la luz pública. En ese clima convulsionado, el general Lanusse, quien ya había reemplazado a Julio Alsogaray en la comandancia del Ejército, comenzaba a ejercer de un modo explícito un liderazgo que se prenunciaba desde su arma, la Caballería. Tras el Cordobazo, las protestas sociales se repitieron en distintas regiones del país. Los perjudicados de un plan económico hecho a la medida de la gran burguesía encontraban razones para sus reclamos: desde los ruralistas y los trabajadores industriales hasta los pobladores que se resistían a un impuesto. Los enfrentamientos terminaban asimilándose a un mismo enemigo: el poder armado que llevaba adelante su programa excluyente y que imposibilitaba la expresión política por los canales normales.

En un momento en que en gran parte del mundo occidental se cuestionaba la organización del poder político y económico; en una época en la que la rebelión del Mayo Francés del 68 y la actualización doctrinaria de la Iglesia Católica con el Concilio Vaticano Segundo (1962-1965) y la Conferencia Episcopal Latinoamericana (1968) ponían sobre al tapete nuevamente el tema de la justicia para las mayorías y buscaban ampliar el horizonte de la libertad y la distribución de los bienes, otro fenómeno que había tenido manifestaciones breves y minoritarias, la guerrilla, dio en la Argentina un espectacular golpe. Los recién nacidos Montoneros secuestraron y posteriormente asesinaron al ex presidente de la Revolución Libertadora, Pedro Eugenio Aramburu, exactamente un año después del Cordobazo, el 29 de mayo de 1970. Onganía, que había realizado algunos cambios de ministros para enfrentar la situación, se descapitalizaba aceleradamente. Lanusse, el liberal antiperonista que había sido puesto preso por Perón en la rebelión de 1951, percibió que el choque entre una sociedad movilizada y un gobierno encerrado en sí mismo podía terminar muy mal, y sin encontrar resistencias a su paso depuso a Onganía en junio de 1970. Lo reemplazó por el agregado militar en Washington, el desleído y desconocido general —también de extracción "azul"— Roberto Marcelo Levingston. Estos acontecimientos implicarían directamente a Videla. El gobernador de Tucumán, coronel retirado Jorge Augusto Daniel Nanclares, renunció en solidaridad con Onganía en el momento en que Videla había quedado interinamente a cargo de la V Brigada por el pase de su titular, Abelardo Daneri. El 8 de junio de 1970, cuando aún Onganía no había presentado la renuncia que le exigía Lanusse, Videla tuvo el reflejo adecuado. Convocó a una conferencia de prensa y dijo que las tropas a su cargo estaban encolumnadas a las órdenes de Lanusse y de la Junta de Comandantes. La jefatura de brigada le quedaba grande al coronel, pero tuvo que aceptar un peso aún mayor. En esos años, la estructura del Ejército coincidía en buena parte con la del Estado y como comandante de las unidades norteñas recibió la orden de hacerse cargo provisionalmente de la gobernación de esa provincia atravesada por una crisis social crónica y por un juego político amañado bajo la manipulación de los dueños de los ingenios. En los 33 días de gobernador, hasta que fue designado su reemplazante, Marcos Imbaud, Videla pudo experimentar el regusto secreto de sentarse en el sillón del poder político. Quizás, además de esa íntima e inesperada satisfacción sintió también temor, confusión: *La sensación era extraña, ya me sobraba el cargo de comandante de brigada y encima me venía esto.* El extrañamiento era, claro, una justa combinación, el simétrico anticipo de que las cosas le "llegaban" como golpes de suerte, que el aparentemente desinteresado Videla no buscaba. Sin embargo, Videla sacó a relucir un reflejo de gobierno que había visto de cerca: al igual que el comisionado municipal de Mercedes, su padre Rafael Eugenio, en su primera acción administrativa donó el sueldo de gobernador y pidió que hicieran lo mismo los camaradas de armas que nombró en distintos cargos. Estas actitudes lo enorgullecían: *Al ser un acto de servicio, quienes ocupábamos cargos en la provincia no debíamos cobrar. Se hizo una reunión y se entregó lo que percibimos a una entidad de bien público, no recuerdo cuál. Por razones administrativas, la provincia tenía que pagarles de todos modos a sus funcionarios.*

Este escudo de moral personal jugó en Videla, padre e hijo, el papel de una coartada que habilitaba a ejercer magistraturas de manera ilegítima, como si al no cobrar el salario se pudiera coimear al juicio divino, ante la eventualidad de que el Señor desaprobara el usufructo inconstitucional del poder. Sin embargo, la imagen de honestidad de Videla no estuvo a salvo de lo que, por entonces, se comentó en los empinados círculos de Tucumán: que los cañeros ricos de la provincia trataron de congraciarse con el gobernador provisorio regalándole cupos azucareros. Los cupos eran una licencia (como un permiso de pesca) que permitía la explotación de determinada cantidad de caña para su posterior comercialización. Un cupo era, ante todo, un negocio, un bien que podía comercializarse. En la entrevista otoñal del 99, cuando se le preguntó a Videla si había recibido esos cupos, se sonrojó y dijo, tajante: *Absolutamente, no.*

En términos de gestión, el innotado gobernador Videla trató por sobre todas las cosas de no hacer olas. En dos ocasiones viajó a Buenos Aires para entrevistarse con Levingston, en una de ellas planteó los problemas derivados de la crisis del azúcar. La otra entrevista con el presidente de facto fue tensa: Levingston le reprochó no haber reprimido con energía una manifestación hegemonizada por estudiantes, en pleno centro de San Miguel de Tucumán. El episodio sumergió al entonces coronel Videla en uno de sus más sufridos dilemas laborales, que años más tarde describió de esta manera: *Hubo un planteo de orden doctrinal con Levingston. Ya había ocurrido el Cordobazo, que había dejado la sensación de que el Ejército no actuaba, según se dijo siempre, no lo digo yo, para que se produjera la caída de Onganía. Entonces lo que sí estaba en los reglamentos era que el Ejército no podía actuar si no estaba declarada la zona de emergencia. Esto es lo que aduce Lanusse. Y algo así pasó en Tucumán; cuando ocurrió aquello que fue más bien una estudiantina, quema de papeles, etcétera, Levingston me pregunta por qué no se hizo nada. Yo había traído tropas de Jujuy, de Salta e incluso de Gendarmería, y las desplacé a los cuarteles, las concentré a la espera de los acontecimientos. Levingston fue incisivo. Estaba el complejo de lo que había pasado con el Cordobazo.* Videla evitó pronunciarse ante la controversia con la delicadeza de un especialista en microcirugía. Que Lanusse, jefe del Ejército en 1969, se había movido con indolencia ante el Cordobazo para desgastar la figura de Onganía es una sospecha histórica, pero Videla prefirió afirmar que *se decía* que el Ejército no actuaba y esgrimir el *no lo digo yo*, como si la intimidante figura de su ex jefe Lanusse aún lo estuviera observando para humillarlo con alguno de sus famosos ataques de intemperancia. Sin duda, de la invocación de la normativa del Ejército para no reprimir en Tucumán se desprende la misma actitud que adoptó frente al episodio con Seineldín: el reglamentarismo con el que buscaba cuidar su carrera por sobre todas las cosas. No se planteó la pertinencia de la represión ni su valor moral, se planteó, en todo el episodio, un diálogo íntimo y dilemático: recurrir a palos, gases y camiones hidrantes en acuerdo con una ley no escrita pero vigente, o esperar a que se declarase la zona de emergencia para estar cubierto en caso de que se objetara la represión ilegal. En todo este episodio, su actitud fue decididamente videlista: almacenar fuerza de choque y rezar para que la manifestación estudiantil no pasase a mayores y lo desencuadrara. No se trató, entonces, de apego a algún principio, aunque Videla confundió a muchos con esa imagen, sino apenas de cuidar la posición personal, de pagar el menor costo posible cuando reinara la confusión. Videla padecería otras tensiones similares antes de que el reglamento dejara de preocuparle para siempre, pero en todos los casos tuvo una indudable habilidad para transformar la vacilación en un recurso que le permitiera ponerse a resguardo; a pura volubilidad, diseñando con eficacia el lugar de autopreservado, consiguió salir indemne.

La ilusión de no pagar ningún precio por sus actos fue también su compañera de ruta, como bien lo saben los "colorados" que quemaron su carrera jugándose a fondo en sus posiciones mientras el "prestigioso" Videla se acantonaba cortando el césped de su casa "para no comprometer a los cadetes". Sin embargo, estos medrosos movimientos en la superestructura no le dejaron siempre las manos tan inmaculadas. Videla fue jefe de brigada y gobernador de Tucumán en un tiempo en el que desde las organizaciones políticas se denunciaba la práctica de la tortura para combatir la resistencia popular. Su estada en los primeros planos del poder provincial coincidió con la de Abel Pedro Angarotti, un jefe de Policía acusado de torturador y relevado ante las presiones de la movilización. Angarotti sería, dos años más tarde, el primer asesinado por el Ejército Revolucionario del Pueblo (ERP), el grupo guerrillero de extracción trotskista. Las señas de la abyección que iban a terminar armando la plataforma dictatorial de Videla comenzaban a dibujarse en la historia.

Mientras Aramburu permanecía en manos de Montoneros, el gobierno nacional envió al gobernador interino Videla un radiograma cifrado. Su decodificación, según el capitán retirado Meritello, que ejerció como subjefe de Policía durante el interinato de Videla, movió al asombro: se trataba de una orden para consultar a una famosa vidente tucumana, Rosita Paz, sobre la situación del ex presidente secuestrado. Meritello fue el encargado de ir hasta esa casa de los suburbios de San Miguel. Según recordó: "Cuando ella me ve venir me dice que tenía en el bolsillo una orden del Gobierno. Después respondió la consulta: 'No se preocupen más por Aramburu, está muerto. Veo al país en llamas'". Videla iba a contemplar más de cerca los resplandores en su próximo destino militar de jefe de Operaciones del Comando del III Cuerpo con asiento en Córdoba, a cargo de Alcides López Aufranc. Ese general había llegado a la comandancia con el objetivo de que no se repitiera el Cordobazo. Pero la misión era mucho más amplia que evitar otra pueblada. Perdido el rumbo de la tan grandilocuente como ineficaz Revolución Argentina, arrinconada por la movilización social la posibilidad de generar un proyecto propio, el partido militar clarificaba su objetivo de fondo: frenar el desarrollo político de las masas obreras y su radicalización, y colaborar de manera directa con las patronales, entre ellas las de la industria automotriz (Ika-Renault, Fiat), que se topaban con los reclamos de los trabajadores que habían desplazado a las conducciones sindicales amarillistas sustituyéndolas por una generación y un perfil de dirigentes jóvenes, democráticos y abiertos a la politización. Videla fue designado jefe de Operaciones de López Aufranc el 20 de octubre de 1970. Tenía 45 años y se disponía a actuar sobre una realidad que hacía temblar al establishment, mientras los uniformados perdían poder como guardia pretoriana, los proyectos neoconservadores se hacían trizas y Perón, desde Madrid, utilizaba cada cimbronazo de la realidad para ganar terreno. Videla se enfrentaría desde su puesto a lo que más odiaba: una sociedad móvil, la cordobesa, con una gran determinación hacia el cambio, hastiada de la mordaza política del onganiato, malquistada con las representaciones políticas y gremiales de Buenos Aires, deliberativa y con una amplia receptividad a la renovación de las ideas. En el Cordobazo se había manifestado una firme empatía entre los nuevos sectores obreros y el estudiantado, y su movilidad había gozado del apoyo del ciudadano común. Ese ensamble no se había dado como resultado de una conducción unificada o de una penetración capilar profunda de los partidos de izquierda que a partir de allí comenzaron a tener más relevancia, como el Partido Revolucionario de los Trabajadores (PRT), brazo político del ERP, y las Fuerzas Armadas de Liberación (FAL), cuyos integrantes provenían, en su mayoría, del viejo tronco del comunismo histórico, y eran partidarios del uso de la violencia revolucionaria. La fermentación de varios fenómenos simultáneos condujo al Cordobazo. Por un lado, el activismo estudiantil en el que por esos años ganaba aceptación la identidad latinoamericana y se difundían todas las vertientes del pensamiento socialista; por otro, la incomodidad del hombre medio ante la presión impositiva y el control moralizante de la vida pública y de la cultura, y la ya apuntada renovación de la dirigencia obrera urbana que había experimentado un fuerte crecimiento a partir de desarrollo de la industria automotriz. A esto se sumó el enfrentamiento con Buenos Aires, que designaba interventores y enviaba tropas contra el rostro indignado del orgullo provincial.

Córdoba, que había prácticamente volteado a Onganía, podía extender su temple insurreccional a otras regiones del país (de hecho el Cordobazo pasó a ser un hito indiscutible de la lucha popular) y entorpecer todas las variantes políticas del poder armado. De modo que López Aufranc bajó a la provincia como jefe del Tercer Cuerpo en reemplazo de Eliodoro Sánchez Lahoz, quien no había podido controlar el Cordobazo, con la determinación clara de utilizar al Ejército represor para aplastar la rebelión con toda la energía que hiciera falta. Y lo hizo con Videla al lado, con Videla presentándole y ejecutando planes de acción concretos en pos del objetivo de frenar el síntoma más preocupante del cuadro: las ínfulas de los trabajadores que no sólo se les plantaban a los burócratas y a las patronales sino que, en una segunda etapa de esa fuerte dinámica, buscaron completar la gimnasia de lucha por la mejora salarial y las condiciones de trabajo con la participación política.

El Ejército de comienzos de los 70 no había resuelto sus tensiones internas, que se expresaban en el liderazgo franco del más liberal

Lanusse y la presidencia de Levingston. Lanusse comenzaba a trazar los primeros bosquejos de una futura salida política, mientras que Levingston apostaba a su continuidad y a su programa. Nuevamente, el conflicto interno se dirimió en las calles de Córdoba. El 15 de marzo de 1971 las protestas obreras alcanzaron otro pico que culminó con huelgas y con otra gran movilización popular bautizada "Viborazo" (por la declarada pretensión de los pretores de "cortar la cabeza de la víbora" que emponzoñaba al país). En una actitud que una vez más fue leída como una manipulación de Lanusse, su estrecho colaborador y amigo personal López Aufranc evaluó que el Ejército no debía participar en la represión y Córdoba lució nuevamente bajo el dominio de una pueblada en esta oportunidad con clara hegemonía del componente obrero. López Aufranc justificó la inacción de sus soldados con el criterio del que el Ejército debía ser cuidadoso en enviar a sus tropas contra la población civil. Tres días después, cuando el empujón que iba a precipitar la caída de Levingston ya estaba dado, el criterio del comandante en Córdoba cambió. El general se abocó a una pormenorizada represión y a un decidido hostigamiento a los sectores obreros que estaban a la vanguardia. Para llevarla adelante, la comandancia regional del Ejército, de la que Videla era jefe operativo, obtuvo el mando de las fuerzas policiales y de seguridad; puso en marcha una activa política antiobrera destinada a acabar con esa atmósfera rebelde y facilitar los objetivos de las patronales. La intervención y ocupación de sindicatos; el encarcelamiento de sus líderes y la quita de la personería jurídica para regresarlos a manos de burócratas sumisos; la ocupación de fábricas como la de Fiat Ferreyra; las amenazas, las intimidaciones y las pesquisas de inteligencia sobre intelectuales, delegados de base y líderes obreros de todos los niveles fueron para Videla el paisaje de la vida cotidiana. En la insurrecta Córdoba, se notaba especialmente hasta qué punto el onganiato había actuado como un gran clandestinizador de la militancia sindical y política.

La historia quiso que Videla fuera, precisamente, el jefe de Operaciones de esa vasta represión que tuvo, como contracara, el convencimiento de jóvenes obreros y estudiantes de la necesidad de recurrir a las armas para enfrentarla, germen e ideario fundacional de todas las organizaciones guerrilleras surgidas a partir de ese tiempo ferroso. La historia quiso que Videla fuera protagonista central del momento en que se aceleró la militarización masiva de la política. En Córdoba, las luchas fabriles habían cobrado niveles de violencia desconocidos que incluían la toma de rehenes entre los ejecutivos de las empresas. En el clima social, en tanto, se respiraba un decidido antimilitarismo. Una vez desatado el nudo de la puja

Levingston-Lanusse, López Aufranc y su plana mayor, Videla incluido, se dedicaron a desarmar esa correlación de fuerzas comenzando por la cabeza que más temían: el liderazgo obrero como principal enemigo de un Estado que desde 1966 había hecho de la baja de los costos laborales uno de los ejes de su política.

En la cruzada emprendida por López Aufranc, Videla se comportó, según las palabras de su jefe, como "un ejecutor brillante, un ejecutor sin ninguna observación". Videla, por su parte, confesó que cubierto por el comandante del cuerpo se desplazó con más confianza sobre el terreno, sin los titubeos y contradicciones que había padecido en Tucumán: *López Aufranc actuó distinto. Él dijo: "A mí no me agarran, en cuanto el primer obrero amenace saco al Ejército y después que manden el decreto (declarando zona de emergencia)". Y así se hizo. Esto estaba totalmente en contra de lo escrito, de la norma, pero la práctica indicaba que ése era el proceder correcto por la seguridad pública. Claro que hay diferencias entre la actuación de López Aufranc en Córdoba y la mía en Tucumán. Yo en ese momento era coronel. López Aufranc era un general, era comandante de cuerpo, tenía otra entidad, era amigo y hablaba personalmente con Lanusse. No era mi caso. No era que López Aufranc fuera contra la norma, pero levantaba el teléfono y decía: "Saco el Ejército a la calle, vos mandame el decreto". Yo en Tucumán era un impostor, me quedaba grande el cargo.* Sin duda, la concepción de la legalidad que manejaba Videla resulta extraña; también el grado de certeza de quienes lo ensalzaron como un reglamentarista puro. En realidad, de todo este tramo de su historia conviene reparar en el aprendizaje de la acción represiva que significó para Videla el paso por una Córdoba alzada, con un partido militar dispuesto a consumar una tarea de reacción en el sentido más pleno y político de la palabra. Videla cumplió a entera satisfacción de sus superiores. Cinco años más tarde, tras el golpe del 76, no fue fruto de la casualidad que inmediatamente fueran secuestrados dos centenares de delegados de base en Córdoba. El Ejército, y Videla por experiencia en el terreno, apuntaron con toda determinación al sindicalismo de esa provincia. El paso de Videla por Córdoba fue también el escalón previo al anhelado generalato. Lanusse cumplió un papel fundamental en este ascenso. Cuando en la Junta de Calificaciones se discutía a qué puesto de su promoción debía ser ascendido, le dijo al general Manuel Haroldo Pomar que entonces integraba ese tribunal: "La Infantería nunca va a llegar a nada si no asciende en el primer lugar a un oficial brillante como Videla". Con esta ayuda, el 23 de noviembre de 1971 Videla llegó a su instante epifánico: recibió las palmas del generalato y la dirección del Colegio Militar de la Nación, la institución del Ejército que más conocía y con la que se sentía especialmente consustanciado. Con 46 años cumplidos había alcanzado lo que desde su temprana infancia y hasta allí había sido su objetivo en la vida. El logro le llegó en un claroscuro: el 1° de junio del mismo año se habían cumplido los peores pronósticos sobre su hijo Alejandro Eugenio, que había muerto en la Colonia Montes de Oca antes de cumplir los veinte años, a causa de un edema agudo de pulmón provocado por una insuficiencia cardíaca. Sin embargo, a Videla la muerte de su hijo no le impidió regresar rápidamente, unas 48 horas después, a retomar el mando de las fuerzas de represión en Córdoba.

Alejandro había pasado poco más de siete años en el establecimiento ubicado en el pueblo bonaerense de Torres, a 12 kilómetros de Luján, que había sido fundado en 1915 para el tratamiento de oligofrénicos graves. El concepto humanitario de proveerlos de tratamiento y atención adecuados se fue degradando con el paso de las décadas. Ya en los 60 la Colonia Montes de Oca tenía el aspecto lúgubre y descuidado de una estación abandonada, tal vez la final para los enfermos mentales sin retorno. Tras el regreso de Videla de los Estados Unidos, la familia ubicó a Alejandro en un hogar de Morón, donde compartía el tiempo con unos diez chicos de similares características. Un médico, una enfermera y un matrimonio se hacían cargo de él. La estadía en el hogar, que se alternaba con traumáticos regresos a la casa de Hurlingham, había demandado esfuerzos económicos y requerido la contribución de algunos parientes del matrimonio. Otro pariente acercó la alternativa de la Colonia Montes de Oca, porque conocía personalmente al director, el médico Luis Bonich. Como es de práctica, cuando Alejandro ingresó en marzo del 64 a los campos raleados y las cuadras penumbrosas de la Colonia que un par de décadas después cobraría funesta fama por las denuncias de muertes y venta de órganos de los internos, su padre fue designado curador (cuidador) por el juez. Alejandro entró con un grado de oligofrenia profunda cuya denominación médica es idiosia; esto es, el mayor nivel de insuficiencia mental. La Colonia tenía por entonces una población estable de mil internos y dos desbordados médicos clínicos que no daban abasto en sus guardias de 24 horas. Su director en 1998, Alberto Desouches, describió que en aquellos años "se depositaba al individuo como un objeto, el concepto era asilar, o sea 'para ser asilado y asistido médicamente', aunque esa última función se cumplía penosamente". ¿Tenía el matrimonio Videla alguna alternativa más digna para ese hijo que depositarlo en la sombría colonia con el diagnóstico de oligofrenia y epilepsia?

El médico Cleto Eduardo Rey, que integró el plantel del establecimiento desde 1967 y del que llegó a ser director asistente, aseveró que "en las oligofrenias pequeñas se puede tener el chico en la casa". Y agregó: "Las más grandes obligan a que el chico se interne. Éste era y sigue siendo el único instituto dedicado a la oligofrenia". Desouches, por su parte, informó lo siguiente: "En la historia clínica vemos que ingresó aquí a los 13 años. Un chico de esa edad y con este cuadro debe de haber estado con niveles de excitación muy violentos". El ex general se defendió de cualquier sospecha de abandono: *Las visitas con la Estanciera, los domingos después de misa, eran un ritual, subíamos allí las cosas y en la colonia hacíamos el picnic durante la tarde. Esto fue así durante muchos años hasta que me enviaron a Tucumán y allí mi hijo mayor, Jorge, y su novia se hicieron cargo de visitarlo todas las semanas.* En la colonia confirmaron la presencia familiar. En la historia clínica hay un rubro sobre la situación social del paciente que monitorea las visitas de acuerdo con tres opciones: "infrecuentes/nulas/con regularidad". También se apunta el grado de participación de la familia en la institución. Allí consta que los Videla integraron la cooperadora. Sin embargo, la piedad paterna no alcanzó para mucho más. Cuando Videla asaltó la presidencia, las biografías oficiales dejaron el caso de su hijo en una nebulosa. Tampoco se mencionó esa desgracia en las consabidas notas del periodismo oficialista que buscaban apuntalar su imagen de padre y hombre de familia ejemplar. En relación con su hijo muerto hubo aún algo peor que descubrió el periodista Miguel Bonasso en 1998. En junio de 1977, Videla no se sentiría conmovido por la solicitud de un suboficial retirado, Santiago Sabino Cañas, que se había desempeñado en la administración de la Colonia Montes de Oca y que apeló "a sus sentimientos humanos y cristianos y en memoria de ese hijo suyo que tenía internado en la Colonia Montes de Oca". Cañas le pedía datos sobre la desaparición de su hija de 20 años, María Angélica. Videla no lo recibió, ni entonces ni después del 2 de agosto de 1977, cuando en La Plata fueron acribillados la ex esposa de Cañas, María Angélica Blanca, y otros dos de sus hijos, Santiago Enrique, de 26 años, y María del Carmen, de 23. Ante los insistentes pedidos de Cañas, y las apelaciones a la memoria de Alejandro, Videla accedió a recibirlo cuando ya era tarde para todo. En la ocasión le reiteró su ya conocida respuesta: *Hay veces que yo no puedo hacer nada, hay cosas que escapan a mi control.* Ni la mención de la sangre de su sangre conmovió la cruzada de Videla. Cuando se publicó la nota de Bonasso en 1998, ante la presión de la prensa para que Videla confirmara su actitud ante Cañas y las condiciones en las que había transcurrido la internación de su hijo Alejandro en la Colonia Montes de Oca, Raquel Hartridge, indignada, arrojó por el portero eléctrico de Cabildo 639, una sola frase al periodista del diario Crónica:

"Dios nos mandó un ángel". El recurso rápido a los sentimientos cristianos es lo que según los allegados al matrimonio les permitió sobrellevar la situación del hijo malogrado. La fe no le fue igualmente útil a Videla para sentir piedad ante las tribulaciones de su subordinado Cañas.

La relación de Videla con su culto puede ser analizada desde dos puntos de vista. En uno, como la de un católico estrictamente alineado con el ala derecha de la Iglesia, una Iglesia que pedía sangre purificadora y que impulsó y apañó los crímenes de la dictadura elevándolos en algunos casos al rango de crímenes eclesiales. También se puede ver a Videla como alguien que apoyándose en la religión la traiciona para volver a servirse de ella a la hora de autojustificar su infracción al quinto mandamiento, "no matarás", que según la propia doctrina cristiana no admite excepciones. Los cardenales de la línea integrista, como Ogñenovich, Antonio Quarraccino y Tortolo, tuvieron precisamente una larga vinculación con la ciudad de Mercedes. Tortolo, que llegó allí cuando Videla tenía 14 años, fue el confesor de su madre, María Olga, y, con el tiempo, su confidente y consejero. Adolfo Menéndez, un ex policía federal que revistó en Mercedes y que vivía en El Trapiche muy cerca de la casa de los Videla, definió al confesor de la madre como un figura de amplia influencia en Mercedes: "En la delegación de la Federal hay una imagen de la Virgen y quien venía a pedirnos que le organizáramos desfiles, con perros y todo, era un cura al que yo entonces le tenía asco", afirmó el ex policía, algo impresionado por el contraste entre el militarismo extremo de la ideología de Tortolo y su estilo afectado. Continuó Menéndez: "No me caía bien entonces y no me cayó bien después. Porque los militares tienen muy poca instrucción, cuatro años de gimnasia y la idea fija de que a un rojo hay que matarlo. De un sacerdote se podría esperar otra cosa", remató. Tortolo fue nombrado primer notario mayor eclesiástico y secretario canciller del Obispado de Mercedes el 21 de junio de 1939. A partir de 1941 estableció un contacto regular con la familia Videla. El tiempo haría que ese vínculo se prolongara en las alturas del poder. Tortolo era vicario general de las Fuerzas Armadas y presidente de la Conferencia Episcopal Argentina, es decir, la máxima autoridad de la Iglesia Católica en el país cuando Videla dio el golpe convenientemente bendecido por el cielo que le acercó el cardenal. La relación fue tan estrecha que, aun cuando tuvo en sus manos la conducción de la Iglesia Católica, monseñor Tortolo no desatendió su papel de confesor de María Olga. A esta relación entre Videla y Tortolo es posible encararla como la de las dos cabezas visibles que representaron con orgullo de cruzados una nueva alianza entre la cruz y la espada que permitió el renovado despliegue del terror medievalista.

En 1975, una vez que asumió la vicaría de las Fuerzas Armadas, Tortolo fue uno de los grandes anunciadores de la profundización del terrorismo de Estado. Esto no fue casual; el religioso estaba estrictamente al corriente de las planificaciones del Ejército. En el mismo día de su encumbramiento como vicario castrense, el 8 de agosto, ante la presidenta Isabel Perón pregonó "un renacimiento espiritual de la vida de las tres armas". En la jornada anterior había difundido una pastoral intimidatoria para el mundo civil, al hablar de una "quiebra moral" que sólo se solucionaría "llevando a los más altos cargos a hombres incorruptos que aún se dan entre nosotros". Quienes entonces interpretaron que a los incorruptibles había que buscarlos entre los uniformados que se estaban preparando para asaltar el poder, acertaron en su diagnóstico. En el transcurso de los meses previos al golpe, el discurso de Tortolo se fue afilando no ya con el anuncio de una asonada militar, sino con el de la matanza: "Se avecina un proceso de purificación", proclamó ante la Cámara Argentina de Anunciantes en diciembre. Y esa limpieza iba a estar a cargo de la única aristocracia de puros disponible al momento para Tortolo: las Fuerzas Armadas. Tres meses antes del golpe de Estado que encabezó Videla, pregonó: "Las grandes crisis deben producir grandes hombres". En un ambiente de discursos cada vez más crispados, la voz del arzobispo era, sin embargo, casi diplomática, y se completaba con las arengas directas y violentas de su provicario, monseñor Victorio Bonamín.

El 25 de septiembre de 1975, en el oficio religioso celebrado tras el asesinato del coronel Julio Argentino del Valle Larrabure a manos del ERP, Bonamín advirtió: "No querrá Cristo que algún día las Fuerzas Armadas estén más allá de su función (...) El Ejército está expiando la impureza de nuestro país, los militares han sido purificados en el Jordán de la sangre para ponerse al frente de todo el país". Aquella oración de Bonamín resultó verdaderamente fúnebre: "Nuestra religión es terrible; se nutrió de la sangre de Cristo y se sigue alimentando de nuestra sangre, de la sangre de nuestros hombres muertos. Esto quiere decir que Dios está redimiendo, mediante el Ejército nacional, a toda la Nación Argentina". Videla se sentiría cómodo con esta concepción del tándem Tortolo-Bonamín. Matar en nombre de Dios, remitirse al Supremo, practicar el terror de su "religión terrible", sería más adelante la estratagema individual para hacerle muecas despectivas a la justicia de los hombres. En 1998, Videla dijo: *Dios es el eje de mi vida y tengo la conciencia tranquila, a mí no me quedaron dudas, no hay contradicción en mí, no hay dualidad en absoluto. Yo digo que soy religioso y no creo ser hipócrita.* Videla rescató, también, un privilegiado diálogo con Dios, un vínculo que a su entender *es completamente íntimo y personal.* El Dios vengador de Tortolo y Bonamín habló a solas con Videla y en ese diálogo no participó nadie fuera de algún bélico sacerdote integrista. Tortolo, el confesor de su madre, el que lo vio crecer hasta santificarlo como un elegido para combatir la crisis moral, atisbó en él las cualidades de quien podría purificar con el sable en una mano y el crucifijo en la otra. Posteriormente, monseñor comprobaría en persona los resultados de su guerra santa. Así lo recordó Rodolfo Ojea Quintana, el ex montonero sobrino de Videla: "Cuando yo estaba preso en Rawson venía Tortolo a recorrer las celdas. Llegaba acompañado por gente que sería de los servicios. Me acuerdo haber escuchado que el director del penal se inquietaba ante la visita de un obispo por las condiciones en las que estábamos presos. Pero los de los servicios lo tranquilizaban, le decían que no se preocupara porque éste (Tortolo) es de los nuestros. Es seguro que Tortolo también le debe haber dado un aval para que matara con la conciencia tranquila". Sigmund Freud escribió en su estudio psicológico sobre el presidente norteamericano Thomas Woodrow Wilson: "No sé cómo evitar la conclusión de que un hombre capaz de tomarse las ilusiones de la religión tan al pie de la letra, y tan seguro de tener una especial intimidad personal con el Todopoderoso, no es apto para mantener relaciones con los comunes hijos del hombre". Para quienes por razones de fe objetaran el razonamiento freudiano puede haber otro: si el valor de una religión se comprueba por la calidad moral que puede agregarle a la sociedad, está claro que Videla representó al peor cristianismo, a esa línea que, como lo definiera Arthur Schopenhauer, "necesita de la oscuridad para relucir".

Tras la muerte de su hijo Alejandro, el consuelo religioso le permitió a Videla regresar velozmente a Córdoba, asistir a su posterior ascenso y recalar en "su" Colegio Militar como director. En ese momento, fines de 1971, el Ejército que detentaba el poder con Lanusse en la presidencia estaba acorralado y exhibía una notoria incompetencia para manejar los asuntos públicos y llevar adelante una salida política en acuerdo con sus concepciones. Tres elementos perturbaban la concreción de sus planes: la rebelión popular, el accionar de la guerrilla urbana que ganaba en espectacularidad y consenso, y las exitosas maniobras de Perón, quien desde Madrid sumaba para su propia estrategia todo aquello que contribuyera a desarmar y desanimar al poder lanussista: el viejo líder alentaba a las "formaciones especiales" de la guerrilla peronista, a la que veía, por primera vez en tantos años de exilio, como el seguro más eficaz para habilitar su regreso.

Las calles se habían convertido en el espacio por excelencia en el que distintos grupos populares volvían a la política negada por el régimen. Después del Cordobazo los episodios de rebelión urbana serpentearon por casi todo el país: el Rosariazo fue otro alto punto de protesta generalizada; las barricadas y enfrentamientos se hicieron presentes en el sur (Cipolletti, Neuquén y General Roca); en julio de 1972 el Mendozazo conmovió nuevamente al gobierno de facto. Cada movilización tenía su punto de partida concreto —un reclamo ruralista, la negativa a pagar un impuesto, conflictos laborales—, pero la furia que se desataba en las calles, en abierto desafío a la dura represión, iba armando un sonoro "basta" que se gritaba en los oídos de la languideciente Revolución Argentina. La potente presentación pública de la guerrilla con el secuestro y asesinato de Aramburu a cargo de Montoneros fue seguida por el aumento de la actividad y la audacia de otras organizaciones, como las Fuerzas Armadas Revolucionarias (FAR) y las Fuerzas Armadas Peronistas (FAP) y sobre todo el ERP. Se sucedieron las tomas de pueblos, los asaltos a grandes bancos con matices robinhoodianos, los secuestros de empresarios con la intención de arrancarles concesiones a las grandes compañías o de ejercitar venganzas por sus políticas antiobreras.

El gobierno militar exhibía toda su ferocidad pero aún no contaba con una inteligencia ajustada a la intrepidez, el crecimiento logístico y cierto grado de cobertura popular que conseguía la guerrilla peronista y marxista, en una época en la que todo ejercicio de resistencia, vanguardista o masivo, ejecutado contra el poder autoritario gozaba de algún nivel de aprobación. Los guerrilleros de primera línea que el lanussismo había conseguido capturar estaban alojados en el penal de Rawson, una cárcel inhóspita y de máxima seguridad ubicada en el sur patagónico. Allí, el martes 15 de agosto de 1972, los insurrectos encabezados por Mario Roberto Santucho, jefe del ERP, Marcos Osatinsky, jefe de las FAR, y Fernando Vaca Narvaja, de Montoneros, protagonizaron una espectacular evasión que se completó con el secuestro de un avión y la fuga a Chile, donde buscaron y obtuvieron la protección del gobierno del socialista Salvador Allende, que les habilitó el salvoconducto a Cuba. Sin embargo, 19 de los 110 guerrilleros que se habían propuesto escapar no lograron llegar al avión. Fueron nuevamente detenidos después de negociar condiciones de arresto que luego no se cumplieron, y trasladados a la base Almirante Zar, en Trelew. Allí, el 22 de agosto a las 3.30 de la madrugada fueron acribillados por oficiales de marina. El gobierno de Lanusse trató de explicar que se había tratado de otro intento de fuga, pero ni aun quienes no simpatizaban con los grupos armados pudieron ser convencidos de que no consistió en una matanza. La guerrilla buscó devolver el golpe: un desprendimiento del ERP asesinó al contraalmirante Hermes Quijada, a quien se había responsabilizado de los fusilamientos de Trelew. Los dirigentes políticos que aspiraban a tener un lugar en el retorno de la democracia parlamentaria que se avecinaba no condenaron el accionar guerrillero con la energía que el poder militar hubiera deseado. El propio Perón, ante cada episodio resonante, recordaba que la violencia se originaba en la existencia de un poder ilegítimo y también violento. En esos años de pasión política y optimismo popular, con un altísimo compromiso militante de amplios sectores de la juventud, el partido militar fue perfeccionando sus métodos represivos: durante los gobiernos de Onganía, Levingston y Lanusse las desapariciones y los tormentos ya eran un método que asomaba para saldar cuentas con los opositores. Pero era aún un instrumento excepcional.

Bajo una presión sin tregua, el lanussismo preparó la retirada militar del gobierno. En principio Lanusse propuso un esquema, el Gran Acuerdo Nacional (GAN), con el que buscaba ser el artífice de la salida política y aun heredar el poder a través de los votos. Los partidos democráticos, nucleados en la Hora del Pueblo, donde cohabitaban radicales y peronistas y que tenía como objeto la realización de elecciones y la vigencia irrestricta de la Constitución, desarmaron el diseño militar que finalmente quedó reducido a la única función política posible: entregar el poder a quien triunfara en las elecciones. Perón, inhabilitado para ser candidato a presidente mediante una argucia legal, coronó la jugada con su primer y fugaz regreso a la Argentina el 17 de noviembre de 1972; sentó las bases de su frente político y acordó reglas de juego con su archiadversario, el jefe radical Ricardo Balbín. En términos del ajedrez político personal que Lanusse se proponía jugar con Perón, el líder justicialista lo había humillado en público.

Los militares volvían a los cuarteles sin dejar descendencia. Perón bendijo la fórmula Héctor J. Cámpora-Vicente Solano Lima, que el 11 de marzo de 1973 venció en las elecciones por casi el 50 por ciento de los votos, con la difundida consigna "Cámpora al gobierno, Perón al poder". Seguramente Videla hubiese preferido disfrutar de su cargo de director del Colegio Militar en un clima menos agitado, pero no eran tiempos de placidez. Instalado en el despacho del máximo cadete, en verdad "el Cadete" podía sentirse satisfecho. Si nada se modificaba demasiado con la llegada del próximo gobierno constitucional, podrían tocarle en suerte destinos incluso más encumbrados. Después de todo, su cerrado antiperonismo no constaba en la foja de servicios ni había sido subrayado por ostensibles posiciones públicas. Además, todavía no estaba claro qué política iba a darse el gobierno peronista con unas Fuerzas Armadas alimentadas durante años por el gorilismo. Tal vez, los tibios tuvieran un lugar bajo el sol democrático. Con esas previsiones, con ese diagnóstico, Videla, director del Colegio Militar, ordenó que en los ejercicios finales de 1972 se suspendieran las prácticas de contrainsurgencia y se retomaran las de guerra convencional. Como en aquel episodio que desembocó en severa reconvención a Seineldín en 1961, Videla experimentó tal vez la última vacilación, en una contradicción que pronto despejaría. Sin duda, los métodos de la contrainsurgencia trastrocaban el perfil de soldado que estaba en el centro de su concepción del mundo militar; las nuevas camadas se alejaban de esa imagen aristocratizante e impoluta del joven uniformado que evoluciona compuesto y orgulloso en los desfiles de las fechas patrias, para pasar a convertirse en integrantes de bandas armadas irregulares, dispuestos a la transgresión sin límites. Según sus propias palabras, Videla dejó rápidamente de lado los pruritos: *Después me di cuenta de que aquella determinación de volver a los ejercicios de la guerra convencional fue un gran error. Ocurre que en el 72 parecía que todo esto había terminado. Creíamos que con la democracia todo se iba a encarrilar y pronto nos dimos cuenta de que no era así. Sucedió todo lo contrario. El indulto de Cámpora libera a todos para que vuelvan a actuar. Fue un espanto. Otra vez los capitanes salían de la Escuela de Guerra con un revólver abajo del diario y los asesinaban... ¡Los funerales de los oficiales a los que teníamos que ir!* En 1972, Videla se aferró al reglamento por última vez.

Cámpora asumió el 25 de mayo de 1973. A las 22.30 del mismo día, el flamante Presidente firmó el indulto para todos los presos políticos alojados en las cárceles del país. Era un compromiso y también una salida a una situación que amenazaba con volverse inmanejable: ese 25 de mayo unas 50 mil personas marcharon en la Capital hacia la cárcel de Villa Devoto para reclamar la libertad de los presos. A las 23 los detenidos comenzaron a salir. No fue un buen día para las Fuerzas Armadas, que estaban obligadas a acompañar protocolarmente el retorno a la democracia con su presencia en las calles y que recibieron a su paso y en sus paradas un incontenible repudio popular. Las tropas volvían a sus cuarteles con sus uniformes y sus unidades motorizadas cubiertas de insultantes leyendas pintadas con el aerosol de la militancia juvenil. Durante la jornada se sucedieron las escaramuzas y frente a la cárcel de Devoto cayeron asesinados por tiros que partieron de los techos del penal tres militantes de organizaciones de izquierda que habían participado de la movilización a favor de la liberación de los presos. Cuatro días después, Videla tendría la oportunidad de devolver la ofensa contra su institución y de burlarse de la investidura del nuevo Presidente. El 29 de mayo, día del Ejército, se celebró como siempre en esos años, en el Colegio Militar. Como correspondía, Cámpora ocupó el palco central junto al comandante en jefe, Jorge Carcagno. Según las estrictas normas a las que Videla era especialmente adicto, al comenzar el desfile, el jefe de tropa, que por supuesto era el director del Colegio Militar y por lo tanto el mismo Videla, debía solicitar el inicio de la ceremonia a la máxima autoridad entre las presentes, que sin dudas era el Presidente de la Nación. Pero Videla, un experto en ceremonial militar, se acercó con su caballo al frente de las unidades que desfilaban, viró para enfrentarse al palco y gritó: *¡Permiso mi general para iniciar el desfile!* Carcagno se dio cuenta al instante de que con ese acto Videla estaba ignorando la autoridad de Cámpora e intercambió una mirada de perplejidad con el Presidente. Pero la escena no se podía rebobinar y Carcagno respondió con el obligado "¡Inicien el desfile!". Un rumoreo asombrado atravesó el palco principal. Videla, como correspondía al jefe de tropa, permaneció a un costado del palco observando el desarrollo del desfile. Hasta allí llegaron los susurros de incomodidad y al concluir no se equivocó; se dirigió a Cámpora y dijo: *Permiso, señor Presidente, ha terminado el desfile.* Videla se había tomado ese pequeño desquite formal por el escarnio sufrido especialmente por el Ejército el 25 de mayo, y el clima posterior a la asunción de Cámpora, marcado por la movilización y el hostigamiento a los sectores que habían respaldado a los gobiernos militares. También envió un mensaje a sus camaradas antiperonistas obligados a soportar a Cámpora. Videla no fue sancionado ni por esa picardía despectiva ni por el único gesto a fondo que tuvo en su carrera: su negativa a subirse al chárter que trajo definitivamente de regreso a la Argentina a Perón.

Después de su primer retorno de 1972 Perón había vuelto a Madrid, desde donde dirigió las últimas estocadas contra el lanussismo. Si hasta allí las distintas alas de su movimiento le habían servido para la arremetida final, una vez que asumió Cámpora —quien se había apoyado fundamentalmente en los sectores combativos alineados en la Juventud Peronista— las contradicciones internas del peronismo evolucionaron hacia una tensión imparable. El nuevo regreso del líder fue concebido en el marco de la "primavera camporista" con el país aún movilizado por el amplio protagonismo popular y juvenil. Consistía en el envío de un vuelo chárter a Madrid, con un pasaje integrado por personalidades públicas de todos los ámbitos: el arte, la cultura, la política, las ciencias, el deporte e incluso las Fuerzas Armadas. En el Ejército, el comandante Carcagno eligió a su figura más bruñida, Videla, que había pasado a revistar como segundo comandante del Primer Cuerpo de Ejército. Pero la ductilidad de Videla no soportó volar con el enemigo en su retorno triunfal; la diplomacia que le había permitido flotar hasta el generalato en medio de las más intensas tempestades cuarteleras no alcanzaba a derrotar su antiperonismo de fondo. El gesto lo hubiese expuesto demasiado: ¿cómo hubiera podido enfrentar a su círculo más íntimo, esos rancios conservadores fraguados en un gorilismo furioso y asustados por la resurrección peronista? Videla realizó entonces el acto más sincero de su carrera: se negó a ir a buscar a Perón y puso la renuncia a disposición de su jefe. Acertó: en el comando consideraron que su determinación no implicaba el fin de su vida militar y nombraron en su reemplazo al general Alberto Numa Laplane. Así explicó Videla aquel momento de decisión: *Cuando uno es teniente quizá lo piensa. Pero yo ya había llegado a general, las expectativas estaban plenamente cumplidas.* El general de brigada Videla, con su negativa a subirse al chárter, hacía algo más que ser fiel a su antiperonismo: enviaba una señal al Ejército que le importaba, ese Ejército que rechinaba los dientes y al que le llegaría la hora de la venganza. La vorágine en la que ingresaría el país y su onda expansiva en las Fuerzas Armadas le darían más oportunidades. Y este hombre al que le importaba presentarse flaco de ambiciones no desperdiciaría ninguna. Fue precisamente aquel retorno de Perón que Videla no quiso acompañar el que inauguró una nueva etapa.

El 20 de junio de 1973 una multitud acudió a recibir a su líder a Ezeiza; las columnas estaban encabezadas por contingentes de la Juventud Peronista, que había desplegado su máxima y entonces impresionante capacidad de movilización, con las organizaciones de base, los Montoneros y las Fuerzas Armadas Revolucionarias (FAR) en la avanzada de las numerosas columnas. Buscaban rodear al caudillo con una presencia que él no podría obviar, pese a que Perón ya había dado las primeras señales de su distanciamiento de los sectores radicalizados al desplazar a la juventud del comité de recepción dominado por el teniente coronel retirado Jorge Manuel Osinde, subsecretario de Deportes del Ministerio de Bienestar Social a cargo de José López Rega. En el escenario en el que Perón iba a dar su discurso, los representantes de la derecha peronista comenzaron a dirimir la feroz interna a los tiros. La determinación de desplazar del acto y de la cercanía de Perón a la JP fue letal: treinta y cinco muertos y cuatrocientos heridos comenzaban a marcar una era trágica. El fin de la hegemonía camporista, apoyado en los sectores más democráticos del PJ y en la izquierda peronista, comenzó a dibujarse en aquella jornada. Apenas 22 días después Cámpora dejaba el gobierno que había encabezado en 49 febriles jornadas; lo sucedía un breve interinato del presidente de la Cámara de Diputados, Raúl Lastiri, yerno de López Rega, para convocar a unas nuevas elecciones que le darían a Perón, acompañado en la fórmula por su esposa Isabel, un triunfo contundente, con el 62,7 por ciento de los votos, y su último período en el gobierno.

Si el Cordobazo de mayo de 1969 había sido la piedra de toque para el derrumbe del proyecto militar de la Revolución Argentina, la masacre de Ezeiza se plantaba como otro mojón: el del ascenso al poder del eje Isabel-López Rega que cobró toda su dimensión con la muerte de Perón el 1° de julio de 1974. Durante la "primavera camporista" el protagonismo de la JP se hizo notar en tomas de empresas privadas y organismos estatales. La pugna de la Tendencia Revolucionaria del peronismo con los sectores ortodoxos se hizo cotidiana y atravesó la gestión de Cámpora. Perón llegó a desempatar y, tras dialogar con Balbín y los jefes de las Fuerzas Armadas, dirimió a favor de los peronistas históricos y se apoyó, sobre todo, en el sindicalismo. El hiperpolítico año de 1973 avanzaba hacia el dramatismo, el 25 de septiembre, dos días después de las elecciones que consagraron a Perón, fue asesinado el secretario general de la CGT, José Ignacio Rucci, por un comando montonero. La JP se movió y denunció a los "burócratas". Las organizaciones armadas de filiación peronista, Montoneros y FAR, que se fusionaron ese año, abrieron un ansioso y apenas contenido compás de espera en tanto eran cada vez más acorraladas por Perón, a cuya conducción, claramente, no se querían someter. El ERP decidió no dejar la lucha armada: su principal blanco fue el Ejército.

La estrella de Videla se encendió con el oscurecimiento de la vida democrática. Perón había optado por no descabezar del todo a la fuerza: con Cámpora había designado a Carcagno, el general de división más moderno, lo que implicó el pase a retiro de todos los oficiales de su rango. Los generales de brigada, como Videla, no sólo se salvaron de la purga por muy poco; también ocuparon vertiginosamente los cargos vacantes. *Yo era un general recién ascendido y encantado con su destino en el Colegio Militar, cuando de repente se vino toda la barrida, el pase a retiro de todos los generales. Con el nombramiento de Carcagno, me encuentro de pronto como segundo comandante del Primer Cuerpo.* La apuesta del gobierno peronista respecto del Ejército consistía en apoyarse en la infantería, que se había mostrado un poco más distante del lanussismo y de la hasta allí protagónica caballería. Pero Carcagno, un infante, tenía vuelo propio, proyectos de liderazgo y una personalidad demasiado firme para el bajo perfil que

Perón pretendía en ese momento para las Fuerzas Armadas. De modo que fue reemplazado por una figura con fama de profesionalista, Leandro Enrique Anaya, luego de la actuación de Carcagno en la Conferencia de Ejércitos Americanos realizada en Caracas en septiembre de 1973, en la que hizo causa común con la representación peruana contra la tesis de las fronteras ideológicas que lideraba Estados Unidos. La posición frontal de Perú y la Argentina había dejado a los ejércitos de estos países aislados y perdedores ante los del resto del continente. Perón tampoco había celebrado el Operativo Dorrego, una iniciativa que promovía el acercamiento entre el Ejército y la Juventud Peronista. Ese operativo consistió en tareas de ayuda conjunta de militantes y soldados a las víctimas de las inundaciones en la provincia de Buenos Aires en octubre del 73.

Cuando hacia fin de año Carcagno presentó sus propuestas de ascensos —entre ellas el de Cesio— y Perón las rechazó, quedó abierto el camino del relevo que se concretó el 18 de diciembre. Videla no asumió posiciones públicas o hacia dentro de la fuerza para objetar las políticas de Carcagno. Como subcomandante del Primer Cuerpo se vio obligado a participar en el Operativo Dorrego, pero puso distancia: no tomó contacto con la dirigencia de la JP y trató de que su figura pasara inadvertida ante la prensa. Al reestructurar los cuadros tras su asunción, Anaya, que había sido el inmediato superior de Videla en su breve paso por el Primer Cuerpo, lo promovió a la jefatura del Estado Mayor del Ejército. Mientras, el general de brigada Viola, que ya había sido designado por Carcagno, fue confirmado como secretario general, el cargo político de la fuerza. Muy pocos por entonces repararon en que, detrás de la táctica de dar aire a la innotada infantería para licuar el poder de la hasta entonces hegemónica caballería lanussista, se había escrito la partida de nacimiento de la dupla golpista del 76.

5. General de la noche

No, no se podía fusilar. Pongamos un número, pongamos cinco mil. La sociedad argentina no se hubiera bancado los fusilamientos: ayer dos en Buenos Aires, hoy seis en Córdoba, mañana cuatro en Rosario, y así hasta cinco mil. No había otra manera. Todos estuvimos de acuerdo en esto. Y el que no estuvo de acuerdo se fue. ¿Dar a conocer dónde están los restos? ¿Pero, qué es lo que podemos señalar? ¿El mar, el río de la Plata, el Riachuelo? Se pensó, en su momento, dar a conocer las listas. Pero luego se planteó: si se dan por muertos, enseguida vienen las preguntas que no se pueden responder: quién mató, dónde, cómo. Eran las ocho de la noche del 25 de agosto de 1998 y había silencio en el living del departamento de Videla en el que transcurría la segunda entrevista. Silencio y una prolijidad de quirófano. Hubo, después, una mueca, un estremecimiento, una inquietud: *Me parece que hablo más de la cuenta*, dijo. ¿Se excedió o quiso hablar? El descontrol nunca fue una de sus características y sus palabras revelaban algo esencial: el relato no tenía sujeto, *pongamos un número, pongamos cinco mil*; sus palabras ocultaban pero al mismo tiempo referían lo innombrable e inconfesable, lo que se odia y se teme a la vez, esos hombres y mujeres inermes convertidos en paquetes cuantificables que fueron arrojados *ni vivos ni muertos*, ya desaparecidos, *al mar, al Riachuelo, al río de la Plata*.

La cifra que mencionó Videla (y no por azar porque 5.000 era el número que en los planes de operaciones del golpe militar figuraba como cálculo probable de "subversivos" por eliminar) indicaba el grado de deshumanización: una cifra desvanece la presencia de individuos, de seres con historia, con latido. Disipa, además, la responsabilidad: no hay cuerpo de la víctima ni prueba del delito porque de otra forma *después vienen las preguntas que no se pueden responder, quién mató, dónde, cómo...* La desaparición del opositor fue, entonces, indispensable para erigir el edificio de silencio y de irresponsabilización de los jefes militares y de cada uno de los que cumplieron con el diseño de la represión concebida como ilegal desde la génesis del régimen videlista. La "solución final" argentina que Videla había propuesto al gobierno de Isabel y luego dirigió y organizó junto con Massera y Agosti, se asentó en un trípode constituido por la tortura como el arma eficaz *porque ésa fue una guerra de inteligencia;* la transformación de los prisioneros en desaparecidos que *no tienen entidad, no están ni vivos ni muertos, son desaparecidos,* y el asentamiento de campos clandestinos de detención como institución central del poder dictatorial. Este trípode se montó primero en el acto sedicioso de derrocar a un gobierno constitucional y, luego, en la construcción de un poder diurno y uno nocturno. El ejército diurno se prepararía para guerrear con Chile o "recuperar" las Malvinas y cumpliría con las formalidades del Estado. El ejército subterráneo modelaría la Argentina a fuerza de miedo para adaptarla a los presupuestos de la política económica ejecutada por Martínez de Hoz. Hubo, en concordancia, un Videla diurno que representaba el ala "moderada" y que en el plano diplomático se mostraba como un hombre liberal, razonable y cauto frente a los "duros" hijos de Atila, encarnados, según informes de la embajada norteamericana, en Suárez Mason, el coronel Roualdés (jefe de Inteligencia del I Cuerpo), Riveros e Ibérico Saint Jean, ya en funciones como gobernador de Buenos Aires. Y hubo un Videla nocturno, *yo sabía todo lo que pasaba, yo estaba por encima de todos,* que recibía los partes de inteligencia, que conocía el lugar de asentamiento de cada campo clandestino de concentración de prisioneros, que firmaba y revisaba cada una de las órdenes operativas elaboradas por Viola y Jáuregui. Un Videla diurno que parecía tener límites morales frente al uso personal que hacía Massera del poder. Que se sentía orgulloso y dotado por comandar el Ejército: *Al Ejército le debo todo, después de Dios y mi familia. Gracias al Ejército llegué a ser lo que soy,* dijo en la entrevista otoñal del 99. El Videla que avanzaba con la espada de un cruzado, que afirmaba no usufructuar personalmente del poder para realizar negocios pero que toleraría negociados ajenos toda vez que combatirlos hubiera significado dividir el bloque dictatorial. El Videla que proclamaba su deseo de darle una salida política al Proceso, pero que jamás daría pasos concretos en esa dirección. Enfrente, había un Massera carismático e inescrupuloso que avanzaba acumulando poder desde la ESMA. Las peleas entre ellos serían un ajedrez siniestro. Videla y Massera, sin embargo, nunca se enfrentarían por el carácter de la represión: la considerarían la esencia misma del poder conquistado por la "guerra antisubversiva" contra un "ejército" de civiles mal armados aunque con una aterradora voluntad, que ya, para entonces, había desbarrancado en el militarismo. A principios del 76 la guerrilla estaba en desbandada aunque subsistieran algunos grupos, tanto del ERP como de Montoneros, dedicados a planificar su propia supervivencia y esporádicos atentados contra las fuerzas militares. Incluso si hubieran constituido un verdadero ejército beligerante, como alguna vez sostuvo la guerrilla, como sostenía el Ejército, tampoco les cupo el tratamiento de prisioneros de guerra amparados por la Convención de Ginebra. El propio régimen de Videla ya había decidido no observar las leyes de la guerra: la no aplicación de torturas, los juicios sumarios, el pelotón de fusilamiento, el respeto de los prisioneros heridos. La decisión de desaparecerlos fue la prueba definitiva de que Videla y sus generales, almirantes y brigadieres no consideraban a los grupos insurgentes un ejército beligerante. Y sin ejército beligerante, no hay guerra. Las encrucijadas que Videla admitió cuando habló de la imposibilidad de fusilar a los opositores, siquiera de decir dónde estaban sus cadáveres, definieron, entonces, las tendencias que se desplegaron desde los meses fundacionales del régimen, aunque anidaban ya en el corazón del golpe contra Isabel Perón. El terropoder —que usaba el aparato del Estado para violar la ley y atemorizar a la sociedad— se había comenzado a construir en octubre de 1975, con la propuesta de aniquilamiento del "accionar subversivo" que derivó en exterminio físico de la insurgencia guerrillera, sindical y estudiantil. Así, la opción represiva del régimen que Videla se disponía a comandar como presidente de facto (un eufemismo para denominar a los dictadores de todos los tiempos con el solo motivo de garantizar la continuidad del Estado) desde el 29 de marzo de 1976 hasta el 29 de marzo de 1981 tendrá, durante 1976, su bautismo de sangre y fuego. El año estaría signado por episodios clave: el montaje de toda la ciudadela represiva cuyo núcleo fueron los 364 centros clandestinos de detención distribuidos en 11 de las 23 provincias argentinas; el establecimiento de la pena de muerte por Consejos de Guerra; la prohibición de la actividad política; la censura sobre la prensa; la reducción del Congreso a una comisión intermilitar que elaboraba seudoleyes; los raids de Martínez de Hoz al extranjero para conseguir créditos que financiaran su plan económico; las disputas entre Videla y Massera; los viajes de Videla al interior y a algunos países de América Latina para dar la cara diurna del régimen mientras dejaba en manos de Suárez Mason, Riveros y del jefe militar de inteligencia, Martínez, el montaje del Operativo Cóndor; el intento de Videla de darle una impronta fundacional a su gobierno, con la promoción del general Genaro Díaz Bessone como ministro de Planeamiento; la persecución contra Isabel y el resto del gobierno peronista; la desarticulación de la cúpula del ERP; los últimos estertores de Montoneros con la salida al exterior de sus jefes; el comienzo de las dudas de al menos una parte de la embajada de los Estados Unidos respecto de que Videla quisiera poner fin a la represión ilegal que, por otra parte, producía una crisis refleja dentro del gobierno norteamericano por la violación a los derechos humanos, y la crispación de las relaciones con la Iglesia Católica tras el asesinato de los sacerdotes de la Orden de los Palotinos.

Entre el 24 de marzo y el 29 de marzo, día en que Videla asumió la presidencia reteniendo su cargo de jefe del Ejército, con una suma de poder ilimitado en un sistema presidencialista como el argentino —unificaba el poder político con el militar en la decisión final e inapelable de un solo hombre—, el Proceso gobernó sólo a través de la Junta, que emitió comunicados, actas y reglamentos. El poder de Videla estaría apenas condicionado por el sistema de acuerdos que, por encima de él, estableciera la Junta Militar, el triunvirato de Videla, Massera y Agosti. Los comandantes usaron el sistema ideado por ellos, el 33%, como un mecanismo repartidor de culpas y, al mismo tiempo, de irresponsabilización. *Lo del 33% fue más bien nuestro. Sí, el objetivo era compartir las consecuencias en la lucha antisubversiva, las críticas que pudiera haber. No era por el reparto de los cargos. Esto viene desde el Operativo Independencia. Allí la Armada pidió una participación simbólica y también la Fuerza Aérea. Todos pidieron participar. Para ellos era la oportunidad de sacar algunos puntos, más que la cosa iba bien. Y no nos negamos,* dijo Videla en la entrevista otoñal del 99. Videla, otra vez, se preocupaba por aparentar que su poder era compartido, aunque como Presidente tenía en sus manos la aprobación o el veto de cualquier medida de gobierno. Massera y Agosti —sobre todo Massera— sabían que debían compensar esa desventaja acumulando espacios de poder como fuera. Agosti era consciente de que su fuerza residía en la posibilidad de mediar: era el tercero, el que desempataba en las reuniones de la Junta. Videla, sin embargo, tenía la suma del poder y nada ni nadie lo condicionaría en un terreno: el aval al plan económico de Martínez de Hoz. Porque existió otro pacto esencial, tan permanente y duradero como el pacto con Massera y Agosti para la represión ilegal: el pacto entre Videla y Martínez de Hoz. En efecto, la espada y los negocios debían marchar juntos y juntos saldrían de escena el mismo día y a la misma hora. La promesa hecha a Martínez de Hoz —cinco años de plazo para cambiar la estructura económica de la Argentina— revelaba una notable premeditación, como si se hubieran ajustado los relojes para cumplir con un plan largamente estudiado. Sobre ese plan informó el secretario Kissinger a su presidente Ford el mismo día del golpe; en el telegrama confidencial 071677, Kissinger decía: "Habrá un fuerte énfasis en la ley y el orden asignando máxima prioridad al esfuerzo antiterrorista. Un operativo limpieza contra figuras políti-

234

cas y sindicalistas presuntamente corruptos, que incluye los esfuerzos para condenar a Isabel Perón por corrupción. Evitar una postura rabiosamente antiperonista o antisindical y tratar de trabajar con sectores receptivos del poderoso movimiento sindical. La implementación de un programa de austeridad moderada que pondrá el acento en una menor participación del Estado en la economía, la responsabilidad fiscal, la promoción de exportaciones, la atención favorable al sector agropecuario descuidado y una actitud positiva hacia las inversiones extranjeras". Kissinger también anticipaba que los derechos humanos podían "presentar problemas desde el punto de vista norteamericano". Y continuaba diciendo: "(...) El tratamiento de estos individuos (presuntos subversivos) ha sido menos que correcto en el pasado y probablemente involucrará graves violaciones a los derechos humanos en el futuro". La percepción de Kissinger sin duda era correcta, pero se equivocaba al ubicarla en el futuro; estaba sucediendo:

Claudio Zieschank fue detenido el 26 de marzo del 76 junto a Edgardo Basile al salir de Buxton SA, en el partido de San Martín sobre la ruta 8, donde ambos trabajaban. Eran las dos de la tarde. El grupo operativo llegado en tres Falcon hizo despliegue de armas y amenazas frente a testigos, antes de subir por la fuerza a los operarios a uno de los automóviles. No se sabe en qué centro de detención permaneció Claudio durante un mes y medio, hasta los primeros días de mayo, cuando según la autopsia sucedió su muerte. Lo ahorcaron y ataron con alambre antes de arrojarlo al río. Era un cadáver de veinte días cuando se lo halló a la altura de Ezpeleta, en compañía de otro cadáver flotante que se registró como NN y pertenecía a Héctor Navarro, quien había sido detenido en Zona Norte el 14 de mayo. (Juicio a las Juntas. Acusación a JRV. Privación ilegal de la libertad. Homicidio agravado por alevosía. Caso 19.)

En el plan represivo, Videla no tuvo competidor en Massera. En una entrevista realizada en la primavera del 98, Massera lo corroboró: "Con Videla compartimos la doctrina de la guerra antisubversiva tal como se aplicó porque esa doctrina era una sola". El almirante extremó desde la Armada esa guerra definida como "sucia" por los propios militares. *Para mí no hay guerras sucias. Hay guerras justas e injustas. Y la que hicimos fue una guerra justa,* dijo Videla en la entrevista invernal del 98. Los guerreros de Videla fueron Suárez Mason y Saint Jean, a quienes nunca limitó *porque no hubo ningún descontrol, yo sabía todo, yo estaba por encima de todos.* Tampoco el mercedino Agosti compitió en este sentido con Videla o con Massera. Él era el jefe nocturno de aviadores que hacían ritos nacionalistas y de fe cristiana en el centro clandestino de detención montado en la Mansión Seré mientras atormentaban a sus prisioneros, según dejarían constancia ante la Justicia dos sobrevivientes que huyeron de la Mansión. Agosti, ese hombre pequeño, católico integrista, a quien la visera de aviador le cubría con sombra la cara y 'la mirada, no conservó prisioneros vivos. No competía con Massera por ningún proyecto político ni estaba obligado a contemporizar, como Videla, para conquistar poder en el Estado; Agosti tuvo una singular obediencia debida a ambos. El triunvirato militar triunfante redujo las máximas instituciones políticas que habían tardado más de un siglo en gestarse a un simulacro, la Junta de Comandantes. La figura de junta, en la Argentina, tenía aires fundacionales (como la de 1810) y también los triunviratos, que habían funcionado mal en la prehistoria de la conformación nacional. El régimen videlista reprodujo este esquema. Adaptar la Argentina a ese molde implicaba, como le aconsejó Jaime Perriaux, copiando mal a Chesterton, reivindicar "la democracia de los muertos", es decir sólo de los próceres, aquellos triunviros de comienzos del siglo XIX, la mayoría ricos terratenientes o militares imbricados con los dueños de la tierra. El esquema no contenía a la caótica y trabajosa democracia de masas inaugurada por el radicalismo y expandida por el peronismo en el siglo XX. *Prefiero hablar de República porque la democracia siempre hay que explicarla*, dijo Videla en la entrevista de marzo del 99. Esta idea se completaba con su concepto de "subversión": *No es sólo lo que se ve en la calle. Es también la pelea entre hijos y padres, entre padres y abuelos. No es solamente matar militares. Es también todo tipo de enfrentamiento social.*

En los días previos y posteriores al golpe, la SRA y el CEA fueron el semillero de los patricios que debían dirigir esa "democracia de los muertos". Imbuidos de ese espíritu, veinticuatro horas después de asumir el gobierno lo primero que ordenaron Videla, Massera y Agosti fue cerrar el Congreso y nombrar en su lugar una Comisión de Asesoramiento Legislativo (CAL) que aprobaría las leyes de facto sin debate; suspender el derecho de huelga y los fueros de los sindicalistas, por lo que las empresas podían despedirlos sin más trámite; declarar en comisión el personal del servicio exterior; suspender la actividad de los partidos políticos nacionales y provinciales, especialmente la UCR y el PJ, y prohibir las actividades de los partidos Comunista Revolucionario (PCR), Socialista de los Trabajadores, (PST), Política Obrera (PO), Obrero Revolucionario Trotskista (PORT) y Comunista Marxista-Leninista (PCML), todos de filiación marxista y que no promovían la lucha armada al estilo de las formaciones guerrilleras, a las que no se prohibía sino que se debía exterminar. Estas últimas, ERP, Montoneros, FAP, Fuerzas Armadas de Liberación (FAL) y Organización Comunista Poder Obrero (OCPO), entre las más importantes, conservaban cierto episódico poder de fuego para ejercer un terrorismo marginal en atentados aislados, y ya no eran capaces de azuzar una resistencia de masas contra el nuevo gobierno. El 29 de marzo, la embajada informaba a su gobierno que el golpe de Videla había sido un desfile militar pacífico, tanto es así que a partir de ese momento dejaría de usar los métodos secretos de comunicación con el gobierno de los EE.UU. —telegramas cifrados—, que había adoptado unos días antes del golpe militar. "Las FFAA han venido suavizando sus medidas de control pues perciben que prácticamente no hay oposición a su acción. Los representantes militares le informaron a la prensa local esta tarde que no habría más censura previa; bastaba que la prensa mostrara refreno y responsabilidad. (...) El cambio de gobierno no ha causado mucha paralización en la Argentina y la situación está ahora lo suficientemente tranquila como para que la embajada finalice esta serie de informes y vuelva a transmitir información a través del servicio regular de cable". Esa "normalidad" pública no revelaba la "anormalidad" secreta que ya se desplegaba en la represión a los opositores. Ésta sería una constante del Proceso por lo menos hasta mediados del 76. Otros documentos firmados por William Rogers y por Kissinger revelaban cierta cautela y prevención. La Junta deseaba que EE.UU. reconociera inmediatamente al nuevo gobierno, aunque el consejo de Rogers fue esperar a que varios países lo hicieran (el primero fue el Chile de Pinochet), porque se descartaba que habría problemas respecto de la censura de prensa y de la violación de los derechos humanos. Kissinger, mucho más pragmático, opinaba que el nuevo régimen no sería una amenaza para los intereses económicos norteamericanos. Es más, estaba convencido de que la mejor garantía para que esto no sucediera era dar ayuda económica a la Junta Militar, por lo que, suponía, se atenuarían las tendencias nacionalistas que pudieran afectar a los Estados Unidos. Kissinger no se equivocaba en el diagnóstico de que la Junta no sería una amenaza para los intereses norteamericanos. En lo que respecta a las tendencias nacionalistas, en la realidad el nacionalismo militar, salvo en casos excepcionales y minoritarios, nunca se tradujo en una defensa sostenida de la independencia económica de la Argentina.

Tal como estaba previsto, Videla fue designado Presidente por la Junta de Comandantes. Según sus propios dichos, su esposa no celebró la noticia: *Ella me dijo que no era una buena noticia. No sé por qué lo habrá dicho. Tal vez por su intuición de mujer.* Por razones diferentes, tampoco Massera digeriría fácilmente esa designación. Una vez invadidos los edificios públicos, sobre todo los de la CGT y la CGE, el Congreso y las universidades, por los tanques, la infantería y los grupos comando destacados por el diagrama militar del golpe; una vez confirmado que no existía resistencia popular y que los Estados Unidos avalaban con silencio público pero con locuacidad diplomática al nuevo régimen, el 29 de marzo de 1976 Videla juró *por Dios, por la Patria y por los Santos Evangelios.* La ceremonia de asunción sólo duró veintiún minutos. La crisis política que Videla había construido, promovido desde el Ejército, precipitado y detonado, le daba el premio mayor: la suma del poder en la figura de Presidente. En lo personal, esto podía tener un sabor vindicatorio: había llegado más lejos que su padre. Un mes después, en una charla con cronistas en la Casa de Gobierno, Videla admitió su conspiración contra el gobierno constitucional y maltrecho de Isabel Perón: *El actual proceso costó muchos sacrificios a las Fuerzas Armadas y el desenlace de la crisis institucional no fue una cuestión de una o más personas reunidas en un sótano, sino un proceso muy elaborado, muy amasado.* La misión de Videla era desmontar las bases del Estado de bienestar construido durante un cuarto de siglo. Trabajó sobre esa premisa; la represión ilegal encontraría su última ratio en este objetivo. El Estado secreto, nocturno, comandado por Videla, fue conformado por los comandantes de cuerpo, los jefes de los destacamentos de inteligencia militar y "las patotas" (grupos de tareas de la represión ilegal) de las tres armas. Videla acordó con los jefes de cuerpo —como lo hicieron Agosti y Massera en sus armas— una estructura y un nivel de jefatura que transformaban a sus miembros en señores de la guerra con dominio territorial sobre los centros clandestinos de detención y, por supuesto, sobre el botín de guerra que obtuvieran en ellos. Durante los años 76 y 77, que concentrarían el 90 por ciento de los miles de muertos de la dictadura, los jefes del ejército de la noche comandado por Videla fueron Viola (jefe de EMGE), Galtieri y José Antonio Vaquero como subjefes del EMGE; Azpitarte, Dallatea y Olivera Rovere, sucesivos secretarios generales del Ejército; Villarreal en la jefatura de Personal y, posteriormente, al ocupar Villarreal la Secretaría General de la Presidencia, Luis Jorge Warckmeister en la jefatura de Personal; Luciano Jáuregui en Operaciones, y José Montes y luego Oscar Gallino en Logística. Los jefes de los comandos de Cuerpo fueron Suárez Mason (Capital Federal y provincia de Buenos Aires), Díaz Bessone (Rosario), Menéndez (Córdoba), Azpitarte y luego Vaquero (Bahía Blanca) y Riveros (Institutos Militares en Campo de Mayo). Estos hombres rotaron en las jefaturas durante los años más duros del Proceso y tuvieron un poder ilimitado. Massera, por su parte, organizó la misma concentración ilimitada de poder de fuego clandestino y público. En esos dos años clave, lo acompañaron los contraalmirantes Armando Lambruschini (jefe del EMGN), Humberto José Barbuzzi (Secretaría Naval), Oscar Montes y Manuel Jacinto García Tallada (jefatura de Operaciones Navales) y los vicealmirantes Luis María Mendía y Antonio Vañek como comandantes de Operaciones Navales. Sin embargo, el verdadero ejército de la noche se vertebró sobre la estructura de inteligencia de las tres armas. Videla promocionó al general Martínez, quien reinó en la jefatura de Inteligencia del Ejército hasta fines del 77. Martínez coordinó tareas en la denominada Comunidad Informativa (reunión de jefes de inteligencia a la que se sumó la SIDE y los jefes de los servicios de inteligencia de las tres armas) con sus pares de la Marina, el capitán de navío Lorenzo de Montmollin y, luego, el comandante naval Jorge Demetrio Casas, y con los aviadores brigadieres Francisco Salinas y Antonio Diego López. Martínez dirigió el equipo más selecto al que Videla dio luz verde en la represión ilegal. Respondían a Martínez los jefes de inteligencia de cada cuerpo de Ejército, la SIDE, Paladino y luego Laidlaw, los jefes del Batallón de Inteligencia 601 —o Servicio de Informaciones del Ejército (SIE)— Alfredo Valín primero y Alberto Roque Tepedino después, y los coroneles Horacio Rotta y Oscar Inocencio Bolasini de la Escuela de Inteligencia Militar. Estos nombres tendrían en sus manos y sobre sus espaldas la dirección estratégica y táctica de la represión ilegal, ya que muchos de ellos participarían directamente de los interrogatorios bajo tortura y del secuestro y asesinato de opositores en el 601, en la ESMA o en el Servicio de Informaciones de la Aeronáutica (SIA), según dejaron constancia los testimonios de los sobrevivientes.

En su primer discurso como presidente de facto Videla dijo muchas cosas. Entre las más importantes, definió con una precisión y coherencia que nadie podría reprocharle qué entendía por derechos humanos; emitió la partida de defunción de los grupos terroristas que como la Triple A funcionaban al margen de la estructura represiva pero muchos de cuyos hombres fueron absorbidos por el terrorismo estatal; aseguró que el Estado conducido por él se encargaría de la represión y definió quiénes eran los aliados y beneficiarios del nuevo régimen. *Para nosotros, el respeto de los derechos humanos no nace sólo del mandato de la ley y de las declaraciones internacionales sino que es la resultante de nuestra cristiana y profunda convicción acerca de la preeminente dignidad del hombre como valor fundamental. Y es seguramente para asegurar la debida protección de los derechos naturales del hombre que asumimos el ejercicio pleno de la autoridad, no para conculcar la libertad sino para afirmarla; no para torcer la justicia sino para imponerla… Sólo el Esta-*

do, para el que no aceptamos el papel de mero espectador del proceso, habrá de monopolizar el uso de la fuerza, y sólo sus instituciones cumplirán las acciones vinculadas a la seguridad interna. Utilizaremos la fuerza cuantas veces haga falta para asegurar la paz social; con ese objetivo combatiremos sin tregua a la delincuencia subversiva en cualquiera de sus manifestaciones, hasta su total aniquilamiento... También, a continuación, precisó: La Argentina transita por una de las etapas más difíciles de su historia (...), el Proceso de Reorganización demandará confianza y sacrificio (...), se alentará a los capitales extranjeros. Quedó cerrado un ciclo histórico y se inicia uno nuevo. Esa misma tarde, el embajador Hill escribió a su gobierno en Washington: "La posición de EE.UU.: éste debe ser el golpe mejor planeado y más civilizado en la historia de la Argentina. También es único en otros sentidos. EE.UU. no ha sido acusado de estar detrás del mismo, salvo por Nuestra Palabra, el órgano del PC. La embajada espera que continúe así. Es evidente que no debemos identificarnos excesivamente con la Junta; esto no sería bueno para ellos ni para nosotros. Sin embargo, los mejores intereses de la Argentina y los nuestros radican en el éxito del gobierno moderado encabezado por el general Videla. Tiene la oportunidad de volver a unir al país, detener el terrorismo y poner la economía en marcha. Más aún, ha prometido solucionar rápidamente varios de nuestros problemas de inversión (Exxon, Chase Manhattan, Standard Electric, etcétera) y generar un mejor clima para las inversiones extranjeras. En caso de que el gobierno de Videla fracase, ello por un lado abriría las puertas a la línea dura y esto haría retornar al país a la polarización del pasado. En ese caso, aquellos que tienen inclinaciones más nacionalistas que los moderados no adoptarían una actitud favorable con respecto a EE.UU. y a nuestras inversiones. Por otro lado, el fracaso de Videla podría también crear condiciones propicias para la extrema izquierda, que tendría oportunidad de esforzarse por conseguir el poder, lo cual claramente iría en contra de nuestros intereses". Todavía eran tiempos de la Guerra Fría y la URSS seguía siendo una amenaza a través de los partidos comunistas locales, que eran considerados filiales de la potencia enemiga. Hill había resumido con notable precisión qué intereses estaban a salvo con el nuevo gobierno y revelaba el convencimiento de que Videla era un "militar moderado".

En este contexto se entendió por qué, dos días después del discurso inaugural de Videla, los primeros juzgados por tribunales de guerra fueron seis trabajadores, dirigentes del Sindicato de Panaderos de Comodoro Rivadavia, en la Patagonia. Además, la primera medida que Videla refrendó declaró prescindibles a todos los empleados públicos y estableció la intervención militar de todos los sindicatos y la CGE, la única confederación empresarial considerada enemiga del régimen. Su jefe, Gelbard, ya había abandonado la Argentina, acosado por la investigación judicial del caso Aluar (su empresa de aluminio) y por haber sido el factótum del modelo económico del último gobierno de Perón, basado en un mercado interno pujante con altos salarios y, contrariamente a lo que imponía la lógica de la Guerra Fría, en una apertura del comercio exterior sin fronteras ideológicas, especialmente el intercambio con Cuba y la URSS, cuyas economías eran complementarias y no competitivas con la de la Argentina, sobre todo en el frente agrícola-ganadero. La persecución a Gelbard tuvo otros ingredientes: su vinculación con el financista David Graiver, quien también había huido ante la inminencia del golpe militar y había recibido en depósito parte de los 60 millones de dólares que Montoneros había obtenido por el secuestro de los empresarios Juan y Jorge Born. Graiver y Gelbard, como sus socios en distintos negocios —Timerman y los industriales Manuel Madanes y Julio Broner—, se transformarían en una presa codiciada por el coronel Ramón Juan Alberto Camps, el jefe de la policía de la provincia de Buenos Aires y hombre de confianza de Suárez Mason, Saint Jean, Roualdés y Riveros, y de Massera. Los allanamientos a la CGT y a la CGE fueron casi simultáneos y se produjeron en las primeras horas del golpe. Después de todo, para el Proceso estas instituciones eran como las dos caras de una misma moneda, representaban a dos sectores sociales que se quería silenciar: a los trabajadores y a las pequeñas y medianas empresas. Gelbard, al igual que otros 72 funcionarios del gobierno constitucional derrocado, fue incluido en la pomposa Acta de Responsabilidad Institucional que embargaba sus bienes, cancelaba sus derechos políticos y, en el caso de Gelbard, le quitaba la ciudadanía, ya que el jefe de la CGE era inmigrante, de origen polaco, y argentino nacionalizado. En esos allanamientos —contaron los empresarios y dirigentes sindicales avasallados—, lo primero que hacían los soldados del régimen videlista era preguntar dónde estaba la caja fuerte.

El ejército de la noche que Videla comandó —que actuaba también de día pero sobre todo de madrugada e interrogaba en catacumbas situadas mayoritariamente en centros poblados— derramaba sus órdenes en los GT2 o GT3, cada uno de los destacamentos de inteligencia que actuaban dentro de los campos clandestinos de detención. El ejército de la noche se movía por órdenes escritas: "Hicimos la guerra con la doctrina en la mano, con las órdenes escritas de los comandos superiores", diría Riveros en 1980, en Washington. El ejército de la noche registraba minuciosamente el paso de cada detenido, su filiación política, el nivel de "peligrosidad", el "tratamiento" al que era sometido y, finalmente, su destino ("traslado") de muerte o de vida, en general de asesinato. Montañas de papeles, sellados y ocultados celosamente por hábito operacional, pero especialmente para eludir las responsabilidades. Videla seguía el funcionamiento de los organismos de inteligencia con Paladino. Y Viola, "el contemporizador" según la calificación de algunos políticos, con Martínez. Lo mismo hacía Massera con Montmollin, aunque sus interlocutores preferidos eran el GT 3.3.2, a cargo del capitán Salvio Menéndez primero, y del capitán Jorge Acosta después, y el vicealmirante Rubén Chamorro, director de la ESMA. En el diagrama de la represión, a la Marina le tocaba encargarse del exterminio de los montoneros y filoperonistas de izquierda; a las tropas de Videla, del ERP, filomarxistas y guevaristas. Esa máquina militar concebida como máquina exterminadora se terminaría de montar casi en su totalidad en los seis primeros meses de la dictadura. Ya a fines del 75, Videla y Viola habían diseñado esa estructura con la obviedad de generales expertos en guerra interna. Videla aprobó el plan de Viola, que por la orden secreta 405/76 del 21 de mayo del 76 —extensión de la 404/75— definía el edificio concentracionario del régimen, ponía en marcha las fuerzas de tareas y centralizaba en el mando exclusivo de los jefes militares todas y cada una de las operaciones de la represión ilegal. Desde esa fecha y hasta principios de 1982, cuando se creó una sexta zona, Viola dividió al país en cinco zonas territoriales —cada una correspondiente a un cuerpo de Ejército y a Institutos Militares—, que tuvieron en sus manos la responsabilidad primaria de las operaciones ilegales conjuntas, principalmente con la Marina y la Aeronáutica o la Policía Federal, las policías provinciales y, en menor medida, la Gendarmería, que era fuerza de apoyo. Cada zona, que abarcaba varias provincias, se dividió a su vez en subzonas (ciudades o localidades) a cargo de los segundos comandantes de cuerpo y estas subzonas fueron fraccionadas en áreas, que eran los centros locales de la represión directa a cargo de las fuerzas de apoyo de marinos, policías o aviadores y, en menor medida, de gendarmes y miembros del Servicio Penitenciario Federal, es decir de carceleros. Hubo 19 subzonas y 117 áreas; la mayoría funcionó en Buenos Aires y La Pampa. Desde esas áreas salían a operar "las patotas", dirigidas directamente por los jefes de inteligencia. El eje Videla-Viola-Jáuregui-Martínez-Valín (estos tres últimos jefe de Operaciones, de Inteligencia y del Batallón 601 o SIE, respectivamente) era la conducción política y práctica de la represión ilegal ejecutada por el Ejército. En la zona 1 (Z1), que abarcaba Buenos Aires (norte y centro) y La Pampa, reinaba Suárez Mason. En la Z2, que incluía Santa Fe, Corrientes, Entre Ríos, Chaco, Formosa y Misiones, Díaz Bessone hasta mediados del 76 y, a partir de entonces, Galtieri. En la Z3, que encerraba a Córdoba, Catamarca, Santiago del Estero, Tucumán, Salta, Jujuy, San Juan, La Rioja, San Luis y Mendoza, mandó Menéndez. En la Z4, restringida a Institutos Militares, Riveros. En la Z5, que incluyó el sur de la provincia de Buenos Aires, Neuquén, Río Negro, Chubut, Santa Cruz y Tierra del Fuego, el jefe fue Azpitarte. Estas cuadrículas eran cárceles extensas como las llanuras que abarcaban; trazaban un país militarizado y sometido al orden cerrado de los jefes militares.

¿Todo el Ejército participó de la represión ilegal que pensó, aprobó y condujo Videla? Apenas uno de cada diez militares integró la elite criminal de los grupos de tareas. Pero los nueve restantes sospecharon o participaron indirectamente en la construcción y el mantenimiento de la ciudadela represiva. El capitán retirado Federico Mittelbach y su hermano, el teniente coronel retirado Jorge, armaron en su libro "Sobre áreas y tumbas" un vademécum pormenorizado de la estructura del Ejército y las responsabilidades en la matanza. "La guerra sucia estuvo, casi en forma exclusiva, en manos de una elite —despreciable, criminal, pero elite al fin—: los servicios de inteligencia de cada una de dichas fuerzas, bajo el mando, sí, de quienes conformaron las sucesivas juntas de comandantes en jefe y de quienes ejercieron los comandos de zona y de subzona, y las distintas jefaturas de área. Paralelamente, en una suerte de lo que damos en llamar desdoble funcional en el ejercicio del mando, el personal de oficiales, suboficiales y tropa de los cuarteles, las bases y otros organismos militares y de seguridad, prácticamente sin excepciones, cumplían con la rutina diaria, desde el toque de diana al de silencio. No es casual que el informe de la Conadep revele que la nocturnidad caracterizó el momento de las desapariciones (el 62% de los casos). Así, mientras los cuadros dormían en sus domicilios o en los casinos, y la tropa lo hacía en las cuadras, las 'patotas' salían a 'operar' secuestrando, saqueando y 'tabicando' a las víctimas, luego, en el piso o el baúl de algún Falcon sin patente, el ingreso a 'las tumbas': los centros clandestinos de detención. Allí, la tortura, la violación, las horas del espanto en el terrible cautiverio y, por último, en la mayoría de los casos, el frío asesinato. Y, en esa nocturnidad, los comandantes de zona y subzona y los jefes de área mudaban sus apacibles aspectos del doctor Jekyll por la máscara siniestra de mister Hyde". Federico Mittelbach dio un ejemplo de cómo descubrió la nocturnidad en la normalidad: "Cuando en Granaderos, donde estuve unos meses en el 78, tocaban diana, había siempre un oficial que no se levantaba: el oficial de inteligencia. Eso quería decir que no se acostaba, que salía a secuestrar y torturar a la noche".

A fines de abril del 76 ya funcionaban por lo menos 40 de los 364 campos clandestinos de detención que se montaron a lo largo del 76 y 77. La obsesión por ocultar los campos fue como la esencia maldita del Leviatán de Thomas Hobbes: "No hay crimen más grande que aquel que se perpetra a conciencia de su impunidad". A pesar de que casi la mitad de los centros clandestinos de detención funcionaron en instituciones policiales, los tres más importantes por la cantidad de detenidos-desaparecidos que concentraron pertenecieron a la estructura militar: el centro de detención que funcionó en la ESMA, el principal de la Marina, en el que en los siete años de dictadura padecerían más de 4.000 prisioneros; el de La Perla, del Tercer Cuerpo de Ejército, por el que pasarían más de 2.000 personas, y el que funcionó en Campo de Mayo en el Primer Cuerpo de Ejército, El Campito, en el que morirían más de 4.000 víctimas, y donde sobrevivieron solamente 14. Los registros indican que el campo clandestino más antiguo nació en 1974 en Tucumán, en la Jefatura de Policía, cuando Videla era jefe de Estado Mayor. Ascendieron a siete, la mayoría también en Tucumán, con el despliegue del Operativo Independencia, cuando Videla ya era jefe del Ejército. En 1976 —Videla seguía siendo el jefe máximo del Ejército y, además, Presidente—, los centros clandestinos de detención totalizaron 610. Muchos fueron transitorios y la cifra se estabilizó en 364, pero en ese primer año llegaron a esa cantidad. En 1977, el número descendió a 60. Aunque las cifras exactas seguían en construcción un cuarto de siglo más tarde, se cree que entre 1976 y 1977 pasaron por esas prisiones clandestinas aproximadamente 8.500 desaparecidos, tal vez casi el 80 por ciento del total. La cantidad de centros descendió a 45 en 1978 y a siete en 1979. En 1980 quedaban sólo dos: la ESMA y El Campito de Campo de Mayo. Se sabe que la ESMA tuvo el privilegio de ser el único centro de detención clandestino que funcionó en soledad desde 1982 hasta bien entrado 1983. La "solución final", es decir, el asesinato de los desaparecidos, se consumó principalmente desde mediados del 77 hasta el primer trimestre del 78. La ejecución en masa ocurrió, por lo tanto, durante los meses en que se discutió la sucesión en la cúpula de la dictadura, en los momentos previos al Mundial de fútbol del 78; sería la despedida de Videla de la jefatura del Ejército. El 2 de agosto de 1978, con la misión cumplida, asumiría como "cuarto hombre", es decir como Presidente vestido de civil, y Viola pasaría a ser el nuevo jefe militar. Las estadísticas tienen la rara virtud de esconder y, al mismo tiempo, de revelar. La decisión de matar a todos los desaparecidos la tomará Videla antes de abandonar para siempre la jefatura de las Fuerzas Armadas. También Massera tomó una decisión, pero contraria; dejaría con vida a un porcentaje estimado en un 8% de los más de 4.000 desaparecidos que pasaron por la ESMA. El almirante había decidido contar con un "ejército de esclavos", como lo definieron los sobrevivientes, para formar un movimiento político. Tal vez nunca se podrá saber a ciencia cierta si esta fuga hacia la política —que implica necesariamente tener en cuenta al "otro"— es lo que diferenció el estilo criminal de Videla del de Massera, como sentenció la Justicia. Lo cierto es que ambos cumplieron un rol idéntico y a la vez distinto en la "solución final". Distinto porque el jefe Videla, como su coterráneo y compañero de fe cristiana Agosti, dejó pocos sobrevivientes. Idéntico porque el crimen fue la regla y porque esos centros clandestinos de detención fueron feudos, las casas artilladas de los señores de la guerra en las que se consolidó la feudalidad del Proceso: el conjunto de lazos personales y jerárquicos que los unía como parte de las capas dominantes de la Argentina dictatorial; un lazo anudado por el beneficio mutuo. Estos señores feudales que se habían sentido amenazados por la guerrilla y la revolución, y aun por la democracia, el peronismo en el poder y un capitalismo asentado en la industrialización y el mercado interno, habían reaccionado como lo hizo a lo largo de toda la historia de la humanidad una clase dominante asustada y como señaló el historiador Jacques Le Goff: con la violencia suprema de la guerra. La feudalidad que regía en plenitud dentro de las murallas de la estructura militar, de los campos clandestinos de detención que se edificaron dentro de los comandos, zonas y subzonas militares, los hizo dueños de la libertad, de la vida o la muerte de los súbditos y de sus bienes. Pero se quebró en un punto esencial: otorgar piedad a esos súbditos. Había perdón sólo para algunos o para ciertas transgresiones de políticos y sindicalistas cuando, en la vasta marea humana aterrorizada de la sociedad, se violaba el orden del régimen. Era una piedad inestable, excepcional, escasa, arbitraria y dependía, como en toda organización feudal, de la voluntad y conveniencia de los señores de la guerra.

La negación de piedad fue una regla de la represión ilegal porque no se buscaba la obediencia de los opositores sino el exterminio. Algunos casos afectaron incluso a la familia de Videla (en Mercedes hubo quince desaparecidos y cinco muertos), pero él no levantó su pulgar ni siquiera por los parientes de su madre, los hermanos Ignacio y Esteban Ojea Quintana, "chupados" por un grupo de tareas. Según su primo, el padre Calcagno, la negación de piedad no era un conflicto para Videla. De acuerdo con sus palabras, Videla "no tenía conflictos con la guerra sucia". No los tenía siquiera cuando los afectados eran familiares, amigos o hijos de camaradas de armas. Algunos vieron en esta intransigencia una notable coherencia con sus ideales; otros, una decisión criminal sin fisuras. Hubo desapariciones ante las que Videla debió responder personalmente. Con el brigadier mayor Jorge Landaburu, ex ministro de Aeronáutica de la dictadura de Aramburu, Videla había compartido muchas vacaciones. La familia Landaburu era puntana como la del mismo Videla y habían pasado juntos no pocos veranos en El Trapiche. Adriana, la hija de Landaburu, era peronista y había sido una temprana novia de Jorge Horacio, el segundo hijo de Videla. Fue secuestrada el 7 de julio de 1976. El 9, el brigadier le pidió una audiencia a Videla, quien lo recibió inmediatamente. "Mi marido le dijo lo ocurrido", relató Estela Puccio de Borrás, viuda de Landaburu. "Videla, agarrándose la cabeza, exclamó: *¿Adrianita?, ¡qué barbaridad!* Videla pidió que su ayudante lo comunicara con Massera y Agosti. Habló con los dos, pidiéndoles que cualquier novedad nos la dieran a nosotros. Al otro día, llamó Massera a mi casa. Me dijo que ellos no sabían nada. ¿Averiguó en la ESMA?, le pregunté. Y él me dijo: Señora, en la ESMA no hubo ni hay detenidos. Después nos enteramos de que estuvo en la ESMA y que la tiraron al mar".

La sociedad, en tanto, parecía tolerar que se desapareciera a sus hijos, familiares, amigos, vecinos y compatriotas. Tal vez Videla parió la genealogía de un terror desconocido para los argentinos. El argencidio se consumó sobre el edificio central del poder totalitario de la dictadura: los campos clandestinos de detención y el miedo de la sociedad, culpabilizada por varias generaciones por haberlo tolerado. Videla fue, como lo indica su historia, una de sus creaciones autoritarias más extremas. Fue un dictador argentino. Tan argentino como lo fueron los guerrilleros, el peronismo, el radicalismo, los socialistas y los comunistas. El engendramiento de Videla ocurrió en toda la historia de su formación militar y social; la última fase, hacia 1975, cuando en el discurso militar y en los hechos del poder se despojó de humanidad a los opositores al régimen. Los "subversivos" eran "apátridas", eran "paquetes" (así denominaba a los prisioneros la jerga de los oficiales de los centros clandestinos de detención), y el poder dictatorial había sentenciado su expulsión, la caducidad de su condición de argentinos, el arrasamiento de sus derechos políticos, civiles, y de sus derechos naturales a la vida y a la perpetuación de la especie. Ni los hijos de los "subversivos" tendrían derecho a la identidad y de ahí derivó la autorización para robar los bebés de las desaparecidas, para lo cual se organizaron maternidades clandestinas en los centros de detención o en hospitales bajo control militar. Videla refrendó la orden de operaciones de Viola y de Jáuregui en la que se ponía en funcionamiento la maquinaria de los centros clandestinos. Estos centros fueron el experimento más audaz y planificado del sueño de dominación total que jamás ningún jefe militar se había atrevido a construir. El "mérito" de Videla fue haber dado vida a un régimen en el que, como en el nazismo, los campos de concentración eran la verdadera institución central del poder totalitario. Si en el caso del poder, la represión es su núcleo central, las formas que adoptó en la Argentina revelan más que ninguna otra cosa la intimidad de la dictadura que comandó Videla:

Fui detenida junto con mi hijo Floreal, de 14 años, el 15 de abril de 1976. Buscaban a mi marido, pero como éste no estaba, nos llevaron a nosotros dos a la comisaría de Villa Martelli. Allí escuché cómo torturaban a mi hijo. Como yo gritaba desesperada y les pedía que no lo torturaran, me amordazaron. Luego me condujeron encapuchada a Campo de Mayo. Allí me colocaron en un galpón donde había otras personas. En un momento escuché que uno de los secuestrados había sido mordido por los perros que tenían allí. Otra noche escuché gritos desgarradores, y luego el silencio. Al día siguiente, los guardias comentaron que con uno de los obreros de la Swift se les había ido la mano y había muerto. Salí de ese campo con destino a la penitenciaría de Olmos. El cadáver de mi hijo apareció junto con otros siete cuerpos, en las costas del Uruguay. Tenía las manos y los pies atados, estaba desnudo y mostraba signos de haber sufrido horribles torturas. (Juicio a las Juntas. Acusación a JRV: Caso de Floreal Edgardo Avellaneda. Privación ilegal de la libertad calificado por haber sido cometido por violencia y amenazas. Tormentos seguidos de muerte. Y robo. Testimonio de Iris Pereyra de Avellaneda. Casos 102 y 103.)

Pilar Calveiro, en su libro Poder y desaparición, realizó el más notable y extraordinario ensayo sobre los campos clandestinos de detención, sobre la naturaleza específicamente argentina de esos campos, y, por consiguiente, sobre el poder dictatorial de Videla, ya que según la autora "el poder muestra y esconde, y se revela a sí mismo tanto en lo que exhibe como en lo que oculta". Calveiro fue secuestrada por un comando de la Aeronáutica que lideraba Agosti y conducida a la Mansión Seré, también llamada "Atila" (por su poder exterminador), cuyos máximos responsables fueron, en línea directa con Agosti, los brigadieres y jefes de la inteligencia aeronáutica, entre ellos, Francisco Salinas. Calveiro fue trasladada a distintos centros clandestinos durante un año y medio, y atormentada ilimitadamente en cada una de las estaciones: la comisaría de Castelar, la ex casa de Massera en Panamericana y Thames, convertida en centro de torturas del Servicio de Informaciones Navales (SIN) y, por último, la ESMA, donde fue un número: 362. La operación sobre ella se repitió como ún espejo en otros cuerpos, en otras latitudes de la Argentina. El mérito de Calveiro es haber contado lo que el poder ocultó, trazado los rasgos que permitieron definir en esencia a Videla no por lo que exhibía —el Presidente moderado, aparentemente sin carácter, el jefe militar intachable, el hombre devoto y piadoso— sino por lo que ocultaba. A partir de marzo del 76, el Proceso montó una verdadera industria del crimen, una cadena de producción mortal, en la que se fragmentaba el trabajo para eludir la culpa y la responsabilidad de conjunto. Hubo "patotas" (encargadas de secuestrar a los opositores y de repartirse el "botín de guerra" de sus bienes); hubo grupos de inteligencia, "interrogadores", encargados de torturar (algunos de ellos con el rosario en la mano) para obtener información y guiar a las patotas a nuevos "blancos"; hubo guardias que custodiaron a "los paquetes" y los formaron en fila para su "traslado" final; hubo desaparecedores de cadáveres que, en medio de una enorme tensión y violencia, llevaron a los prisioneros atados y amordazados lejos de los centros de detención y los fusilaron, para luego enterrarlos, quemarlos o arrojar sus cuerpos en lugares públicos y simular un enfrentamiento. O, en general, y de manera masiva, los encargados de los centros inyectaban somníferos (el "pentonaval") a los prisioneros para despojarlos de toda conciencia y arrojarlos *al mar, al río de la Plata, al Riachuelo* en vuelos rigurosamente secretos. Sin embargo, para algunos éste era un secreto a voces. A mediados del 76, el ministro del Interior, general Harguindeguy, se lo confesó a Gustavo de Gainza. La esposa de este último, Platina Wölher, contó: "Una noche estábamos con mi marido en la casa de la baronesa Von Kretschmann, una chilena que le daba clases de cerámica a la mujer de Harguindeguy. Como buena alemana que soy, yo soy pésima diplomática, así que le pregunté a Harguindeguy por qué no mataban más guerrilleros. No me contestó, pero después de la cena se lo llevó a mi marido a un costado y le dijo: '¡Yo no le puedo decir a su mujer que los tiramos al mar!'". Como se ve, la percepción de la ausencia de los cuerpos era ostensible aun para la clase alta comprometida con los ideales del régimen.

Los desaparecedores —la elite más secreta de la industria de la muerte montada por la dictadura— cumplían órdenes y llevaban una doble vida. Mientras revistaban en el ejército de la noche usaban seudónimos para no ser identificados. En la vida diurna cobraban sus sueldos y seguramente eran buenos padres de familia y buenos vecinos. Su tarea era una cuestión aparentemente burocrática, legal, de obediencia debida a las órdenes del jefe del Ejército, Videla, y de sus jefes subordinados. Integraban un cuerpo militar que ejecutaba órdenes; obedecer a Videla y a la cadena de mandos legitimaba el crimen, la crueldad, la ignominia. Se comportaban como soldados amorales; asesinaban sin culpa y se deshumanizaban lo suficiente como para que la maquinaria de la muerte no los dejara a salvo. Los "paquetes", los "bultos" que arrojaron *al mar, al río de la Plata, al Riachuelo,* los desaparecidos, eran mayoritariamente ciudadanos argentinos y en casi todos los casos, el 94 por ciento, civiles. Eran militantes o simpatizantes de la izquierda peronista y marxista, y en menor medida, de organizaciones guerrilleras. Eran hombres y mujeres, en su mayoría jóvenes, de entre 21 y 30 años. Eran obreros, estudiantes, empleados, profesionales, trabajadores independientes, docentes, amas de casa, periodistas, artistas, religiosos, conscriptos y militares rebeldes. Hubo embarazadas, unos 800 adolescentes de entre once y veinte años, y unos 500 niños y bebés "chupados" por la maquinaria del régimen.

El 90 por ciento de las desapariciones ocurrió, entonces, entre 1976 y 1978, los años en que Videla fue jefe del Ejército y Presidente. En ese período, la vida de los desaparecidos en los centros clandestinos de detención fue el experimento criminal más premeditado y excepcional —por su extensión, su metodología y su calidad— de la historia argentina y latinoamericana, según definió la Justicia años más tarde. Hubo un modus operandi contado por los sobrevivientes, que la Justicia confirmó y que fue común a todos los campos: los prisioneros eran sometidos a tormentos de distinto tipo —picana, submarinos, estaqueo, simulacros de fusilamiento, violación—, permanecían acostados y en silencio, no debían moverse ni hablar entre ellos, y estaban constantemente vendados o encapuchados. ("Todo era noche y silencio".) Las raciones de comida eran apenas suficientes para mantenerlos con vida; sabían cuándo iban a morir por sus carceleros o sus desaparecedores. Llegado el momento, se los trasladaba a la enfermería o a cualquier lugar habilitado para esa rutina, se les aplicaba una inyección que los atontaba pero no los mataba, para *ni vivos ni muertos,* arrojarlos *al mar, al Río de la Plata, al Riachuelo,* quemarlos, enterrarlos en tumbas NN o fondearlos. Los carceleros, interrogadores y desaparecedores se creían dioses. Hubo un centro al que denominaron "El Olimpo". "Nosotros, acá adentro, somos Dios", decían a sus víctimas. La apelación a la "divinidad", al derecho sobre la muerte y la vida, ya que a los prisioneros no les estaba permitido decidir morir y mucho menos intentar quitarse la vida (el suicidio hubiera sido un acto inadmisible de rebelión; hubiese sido, en sí, una fuga), era la prolongación de la convicción del jefe Videla en el resto del cuerpo militar. "Aquí adentro el tiempo no existe", decían los verdugos a sus víctimas. "Esto no tiene límites", decía Acosta, en la ESMA. De esta manera se lograba el terror, que es un estadio diferente del miedo. Ese poder del terror sólo estaba limitado por algo que lo enfurecía: la resistencia de los prisioneros a dar información o a aceptar que la única realidad fuera el campo de concentración.

En los centros clandestinos de detención, la deshumanización era un pozo hondo y oscuro; los torturadores convivían con sus torturados, a quienes canjeaban con otros grupos de tareas, obligaban a escuchar sin pestañear el tormento de otros, a denunciar seres queridos, a aceptar que fuera del campo sólo existía el olvido. El afuera, el barrio, el cuartel, la calle —tan cerca de esos centros clandestinos que en su mayoría funcionaron en zonas urbanas—, habían desaparecido junto con ellos. Se trataba de anonadar a los prisioneros, como a la sociedad, hasta reducirlos a la pulsión de un animal que merodea la comida, arrodillado ante un oficial que decidiría sobre su asesinato como si estuviera resolviendo poner un sello (y lo ponía) en una planilla de la máquina burocrática que le permitía violar la ley. Esos hombres no eran ni cruzados ni monstruos porque el Estado, con su Presidente y su comandante en jefe, Videla, los habían persuadido de que ésa era "la tarea" institucional del momento; formaba parte de la fajina militar y de los planes operativos. Videla era el Ejército. Videla no actuaba, como ellos, en nombre propio sino en nombre de *la nación agredida*. Por lo tanto, desaparecer personas sólo era una función patriótica. Fuera de la maquinaria represiva, los desaparecedores podían ser buenos oficiales, incluso buenos cristianos. Videla les había enseñado que se podía ser "correcto" pero "despiadado".

En el universo binario de los centros clandestinos, sólo existían las "fuerzas propias" y "el otro, el extraño, el enemigo, el subversivo, el judío". Antes, esta lógica binaria también había circulado dentro de la guerrilla y en la sociedad: todos los "burgueses" habían sido vendepatrias y todos los militares "gorilas", "cipayos" o "sirvientes del imperialismo". Sin embargo, la fuerza irregular de civiles armados nunca detentó el poder del Estado. Y la sociedad no plebiscitó la desaparición y la tortura masiva de ciudadanos, ni siquiera su fusilamiento. Dijo Videla: *La sociedad argentina no se hubiera bancado los fusilamientos... No había otra manera. Todos estuvimos de acuerdo en esto. Y el que no estuvo de acuerdo se fue.* Ante una pregunta concreta, en la entrevista del otoño de 1999, no dijo pero tampoco desmintió que ése fuera el caso de los generales nacionalistas Juan Antonio Buasso y Rodolfo Mujica, ambos destinados al EMC y a los que no se convocó a ocupar lugares clave durante la dictadura. Buasso jamás negó que, en una reunión realizada el 7 de julio del 76, le hubiera dicho a Videla: "Nos van a venir a pedir cuentas, no aparecen los cadáveres, qué clase de guerra es ésta...". En palabras de Buasso: "Videla era un oficial correcto, medido, pulcro. Fuimos instructores en el Colegio Militar. Yo no quiero eludir mis responsabilidades. Fue una decisión que tomó el Ejército y no hice nada para impedirlo. A mediados del 76, en una reunión de generales, Videla dijo: *Maten, pero no tanto*. Lo dijo y mientras lo decía lo miraba a Menéndez, pero no porque fuera más bueno: Videla no se hacía cargo de las cosas. Decir eso denotaba poca claridad de pensamiento. Es maten o no maten". Buasso dijo también: "Videla nunca ejerció el mando militar con todas las responsabilidades. Ni actuó en ningún combate. Nunca actuó en nada de nada, no digo tirar una cebita, ni un fósforo...: Cuando me ofrecen la Policía Federal, cuando lo matan al general Cardozo, yo le digo a Videla: Levanto todo a superficie, hago tribunales sumarísimos, el Ejército no participa de ninguna acción, ni la Fuerza Aérea ni la Marina, el único que actúa en la Capital Federal soy yo con la Policía Federal y si se me mete el Ejército los mando a fusilar... Los fusilo, yo firmo los fusilamientos y usted me pone el visto bueno... Videla no quiso". Si la cantidad de víctimas pudiera explicar la diferencia se diría que hubo en total, entre 1975 y 1983, 687 (511 militares y 176 civiles) muertos a manos de la guerrilla. Según los cómputos del Círculo Militar, estos militares y civiles perdieron la vida, en su mayoría, en combates abiertos o en atentados personales: no hubo desaparecidos ni tumbas NN. Las víctimas de la violencia, entonces, no fueron iguales. La decisión de Videla, ejecutada por Viola y por Jáuregui y desplegada por los comandantes de cuerpo y sus grupos de tareas, no permitió, a pesar del dolor de esas muertes, igualarlas.

Más de la mitad de los centros clandestinos funcionaron en la Zona 1. "El Campito" o "Los Tordos", de Campo de Mayo, montado en los galpones del polígono de tiro, correspondía al reino de Institutos Militares que comandaba Riveros, en línea directa con Videla. Estaba ubicado apenas a dos kilómetros de la residencia de Videla. Él convivía con la muerte de otros argentinos en el mismo territorio cerrado en el que además de "El Campito" funcionaron otros tres centros clandestinos de detención en la cárcel militar de encausados, el Hospital de Campo de Mayo (donde se montó la maternidad clandestina) y "La Casita", que era un centro de tormentos donde se encontraba el equipo de "interrogadores" que dirigía el jefe de Inteligencia coronel Fernando Verplaetsen. Videla prefirió no mudarse a la residencia de Olivos y no sólo porque se sentía más seguro en Campo de Mayo. Según el recuerdo de María Lidia Sostres: "A poco de asumir Videla, las ex compañeras de colegio de Cristina Videla, en realidad sólo las que teníamos hijos, fuimos invitadas al cumpleaños de su primogénito. Cristina estaba de paso en Buenos Aires, ya que se había radicado en Tucumán, y la fiesta fue en Campo de Mayo, lugar donde aún estaban viviendo los Videla. Fue una reunión normal, con conversaciones leves y circunstanciales. En algún momento, Alicia, la esposa de Jorge, comentó que de ninguna manera se trasladaría a Olivos hasta que no sacaran a 'ésa' de la casa". "Ésa" era Eva Duarte de Perón, quien luego de un periplo perverso había sido por fin encontrada y sus restos restituidos a la Argentina. El tema se trató en una de las primeras reuniones de la Junta. Videla propuso sacar de Olivos los cadáveres de Evita y de Perón, cuyos restos habían sido depositados en una cripta en la capilla de la residencia en 1974. Videla —a pesar de los argumentos contrarios de Massera— estaba convencido de que nada sucedería si se movían los cuerpos de los líderes populares más importantes del siglo. *¿Quién se va a resistir, ahora?*, argumentó frente a Massera y Agosti. La discusión fue agitada. Finalmente, Videla logró imponer su idea. Mallea Gil y el teniente coronel Carlos Cerdá viajaron al Messidor, donde estaba presa Isabel, para solicitarle el permiso para trasladar a Perón. En tanto, el traslado de Evita era arreglado por el abogado balbinista Ricardo Yofre con la familia Álvarez Rodríguez, parientes de Evita. En la madrugada del 9 de octubre, Evita fue trasladada a la bóveda familiar de La Recoleta en un operativo secreto. Años después, Villarreal contó que a Videla le urgía sacar a Evita de Olivos cuanto antes. "Tal vez porque a ella fue a la única que siempre, aun después de muerta, se le tuvo miedo", dijo.

¿Cuántas veces, en el mapa o en las reuniones con Martínez o Paladino y Laidlaw, Videla se acercó siquiera a la vibración de muerte de los centros clandestinos de detención de cuya ubicación estaba informado y cuyo territorio compartía en Campo de Mayo? El coronel retirado Augusto Rattenbach, hijo y nieto de militares, se estremeció al intentar interpretar a Videla: "Habría que hacer un análisis psicológico muy profundo para llegar a determinar por qué este hombre casi monjil —porque era de una conducta muy austera, casi de sacerdocio— pasó a ser un energúmeno, a autorizar cosas realmente crueles, despiadadas y ajenas a todo sentido de religión, moral o ética, o como se quiera denominar eso, eso que ordenó, que permitió, que hizo..." Videla —un lector empedernido de la

Biblia y del filósofo católico Jean Guitton, quien había tenido una gran influencia en la formación del papa Paulo VI— había decidido que ningún opositor detenido fuera considerado un sujeto de derecho y que esto no era contradictorio con su fe cristiana. *Dios es el eje de mi vida,* dijo en la entrevista del invierno del 98. ¿Y por qué no iba a sentirlo, si los representantes de Dios en la tierra no lo cuestionaban? El vicario castrense, monseñor Bonamín, apoyaba su cruzada. El presidente del Episcopado, monseñor Tortolo, había bendecido a la cúpula golpista. El nuncio Laghi había participado de los pormenores de la violenta interrupción del gobierno isabelino como mediador y confesor de Isabel y, regularmente, solía jugar al tenis con Massera. Prominentes católicos de derecha —como Abelardo Rossi, Alejandro Caride, Federico Videla Escalada y, a partir de enero de 1977, Pedro Frías en reemplazo de Videla Escalada— aceptaron integrar la Corte Suprema del Proceso, que presidió Horacio Heredia y de la cual participó también Adolfo Gabrielli.

Mientras comenzaba a funcionar a pleno la ciudadela represiva, Videla avanzaba sin contradicciones para comandar también el ejército diurno y el gobierno en el que circulaban los oficios diplomáticos y donde ejercían su poder los ministros de facto, rodeados de una corte de políticos y empresarios adictos. Comandaba el ejército diurno que proveía ministros y funcionarios, y el de la noche que proveía regentes de los centros clandestinos de detención: ambos eran la unidad básica no antinómica de la dictadura. El gabinete militar-nacional lo integraron, además de Harguindeguy, el brigadier mayor (retirado) José María Klix (Defensa); el contraalmirante César Augusto Guzzetti (Cancillería); el brigadier auditor Julio Arnaldo Gómez (Justicia); el profesor Ricardo Pedro Bruera (Educación); Martínez de Hoz (Economía) y sus colaboradores estratégicos Guillermo Walter Klein (Programación y Coordinación Económica) y Juan Ernesto Alemann (Hacienda); el contraalmirante Julio Juan Bardi (Bienestar Social), y el general de brigada Horacio Tomás Liendo (Trabajo). La jefatura de la Policía Federal recayó en un fiel de Harguindeguy, el general de brigada Ángel Cesário Cardozo, aunque por poco tiempo. En junio, una montonera amiga de la hija colocó una bomba debajo de la cama de Cardozo, en venganza por el asesinato masivo de sus compañeros. El reemplazante del asesinado Cardozo fue el general Arturo Amador Corbetta, una promoción considerada "rara" por Buasso —el candidato a suceder a Cardozo— porque "Corbetta quería hacer las cosas por derecha" y porque se comentaba que era un admirador del Che Guevara. Corbetta duró poco en su nuevo cargo. Luego del terrible atentado de Montoneros a la Superintendencia de Seguridad Federal a principios de julio, que dejó 18 muertos y más de 60 heridos, Harguinde-guy lo reemplazó por un halcón, el general Edmundo René Ojeda. La intendencia de Buenos Aires quedó en manos de un amigo de Massera, el brigadier Osvaldo Cacciatore, hombre apto para los negocios y convencido de que para despertar simpatías el régimen necesitaba obras faraónicas, como las autopistas que se financiaron con deuda externa avalada por el Tesoro Nacional. Cinco años después, Cacciatore acumularía una deuda de más de 900 millones de dólares y ocho mil ordenanzas "secretas", la mayoría, según funcionarios, relacionadas con la venta de inmuebles de la municipalidad a privados. En las relaciones con la prensa, Massera colocó a uno de sus fieles, el capitán de navío Carlos Pablo Carpintero, y como número dos al capitán Carlos Corti. En la Secretaría General de la Presidencia, Videla también ubicó a un fiel, el general Villarreal, un santiagueño emparentado luego con Menéndez. A poco de andar, Villarreal llevó como subsecretario general al abogado Ricardo Yofre, que integró un equipo de civiles, todos de la Secretaría General —Juan Carlos Paulucci, Félix Loñ, Raúl Castro Olivera, Victorio Sánchez Junoy, Virgilio Loiácono, José María Lladós y Francisco Mezzadri, entre otros—, que trabajaba en los planes políticos que Videla supuestamente debería instrumentar en un futuro no lejano. Un año más tarde, Castro Olivera sería asesinado por un comando montonero. El desembarco de Yofre en ese lugar estratégico se debió a su amistad con el general Villarreal, nacida en 1971-73, cuando el abogado trabajaba junto con el radical Arturo Mor Roig, ministro del Interior de Lanusse, también asesinado por Montoneros en 1974. Además, el viejo líder radical Balbín había acordado con Videla facilitarle cierto apoyo civil, en la segunda línea del gobierno. La mayoría de los discursos y de las movidas políticas de Videla salió de esa usina cívico-militar comandada por Villarreal. La Secretaría General tenía cuatro subsecretarías que resultaron claves porque ésta fue la primera trinchera del enfrentamiento con Massera y Suárez Mason: además del citado Yofre, Mallea Gil estaba al frente de Relaciones Institucionales; el brigadier José Miret, en Legal y Técnica, y el almirante José Guillermo Dickson en el área administrativa denominada posteriormente de la Función Pública. Este esquema revelaba la intención de Videla de fragmentar el poder, dejando en manos civiles la economía y la educación, y el combate político con Massera, pero subordinado a su regencia. Villarreal aseguró que jamás dio un paso sin consultarlo. La versión de Massera fue otra. En una entrevista realizada en octubre del 98, afirmó: "Los que me perseguían eran Villarreal y Yofre. Hacían operaciones para dejarme mal parado. Videla nunca haría una cosa así. ¿Cómo se hizo tan popular la ESMA? Eso salió de ellos. La ESMA era un centro de detención, no un centro clandestino. En una guerra no se le va avisar al enemigo dónde están los detenidos. Yo nunca vi un detenido. Y, aunque no estaba escrito, la Marina estaba detrás de los Montoneros y el Ejército, del ERP".

Desde la Secretaría General se desplegaba, también, la relación con los partidos políticos nacionales, reducidos a tres fundamentales: la UCR, el PJ y el Partido Comunista (PC). Videla mantenía un diálogo fluido con Balbín y varios radicales de su línea miraron con simpatía al nuevo presidente de facto. Sin embargo, esto no evitó que entre las víctimas de la represión figuraran connotados representantes del radicalismo:

Los legisladores nacionales Dres. Hipólito Solari Yrigoyen y Mario Abel Amaya habían cesado en sus cargos al producirse el golpe de Estado del 24 de marzo de 1976, pero mantenían su alta representatividad política e investían la calidad de abogados defensores con amplia tradición en el patrocinio a detenidos políticos. El Dr. Solari Yrigoyen había sido profesor universitario y tomó a su cargo frecuentes denuncias en el seno del Parlamento sobre casos de arbitrariedad policial y tormentos a prisioneros, antecedentes estos últimos similares a los del Dr. Amaya. Ambos fueron secuestrados el 17 de agosto de 1976 y alojados en el Regimiento 181 de Comunicaciones de Bahía Blanca, donde les aplican crueles tormentos. El día 30 de agosto de 1976, al cabo de un pedido formulado al gobierno argentino por la Comisión Interamericana de Derechos Humanos, fueron trasladados hacia la ciudad de Viedma donde los arrojaron al costado del camino. Allí los recogió de inmediato un móvil policial. (Juicio a las Juntas. Acusación a JRV: Privación ilegal de la libertad. Caso 18.)

A raíz de la relación que mantenía con Videla, e impulsado por Miguel Ángel Zavala Ortiz, el viejo líder radical aprovechó para pedirle, en agosto del 76, por la vida de Solari Yrigoyen y Amaya en el marco de una discusión política más amplia. La reunión entre Videla y Balbín se realizó en la casa de Villarreal. Los legisladores fueron "blanqueados", es decir aparecieron en una cárcel como detenidos a disposición del Poder Ejecutivo. No obstante, Amaya murió poco después a causa de los tormentos recibidos. El contacto del peronismo, especialmente con Deolindo Bittel, tampoco se había interrumpido. Videla contaba, además, con la tolerancia de la dirección comunista, a pesar de que en ese mismo momento muchos de sus militantes estaban siendo "desaparecidos". Hubo razones para esta tolerancia y la fundamental sería económica. En efecto, desde mediados del 76 creció la exportación agrícola a la URSS. Una base fundamental para maniobrar en los primeros tiempos, Videla la consiguió con el visto bueno de los partidos provinciales. Los jefes de esos partidos, de cuño decididamente liberal y conservador —Leopoldo Bravo del Bloquista de San Juan (PBJ), Guillermo Brizuela del Movimiento Popular Catamarqueño (MPC), Amadeo Frúgoli del Demócrata de Mendoza (PDM), Ismael Amit del Movimiento Federalista Pampeano (MFP), Hugo Bombelli de Acción Chubutense (PACh), Celestino Gelsi de Vanguardia Federal de Tucumán (VF), Horacio y María Cristina Guzmán del Movimiento Popular Jujeño (MPJ), entre otros—, mostraron desde el comienzo su adhesión al videlismo. El cordobés Horacio Agulla, del Partido Federalista, tenía un proyecto más afilado: pujar por la candidatura de Martínez de Hoz para presidente, tanto que en 1978 fue asesinado, supuestamente por un grupo de tareas de la Armada. De este modo se movió Videla en el mundo de la política, un terreno que no dominaba, al que le temía y, en el fondo, consideraba secundario: apoyándose inicialmente en la secretaría que conducía Villarreal. El tiempo reveló que éstos fueron, para Videla, simples fuegos de artificio, articulaciones de poder, pasos destinados a ganar tiempo. El verdadero sostén de Videla fue el eje Martínez de Hoz-Harguindeguy; mientras, les dio vía libre a los comandantes de cuerpo y al ejército de interrogadores y desaparecedores que dirigía Martínez desde la jefatura de Inteligencia. Massera se reservó Relaciones Exteriores, la cara del régimen en el mundo, la Secretaría de Medios y la relación de superficie con la sociedad, un área en la que tenía vital influencia el peronismo, al que deseaba seducir y que también era una caja, es decir una fuente de financiación para sus movimientos políticos. No pudo reinar en Trabajo, donde Liendo manejó la estratégica relación con el aún poderoso aparato sindical, aunque presionó para lograrlo y presionaría hasta los límites de la ruptura con Martínez de Hoz. Liendo contó durante su gestión con la incondicionalidad de un grupo de sindicalistas entre los que revistaban Ramón Baldassini (telepostal) y Hugo Barrionuevo (fideeros). En la entrevista del 98, Massera dijo: "Ni el plan de Martínez de Hoz, ni el plan de Liendo para el sindicalismo eran los planes de la Armada".

Ya en abril del 76, Videla supo que Massera jugaba fuerte en su adhesión a la doctrina de la guerra antisubversiva armándose hasta los dientes, y que así sería siempre porque preparaba su propio ejército y su propio plan político. Paladino, o tal vez el general Martínez, le informó a Videla que el empresario anticomunista Licio Gelli —uno de los hombres clave en la logia masónica P2, que en

Italia estaba imbricada en operaciones terroristas y en negocios de tráfico de armas— estaba en Buenos Aires con un regalo de cien mil dólares para equipar al GT 3.3.2 con armas adecuadas para la guerra clandestina contra el terrorismo urbano. No sólo Massera compartía negocios e ideario con Gelli: también Suárez Mason. En ese reino clandestino, Massera eligió dos nombres de guerra: "Negro" y "Cero". En el libro "Almirante Cero", Claudio Uriarte analizó el sentido de esos nombres: "Negro era su propio sobrenombre, aunque en el nuevo contexto adquiría un nuevo significado: la oscuridad, la noche y la niebla, la clandestinidad, lo tapado, la ausencia de color, la negación, lo siniestro. Cero tenía varios significados: lo que estaba antes que el número uno (de la represión, de la ESMA, del GT 3.3.2), pero también la nulidad, el vacío, la supresión y, asociativamente con Negro, la clandestinidad, la negación. Negro, la ausencia de un color, dejaba traslucir una identidad que Cero, la ausencia de un número, volvía a encubrir. Cero era aquello que se encontraba a la izquierda y al margen de los ordenados números de la sucesión de poder naval, y en aquella época se había generalizado la expresión 'por izquierda' para definir operaciones consumadas ilegalmente o de legalidad dudosa. Cero, de este modo, era la ilegalidad total, la esencia de la ESMA y del GT 3.3.2, el personaje que se modificaba cuando salía de allí y volvía a ser el Negro, el almirante, 'el señor' de la tradicional cortesía naval. La dicotomía entre legalidad e ilegalidad era llevada hasta la cúspide, porque Massera en el exterior tendría la dignidad, el poder y la ley del rango de jefe de Estado que había adquirido al lograr que el órgano supremo del poder fuera la Junta Militar, pero en la oscuridad de la ESMA y en los actos de violencia nocturna del GT, tendría todo el anonimato, la clandestinidad y la ilegalidad de un secuestrador y torturador".

A Videla no se le conocieron nombres de guerra, apenas apodos inofensivos y obvios como "Flaco", "el Cadete" o "La pantera rosa" —como lo llamaba Massera—, por su extrema delgadez y forma de moverse. No hubo testimonios que indicaran que Videla hubiera pernoctado en un centro clandestino. Nadie lo vio con una picana en la mano, aunque en el más riguroso secreto felicitó personalmente a quienes integraron distintos grupos de tareas que habían capturado o asesinado a los más enconados enemigos del régimen. (Éste fue el caso en julio del 76, cuando el Ejército mató a los jefes del ERP, Santucho y Urteaga, e hizo desaparecer los cadáveres.) Para Massera, Videla era un teórico de la guerra sucia. Videla delegaba en Viola y en Jáuregui el control y la visita de los centros clandestinos. El Videla presidente no descendía a los infiernos de la clandestinidad, del aniquilamiento que había ordenado y de la ilegalidad y criminalidad a las que no ponía freno. *Yo nunca maté ni torturé a nadie*, afirmó en la entrevista otoñal del 99. "Videla nunca hubiera secuestrado o matado por una mujer o por plata, como hizo Massera. Era un fundamentalista de la guerra antisubversiva", afirmó uno de los asesores de Villarreal. Sin embargo, Videla había decidido vivir a dos kilómetros de "El Campito", el infierno concentracionario de Campo de Mayo donde, además, reinaba un aliado de Massera, Riveros. Y algunos casos demuestran que el gobierno que encabezó se valió de la represión también para resolver disputas por negocios y remover escollos en el camino de su superministro Martínez de Hoz:

El empresario textil Federico Gutheim consiguió para su firma textil Sadeco un cupo de exportación a Hong Kong de 6.500 toneladas de fibra de algodón por valor de doce millones y medio de dólares alrededor de abril o mayo del 76. La Secretaría de Agricultura negó a Gutheim los permisos de embarque en el mismo momento en que se efectuaba el primero. A posteriori y por decreto de agosto del 76, el PE anuló el cupo otorgado. Gutheim incumplió así sus compromisos. En octubre el secretario de Comercio Exterior, Dr. Alfonso Fraguío, citó a Gutheim para enrostrarle que por su culpa Hong Kong había denegado al ministro Martínez de Hoz ciertos créditos. De la reunión participó también Agustín Pazos, subsecretario de CE. Dos o tres semanas más tarde, Gutheim fue detenido y puesto a disposición del PEN. Pocas semanas después también fue detenido su hijo Miguel Ernesto, aparentemente a modo de presión. En el ínterin y por gestión personal de Martínez de Hoz ante Harguindeguy se promovió una denuncia anónima ante la división Delitos Económicos de la PF contra personas que habían estado gestionando la libertad de Gutheim, entre ellos el comisario (RE) Jorge Silvio Colotto. Ambos Gutheim recibieron visitas de supuestos funcionarios del Ministerio del Interior en las que se les propuso renegociar los contratos con las firmas importadoras anglo-orientales Gordon Woodroffe & Co., Far East Ltd., Hong Kong Spinners Ltd., y Nan Fung Text. Tras aceptar, fueron sacados de la cárcel en cuatro oportunidades —sin que hubiera levantamiento de la medida de detención— para ser conducidos a reuniones de las que participaron Agustín Pazos, su representante legal Horacio Rodolfo Vega, representantes de las firmas importadoras y de la firma multinacional con base en la Argentina Dreyfus, concentradora de producción agropecuaria, importadora y exportadora, que a la postre resultó la gran beneficiada (con un cincuenta por ciento o más del cupo). Los acuerdos fueron ratificados por actas notariales con la firma del escribano Enrique Félix Oks. (Caso Gutheim. Juicio a las Juntas.)

Videla adquiría un perfil nítido no por acciones propias sino a partir de la negación del estilo y de las acciones de otro (en este caso de Massera, su socio dictatorial y de los fanáticos del exterminio). La usina política de Viola y Villarreal difuminó en el cuerpo diplomático y los partidos políticos del Estado diurno la negación de Videla de ese estilo brutal. Sin embargo, Videla no ignoraba que Massera prefería tejer sus alianzas con la P2 —en el exterior—, con Suárez Mason (también de la P2, en cuyos archivos secretos figuraba con el código E18.77, fascículo 0609), con Saint Jean, Riveros, "el loco" Roualdés, Menéndez de Córdoba y Azpitarte de Bahía Blanca. Por razones operativas, Videla no cuestionaba esa alianza que garantizaba la eficacia de la guerra contra "el enemigo subversivo", siempre y cuando no fuera utilizada para amenazar su alianza básica con Martínez de Hoz. En la entrevista otoñal del 99, al preguntársele si Suárez Mason estaba "descontrolado" en la represión ilegal, Videla respondió: *No; descontrolado, no. Lo que hubo con Suárez Mason es que en un momento coquetea con Massera y eso debilita el acercamiento conmigo.*

En la esfera política, Videla supo tempranamente que Massera nunca había terminado de aceptar que él encarnara al "cuarto hombre", es decir que fuera Presidente y al mismo tiempo mantuviese la jefatura del Ejército. Videla perdió el primer round del enfrentamiento político con Massera por la alianza de este último con Suárez Mason y Saint Jean. El primer plan de Villarreal-Yofre, que contó con el tibio aval de Videla, siempre temeroso de que sus acciones pudieran resquebrajar la unidad represiva y del gobierno asentado sobre el tenso equilibrio interno de la Junta, fue que la dictadura confirmara a todos los intendentes civiles que quedaban de la época de Isabel. Antes de que expirara abril del 76, Saint Jean destituyó a todos los intendentes de Buenos Aires y los reemplazó por militares o policías retirados que hacían profesión de la fe de Atila. Sin embargo, Videla no cedió ante Massera en la nominación de los embajadores políticos. Guzzetti tuvo que aceptar a Arnaldo Tomás Musich, un ex frondicista y empresario de Techint, en Washington; al radical Héctor Hidalgo Solá en Caracas y al frondicista Oscar Camilión en Brasil; a Miatello, el hombre de confianza de Videla, en Chile, y al hermano de un obispo y mano derecha de Balbín, Rubén Blanco, en el Vaticano; al bloquista sanjuanino Leopoldo Bravo en Moscú y al socialista democrático Américo Ghioldi en Lisboa, donde gobernaban los socialistas luego de la dictadura de Salazar; a Francisco Moyano en Colombia, Tomás de Anchorena en Francia (la Marina había propuesto a Celedonio Pereda, presidente de la SRA) y Rodolfo Baltiérrez, en Panamá. En octubre del 76, la pelea entre Videla y Massera atravesó las fronteras. Videla viajó a Bolivia para entrevistarse con el dictador Hugo Banzer Suárez. Allí, firmaron acuerdos de cooperación económica y también discutieron la incorporación activa de Bolivia al Operativo Cóndor, ya que entre las organizaciones guerrilleras de la Argentina (ERP) y de Bolivia (ELN) había funcionado un acuerdo expresado en lo que se llamó Junta de Coordinación Revolucionaria (JCR). Videla llevaba una ofrenda no poco importante para Banzer: los "cóndores" argentinos habían secuestrado y asesinado en julio al general tercermundista y ex presidente de Bolivia Juan José Torres, quien se había exiliado en Buenos Aires luego del violento golpe militar con el que Banzer lo había desalojado del poder en 1971. Videla fue condecorado por Banzer. Poco después, Massera habló con el agregado naval de Bolivia en Buenos Aires y le dijo que la condecoración no correspondía sólo a Videla porque no era la autoridad máxima del Estado. (Videla supo de la zancadilla de Massera dos meses después.) El almirante, curiosamente, no se había opuesto al nombramiento de Miatello como embajador en Chile. Esto tenía una doble significación: las siempre tensas relaciones con la dictadura de Pinochet por cuestiones de límites y la recelosa pero necesaria actividad de coordinación del Operativo Cóndor, como un anticipo de lo que vendría. La instalación de Miatello en Santiago, sede del Cóndor, entonces, daba a los militares argentinos que circulaban en la región cobertura oficial irrestricta. Los "cóndores" argentinos viajaron asiduamente a Chile. Al promediar el 76, el Cóndor había integrado una plana mayor con el acuerdo de los dictadores Videla, Pinochet, Banzer, Alfredo Stroessner (Paraguay), Aparicio Méndez (Uruguay) y Ernesto Geisel (Brasil). Los ejecutores fueron el general Manuel Contreras (jefe máximo de la DINA y agente de la CIA desde 1974) y el coronel Pedro Espinoza (Chile); Suárez Mason, Rualdés, Riveiro y Harguindeguy (Argentina); los generales Benito Guanes Serrano, Francisco Brites, jefe de la policía, y Pastor Milcíades Coronel (Paraguay); el general Julio Vadora, el coronel Guillermo Ramírez, los mayores José Nino Gavazzo y Enrique Martínez y los capitanes Jorge Silveira y Hugo Campos Hermida, todos de Uruguay. Banzer estuvo representado inicialmente por el agregado militar en Buenos Aires, Raúl Tejerina. Geisel dejó la representación en manos del jefe del Servicio Nacional de Inteligencia, João Baptista Figueiredo, quien lo sucedería en la presidencia a partir del 78 e influyó decisivamente para que la temible División de Orden Político y Social (DOPS) de Brasil se incorporara al Cóndor. El general Francisco Morales Bermúdez, quien gobernó Perú hasta 1980, acordó una participación limitada a suministrar información sobre opositores a las otras dictaduras y a permitir el desembarco de grupos de tareas en el territorio peruano. Entre mayo y julio del 76, el Cóndor ya había secuestrado en la Argentina a 65 uruguayos y chilenos, entre ellos cuatro niños, acusados de pertenecer a Tupamaros y al MIR. La mayoría fue llevada al centro de detención bautizado "Automotores Orletti", que pertenecía a la Policía Federal harguindeguiana, dentro de la zona que comandaba Suárez Mason.

En julio del 76, la comunicación secreta 04852 de la embajada a Kissinger, que llevaba la firma de Maxwell Chaplin, número dos de la delegación, había advertido sobre los alcances del Cóndor en Buenos Aires: "Las cifras de los que fueron detenidos ilegalmente llegan a miles y muchos han sido atormentados y asesinados. Muchas de las víctimas son inocentes de la participación en el ERP o Montoneros. Entre los blancos hay sacerdotes católicos y miles de refugiados chilenos y uruguayos que están actualmente en la Argentina. Y contra este último grupo los argentinos cuentan con la cooperación de oficiales chilenos y uruguayos que en la actualidad se encuentran en la Argentina".

William Whitelaw y Rosario del Carmen Barredo de Schroeder, con sus tres hijos pequeños, fueron sacados de su hogar de la calle Matorras 310 el 13 de mayo del 76. La banda de civil —pero que se identificó como policía— saqueó y destruyó minuciosamente la casa. El ex senador uruguayo Zelmar Michelini fue secuestrado a las cinco de la madrugada del 18 de mayo del 76 por un grupo armado, en el hotel Liberty de Corrientes y Maipú, donde vivía. Al retirarse, y a la vista de empleados del hotel y los hijos de Michelini, el grupo saqueó las habitaciones. Su connacional, el ex diputado Héctor Gutiérrez Ruiz, lo fue en su domicilio de Posadas al mil. Pasó frente a su esposa atado y encapuchado. Los cuatro estuvieron en Automotores Orletti y habían sido torturados antes de aparecer muertos por disparos cortos a la nuca, en el cruce de Dellepiane y Perito Moreno, en un auto robado. Como una coda, más de un año después el dueño del Liberty, Benjamín From Taub, su esposa y su hijo fueron secuestrados, torturados y extorsionados. Luego se los legalizó como presos, aunque a disposición de un consejo de guerra. (Juicio a las Juntas. Acusación a JRV. Homicidio agravado por alevosía. Privación ilegal de la libertad. Casos 241, 242, 243 y 244.)

La alarma de Chaplin era comprensible a la luz de la matanza que estaban presenciando los diplomáticos, pero seguramente no revelaba nada que Kissinger no supiese. En junio, a propósito de la

VI Asamblea General de la OEA realizada en Santiago, Guzzetti y Kissinger tuvieron una reunión a solas. Allí, Kissinger le dijo a Guzzetti: "Si van a matar, maten, pero háganlo rápido". Kissinger, además, avaló y permitió la cooperación de la CIA en el Cóndor, como lo confirmaría la desclasificación de documentos secretos del Departamento de Estado y de la CIA referidos al golpe de Estado contra Allende. En setiembre del 76, el informe de inteligencia B04 0334 76 del Departamento de Defensa de los Estados Unidos reveló que la CIA informó del viaje a Chile de Martínez y Paladino para realizar una reunión secreta con los "cóndores" del resto del Cono Sur. La CIA se refería a estos "cóndores", muchos de los cuales —como Contreras— eran además sus agentes, con la denominación de "Special Operation Forces".

La tolerancia de Videla con respecto a Massera tuvo dos objetivos: no resquebrajar la conducción de la represión ilegal y no someter a una presión extra a Martínez de Hoz. Videla no veía al ministro sólo en las reuniones del gabinete nacional que se realizaban los viernes por la mañana sino varias veces en la semana. Martínez de Hoz era su interlocutor preferido en el mundo de los civiles. Sólo una persona, en la esfera más íntima, compitió con el superministro: Juan Espil, abogado y cuñado mercedino de Videla. Martínez de Hoz había anunciado el plan económico el 2 de abril del 76 luego de una larga reunión con Videla, y lo expondría a los generales en distintas reuniones a lo largo de ese mes, antes de comenzar las giras a México, los Estados Unidos, Europa y Asia para conseguir reestructurar la deuda externa argentina, con más deuda. La tendencia del capitalismo mundial hegemonizado por los EE.UU. había cambiado a principios de los 70. El proceso de transnacionalización de la economía mundial había sustituido la tendencia predominante de la exportación de bienes de capital por la de masas de capital financiero, inaugurada por la era de los petrodólares a mediados de 1973. En ese sentido, la Argentina necesitaba importar dinero más que consumir bienes de producción (maquinarias e insumos industriales) porque el plan de Martínez de Hoz contemplaba dar por terminado el modelo de sustitución de importaciones que había permitido durante largos años que la Argentina no se endeudara más allá de los límites de los insumos de bienes de capital necesarios para hacer producir sus industrias. La Argentina ahora tendría que endeudarse, hacer prevalecer el papel del capital financiero, esencialmente especulativo, sobre el productivo y terminar con la etapa de las chimeneas, la apuesta al mercado interno y el ideario industrial y autosuficiente. Isabel había dejado una deuda externa pública de 5.189 millones de dólares y una privada de 8.279 millones. Los más endeudados eran los grupos económicos privados y no el Estado. En cinco años, Videla y Martínez de Hoz transformarían a la Argentina en un país definitivamente deudor de 55.695 millones. Videla, como el resto del triunvirato militar, *no entendía nada de economía*. Pero en abril del 76, cuando Martínez de Hoz anunció su plan y su equipo —Juan Alemann en Hacienda y Guillermo Walter Klein en Programación Económica, con Luis García Martínez como jefe del gabinete económico—, sólo se veía para atrás. Y atrás estaba la inflación que se quería dominar y la estructura industrial y salarial que se quería modificar. Lo primero que hizo Martínez de Hoz fue liberar los precios, pero forzó la reducción de los salarios. La represión a los obreros y el aplastamiento de los sindicatos le garantizaban que no habría resistencia al plan. La participación de los asalariados en el PBI cayó, en 1976, del 50% al 29%, violentando el sistema de distribución de ingresos a favor de los asalariados de forma tal que la caída del consumo fue igual de violenta. Martínez de Hoz profundizó la recesión que ya había iniciado el Rodrigazo, en 1975. Durante el primer semestre del 76, Martínez de Hoz defendió a brazo partido, con el aval incondicional de Videla, una ecuación que aseguraba controlar el déficit fiscal pero mantenía altos los precios de productos exportables (agropecuarios) y de las tarifas públicas. La transferencia de ingresos a la burguesía agroexportadora, el refinanciamiento de la deuda externa en Washington y la sanción de la ley de inversiones extranjeras, que daba amplias garantías al capital financiero, produjeron hacia fines del 76 un crecimiento que, de cualquier manera, se derramó inequitativamente en los sectores sociales, porque el alto nivel de inversión externa fue posible por el descenso de los salarios y la liberalización de los precios, que a partir de entonces convirtió a la Argentina en uno de los países más caros del planeta. Videla y Martínez de Hoz tenían un límite impuesto por la necesidad de la represión ilegal: mantener los niveles de empleo (el índice de desempleo fue del 3,4 en 1976), es decir no forzar una recesión profunda que condujera a la desocupación masiva para bajar los precios; tampoco podían iniciar un proceso de privatización del Estado, cuyo control estaba feudalizado en las tres armas, lo que se expresó en la pelea entre Videla-Martínez de Hoz-Liendo-Harguindeguy versus Massera-Suárez Mason-Saint Jean-Azpitarte, a los que se sumó Díaz Bessone. El Estado era también un coto que, con un discurso de defensa del estatismo, servía para negocios de almirantes, brigadieres y generales. Negocios que se consumarían cuando, con el visto bueno de Videla y Martínez de Hoz, se produjera un fuerte incremento en el gasto público para proyectos de reequipamiento militar y de obras públicas.

La misma comunicación de Chaplin en julio daba cuenta del estado del plan económico, de la interna militar y del comienzo de la duda acerca de que en el terreno de la represión ilegal hubiera realmente dos bandos: "(...) Martínez de Hoz debe ganar tiempo para el gobierno; su logro máximo fue haber doblegado la inflación y restaurado la confianza del sector externo. No obstante, las medidas para controlar la inflación produjeron una caída de la demanda y recesión.(...) Los trabajadores no son el único problema de Martínez de Hoz. También tiene sus críticos dentro de los militares, algunos de los cuales, por una serie de razones, desearían que él y su programa se cayeran. (...) Massera, por ejemplo, maniobra para ser presidente en detrimento de Videla (con pocas posibilidades de lograrlo) y decisiones básicas como una política laboral están siendo postergadas debido a un conflicto de opinión entre los militares. (...) Es, por ejemplo, casi imposible definir dónde se alinea el almirante Massera (salvo que está claramente a favor del almirante Massera). En suma, los calificativos de 'duros' y 'moderados' son expresiones abreviadas que no hay que exagerar". En la entrevista otoñal del 99, Videla confirmó: *Está muy bien lo que dijo Chaplin. Siempre hubo matices, y es difícil establecer una división tajante. Ahí está Suárez Mason, por ejemplo, que con Viola tenía una muy buena relación. Todos éramos compañeros de promoción, todos nos conocíamos... ¿Si Suárez Mason estaba descontrolado? Descontrolado..., no.*

Mientras se desplegaban la represión ilegal y el plan económico, y se sucedían las peleas en la Junta, Videla realizaba su rutina como Presidente. Se había fijado como meta recorrer todo el país con el objetivo de consolidar su imagen presidencial y de jefe militar. A lo largo del 76 realizó cinco giras, de norte a sur, de este a oeste, siempre con el mismo discurso básico: se volvería a la democracia cuando se derrotara a la subversión. Cuando estaba en Buenos Aires, su realidad cotidiana tenía el aire rutinario y monástico que caracterizó su vida militar, familiar y pública. Llegaba a las ocho de la mañana a la Casa de Gobierno desde Campo de Mayo, se instalaba en su despacho, leía el diario La Prensa, se reunía con el jefe de la SIDE, a media mañana lo veía a Villarreal y luego almorzaba solo. Siempre solo. Esa rutina la rompía cuando se cruzaba a verlo a Viola, al edificio Libertador, y recién por la tarde trabajaba en la firma de los decretos presidenciales hasta bien entrada la noche, en reuniones regadas con mucho café y cigarrillos. La rutina de Videla tenía un orden: primero la información de inteligencia y de prensa, luego la información militar y, por último, los asuntos de Estado. Esa rutina se rompía, a veces, cuando el ex edecán de Perón, el mayor Máximo Renner, que había sido instructor de Videla, lo visitaba para darle "noticias de la calle", como las llamaba Renner. O se veía interrumpida por los almuerzos de los miércoles que el equipo de Villarreal, que preparaba sus discursos y su agenda con los dirigentes políticos, le armaba con empresarios, personajes de la cultura y de la ciencia. Por esa mesa pasaron un sinnúmero de hombres y mujeres, algunos por convicción; otros por interés. Villarreal intentaba reafirmar la cara diurna del Proceso en esas comidas, en las cuales, a veces, se filtraban conflictos indeseados para Videla. En mayo, Videla almorzó con un grupo de científicos: Federico Leloir, René Favaloro, Julio Olivera, Alfredo Lanari y Roque Carranza. Poco después, Paladino le dijo a Videla que se habían escuchado críticas porque había recibido a Olivera, un economista brillante, ex rector de la Universidad, a quien los halcones consideraban un filomontonero. La situación de incomodidad de Videla se repitió en otro encuentro, ocurrido en mayo, con Jorge Luis Borges, Ernesto Sabato, el padre Leonardo Castellani y el presidente de la SADE, Horacio Ratti. Un grupo de tareas había secuestrado, en esos días, al escritor Haroldo Conti, tema del que sólo se atrevió a hablar un hombre de derechas como Castellani. Pasarían muchos años, y correría mucha más sangre, hasta que Borges se convenciera de que, tal como había declarado al terminar esa entrevista, Videla no era "un caballero".

La relación de Videla con la cultura y la educación, más allá de los gestos diurnos, estuvo marcada por la preparación y puesta en marcha de lo que Viola bautizaría en sus órdenes como "Operación Claridad", un eufemismo cínico para definir un plan cuyo objetivo central era la oscuridad. Videla compartía con Viola la necesidad de realizar una depuración ideológica en el ámbito cultural, artístico y educativo. Poco después del golpe, se había creado en el Ministerio de Cultura y Educación, a cargo del católico de derecha Bruera, un grupo de inteligencia encubierto que funcionaba bajo el nombre de "Recursos Humanos". En noviembre, en un memorándum secreto, Bruera le informó a Videla con lujo de detalles cómo se había desarrollado esta oficina, a cargo del coronel (retirado) Agustín Valladares, compañero de promoción y amigo de Viola. Valladares tenía el cargo formal de jefe de gabinete de asesores de Bruera. Había, también, un "estado mayor" dentro de esa oficina de represores en la que participaban representantes de las tres armas, porque el 33% también desembarcó en la represión ilegal a la cultura y la educación. Esta oficina, que siguió funcionando con distintas denominaciones hasta 1981, tenía como función realizar espionaje dentro de los colegios estatales y privados, entre ellos los religiosos, elaborar listas negras, obligar a los rectores y docentes a delatar a los sospechosos de ser opositores al régimen y una vez determinado el grado de "peligrosidad", proceder a su cesantía, expulsión o secuestro. Valladares y su estado mayor interfuerzas pasaban la información a los grupos de tareas para desaparecer a alumnos, docentes, artistas, escritores. El secuestro y asesinato de adolescentes en La Plata, en setiembre, fueron una de sus consecuencias. La policía de Camps bautizó ese operativo como "La Noche de los Lápices", con notable creatividad criminal:

Del 15 al 21 de setiembre, fueron secuestrados nueve adolescentes entre 14 y 18 años en La Plata. Pertenecían en su mayoría a la Unión de Estudiantes Secundarios (UES), de cuño peronista. Habían luchado por la defensa del boleto estudiantil secundario gratuito. El operativo fue realizado por comandos conjuntos del Ejército y la Policía Bonaerense dirigida por Camps, y con la colaboración de civiles de la derecha peronista. El operativo fue bautizado en las oficinas de inteligencia de la policía de la provincia como "Noche de los Lápices" porque aludía al secuestro de estudiantes secundarios en las madrugadas de los días elegidos para consumarlo. La fecha también fue elegida con premeditación: esa semana de setiembre se cumplía un nuevo aniversario de la Revolución Libertadora que había derrocado a Perón, en 1955. El testimonio del único sobreviviente del grupo, Pablo Díaz, permitió conocer el itinerario de secuestro, torturas y muerte que recorrieron estos jóvenes. Inicialmente, estuvieron secuestrados, encapuchados y encadenados en la División Cuatrerismo de la policía bonaerense, donde funcionaba el campo clandestino llamado Pozo de Arana. A los pocos días, fueron liberadas dos adolescentes del grupo. El resto fue trasladado a la Brigada de Investigaciones de Banfield donde funcionaba el campo clandestino el Pozo de Banfield, que dependía del comisario Héctor Vides y del teniente coronel Federico Minicucci, donde se los sometió a tortura, donde presenciaron el nacimiento y robo de bebés de otras desaparecidas, la agonía de heridos y torturados, y la violación de dos de las adolescentes. Uno de los señalados como torturador fue el comisario Miguel Osvaldo Etchecolatz. Los reclamos de los familiares fueron rechazados por la Justicia. Los padres y hermanos de estos adolescentes fueron maltratados por la Iglesia y engañados por los funcionarios o, en algunos casos, reprimidos violentamente. En diciembre del 76, Pablo Díaz fue legalizado y trasladado a la U-9. Le exigieron no contar jamás lo que había visto. Nunca, nadie, supo nada del resto de los adolescentes. Por testimonios posteriores, se conoció que fueron asesinados en los primeros meses de 1977. (Juicio a las Juntas. Acusación a JVR por privación ilegal de la libertad y tormentos. Casos; 32. Claudio de Acha, 33.

María Claudia Falcone, 34. Pablo Alejandro Díaz, 35. Horacio Ángel Ungaro, 36. Daniel Alberto Racero, 37. María Clara Ciocchini, 273bis. Francisco Bartolomé López Muntaner.)

El resultado de la "Operación Claridad" fue que de esas listas negras fueron cesanteados cientos de docentes y encarcelados otros tantos; desaparecieron más de 50 y miles fueron obligados a exiliarse, fuera del país o dentro de las fronteras. La rueda de la delación, sin embargo, no funcionó a pleno. Videla recibió un informe de Viola ya promediando el 76 que daba cuenta de esta dificultad. Los colegios religiosos eran los que más trabas ponían para permitir que un delegado de Valladares o de la SIDE los espiara. Esto reveló, para Videla, que las relaciones con la Iglesia —a pesar de las tolerantes declaraciones iniciales del Episcopado que desde mayo presidía Raúl Primatesta— no eran un lecho de rosas. Dos días después del atentado a Seguridad Federal, una patota de la Marina, a cargo del teniente de fragata Antonio Pernía, asaltó la parroquia de San Patricio, asesinó a los sacerdotes palotinos Alfredo Leaden, delegado de la congregación de los palotinos irlandeses, Pedro Duffau y Alfredo Kelly, y a los seminaristas Salvador Barbeito y Emilio Barletti, y pintó en las paredes consignas que decían: "Así vengamos a nuestros compañeros de Coordinación Federal". Tres días después, la Comisión Ejecutiva del Episcopado, que también integraban el cardenal Aramburu y el obispo de Santa Fe, Vicente Zazpe, le envió una carta a Videla protestando por el "incalificable asesinato" de los religiosos, quienes además fueron enterrados en Mercedes porque, como Videla, Duffau había nacido allí y Leaden y Kelly habían vivido y ejercido en la iglesia donde Videla comulgaba y comulgaría siempre que fuera a su pueblo natal, en la que su madre se confesaba y rezaba, y en la que se casaban los Videla. *Los que dicen que soy hipócrita, que cómo puede comulgar, y esas cosas... No hay contradicción en mí, no hay dualidad en absoluto. Esto daría para hablar toda una tarde, es una cuestión filosófica. Yo digo que soy religioso y no creo ser hipócrita. No es contradictorio lo que la religión me impone y el deber que el Estado me imponía,* dijo Videla en la entrevista otoñal del 99.

No hubo sanciones para el GT 3.3.2 por el asesinato de los palotinos, ni Videla se las pidió a Massera porque sabía que los sacerdotes eran "tercermundistas". Como señal de buena voluntad para mantener la unidad represiva del Proceso, sería entregada Isabel Perón a Massera, presa a partir de octubre en un arsenal naval. En cuanto a la Iglesia, fue preciso que el ejército nocturno videlista avanzara mucho más en la violación a los derechos humanos para que comenzara a cuestionar el apostolado de uno de sus más incondicionales fieles. El asesinato de los palotinos encendió, sin embargo, una luz roja que no dejaría de titilar en el altar episcopal (poco después fueron asesinados dos sacerdotes riojanos y murió, en un supuesto accidente, el obispo Enrique Angelelli). La luz también se encendió en la mesa de Laghi —que había increpado duramente a Harguindeguy por los asesinatos de los palotinos y llegó a temer por su vida, tal como le confió al embajador Hill— y en las oficinas de la embajada estadounidense. El primer gesto del Vaticano, en este tema, correspondió a Paulo VI, en setiembre, ante la presentación de credenciales de Rubén Blanco. El ex diputado radical realizó una inconveniente apología de la dictadura. El Papa eludió los saludos protocolares a las autoridades de la Argentina; sólo saludó al pueblo argentino, se manifestó "solidario con sus aspiraciones" y agregó que "las desapariciones y los asesinatos de personas esperaban todavía una explicación adecuada". Y en un mensaje evidente al Episcopado —del que sin duda conocía las debilidades— dijo: "La Iglesia argentina no debe tener ningún privilegio. Ella debe contentarse con poder servir a los fieles en un clima de serenidad y seguridad para todos". Videla sintió el golpe. El Papa era, para él, la única autoridad en la Tierra que podía exigirle explicaciones.

Impiadosa, la sangre siguió derramándose. El 19 de agosto, el hombre designado por el Proceso para presidir el Ente Autárquico del Mundial 78 (EAM), el general (retirado) Omar Actis, fue asesinado por un comando montonero. La guerrilla peronista consideraba que el Mundial era una cortina de humo para tapar los crímenes de la dictadura. Entonces se supuso que ese asesinato tenía que ver con la disputa por el manejo de fondos —unos 700 millones de dólares, aplicados a la contratación de obras para la construcción y remodelación de instalaciones deportivas y gastos de representación— entre el Ejército y la Marina. Lo cierto es que la muerte de Actis dejó en la presidencia del EAM al general Antonio Luis Merlo y al pariente político de Videla, el vicealmirante Carlos Alberto Lacoste. Videla asistió al sepelio de Actis y Urricariet pronunció un discurso que reflejaba el espíritu del régimen y anticipaba una venganza sobre los prisioneros. "Al segar la vida de un militar bizarro, al tronchar la existencia de un esposo y un padre cristiano los esquizofrénicos delincuentes sin patria, en la desesperación de la segura derrota, que ya vislumbran, echan mano de la cruenta y vil acechanza como último estertor de la agonía que están padeciendo". Poco antes de ser derrocado, luego del criminal bombardeo de la aviación naval sobre Plaza de Mayo en 1955, Perón había lanzado la consigna: "Por cada uno de nosotros que caiga, caerán cinco de ellos". La guerrilla setentista la retomó en el "cinco por uno", luego del asesinato de prisioneros por parte de la Marina en Trelew en 1972. El Estado videlista aumentaba la apuesta: el "30 por uno" que habían prometido los jefes del Proceso se cumplió unas horas después del asesinato de Actis, a pesar de que la criminalidad oficial se cubrió con comunicados en los que se criticaba "el vandálico episodio" conocido como la masacre de Fátima:

En la noche del 15 al 16 de julio de 1976, tres miembros de la comisión interna de Bendix y otros operarios de la misma planta cayeron en manos de quienes se autodenominaban "policías". Ramón Vélez fue el primero, capturado en su casa de Villa de Mayo. Lo interrogaron en su dormitorio sobre armas y dinero; se les escapó y se refugió por unas horas en casa de vecinos. Luego, el mismo grupo de personas invadió y destruyó esta segunda casa. Rafael Buisson fue detenido en Gral. Pacheco, Jorge Anselmo Carrizo y sus dos cuñados Juan y Claudio Gaetán, en Los Polvorines. Uno de sus captores era un "melenudo" en uniforme que incluía boina roja y cinturón lleno de granadas, pintoresco atuendo que solía adoptar el personal de la SSF, más conocida como "Coordinación". Ángel Leiva fue secuestrado en Pablo Nogués. Un numeroso grupo ametralló su casa antes de llevárselo. Conrado Oscar Alzogaray fue detenido en José León Suárez, en casa de su madre. Con él se llevaron a su cuñado, Enrique Suane. Sus detenciones habían sido precedidas en un mes por la de Eduardo Cordero, que ya no trabajaba en Bendix y había sido capturado en Tucumán. Allí se lo interrogó bajo tortura y luego se lo trasladó a un lugar que reconoció como "Coordinación Federal". Inés Nocetti fue arrestada en la madrugada del 11 de agosto del 76, en la casa de su amiga Selma Inés Ocampo y junto con ella. El edificio está en Libertador 3736, en La Lucila, y también vivía allí, en otro departamento y piso, su padre. Los incursores apretaron y rebasaron a la portera e intentaron forzar o tirar la puerta. Antes de que lo lograran, Selma llamó por teléfono al departamento de su padre, Adolfo Ocampo, en otro piso del mismo edificio, pidiendo auxilio. Él y vecinos del mismo piso del departamento de Selma, el capitán de navío (retirado) Samuel Andrews y otro militar también retirado, Horacio Ballester, interceptaron al grupo, que en lugar de detenerse se dividió. Mientras una parte seguía tratando de ingresar, otra allanó el departamento de Ocampo padre, exigiendo la llave del de su hija. En el ínterin, Andrews llamó a la policía, que derivó el llamado al Ejército. Al poco tiempo un grupo de soldados uniformados invadió los jardines de la torre e hizo una serie de disparos intimidatorios. Los atacantes se identificaron como "Ejército Argentino", a los gritos, y salieron con las manos en alto. Después de unos minutos de parlamento, las tropas uniformadas se retiraron y el operativo prosiguió hasta que las mujeres fueron capturadas. La madre de Selma refirió más tarde que los captores sabían desde el principio que Inés estaba allí. Cordero sobrevivió. Carrizo apareció muerto, junto a otros cinco o seis cadáveres, en una playa de estacionamiento del centro de Buenos Aires. Suane fue dejado en libertad al día siguiente de su detención. (Los hermanos Gaetán no volvieron a ser vistos.) Inés Nocetti reapareció el 30 de agosto, muerta junto a otras 29 personas, en Fátima, cerca de Pilar. Ramón Vélez, Conrado Alzogaray y Ángel Leiva, tres de los obreros de Bendix, estaban entre ellos. Sólo hubo otro cadáver identificado, el de Alberto Evaristo Comas. Los demás —15 hombres y 10 mujeres— figuraron como NN. Cada uno fue muerto por un económico tiro a la cabeza, hecho a un metro de distancia. todos estaban completamente vestidos, incluyendo ropa interior, medias, zapatos y ropa de abrigo. Los cadáveres tenían las manos atadas pero no las piernas. Todos tenían los ojos vendados. Los cuerpos fueron apilados y dinamitados, con la fuerza suficiente para desparramarlos en un radio de 30 metros pero no para impedir autopsias precisas. La masacre de Pilar llama la atención por lo prolija. Con la excepción de un cráneo destrozado por la explosión, la inmensa mayoría parece haber muerto de pie y la trayectoria de la única, respectiva bala, es perfectamente perpendicular y horizontal, de nuca a frente o de sien a sien. Nadie intentó defenderse; sólo una de las jóvenes NN presenta un disparo de abajo hacia arriba en la nuca, como si hubiera estado acostada boca abajo, y Alzogaray lo tiene de arriba hacia abajo; pero a él le faltaba una pierna y es lógico que cayera de rodillas. Según testimonios de otros detenidos en la SSF, es muy posible que estuvieran drogados —aunque no tanto para impedirles caminar—, y según vecinos de Pilar que oyeron el estruendo de los disparos, la masacre no ocurrió en el descampado donde se hallaron los cadáveres sino en la propia ciudad, contra un paredón. En Fátima no hay cápsulas servidas. Selma no reapareció. El dato más creíble que su padre obtuvo a través de otras relaciones militares y policia-

les la dio como prisionera clandestina en la Superintendencia de Seguridad Federal de la PF, en Moreno al 1100, alrededor de diez días después de su desaparición, antes de la
masacre. (Juicio a las Juntas. Acusación a JRV. Homicidios
agravados por alevosía. La masacre de Fátima: casos 42 a 71.)

Hubo actuaciones de la Policía de la Provincia de Buenos Aires tras
el hallazgo de los cadáveres —a ellas se debe el reconocimiento de
los primeros—, que parecen haber cesado en la mitad de la tarea,
con la misma diligencia que comenzaron. También hubo, a raíz de
esas actuaciones, una morosa causa judicial. El general Edgardo Calvi obligó a su extinción en 1983, al declarar que "involucraba a
personal militar" lo que puso automáticamente en ejecución a la ley
22.924 (Autoamnistía).

Selma Ocampo estaba también entre los muertos, como hubiera sido de presumir desde el principio, aunque ello se terminó de
confirmar en agosto de 2000, 24 años después. Entre quienes figuraron como NN en el juicio a las juntas —y hasta 24 años después
de sus muertes— estaban también Jorge Daniel Argente (secuestrado el 17/7/76), José Daniel Bronzel y su esposa Susana Elena Pedrini (secuestrados el 27/7/76), Haydée Rosa Cirullo de Carnaghi,
Carmen Carnaghi y Norma Susana Frontini.

Videla, en tanto dejaba que el "ojo por ojo, diente por diente"
creciera exponencialmente, tenía otros inconvenientes diplomáticos
tan serios como los del Vaticano. En setiembre, el embajador Musich, ante la evidente presión de la prensa estadounidense por la violación de los derechos humanos, había dicho en Washington que
"luego de la derrota de la subversión, habría que limpiar el bisturí".
Estas declaraciones enfurecieron a Massera. Musich renunció. Muchos meses después fue reemplazado por Jorge Aja Espil. La violación a los derechos humanos; los testimonios desgarradores que
golpeaban las puertas de las iglesias y de las embajadas, y las peleas
internas en el gobierno eran, por esa época, inocultables, por lo
menos para el cuerpo diplomático y para la prensa extranjera (salvo
excepciones que violaban la censura del régimen, la prensa nacional
temía informar). Las organizaciones de defensa de los derechos humanos habían comenzado ya su activa denuncia. Existían en ese entonces la Liga Argentina por los Derechos del Hombre (LADH)
—fundada en 1937—, la Asamblea Permanente por los Derechos
Humanos (APDH) que lideraban Raúl Alfonsín, el comunista Héctor P. Agosti, y los socialistas Alfredo Bravo y Alicia Moreau de
Justo, y otras tres entidades humanitarias. Estas últimas fueron el

Servicio de Paz y Justicia (SerPaJ), entidad de origen católico laico liderada por el escultor Adolfo Pérez Esquivel y fundada en 1974; el Movimiento Ecuménico por los Derechos Humanos (MEDH), fundado en febrero del 76 por el Consejo Mundial de Iglesias, una especie de sínodo de las iglesias protestantes avaladas por los gobiernos de los países escandinavos, y, en esos días de octubre, la entidad Familiares de Desaparecidos y Detenidos por Razones Políticas, fundada por Hilda Velasco, Lilia y Lucas Orfanó y Catalina Guagnini. También en octubre, mediante la comunicación secreta 06457 Hill informó a Kissinger: "Massera se reunió en el Club Americano con 50 corresponsales extranjeros. Le reclamaron por los derechos humanos. Cuando se le preguntó por qué el gobierno no podía atrapar a los terroristas de derecha cuando tenía un considerable éxito con los de izquierda, Massera dijo: 'Ni Videla ni yo somos Al Capone y este gobierno no es una mafia'. (...) Cuando se le preguntó por la ciudadana americana Patricia Erb, que acaba de aparecer (viva) después de una 'desaparición' de dos meses, Massera alzó las cejas con una expresión un poco incierta y dijo: 'Creí que había aparecido en alguna comisaría..., ¿no identificaron el cuerpo?'. (...) Es evidente que no nos hemos hecho entender por Massera en profundidad respecto de los derechos humanos. Si Massera está convencido de lo que les dijo a los corresponsales, obviamente todavía piensa que la crítica y los intentos de presionar al gobierno argentino por los derechos humanos, al menos por parte de EE.UU., son simplemente manifestaciones de la política americana interna que perderán importancia después de nuestras elecciones y que no deben ser tomadas con demasiada seriedad. El embajador buscará una pronta oportunidad para señalarle una vez más la realidad de los hechos al almirante Massera". Hill escribía con evidente enojo. En una entrevista realizada en 1998, Mallea Gil contó lo crispada que era la relación de Massera con Hill: "Una tarde, Hill fue a Casa de Gobierno a verlo a Videla, después supe por qué. Y como él sabía que yo me había educado en los Estados Unidos y tenía muchos amigos entre los americanos, me dijo: 'Mike, venga, venga, vamos a hablar... ¿dónde podemos hablar?'. 'Vamos a mi despacho', le dije. 'No, no, tiene que ser un lugar seguro', me respondió. Entonces vio un baño y me pidió que entrara. El baño quedaba frente al escritorio privado de Videla. Allí me dijo: 'Mire, en varias oportunidades Massera me pidió ver a Kissinger. Pero necesito que usted le transmita al general Videla que Massera habla pestes de él, ¡pestes! Pero, por favor, Mike, que esto quede entre usted y yo, porque si no...' E hizo un gesto de degüello. Creo que Hill le tenía miedo. Massera tenía contactos con todo el mundo.

Tanto es así, que una vez el embajador sueco escribió una carta sobre una cena de embajadores donde se hablaron pestes de Videla y de Viola. Esa carta terminó en la SIDE. Lo hizo a propósito, para que el gobierno se enterara. Además ha habido infinidad de políticos, embajadores, a los que Massera les decía que éramos populistas, que queríamos una salida con el peronismo, que la única esperanza de un gobierno pujante con una economía liberal era él".

El incremento de los atentados esporádicos y desesperados de una guerrilla diezmada por la represión y descabezada —tal como había anunciado Harguindeguy ya a fines de agosto— por la pérdida de sus jefes en el caso del ERP y del exilio de la cúpula en el de Montoneros; la inesperada y tenaz resistencia del Sindicato de Luz y Fuerza dirigido por Oscar Smith al plan de racionamiento y violación al convenio colectivo tanto en la Ítalo —de la que era accionista y había sido director Martínez de Hoz— como en Segba; la presión internacional que comenzaba a recibir aún sotto voce Martínez de Hoz en sus giras para conseguir financiamiento externo (por la difusión en el exterior de los asesinatos y desapariciones, en especial de ciudadanos extranjeros), convencieron a Videla de que no podría ganarle la batalla política a Massera sin un plan que lo tuviera como depositario de la dictadura a la que imponían su sello, cada vez más, los comandantes de cuerpo, jefes de la maquinaria represiva. El 20 de octubre del 76, Videla consiguió el máximo rango en la escala militar: fue promovido a teniente general. Pocos días antes, había enfrentado el primer atentado contra él cuando, durante una revista militar en Campo de Mayo, una bomba colocada por un comando montonero debajo de la tribuna abrió un boquete de un metro de ancho en el sitio exacto donde había estado Videla, que se había alejado apenas cincuenta metros del lugar. El atentado enfureció a Videla, que no detuvo la ejecución de prisioneros, transformados en rehenes, como siempre sucedía cuando la guerrilla, devenida en una suerte de patrulla perdida, golpeaba sobre el régimen y alimentaba la lógica vengadora y encubridora del gobierno. Esa lógica sostenía que Videla mandaba matar para eliminar la violencia subversiva y no para asentar un nuevo modelo de país sin resistentes. El intelectual, escritor y montonero Rodolfo Walsh, obligado a la clandestinidad, señalaba por entonces la pérdida de rumbo de la cúpula montonera. La cúpula del ERP, en tanto, seguía el mismo camino. Pero los restos agonizantes de la guerrilla guevarista planeaban, en esos días, el que sería su último atentado de magnitud: matar a Videla y a Martínez de Hoz.

El endurecimiento de Videla se concretó además con un gesto: el 25 de octubre el general Díaz Bessone, jefe del II Cuerpo, fue promovido a ministro de Planeamiento y su lugar de comando lo tomó Galtieri. Para hacer este movimiento, Videla no sólo debió presionar para modificar los Estatutos del Proceso sino también modificar la Ley de Ministerios y elevarlos de 12 a 13. El planificador Díaz Bessone se identificaba con el llamado "grupo La Plata", donde reinaban Saint Jean, Camps, su ministro de Justicia Jaime Smart y su fiscal de Estado, Alberto Rodríguez Varela, posterior ministro de Justicia de Videla y su futuro abogado defensor. Estos hombres estaban convencidos de que eran la espada más filosa para pelear en la guerra anticomunista a escala planetaria, la "tercera guerra mundial", y que la guerra sucia era una batalla fundamental en esta contienda. El trío Villarreal-Liendo-Martínez de Hoz interpretó esta decisión de Videla como un intento por romper el eje que ellos habían bautizado "duro" del Proceso. Sin embargo, las secretas aspiraciones de Videla de reinar sobre el Ejército y los civiles, la promoción de Galtieri y el poder que tendría Díaz Bessone daban por tierra con este análisis. El régimen se endurecía más. Ellos debieron enfrentarse con Díaz Bessone que, por otro lado, tenía el apoyo incondicional de Videla. Tanto, que el planificador no sólo podía atravesar con su intervención todos los ministerios, sino que también fue el primero en la línea de sucesión ante la ausencia de Videla. La embajada de los Estados Unidos, cada vez más asombrada y preocupada por la excesiva e irracional violencia represiva de la dictadura, descontaba que la victoria del demócrata James Carter impondría nuevas reglas de juego en una región asolada por la violación a los derechos humanos. Además temía que el flamante ministro de Planeamiento recortara el poder de Martínez de Hoz, por lo que estaba ansiosa por conocerlo. En el documento secreto 07308 del 6 de noviembre, Hill le informó a Kissinger —en tono de sorna, incredulidad y desprecio— sobre esa reunión, a la que también concurrieron Chaplin, Smith y el agregado militar Paul Coughlin, quien no tardó en calificar las ideas de Díaz Bessone de "disparate paranoico". Hill definió a Díaz Bessone como "un anticomunista duro y dedicado con un fervor evangélico que no tiene parangón en ningún oficial militar de los que he conocido en cinco puestos". Hill contó que habían sido recibidos por el coronel retirado Alejandro Duret, que los había llevado a una "gran sala de conferencias preparada para la reunión con tarjetas para indicar dónde debía sentarse cada uno", y que después de un intercambio de saludos, "Duret sugirió de manera un poco abrupta que Chaplin y Smith lo acompañaran a una sala contigua". Hill confesó en el informe que esperaba que esta búsqueda de intimidad escondiera una gran revelación sobre la idea de la tercera guerra mundial. Pero no. "Díaz Bessone dio sólo su increíble visión del mundo y de la Argentina. Dijo que la base religiosa de la Argentina deriva directamente del movimiento cristiano que se originó en Oriente Medio y alcanzó su punto culminante en Europa occidental. La filosofía argentina viene de los griegos y también fue transmitida por Europa occidental. El derecho argentino también fue heredado de Europa occidental y sus raíces deben buscarse en la antigua Roma. Por eso, los valores argentinos son totalmente opuestos a los valores marxistas. Así como la cultura argentina se basa en el cristianismo, los verdaderos marxistas son ateos". Hill continúa relatando en su informe: "El general pasó luego a la situación actual y señaló que la Argentina y otros países del sur como Chile, Uruguay y Brasil eran los blancos de un ataque insidioso por parte de los comunistas provenientes sobre todo de Europa occidental, pero también de los Estados Unidos". Según el embajador: "Díaz Bessone explicó que el ataque estaba siendo llevado adelante sobre todo por los medios de comunicación, y que frente a esta amenaza era absolutamente esencial que la Argentina y sus vecinos cooperaran y colaboraran si deseaban sobrevivir. También dijo que las relaciones con los Estados Unidos, líder del mundo libre, eran absolutamente esenciales. (...) Luego, poniéndose la mano en el pecho dijo que lo único que la Argentina pedía a los Estados Unidos era que tratase de comprender que la Argentina estaba luchando por preservar los mismos valores y formas de vida caros a los Estados Unidos. Para resumir, el ministro dijo que estaban tratando de formar una nueva república basada en los valores culturales occidentales... Dijo que no querían una dictadura sino una democracia, pero que, por supuesto, primero debían lograr la paz interior y que los militares tendrán que seguir gobernando mientras luchen contra la subversión. (...) Luego, el ministro comparó la orientación que brindaría su ministerio a otros usando las reglas de un partido de fútbol. Dijo que todos los ministerios tendrían un alto grado de flexibilidad en su planeamiento, pero que deberían acogerse a los parámetros generales determinados por su ministerio. Y luego, para terminar, el ministro agregó que la nueva república que estaba buscando el gobierno argentino debía lograr un delicado equilibrio de libertad y orden. Y concluyó diciendo que 'la libertad sin orden es un caos, mientras que el orden sin libertad es la dictadura'".

En manos de Díaz Bessone quedaba la elaboración de las bases de la "nueva república" que Videla quería construir a partir de 1977. La idea de la batalla por la tercera guerra mundial anticipaba el afianzamiento del Cóndor —la mayor empresa de terror clandes

tino de Latinoamérica en el siglo XX— y su extensión a Centroamérica. También anticipaba nuevas desgracias internas y una fuente de enfrentamiento con Martínez de Hoz. En noviembre, Videla
dejó por un par de días la presidencia en manos de Díaz Bessone. En
un desvío de su gira por las provincias cuyanas, Videla cruzó a Santiago para entrevistarse con Pinochet y condecorarlo. La entrevista
fue breve, pero cordial. En ella se ratificó el pacto del Cóndor a
nivel de jefes de Estado. Hubo, además, una primera aproximación
al tratamiento, en un tiempo no muy lejano, del problema histórico
de límites.

Las bombas de Montoneros que causaron once muertos en el
SIN y notables destrozos en la Subsecretaría de Planeamiento al comenzar diciembre produjeron una nueva venganza militar. Esta vez
en Margarita Belén, en Chaco:

> El 13 de diciembre de 1976, se produjo un "reajuste" de los regí-
> menes de presos políticos en todo el país, con grandes requisas, san-
> ciones y palizas. En las cárceles de Resistencia y Coronda fueron
> retirados todos los libros e impresos. Desde antes, en Córdoba no
> estaba permitido leer. En Sierra Chica y La Plata también rigió esta
> prohibición, aunque la carencia duró menos. Allí el antiguo direc-
> tor, de apellido Parenti, fue reemplazado por Abel Dupuy, respon-
> sable directo de las once muertes o desapariciones de internos del
> penal acaecidas entre el 77 y el 79. En Villa Devoto, dos detenidas
> (Rosa Quiroz y Norma Valladares) fueron separadas de las demás y
> pasaron la noche en los calabozos, a la espera de lo que los guardia-
> cárceles llamaron "traslado a Formosa". No se les permitió hacer los
> "monos", bolso improvisado con una frazada atada por las puntas en
> el que los presos llevan sus pertenencias. El estado de ánimo de las
> demás disuadió aparentemente a los responsables y las dos detenidas
> volvieron a sus pabellones. Entre las fuerzas de seguridad el traslado
> a Formosa también fue sonado, antes y después de suceder. Tres
> días antes el general Nicolaides encargó diez cajones a una casa de
> Resistencia, y pidió "área libre" al cementerio de Resistencia para
> los días 13 y 14. Esta información era conocida por familiares y
> organismos de derechos humanos de la ciudad de Resistencia en el
> momento del juicio a las Juntas porque alguien la había distribuido
> por debajo de las puertas, pero la identidad del informante se cono-
> ció después: el suboficial apellidado Ruiz Villasuso. El lugar del
> "enfrentamiento" fue a posteriori enseñado por el Ejército a tropa
> propia y de las fuerzas de seguridad, a modo de elemento de estu-
> dio. El fallecido Patricio Tierno relató a otro preso de la U-7 que
> los militares le dijeron: "Si ustedes están vivos para Nochebuena,

den gracias a Dios". El fallecido Néstor "Indio" Salas se despidió con solemnidad de sus compañeros, los que quedaban y los que iban a acompañarlo, el 4 de diciembre. El mismo día, el fallecido Luis Arturo Franzen se resistió a salir de su celda durante buen rato, exigiendo que se le comunicara el destino. Tierno había sido detenido el 15 de mayo, junto a su compañera Graciela de la Rosa. Su familia pudo saber de su paradero recién en setiembre, y verlo algo más tarde, para comprobar que tenía recientes huellas de tortura. Entre el 3 y el 4 de diciembre, los detenidos fueron retirados de la U-7, cárcel de Resistencia, y comenzaron una gira en la que se los paseó por el regimiento "Liguria", la Alcaidía de Policía de Resistencia y, eventualmente, la misma cárcel. En cada ocasión, las palizas fueron tremendas y en la Alcaidía, cotidianas. El 12 se formó el grupo definitivo. Del pabellón 2 de la U-7 fueron sacados Tierno y Barco; del pabellón 1, Salas y Parodi Ocampo; del 3, Cuevas y del 4, Franzen y Duarte. A todos se los llevó a la Alcaidía. Díaz, Zamudio, Piérola, Yedro y Pereyra, que ya estaban allí, recibieron la orden de prepararse para el traslado, fueron sacados uno a uno de sus celdas y vueltos a golpear, al punto que Díaz ya no podía caminar. Finalmente el domingo 13 se organizó la columna de traslado al mando del mayor René Athos, que incluía en la custodia al teniente Luis Alberto Pateta del Grupo de Artillería 7, entre otros, y que estaba bajo la responsabilidad del coronel Larrateguy. La despedida fue una doble fila de efectivos armados con palos. Por lo menos uno de los detenidos sufrió una rotura de cráneo al punto de "que se le salía todo" y fue llevado envuelto en una frazada. Otros testimonios de presos sobrevivientes aseguraron que hubo varios tiros de gracia antes de salir de allí. También dijeron que el jefe policial responsable de la Alcaidía se opuso a que el combate sucediera allí mismo, en el descampado que hay frente a la repartición, y consiguió que el traslado continuase. El 13 de diciembre, un comunicado del Ejército reproducido por radios y diarios de Resistencia dio cuenta de un enfrentamiento en Margarita Belén, con tres extremistas muertos, mientras que los demás habrían logrado huir y dos integrantes de la custodia habrían resultado heridos. El texto no es claro respecto a qué prófugos y qué muertos pertenecen al grupo atacante y cuáles al de los cautivos. Ese mismo día se ingresaron en el cementerio de Resistencia diez cadáveres. Ocho correspondían a Díaz, Tierno, Parodi, Salas, Cuevas, Duarte, Franzen y Barco. Dos eran NN, un hombre y una mujer. Para la Cámara, "de autos surge que una mujer de origen cordobés podría haberse unido a la columna, pero no se la ha podido individualizar". El misionero Fernando Piérola había sido detenido en su provincia en noviembre del 76. Su familia lo localizó pero no alcanzó a verlo. El teniente Pateta mostró a su madre un listado de "muertos y prófugos" pocos días después. Ahora eran ocho los primeros y cinco los restantes. Según esa lista, Piérola estaba muerto. El 30 de diciembre su padre recibió una comunicación del Ejército informándole que se hallaba prófugo mientras su esposa —también presa— comenzaba a ser mencionada oficialmente como "Morresi *viuda* de Piérola". El destino de Carlos Zamudio, detenido también en Misiones y que permanecía a disposición del PEN desde julio del 76, resultó igual de incierto: el matrimonio se vio regularmente hasta el 4 de diciembre, en que se lo traslada a la Alcaidía; para esa fecha Carlos casi no podía caminar como resultado de la tortura. El 24 de diciembre el Ejército comunicó que Zamudio murió en un enfrentamiento ocurrido el 17 en Campo Grande, Misiones, adonde habría llegado después de haber fugado durante el combate de Margarita Belén. Esta información fue proporcionada verbalmente por el coronel Larrateguy, pero días más tarde él mismo firmó la comunicación oficial a la familia, en la que Zamudio volvía a morir en el primer enfrentamiento. Cuando la familia reclamó su cadáver en Chaco, se le comunicó que había sido inhumado en Misiones. Allí se les entregó la partida de defunción —fechada el 17— y el cajón cerrado herméticamente, con orden de no abrirlo. En la partida, la causa del deceso no son disparos sino "politraumatismo". El libro de ingresos-egresos de la U-7, cárcel federal de Resistencia en que figurarían los de los días 10 al 13 de diciembre nunca fue hallado. Los de "novedades" de la subcomisaría de Colonia Benítez —en jurisdicción de Margarita Belén— y de la Alcaidía de Policía de Resistencia correspondientes a ese período, tampoco; el último se quemó, junto con los partes diarios de julio a diciembre del 76. También se quemaron los archivos del Grupo de Artillería 7 y el Destacamento de Inteligencia 124. El director de la U-10, la cárcel de Formosa que figura en todos los papeles militares como punto de destino de la columna, nunca supo que estuviera en marcha un traslado de detenidos hacia allí. Ni por radiograma, ni por comunicación verbal. (Juicio a las Juntas. Acusación a JRV. Homicidios agravados por alevosía. Masacre de Margarita Belén: casos 670 al 683.)

En el año 2000 todavía no estaba completa la lista de asesinados. En el monumento levantado en el lugar de la masacre llegan a 29. Esto es así porque se fueron sumando desaparecidos de los cuerpos II y III de Ejército.

La masacre de Margarita Belén antecedió el desembarco de Banzer en Buenos Aires, que venía no sólo para sellar los acuerdos alcanzados con Videla en octubre. También, para recordarle su enfrentamiento con Massera. Banzer le contó a Videla lo sucedido a raíz de la condecoración que le había dado en octubre. Le dijo que, "si no tenía inconvenientes", había traído dos condecoraciones similares para dárselas a Massera y a Agosti. Y que más allá de las medallas, si lo que había sugerido Massera era cierto, si Videla no era la máxima autoridad del Estado, le preocupaba la validez de los acuerdos firmados. Videla convocó a una reunión de altos mandos del Ejército. Menéndez, que nunca había estado de acuerdo con el 33%, planteó romper con Massera, disolver la Junta Militar y que el Ejército asumiera todo el poder. Viola se opuso. Videla, nuevamente, priorizó la unidad del Proceso para llevar adelante la represión ilegal, amenazó con renunciar a la presidencia, por primera vez, en la Junta si estas situaciones se repetían. Y se opuso a las posturas rupturistas. Banzer condecoró a Massera y a Agosti, pero a partir de entonces la relación entre Videla y Massera entró en un crescendo de conflictos cada vez más salvajes. En esos días, el documento 76BUENOS8000 de Hill revelaba como pocos la posición de Massera. El documento relata una conversación de Massera con dos funcionarios de la embajada, James Bray y Wayne Smith, que tuvo lugar en una cena, el 7 de diciembre de 1976: "El almirante Massera llevó a un aparte a Bray y a Smith, y se explayó en una larga charla sobre la situación interna en el seno del gobierno argentino. Dijo que dentro del 'partido militar' se han definido dos grandes grupos. El primero, que describió como la 'facción pluralista democrática' de la que él se presentó como líder, está apoyada por la Fuerza Aérea, la Armada y el 'ejército del interior', o sea los comandantes de cuerpo y otros comandantes de tropa en las provincias, y representaría a la mayoría dentro de las Fuerzas Armadas. La segunda facción, dijo, se centra en torno a la máxima dirigencia del Ejército y cuenta con el apoyo de una pequeña minoría; señaló al general Viola como su primer promotor. Massera afirmó que este segundo grupo es antinorteamericano, antidemocrático y tiene vínculos con la izquierda. Este sector minoritario, continuó, es el que estaría bloqueando la publicación de la lista de los detenidos. Si no fuera por el ministro del Interior, Harguindeguy, afirmó Massera, la lista hubiera salido hace mucho tiempo. La facción de la mayoría (y, por ende, él) estaría más de acuerdo con el tema de los derechos humanos que el otro grupo. Refiriéndose a Videla, Massera lo describió como 'débil, indeciso e incapaz'. Según el almirante, la Junta es la autoridad ejecutiva suprema, pero Videla, pese a sus deficiencias, está tratando de ponerse por encima de la Junta. Esta situación no puede continuar, siguió Massera, y agregó que tenía que haber una 'redefinición del poder' en los próximos dos o tres meses. Señaló que, mientras, él podría retirarse como comandante de la Armada. Hizo hincapié en que no estaba sugiriendo que fuera a haber un levantamiento militar para derrocar a Videla (...) Podría haber una cuarta figura clave que, ya fuera llamada Presidente o primer ministro, respondería a la Junta pero empezaría a administrar y reordenar el país de una manera democrática". Hill terminó el documento con su habitual ironía, al comentar la impresión que tuvieron Smith y Bray respecto de que Massera estaba pensando en sí mismo como Presidente o primer ministro, después de la "redefinición del poder". Hill concluyó: "De más está decir que la descripción que hizo Massera del grupo Videla-Viola es simplemente para su propia utilidad. Videla y Viola son, ciertamente, tan democráticos como Massera, lo cual tal vez no sea decir mucho". ¿Por qué toleró Videla las estocadas de Massera? En la entrevista otoñal del 99 explicó que *ésos eran los costos* de mantener unida la dictadura. Lo justificó, hermanado en el mismo destino de preso domiciliario de fin de siglo: *Eran las diferencias políticas lógicas de aquellos momentos.* Esa tolerancia hacia tirios y troyanos le permitía reinar por encima de todos.

En los días previos a la Navidad de 1976, Videla había anunciado un aumento salarial y de las asignaciones familiares para enero del 77, mientras Liendo pactaba silencio con la cúpula sindical más adicta (la represión al movimiento obrero estaba devastando las comisiones internas de las grandes empresas). *El sacrificio ha sido, sin duda alguna, el signo del año que termina. Un sacrificio compartido que constituye la iniciación del arduo camino hacia el verdadero reencuentro de todos los argentinos; sacrificio, en suma, que hoy nos posibilita encarar el futuro con una identidad distinta ante nosotros mismos y ante el mundo. Ello nos permite, así, asumir el tema esencial de la gran familia argentina: el de la unión nacional,* dijo Videla, con seguridad militar, en su discurso. Una de sus últimas decisiones fue ordenar el traslado del cadáver de Perón de la cripta de la capilla de Olivos a la bóveda familiar de la Chacarita. El nuevo entierro del principal líder político de la Argentina del siglo, en medio de la misma clandestinidad que había rodeado el de Evita, estaba cargado de significados. Era un símbolo del destino final de su movimiento. Pero el 76 terminaba con una mala noticia para el gobierno militar: el triunfo de Carter en los Estados Unidos. Terminaba, también, cruzado por furias políticas y una matanza. Un informe de Amnesty International computaba un promedio de quince secuestros diarios de los grupos de tareas, más de 1.500 muertos y 5.000 presos políticos, además de cerca de 300 atentados perpetrados por grupos de izquierda y de derecha. La prestigiosa institución aún no aventuraba una cifra para los desaparecidos. A los "logros" que Videla enumeró en el balance navideño, sumó uno personal, íntimo, que muy pocos conocían. El 12 de octubre había festejado el día de la conquista de América con una ofrenda: había dejado de fumar.

★ ★ ★

Una tarde hirviente de enero del 77, después de atravesar calles polvorientas bordeadas de pastizales resecos que crujían con un chasquido breve, Víctor Sostres llegó hasta Campo de Mayo. Se sabe que se identificó ante la guardia, inquieto, y que luego la custodia lo llevó hasta la residencia de Videla. Sostres y Videla se conocían desde los tiempos en que integraban el Movimiento Familiar Cristiano (MFC) en Hurlingham, al que también había pertenecido el contador Horacio Palma. Era la segunda vez que Sostres iba a verlo a "Videlita", como lo llamaba, a Campo de Mayo. Había pasado exactamente un año desde la primera visita, en enero del 76, cuando Videla aún no era Presidente pero sí comandante en jefe del Ejército. Sostres y Hebe "Pupé" Serna, esposa de Palma, habían ido a pedirle que los ayudara a encontrar a José Serapio Palacios, un obrero católico del MFC secuestrado por la Triple A y el primer obrero católico desaparecido. En esa ocasión, "Videlita" les había respondido: *Yo no puedo hacer nada por él, la Triple A está fuera de control, y lo más probable es que aparezca en un zanjón.* Ahora, Sostres volvía a apelar a "Videlita". Esta vez, "Pupé" Palma se había quedado en su casa, desesperada por la desaparición de su esposo. Esta vez, el pedido era por Palma, presidente de Cerro Largo SA. Los primeros días de enero del 77 Palma había desaparecido junto con el abogado Conrado Gómez, asesor de la empresa, el industrial vitivinícola Victorio Cerutti, principal accionista y dueño de terrenos en Chacras de Coria, en Mendoza, y su yerno Omar Pincolini. Videla recibió a Sostres tenso y envarado en el traje militar y en su rol de Presidente, con una seguridad que Sostres no recordaba en el "Videlita" de Hurlingham, con quien había compartido gustos culturales, ideas sobre la educación de los hijos y aspiraciones de ascenso social de clase media. En aquel entonces, Palma era un católico crítico, un hombre de izquierda que había trabajado con su esposa para incorporar al trabajo a los provincianos que llegaban a Buenos Aires y evitar que engrosaran las villas miseria. Sostres y Palma siempre habían coincidido, excepto en el desprecio que Palma sentía por los militares, asunto que cada tanto lo enfrentaba con Videla. Sostres no había cambiado; seguía siendo, como entonces, un artista, un hombre de letras, un lector ávido, un católico no militante, un hombre de fe pero capaz de dudar cuando se trataba de la vida, la muerte, la

281

religión. Videla, en cambio, parecía no tener dudas ni desbordarse. Se sabe que cuando por fin estuvieron solos en el escritorio de Videla, Sostres apeló a esa historia de amistad compartida, y le pidió, le suplicó, que hiciera algo por Palma, por "Pupé" y por sus hijos. Le recordó la calidad humana de aquel amigo común, su compromiso con los pobres, su vida cristiana. También se sabe que Sostres le dijo a Videla que Palma había sido secuestrado por la Marina. Y que Videla le contestó: *Si lo tiene la Marina yo no puedo hacer nada, yo no los controlo.* Se sabe que Sostres retrucó: "Vos no me podés decir eso. Sos el Presidente...". Y que Videla cerró la entrevista: *No vale la pena hacer nada. Vos sabés que Palma era un comunista.* Se sabe que Sostres sintió dolor, rabia y, más tarde, tristeza. Que volvió a su casa con las manos vacías como temía, pero con una verdad que lo perturbaría hasta su muerte en 1996. Su hija María Lidia reveló esta historia en 1999, y también lo que su padre le refirió de ese encuentro con Videla. "Mucho después, por el informe de la Conadep supimos que Horacio fue visto en la ESMA, y que su secuestro se debió a que era el único testigo de una venta ficticia de campos en Chacras de Coria, en la provincia de Mendoza, a favor una empresa vinculada a Massera. Papá no fue más el mismo luego de verlo a Videla. Cerca ya del último recodo, había descubierto la traición embozada en el fundamentalismo más cruel y espantoso". En la empresa Misa Chica SA, cuyos accionistas eran los hijos de Massera, Carlos y Eduardo, terminó parte del botín de guerra millonario de Chacras de Coria, que incluyó tierras en Mendoza, pinacotecas, caballos de carrera, cuentas bancarias y autos de todos los secuestrados. Palma y Cerutti fueron asesinados. El abogado Gómez también, en la sede del I Cuerpo, a manos de Roualdés, el enlace entre los grupos de tareas de Suárez Mason y de Massera. Este caso revelaría como pocos la existencia de un pacto Suárez Mason-Massera para el reparto de un botín estimado en cientos de millones de dólares, cuyo blanqueo pudo comenzar a divisarse en distintas fortunas que emergieron entre los años ochenta y noventa, en las empresas de Suárez Mason y de Massera y sus muchachos del GT 3.3.2, Jorge Radice y Ricardo Miguel Cavallo, entre otros.

El 77, entonces, se había iniciado como un año de chacales: con guerra sucia para negocios sucios. Fue, para Videla, el año en que consolidó su hegemonía al frente del régimen y el modelo económico que arrasó con el Estado de bienestar de cuño peronista, tal como se proponía. Fue, para los argentinos, el año del terror de Estado sin límites de razón o de moral. El fundamentalismo de Videla se expresó en la venia a las órdenes de operaciones de Viola, Jáuregui, Suárez Mason y Martínez, y fue recreado en las jefaturas de cuerpo y los grupos de inteligencia de las tres armas, y en los acuerdos sellados en la Junta por Massera y Agosti, que establecieron que a partir del 77 comenzaba la fase 4 de la represión ilegal: "la solución final" para los miles de desaparecidos que aún quedaban con vida en los centros clandestinos de detención. La fase 1 había consistido en el asalto al poder; las fases 2 y 3, en el montaje de toda la ciudadela represiva. Así lo analizó el escritor Walsh en enero del 77, en uno de sus últimos informes de inteligencia para Montoneros, donde no sólo anticipaba la derrota final de la guerrilla peronista; también confirmaba el comienzo de la cuenta regresiva para que la dictadura desplegara su etapa exterminadora. Los motivos para el inicio de la fase 4 fueron esencialmente dos, uno interno y otro externo. Tal como estaba previsto en los Estatutos del Proceso, se debía comenzar a discutir sobre el "cuarto hombre"; es decir, el hombre que no fuera al mismo tiempo Presidente y comandante en jefe del Ejército. Esto significaba que Videla, Massera y Agosti dejarían de comandar sus armas y que, de hecho, se empezaría a discutir la herencia del poder. Pero esto debía hacerse cuando se hubiera concluido con éxito la lucha antisubversiva. Videla, a su manera, con el mismo gesto contrito y de sacrificio con que solía esconder la decisión de conservar todo el poder, no estaba dispuesto a dejar de ser el número uno. El otro interesado en esta batalla era Massera, cuyas aspiraciones presidenciales ya eran conocidas, sobre todo por el cuerpo diplomático y sus colegas del gobierno, tanto militares como civiles. También las conocían los prisioneros de la ESMA, que a partir de este año comenzaron a ser obligados a aportar su "mano de obra intelectual esclava" en los distintos proyectos políticos del almirante y a trabajar en buena parte de los archivos y la documentación falsa que el GT 3.3.2 necesitaba para sus operaciones ilegales.

La otra cuestión de peso para Videla fue la llegada de Carter, secundado por Walter Mondale, a la presidencia de los EE.UU. Videla sabía que se iniciaba una época de presiones y pedidos de explicaciones por la represión ilegal. Sabiendo esto, mantener en funcionamiento los campos clandestinos de detención equivalía a exhibir el cuerpo del delito que, precisamente, se buscaba ocultar. La entrada de Carter iba a modificar significativamente el tono de la política de los Estados Unidos hacia América latina. El recambio incluía a Kissinger, el halcón republicano que había participado de los planes de la CIA para instaurar la dictadura de Pinochet, había avalado los golpes de Estado en el Cono Sur y el Operativo Cóndor, y había dado luz verde para la matanza en la Argentina. El nuevo secretario de Estado era Cyrus Vance, con Warren Christopher como subsecretario. El jefe del Consejo de Seguridad era Zbigniew Brzezinski —brillante alumno de Kissinger y otro estratego de la Doctrina de la Seguridad Nacional (DNS)—, el mentor de la Trilateral Comission, un diseño estratégico para remodelar y transnacionalizar Latinoamérica en la era del capitalismo financiero, que fue llevado a la práctica primero en Chile. El encargado para los Asuntos Interamericanos fue, a partir de marzo, Terence Todman, quien lidió con una amiga de Carter en el área de Derechos Humanos, la demócrata Patricia Derian, de 47 años, una ex enfermera y ex militante por los derechos civiles en los años 60, demócrata de toda la vida y subjefa de la campaña electoral que había llevado al triunfo a Carter. El brazo de Derian en Buenos Aires fue Allen "Tex" Harris, asignado a la embajada desde mediados del 76 hasta fines del 78, quien día a día computó la cantidad de desaparecidos —unos 13.500 según su cálculo— y trazó el mapa más completo de los centros clandestinos de detención. Era evidente que "la guerra anticomunista cristiana" ya no era bien vista en Washington. A la luz de estos cambios, Videla comprendió que se necesitaba cierta paz social que no surgiera sólo de la represión y de la censura a la prensa. Lo primero que hizo en enero, antes de partir a Esquel de vacaciones con su familia, fue prometer un aumento de salarios y terminar de discutir con Martínez de Hoz y Díaz Bessone el presupuesto nacional. Liendo, en tanto, con la ayuda del coronel Juan Alberto Pita como interventor de la CGT, se comprometía a neutralizar la presión sindical y a doblegar la resistencia del Sindicato de Luz y Fuerza, que no cejaba su lucha en contra de la extensión horaria y el arrasamiento del convenio colectivo, recurriendo incluso a actos de sabotaje. El presupuesto de Martínez de Hoz reflejaba que no se había conseguido doblegar la inflación, aunque el ministro había deprimido los salarios y el consumo de manera violenta, y había liberado los precios para atraer inversiones. En realidad, sólo habían crecido de manera sostenida el sector agropecuario y las exportaciones; se habían reducido los aranceles a las importaciones, barriendo con la protección a la industria local en más de un 40% en promedio. Martínez de Hoz se proponía reducir el gasto en áreas de servicios y en vivienda, y financiar planes sociales con deuda externa. El presupuesto para defensa era, sin embargo, el más alto de la historia. Para 1977 y según los modelos liberales en boga de la Escuela de Chicago, con la apertura de la economía comenzó el proceso de lenta desindustrialización media de la Argentina. La desregulación de la inversión extranjera —que en la jerga local se transformaba en la ausencia de reglas de protección ante el flujo inestable de capitales—, expresada en el nuevo Régimen de Entidades Financieras, fue el puntapié inicial para que Martínez de Hoz fundara la etapa de hegemonía creciente de las finanzas sobre la industria, preparando el terreno para que, con el incremento de las tasas de interés, se canalizara el ahorro hacia la especulación y no hacia la financiación de la industria. El Estado dejaba en manos del sector privado la reasignación de recursos, pero avalaba el endeudamiento del sector privado. La reforma financiera, la transferencia de recursos hacia las exportaciones de bienes primarios y hacia el mercado financiero en masas de ahorro en manos privadas, no se derramó hacia un aumento de la producción industrial y ni siquiera a un incremento del ingreso por habitante. Hasta mediados del 77 hubo un flujo financiero sostenido; luego, esa relación se invirtió. *Yo no entiendo de economía*, dijo Videla a Martínez de Hoz con la humildad de un general que divide el trabajo con un igual. Sin embargo, repetía con esa ecuación la historia del comportamiento de todos los gobiernos militares argentinos: hacer la guerra interna enarbolando discursos nacionalistas y dejar la economía en manos de liberales aperturistas sin estribos y lobbistas de intereses de empresas transnacionales.

Cuando Videla volvió de Esquel a mediados de enero del 77, después de ser informado sobre lo que haría Martínez de Hoz con la economía, pasó unos días en Mercedes antes de regresar a la Casa de Gobierno. Lo primero que hizo, sin embargo, fue reunirse con el jefe de la SIDE, Laidlaw, con Liendo, Viola y, en la Junta, con Massera y Agosti. Luego ordenó mayores sanciones para las huelgas o conatos de huelga. Y dio luz verde a otra ola de nocturnidad: Suárez Mason y Roualdés, en combinación con la gente de Massera, comenzaron a pensar en el secuestro del líder lucifuercista Smith, pero sólo luego de que la huelga pudiera ser neutralizada. Esta combinación de ideales y fuerzas para la represión se expresaba en la microfísica del poder: en cada ministerio o área de gobierno el 33% se cumplía con la presencia de un delegado de cada una de las armas que reportaban y obedecían órdenes de sus jefes naturales —los comandantes de cuerpo o zonas— y no a los ministros, sobre todo cuando se trataba de la represión. El delegado del Ejército en Trabajo era el general Américo Daher y el interventor en Segba el contraalmirante Félix Imposti. El informe confidencial 00696 01 a 02 282124Z de Hill a su nuevo jefe Vance de fines de enero daba cuenta de la situación en la que se encontraba Videla, sin eufemismos y sin la lápida informativa que pesaba sobre la prensa, que había sido precedida por el secuestro de más de 60 periodistas durante el 76, el cierre de numerosas publicaciones y la presión económica sobre las empresas periodísticas. Hill le reconocía a Videla "un marcado éxito en la recuperación económica y en el control del terrorismo", pero señalaba que los más perjudicados eran los trabajadores, por la caída del 50% de los salarios reales y porque los precios seguían aumentando. Hill señalaba también que Videla no encontraba todavía la brújula en el modo de relacionarse con los sindicatos y que se temía la reacción de los trabajadores; Vance conocía la puja entre Liendo y Massera por el control del poderoso aparato sindical. En cuanto a la represión ilegal, Hill hablaba de "los efectos no deseados", una idea de posibles "excesos" de los "duros" que era fogoneada por Villarreal desde la oficina política de Videla en contacto permanente con la embajada. "El gobierno sufre de debilidad interna. Las Fuerzas Armadas no han respetado la ley ni los derechos humanos y han causado dolor en la población. Las Fuerzas Armadas están divididas en cuanto a la manera de proceder y el presidente Videla, que prefiere la conciliación a la confrontación, ha demostrado ser hasta el momento incapaz de aportar el liderazgo fuerte necesario para orientarlas a todas en la misma dirección". Hill sacaba una conclusión falsa. La imagen de debilidad en el liderazgo sobre los "duros" era instrumental a los planes de Videla, quien, en esos días, comenzó a pensar en cómo dar una explicación "racional" a la criminalidad del Estado, cómo encubrir las operaciones ilegales: empezó a aparecer en su vocabulario, a puertas cerradas en las reuniones del generalato, la frase "guerra sucia", justificatoria de las operaciones militares contra un "enemigo" irregular con métodos de enfrentamiento no convencionales. La clasificación de "moderado" que circulaba desde su usina política de la Secretaría General les servía a Videla y a la Junta para ganar tiempo y esquivar las presiones por la violación a los derechos humanos. Los familiares de los desaparecidos y asesinados ya merodeaban las delegaciones diplomáticas; los exiliados —varios cientos de miles— presionaban con denuncias en Europa. Las mujeres deambulaban por las cínicas y mudas oficinas estatales, especialmente el ministerio que conducía Harguindeguy, y en ese peregrinar desesperado para saber algo sobre sus hijos, hermanos, esposos, nietos, comenzaron a organizarse murmurando la información conseguida en barrios, comisarías, ministerios, hospitales, juzgados y cementerios. Hill no dudaba, sin embargo, de que el rumbo del gobierno militar era favorable a los intereses norteamericanos. Y terminaba aconsejando a su gobierno seguir optando por "una diplomacia silenciosa"; es decir, no pasar a una activa denuncia de la dictadura por su ya inocultable violación a los derechos humanos. Esta posición de Hill y Chaplin los enfrentó con Derian y Harris en una dura batalla en el seno del Departamento de Estado, donde se inició una discusión sobre posibles sanciones económicas —recorte de créditos en asistencia militar— a la Argentina.

Todman también apoyaba "la diplomacia silenciosa". Años más tarde, Harris explicó los motivos de la pelea: "Si alguien desaparecía, nosotros lo sabíamos. Fue así que comenzamos a elaborar gráficos sobre el número de desaparecidos. Los gráficos luego servían para tomar decisiones en la relación bilateral. Por ejemplo, si el gráfico mostraba que había una mejora, es decir una disminución en el número de desapariciones, se aprobaba por caso el envío de nuevos cascos para pilotos de aviones militares. Si por el contrario había un aumento, el envío no era autorizado. Mis gráficos comenzaron a afectar los programas de todas las secciones de la embajada. Por ejemplo, frente a un gráfico muy negativo, la sección cultural cancelaba el viaje que tenía previsto la Sinfónica de Nueva York. La sección comercial se veía muy perjudicada, porque la venta de bienes muy costosos, como sistemas electrónicos para la policía o turbinas para la represa de Yacyretá, estaba totalmente supeditada al tema de los derechos humanos. Todos los funcionarios estaban enojados conmigo porque pensaban que yo era el que los estaba afectando. El problema no era que los militares argentinos estuvieran matando gente, sino el hecho de que yo hiciera los gráficos y los enviara a Washington". Cuando el enfrentamiento llegaba a Washington, Vance o el subsecretario del Departamento de Estado, Warren Christopher, debían desempatar. Harris describió la tensión entre ética y negocios-geopolítica que atravesó la relación de la administración Carter con la dictadura, pero sólo en ciertos negocios públicos, ya que los privados, como señalaban los informes de Hill, estaban a salvo con la política de Martínez de Hoz. Sin duda, Carter tuvo la última palabra y ésta no fue favorable al gobierno militar. Pero no detuvo la eliminación de los desaparecidos porque para esto, evidentemente, se necesitaba más que una presión diplomática bilateral. Se hubiera necesitado hacer estallar la relación con la Argentina, haciendo público en los foros internacionales todo el edificio terrorista del régimen, tanto los campos clandestinos de detención como la lista de los desaparecidos. Pero aún eran tiempos de la Guerra Fría: la batalla comercial y geopolítica con la URSS gozaba de buena salud. Videla compartía, aunque sin definiciones rimbombantes, la teoría de Díaz Bessone. *No era exactamente una tercera guerra mundial, pero sí una guerra revolucionaria, en un contexto de guerra fría donde dentro del statu quo se intentaba ganar espacios,* dijo en la entrevista otoñal del 99. Los argentinos perfeccionaban en la represión interna lo que antes habían aprendido en las academias norteamericanas y francesas. Eran, en la práctica, los mejores alumnos de esa escuela, aunque en la era Carter usaran tácticas consideradas impresentables. Ante este panorama, Villarreal y Yofre fogonearon la necesidad de que Videla anticipara el calendario político e iniciara una serie de viajes al exterior para exhibir la cara diurna de la dictadura. La idea de preparar planes políticos surgida de un equipo tan cercano a Videla demostraba que su gobierno era fundamentalmente homogéneo en la represión pero no en los objetivos políticos. El primer impulso para armar un diagrama o cronograma de secuencia política —se sabía que el régimen no podía subsistir sólo asentado en el edificio concentracionario o represivo— surgió a partir de una charla que Yofre mantuvo con Alfonsín en enero del 77. El líder radical, entonces vicepresidente de la APDH y opositor interno a Balbín, sugirió la posibilidad de que se llamara a una Constituyente en 1978, que eligiera un presidente militar para gobernar por tres años, hasta 1981. Esa Constituyente, pensaba Alfonsín, podía funcionar como un Congreso y reformar el sistema de partidos políticos. Yofre le respondió: "Si yo digo a menos de un año del Proceso que hay que llamar a elecciones, me tiran por la ventana". Alfonsín, según contó Yofre años después, le sugirió que se podía confeccionar por consenso una lista común de 300 convencionales de todos los partidos (radicales, peronistas, socialistas, comunistas, federalistas, etcétera), sin necesidad de llamar a elecciones. Obviamente, la cúpula militar tendría poder de veto sobre la lista de nombres. Yofre pudo convencer a Villarreal de comenzar a trabajar sobre esa base con la idea "de abrir el Proceso" (era evidente que Yofre cumplía el papel de ariete del radicalismo dentro del gobierno y tenía la difícil carga que suelen llevar los mensajeros en cualquier escenario bélico o político). Los pasos imaginados eran devolver las intendencias a civiles, incorporar más civiles al gabinete y, luego, reemplazar por civiles a los gobernadores militares. No obstante, las dos estrategias del equipo de Villarreal —abrir el Proceso y que Videla iniciara giras al exterior— tenían su dificultad. En el primer caso porque ni Videla ni su alter ego Viola, ni su incondicional y admirado Martínez de Hoz, estaban convencidos de que se pudiera hablar de "tiempo político" al generalato ansioso de continuar con la represión a las "bandas de delincuentes subversivos". En el segundo caso, porque las relaciones exteriores eran el coto de Massera. En la entrevista del otoño de 1999, Videla, curiosamente, negó tener conocimiento de esta propuesta: *Nunca supe de esa propuesta, nunca me llegó.*

Videla había explicado en un reportaje de fines de enero cuál era su idea de los tiempos de su régimen. Como si transcribiera en lengua política las fases previstas en la orden de operaciones 405/76, Videla habló de tres fases para "la Nueva Argentina": denominó *período de reordenamiento básico* al golpe militar; *período de consolidación y creatividad* a la represión a sangre y fuego para imponer el régimen y que aún estaba en curso, y *período fundacional* a una salida política futura. Para no ser malinterpretado, aclaró que las Fuerzas Armadas tendrían un papel fundamental en un remoto futuro político. Esbozaba así la idea de reforzar el partido militar; es decir, de darle status de partido árbitro o partido fundante de una alianza cívico-militar en la cual el poder militar fuera el hegemónico. Videla dio, además, su idea de democracia militarizada: *A los valores de la democracia se debe incorporar el de la seguridad interna.* Nada había cambiado, entonces, y la dictadura continuaba su derrotero según el único plan al que Videla era fiel sin ambigüedades: la represión ilegal y las reformas económicas. Sin embargo, la oficina de Villarreal logró instalar la necesidad de que cada arma elaborara planes políticos (ya Díaz Bessone estaba trabajando en eso); a la idea se plegó Massera y también Agosti, quien tenía como asesor-redactor en este terreno al profesor y periodista Mariano Grondona, amigo del brigadier Basilio Arturo Ignacio Lami Dozo y pareja de Bernardo Neustadt en la televisión oficial. La salida de Dallatea de la Secretaría General del Ejército dejó en manos de su sucesor, Olivera Rovere, un aliado de Suárez Mason, la preparación del plan político del arma.

Para aceitar la defensa de su gobierno en el frente externo ante las acusaciones de violador de los derechos humanos, a principios de febrero del 77 Videla llamó a Buenos Aires a Alejandro Orfila, secretario general de la OEA. Pero no lo llamó sólo por eso: unos días antes había sido secuestrado y asesinado en la tortura Jorge Rubinstein, cuñado de Broner y contador de Graiver, quien a su vez había muerto en un sospechoso accidente en México, en agosto del 76. Su imperio, que incluía inmobiliarias, compañías de turismo, financieras, agencias de Prode y lotería, bancos, la participación accionaria en La Opinión y mayoritaria en Papel Prensa, la única empresa que fabricaba papel de diario en la Argentina, estaba vacante. La primera consecuencia de la desaparición de Rubinstein fue el secuestro de Lidia Papaleo, esposa de Graiver, una semana después. Durante la tortura y violación de Papaleo, perpetradas por el comisario Miguel Etchecolatz, director de Investigaciones de la Policía Bonaerense y mano derecha de Camps, en el Pozo de Banfield, el comisario amenazó a la mujer con frases como "burguesita traidora". Papaleo terminó admitiendo que Montoneros enviaba emisarios mensualmente a las oficinas de la empresa Egasa de Graiver, supuestamente para recoger los intereses que producía el capital depositado por los guerrilleros. "Dónde está la plata de los montos, turrita", le gritaba Etchecolatz a Papaleo, sintetizando las aspiraciones de sus jefes, Camps, Suárez Mason y Saint Jean. Papaleo fue obligada por Martínez de Hoz y su pariente, Pedro Martínez Segovia, socio de Graiver y presidente de Papel Prensa, a vender su parte en la empresa papelera. Las acciones terminaron siendo ofrecidas por el Estado —como parte de una operación de negocios que no disimulaba el intento de control a la prensa— a Fapel, la empresa que constituyeron tres diarios: La Nación, Clarín y La Razón. Años más tarde, Villarreal contó que la discusión sobre a quién ofrecerle Papel Prensa produjo un durísimo enfrentamiento en la Junta. Fapel era la candidata de Videla y Martínez de Hoz. Massera tenía otro candidato: el banquero José Rafael Trozzo, dueño del Banco de Intercambio Regional (BIR). "Esa reunión —afirmó Villarreal— fue una de las pocas veces que Videla 'blefeó', utilizando términos del póquer. Ocurrió cuando se discutía el famoso tema de Papel Prensa. De entrada había dos o tres candidatos. Massera destrozaba sistemáticamente a todos los candidatos, incluida Fapel. Videla venía realmente deprimido de todas esas reuniones. Entonces, un día le digo: Vea, mi general, evidentemente el candidato de Massera es Trozzo, ¿por qué no utiliza la misma forma que Massera para dar por terminada la discusión? En la reunión dígale: 'Muy bien, vos no estás de acuerdo con esto, pero desde ya te digo que el Sr. Trozzo es mala palabra para el Ejército'. Ésta era la terminología que usaba Massera. Cuando no quería algo, decía: 'Esto es mala palabra para la Armada'. Massera nunca había mencionado a Trozzo en las discusiones, pero nosotros sabíamos que su candidato era él. Entonces, Videla dijo: *Trozzo es mala palabra para el Ejército*. Y se acabó la discusión. Videla volvió encantado esa noche. ¿Si alguna vez se insultaron? Es probable. Videla tampoco era de aceptar insultos, pero éstos eran el vocabulario usual de Massera". En el momento al que se refiere Villarreal, Videla no podía saber que ocho años después sería procesado por los delitos de encubrimiento reiterado, abuso de autoridad y administración fraudulenta en perjuicio del Estado por el traspaso de las acciones de Papel Prensa (no fue condenado por prescripción de la causa). Tampoco sabía que sería investigado, además, por la quiebra del BIR.

Graiver había terminado sus días acosado por las investigaciones de quiebra fraudulenta de dos bancos estadounidenses —el American Bank and Trust (ABT) y el Century National Bank (CNB)— y estafas múltiples en los EE.UU., y perseguido por administrar los fondos de los secuestros extorsivos de la guerrilla. Orfila había sido catapultado como embajador en Washington por Juan Perón a raíz de los buenos oficios de Gelbard. Es más, desde ese destino, Orfila había aceptado ser lobbista de Graiver por unos 300 mil dólares de honorarios cuando Graiver intentaba comprar el ABT, donde luego se depositó parte de los fondos montoneros y de Gelbard. Uno de los temas que Videla tocó con Orfila fue la necesidad de que Gelbard fuera neutralizado. En efecto, Gelbard, a quien le había sido concedido el status de refugiado político en los Estados Unidos, tenía como abogado defensor a William Rogers y estaba denunciando activamente a la dictadura en el Congreso norteamericano y en Venezuela, ya que Gelbard era amigo del presidente Carlos Andrés Pérez y su socio Julio Broner estaba exiliado y hacía negocios allí. Suárez Mason y Massera, ambos detrás de la fortuna de Montoneros y del imperio Graiver, presionaron a Viola para que Orfila aclarara su situación. En plena administración Carter, Orfila no podía ser removido de la secretaría general de la OEA sin un escándalo, pero sí podía colaborar para dar información sobre Graiver y, además, para neutralizar a Gelbard. La reunión de Videla con Orfila, entonces, incluyó un menú más variado, que se completó en la reunión de Orfila con Viola. Cuando volvió a Washington, Orfila cumplió su promesa. Le hizo la siguiente propuesta a Gelbard, "ese judío, ese ruso de mierda", como lo llamaba Roualdés: si "colaboraba", se le levantaría la interdicción sobre sus bienes, se pararía la intervención a Aluar, que tenía en sociedad con Madanes, y se le permitiría volver a la Argentina. Gelbard contestó: "Yo no negocio con canallas". Y si bien Orfila colaboró activamente con Guzzetti en el intento de desactivar la "campaña antiargentina" en los EE.UU., la represión a Gelbard y a sus socios —los Graiver, Broner, Madanes, Timerman, que se asoció con Graiver en La Opinión— recién comenzaba. El estado mayor de la represión en este caso fue conjunta, de Suárez Mason y Massera. Desde la ESMA, también bautizada Selenio en la jerga del terrorismo de Estado, el GT 3.3.2 se dedicó a martirizar a los montoneros vinculados a las finanzas de la guerrilla peronista, para que en la mesa de torturas les dieran a Jorge "Tigre" Acosta o a los entonces tenientes de fragata Alfredo Astiz, alias "Rubio", y a Ricardo Miguel Cavallo, alias "Sérpico", las claves necesarias para seguir la pista del dinero. El periodista Juan Gasparini, que estaba secuestrado en la ESMA por su condición de montonero vinculado al aparato de finanzas de la guerrilla peronista, contó años después cómo el GT 3.3.2 lo llevó al operativo en el que fue asesinada su esposa, cuya responsabilidad se le imputaría a Videla, comandante en jefe de las Fuerzas Armadas:

Mónica Jáuregui y Olga Aldaya fueron fusiladas el 11 de enero del 77 en el noveno "A", departamento que compartían en Sánchez de Bustamante 731. Las personas que las mataron ingresaron de día, preguntaron al portero por el departamento y voltearon la puerta, ya disparando. Los dos disparos que mataron a Mónica fueron hechos uno con el caño del arma dentro de su boca y el otro con el caño apoyado en su sien, pero ambas mujeres fueron muy golpeadas antes de ser acribilladas. Los tiros destrozaron el pequeño departamento en una sola dirección, del palier al interior. Todo esto fue presentado como "combate" por el Primer Cuerpo. (Juicio a las Juntas. Acusación a JRV por homicidios agravados por alevosía. Casos 434 y 435.)

Respecto de la relación con los sindicatos, Videla había dado la orden de desactivar como fuera las protestas obreras, sobre todo la de los lucifuercistas, porque era un ejemplo intolerable para la pax que pretendía el régimen. Liendo había trabajado en la captación de una camada de dirigentes sindicales para que integraran la delegación conjunta de sindicalistas y funcionarios a una vitrina importante del exterior, la Organización Internacional del Trabajo (OIT), no sólo con la intención de neutralizar las denuncias contra el régimen sino también de contar con aliados que apoyaran la Ley de Asociaciones Profesionales que reglamenta la organización y las actividades sindicales. Ésta era la estrategia diurna del régimen con el movimiento obrero. Muchos supusieron que Liendo, considerado un "moderado", no supo que Suárez Mason y Roualdés habían dado la orden de secuestrar a Smith y de atormentarlo y desaparecerlo en las entrañas de "El Campito", en el que Roualdés era uno de los oficiales más activos. El 10 de febrero se había sellado un principio de acuerdo entre Liendo, Daher y Smith que ponía fin a la huelga. Pero en esa reunión Smith había dicho que si el gobierno no respetaba los acuerdos él lo denunciaría a voz en cuello en la OIT. Un día después, Smith desapareció. Por supuesto, los acuerdos no se respetaron: se persiguió a los delegados obreros y se violó el convenio de Segba y de Ítalo. Es improbable que el "moderado" Liendo no haya sabido que su número dos, el delegado del Ejército en Trabajo, Daher, había participado activamente, junto con el director militar de Segba, Carlos Machi, y el marino Imposti en la eliminación de Smith y que esto había ocurrido, supuestamente, sin la venia del "moderado" Viola y el acuerdo del "moderado" Videla. Tanto es así que Daher se alejó rápidamente de la escena del crimen: salió rumbo a los EE.UU. el mismo día del secuestro de Smith. Este secuestro se transformó en un leading case por el mensaje de terror que la dictadura quería enviar para detener las protestas en las fábricas, que seguían activas a pesar de la debacle de la guerrilla. El testimonio de Oscar Dadea en 1984 (legajo 1202 de la Conadep), secuestrado en esos días de febrero en Campo de Mayo por repartir volantes de su gremio, señala que estuvo "chupado" con Smith:

"Estábamos los dos en un pasillo, sentados. Tenía el pelo como entrecano. Yo me di cuenta de que era un sindicalista conocido. Me pidió que cuando saliera de ahí me comunicara con un teléfono y les dijera que hablaba de parte del 'Gato'. Y que les dijera que la culpa de su secuestro la tenían Machi y Daher porque les había advertido que iba a hacer una denuncia en la OIT. Le quise dar mi teléfono porque yo iba a salir, me habían dicho, porque estaba ahí por repartir unos volantes. Pero me dijo que no, que mejor no. Tenía miedo de que lo torturaran y pudiera darles mi teléfono". Videla se apresuró a condenar públicamente el secuestro de Smith. La esposa de Smith, Ana María Pérez, desesperada, inició un periplo de entrevistas con la Junta: primero vio a Viola, luego a Videla, a Massera, a Agosti. Los argumentos de Videla para negar cualquier responsabilidad sintetizan los que dieron sus colegas de la Junta, aunque estuvieron adornados con algunos gestos expresos de piedad cristiana. Recibió a la mujer de Smith en calidad de jefe del Ejército, dijo, y no de Presidente. "Videla nos recibió a las nenas y a mí. Nos sentó frente al escritorio. Tenía un rosario blanco entre las manos y estaba terminando de rezar. Le pedí por mi esposo, le comenté el caso. Me dijo que no sabía nada. También dijo: *Lo que sucede es que su esposo pensaba mucho en el gremio, y era una persona valiosa y hay grupos parapoliciales que no quieren el bien del país.* Entonces, yo le pregunté si él conocía a esos grupos. *Lamentablemente, no. Si yo supiera… Pero también señora, puede ser que su esposo se haya autosecuestrado.* Entonces, yo le dije que no, que yo conocía bien a mi esposo, y que él no era capaz de hacer eso. *Bueno, pero también queda otra posibilidad, que esté muerto. Y puede haber una tercera posibilidad: que esté fuera del país.* Entonces yo le dije que si estuviera fuera del país me escribiría, aunque fueran saludos y nada más". Cuando la esposa de Smith salió del despacho, Videla seguía rezando, mientras miraba por la ventana hacia un punto indefinido. Sus argumentos, exactamente en el orden que se los dio a Ana María Pérez, constituían por entonces la puesta en marcha de una primitiva justificación autoexculpatoria y mendaz sobre la represión ilegal. Era un discurso de encubrimiento que en otras instancias tenía un ropaje no menos brutal. En esos días, la esposa de Smith también se entrevistó con un ministro de la Corte. Frías le dijo: "Señora, lamentablemente no se puede hacer nada. Esto es una guerra sucia y la Justicia tiene las manos atadas". Mientras el Estado nocturno cumplía con su faena, el Estado diurno hacía diplomacia. Videla veía con preocupación que, según informes de Viola, con quien solía comer en el edificio Libertador y en quien había delegado la conducción operativa de la guerra sucia, Massera no sólo se oponía al plan de Villarreal de iniciar una campaña de salidas al exterior sino que comenzaba ya a preparar el terreno para hegemonizar la "batalla por Malvinas". A mediados de febrero del 77, Guzzetti se reunió con su par británico, Edward Rowlands, para iniciar el debate por una negociación sobre las islas. Se incubaba la aventura militar, aunque la presión por concluir la faena en la represión ilegal y las peleas internas del Proceso postergaron el tiempo de su estallido.

Eduardo Ruibal fue muerto y su esposa Adriana Marandet secuestrada en la casa en la que vivían con la familia de la mujer. Un grupo de hombres de civil que se autodenominó Ejército Argentino ingresó a la vivienda a las tres y media del 17 de febrero del 77; separó al matrimonio en una habitación y a la madre y la hermana de Adriana en otra. Ellas oyeron una discusión seguida de cuatro o cinco disparos. Una vecina vio cómo sacaban el cadáver de Eduardo, que estaba en calzoncillos, del lugar. En el expediente 5005/4 del Consejo de Guerra Estable se acusó a Ruibal de resistir con armas. Según la autopsia que el expediente adjunta, los disparos mortales —ambos en el pecho— fueron hechos a cinco centímetros. Adriana fue vista por última vez en el Atlético, por Ana María Careaga y Marisa Córdoba. Las tres estaban encadenadas a una pared con cadenas cortas. (Juicio a las Juntas. Acusación a JRV. Privación ilegal de la libertad y homicidio agravado por alevosía. Casos 436 y 437.)

El 18 de febrero de 1977, un día después del asesinato de Ruibal y la desaparición de su esposa, Videla sufrió un segundo atentado, cuando intentaba no dejar en manos de la Marina el mensaje de defensa de la soberanía argentina en los mares del Sur. Un comando del ERP había preparado durante meses el ataque, perpetrado en el sector militar del Aeroparque Jorge Newbery. El comando había colocado tres cargas explosivas con 104 kilos de trotyl en las entubaciones de los brazos del arroyo Maldonado, debajo de la pista. Videla subió al avión Fokker-28 que debía llevarlo a la petrolera General Mosconi, de YPF, ubicada en la plataforma subcontinental a 245 kilómetros de Bahía Blanca, junto con Martínez de Hoz, Villarreal, el secretario de Energía Guillermo Zubarán, el jefe de la Casa Militar, brigadier Oscar Caeiro, y el director de Ceremonial, Gervasio Méndez Casariego. Cuando el avión carreteaba, estallaron dos cargas secundarias pero no la principal. El avión —se vio en el momento en que ocurrió porque la televisión estatal lo estaba transmitiendo en vivo— se sacudió en el despegue pero luego se estabilizó y siguió viaje. Ningún diario nacional informó sobre el hecho.

Sólo lo hicieron algunos periódicos extranjeros, cuyos enviados habían sido testigos del accidentado despegue del Fokker. Éste fue el último atentado de envergadura del ERP. A partir de ese momento, la represión a los restos de la guerrilla guevarista fue implacable. Más de tres mil miembros de esa organización fueron secuestrados y llevados a centros clandestinos en todo el país, donde fueron asesinados. De ellos, sobrevivió sólo el uno por ciento —según cálculos de los sobrevivientes—, más unos 400 que habían logrado huir al exterior. Riveros y Verplaetsen estuvieron activos en los días posteriores al atentado. Un sobreviviente contó que más de un centenar de prisioneros fueron cargados en los aviones del hangar que estaba detrás de El Campito para ser lanzados *al mar, al río de la Plata, al Riachuelo.* La represión se había generalizado hasta los bordes de una criminalidad inconfesable:

La física Adriana Calvo de Laborde y su esposo, el químico Miguel Ángel Laborde, miembros de la Asociación de Docentes e Investigadores de la Universidad Nacional de La Plata, fueron secuestrados en Tolosa el 4 de febrero del 77. Al mediodía fue secuestrada la mujer, embarazada de seis meses y medio y que tenía con ella a su hijo mayor, de año y medio. Una treintena de personas armadas y vestidas de civil, pero con borceguíes, cinturones y gorras militares, invadieron su casa y, con relativo buen trato, le hicieron dejar el bebé con un matrimonio de vecinos, los González Litardo. La cortesía acabó apenas el coche en que la llevaban se alejó del lugar. Le taparon la cabeza con un pulóver, la arrojaron al piso del auto y comenzaron a interrogarla a golpes. La llevaron a la Brigada de Investigaciones de La Plata. Su marido tuvo una noticia del operativo, fue a su casa, habló con los vecinos e inmediatamente se dirigió a la comisaría de Tolosa a hacer la denuncia por el secuestro de su mujer. Cuando regresó a la casa de los vecinos para recoger a su hijo, el barrio volvió a llenarse de gente armada. Laborde llamó a la comisaría pidiendo auxilio, pero luego optó por huir por los fondos. Fue secuestrado enseguida. En la Brigada de Investigaciones lo interrogaron por un viaje de mochileros a Chile, en el verano del 70. Uno de los otros dos estudiantes que habían recorrido el Sur, con él, Carlos De Francesco, había desaparecido dos meses antes. Laborde iba a encontrarlo más tarde en la comisaría 5ta. de La Plata. Susana Falavella de Abdala fue secuestrada en su casa de Los Hornos el 16 de marzo, junto a su marido y dos niños: José Sabino, un varón propio de dos años y medio, y María Eugenia, la hijita de su vecina, Ana María Caracoche de Gatica. Ana María había ido al médico en la Capital, con su bebé menor, Felipe, de cuatro meses. El operativo represivo no se había limitado al hogar de los Abdala sino que también había arrasado el de los Gatica, por lo que el matrimonio debió refugiarse en la casa de Roberto Americe. Allí los alcanzó la represión, el 19 de abril. El hijo de Americe, de casi tres años, y Felipe Gatica fueron dejados por la patota en casa de vecinos. Aunque no hubo resistencia, la patota le rompió un brazo a Ana María Gatica en el momento de la detención. Pocas horas después, otro grupo represivo se llevó a Felipe de donde lo habían dejado, invocando que sería entregado a sus abuelos, cosa que nunca sucedió. Adriana Calvo y Ana María fueron testigos en Arana, la comisaría 5ta. y el Pozo de Banfield de varias de las más terribles manipulaciones de embarazos, abortos provocados y robos de bebés. En particular Adriana, que vio progresar el embarazo de Silvia Muñoz en el Pozo de Banfield, el parto de la adolescente Inés Ortega y conoció de oídas el espantoso parto de Eloísa Castellini, en el que nació el inmediatamente robado Leonardo. De fuente directa, Adriana Calvo conoció la muy contrastante experiencia de Silvia Valenzi, que era una muchacha muy bella. Había recibido ciertos cuidados en ese Pozo donde reinaban el hambre, la suciedad y el abandono de todos los prisioneros. Y tuvo a su criatura en el Hospital de Quilmes el 2 de abril del 77, atendida como una paciente normal, pero fue separada de su nena casi enseguida. El marco "público" dio a Valenzi la oportunidad de dar sus datos a la partera a fin de que avisara a sus padres. Adriana vio también ingresar a la comisaría 5ta. a María Eugenia Gatica y a Susana Falavella, y oyó cómo le quitaban a su hijo a esta última. Días más tarde, Calvo pudo conocer la historia de Falavella, de modo que cuando conoció a Ana María Gatica en Arana estuvo en condiciones de darle la noticia de que su hija mayor también estaba en manos de las fuerzas de seguridad. Gatica conocía, por su parte, el aborto provocado por la tortura y los malos tratos de la secuestrada Cristina Marroco. Poco antes de que se la dejara en libertad, Adriana Calvo tuvo a su bebé. Contó que la patota la trasladó desde la comisaría 5ta. al Pozo de Banfield, donde la esperaba el doctor Jorge Antonio Bergés. Pero que no llegaron a destino porque parió a su hija en el fondo del auto en el que la trasladaba la patota, atada al asiento y encapuchada. Ella y su beba permanecieron desnudas durante tres horas, lapso en el que no se le permitió tocar a la recién nacida. Luego, Calvo fue "atendida": Bergés le pegó una trompada para que expulsara su placenta, la obligó a recogerla del piso, a limpiar su sangre y lavar su ropa. La beba permaneció casi veinte días con un solo pañal, sin que le permitieran lavarla, con piojos y úlceras sangrantes por la falta de cuidados. Adriana y su esposo fueron liberados el 28 de abril del 77. Ana María Gatica, el

19 de mayo, aunque recobró a Felipe recién en setiembre de 1984 y a María Eugenia, que estaba en manos de un oficial de la Policía Bonaerense, Rodolfo Silva, en 1985. Ortega, Muñoz, Falavella, Valenzi, Castellini y Americe nunca aparecieron. La partera y la enfermera que atendieron a Valenzi en Quilmes, María Luisa Martínez de González y Generosa Fratassi, cumplieron la promesa de dar aviso a los padres de Valenzi: fueron secuestradas el 7 de abril y no volvieron a aparecer. El rector de la UNLP, Guillermo Gallo, dejó cesante a Miguel Laborde por "faltas injustificadas". (Juicio a las Juntas. Acusación a JRV. Privación ilegal de la libertad. Casos 1. Adriana Calvo; 2. Miguel Ángel Laborde; 3. Ana María Caracoche de Gatica; 4. Felipe Martín Gatica; 5. María Eugenia Gatica; 6. Silvia Isabella Valenzi.)

A pesar de los informes de Hill, quien intentaba convencer a su gobierno de que Videla podía mantener a raya a los "duros" de su gobierno y de que los derechos humanos se violaban excepcionalmente y no como regla de oro del Estado, algo que Hill a esa altura de los acontecimientos efectivamente sabía, los Estados Unidos cortaron parte de los créditos para ventas de equipos militares. Un nacionalismo verborrágico inundó la prensa por boca de Guzzetti. Se escucharon arengas contra "la intromisión en los asuntos internos de nuestro país" y una amarga condena al gobierno de Carter porque, decían, ningún Estado, "cualquiera sea su ideología o poderío puede asignarse el papel de tribunal de justicia internacional, interfiriendo en la vida doméstica de otros países". Los crímenes de lesa humanidad eran —y seguirían siendo para el estamento militar y parte de la dirigencia política— "cuestiones domésticas". La tensión con los EE.UU. estalló horas antes de que Videla emprendiera su viaje a Perú para entrevistarse con Morales Bermúdez. Videla subió al Tango 01 acompañado de su mujer, Hartridge, que, según las fotos de época, parecía disfrutar las ventajas del poder. A un año de instaurada la dictadura, Videla por fin había logrado despegar de la política doméstica, a pesar de la oposición de Massera a compartir su coto en las relaciones exteriores. Videla, incluso corriendo el riesgo de parecer débil, prefería soportar las presiones del almirante antes que desairar a Martínez de Hoz. Se imponía reforzar la imagen internacional de la Argentina para hacerla confiable a los inversores y para conseguir alianzas que no cuestionaran la criminalidad del régimen. Los mejores aliados eran los dictadores latinoamericanos y por eso Videla comenzó un plan de giras por el continente. En Perú, Videla fue alojado en el palacio Túpac Amaru —el último mandatario que había gozado de ese privilegio había sido Charles De Gaulle, una década antes— y condecorado con la máxima distinción, la Orden del Sol en Grado de Gran Cruz. Su esposa, en tanto, se dedicaba a exigir a los fotógrafos que sacaran "mejores fotos que cuando Jorge era comandante" y a comprar cuanta artesanía tuviera a mano en los mercados de Lima. Videla y Bermúdez acordaron un vademécum de asuntos que en lo geopolítico se repitieron como fórmula en todos los viajes de Videla en el curso del 77, a Uruguay, Paraguay, Brasil y Venezuela: reafirmar la autodeterminación de cada país frente a las condenas de los Estados Unidos por la violación a los derechos humanos, buscar apoyo para la causa argentina de la soberanía en Malvinas y avanzar en la coordinación represiva del Cóndor en el Cono Sur. Que los motivos del viaje a Perú —y de los otros— fueron esencialmente políticos lo indican los escasos acuerdos económicos logrados, que se redujeron a la posible venta de know how nuclear. Respecto del Cóndor, Perú hizo poco después un gesto de buena voluntad. Comandos conjuntos argentino-peruanos secuestraron al montonero Carlos Maguid y a parte de la familia Molfino, asilada en Lima. Uruguay y Brasil también exhibieron sus gestos: se solidarizaron con la Argentina que, ofendida por el recorte a la ayuda militar (Foreign Military Sales) de los EE.UU., rechazó hacer uso de la parte que le tocaba de esos créditos. Hubo quienes rápidamente sacaron ventaja de esta pulseada con Carter; Suárez Mason y Massera exigieron contar con recursos "extras" y nuevos proveedores para la compra de armamentos. Guzzetti lo había dicho en lenguaje diplomático: siempre se podía contar con otros proveedores en otras partes del mundo. A la larga, esta idea de Guzzetti dio el libreto justificatorio para el inicio de un suculento tráfico de armas y para desviar fondos del Estado hacia el financiamiento de los negocios de Suárez Mason y de Massera.

El plan de Videla a partir de marzo, discutido con el generalato y en la Junta, tuvo —como se vio— una pata exterior, pero también dos patas internas. Videla dejó que Villarreal avanzara en la preparación de los planes políticos mientras se iniciaba otra etapa feroz en la represión. Videla definió así este juego pendular, en la entrevista otoñal del 99: *Siempre pensé que había que buscar la zanahoria, buscar cómo politizar...* En aquel momento no se sabía que, para Videla y el generalato empeñado a fondo en la "lucha contra la subversión", los planes políticos eran sólo instrumentales. Esos días de marzo del 77, la conducta diurna de Videla y la actividad febril de Villarreal y su equipo daban margen para especulaciones de presuntas aperturas del régimen que, en tanto, hacía negocios non sanctos, arrojaba a los desaparecidos semidopados *al mar, al Riachuelo, al río de la Plata* y se desgranaba en sordas peleas internas.

Un numeroso grupo de hombres armados y vestidos de civil, que había llegado en varios vehículos, ametralló el 17 de marzo del 77 a Mario Lerner en su jardín. Según contaron los vecinos, cuando se encontraba aún con vida los hombres lo arrastraron veinte metros y lo embutieron por la fuerza en el baúl de uno de los Falcon. El grupo de tareas luego subió a otro auto, arrastrando de los cabellos a María del Carmen Reyes, estudiante de Filosofía y Letras y novia de Lerner. El cuerpo de este último fue entregado al día siguiente a sus familiares en la Morgue Judicial, que lo había recibido de personal de la seccional 10ª. María del Carmen Reyes sobrevivió en "El Atlético", dependiente de la Policía Federal, en estado de profunda depresión por haber ayudado a los secuestradores a localizar a su novio, hasta por lo menos abril del 77. Elena Kaladjian, secuestrada desde enero en el mismo campo clandestino, estuvo entre quienes intentaron sostenerla en su pena, y otro compañero de Filosofía sobreviviente presenció el momento anterior a su traslado, cuando la doparon mediante una inyección para "enviarla a un granja de recuperación en el Chaco", engaño para embarcarla en los denominados vuelos de la muerte. En mayo (durante la noche del 17 al 18) el oficial inspector Vaca Castex y los "auxiliares de inteligencia" Esteban Cruces y Rogelio Guastavino (Guglielminetti) sostuvieron un "enfrentamiento" en el que Elena y Norberto, junto a otra pareja que figuró como NN, resultaron acribillados desde todos los ángulos —entre siete y once tiros cada uno— dentro de un coche robado en Parque Patricios, junto al corralón municipal de Labardén y Zabaleta. El combate derivó en un Consejo de Guerra por hurto de automotor y resistencia a la autoridad. (Juicio a las Juntas. Acusación a JRV. Homicidios agravados por alevosía. Privación ilegal de la libertad. Casos 181. Mario Lerner; 182. María del Carmen Reyes; 183. Norberto Gómez, y 186. Elena Kaladjian.)

Al regreso de Videla del viaje a Lima, los periodistas que lo escucharon prometer que *se acabó la etapa de silencio* entendieron que se iniciaba un tiempo político (*la zanahoria*). Por razones instrumentales, Massera quería una zanahoria con su propia marca y en su propio ritmo. Los periodistas recuerdan que el entonces número dos de la Secretaría de Medios, el capitán de navío Carlos Alberto Corti, comentó en la cabina del Tango 01, cuando Videla se había retirado: "Eso es lo que piensa él. Nosotros (la Marina) pensamos otra cosa". El resultado inmediato fue que, en una reunión de la Junta, Massera le exigió a Videla la cabeza del equipo Villarreal-Yofre y de Liendo. Los dos primeros le bloqueaban su política diplomática; el segundo, su relación con los gremios peronistas. Videla no estaba dispuesto a hacer cambios que cedieran lugares clave del Ejército y Massera quedaba obligado a iniciar su propia guerrita interna. A fines de marzo, Videla tuvo su primera y larga reunión con el generalato. Se imponía el balance del primer año de gobierno. Se imponía avanzar, para Videla, en el tanteo del meneado plan político. A mediados de marzo, durante una exposición de varias horas, Videla escuchó la sugerencia de Martínez de Hoz, que expresaba la opinión de algunos hombres de negocios, de que se dieran mensajes tranquilizadores al exterior. En esa reunión, Videla dijo que era necesario comenzar a definir bases más amplias para su gobierno, que no podía asentarse sólo en la campaña militar. El plan consistía en una posible reforma de la Constitución, en la modificación de la ley de los partidos políticos y la rediscusión de la ley electoral; es decir, en definir cómo y quiénes podrían votar en lo sucesivo. Videla exponía una idea de "unidad nacional" con una "democracia calificada o controlada" pero por supuesto no fijaba plazos para realizar este movimiento. Desde el vamos encontró una negativa cerrada de los generales a cualquier apertura inmediata del régimen. La cúpula del Ejército videlista compartía su desprecio por la política o tenía una idea igualmente instrumental de ella. Videla salió de esa reunión, sin embargo, convencido de que podía darle luz verde a Villarreal para avanzar en sus planes, aunque por supuesto con la marcación cercana de Viola, cuya idea era abrir el debate a los secretarios de las tres armas. En esta situación, la Junta festejó el primer aniversario del golpe, y mereció un irónico pero compasivo informe confidencial de Hill a Vance, el 291842Z: "El aspecto más notorio del aniversario es precisamente la falta de noticias. La Junta demostró su sofisticación y restricción con una celebración austera, sobria, no controvertida del día, con un mensaje de tono medido. Es sobradamente obvio que la línea moderada prevaleció en los niveles más altos de las instituciones militares; lo hemos oído de muchas fuentes en las últimas semanas y esto se ve reafirmado en el mensaje. Videla sigue a cargo y las Fuerzas Armadas parecen apoyarlo firmemente como el primero, pero no obstante un igual. Parece haberse confirmado la orientación relativamente moderada de Videla (...) Como balance, suponemos que la Junta debe considerar este día con satisfacción. Sus resultados para este año que pasó —con la excepción de los derechos humanos— no son malos, teniendo en cuenta lo que heredó y los criterios argentinos de experiencia en el gobierno. Mantuvo la unidad militar y la mayoría de los argentinos todavía los acepta en la medida, al menos, que no se les ocurre nada mucho mejor como gobierno por el momento".

El escritor Rodolfo Walsh hizo un balance distinto del de Videla y de Hill. Lo redactó en una "Carta abierta a la Junta" fechada el 24 de marzo, que repartió en forma clandestina. En esa carta, con una dolorosa lucidez, Walsh denunciaba los orígenes ilegítimos de la dictadura, su criminalidad y su razón de ser. Con una precisión que la historia confirmó amargamente, Walsh decía: "Quince mil desaparecidos, diez mil presos, cuatro mil muertos, decenas de miles de desterrados son la cifra desnuda de ese terror. Colmadas las cárceles ordinarias, crearon ustedes en las principales guarniciones del país virtuales campos de concentración donde no entra ningún juez, abogado, periodista, observador internacional. El secreto militar de los procedimientos, invocado como necesidad de la investigación, convierte a la mayoría de las detenciones en secuestros que permiten la tortura sin límite y el fusilamiento sin juicio. Más de siete mil recursos de hábeas corpus han sido contestados negativamente este último año. En otros miles de casos de desaparición el recurso ni siquiera se ha presentado porque se conoce de antemano su inutilidad o porque no se encuentra abogado que ose presentarlo después que los cincuenta o sesenta que lo hacían fueron a su turno secuestrados". Walsh describía así los métodos usados: "El potro, el torno, el despellejamiento en vida, la sierra de los inquisidores medievales reaparecen en los testimonios junto con la picana y el 'submarino', el soplete de las actualizaciones contemporáneas". Y llamaba a estos métodos "tortura absoluta, intemporal, metafísica en la medida que el fin original de obtener información se extravía en las mentes perturbadas que la administran para ceder al impulso de machacar la sustancia humana hasta quebrarla y hacerle perder la dignidad que perdió el verdugo, que ustedes mismos han perdido". Walsh también desnudó la mendacidad de los procedimientos: "La negativa de esa Junta a publicar los nombres de los prisioneros es asimismo la cobertura de una sistemática ejecución de rehenes en lugares descampados y horas de la madrugada con el pretexto de fraguados combates e imaginarias tentativas de fuga". Walsh hizo además un detallado inventario de los crímenes: "Setenta fusilados tras la bomba en Seguridad Federal, 55 en respuesta a la voladura del Departamento de Policía de La Plata, 30 por el atentado en el Ministerio de Defensa, 40 en la Masacre del Año Nuevo que siguió a la muerte del coronel Castellanos, 19 tras la explosión que destruyó la comisaría de Ciudadela, forman parte de 1.200 ejecuciones en 300 supuestos combates donde el oponente no tuvo heridos y las fuerzas a su mando no tuvieron muertos". Explicó la etiología de esa matanza como "la doctrina extranjera de 'cuenta-cadáveres' que usaron los SS en los países ocupados y los invasores en Vietnam". Y continuó con un balance mortuorio: "Entre mil quinientas y tres mil personas han sido masacradas en secreto después que ustedes prohibieron informar sobre hallazgos de cadáveres que en algunos casos han trascendido, sin embargo, por afectar a otros países, por su magnitud genocida o por el espanto provocado entre sus propias fuerzas". Walsh desnudó el carácter oficial y premeditado de la represión y reveló la existencia de los vuelos de la muerte. Acusó al régimen de "alfombrar de muertos el río de la Plata o de arrojar prisioneros al mar desde los transportes de la Primera Brigada Aérea". Denunció la existencia activa del Plan Cóndor y la complicidad de la CIA en su creación y procreación contra dirigentes o militantes latinoamericanos: "Juan José Torres, Zelmar Michelini, Héctor Gutiérrez Ruiz y decenas de asilados en quienes se ha querido asesinar la posibilidad de procesos democráticos en Chile, Bolivia y Uruguay. La segura participación en esos crímenes del Departamento de Asuntos Extranjeros de la Policía Federal, conducido por oficiales becados de la CIA a través de la AID, como los comisarios Juan Gattei y Antonio Gettor, sometidos ellos mismos a la autoridad de Mr. Gardener Hathaway, station chief de la CIA en Argentina, es semillero de futuras revelaciones como las que hoy sacuden a la comunidad internacional que no han de agotarse siquiera cuando se esclarezca el papel de esa agencia y de altos jefes del Ejército, encabezados por el general Menéndez, en la creación de la Logia Libertadores de América, que reemplazó a las 3 A hasta que su papel global fue asumido por esa Junta en nombre de las 3 armas". Y, más adelante, Walsh hacía también el balance del plan Martínez de Hoz y denunciaba la dialéctica inevitable entre ese plan y la militarización de la Argentina: "En un año han reducido ustedes el salario real de los trabajadores al 40%, disminuido su participación en el ingreso nacional al 30%, elevado de 6 a 18 horas la jornada de labor que necesita un obrero para pagar la canasta familiar (...) y cuando los trabajadores han querido protestar los han calificado de subversivos, secuestrando cuerpos enteros de delegados que en algunos casos aparecieron muertos, y en otros no aparecieron. Los resultados de esa política han sido fulminantes. En este primer año de gobierno el consumo de alimentos ha disminuido el 40%; el de ropa, más del 50%; el de medicinas ha desaparecido prácticamente en las capas populares. Ya hay zonas del Gran Buenos Aires donde la mortalidad infantil supera el 30%, cifra que nos iguala con Rhodesia, Dahomey o las Guayanas; enfermedades como la diarrea estival, las parasitosis y hasta la rabia en que las cifras trepan hacia marcas mundiales o las superan. (...) Tampoco en las metas abstractas de la economía, a las que suelen llamar 'el país', han sido ustedes más afortunados. Un descenso del producto bruto que orilla el 3%, una deuda exterior que alcanza a 600 dólares por habitante, una inflación anual del 400%, un aumento del circulante que en sólo una semana de diciembre llegó al 9%, una baja del 13% en la inversión externa, constituyen también marcas mundiales, raro fruto de la fría deliberación y la cruda inepcia. Mientras todas las funciones creadoras y protectoras del Estado se atrofian hasta disolverse en la pura anemia, una sola crece y se vuelve autónoma. Mil ochocientos millones de dólares que equivalen a la mitad de las exportaciones argentinas presupuestados para Seguridad y Defensa en 1977, cuatro mil nuevas plazas de agentes en la Policía Federal, doce mil en la provincia de Buenos Aires, con sueldos que duplican el de un obrero industrial y triplican el de un director de escuela, mientras en secreto se elevan los propios sueldos militares a partir de febrero en un 120%, prueban que no hay congelación ni desocupación en el reino de la tortura y de la muerte, único campo de la actividad argentina donde el producto crece y donde la cotización por guerrillero abatido sube más rápido que el dólar". Walsh señaló, también, quiénes eran los beneficiarios del nuevo régimen y la siempre renovada injerencia de los organismos internacionales: "Dictada por el Fondo Monetario Internacional según una receta que se aplica indistintamente al Zaire o a Chile, a Uruguay o Indonesia, la política económica de esa Junta sólo reconoce como beneficiarios a la vieja oligarquía ganadera, la nueva oligarquía especuladora y un grupo selecto de monopolios internacionales encabezados por la ITT, la Esso, las automotrices, la US Steel, la Siemens, al que están ligados personalmente el ministro Martínez de Hoz y todos los miembros de su gabinete. Un aumento del 722% en los precios de la producción animal en 1976 define la magnitud de la restauración oligárquica emprendida por Martínez de Hoz en consonancia con el credo de la Sociedad Rural expuesto por su presidente Celedonio Pereda: 'Llena de asombro que ciertos grupos pequeños pero activos sigan insistiendo en que los alimentos deben ser baratos'. El espectáculo de una Bolsa de Comercio donde en una semana ha sido posible para algunos ganar sin trabajar el cien y el doscientos por ciento, donde hay empresas que de la noche a la mañana duplicaron su capital sin producir más que antes, la rueda loca de la especulación en dólares, letras, valores ajustables, la usura simple que ya calcula el interés por hora, son hechos bien curiosos bajo un gobierno que venía a acabar con el 'festín de los corruptos'. Desnacionalizando bancos se ponen el ahorro y el crédito nacional en manos de la banca extranjera, indemnizando a la ITT y a la Siemens se premia a empresas que estafaron al Estado, devolviendo las bocas de expendio se aumentan las ganancias de la Shell y la Esso, rebajando los aranceles aduaneros se crean empleos en Hong Kong o Singapur y desocupación en la Argentina. Frente al conjunto de esos hechos cabe preguntarse quiénes son los apátridas de los comunicados oficiales, dónde están los mercenarios al servicio de intereses foráneos, cuál es la ideología que amenaza al ser nacional". Walsh terminaba su denuncia con un llamado a "los señores comandantes en jefe de las 3 armas" para que "meditaran sobre el abismo al que conducen al país tras la ilusión de ganar una guerra que, aun si mataran al último guerrillero, no haría más que empezar bajo nuevas formas, porque las causas que hace más de veinte años mueven la resistencia del pueblo argentino no estarán desaparecidas sino agravadas por el recuerdo del estrago causado y la revelación de las atrocidades cometidas". Walsh, sin saberlo, se despedía con uno de los más dolorosos y admonitorios alegatos políticos de la historia argentina: "Éstas son las reflexiones que en el primer aniversario de su infausto gobierno he querido hacer llegar a los miembros de esa Junta, sin esperanza de ser escuchado, con la certeza de ser perseguido, pero fiel al compromiso que asumí hace mucho tiempo de dar testimonio en momentos difíciles".

En el momento en que la carta, hacia el mediodía del 25 de marzo, llegaba a las redacciones de los diarios y se transmitía al extranjero, Walsh, uno de los principales escritores e intelectuales de la Argentina del siglo XX, era asesinado, al resistirse a tiros y en soledad al secuestro de una "patota" de la ESMA, que llevó su cuerpo a esa catacumba para exhibirlo como un trofeo. Horas después, Videla, acompañado por Massera y Agosti y los jefes militares y civiles del Proceso, dio un discurso de primer aniversario en el que hacía su "propuesta de unidad nacional". Convenientemente, los radicales, los peronistas no encarcelados y la cúpula comunista creyeron ver una brecha de civilidad en el cerrado esquema represivo. Los comunistas, liderados por Arnedo Álvarez, Athos Fava y Orestes Ghioldi, gozaban del privilegio de ser tolerados y de tener un canal estable con Viola y Villarreal para pedir por sus más de doscientos militantes desaparecidos, a muchos de los cuales no pudieron siquiera salvar; festejaban que su propuesta de "gobierno cívico-militar" apareciera en boca de los jerarcas del régimen y que se comprendiera, finalmente, la importancia para el país de hacer negocios con la URSS. Pero el régimen era experto en ilusionismo. En esos días, invitada por Hill, llegó la subsecretaria de Derechos Humanos, Patricia Derian, en una primera visita a la Argentina que no trascendió por el perfil de "baja intensidad" o "informativo" que le dio la embajada. Al comenzar abril del 77, Videla creyó indispensable compensar su visto bueno al inicio de un controlado proceso de elaboración de los planes políticos con la aceleración de los tiempos en la represión. Tal fue la puesta a punto del Proceso, que durante el mes tuvo dos reuniones con el generalato y, lo que era raro, por lo menos una reunión por semana con Massera y Agosti, en la Junta. La resistencia de los trabajadores en muchas fábricas, especialmente las automotrices, textiles y metalúrgicas, continuaba: en el 76 había habido 89 conflictos, 71 de ellos en la industria manufacturera, que habían involucrado a 120 mil trabajadores con paros o quites de colaboración por empresa, a pesar de que la mayoría habían sido reprimidos o perdidos. Los atentados de los restos de la guerrilla, además de la pesada y lenta tarea de ocupar el Estado diurno y de hacer funcionar el nocturno, habían retardado los tiempos de la "construcción de la paz", como llamaba Videla al momento de victoria final del régimen, con partidos remodelados, con una economía reformulada y con el partido militar, que él aspiraba a conducir, en el poder. Videla se reunió con Viola y con Martínez en el edificio Libertador durante varias jornadas en esos primeros días de abril: había que dar un nuevo empuje a la represión ilegal y a las operaciones del Cóndor. La actividad latinoamericanista del SerPaJ de ayuda a los exiliados era también intolerable para el régimen empeñado en el Operativo Cóndor, por lo que, a pesar del estricto pacifismo de la entidad humanitaria, fue detenido su principal dirigente, Adolfo Pérez Esquivel. Un documento fechado el 6 de abril del 77 de la policía de Stroessner daba cuenta ya de la integración de un comando conjunto entre Paraguay, Uruguay y la Argentina. El comando estaba integrado por el coronel paraguayo Benito Guanes Serrano; los argentinos José Montenegro y Alejandro Stada, de la SIDE, y el mayor Carlos Calcagno del Servicio de Inteligencia del ejército uruguayo. Se informaba cómo había sido el interrogatorio en Asunción a Gustavo Edison Insaurralde Melgar, un dirigente del Partido por la Victoria del Pueblo (PVP) de Uruguay, atrapado en las fauces del Cóndor. Estos documentos que vieron la luz muchos años después de ocurridos los hechos, dieron pistas de la coordinación represiva. Por supuesto, Videla no controlaba diariamente el avance de esta coordinación. Sí los avances locales de la represión, sobre todo cuando involucraba casos de alto voltaje político y que sostenían sus promesas de que "se extirparía la corrupción" del gobierno peronista. El caso Graiver fue paradigmático de esta campaña de Videla, porque involucraba también a varios protagonistas del gobierno derrocado. Pero las operaciones del estado mayor represivo Suárez Mason-Massera para el caso Graiver pronto alcanzaron fama internacional. A fines de marzo, según reveló años más tarde el montonero Lisandro Cubas, sobreviviente de la ESMA, una delegación del GT 3.3.2 integrada por los tenientes de navío Antonio Pernía, Juan Carlos Rolón y Miguel Ángel Benazzi, junto con expertos en explosivos, intentó secuestrar a Broner y a Gelbard en Caracas. Esta operación había sido planeada sin el conocimiento del embajador Hidalgo Solá, que en realidad la descubrió porque el gobierno venezolano, vía su agregado naval en Buenos Aires (había visto el documento falso presentado por uno de los muchachos de Massera en el consulado para obtener la visa) se enteró de que estaba en marcha una operación secreta. El agregado naval informó a su gobierno. El presidente Carlos Andrés Pérez le pidió a su canciller que hablara con Hidalgo Solá. La protesta del diplomático ante Videla —no podía hacerlo ante Guzzetti por razones obvias— fue la primera razón de su futura condena a muerte por parte del eje Suárez Mason-Massera. La segunda fue el tradicional enfrentamiento entre los embajadores que respondían a Videla con los de Guzzetti y Massera cada vez que Videla debía salir al exterior como el número uno indiscutido del gobierno: Videla estaba por viajar a Caracas. Hidalgo Solá era un empresario y político radical ambicioso que en 1973 soñaba con la síntesis del peronismo y el radicalismo en un gran movimiento, y que se consideraba un presidenciable para el tiempo en que los militares debieran, como suponía, abrir paso al retorno al poder de la dirigencia civil. Además, Hidalgo Solá se había tomado en serio su trabajo de tornar presentable a Videla y desparramaba frases como "Argentina es uno de los países del mundo que tiene la más larga tradición de respeto a los derechos humanos", o, como las copiadas a su jefe radical Balbín: "Videla nos lleva a la democracia". El embajador era un "enemigo" concreto y "potencial" para los planes de Massera, a quien le había seguido la pista por supuestos vínculos con Montoneros en el Caribe.

El paquete económico que ponía en juego el caso de Graiver y sus amigos, familiares y socios legales e ilegales era un "botín de guerra" que rondaba los 500 millones de dólares. Una cifra excitante para cualquiera, y sobre todo para quienes comandaban el financiamiento de operaciones ilegales costosas como el Cóndor y la del comienzo del desembarco argentino en Centroamérica, bautizada "Operación Calipso". Gelbard no fue apresado, Broner fue protegido por el presidente Pérez y el "pequeño" GT 3.3.2 debió huir de Venezuela. Lo cierto es que el 4 de abril, la cacería alcanzó al general Lanusse y al vocero de prensa durante su presidencia, Edgardo Sajón. Lanusse y la junta que lo acompañó habían permitido —para Videla— la asociación del Estado con Madanes y Gelbard en Aluar, cuyo contrato de construcción estaba bajo la lupa. Se sospechaba que la transferencia de recursos del Estado a privados a través del conocido financiamiento estatal para proyectos de interés nacional tenía implícitas coimas a favor de funcionarios. Lanusse también estaba bajo la lupa por los negocios con Graiver, que había inventado el Prode, había sido funcionario durante su presidencia y tenía una estrecha vinculación comercial y de amistad con dos de sus hijos. Sajón era el coordinador técnico del diario La Opinión de Timerman, quien fue secuestrado el 15 de abril, al mismo tiempo que se intervenía el diario. A partir de ese momento, La Opinión se transformó en un vocero del gobierno militar. Sajón y Timerman se sumaban a los 90 periodistas que desaparecerían en la noche y la niebla del régimen. Los secuestradores de Sajón y Timerman querían que ambos confesaran que el periodista había recibido plata montonera. Ambos fueron torturados en Campo de Mayo. A Timerman lo atormentaban también por su condición de judío. Apenas se tuvo la seguridad de que había sido secuestrado, Lanusse intervino de inmediato, a pedido de la familia de Sajón. En el marco de su propia investigación personal se había entrevistado con Videla el 3 de abril del 77 y con Massera al día siguiente. Massera dio a entender que no podía hacer nada porque el hecho caía fuera de su jurisdicción. Videla, en cambio, contó Lanusse después, le confesó nerviosamente que sospechaba que el secuestro había sido un "operativo por izquierda" de Suárez Mason, Camps o Saint Jean. Lanusse le pidió que se comunicara con Suárez Mason, pero Videla se negó. Cuando Lanusse le reprochó ese tipo de represión injustificable, Videla le dijo: *Usted no puede decirme eso*. Sajón no volvió a aparecer. Curiosamente, la confirmación de quiénes habían sido los autores de su secuestro llegó de una boca inesperada: el 6 de abril, el general Antonio Domingo Bussi expresó frente a subordinados que "era una lástima que Lanusse se ocupara de Sajón, que había sido detenido por la policía de Buenos Aires por ser correo de Graiver en el exterior y sacar dinero de Montoneros del país". ¿Por qué Videla no frenó a Suárez Mason? ¿Por vacilante y temeroso, indeciso y débil como creyó y dijo Lanusse? Suárez Mason, para Videla, *no estaba descontrolado*... Ocurría que el endurecimiento de la represión había sido una decisión suya a pesar de las apariencias, de la falta de control que Videla solía manifestar, por personalidad y por estrategia para ocultar sus verdaderas convicciones. Además, el caso Graiver había sido tratado en una reunión de la Junta, y el curso de la represión fue notablemente premeditado y tuvo alcances internacionales, de modo que difícilmente pude haber sido una operación sin su venia. Videla prometió investigar las desapariciones. Nunca lo hizo, aunque las presiones internacionales por la desaparición de

Timerman, a quien torturó e interrogó Camps, lo obligaron a emitir una señal diurna: supuestamente, Suárez Mason dejaría de tener jurisdicción sobre el caso Timerman, que pasaría a las manos del general Oscar Gallino, quien dirigía Logística. Tal era el compromiso de Videla con este caso, tal era la presión internacional, que el 19 de abril, junto con Viola, Martínez y Jáuregui —la jerarquía máxima de la represión ilegal—, Videla dio una conferencia de prensa en la que legalizó la persecución al grupo Graiver y la expropiación de todos sus bienes, con el argumento de la firmeza de su gobierno para luchar contra la corrupción y la "subversión económica". Una semana después, la represión alcanzó a la familia Madanes, dueña, como Gelbard, de Aluar. Desde Estados Unidos, el abogado de Gelbard, Sol Linowitz —un influyente demócrata amigo de los Kennedy—, había denunciado que su defendido se consideraba "víctima de una persecución política", y la principal organización judía norteamericana había presentado el caso de Gelbard —también lo haría con el de Timerman— como una persecución racial, una manifestación característica del antisemitismo del régimen videlista.

Mientras estos hechos se sucedían, Hill se despedía de la Argentina y de su carrera diplomática: murió en 1978. La aparición de Carter en la escena había resignificado para el gobierno videlista el consejo de Kissinger a Guzzetti: "Si tienen que matar, háganlo pero rápido". Rápido quería decir para Kissinger "antes de que llegue Carter". Los dos últimos informes de Hill, quien en mayo dejó la embajada en manos de Chaplin (Wayne Smith también se iba con Hill a Washington) y recién en noviembre fue reemplazado por Raúl Castro, seguían recomendando la vía de la "diplomacia silenciosa" en función de que seguía creyendo —su conocimiento de la interna entre Videla y Massera lo justificaba— que Videla era el "moderado" sobre quien era posible influir y porque los intereses norteamericanos en la Argentina estaban a buen resguardo. Sin embargo, en el documento confidencial 02583 01 a 05 071649Z Hill recomendó "(...) utilizar beneficios y sanciones tangibles como la asistencia militar, los préstamos y créditos de instituciones financieras internacionales y los mecanismos bilaterales de crédito en la medida necesaria para convencer al gobierno argentino y a la opinión pública de la seriedad de la preocupación de Estados Unidos, su intención y determinación por la violación a los derechos humanos". Además Hill creía que por este camino se podría obligar a la Argentina a suscribir el Tratado de No Proliferación Nuclear de Tlatelolco, porque a EE.UU. le preocupaban el desarrollo nuclear argentino y su posible utilización por los sectores nacionalistas duros del Ejército. A través del último informe confidencial 02766

151833Z de Hill a Vance, fechado el 15 de abril, un día después del secuestro de Timerman, fue posible saber que el nuncio Laghi tenía "una visión más bien desencantada de la jerarquía de la Iglesia argentina". Se lee en el informe: "El nuncio manifestó a varios embajadores y visitantes, entre ellos a la coordinadora de derechos humanos Derian, que habló lisa y llanamente con el presidente Videla sobre la necesidad de mejorar la postura del gobierno argentino respecto de los derechos humanos y advirtió que las relaciones con el papado podrían deteriorarse muy pronto". Hill señalaba que su principal aliado, Laghi, tampoco había tenido éxito en frenar la represión y que este fracaso se debía, en parte, a la actitud de la jerarquía eclesial. Reconocía que la Iglesia estaba "alterada por el problema de los derechos humanos, pero —continuaba— no quiere enfrentar al gobierno por los abusos". Y concluía: "Los sermones y cartas confirman lo que es sabido de la situación dentro de la Iglesia. Algunos de los obispos y sacerdotes son partidarios entusiastas del gobierno y algunos, se sabe, dan consuelo y la absolución a integrantes de las fuerzas de seguridad que llevan al confesionario sus conflictos de conciencia por los abusos. Otros están comprometidos con la extrema izquierda. La gran mayoría se mantiene por encima de esa lucha, tal vez con simpatía para un lado y otro, pero sin compromiso. En conjunto, la jerarquía está preocupada por los abusos gubernamentales contra los derechos humanos y está dispuesta a respaldar las presiones privadas de la dirigencia contra el gobierno, pero no la confrontación pública. (...) Es probable que la Iglesia adopte en su próxima conferencia episcopal de mayo una postura más pública. (...) Pero dudamos que la Iglesia esté dispuesta a pasar a una posición de confrontación más abierta, siguiendo el ejemplo chileno, hasta que la situación empeore o aumenten otras presiones". Las observaciones de Hill sobre la Iglesia permiten entender lo que ocurrió con el ministro de Educación. Bruera, un hombre avalado por la jerarquía eclesiástica, renunció a su cargo. No fue, como se dijo entonces, porque la Junta ni siquiera se dignó tratar su plan educativo o porque el poder estaba tan atomizado que Videla ya no podía respaldarlo. En realidad, la razón fue que estaba en marcha una profundización de la "Operación Claridad". La directiva secreta 504/77 de "Continuación de la ofensiva contra la subversión durante el período 1977/78" estaba por ver la luz. Esta directiva, que fue firmada sólo por Videla el 20 de abril, a las 12, como comandante en jefe del Ejército y de las Fuerzas Armadas en su calidad de Presidente, contenía el llamado Anexo 4 dedicado a la educación, éste sí firmado por Viola, padre de la "Operación Claridad". En él se establecía, entre otras cosas, la necesidad de que los colegios públicos y privados tuvieran delegados de la SIDE y tributaran al coronel Valladares. La Iglesia se opuso férreamente a esta "peligrosa intromisión" del Estado en los colegios religiosos, lo que terminó siendo beneficioso para proteger a no pocos docentes y alumnos de las garras de Valladares. Lo cierto es que Bruera dejó su cargo y el régimen debió debatir a quién le daba la estratégica cartera de Educación, que en los planes para terminar de erradicar la "subversión cultural" era considerada vital. Videla le ofreció el cargo al juez de la Corte, Frías, pero el juez no aceptó. En un notable blanqueo de lo que significaba la educación para el Proceso, Harguindeguy tuvo bajo su órbita el interinato del ministerio que dejó vacante Bruera. Recién en junio Videla nombró a Juan José Catalán, un alumno dilecto de Perriaux, miembro de una logia de autodenominados "liberales ortodoxos" llamada Sociedad de Estudios y Acción Ciudadana (SEA). Catalán llevó como secretario de Educación a Gustavo Perramón Pearson. La educación quedaba en manos de una elite ultramontana; la cultura, también. Raúl Casal, otro integrante de la logia de Perriaux, asumió como secretario de Cultura. Sin embargo, la cultura se abría paso en las catacumbas, en las reuniones casi domésticas en las que se habían replegado los poetas, escritores e intelectuales que aún creaban y pensaban dentro de la gran cárcel en la que se había convertido el territorio argentino. La "cultura oficial" circulaba en los teatros de revistas, en las academias de patriarcas, en el cine del grotesco. El texto más memorable de Catalán vio a luz el 27 de octubre del 77. Redactó un opúsculo denominado "Subversión en el ámbito educativo (conozcamos a nuestro enemigo)", donde prologaba la reproducción de un análisis de inteligencia militar sobre el origen de la guerrilla y su desarrollo. Allí, exigía a los maestros educar "con los valores de la moral cristiana, la tradición nacional y la dignidad del ser argentino" y recomendaba hablarles "de guerra, infiltración y subversión" para referirse "con crudeza y valentía a la cruda realidad". Catalán consideraba que hasta en los jardines de infantes podía estar "atrincherado el enemigo marxista" y que los maestros, si querían a su patria, debían colaborar y denunciar a sus colegas. El documento se distribuyó masivamente en todas las escuelas. No tuvo éxito, pero fue el emprendimiento más destacado que se recuerda del ministro.

El verdadero corazón y el cerebro de la nocturnidad del régimen estaban expresados con nitidez en la prosa y el contenido de la directiva 504/77. Esa directiva expresaba también la convicción más profunda de un Videla que, en los papeles secretos, no debía dulcificar su discurso como lo hacía con el que desplegaba en su calidad de Presidente, en el Estado diurno. El Videla jefe del Estado nocturno hacía el balance de lo actuado en un año, daba instrucciones para acelerar los tiempos de la represión, y se afirmaba como jefe indiscutido de la dictadura. En la directiva, Videla se lamentaba de que la "lucha contra la subversión", que en los documentos del Proceso aparecía con las siglas LCS, no hubiera sido llevada adelante por todo el gobierno con la misma intensidad que habían puesto las fuerzas de seguridad en su estrategia nacional contrainsurgente (ENC). *La acción militar contra las organizaciones subversivas ha sido mucho más intensa y positiva que la acción del gobierno.* (...) *La preeminencia de la estrategia militar en la primera etapa del PRN, en la cual la acción militar llevó el peso de la lucha, ha producido algunos inconvenientes en la marcha del proceso, dificultando el logro de los objetivos mediatos, que van más allá de la simple derrota de la subversión.* Videla era consciente de que con la represión ilegal, con la liquidación de la resistencia civil armada y desarmada, no bastaba para remodelar a la Argentina. Creía que se debía ir hasta la médula de la sociedad en el entramado más profundo: la familia, la educación, la cultura, las fábricas, mientras se modificaba el modelo económico. *Hay que ganar la paz,* decía. Y ordenaba: *El Ejército intensificará la ofensiva general contra la subversión, en su jurisdicción y fuera de ella en apoyo de las otras fuerzas armadas, mediante la detección y destrucción de las organizaciones subversivas en 1977/78, apoyando las estrategias sectoriales de otras áreas de gobierno en lo relativo a la LCS, con prioridad en el ámbito industrial y educacional, religioso, territorial o barrial, dando preeminencia a lo urbano sobre lo rural y con esfuerzo principal en Buenos Aires (Capital Federal, Gran Buenos Aires, La Plata, Berisso, Ensenada) y secundario en el cordón ribereño (Villa Constitución y Campana), en Rosario, Santa Fe, Córdoba y Tucumán.* Videla ordenaba, entonces, avanzar con la topadora del Estado militar sobre las concentraciones urbanas y, sobre todo, las industriales, para aniquilar los cuerpos de delegados resistentes. En este plan, el Ejército tenía *la responsabilidad primaria* de coordinar las operaciones contra las *bandas de delincuentes subversivos* en todo el país, tanto con las tropas como en la tarea de inteligencia y en la acción psicológica o comunicacional. Y pedía, dadas las presiones internacionales, *mantener la necesaria eficacia sin interferir o afectar negativamente la imagen del PRN*; es decir, sin que la faena salpicara su imagen presidencial. En este sentido, Videla ya se preocupaba por el Mundial de Fútbol 78, que iba a ser una vitrina de la Argentina y por *la necesidad de no presentar la imagen de "ciudad ocupada militarmente", fácilmente explotable desde el punto de vista psicológico por el oponente en el exterior.* Las operaciones ordenadas por Videla comenzaron de inmediato, como producto de la inercia de la maquinaria del régimen. Aunque no cumplieron con el precepto que decía: *maten a todos los que sea necesario, pero sean prolijos.*

Abril terminó, por eso, como uno de los meses más crueles. Pero de ese otoño también "nacieron lilas de las hojas muertas". Un sábado 30 de abril de 1977, un grupo de madres de desaparecidos, que solían congregarse en la Plaza de Mayo para pedir por sus hijos, para golpear sobre el muro de silencio que había levantado Harguindeguy en el Ministerio del Interior, obligadas por la policía a no reunirse en grupos, comenzaron a marchar, a caminar alrededor de la pirámide de Mayo. Y fundaron, en medio de un silencio social que aterraba, un silencio social que se rompía sólo y a veces en la intimidad doméstica, el primer rito de resistencia civil organizada contra el régimen. La madre que el grupo reconoció como líder se llamaba Azucena Villaflor, que estaba junto a Esther Ballestrino de Careaga. Pocos días antes de que nacieran de hecho las Madres de Plaza de Mayo, Videla anunció que se iniciaba el *aniquilamiento total de la subversión*. Los informes de inteligencia de Martínez y Valín no lo dejarían mentir. En un operativo conjunto realizado a lo largo y ancho de la Argentina, las fuerzas de seguridad barrieron, entre abril y junio, los últimos restos de las guerrillas guevaristas y peronistas, sobre todo las más importantes: ERP y Montoneros, con el secuestro de más de mil "combatientes", "simpatizantes" o "colaboradores", como denominaba la guerrilla a sus miembros según el compromiso político que tenían con esas organizaciones. La mayoría de los sobrevivientes de esa redada represiva debió exiliarse, primero con destino transitorio —porque operaba el Cóndor— en Brasil o Uruguay, y luego en Europa o México. Casi todos participaron en las denuncias de las violaciones a los derechos humanos. Pronto, estos grupos fueron acusados por el régimen de llevar adelante una "campaña antiargentina". El músculo represivo no descansaba. Los primeros días de mayo siguió la ofensiva relacionada con el caso Graiver-Gelbard, esta vez contra Lanusse y la Junta que lo había acompañado. El almirante Pedro Gnavi, el brigadier Luis Alberto Rey y el ex ministro de Defensa, José Cáceres Monié, permanecieron detenidos un mes, acusados de "violación de los deberes de funcionario público" por haber firmado el decreto 3411/71 por el cual se había aprobado el contrato del Estado con Aluar. La empresa fue intervenida un mes después, como medida precautoria para que siguiera abasteciendo de aluminio al país. La decisión de Videla fue que se negociara con Madanes. La oferta era no cuestionar a futuro la propiedad privada de la empresa a cambio de que Madanes reconociera la legalidad de la intervención. La intención era impedirle mandar en Aluar, y mantener la interdicción sobre sus bienes y los de Gelbard, que era dueño del 8 por ciento. Con Gelbard, Videla decidió no negociar. Tampoco el empresario había querido hacerlo. El juez Eduardo Marquardt solicitó sin éxito su extradición a los Estados Unidos, por sus negocios en la Cruzada de Solidaridad que manejaban Isabel y López Rega, varias de cuyas cuentas habían sido abiertas en el banco de Graiver. Massera había aportado su granito de arena. Como había creído Lanusse en el caso de la devolución del cadáver de Evita a Perón, Massera pensaba que podía predisponer bien a los peronistas para sus quiméricos planes políticos si protegía a Isabel, presa ya en manos de la Marina. Por lo pronto, había logrado que Isabel confesara ante Marquardt que Gelbard la había convencido de abrir las cuentas de la Cruzada en el banco de Graiver, para usar el dinero aportado por empresarios amigos con fines benéficos e incluso personales. Gelbard murió privado de su nacionalidad argentina, en condición de apátrida, en octubre del 77 en Washington, por lo que la venganza del Proceso ya no pudo alcanzarlo más que en la interdicción de su fortuna, que años después la democracia devolvería a su familia, y en la destrucción de su obra: la CGE fue desarticulada a nivel nacional. La prisión de Lanusse fue premeditada y por razones que no sólo tenían que ver con el caso Graiver. El 11 de abril —enfurecido por el secuestro de Sajón—, Lanusse había hecho declaraciones genéricas a la prensa en contra de las detenciones clandestinas: "Rechazo cualquier pretensión de afirmar que los argentinos admitimos o hemos de admitir que en nuestro país puedan aplicarse procedimientos similares a los que poblaron los campos de concentración rusos, los del nazismo o los de la Cuba de Fidel Castro". A continuación, fue detenido por Marquardt. Videla sabía lo que significaba enviar a Lanusse a prisión. *Lo que nos preocupaba era que no volviera a las andadas,* dijo en la entrevista otoñal del 99. Las "andadas" de Lanusse a las que se refería Videla habían culminado con la entrega del poder al peronismo en 1973, que derivó en la amnistía a los presos políticos que liberó a cientos de militantes de la guerrilla y preparó el regreso definitivo de Perón a la Argentina luego de diecisiete años de exilio. Lanusse, además, cuestionaba la represión ilegal. Su prisión le garantizaba a Videla que se barrerían los últimos vestigios del partido militar de cuño lanussista, basado más en el profesionalismo integrado, en un partido árbitro pero que indispensablemente debía negociar con los civiles para delegarles el poder y controlarlos desde el Comando en Jefe del Ejército. Videla quería un partido militar diferente, tal como lo expresaba en las consideraciones políticas de la directiva 504/77 y en las directivas que les daba a Viola y a Villarreal para la elaboración del plan político del Ejército. Videla no quería al Ejército como árbitro sino como columna vertebral del poder al cual debían sumarse los civiles. El ideal totalitario, supuestamente despolitizado y de un profesionalismo ascético, quería la subordinación absoluta de la sociedad civil y no entendía la negociación con ella ni la delegación de poder en un pie de igualdad. Esto era lo que quería y pensaba Videla sobre cómo debía ser la herencia del régimen. Lo dijo el 1º de mayo del 77 en Córdoba: *Este proceso debe tener descendencia, debe tener cría... Pero no tenemos plazos.* Videla y Viola estaban empollando la *cría del Proceso*. La expresión no fue, sin duda, feliz. La definición de cómo nacerían los herederos del Proceso no era sólo un postulado; también era una confesión. Involuntariamente, daba cuenta de que del régimen sólo podía nacer un animal, la bestialización de la política, de los ciudadanos y de la democracia, acorde con la matriz estéril de la dictadura.

Lo que Videla tenía en mente se reflejó en el denominado "Proyecto Nacional para la Nueva República", un borrador de plan político avalado por Viola, que presentó en mayo del 77 el secretario del Ejército, Olivera Rovere, quien al mismo tiempo hacía un balance del primer aniversario del Proceso. La condición básica del éxito del plan era concluir a fondo la operación quirúrgica de extirpar la "subversión" armada y desarmada, penetrando con el bisturí hasta la médula misma de la sociedad, eliminando "la infiltración subversiva de todos los cargos y funciones públicas, para evitar que se sabotee la acción del PRN y el reclutamiento de nuevos adherentes". El "normal desarrollo del PRN" sólo sería posible si se mantenía "un clima de disciplina social", si paulatinamente se reducía la represión ilegal a "una tarea policial", si se daba un "marco de legalidad a la eliminación, detención y juzgamiento de los delincuentes subversivos", si se combatía la corrupción "encuadrándola si es necesario como delincuencia económica y subversiva", si las Fuerzas Armadas mantenían "la cohesión", si se lograba "un creciente apoyo y adhesión" de la sociedad, si se aseguraba la continuidad del PRN a largo plazo. Videla compartía el balance autocrítico del Ejército: se habían logrado éxitos en el plano económico y en el militar, pero existía "una situación social comprimida al máximo", un "riesgo de aislamiento político-social"; había cohesión en las Fuerzas Armadas "pero con alto grado de indefinición político-ideológica", había "libertinaje de algunos medios de difusión", "un riesgo de deterioro en la relación gobierno-Iglesia", "una imagen distorsionada del país en el exterior" y, por último, "extrema burocracia en la administración de justicia" e "ineficiencia de algunos militares en el ejercicio de la función pública". Lo más interesante del largo y tedioso documento que Videla usaba como manual de cabecera, era que estimaba la duración del régimen: de 12 a 15 años. A lo largo de ese plazo, en los papeles Videla y sus generales se imaginaban tres etapas en las que las Fuerzas Armadas comenzarían a constituir el "Movimiento de Opinión Nacional" (MON). La primera etapa era de supresión de la actividad partidaria. La segunda, de participación municipal controlada de la actividad política. La tercera, de convocatoria a una convención constituyente, pero, para no tener sorpresas desagradables, con "elecciones piloto" previas a nivel municipal. Videla y sus generales creían que las alianzas geopolíticas básicas eran, en este orden, con Brasil, Venezuela, Estados Unidos y Europa occidental. Que la economía debía tener bajo control la inflación y favorecer la industrialización básica (propuesta contradictoria con la apertura económica de Martínez de Hoz), alentando la inversión externa e interna, y que era necesario "modificar la estructura laboral, asegurando la disciplina". Olivera Rovere acompañaba el plan con gráficos muy detallados e inútiles de cómo sería la Argentina desde ese momento hasta 1990. El presente y el futuro, para la imaginería militar, debían caber en un esquema. Pero en mayo del 77 la realidad reventaba el esquema, y lo mismo ocurriría en los años posteriores.

Videla y sus generales tenían cierta conciencia del empantanamiento temprano del Proceso, a juzgar por esos papeles que discutía el generalato en reuniones maratónicas, plenas de discursos, en una seguidilla de "retiros espirituales" realizados a puertas cerradas. Tal vez por eso, y obedeciendo a un plan de corrección de "errores", mayo vio surgir a un Videla locuaz, jefe del Estado diurno, que todos los miércoles almorzaba con profesionales, empresarios, intelectuales, deportistas y artistas. Un Videla que presidía las reuniones del gabinete nacional donde se ventilaban aspectos formales de la marcha del Estado, que resultaban tediosas porque las decisiones se tomaban previamente en la sede de los comandos de las tres armas o en la Junta. Un Videla que preparaba una cumbre con su colega brasileño Geisel y un viaje a Venezuela para entrevistarse con Carlos Andrés Pérez, con el propósito de conseguir aliados que neutralizaran la presión de los Estados Unidos por la violación a los derechos humanos. Un Videla que era condecorado por Paraguay, que asistía a largas reuniones del generalato y de la Junta para tratar tres temas excluyentes: en primer lugar, la cada vez más cerrada oposición de Massera, Galtieri y Menéndez a que se aceptara el laudo arbitral de la reina de Inglaterra, que le había otorgado a Chile —que pretendía proyectarse hacia el Atlántico— la posesión de las islas Lennox, Picton y Nueva en el canal de Beagle. La propuesta del gobierno argentino era no aceptar el laudo e intentar la negociación directa con Chile. El segundo asunto excluyente era la dificultad de Liendo para armar una delegación que legalizara al Proceso en la asamblea anual de la OIT, ante la renuencia de la CGT. La tercera cuestión era la evolución del caso Graiver y la presión internacional por la situación de Timerman. En este caso, la Junta aceptó ceder: el periodista fue legalizado como prisionero y entró en un régimen de libertad vigilada hasta 1979.

Por primera vez en un año aparecía un Videla dispuesto a una mayor exposición ante la prensa, que usó para recontar la historia argentina en un intento por darle carácter fundacional al régimen. Los periodistas alemanes escucharon la opinión de Videla sobre Perón y por qué en la Argentina había golpes militares: *Perón era un demagogo de promesa fácil... Perón no inventó la justicia social sino que fue desarrollada por la Iglesia... Nosotros tenemos nuestras raíces en nuestra madre Europa... En las últimas décadas sucedió un juego pendular entre gobiernos militares fuertes que entregaban el poder a gobiernos civiles que por caer en la demagogia se hicieron débiles y motivaron la intervención de gobiernos militares.* En el círculo vicioso de las dictaduras, según Videla, la culpable era la democracia. La estrategia de culpar a los gobiernos "civiles débiles" fue una constante. En esos días, Videla también se reunió con periodistas franceses, quienes le preguntaron cuándo terminaría el estado de sitio y se restablecería la vigencia de los derechos humanos. Videla, que sabía controlarse en situaciones difíciles, no pudo rehuir el discurso inflamado: *La subversión fue la primera en violar esos derechos atacando la existencia, el trabajo, la paz y la propiedad. Tenemos aquí un enemigo que quiere caotizar por la fuerza nuestra sociedad y abolir los valores occidentales y cristianos que defendemos, y en cuya cúspide está Dios... Estos elementos subversivos, y con ellos los corruptos y los delincuentes económicos, se colocaron fuera de la sociedad. En vez de ocuparse de casos individuales, es necesario ver el conjunto de la sociedad. Fue el régimen precedente el que instaló el estado de sitio, instrumento perfectamente legal, un recurso que prevén casi todas las constituciones del mundo. Nosotros lo utilizamos con la mayor moderación. Puedo afirmar que en la Argentina no hay personas detenidas por sus opiniones políticas.* Puestos a hablar, a convencer, los jefes militares no podían evitar incriminarse. Ese mismo día, el gobernador Saint Jean explicaba al diario inglés The Guardian hasta dónde debía avanzar el bisturí de la represión ilegal: "Primero eliminaremos a los subversivos; después a sus cómplices; luego a sus simpatizantes; por último, a los indiferentes y a los tibios". Su frase dio la vuelta al mundo y primó sobre las declaraciones moderadas con las que Videla quería ganar la batalla diplomática internacional.

El viaje de Videla a Caracas, el 10 de mayo, estuvo precedido y seguido de tres episodios que tendrían efectos de largo alcance. El 7, un comando montonero había atentado contra el canciller Guzzetti quien, herido de gravedad y sometido a un proceso de recuperación de dos años en los Estados Unidos, debió ser reemplazado por el vicealmirante Oscar Antonio Montes, con el capitán de navío Guálter Oscar Allara como vicecanciller y hombre fuerte del jefe de la Marina en el Palacio San Martín. Massera, de cualquier forma, sospechó de Villarreal y del entorno político de Videla por esta provindencial salida de escena de su canciller justo antes del viaje a Caracas, donde además el embajador Hidalgo Solá había revelado las operaciones ilegales de los marinos en el caso Graiver y cuestionaba la diplomacia del terror que, según él, amparaba Guzzetti. Los problemas estallaron, para Videla, en distintos frentes. La desaparición en abril del sacerdote Pablo Gazarri había tensado de nuevo la relación con la Iglesia. Videla instruyó a Viola para que, finalmente, convenciera a los obispos —reunidos en la Conferencia Episcopal en San Miguel— de que su gobierno secuestraba sacerdotes *no porque fueran sacerdotes sino porque eran subversivos*. Entonces tuvo lugar una reunión que llenó de vergüenza a algunos obispos y de satisfacción a otros. El arzobispo de San Juan, Ildefonso Sansierra, se refirió de este modo al episodio: "Por iniciativa del presidente de la Nación (Videla), la conferencia recibió a los generales Viola (jefe del EMGE), Jáuregui y Martínez (responsable de servicios de inteligencia), quienes nos informaron con amplitud sobre la situación actual del país en el marco de la actividad defensiva y ofensiva contra la guerrilla subversiva que se nos ha impuesto desde dentro y fuera de nuestro territorio. Al término de la exposición de los generales, hubo un intercambio de ideas en un clima verdaderamente cristiano y patriótico". Entrenados en el arte confesional de callar u omitir, algunos obispos ocultaron lo que allí ocurrió verdaderamente. Y otros, como el obispo Jorge Novak, huyeron del lugar avergonzados. En esa sesión, Viola, Martínez y Jáuregui mostraron una película con la "confesión" de la presunta guerrillera María Carmen Campana, que estaba secuestrada y que explicaba cómo había sido catequizada para la "subversión" por el padre Gazarri. Videla acordó con Viola que esto se hiciera público. Videla "incluía" así a Primatesta, Aramburu y a toda la jerarquía de la Iglesia en una operación de inteligencia que no había condenado y que la hacía cómplice.

En este círculo de sangre, silencio y vergüenza, el 15 de mayo, dos días después de que se difundiera ese encuentro militar-obispal, un comando secuestró al ciudadano suizo-chileno Alexei Jaccard en un hotel de Buenos Aires, cuando intentaba hacer contacto con los comunistas chilenos exiliados para contribuir con dinero a su campaña de resistencia a la dictadura de Pinochet. Jaccard fue atrapado por las garras del Cóndor y llevado a la ESMA, a pesar de que el jefe de policía Ojeda dijo que luego de detenido había sido enviado a Chile. Como reveló el jefe de inteligencia de la Armada, Montmollin, a una radio suiza una década después, desde la ESMA, Jaccard "fue, por la fuerza y de incógnito, puesto en un avión que unía ambos países". El destino de Jaccard fue ser arrojado *al mar*. Este caso sumó a Suiza al pedido que, en reserva, tanto en oficinas como en cócteles, venían haciendo los diplomáticos norteamericanos, españoles, franceses, israelíes y, en menor medida, italianos y alemanes por la desaparición de sus ciudadanos. La embajada suiza y su titular William Frei, sin embargo, estaban bajo la presión de los negocios bilaterales pendientes entre la Argentina y Suiza, en particular por la intención del Proceso de estatizar la Compañía Ítalo-Argentina de Electricidad (CIAE), de la que Martínez de Hoz había sido director hasta los meses previos al golpe y en la que aún conservaba acciones. El caso Ítalo es uno de los casos en los que pueden leerse con absoluta nitidez la historia del saqueo económico argentino a lo largo de un siglo, y el comportamiento de sus clases dominantes en ese despojo. Y es la única ocasión en la que Videla dejaría sus huellas dactilares en un lobby personal que beneficiaba a Martínez de Hoz. La historia de la Ítalo se remonta a comienzos del siglo XX. El intendente de Buenos Aires Joaquín Anchorena y su secretario de Obras Públicas, Atanasio Iturbe, hicieron en 1912 una concesión pública sin licitación previa y por el plazo de cincuenta años de los servicios de distribución y facturación de la energía eléctrica de media ciudad a la Compañía Ítalo-Argentina de Electricidad. Conocida popularmente como "la Ítalo", la CIAE fue fundada por Juan Carossio con capital original de firmas suizas subsidiarias de consorcios bancarios de ese país. Los siguientes empleos de Anchorena e Iturbe fueron en la CIAE: Anchorena fue director, y ambos fueron miembros de dirección y titulares de importantes acciones de la CIAE, cuyo negocio originario consistía en la fijación de tarifas y la generación, distribución y delimitación de zonas de provisión de común acuerdo con la otra concesionaria, la CATE (Compañía Alemana Transatlántica de Electricidad, luego CHADE y CADE). Al expirar el plazo de la concesión todas las usinas, instalaciones, maquinarias, edificios que las albergaran y terrenos que ocuparan, redes e instalaciones iniciales pasarían directamente y sin cargo a manos de la Municipalidad. Las que se hubieren agregado también lo harían, aunque con otra mecánica: la compañía debía ceder a la Municipalidad el 2% anual acumulativo de su valor, generando así una situación de condominio progresivo. La CIAE boicoteó el crecimiento energético del país durante los siguientes 25 años. Antes de que se produjera un drástico cambio de rumbo en el negocio en 1936, los abusos tarifarios de ambas empresas habían despertado fuerte resistencia en la opinión pública, lo que en los años 20 y principios del 30 dio origen al movimiento de cooperativismo eléctrico argentino. La monopolización de los servicios eléctricos era una constante en el mundo, al igual que este tipo de resistencia, que en EE.UU. desembocó en la ley de control de holdings del presidente Franklin Roosevelt. CHADE e Ítalo se resistieron con toda su capacidad de lobby, y las presiones fueron particularmente efectivas después del primer golpe militar de la historia, el 6 de setiembre del 30. En diciembre de 1936, en plena Década Infame, la Comuna extendió la concesión anticipándose 25 años a su término; en lugar de 1962, el último año sería a partir de 1977. A partir de las modificaciones introducidas por el Concejo Deliberante mediante la escandalosa ordenanza 8.029, impulsada por el ministro de Hacienda del presidente Justo, Federico Pinedo, y aprobada en trámite irregular, el traspaso gratuito se convirtió en una futura compraventa. Los mecanismos de valuación de la compañía cambiaron a favor de los intereses de ésta. Desde entonces el negocio central de la Ítalo residió en las variables financieras que ya venía implementando de modo secundario a su servicio específico desde el principio: la valorización nominal de sus inversiones, inmuebles y maquinarias en función de su futura venta al Estado. Los cambios del 36 en las concesiones desataron un escándalo. Sectores de opinión nacional como FORJA, agrupación que contenía a Jauretche y a Scalabrini Ortiz, desataron una campaña de denuncias que en 1943 desembocaron en la formación de una comisión investigadora, que demostró la larga cadena de presiones y corrupción ligada a nombres que no sólo resultaban comunes al directorio de la CIAE y a los puestos de decisión en la primera línea de diferentes gobiernos, sino que aparecían como una línea sucesoria de la más rancia oligarquía. Ya había un Martínez de Hoz —Federico, luego gobernador de Buenos Aires— en el directorio que recibió aquellas prebendas. El silencio oficial sobre tales resultados se había roto en otra ocasión, cuando en 1957 el gobierno de facto de Aramburu había formado otra comisión que calificó los papeles de la compañía reunidos como "montaña de ilicitud". Además de aumentar su valor inmobiliario y accionario, jugando con la inflación y las obligaciones del Estado, la compañía se había valido de las garantías estatales para sostener su financiamiento exterior, para cumplir el rol de una financiera, endeudando subsidiarias y trasladando los activos a las compañías centrales a través del papeleo o de la compra de insumos e infraestructura a precios muy superiores a los del mercado y en condiciones monopólicas a grupos pertenecientes a los mismos consorcios como Motor Columbus de Suiza. En vísperas del vencimiento del contrato original, en 1961, el gobierno de Frondizi estaba abiertamente a la caza de capitales extranjeros. En el pasado la Ítalo había aprovechado alternativamente las ventajas de ser considerada empresa de componente nacional o extranjera. En sus contratos de ese año hizo valer la segunda condición para proponer el siguiente negocio: la compañía se comprometía a ampliar la generación, transformación y distribución de energía, retrasadas por maniobras especulativas de la misma empresa. Se comprometía, además, a aportar capitales externos para financiar la nueva infraestructura. El gobierno, a su vez, adquiría la obligación de garantizar la rentabilidad, con un seguro de utilidad neta llamado "defecto de beneficio" del 8 por ciento sobre esas inversiones, revaluable año a año. Además, el Estado avalaría los préstamos que la CIAE tomara en razón de la ampliación. Roberto Alemann era entonces ministro de Economía de Frondizi, y José Alfredo Martínez de Hoz, miembro del directorio de la compañía. Pero Alemann también lo había integrado antes de alcanzar la titularidad del ministerio, y reincidiría en ambos honores. El revalúo de las tarifas que se desprendió de aquel convenio de concesión firmado por Alemann en el 61 —exactamente cuando se agotaban los cincuenta años de concesión, y el Estado hubiera debido hacerse cargo de ella casi sin costo— representó un aumento del 1.800% en el valor de las acciones en circulación, antes de diciembre del mismo año. En 1964, durante el gobierno de Illia, se llegó a la conclusión de que los activos físicos de la empresa eran insalvablemente obsoletos, y se la obligó a iniciar una compatibilización con Segba —de la que además saldría, por comparación, una idea del valor real de los activos— mediante el decreto 10.447. Tras el golpe militar del 28 de junio del 66, uno de los primeros actos de gobierno de la dictadura de Onganía fue anular este decreto. La relación con la empresa en el período se basó en el contrato originario, la ordenanza de 1936 y los contratos de 1961, todos ellos cuestionados o anulados en más de una oportunidad. El 17 octubre de 1975, la presidenta Perón anunció la "argentinización" de la Ítalo; no obstante, dada la maraña de reclamos del Estado contra la compañía y viceversa, se solicitó un informe al procurador del Tesoro de la Nación, Edgard Sá. En la decisión presidencial jugó un rol la movilización del Sindicato Luz y Fuerza de Capital con su secretario general, Oscar Smith. El informe estuvo listo en diciembre y María Estela Martínez sancionó el decreto 648/76 en febrero, dieciocho días hábiles antes de su caída, basándose en el dictamen de Sá, que recomendaba que se desconociera el método de valuación de la empresa previsto en los convenios de 1961, a los que debía considerarse nulos. Entre 1975 y 1977 el valor de las acciones de la Ítalo en la Bolsa suiza pasó de 42 a 140 francos por unidad, ante las nuevas perspectivas de que se concretara el traspaso al Estado, a pesar del decreto 648. El decreto 223/76 de la Junta Militar creó una serie de "comisiones asesoras honorarias" con la misión de resolver conflictos en curso entre el Estado y las empresas extranjeras. Martínez de Hoz lo refrendó, y las comisiones actuaron desde la Secretaría de Programación Económica, en manos de Walter Klein. La Comisión Asesora Honoraria (CAH) 6, destinada a estudiar específicamente los reclamos de la Ítalo, en la que había revistado, por recomendación de Videla, Alejandro Caride, dejó de depender del Ministerio de Economía para pasar a la órbita de Justicia —donde estaba Caride como ministro de la Corte— por expresa excusación de Martínez de Hoz, quien reconoció así su muy antigua relación con la empresa. Había datado el pedido de su separación del directorio dos días antes de asumir como ministro. No obstante, la Comisión 6 no era la única con integrantes que ligaban los intereses privados con el Poder Ejecutivo y el Ministerio de Economía. En la 1, dedicada a solucionar diferendos con Siemens y Standard Electric, figuraban el doctor Alfredo Galland (síndico de la Ítalo) y Alberto Rodríguez Galán, vicepresidente de Códex. En la 3, que trataba la situación de Códex, figuraba Jorge Zaeferer Toro, síndico de la Compañía General de Refractarios en cuyo directorio estaba Horacio Béccar Varela, vicepresidente de la Ítalo. En la 4, que se ocupaba de Esso, estaba Carlos Luceti, de la financiera Exprinter, cuyo director era Carlos Huergo, hijo del vicepresidente de Siemens. En la 5, que se ocupaba de Shell, figuraba Alejandro Lastra, abogado de los ingenios tucumanos de los que el propio Martínez de Hoz era fuerte inversionista. En la 8, que asesoraba sobre la empresa CAPSA, estaba García Belsunce (padre), socio de Eduardo Roca, íntimamente relacionado, entonces, a través de una tercera empresa, con Esso, y el mismo Béccar Varela, del directorio de Ítalo. El mapa de las comisiones asesoras honorarias fue dado a conocer por Rodolfo Terragno en el último número de la revista Cuestionario (junio del 76). Casi inmediatamente después de su publicación, Terragno se exilió. Desde 1961 hasta la transferencia del paquete mayoritario de la CIAE al Estado, en 1978, nunca hubo nuevos aportes de capital; sólo un permanente aprovechamiento de la inflación para valorizar nominalmente los activos y una permanente negociación con el gobierno para amortizar y desembarazarse de pasivos. A lo largo de esos diecisiete años los nombres del grupo de negocios de la CIAE fueron los mismos: Roberto Alemann, con

Frondizi y con Galtieri, en el 81, que era un conspicuo representante de intereses económicos de la Unión de Bancos Suizos; Martínez de Hoz, Nicanor Costa Méndez, y Francisco Soldati (h.), hijo de un ex presidente de la Ítalo y director del Banco Central de la República Argentina (BCRA) por designación de Videla. Las empresas extranjeras que se sentían afectadas por decisiones del gobierno constitucional habían solicitado una reunión a mediados del 75 "para presentar sus inquietudes" a Videla, entonces jefe del Estado Mayor Conjunto. Martínez de Hoz había reunido y encabezaba el lobby. En esa reunión, Videla y Martínez de Hoz se conocieron personalmente. La Comisión 6 empezó —como las demás— con un carácter puramente asesor, pero terminó siendo el órgano negociador del Estado en el proceso de compra.

En 1977 Videla debía decidir si continuaba coherentemente con la línea de sus antecesores militares, conservadores y oligárquicos, que construyeron la historia infame de la Ítalo. La correspondencia entre el 76 y mediados del 77 del embajador argentino en Berna, Luis María de Pablo Pardo, reveló que existía una febril negociación para que, en caso de comprar la Ítalo, el Estado argentino pagara los mejores y más altos precios a los accionistas suizos, entre los cuales estaba también el embajador Frei, para desgracia del joven Jaccard, con más de cien mil acciones. Martínez de Hoz había ya interesado a Videla en esta posibilidad, a pesar de que esto contradecía sus postulados de que había que reducir la intervención estatal en las empresas de servicios y en la actividad económica en general. Lo había convencido, además, de que la operación podía ser una manera de abrir los créditos suizos hacia la Argentina. El proceso de compra de la Ítalo, sin embargo, llevó casi tres años. En 1978, Videla avanzaría en el apoyo a esta operación en Roma, al entrevistarse con el canciller suizo Pierre Aubert en ocasión de asistir a la asunción del papa Juan Pablo I. Lo cierto es que tanto el atentado contra Guzzetti como el caso Jaccard involucraron a Videla de distinta manera, y sobre todo por sus consecuencias, en 1984.

Mientras los hilos de la historia de Jaccard, en mayo del 77, se ligaban con los hilos de la historia argentina en el caso Ítalo, Videla había viajado a Caracas, acompañado por una comitiva de empresarios, artistas y deportistas "notables" —entre ellos el pintor Ari Brizzi y la cantante folclórica Julia Elena Dávalos— deseosos de subirse al Tango 01, y que además servirían de escudo protector de Videla, porque se suponía que la guerrilla no iría a atentar contra un vuelo repleto de civiles. El viaje tenía como objetivo romper el aislamiento internacional. Hidalgo Solá había logrado que Videla fuera recibido por primera vez por un presidente democrático. Venezuela fue, además, el sitio elegido por los Estados Unidos para la primera reunión extraterritorial destinada a descomprimir la tensa relación entre el régimen y la administración Carter. Después de los actos protocolares, las reuniones sobre cuestiones económicas bilaterales y los encuentros con el presidente venezolano, Videla se entrevistó con Todman en el palacio Miraflores. La reunión fue larga y los temas no se limitaron sólo a la violación a los derechos humanos. Se habló, también, del desarrollo nuclear argentino que preocupaba a los Estados Unidos. Lo cierto es que Videla salió contento de ese encuentro, que Todman prometió continuar en Buenos Aires en agosto, con la asistencia también de Derian. Videla creyó que había convencido a Todman de que se frenaran los ataques a la Argentina por la represión ilegal: *Ellos están dispuestos a rectificar errores iniciales de concepción, porque tienen una visión uniforme de América Latina.* Videla se empeñaba en explicar lo inexplicable: los métodos argentinos en la represión eran ilegales y clandestinos porque eran los que garantizaban el éxito de las operaciones contra la guerrilla. ¿Pudo convencer a Todman que, por otro lado, era un diplomático pragmático y poco predispuesto a condicionar los intereses económicos y geopolíticos de su país en función de la condena a la violación de los derechos humanos? Un informe confidencial del Departamento de Estado, fechado el 16 de mayo, firmado por Fernando Rondon y Richard W. Zimmermann daba un completo cuadro de cómo se veía a la Argentina y a Videla en esos días desde Washington, y describía distintas opciones políticas que debería seguir por el gobierno de Carter, con sus pros y contras. En el informe se leía: "La situación de los derechos humanos es terrible" (la última palabra estaba subrayada en el original). También decía el informe que la Argentina era importante por varias cosas, y enumeraba: "1) Tiene los proyectos de armas nucleares más avanzados de Latinoamérica. La venta de un reactor nuclear a Perú la convierte en el segundo país del Tercer Mundo, luego de la India, que exporta esa tecnología. 2) Nuestra investigación geológica ha estimado que por su vasta plataforma continental —cuatro veces más grande que la plataforma estadounidense sobre el Atlántico— es potencialmente una de las áreas más ricas de petróleo del mundo. Tiene una reserva de 200.000 millones de barriles, más del doble de las reservas comprobadas en el hemisferio occidental. 3) Tiene enormes reservas de alimentos y un potencial mayor aún de producción (carne y granos). 4) Nos provee apoyo logístico a nuestro programa de investigación polar en la Antártida. 5) Las inversiones privadas estadounidenses llegan a 1.400 millones de dólares; se les deben a nuestros bancos 3.000 millones, y tenemos un superávit comercial de 250 millones.

6) Es un país prácticamente sin analfabetos y un líder cultural en Hispanoamérica. 7) Es una nación industrializada, en general auto-suficiente. 8) Es una influencia moderada del Tercer Mundo en el debate económico Norte-Sur. 9) Hace un tiempo tiene un saldo favorable en el intercambio comercial con la URSS, Europa del Este y China. 10) Ninguna nación latinoamericana ha sido, como la Argentina, tan independiente de los Estados Unidos. 11) Si nos enfrentamos a la Argentina, contribuiremos a crear una mentalidad de asedio que no sólo estimulará la proliferación nuclear sino la formación de un bloque de países sudamericanos militaristas, anti-derechos humanos y anti-norteamericanos. La perspectiva del militarismo atrincherado en Sudamérica preocupa a Colombia y a Venezuela, que nos han urgido a no castigar a la Argentina. 12) Con 400.000 judíos, tiene una de las comunidades más numerosas del mundo. Esta comunidad no está emigrando, pero ha expresado temor de que la política de los Estados Unidos pueda alentar a los elementos antisemitas de la sociedad. 13) El éxito de asistir a la Argentina para que vuelva al orden legal podría tener un impacto significativo sobre los regímenes militares vecinos y ser una lección valiosa para otras sociedades". Este informe de los EE.UU. desnudaba dos cosas: la importancia económica, social y política de la Argentina para ese país y la duda acerca de si presionar exageradamente a Videla podía afectar los intereses norteamericanos. Luego, se pasaba revista a las presiones realizadas en el terreno político y económico, resaltando como las más importantes el recorte de créditos militares en las Foreign Military Sales hasta 1978 ("los argentinos se sintieron ofendidos por la manera en que juzgamos que no eran importantes para la seguridad de los EE.UU.); los condicionamientos del BID para entregar préstamos a Martínez de Hoz, "cuyo éxito depende de su capacidad para atraer inversiones extranjeras", y la prescindencia del Eximbank, que no se sumó a las presiones por los derechos humanos. Al respecto, en el mismo informe se afirmaba: "Con excepción del Vaticano y de los países escandinavos, otros gobiernos no se han destacado visiblemente en su defensa de los derechos humanos. Pero algunos gobiernos han hecho más por los refugiados que los Estados Unidos". Rondon y Zimmermann luego analizaban qué actitud debía seguir el gobierno de Carter. Daban tres alternativas: "A) Apoyar a Videla. B) Mantener la política actual. C) Solicitar nuevas sanciones". En el caso de decidir apoyar a Videla, los funcionarios creían que era "el mejor modo de proteger los intereses de los EE.UU., de inducir un cambio y de proteger a los ciudadanos estadounidenses y no estadounidenses". Pero a continuación destacaban las dificultades que veían: "Videla es débil. Las

violaciones a los derechos humanos son flagrantes. El Congreso entendería que renunciamos a nuestra política por intereses materiales". Los pros y contras que consideraban para la segunda opción eran que, si bien el Congreso de su país apoyaría esta política, los resultados podrían ser, como había quedado demostrado hasta el momento, "magros". Respecto de la tercera opción, señalaban que aplicar todo el rigor de EE.UU. significaba "cesar el envío de los equipos militares, cesar el entrenamiento militar, votar en contra de los préstamos del BID y BIR, denegar los créditos del Eximbank y alentar a los empresarios para que no realicen nuevas inversiones". Los beneficios, decían, serían que el pueblo norteamericano aplaudiría la decisión y que no quedarían dudas del compromiso de los EE.UU. con la defensa de los derechos humanos. Sin embargo, Rondon y Zimmermann consideraban a esta opción la peor, porque no modificaría la situación de los derechos humanos, afectaría sobremanera los intereses estadounidenses y, con militares argentinos enojados, aumentaría el riesgo de la proliferación nuclear en Latinoamérica. La opción que prevaleció, entonces, no fue la tercera —solicitar nuevas sanciones— sino una combinación interesada y tensa de las dos primeras. Por supuesto, Videla no había convencido a Todman de lo importante que era la guerra sucia o la "tercera guerra mundial anticomunista" que justificaba la violación a los derechos humanos. Las razones a las que atendieron los EE.UU. no fueron ideológicas sino estrictamente políticas y económicas, como revela este informe de Rondon y Zimmermann.

Al regresar de su viaje a Caracas, lo primero que hizo Videla fue reunirse con Martínez de Hoz y el Consejo Empresario Argentino (CEA). El plan para desestructurar la Argentina rica y potente descrita por el informe estadounidense estaba en marcha; el régimen y el bloque dominante que lo sostenía no podían resistir la tentación de un lento pero seguro desmonte de su estructura industrial. Claro que este proceso no lo completarían Videla y Martínez de Hoz. La apertura económica irrestricta y el endeudamiento que ellos iniciaron los completó años más tarde un riojano preso en esos días por haber sido uno de los gobernadores peronistas permeable al discurso montonero, Carlos Saúl Menem. Volviendo a aquel mayo de 1977, Videla recibió a los empresarios del CEA, entre ellos a José Estenssoro, Ricardo Grüneisen, Armando Braun, Celedonio Pereda, Francisco Soldati (padre), Rafael Ferrer, Agostino Rocca y Federico Zorraquín, que estaban inquietos no ya por la marcha de la economía (confiaban en los índices que indicaban un salto próspero en los negocios hacia el segundo semestre) sino porque el régimen pudiera iniciar un despegue político que no compartían, como no lo compartían Martínez de Hoz y Suárez Mason. Videla les dijo: *No estamos dispuestos a cambiar el rumbo.* Les aseguró que sus planes, en lo político, tenían como objetivo lograr que en los meses del 77 que restaban se hiciera *todo lo necesario* para poder tener *una Navidad en paz*. No hablaba sólo de la balanza comercial o de la marcha de la economía; era evidente que "la solución final" tenía plazo fijo. Lo único que podía torcer el rumbo planteado por Videla en esa decisión era algún acontecimiento que amenazara con revelar los secretos de la represión o pusiera en peligro el prestigio que trabajosamente intentaba conseguir en el plano internacional. Este acontecimiento ocurrió de manera inesperada hacia fines de mayo del 77, cuando su ex jefe Alberto Numa Laplane, contra quien Videla había conspirado para llegar a comandante en jefe del Ejército, lo visitó en la Casa de Gobierno. A principios de ese mes, un grupo de tareas había secuestrado a Adriana Friszman, militante de la JP y nuera de Laplane. Durante todo mayo, Laplane se dedicó afanosamente a buscarla. Al estilo militar, desplegó sobre la mesa del living de su casa una suerte de plano donde día a día anotaba los contactos hechos en las tres armas para averiguar el paradero de su nuera. También fue a ver a Videla varias veces, sin obtener resultados. Finalmente, un día, un oficial de su promoción que aún le era leal le confirmó que su nuera estaba secuestrada en la ESMA. Entonces, a fines de mayo, volvió a ver a Videla y le dijo: "Si no aparece rápido, te juro que voy yo personalmente a punta de pistola a sacarla de ahí". Videla respondió: *Dame veinticuatro horas para resolverlo.* Los familiares de Laplane comentaron al respecto: "Lo hubieran tenido que matar para pararlo, y eso hubiera significado un problema internacional". La nuera de Laplane fue devuelta por el Ejército, por una patrulla a cargo de Roualdés, contacto interfuerzas entre el GT 1 de Suárez Mason y el GT 3.3.2 de Massera. Roualdés entró a la casa de Laplane y le espetó: "Yo no estoy de acuerdo con esto, pero te la devolvemos". Poco después, la pareja Laplane salió al exilio, rumbo a Israel. Era lógico que Roualdés fuera el encargado de devolver a la nuera de Laplane. Se jactaba de tener en "El Campito" "todo un sótano lleno de hijos de militares" secuestrados por su vinculación con la guerrilla.

El desagrado de Roualdés al dejar a los Laplane salir a salvo al exterior era compartido por Videla, quien en un reportaje a la revista Mercado, con fecha 2 de junio, afirmó: *En el exterior prosiguen las actividades para desprestigiar al país. Se pretende generar una imagen de desorden e inseguridad que provoque nuestro aislamiento y retraiga la inversión extranjera.* Acusaba a Montoneros, cuya cúpula exiliada había dado por esa época una conferencia de prensa en Roma, y decretaba también la desaparición del ERP, al que le confería apenas una peligrosidad residual. En la misma entrevista, defendía como *irrenunciables* los proyectos de las centrales hidroeléctricas de Corpus (nunca se concretaron) y Yacyretá en el Alto Paraná, que tensaban las relaciones con Brasil, y consideraba *un paso importante* la inclusión de civiles en los gobiernos militares de las provincias. Obligado al discurso diurno ante la prensa internacional, a enviar señales civilizadas al exterior, el eje Massera-Suárez Mason, con su eficiente represor Roualdés y el programador Díaz Bessone, no estaba convencido de que Videla no fuera a ceder a las presiones de Viola (quien se anotaba en la sucesión presidencial del entonces presidente de facto) y de Liendo para anticipar el cronograma político. Estas disputas sordas de palacio eran condimentadas por las operaciones de Massera, entre ellas la pelea por el uso del Tango 01, del que no siempre podía disponer a voluntad porque Videla estaba primero. En esos días, las intrigas y cruces con Massera no fueron por el avión presidencial, que se encontraba disponible, sino porque el almirante debía viajar a Nicaragua y a Panamá, donde se proponía condecorar con la Orden del Libertador a los presidentes Anastasio Somoza y Omar Torrijos (Massera tenía debilidad por las condecoraciones; le fascinaba otorgarlas, pero sobre todo recibirlas). El problema era que la Cancillería tenía una sola condecoración disponible. De modo que Massera, ante el disgusto de Videla que no estaba de acuerdo con ese viaje, le pidió al cardenal Antonio Caggiano, quien accedió no sin desconcierto, que le prestara la condecoración que le había dado Isabel, con la promesa de devolvérsela. Esta anécdota reflejaba una polémica trivial y de mal gusto entre los jerarcas de la dictadura; sin embargo, el motivo del enfrentamiento era otro. Videla y Viola estaban de acuerdo en que la Argentina fuera proveedor de armas y de asesores en el único know how exitoso que podían exportar: las técnicas de inteligencia —de interrogatorio bajo tormento— para la lucha contrainsurgente en Centroamérica. Pero ninguno de ellos deseaba que esa "exportación" quedara exclusivamente en manos de Massera. Viola recibía la presión de Suárez Mason y de Díaz Bessone, quien insistía con librar en otros territorios las batallas de su "tercera guerra mundial" para que el Ejército no perdiera el control de esas operaciones. Por supuesto, éste no era un enfrentamiento político, ya que todos compartían la fe en la cruzada centroamericana, sino económico: había en juego un negocio de millones de dólares, y nada mejor que combinar la batalla anticomunista con los negocios personales. El viaje de Massera a Nicaragua y Panamá tenía ese objetivo; este último país era un centro de tráfico y distribución de armas en la región, además del lugar donde se fundaban sociedades fantasma que permitían cobertura legal para operaciones ilegales.

La "Operación Calipso" estaba en marcha. Hubo dos empresas que para ese entonces comenzaron a vincularse con ella: EDESA (Empresa de Desarrollos Especiales) y TAR (Transporte Aéreo Rioplatense). La primera, una sociedad anónima mixta, comenzó su historia en 1975 y la terminó en 1990. La segunda era una empresa privada que existió durante más de dos décadas, desde mediados de los sesenta. Massera controlaba el directorio de EDESA, integrado por altos oficiales de la Marina. Con TAR estaban vinculados oficiales de la Aeronáutica, a través del directorio y de las contrataciones. En esos días del viaje de Massera a Managua, un accidente confirmó las sospechas de la inteligencia de varios países de Europa: el contrabando de armas realizado por la dictadura argentina, con ventas propias o trianguladas con Israel. Ocurrió que en su ruta a Guatemala, un avión de TAR tuvo un desperfecto técnico y debió hacer un aterrizaje de emergencia en Barbados. Alertadas por la inteligencia británica —que se preocupaba por proteger del contrabando de armas a su entonces colonia Belice—, las autoridades de Barbados requisaron el avión y confiscaron 26 toneladas de armas y municiones israelíes. Sin lugar a dudas, Massera viajaba a Managua para avanzar en las tratativas contrainsurgentes con Somoza. El dictador nicaragüense enfrentaba desde 1976 el auge revolucionario dirigido por el Frente Sandinista de Liberación Nacional (FSLN) que lo derrocaría en 1979. Pero en 1977 Somoza se encontraba aún en plena batalla y la EEBI (Escuela de Entrenamiento Básico de Infantería) necesitaba entrenadores y armas, ante la posible negativa de los Estados Unidos a continuar con la asistencia militar a la Nicaragua somocista. Videla aceptó que Massera viajara pero le pidió a Viola que vigilara los pasos del marino y controlara a Suárez Mason y a Díaz Bessone, al que tenían bajo supervisión en Planeamiento, entretenido en preparar el Proyecto Nacional para la Nueva Argentina. Si bien Videla apoyaba a Díaz Bessone como una manera de reinar sobre tirios y troyanos, Díaz Bessone comenzaba a perturbar la única alianza que a Videla le importaba. En efecto, Martínez de Hoz consideraba al planificador un obstáculo peligroso para su proyecto. Ambas cosas, el affaire de las armas y la oposición de Martínez de Hoz, terminarían por darle a Díaz Bessone, en diciembre, el tiro de gracia. Viola cumplió con el pedido de Videla, encantado de poder controlar de cerca la marcha de la "Operación Calipso".

En tanto, mientras Massera viajaba a Managua por tareas del Estado nocturno, Videla seguía con sus planes diurnos. A fines de junio, se reunió en Montevideo con el dictador Méndez. Este encuentro continuaba la campaña iniciada en Venezuela, pero esta vez Videla tenía de aliado a un duro como él en la batalla contra "el terrorismo internacional", para aliviar la presión de los Estados Unidos por la violación a los derechos humanos. Videla y Méndez firmaron una declaración que resumía el rechazo a la injerencia norteamericana y que, además, alineaba a Uruguay con el reclamo de la Argentina a Gran Bretaña por la soberanía en las islas Malvinas. Ambos mandatarios de facto exigían, también, que se revitalizara la Asociación Latinoamericana de Libre Comercio (ALALC); es decir, los acuerdos económicos regionales que les permitirían discutir en bloque los problemas comerciales con los EE.UU. Los planes diurnos de Videla continuaron en Buenos Aires, en julio, con una febril actividad para difundir hasta el cansancio su intención de abrir el juego político, que, por supuesto, era lo que querían escuchar los diplomáticos de Carter. El informe confidencial BUENOS 05281 01 A 05 182123Z del 18 de julio, firmado por Chaplin y enviado a Todman, daba cuenta del relativo éxito de Videla en esa táctica: "La convocatoria del presidente Videla a un diálogo nacional con los sectores políticos civiles es vista por muchos observadores políticos argentinos como un signo de que la lucha por el poder entre las tendencias democráticas y autoritarias en el Ejército está siendo ganada por la facción militar moderada liderada por Videla". La visión de esos diplomáticos estaba influida decididamente por el vínculo estrecho que tenían con Villarreal y su equipo. Pero a "la diplomacia silenciosa" que cuestionaba los informes de Tex Harris sobre derechos humanos porque afectaban la marcha de los negocios en la Argentina, también le era funcional esta versión. Chaplin anticipaba, empero, con rigor, una revulsión política en la que hablar de moderados y de duros le parecía "un simplificación excesiva". Informaba a su gobierno, a punto de desembarcar con una misión en Buenos Aires en setiembre, que tanto la Marina como la Aeronáutica presionaban para que Videla dejara la comandancia del Ejército y su lugar en la Junta para ser sólo Presidente; es decir, que se convirtiera en el "cuarto hombre". Analizaba que la apertura política que llevaba adelante Videla, tal como se había expresado en la reunión del generalato a fines de mayo, tenía dos contrincantes en Suárez Mason y Saint Jean; le reconocía ser más "sensible" a los planteos diplomáticos por los derechos humanos y haberse abierto al diálogo con los sectores gremiales para que fuera aprobada una nueva ley sindical. Según Chaplin, el dialoguismo de Videla había generado "un clima de excitación política" que se expresó en "una marcha callejera peronista por el aniversario del 17 de octubre" y en una reactivación de los partidos políticos, sobre todo de la UCR, que en una declaración criticaba la violación a los derechos humanos y la política económica. Chaplin comentó: "Como era de esperar, Videla consideró que algunos de estos hechos iban demasiado lejos, ocurrían demasiado pronto y reaccionó con irritación para conformar a los sectores duros". Según la interpretación de la embajada, Videla seguiría con la misma intención, aunque se había "asustado" del diálogo político echado a rodar por el gobierno militar. Siempre de acuerdo con esta versión, Videla tenía motivos para "asustarse", tanto por las críticas radicales como por las posturas públicas de la derecha. "La imaginación creativa de los elementos civiles autoritarios o de centroderecha no fue menos perturbadora. (...) Perriaux no sólo predijo que el gobierno militar duraría 10 o 12 años, sino que resucitó la tesis del cuarto hombre anunciando, según dijo, que Videla tenía pensado seguir como Presidente aunque dando un paso al costado de la Junta y retirándose del Ejército en 1979. Videla haría mejor, sugirió Perriaux, en abandonar también la presidencia en 1979 y quedarse 'en reserva' para poder lanzar su candidatura como primer presidente civil al término del régimen militar". ¿Por qué pensaba Chaplin que Perriaux, el hombre que había "inventado" la ideología y el pacto esencial del régimen en el tándem Videla-Martínez de Hoz, podía ser una presión de centroderecha negativa para Videla? Se podría decir que éste fue un conveniente enmascaramiento de Videla por parte de la "diplomacia silenciosa", que así lo ubicaba por encima de los ultramontanos a quienes en verdad les debía su cosmogonía dictatorial. Chaplin analizaba, después, "la tesis Grondona". Este último, abogado, periodista y asesor-redactor de la propuesta de Agosti para la perpetuación maquillada del régimen, ya había sugerido —y publicado— en abril del 77 la formación del Movimiento de Reorganización Nacional (MRN), un gran movimiento de derecha y centroderecha donde confluyera el partido militar, hegemonizándolo. Chaplin analizaba que ésta era "la declaración más elaborada del pensamiento autoritario sobre el futuro político", la comparaba con la de Olivera Rovere y detallaba cuál era el cronograma político imaginado por Grondona: "A) 1976-1979: ésta es la etapa del 'absolutismo militar' que mantiene vigente la estructura actual del gobierno. No hay cambios ni en la presidencia ni en la Junta. Hacia fines del 78, debe formarse el MRN. B) 1979-1982: en 1979 debe instalarse una nueva Junta Militar pero Videla sigue siendo presidente como el 'cuarto hombre'. El brigadier Agosti y el almirante Massera, ya retirados, pasan a ser dirigentes del MRN. Está permitida la participación de elementos civiles en el gobierno, elegidos por el MRN. C) 1982-1985: una nueva Junta Militar; Videla debe dejar la presidencia a otro militar hasta 1988. Los gobernadores provinciales también deben ser militares. D) 1985-1988: la Junta vuelve a cambiar, pero no el Presidente. Su principal tarea es organizar un referéndum en 1986. En 1987, se eligen intendentes y concejales y legisladores provinciales con listas confeccionadas por las corrientes del MRN. E) 1988-1991: se instala otra Junta, la última del Proceso. El nuevo presidente del MRN podría ser un civil. En 1989, el MRN podría dividirse en dos grandes grupos dando lugar a un sistema bipartito. En 1990, elecciones para el Congreso nacional. Para 1991, los militares se retiran tranquila y lentamente, dejando que los civiles convoquen a elecciones". El sueño autoritario se presentaba en el plan Grondona con un cronograma a cumplir a lo largo de 12 años por unas Fuerzas Armadas disciplinadas y sin conflictos salvajes. Era una utopía. El mismo Chaplin lo sugirió en ese informe al dar cuenta del enfrentamiento entre Riveros y Menéndez, un halcón represivo, un general de la noche que regenteaba "La Perla", uno de los campos clandestinos donde el terror alcanzó su propia metafísica, pero que le era fiel a Videla en los debates políticos dentro del generalato. Riveros, al igual que Suárez Mason, no quería más plan que la perpetuación del partido militar, sin eufemismos y sin civiles a la vista. Chaplin terminaba el documento con varias señalizaciones: la embajada dudaba que Videla quisiera dejar antes del 79 la jefatura del Ejército, y que se pudiera comenzar a hablar del tiempo político si el plan represivo y el plan de Martínez de Hoz no tenían un éxito rotundo.

En medio de este debate interno, la nocturnidad del Proceso irrumpía para terciar en esa lucha en la que los contrincantes se tiraban con cadáveres. A pesar de las increpaciones mutuas que se hicieron Massera y Videla, nunca se pudo saber fehacientemente de dónde partió el comando que secuestró el 18 de julio, en el barrio de La Recoleta, a Hidalgo Solá, quien a pesar de las advertencias de sus amigos, que temían una "venganza de Massera", había llegado para asistir al casamiento de su hija. El secuestro del embajador rompía el molde del asesinato de "subversivos" y de "terroristas". El embajador no sólo se había opuesto al despliegue político de Massera sino que sus denuncias afectaban también la marcha de los negocios de la guerra sucia, que tenían como aliados a Massera y a Suárez Mason. Mientras el diplomático radical devenido videlista estuviera en Venezuela, ese "corredor" hacia Centroamérica y Colombia —un territorio donde se aunaban el negocio del contrabando de armas y el de drogas como en ninguna parte del planeta— ¿estaría "bloqueado"? Videla sabía que sus halcones nocturnos (que más allá de las fronteras eran sus cóndores nocturnos) querían sacar del medio al diplomático. Una anécdota cuenta que en un té que compartieron en Campo de Mayo la mujer de Videla con la esposa de

Hidalgo Solá y las mujeres de otros altos funcionarios, Alicia Hartridge le dijo a la esposa de Hidalgo Solá, en secreto: "Decile a tu marido que se cuide mucho de Massera; es un hombre peligroso, que le puede traer problemas". ¿Videla no podía defender a sus embajadores, a sus más fieles embajadores sostenidos a capa y espada por Villarreal y su equipo? *Fueron los costos*, dijo, de mantener unido al régimen. Su inacción no era, entonces, una señal de debilidad de carácter sino de determinación, convicción y defensa de los pilares de la alianza que sustentaba su gobierno, cayera quien cayera. No hubo justicia ni aclaración para este caso, a pesar de los reiterados pedidos de la esposa de Hidalgo Solá y de sus hijos. Nunca. Incluso mucho tiempo después, tampoco se pudieron desentrañar con claridad los verdaderos móviles del asesinato del diplomático, aun cuando el esbirro Claudio Vallejos reconoció que había participado del grupo de tareas que lo secuestró por orden de Massera. Unos días después de la desaparición de Hidalgo Solá, una bomba arrasó parte de la casa de Yofre (fue la primera de cuatro). Yofre, número dos de la Secretaría General de la Presidencia y mano derecha de Villarreal, se salvó de ser asesinado porque estaba trabajando. ¿Quién había puesto la bomba? Villarreal supo —recién en 1982 y por boca del general Reynaldo Bignone— que en los días previos al primer atentado contra Yofre, el general Montes había irrumpido casualmente en una reunión entre Suárez Mason y Roualdés, mientras los dos estaban discutiendo animadamente distintas alternativas para asesinar al abogado radical. Montes los disuadió, argumentando que se trataba de un hombre demasiado próximo a Videla, y el rumor se elevó rápidamente a los altos niveles de la institución. El equipo videlista dio por seguro que la bomba había partido del masserismo, precisamente porque se había descubierto el juego de Suárez Mason en esa operación. Sin embargo, ¿por qué no suponer que ambos atentados —contra Hidalgo Solá y contra Yofre— respondían a los planes de un estado mayor conjunto de intereses políticos y negocios, los compañeros de la logia P2, Massera y Suárez Mason? Y que ese estado mayor no sería nunca desactivado por Videla por supremas razones del Estado terrorista. Lo cierto es que el sucesor de Hidalgo Solá en Venezuela fue Federico Bartfeld, un embajador de carrera amigo de los radicales pero, sobre todo, muy amigo del "Negro" Massera. En este sentido, Massera había "reconquistado" para su proyecto la plaza venezolana. Bartfeld llegó a ser, en el 2000, embajador argentino en China.

En este clima brutal del 77, la actividad de Videla en agosto fue febril. En ese mes hubo más reuniones que las habituales, tanto de la Junta como del generalato. Díaz Bessone presentó a la Junta su plan para la Nueva Argentina, que debía ser sometido al debate de las tres armas antes de elaborar el proyecto final. Mientras los jerarcas militares iniciaban la discusión —que terminó en diciembre—, Videla, Martínez de Hoz y Liendo avanzaban pacientemente en el desguace del Estado, con excepción de la Ítalo, por supuesto, a la que se quería volver a estatizar. Entonces existían unas 700 empresas administradas por el Estado y el trío planeaba vender esos activos de acuerdo con la facto-ley 21.600. El ultranacionalista Díaz Bessone tenía otro frente de combate contra Martínez de Hoz. En su plan, un mamotreto tedioso y pretencioso de 400 páginas, se solazaba con el uso de palabras del ideario incumplido de las democracias occidentales (libertad, solidaridad, equidad, etc.), con un lenguaje político moderado (evitaba el lenguaje cuartelero de la guerra sucia) y con recurrentes invocaciones a Dios. Pero el plan no era un modelo de país sino un modelo de megaestado, cuya función era controlar todos y cada uno de los movimientos políticos y económicos de las distintas áreas de gobierno y, por supuesto, de cualquier gobierno que naciera con la máscara de una nueva Constitución, siempre y cuando se basara en la hegemonía indiscutida del partido militar. El plan del planificador Díaz Bessone —que para el general Mallea Gil era un proyecto de "Mussolini pasado por Totó"— no tuvo rating: la mayoría de los sectores que lo leyeron, sobre todo Massera, Agosti y Viola, sólo comentaron las partes en las que de hecho se les recortaba poder. No se sabía aún, pero Díaz Bessone tenía los días contados: Videla estaba totalmente dispuesto a abandonarlo por la presión que ejercía Martínez de Hoz, el único y verdadero superministro del Proceso, en la que coincidía con Villarreal y su equipo. Videla estaba dispuesto a prescindir de Díaz Bessone a pesar de sus declaraciones diurnas: *Es necesario concebir una propuesta política que a partir de las experiencias anteriores sea capaz de vertebrar la convergencia de civiles y militares en un proyecto común. La materialización de la propuesta comprenderá la gradual participación de la civilidad en el Proceso de Reorganización Nacional. Esta participación deberá concretarse en áreas cuyo control por parte de las Fuerzas Armadas no sea exigido por los imperativos políticos del Proceso. Debemos reiterar que la propuesta no constituye un plan electoral… No se trata de entrar otra vez en la anormalidad bajo una "normalidad" encubierta o aparente. Excluidos los subversivos y los corruptos en la convocatoria, todo cabe en función de una sumatoria generosa para el enriquecimiento de nuestras ideas. Sería contradictorio encarar las futuras conversaciones con las organizaciones (políticas, gremiales, empresarias) en cuanto tales, porque seguramente ejercerían presiones para obstaculizar el empuje renovador. Ello determina la conveniencia de que el diálogo a emprender se materialice a través de las individualidades y no de agrupaciones.* Hasta dónde Videla creía en estas afirmaciones es algo que la historia permitió dilucidar después. De hecho, se trató de simples declaraciones que, en ese momento, resultaban funcionales para que el gobierno militar levantara la nota ante la comunidad internacional, porque Martínez de Hoz necesitaba créditos e inversiones externas para tener éxito, y estas inversiones, en gran medida, dependían de cuán dispuesto se mostrara Videla a respetar la libertad económica y los derechos humanos. Videla necesitaba imperiosamente que *la zanahoria* funcionara: el mismo día en que realizó estas declaraciones llegó a Buenos Aires la delegación del gobierno de los Estados Unidos, encabezada por Todman y Derian, y que también integraban Rondon —su documento de mayo había preparado a la delegación Todman para esta visita—, y un grupo de legisladores demócratas y republicanos. La delegación pretendía evaluar in situ los avances realizados en la Argentina para que el país no fuera condenado con sanciones económicas. Derian solicitó una entrevista con Videla y con Massera, al tiempo que se veía, casi secretamente, con familiares de desaparecidos, cuya expresión más férrea eran ya las Madres de Plaza de Mayo. El informe confidencial 5889 de agosto enviado por Chaplin, que acompañó a Derian en esas reuniones, y dirigido a Christopher y a Todman, indica que Videla blandió *la zanahoria* de la apertura política con Derian. Chaplin, a quien Derian consideraba "un amigo de los militares argentinos", informó que la reunión se realizó el 9 de agosto en Casa de Gobierno, que duró 35 minutos, que fue cordial y que Derian alabó a Videla por sus declaraciones respecto del "retorno a la paz y a la democracia", pero se mostró desencantada por las dificultades de avanzar en el tema de derechos humanos —"un tema difícil de discutir"— con la Cancillería, donde había sido recibida por Allara. Chaplin contó que Videla le dijo a la enviada de Carter: *Hemos avanzado mucho en la superación del caos económico y político heredado. Nuestro principal objetivo fue vencer la amenaza de la subversión a los valores tradicionales de los argentinos, de respeto a la dignidad humana y a la libertad. Por supuesto, esta tarea no está cumplida. Es necesario que comprendan que necesitamos más tiempo, ya que si bien las Fuerzas Armadas progresaron mucho en la lucha contra la subversión, aún quedan ciertos focos terroristas y algunos actos aislados de violencia. Pero el pueblo argentino está demostrando una enorme disciplina, rechaza la subversión y apoya a nuestro gobierno. También se logró vencer la inflación, un flagelo para el crecimiento de la Argentina. Es cierto que es difícil obtener toda la comprensión internacional para este momento, pero le agradecemos sus palabras de comprensión por la tarea difícil que me tocó asumir personalmente. Por supuesto, esperamos que usted pueda visitarnos nuevamente para profundizar en la comprensión mutua.* En resumen, Videla pedía más tiempo para su gobierno, ya que el exterminio masivo estaba en marcha, y más comprensión para que no fuera castigado económicamente. Derian también solía usar la estrategia de la zanahoria y el garrote en sus entrevistas. Era cortésmente diplomática en el trato público, pero áspera en los reclamos sobre derechos humanos en la intimidad de las reuniones con los jerarcas militares. Un día después de la entrevista con Derian, Videla lanzó el "diálogo político", para completar la puesta en escena de lo que años más tarde se reveló, precisamente, como una estrategia para ganar tiempo. En las recepciones oficiales, Derian pudo entrevistarse con muchos funcionarios, entre ellos con Villarreal y Mallea Gil. Para ese entonces, no había reunión diplomática donde el equipo de la Secretaría General de Videla no acusara a Massera y a su ESMA de ser los máximos violadores a los derechos humanos. En la mañana del 10 de agosto, Massera invitó a Derian a visitar la ESMA, como una bravuconada. Los sobrevivientes del campo de concentración masserista contaron, años más tarde, que en esos días fueron trasladados a los sótanos del casino de oficiales, como si se hubiera intentado barrerlos debajo de la alfombra, para mostrar un aparente normalidad en esa área, eje de la prisión clandestina. Para entonces, Derian sabía que Massera y sus burócratas del terror habían secuestrado a más de tres mil personas. No sabía que un año más tarde la cifra ascendería a casi cinco mil. Derian estaba al tanto también que todos o casi todos esos argentinos habían pasado por la misma rutina en "Selenio": el secuestro, la tortura —con una picana a la que habían bautizado "Carolina"— en los sótanos del casino de oficiales. No conocía aún la rutina del terror absoluto: la espera del traslado en el hediondo agujero de "Capucha" y, en la inmensa mayoría de los casos, de la aplicación del pentonaval (un somnífero potente) y el vuelo final sobre el Atlántico, en los vuelos de la muerte que ordenaba el príncipe heredero de Massera, "Gales" o Acosta, "el dedo de Dios". Pero lo que sabía Derian era suficiente para increpar a Massera. En el diálogo con Derian, Massera repitió como un espejo la estrategia de Villarreal y Mallea Gil: culpó al Ejército de los "excesos", eufemismo que en esos días puso en boga Videla para tratar de ocultar que la represión ilegal era un plan premeditado, acordado en la Junta y llevado adelante por el Estado a través de las Fuerzas Armadas. En otro documento confidencial —11652 GDS, del 15 de agosto— neutro pero dramático, Chaplin dio cuenta de esta reunión. Massera le dijo a Derian que la Argentina "estaba en marcha para retornar a los procedimientos legales", y que "circulaban informaciones falsas" porque había "grupos que todavía se nos escapan". La enviada de Carter le manifestó, entonces, que a su gobierno le preocupaban la "gran cantidad de desaparecidos y el trato de extrema crudeza a los detenidos", y le pidió "otra conducta para con ellos". Derian mencionó las cifras de desaparecidos y detenidos ilegalmente que manejaba, proporcionadas por Videla y por Allara. Chaplin cuenta que Massera se defendió: "No conozco esas cifras, pero es verdad que en los últimos meses fueron aumentando", y que a continuación, repitiendo su juego favorito, explicó que "el Ejército Argentino, a diferencia de otras fuerzas, tiene independencia para aplicar la seguridad interna, pero esto no significa que Videla no tenga pleno control sobre estas operaciones". Derian le reclamó por la angustia de los "miles de ciudadanos que no saben si sus parientes están vivos o muertos" y por las personas que permanecían en prisión sin ser nunca acusadas ni juzgadas. Le dijo que, de permanecer con esos métodos ilegales, "los terroristas habrían conseguido su principal objetivo de destruir las instituciones legales del Estado si el gobierno no admite que ganó la guerra y que debe volver al sistema judicial llevando a los detenidos a proceso". La funcionaria estadounidense reclamó también por los malos tratos a Timerman, que Massera negó. Posteriormente, Derian le dijo a Massera que "varios integrantes del gobierno" le habían manifestado que la Marina era responsable de los abusos contra los prisioneros, y que en su visita anterior había sabido que uno de los peores centros de interrogatorios era la ESMA. Massera lo negó: "No es que yo quiera lavarme las manos —dijo—, pero la Armada no tiene jurisdicción territorial y cuando realiza procedimientos lo hace con conocimiento del Ejército". Massera negó también haber ordenado el secuestro de Hidalgo Solá y manifestó que él pensaba que había llegado la hora de dar a conocer una lista de detenidos, pero que el Ejército se oponía. Derian supo que Massera mentía. El documento de Chaplin nunca hizo mención, sin embargo, a la parte más mendaz y cínica de la entrevista. Años después, Derian contó que el diálogo continuó así: "Le dije a Massera que tenía un esquema rutinario del piso que estaba debajo de donde nos encontrábamos, y que era posible que mientras nosotros estuviéramos hablando, en el piso de abajo se estuviera torturando. Entonces, sucedió algo asombroso. Massera esbozó una enorme sonrisa, hizo el gesto de lavarse las manos y me dijo: ¿Usted recuerda lo que pasó con Poncio Pilatos?". Cabe preguntarse por qué Derian no increpó a Videla en el mismo tono que a Massera. Se puede suponer que la mendacidad de Videla estaba deliberadamente ocultada por los informes de Chaplin y que el juego impuesto por el equipo político que comandaba Villarreal consistía en vender a un Videla más allá del mal que se encarnaba en Massera. Lo cierto es que parece claro que Videla era considerado, por los Estados Unidos, y aun por funcionarios como Derian, el "mal menor", el hombre que "no controlaba ni conocía". Creer en este argumento tranquilizaba las conciencias liberales estadounidenses y, además, no exigía una condena que atentara contra los intereses económicos de los EE.UU. La furia de Massera por este diálogo con Derian se trasladó inmediatamente a una reunión posterior de la Junta. Un oficial que trabajaba con Villarreal contó, en una entrevista realizada en 1998, algunos detalles de este episodio que reveló, sobre todo, el cabal conocimiento que tenía Videla de todo lo que ocurría: "Videla lo llamó un día a Mallea Gil y le dijo: *Mire, acabamos de tener una reunión de Junta donde el almirante Massera ha expresado que el coronel Mallea Gil es el único en el Ejército que dice que los únicos que matan a los guerrilleros son los marinos, en la Escuela de Mecánica de la Armada. Y esto me lo ha dicho Patricia Derian. Trate de resolver el problema.* Entonces, Mallea Gil le escribió una carta a Massera desafiándolo a que le hiciera un tribunal de honor si tenía algo de qué acusarlo. Después hubo otra reunión de Junta en la que Massera le dijo a Videla: 'Qué quilombo me armaste con Mallea, yo lo quiero mucho al petiso, es un tipo macanudo, decile que no se caliente'. Videla, nuevamente, le contó esta charla a Mallea Gil, quien por segunda vez le escribió una carta durísima a Massera, pero esta vez se la mostró primero a Videla. Se cuenta que Videla leyó la carta y, sonriéndose, se la devolvió a Mallea Gil, con este comentario: *Mallea, ¿usted quiere que lo pise un camión?* Lo cual querría decir dos cosas. Una, que Videla querría protegerlo porque no quería que lo pisara un camión. Pero además, que él sabría que había camiones que pisaban gente, y que eran de la Marina".

Hubo un segundo informe confidencial denominado "Country Evaluation Plan of Human Rights in Argentina", del 22 de agosto, que firmaba Ken Hill, un funcionario del Grupo Interagencias sobre Derechos Humanos y Asistencia Exterior del Departamento de Estado. En él, Ken Hill revelaba los pormenores de los métodos del sistema represivo de la dictadura desde los allanamientos nocturnos, los tormentos, el secuestro de opositores, el maltrato a los presos, los asesinatos y los robos de los bienes de los secuestrados. En todo el texto, Ken Hill levantaba su dedo índice para señalar que el gobierno de Videla practicaba centralizadamente todos estos delitos y crímenes y que, por eso, no los limitaba ni castigaba. Respecto de la tortura, decía: "No hay duda de que el personal de seguridad y de las prisiones la emplea. El gobierno está al tanto de estas actividades pero por lo general las deja pasar sin controles ni castigos... En las cárceles ordinarias o centros de detención en las bases militares, los prisioneros son golpeados, sometidos a shocks eléctricos (picana), sofocados y objeto de simulacros de ejecución de rutina en los interrogatorios". El Departamento de Estado conocía esto ya entonces, por testimonios de Patricia Erb, hija de uno de los principales pastores protestantes de la comunidad norteamericana en la Argentina, que fue secuestrada en 1976, llevada a "El Campito" y liberada poco después hacia los EE.UU. por la intervención directa del embajador Hill. Lo que Erb vio en ese "campo del terror" regenteado por Riveros fue insoportable aun para muchos funcionarios, en especial la descripción del destripamiento y descuartizamiento de varios líderes guerrilleros, sometidos a una tortura "metafísica", como mantenerlos con vida con sus vísceras al aire durante meses o hacerles presenciar el asesinato de sus hermanos e hijos. Ken Hill revelaba además que había "ejecuciones sumarias de prisioneros" pero que estas muertes "regularmente eran enmascaradas como enfrentamientos con las fuerzas del orden o intentos de fuga". Así, el funcionario dejaba claro la extrema mendacidad del Proceso y, también, clavaba una estaca en la obsesiva defensa de la diplomacia silenciosa en la que persistía su propio gobierno. Ken Hill, en ese informe, ya anticipaba un cálculo de presos del régimen: unos cinco mil. Registraba, asimismo, que su gobierno llevaba computadas sólo en ese año unas dos mil desapariciones. Y, por último, dedicaba un largo párrafo a Suárez Mason, "en cuyo distrito se cometen las peores atrocidades". Y decía algo más, algo importante: "Aparentemente, Videla no puede controlar a Suárez Mason". Ken Hill no lo sabía aún con precisión, pero algo sospechaba al usar la palabra "aparentemente", tal vez comenzaba a dudar sobre si Videla "no podía" o "no quería" controlar a Suárez Mason. La delegación de Carter no se había ido todavía, cuando la represión cargó contra los trabajadores que, en esos meses, realizaban una activa pero solitaria resistencia en las grandes empresas.

Héctor Aníbal Ratto fue detenido poco antes de las 22 del 12 de agosto del 77 en el interior de la planta de Mercedes Benz, ruta 3 km 43 1/2, de González Catán. Se intentó hacerlo salir desde su sección hasta el puesto de vigilancia, donde lo esperaban hombres de civil, con un pretexto (un llamado telefónico poco lógico, de la familia). La semana anterior había sido secuestrado durante cinco días Diego Eustaquio Núñez y meses antes —entre diciembre del 76 y enero del 77, en sus domicilios— dos delegados de planta apellidados Ventura y Reimer. Ninguno de ellos volvió a aparecer. Ratto se opuso a acompañar al personal de vigilancia interna y varios de sus compañeros lo rodearon y apoyaron, ofreciéndose a salir en su lugar para averiguar. El personal jerárquico —particularmente el gerente de producción Juan R. Tasselkraut— negoció durante horas con quienes pretendían llevarse a Héctor y, al mismo tiempo, con los operarios. Finalmente la empresa terminó pidiendo la presencia del ejército regular, algo que ya había hecho en otras oportunidades. A lo largo de estas negociaciones, Héctor y sus compañeros se enteraron de que el mismo día pero en su casa de San Miguel había sido secuestrado el trabajador Fernando Omar Del Contte. También durante el largo impasse, Héctor escuchó cuando el personal de seguridad de la planta daba por teléfono la dirección de Diego Nuñez a la comisaría de Ramos Mejía. Nuñez fue secuestrado en su casa al día siguiente, el 13. El papel de Tasselkraut —posteriormente alto directivo internacional de Mercedes Benz— fue tergiversado en una entrevista realizada en España por Mario Mactas para el Diario del Juicio. Allí se lo presenta como "el hombre que no dejó pasar a un grupo de secuestradores en Mercedez Benz". Del testimonio de Ratto surge que lo que Tasselkraut hizo fue colaborar en el intento de separarlo de sus compañeros y, por último, calmar la agitación mediante la presencia de tropas. Finalmente, poco antes del cambio de turno de las 22 hs. aparecieron tres camiones del cuartel de Ciudadela (región 113) cuya tropa inspeccionó documentos y datos de todo el personal. Al retirarse se llevaron con ellos a Ratto. Él permaneció tres días aislado, durante los que no se lo torturó, en la comisaría de Ramos Mejía. Luego los policías le hicieron firmar la libertad e inmediatamente lo encapucharon y fue trasladado en el baúl de un coche hasta lo que después iba a saber que era "El Campito". Allí fue duramente torturado; el interrogatorio pretendía que proporcionara datos sobre "el petiso José", un ex trabajador de MB cuyo apellido es D'Alessandro. Héctor permaneció en Campo de Mayo hasta el 2 de setiembre del 77. Durante su estadía pudo ver a Diego Núñez, Fernando Del Contte, Juan Mosquera —secuestrado el 17 de agosto en su casa de San Justo—, Francisco Arenas —secuestrado el 19 de agosto en su casa de González Catán— y Alberto Gigena —secuestrado en San Justo el 13 de agosto—, entre muchos otros compañeros de Mercedes Benz (cuando recuerda un traslado, Ratto da a entender que vio por lo menos a 20). Ninguno de los mencionados con nombre y apellido reapareció. En la última fecha fue llevado nuevamente a la comisaría de Ramos Mejía, en donde se lo retuvo sin ninguna legalidad hasta el 8 de marzo del 79. Aun después de esta fecha y durante un año aproximadamente, estuvo sometido a un régimen informal de libertad vigilada. (Juicio a las Juntas. Acusación a JRV. Privación ilegal de la libertad calificada por haber sido cometida con violencia y amenazas. Casos 96. Héctor Aníbal Ratto, 97. Diego Eustaquio Núñez, 98. Fernando Omar Del Contte. 99. Juan José Mosquera, 100. Francisco Arenas, 101. Alberto Gigena).

La resistencia de los trabajadores contra el plan de Martínez de Hoz permite explicar por qué en las estadísticas luctuosas del régimen la mayoría de los desaparecidos fueron obreros. Los datos recogidos años después demuestran que 1977 fue el año de mayor resistencia obrera, cuando la guerrilla ya no existía. Que hubo 100 conflictos por empresa, en su mayoría por resistencia a la caída del poder adquisitivo de los salarios, sin la asistencia sindical y sin solidaridad de otros sectores, es decir, en soledad. Que en los conflictos participaron cerca de medio millón de trabajadores. Que fueron en el sector industrial en su absoluta mayoría, y en las grandes empresas líderes como Mercedes Benz. Que sólo triunfaron 14 del total de conflictos y que la mayoría fueron salvajemente reprimidos, y los delegados de las comisiones internas secuestrados, encarcelados o asesinados. Tanto que en 1978 el total de conflictos bajó a 40. Eso demostró que el 77 fue un año clave para quebrar cualquier oposición al régimen con una extensión ilimitada del terror, pero a plazo fijo. La exigencia de ordenar la salida política y los inminentes recambios en la Junta lo imponían, junto con la realización del Mundial de Fútbol 78 y la necesidad de neutralizar la presión de los EE.UU. Videla se encaminaba hacia la "solución final", pero esa determinación también se correspondía con la necesidad de ordenar el aparato legal de la represión. En este sentido, una de las consecuencias de la visita de Derian fue que, según el acta secreta 34 de la Junta del 30 de agosto, Videla firmó, junto con Massera y Agosti, la reimplantación del derecho de opción para salir fuera del país —un derecho constitucional que habían suprimido— para los detenidos legales, y la centralización en manos de Harguindeguy de todo trámite o información sobre ellos. A fin de año, Videla había prometido a la delegada de Carter publicar una lista de presos en las cárceles diurnas. Y cumplió.

Setiembre del 77 fue un mes clave. Mientras Martínez de Hoz continuaba con sus giras por Europa buscando seducir inversores, Videla definía su estrategia diurna interna y externa. Puertas adentro, el tema excluyente era los interminables y sordos debates con el generalato sobre los planes políticos y la institucionalización de la dictadura. Puertas afuera, el viaje a Washington para entrevistarse con Carter, en ocasión de la firma del tratado por el canal de Panamá por el cual los Estados Unidos debían devolver ese paso a los panameños el último día de 1999. Videla sabía que ése era un momento clave para las relaciones bilaterales y para legitimarse, ya que estarían presentes los dieciocho presidentes latinoamericanos. Así que en los primeros días del mes —debía partir el 6 de setiembre rumbo a los EE.UU.— Videla se reunió con casi mil oficiales superiores del Ejército en el edificio Libertador, y expuso el cronograma completo y el contenido del Proceso hasta el 2000, si el plan de Díaz Bessone se tomaba al pie de la letra. Videla se explayó durante tres horas. En síntesis, dijo que antes de avanzar sobre rieles políticos, había que terminar "la guerra contra la subversión" de la que él era el comandante supremo. Por lo tanto, mientras durara esa guerra, era conveniente que el jefe del Ejército, o sea él, fuera al mismo tiempo Presidente. También afirmó ante los oficiales superiores que era necesario delimitar una nueva estructura de poder entre la Junta y el Presidente, y que era importante continuar con la tradición nacional; es decir, reforzar el sistema presidencialista, que podría estar en riesgo en el momento en que él ya no integrara la Junta. Videla, además, se postuló como el "cuarto hombre", pero señaló que debía tener toda la autonomía y autoridad que tiene un Presidente cuando se formara otra Junta militar que, al mismo tiempo, debía respetar esa autonomía y autoridad. Estaba claro que a Videla le daba temor dejar la doble función que tenía y que quería asegurarse todo el poder. Antes de partir a los EE.UU., tuvo tiempo de hacer largas reuniones con lo más granado del empresariado, en un banquete realizado en la SRA, acompañado por Martínez de Hoz, Liendo, Juan Alemann y el secretario de Desarrollo Industrial, Raymundo Podestá. Estaban, entre otros, Agostino Rocca, de Techint, el general retirado Alcides López Aufranc, socio de Martínez de Hoz en Acindar, y Celedonio Pereda. Videla les dijo lo que, años después, sonaría a confesión de parte: *Es necesario encarar la implementación de grandes proyectos en el plano de la siderurgia, la química pesada, la petroquímica, la celulosa y el papel. Paralelamente, debemos dinamizar la explotación de todos los recursos energéticos y mineros. Para ser un gran país agrario se requiere ser un gran país industrial.* Videla apostaba a la agroindustria como eje del polo industrial con la mirada puesta en el exterior. Decir Videla, que siempre reconoció que no sabía nada de economía, era decir Martínez de Hoz, porque la industria debía estar en función de la consolidación de la gran burguesía terrateniente agroexportadora, devenida agroindustrial y financiera, cuyos patrones de acumulación se realizaban más allá de los mares y no en el mercado interno. Lo que estaba en marcha no era la explosión de la Argentina industrial sino la especulación financiera: setiembre fue el mes de la explosión de las tasas de interés (con picos del 14% mensual) que llevaron al auge de los plazos fijos, con efectos internos recesivos pero con beneplácito para los capitales golondrina extranjeros que aterrizaban en busca de beneficios asegurados por las altas tasas de interés y el tipo de cambio, por la reciente aprobación de la Ley de Entidades Financieras, que piloteaba Adolfo Diz al frente del

Banco Central. Tres meses después, las reservas monetarias eran altas pero inestables. Lo único estable era el crecimiento de la deuda externa, que se había incrementado en un año en 1.500 millones de dólares (un 17%). Se estaba pariendo la "patria financiera".

Finalmente, Videla partió a los Estados Unidos con su mujer Hartridge, enfundado en un traje —por primera vez usaba "uniforme de civil", como solía llamar a una vestimenta que de ninguna manera podía hacer tambalear su esencia militar—, rumbo a la cita internacional más difícil de todo su gobierno. En la comitiva viajaban, entre otros, Villarreal, Yofre y el canciller Montes. Mallea Gil había tenido que adelantarse y preparar la agenda de Videla con Orfila, porque Aja Espil no estaba de acuerdo con el viaje. Sostenía que no era conveniente en ese momento porque Videla iba a recibir presiones por el tema de los derechos humanos, y porque, de alguna manera, el encuentro con Carter se perdería "en el montón", ya que en esa cumbre por el canal de Panamá estarían presentes todos los presidentes latinoamericanos, menos el brasileño Geisel, que había optado por no participar en función de los intereses geopolíticos que Brasil defendía frente a los EE.UU. Pero Videla no quería escuchar a Aja Espil, tal vez porque su argumento le parecía demasiado similar al de Massera, tal vez porque realmente, como dijo años más tarde uno de sus asesores, "estaba desesperado por arreglar las cosas (la tensión por los derechos humanos) con los yanquis". Videla fue recibido, según el protocolo, por Christopher, en nombre de Carter, y alojado en el piso 15 del hotel Madison de Washington. La misma noche de su llegada, en la OEA, se firmó el tratado del Canal. En las fotos de época se lo ve feliz y relajado, como si ese destino fuera el mejor de su carrera. La entrevista con Carter ocurrió en la mañana del 9 de setiembre en el Salón Oval de la Casa Blanca. Duró una hora y no fue a solas. Estuvieron presentes Mondale, Vance, Brzezinski y su segundo Robert Pastor, Todman, Montes y Aja Espil. Primero hubo saludos cordiales y protocolares; luego, Carter fue directo al grano: le preguntó por Timerman. Videla temió que también lo interrogara por el profesor y dirigente de la APDH, Alfredo Bravo, secuestrado por las huestes de Suárez Mason y Camps el día anterior a la entrevista. Motorizadas por Alfonsín, las denuncias habían llegado con la velocidad de un rayo a la Comisión Interamericana de Derechos Humanos (CIDH). La revista Gente, de la editorial de Constancio Vigil, relató que Videla había tenido una mañana tranquila, que su única preocupación había sido la elección del traje que usaría para la entrevista ("uno oscuro, de alpaca, con camisa celeste y corbata a rayas azules y moradas"). Pero Videla estaba "desencajado" porque, dijeron los que lo acompañaron, consideraba que el secuestro de Bravo era una nueva patraña de Massera para aguarle la cumbre con Carter. En verdad no fue así; el responsable fue el *descontrolado, no...* Suárez Mason. Mallea Gil contó, años más tarde, que Videla, obstinadamente, se comunicó varias veces con Buenos Aires para garantizar la rápida "legalización" de Bravo. La pregunta por Timerman mereció una explicación de Videla, quien habló de la "subversión" económica. Para Carter, era la oportunidad de enfrentarse face to face (cara a cara) con el militar del Cono Sur y dejar sentado que su gobierno no cesaría su presión por las violaciones a los derechos humanos. Videla explicó, entonces, sus intenciones; sintetizó su plan político, prometió resolver el "caso Timerman" y expresó su deseo de tener *una Navidad en paz y feliz.* Carter entendió que esto significaba el fin de la crueldad. Fue una interpretación errónea: *la Navidad feliz* era, para Videla, poner en marcha el desmonte gradual de los campos clandestinos, previo "traslado" masivo de prisioneros. *Navidad en paz* era otro de los tantos eufemismos del gobierno militar. Más adelante en la entrevista, Carter habló de la conveniencia de contar con la Argentina para lograr que Brasil —que se negaba como la Argentina— firmara el Tratado de Tlatelolco. Al final de la entrevista, on the record, Carter declaró: "Hablamos de derechos humanos. Yo sé que las cosas no suelen ser fáciles en ese terreno. Escuché las explicaciones del presidente de los argentinos con mucha atención. Mi país está dispuesto a ayudar a la Argentina para que la próxima Navidad sea una Navidad feliz". Y Videla dijo: *Hay muchas cosas sobre la Argentina que se distorsionan con fines inconfesables. Debo reconocer que la lucha contra la subversión produjo una guerra sucia que hace imposible abarcar todos los controles en los esfuerzos contra la violencia subversiva.* Por primera vez en un foro internacional, Videla usaba el término "guerra sucia" y la excusa de los "excesos" para encubrirse y encubrir a los comandantes que habían planificado bajo su liderazgo, con premeditación, la represión ilegal como una cuestión de Estado. Finalmente, Carter le dijo a Videla que su delegado, el que realizaría el seguimiento de lo conversado, sería Vance. La mañana siguiente a la reunión con Carter, en el ascensor rumbo al piso 15 del Madison, Mallea Gil, Villarreal y Yofre le advirtieron a Videla que estaba por llegar Kissinger. Videla manifestó su voluntad de encontrarse con él, cosa que efectivamente hizo, porque lo consideraba "un buen amigo americano", con quien no existían distancias insalvables que parecía haber con Carter. La lista de entrevistas en Washington fue tan larga como la de Nueva York, adonde viajó para reunirse con banqueros y con el secretario general de la OEA, entre otros. Hospedado en ese monumento arquitectónico del eclecticismo americano, el lujoso Waldorf

Astoria, Videla hasta tuvo tiempo de ver al notable tenista Guillermo Vilas, a punto de ganar el Abierto de los Estados Unidos. La renuncia de Videla a asistir a la competencia fue una estrategia de imagen: *Queda mal si nos quedamos*, manifestó puertas adentro. Puertas afuera, declaró: *Es más importante el país que un gran partido de tenis.* Antes de despedirse de Nueva York, Videla concedió un reportaje al ex alcalde de esa ciudad devenido periodista, John Lindsay, para "Hora Americana", quien repasó todos los temas de la agenda bilateral y, también, hizo hincapié en el denunciado antisemitismo del Proceso. La importancia de esta entrevista radica en que ésa fue la primera vez que Videla explicitó cuál era, y sería a rajatabla, el argumento del régimen en lo sucesivo toda vez que no tuviese otra alternativa que reconocer la existencia de desaparecidos, algo que había negado pertinazmente hasta ese viaje. Lindsay preguntó: "Se dice que en la Argentina han muerto 587 personas y 2.000 desaparecieron como resultado de la violencia política. ¿Puede usted aclararnos esto?". Videla respondió: *Es muy difícil poder aseverar que estas cifras sean exactas, especialmente en lo que se refiere a personas desaparecidas. Pero ustedes tienen una experiencia de lo que es la guerra. En pequeña escala, en escala reducida, la Argentina ha iniciado y lleva a cabo una lucha bajo formas armadas, y debemos aceptar como una realidad que en la Argentina hay personas desaparecidas. El problema no está en asegurar o negar esta realidad, nosotros la afirmamos. El problema está en saber las razones por las cuales estas personas están desaparecidas. Hay varias razones esenciales: han desaparecido para pasar a la clandestinidad y sumarse a la subversión; han desaparecido porque la subversión las eliminó por considerarlas traidoras a su causa; han desaparecido porque en un enfrentamiento donde ha habido incendios y explosiones el cadáver fue mutilado hasta resultar irreconocible, y acepto que puede haber desaparecidos por excesos cometidos en la represión. Ésta es nuestra responsabilidad; las otras alternativas no las gobernamos nosotros. Es en esta última que nos hacemos responsables, que el gobierno ha puesto su mayor empeño para evitar que estos casos puedan repetirse. Y en más de una oportunidad algunas personas que se creían desaparecidas aparecieron tiempo después tomando un micrófono y hablando por televisión en algún país europeo, contra nuestro país.* Hubo, además, anécdotas triviales como en todo viaje, que pasaron de boca en boca entre funcionarios y periodistas: en la megatienda Marc Company, ubicada en la calle 33 entre la 5ta. Avenida y Broadway, la mujer de Videla se paseaba con un centímetro al cuello para medir el cargamento de ropa que, entre otras cosas, compró para su familia. Hartridge era considerada, por funcionarios y periodistas, como "el terror de las grandes tiendas" por su compulsión al consumo y los paquetes con que abarrotó el avión que traía de regreso a la Argentina a Videla y su comitiva. Videla, además, compró una bicicleta con motor para uno de sus nietos. Y, generando un ruido inconveniente para ese escenario elegante, la probó sobre las alfombras Luis XVI de la suite del Waldorf Astoria. El 11 de setiembre regresó a Buenos Aires. Desembarcó en la base aérea de El Palomar. Los periodistas fueron los últimos autorizados a descender: la orden fue que no vieran el cargamento de objetos importados de contrabando que traían Videla, su esposa y el resto de los funcionarios.

Es posible suponer que el Videla diurno, obligado por su rol de Presidente, mantuviera una pelea sin tregua con el Videla nocturno, general de la noche y la niebla, comandante en jefe de la mortalidad del régimen. Es posible que los gestos de moderación de esa obligada diurnidad hayan sido tan necesarios para Videla como los raids nocturnos de los grupos de tareas. La acción diurna era a la nocturna como la cortina de humo que tapa el edificio en llamas. Pero eso se supo mucho después. En aquel entonces, el rol de Presidente de Videla presentaba un canal visible para el avance del "diálogo político" mediante el cual intentaba renacer la dirigencia política. La semana posterior a su regreso a Buenos Aires, Videla tuvo la sensación de que los seis meses que tenía por delante serían claves para ese proyecto. En primer lugar, debía avanzar en la "solución final" antes del Mundial 78, cuando todos los reflectores estarían apuntando a la Argentina. La segunda tarea, de índole interna, era realizar con extrema cautela los relevos en el Ejército, es decir, la rotación de funciones de los generales de brigada y división. La tercera, decidir qué plan político y qué gabinete de civiles le garantizaban su lugar de heredero natural del régimen "vestido de civil". La cuarta, asegurar la permanencia de Martínez de Hoz, impedir que fuera negociable incluso a pesar de la presión de los generales como Suárez Mason y Díaz Bessone, y de Massera. De modo que frente a unos cincuenta generales, Videla les dijo lo que querían escuchar: *Este proceso tiene objetivos pero no se ha fijado plazos.* Y prometió que no habría cambios en la estructura del poder —Junta y Presidencia— hasta marzo del 79. Esta idea y la de que *los partidos políticos no deben funcionar como puras máquinas electorales* —expresada ante un grupo de jóvenes destacados en distintas disciplinas, a los que quiso endilgarles la tarea de ser "los herederos del Proceso"— fueron abonadas como una consigna madre del régimen. La primera de estas ideas no se desarrolló en los tiempos previstos: Videla se vio obligado a dejar el mando directo de sus tropas antes de lo que hubiera deseado. La segunda tampoco se concretó, porque el sistema de partidos seguía reflejando a la sociedad civil y porque el Proceso era francamente estéril en el juego democrático y republicano, además de ser nulo en cuanto a su capacidad de organizar una derecha civil que no fuera raquítica como la que existía desde los años 30. Esta debilidad era la fortaleza de Videla, lo que le había permitido sentarse en la Casa Rosada, pero era también su flaqueza, el pecado original de la dictadura.

En el terreno internacional, el Videla diurno tenía dos frentes conflictivos: uno, con EE.UU.; el otro, con Chile. El canciller Montes, hombre de Massera, dio un informe completo a la Junta sobre la situación planteada por la disputa por el Beagle. Los chilenos, aprovechando el fallo de la corte arbitral británica que les había concedido la soberanía sobre las islas Picton, Lennox y Nueva, las aguas territoriales propias al puerto de Ushuaia y la libre navegación de los cursos de agua, habían modificado su mapa corriendo de hecho los límites hacia territorio argentino. En efecto, la determinación chilena había desplazado el límite original del cabo de Hornos prolongándolo hacia el sur, para que abarcara un racimo de archipiélagos que tradicionalmente habían estado bajo jurisdicción argentina. Ese trazado cambiaba la denominada "línea de base", que separa el Atlántico del Pacífico, por lo que de hecho se ocupaba un mar territorial y una plataforma continental pertenecientes a la Argentina. El gobierno no estaba dispuesto a aceptar el fallo inglés, pero Videla se encontraba frente a un dilema peculiar. No deseaba una confrontación abierta con Chile porque, como sucedía con la unidad del régimen en la represión, no quería poner en riesgo la unidad con Pinochet en la lucha anticomunista a escala latinoamericana.

En esos momentos, Videla estaba preocupado por la inclinación de algunos sectores de las Fuerzas Armadas a invadir Chile. Éste era el próximo frente de tormenta. El éxito final en la guerra sucia había traído dos efectos indeseados: por un lado, la violación a los derechos humanos había afectado las relaciones con los EE.UU. y los negocios e inversiones; por otro, era necesario reorientar el Estado militarizado hacia hipótesis de conflicto que no fueran sólo las de la guerra interna contrainsurgente. A fines de setiembre del 77, Martínez de Hoz viajó a Washington a una reunión del FMI y mantuvo una larga entrevista con el entonces subsecretario de Asuntos Económicos del Departamento de Estado, Richard Cooper, para intentar asegurarse el voto favorable de los EE.UU. a los pedidos de créditos e inversiones, dado que subsistía la traba impuesta por la administración Carter por las violaciones a los derechos humanos. Un día antes del encuentro, el 26 de setiembre, Todman preparó un informe confidencial para Cooper que es revelador en cuanto a la visión estadounidense de la situación económica argentina y de Martínez de Hoz, y que demuestra cómo el tema de los derechos humanos complicaba de manera profunda las relaciones bilaterales.

Todman sintetizó así el modelo Martínez de Hoz: "(...) En lugar de los programas populistas destinados a distribuir el ingreso y a expandir la actividad del Estado, buscó establecer una economía de libre mercado. El programa del gobierno puso énfasis en una estrategia de crecimiento orientada hacia las exportaciones, sobre la base de la recuperación del sector agropecuario. Los principales objetivos fueron la reducción del déficit fiscal, la racionalización de la actividad del sector público, la disciplina monetaria y la expansión de las inversiones privadas, nacionales y extranjeras". Todman reconocía los éxitos del programa de Martínez de Hoz y que esos éxitos se habían basado en el sacrificio de los trabajadores. "A pesar de la recesión, el gobierno argentino logró mantener el desempleo en niveles relativamente bajos (3-4%), pero al precio de mantener bajos los salarios por decreto (los salarios reales bajaron aproximadamente el 50%). La desaceleración de la inflación fue considerable en la segunda mitad de 1976, pero es probable que no se cumpla el objetivo oficial de mantenerla por debajo del 100% en 1977 (la tasa actual para 1977 es del 130%). El gobierno redujo su déficit fiscal de 12,6% del PBI en 1975 a 7,8% en 1976. Y anunció que será reducido al 3% en 1977.(...) La balanza comercial sigue siendo favorable a los EE.UU., que son la principal fuente de importaciones a la Argentina". A continuación, Todman hacía un repaso del estado de relaciones bilaterales. Resumía el anterior memorándum de Rondon y Zimmermann respecto de las potencialidades de la Argentina y aclaraba: "En nombre del antiterrorismo se están produciendo violaciones flagrantes a los derechos humanos. Buscamos que este abuso termine y que retornen los procesos legales. (...) La Argentina tiene los proyectos sobre armas nucleares más avanzados de Latinoamérica y está avanzando rápidamente hacia la posibilidad de contar con procesos autóctonos y presumiblemente no controlados. El Departamento de Estado está actualmente considerando posibles estrategias para inhibir esta tendencia. (...) Las perspectivas de mayor comercio e inversión son enormes en las áreas de petróleo, minería y agricultura". Sobre la situación política, Todman resumía: "(...) Los terroristas, que son una mezcla de anarquistas y marxistas, siguen asesinando militares, policías, empresarios, pero en una escala muy reducida. El problema más serio es que el gobierno argentino no restablece la legalidad ni la paz en términos políticos. El gobierno no da los nombres de los miles de prisioneros políticos; los tormentos, las desapariciones, las ejecuciones sumarias, la intimidación a los abogados, periodistas y refugiados extranjeros son innegables. Aun cuando no se lo pueda atribuir directamente al gobierno, el antisemitismo también es un problema". Todman también resumía el estado concreto de la relación bilateral y las medidas que habían tomado para "castigar" al gobierno de Videla. Recordaba que en febrero del 77 habían reducido a la mitad los créditos para venta de equipos militares (FMS) para 1978. "En la actualidad —decía Todman— las compras de armas pasibles de ser utilizadas para seguridad interna se niegan rutinariamente. Otras licencias para municiones también están siendo retenidas, aunque todavía no hemos decidido hasta qué punto limitar las compras comerciales de armas. Lo que ha sobrevivido (a estos recortes) es un crédito de 700.000 dólares para un programa de entrenamiento militar para 1978, a pesar de los esfuerzos del Congreso por eliminarlo. Casi todos los vínculos militares con la Argentina se interrumpirán, sin embargo, a partir del primero de octubre de 1978, cuando entre en vigencia la Enmienda Humphrey-Kennedy a la Security Assistance Act (Ley de Asistencia a la Seguridad)". Sobre cómo había impactado esta situación en las gestiones crediticias de Martínez de Hoz, Todman informaba: "Desde setiembre de 1976, la Argentina intentó mantener las solicitudes de préstamos por fuera del BID. En marzo, planteamos nuestra preocupación ante el BM (en forma oral) antes de votar un proyecto de créditos por 100 millones de dólares para la construcción de autopistas. Más recientemente hemos enfrentado el problema de cómo votar los préstamos que pronto se plantearán en el BID y el BM. Esto ya le fue adelantado a Martínez de Hoz en mayo. Y se le explicó que sería prudente que la Argentina no solicitara más préstamos hasta que pudiera mostrar una mejoría definitiva en los derechos humanos. Martínez de Hoz afirmó que esto podría ocurrir en el caso de dos préstamos del BID, pero que estaba ansioso por avanzar en el tema de un crédito de 100 millones del BM destinado a la industria. El secretario del Tesoro (Werner Michael) Blumenthal le explicó que ese crédito del BM era difícil de conceder porque no había muchos argumentos para sostener que beneficiaba a los necesitados. Nos abstuvimos en la votación". En lenguaje directo, Todman le aconsejaba a Cooper el siguiente comportamiento en la entrevista: "Felicitar al ministro por sus logros hasta la fecha por la estabilidad económica, especialmente a través de las inversiones extranjeras y la promoción del crédito, y señalar el compromiso global del gobierno de los EE.UU. con los derechos humanos y la gran dificultad con que nos encontramos respecto de los proyectos argentinos en las instituciones financieras internacionales". Todman adjuntaba al documento un perfil de Martínez de Hoz. Lo más destacable era, además de enseñarle a Cooper la fonética del apellido ("se pronuncia marTEEness day OHS"), la definición de sus rasgos como hombre clave del régimen. "Es un prominente empresario y abogado que cuenta con el apoyo incondicional de Videla. Sin embargo, en ocasiones es criticado por la Marina, que está a favor de una política económica más populista. (...) Es un profesional inteligente, laborioso y meticuloso. Sabe escuchar y está dispuesto a oír distintos puntos de vista, aunque los suyos están teñidos por sus orígenes: pertenece a una de las principales familias argentinas. Los militares lo consideran apolítico, pero él se considera un conservador". Es notable cómo Todman podía definir sin tapujos lo que con tanto esmero deseaba ocultar el Proceso respecto del carácter del superministro de Videla (un hombre de la oligarquía terrateniente argentina, un conservador por estirpe y por opción política). "Es considerado un liberal en materia económica, basada en el empresa privada y orientada hacia el mercado", repetía casi con obviedad Todman. Luego se referiría directamente a las medidas del superministro que beneficiaron a los EE.UU., es decir, a los negocios: "Cumple con los pagos de la deuda externa. En el 76 negoció casi 1.000 millones de dólares en préstamos comerciales de instituciones financieras de los Estados Unidos, Canadá y Europa occidental, y obtuvo 300 millones del FMI. Supervisó personalmente la redacción de la nueva Ley de Inversiones Extranjeras y ha resuelto algunas disputas de larga data derivadas de la nacionalización (caso Standard Electric y Siemens) de algunas empresas extranjeras, realizada por gobiernos anteriores". Por último, Todman se refería a Martínez de Hoz como un hombre "exitoso, enérgico, intenso, franco, discreto y excelente orador". "Habla inglés con fluidez", acotaba. La reunión de Martínez de Hoz con Cooper fue cordial, pero no modificó en nada la tensión bilateral.

Sería inocente suponer que el gobierno de Carter no quería sacar provecho del arco de denuncias, los temas pendientes y el condicionamiento de los negocios militares y las inversiones. Sin duda, buscaba avanzar unos casilleros en sus reclamos relacionados con la tecnología nuclear, el cumplimiento a rajatabla de la Ley de Inversiones Extranjeras que garantizaba la remesa en dólares de las utilidades de sus empresas en la Argentina, y la competencia tecnológica con la URSS u otros países europeos en las grandes empresas de obras públicas, usando como arma de presión a los desaparecidos. También sería inocente pensar que Carter desconocía la política de reclutamiento de la CIA y el aval a las "Special Operation Forces" de los militares anticomunistas de todo el continente. Un aval y una alianza (intercambio de información, entrenamiento de agentes, montaje de negocios comunes en Miami) que se repitieron en el caso de los "cóndores" y en el Operativo Calipso en Centroamérica. La tensión entre la política de "principios" sobre los derechos humanos de Carter y la irrenunciable estrategia anticomunista de la Guerra Fría por razones de seguridad nacional del mismo Carter producía efectos paradójicos sobre el gobierno de Videla: daba aire a Martínez de Hoz para abrir aun más el comercio con la URSS y favorecía a los sectores más aventureros y ultras del Proceso que presionaban para abrir canales de importación y exportación non sanctos de equipos militares (contrabando de armas y financiamiento espurio de actividades extraterritoriales, como los operativos Cóndor y Calipso). Videla y sus generales no se equivocaban cuando resistían la presión para desarmar la industria nuclear, con fines pacíficos, y resignar una fuente de desarrollo tecnológico autónomo. No obstante, era comprensible que en semejante marco los Estados Unidos temieran que esa tecnología no fuera usada para fines pacíficos, o que tuvieran dudas acerca de hacia dónde iría a dispararse el misil atómico de los militares, a los que consideraban "forajidos" por la represión ilegal y a quienes sospechaban inmanejables. La historia les daría la razón en ocasión de la guerra de Malvinas en 1982. En aquel entonces no se sabía, pero sería Menem quien se rindió años más tarde ante la petición de los Estados Unidos y ratificó el Tratado de Tlatelolco. Ahora bien, había otro efecto interno, quizás el más importante, de la política Carter. Por un lado, aceleraba la decisión de Videla de avanzar más rápido en la eliminación física de los secuestrados. Por otro, los movimientos de derechos humanos tenían un rotundo y poderoso aval internacional, y presionaban no sólo para encontrar a los desaparecidos, para que fueran dadas a conocer las listas de los presos políticos (o para que mejorasen las condiciones de detención), sino también para convertirse en los interlocutores válidos de un movimiento democratizador, revulsivo y antiautoritario de la sociedad, aún magmático, que influyó decisivamente en los partidos políticos y dio un tiro de gracia al intento del régimen de perpetuarse por la vía política. Cada vez más, los dirigentes políticos se cuidaban de acercarse demasiado a los planes del gobierno y de participar codo a codo de un movimiento con ellos. Tal era la presión internacional del gobierno de Carter en ese tramo final del 77, cuando el régimen cumplía apenas 18 meses, que las Madres de Plaza de Mayo publicaron su primera solicitada el 5 de octubre en el diario conservador La Prensa, firmada por 237 familiares de desaparecidos. Para "legalizar" su publicación utilizaron el recurso de encabezar la solicitada con una frase de Videla, tomada literalmente y no por su contenido: *Quienes digan la verdad no sufrirán represalias*. ¿A qué verdad se refería Videla? Algunos malintencionados dijeron que esa frase significaba "quienes colaboren y den información, quienes delaten a los subversivos, no serán reprimidos por haber estado comprometidos con ellos". Mientras esa solicitada veía la luz, un grupo de madres, cuyas hijas, hermanas o nueras estaban embarazadas cuando fueron secuestradas, o cuyos nietos eran bebés o muy pequeños en el momento de haber sido allanadas las casas de sus padres y que fueron secuestrados con ellos, dieron los primeros pasos para fundar Abuelas de Plaza de Mayo, dirigidas por Aída "Chicha" Mariani y, luego, por Estela Carlotto, entre otras abuelas que se fueron sumando para comenzar una larga búsqueda en las entrañas más secretas del régimen, y denunciar el robo de bebés de los desaparecidos y su entrega en falsas adopciones, luego de partos clandestinos, a parejas militares estériles. El Estado terrorista tenía sus propias listas de espera clandestinas —la "maternidad clandestina" más activa fue la del Hospital Militar de Campo de Mayo— para este crimen considerado perpetuo por la justicia de Occidente y por las leyes naturales de la especie humana. Años después se probó, por el testimonio de sobrevivientes y de las enfermeras de las maternidades clandestinas —tal como se desprendió del testimonio de Calvo de Laborde— la premeditada criminalidad de los jerarcas militares en estos robos, quienes argumentaban que de este modo "salvaban" a los "hijos de los subversivos" del destino de sus padres, la muerte, y que les inculcarían valores distintos de sus ideales "marxistas y terroristas". El arrasamiento de la identidad de los bebés constituyó el "botín de guerra" más cruel de la historia argentina y una de las muchas páginas negras de la historia de Occidente.

Justamente por el virtual embargo militar estadounidense y tal como estaba previsto por Videla, los primeros días de noviembre, Viola y Massera viajaron juntos a Managua, sede de la Conferencia de Ejércitos Americanos (CEA), para terminar de poner el sello en la primera etapa del Operativo Calipso: los acuerdos de asistencia militar y venta de armas al dictador Somoza en su lucha contra los sandinistas. Somoza y Videla estaban hermanados por el cese de la ayuda militar estadounidense, que se acentuó a partir del primero de octubre del 78, cuando entró en vigencia la enmienda Humphrey-Kennedy, que impedía al gobierno de los EE.UU. dar créditos militares a países donde se violaran los derechos humanos. El gobierno de Videla —y luego, el gobierno israelí— se transformó en el principal proveedor de armas para la represión interna de Somoza, cuyo gobierno los militares argentinos defendieron hasta las vísperas de la toma del poder por parte del sandinismo a mediados del 79. Los que más impulsaron el envío de asesores militares a Managua fueron Díaz Bessone y Massera. La "exportación de la contrarrevolución" a Nicaragua era también un buen negocio. El viaje de Viola y Massera a Managua habilitó contratos de entrenamiento a la EEBI y ventas de pistolas 9 mm, lanzacohetes, bombas de alto impacto y transportes militares blindados, por millones de dólares. EDESA estaba administrada por un estado mayor masserista, según consta en el expediente de la empresa en la Inspección General de Justicia de la Nación (IGJ), en los documentos de reforma de los estatutos de enero del 77, y en la memoria y balance de abril del 78. Si bien la existencia de una compañía de estas características manejada por la Marina no era irregular, estaba el caso de Fabricaciones Militares, en enero del 77 el cambio de estatutos de EDESA, es decir la reforma de sus objetivos, la orientó hacia las operaciones especiales centroamericanas. El presidente de EDESA hasta el 79 fue el entonces contraalmirante Roberto Franke, que luego fue reemplazado por el contraalmirante (RE) Cesáreo Goñi hasta 1982 y, después de esa fecha, por el contraalmirante (RE) Norberto Manuel Couto. En enero del 77, según consta en el protocolo notarial 000005 del escribano general de Gobierno Jorge María Allende, folios 27 y 28, el contraalmirante Ángel Mario Pilli, en representación de Massera, solicitó la modificación del artículo tercero del estatuto. Ese cambio le permitiría a Massera "dedicarse por cuenta propia o de terceros o asociado a terceros, en cualquier parte de la República o del extranjero" a todo tipo de venta, compra, permuta, exportación e importación de material bélico, como municiones, transportes aéreos y terrestres o fluviales y fábricas o plantas industriales, asociado con Talleres Navales Dársena Norte (Tandanor). Lo cierto es que EDESA vendió a Somoza —según consta en el expediente de la empresa y en los archivos del Ministerio de Defensa de Nicaragua— 7.700.000 dólares en armamento, de los que Somoza sólo pagó 2.500.000. En la memoria y balance de EDESA se confirmó, un par de años más tarde, que la empresa vendía armas no sólo a Nicaragua sino también a Guatemala, El Salvador y Honduras, entre otros países latinoamericanos. Por supuesto, estas operaciones del Proceso tuvieron su contracara. También un grupo de los restos del ERP y Montoneros, que dirigían en el exilio Enrique Haroldo Gorriarán Merlo y Mario Firmenich, se incorporó a través de la brigada Simón Bolívar a combatir junto al sandinismo. Enrolados en los dos bandos —el somocista y el sandinista—, los argentinos libraron una guerra de inteligencia entre ellos que estallaría entre 1979 y 1980, con el sandinismo ya en el poder, cuando los militares argentinos entrenaban y armaban a "los contras" y los guerrilleros argentinos eran oficiales de la seguridad nacional sandinista. Un oficial del Ejército del equipo de Villarreal confirmó en una entrevista en 1998 que Videla tenía decidida la ayuda a largo plazo al antisandinismo. "Pío Laghi nunca se apartó de las decisiones del Vaticano, y estaba siempre muy cerca de Videla porque creía que era un cristiano sincero y creía que era una muralla para parar a los más animales. Una vez, y no sabemos si él lo supo o no, le pedimos que por valija diplomática enviara al obispo de Managua, monseñor Miguel Obando y Bravo, una donación del Ejército Argentino supuestamente para sostener el culto católico, pero en verdad era para bancar al antisandinismo". Esto ocurrió, según el oficial, hacia fines del 79. Faltaba poco para que Videla se viera envuelto en la compleja trama de guerra contrainsurgente y negocios sucios. En cuanto a Laghi, el nuncio siempre había caminado sobre la cornisa con el régimen, haciendo malabares de los cuales no saldría indemne. No sólo recibía a familiares de los desaparecidos, o respaldaba la acción de Derian; también había facilitado la entrevista privada de Massera con el papa Paulo VI en octubre del 77.

Durante la primera quincena de noviembre del 77, Videla encaró algunos otros asuntos. Atendiendo a uno de ellos, recibió al presidente uruguayo Aparicio Méndez, la cara civil diurna de la dictadura oriental. Salió a pasear con él en el yate presidencial Tecuara, junto con Massera y Agosti, y selló acuerdos para avanzar en el aprovechamiento de los cursos de agua de la cuenca del Plata —una defensa de la represa binacional de Salto Grande ante presión brasileña en el Alto Paraná—; ratificó la continuación del Cóndor, se mostró partidario de una alianza ofensiva para que se reabriera el comercio de carne con Europa y recibió —junto con Massera y Agosti— la orden "José de Artigas, Protector de hombres libres" y el apoyo incondicional de Méndez a los reclamos argentinos de soberanía en Malvinas. En la relación con Uruguay no había tormenta a la vista, a diferencia de lo que ocurría con Chile. Videla debatió con la Junta el modo de iniciar conversaciones con este último país, que continuaba atrincherado en la defensa del laudo arbitral inglés de mayo del 77 que lo favorecía. Tal vez fue en esos días que Videla se cruzó en el ascensor del edificio Libertador con Suárez Mason —que le referirá este episodio a un periodista muchos años más tarde—, y le dijo con la rigidez y perplejidad que siempre le producían las peleas con Massera: *La Marina acaba de presentarme un plan para invadir Chile.* Tal vez fue en esos días, aunque no es posible precisarlo, cuando Videla comenzó a pensar en la necesidad de contar con el apoyo de los Estados Unidos y del Vaticano para destrabar el diferendo con Chile. A mediados de noviembre, desembarcó en Buenos

Aires el nuevo embajador estadounidense Raúl Castro, un robusto demócrata de Arizona, cultor, a su manera, de la "diplomacia silenciosa" a la que adhería Todman, a la que Christopher y Pastor criticaban con matices, y a la que Derian detestaba. La llegada de Castro —cuyos destinos anteriores habían sido Bolivia y México, entre otros— ocurrió una semana antes del arribo de Vance y de una comitiva integrada por Todman, Robert Pastor, Derian y Zimmermann. Tal cual había prometido Carter a Videla, Vance era su principal interlocutor con el gobierno de EE.UU. El secretario del Departamento de Estado se entrevistó con la Junta, con organismos de derechos humanos, con políticos y con empresarios. Su visita fue breve, pero en la entrevista con Videla reclamó por 7.500 desaparecidos —una lista que, según dijo, había sido presentada por entidades de derechos humanos, pero que coincidía con los informes de Tex Harris— e insistió en que la Argentina ratificara el Tratado de Tlatelolco. La recepción que ofreció Castro en la embajada, reunió un arco ecléctico de personajes de la política local, entre ellos tres sindicalistas —Enrique Micó (vestido), Roberto García (taxistas) y Carlos Raúl Cabrera (mineros)— muy amigos del agregado laboral y asesor principal de Castro, Anthony Friedman. El radical Enrique Vanoli, los peronistas Deolindo Bittel, Ítalo Luder y Enrique Osella Muñoz, entre canapé y canapé, no perdieron la oportunidad de señalar a Castro la necesidad de acelerar la salida política anunciada por el gobierno videlista. Vance prefirió detenerse en dos invitados, el presidente de la DAIA, Elías Reznimsky, y el nuncio Laghi. La comunidad judía tenía mucho para decir sobre la persecución del régimen, "aunque no era seguro que fuera el presidente de la colectividad quien la representara acabadamente en ese terreno", dijo años más tarde el rabino Marshall Meyer. Derian aprovechó el paraguas de la presencia de Vance para encontrarse con todo familiar y entidad humanitaria a los que tuviera acceso. Fue la última de las tres visitas que realizó a lo largo del 77 a la Argentina. A partir del 78, Videla haría casus belli contra cualquier posibilidad de retorno de Derian al país, y así se lo dijo ese año a Mondale, en Roma. Derian siguió con su tarea en Brasil. Allí, el Alto Comisionado de las Naciones Unidas para los Refugiados (ACNUR) en Brasil, el suizo Guy Prim— considerado uno de los mayores expertos de la ONU para situaciones tan difíciles—, estaba muy preocupado por la oleada de refugiados argentinos, a quienes no podía garantizarles la seguridad porque ya se sabía que el Cóndor operaba sobre los refugiados. Para protegerlos Prim contaba con la decisiva ayuda del obispo de San Pablo, don Paulo Evaristo Arns, discípulo del obispo tercermundista Hélder Câmara. En 1977 se calculaba que más de 50 mil argentinos habían huido al exilio por la frontera brasileña. En medio de la conmoción pública que produjo la visita de Vance, pasó inadvertida la recepción de Videla a un premio Nobel de Economía, Friedrich von Hayek, quien desde mediados de los 50 desarrollaba una batalla teórica y propagandística contra el viejo liberalismo smithsoniano (de Adam Smith) y el keynesianismo (de John Maynard Keynes) que lo continuaba —que había posibilitado el desarrollo de aspectos sociales del capitalismo—, y contra el estatismo comunista. Von Hayek tenía seguidores obvios en la Argentina, entre ellos Martínez de Hoz, Walter Klein, Alberto Benegas Lynch y el ingeniero Álvaro Alsogaray. Hayek, un fundamentalista del liberalismo sin límites estatales, fue el verdadero propagandista teórico del capitalismo financiero y del endiosamiento del mercado por sobre las decisiones de los Estados.

A fines de noviembre, Videla se reunió con los altos mandos del Ejército. Allí pronunció un discurso sobre la desembocadura del Proceso en *una democracia fuerte y pluralista*. Acababa de recibir el plan político elaborado de Villarreal y Yofre: "Éste era el Plan A, y si no resultaba, entraríamos en el Plan B, que consistía en concentrar la presión para que, una vez que Videla fuera ungido el cuarto hombre (presidente de facto, de civil y sin conducción del Ejército), se incorporaran civiles al gabinete", declaró Yofre años más tarde. Ese plan establecía como límite 1983 para volver al régimen democrático pleno. Los pasos previstos en él eran: en 1979, la reforma de la ley de partidos políticos; en 1980, el levantamiento de la veda política; en 1981, la convocatoria a la Asamblea Constituyente; durante 1982, elecciones municipales y provinciales, y a fines del 82, elecciones nacionales. El nuevo gobierno, según esta previsión, asumiría en mayo del 83. Por supuesto, a Videla lo seducía la desembocadura en un plan que le asegurara el lugar de presidente de un "movimiento de unidad nacional" a partir del 83. "El problema es que no sólo él tenía esas aspiraciones, también estaban en carrera Viola, Massera y Martínez de Hoz; de las aspiraciones de Galtieri todavía ni se hablaba", sostuvo Yofre. El plan debía ser girado a las tres armas, previos "toques", modificaciones, del Ejército. Por lo pronto, el plan competía con el de Díaz Bessone, que incluía sueños de perpetuación hasta el 2000. El terremoto de Caucete, en San Juan, que produjo 70 muertos y casi 300 heridos, interrumpió la meditación de Videla. Es más, Videla se instaló en Caucete hasta el 26 de noviembre, y no pocos vieron en esa actitud una emulación secreta de los pasos que había dado en el terremoto del 44, también en San Juan, el entonces coronel Juan Perón, en una actitud que lo había proyectado nacionalmente en su preocupación por las víctimas, los pobres y los desamparados. Videla no esperaba encontrarse a su regreso con la cúpula del Episcopado —Primatesta, Zazpe y Aramburu— y menos aún con el documento reservado (no fue difundido a la prensa) que le entregaron como resultado de la asamblea anual de los obispos. "Ninguna teoría acerca de la seguridad colectiva —decían los obispos— puede hacer naufragar los derechos inviolables de la persona". Si bien el documento era cauto —no adjudicaba la represión ilegal a un plan del Estado sino a "grupos" que escapaban al control del gobierno—, justificatorio de la represión contra "la guerrilla terrorista" y elogioso de la "actitud cristiana del gobierno de las Fuerzas Armadas", los obispos dejaban constancia ("demasiado elípticamente, sin la valentía que el momento imponía", dijo años más tarde Emilio Mignone) de sus inquietudes por "las numerosas desapariciones y secuestros, que son frecuentemente denunciados, sin que ninguna autoridad responda a los reclamos que se formulan", por "la situación de numerosos habitantes de nuestro país a quienes sus familiares y amigos presentan como desaparecidos secuestrados por grupos autoidentificados como de las Fuerzas Armadas o policiales, sin lograr en la mayoría de los casos, ni los familiares, ni los obispos que tantas veces han intercedido, información alguna sobre ellos", y porque "muchos presos, según sus declaraciones o las de sus familiares, han sido sometidos a torturas que, por cierto, son inaceptables en conciencia para todo cristiano y que degradan, no sólo al que las sufre, sino sobre todo al que las ejecuta". Luego, los obispos criticaban las "prolongadas detenciones sin defensa en juicio ni sentencia" y la dura situación económica de los trabajadores y los argentinos de menores recursos. Por supuesto, la carta no fue difundida. Pero expresaba la conciencia cabal que los obispos tenían del terrorismo estatal, una conciencia que se desgranó en presiones entre bambalinas sobre los jefes militares. Mientras los obispos esperaban alguna respuesta de Videla al documento, y éste trataba de "digerir" el mal trago del reto de los obispos, se produjo el secuestro de las monjas francesas Domon y Duquet.

Las religiosas no eran dos extrañas para Videla: habían cuidado a Alejandro Videla, su hijo oligofrénico, en Morón; habían sido amables, piadosas y solidarias con esa desgracia familiar de los Videla. A la monja Yvonne Pierron, compañera de Domon y Duquet, le costó creer que Videla no intentara nada cuando las hermanas Léonie y Alice desaparecieron en manos de un grupo de tareas de la Escuela Mecánica de la Armada (ESMA). Es que a ella le constaba personalmente la ayuda de las monjas a la familia. Alejandro, el hijo discapacitado de Videla, y Julia, una prima prematuramente viuda, se habían beneficiado de manera directa con sus acciones de caridad.

Duquet integró la Congregación de Hermanas de las Misiones Extranjeras, cuyo primer grupo se instaló en Córdoba en 1939. Poco después, otro grupo de misioneras extendió su tarea pastoral a Hurlingham y a Morón. Su misión en esa zona del oeste bonaerense fue realizar tareas de apoyo a la catequesis que llevaba adelante el cura Ismael Calcagno, primo político de Videla. En la Casa de Catequesis de Morón, Léonie, junto con la hermana Gabriela y, en ocasiones, Alice Domon, trabajaban con los chicos discapacitados. De acuerdo con el relato de Pierron: "El hijo de Videla, Alejandro, andaba en los campamentos con ellos. También se les enseñaba a leer con el método Blequer. Era un sistema de aprendizaje de lectura para chicos de muy bajo coeficiente mental. Y los chicos aprendieron a leer, leían despacito, pero leían. Era notable". Entre el padre Calcagno, primo de Videla, y Léonie también buscaron la manera de que ese grupo de unos treinta chicos, varones y mujeres de todas las edades, se sintieran útiles. Se acercaron a una fábrica de limas de uñas y consiguieron que los discapacitados pudieran trabajar armando paquetes de diez limas. La primera paga fue recibida con una fiesta en la Casa de Morón; los jóvenes recibían su sueldo y se los entregaban a los padres. La Casa de la Caridad también atendía niños desamparados, como los cuatro hijos de Julia, prima de Videla, cuyo marido había muerto tempranamente de tuberculosis. Los hijos de la prima Julia concurrían por la mañana al jardín de Infantes o a la casa de las hermanas. Narró Yvonne: "Se les daba el desayuno, la comida, la merienda; se los bañaba, se los ayudaba a vestirse y a la noche se iban a la casa. La madre no podía atenderlos, porque recibía un sueldo miserable y no le alcanzaba para nada. Antes de que Julia enviudara vi a Videla una vez en la casa de Julia, en un cumpleaños al que fue toda la familia. Él era un hombre común, más que común". Domon y Duquet habían sido, a su turno, secretarias y auxiliares del padre Calcagno, a quien Videla visitaba con frecuencia en la Casa de Catequesis de Morón cuando vivía en la cercana Hurlingham. El secuestro de Domon y Duquet formó parte de un operativo de la Marina y del Ejército, y formó parte, también, del primer ataque en gran escala contra las Madres de Plaza de Mayo (a las que llamaban despectivamente "locas" de Plaza de Mayo) y los militantes de derechos humanos y familiares de desaparecidos. Domon fue capturada en la antigua iglesia de la Santa Cruz, en el centro porteño, el 8 de diciembre junto con otras siete personas. En la noche del 8 al 9, los procedimientos siguieron con comandos autoidentificados como de la Policía Federal en allanamientos a las casas de otros militantes de la causa humanitaria. Duquet fue secuestrada en su hogar de Ramos Mejía el 10 de diciembre al mediodía, poco después de que lo fuera la fundadora de Madres, Azucena Villaflor, en su casa de Sarandí, Avellaneda, y Esther Ballestrino de Careaga. Ambas religiosas se habían unido al movimiento de derechos humanos; Domon fue la encargada de recolectar el dinero para una solicitada en reclamo por los desaparecidos. El grupo de la iglesia de la Santa Cruz había sido infiltrado tiempo atrás por el GT 3.3.2 de la ESMA. El agente directo y más permanente de esta infiltración fue el teniente de corbeta Alfredo Astiz, con el "nombre de guerra" Gustavo Niño, quien se hizo acompañar en ocasiones por la secuestrada Silvina Labayrú de Lennie. Se presentó un hábeas corpus por las religiosas ante el Juzgado Federal Nº 5, el que pidió informes a la PF, el Ministerio del Interior y el Comando del Primer Cuerpo de Ejército; el resultado fue negativo. Los diarios Clarín y La Nación publicaron el 18 de diciembre un comunicado firmado por el Ejército Argentino-Comando Militar de Zona Uno y distribuido por prensa de la Presidencia de la Nación, que monitoreaba el masserista Carpintero. En su texto se ponía en conocimiento de la población que Montoneros había procedido al secuestro de las monjas Domon y Duquet. El supuesto comunicado de Montoneros estaba acompañado por una foto en la que las dos aparecían rodeadas de enmascarados captores y con una bandera montonera a las espaldas. La cadena de transmisión del mensaje había sido la siguiente: el subjefe de la Policía Federal, comisario general Antonio Mingorance, quien lo traspasó al comando de zona como era su deber hacerlo, lo había recibido de Jean Pierre Busquet, vicedirector de la agencia de noticias France Presse, quien lo había recibido por correo; la entrega del comunicado, de Busquet al comisario, no fue un acto de colaboración espontánea sino requerido por el policía a los efectos de "peritarse el material". El comisario se había enterado de la existencia de la supuesta postal montonera por un comentario de Busquet acerca de lo poco seria que le parecía. Es de hacer notar que la Policía Federal junto a la jurisdicción del Ejército correspondiente difundieron a la prensa el comunicado "subversivo" —es decir, reemplazaron a la agencia noticiosa en su oficio— pero no agregaron esta información a sus respuestas al hábeas corpus. Después se supo que la foto había sido tomada en la ESMA. Alberto Girondo, Graciela Daleo y Ana María Martí —secuestrados en ese centro clandestino— testimoniaron ante la Justicia, años más tarde, que vieron a las monjas allí y que supieron de la fabricación del comunicado. Pilar Calveiro y Andrés Castillo también afirmaron haber visto a las monjas. Castillo declaró en su oportunidad que había visto caminar a Léonie con "la clásica dificultad de quien ha recibido electricidad en los genitales". Todo el grupo de la iglesia de la Santa Cruz fue "trasladado" entre ocho y diez días después de su captura. Un integrante de la patota de la ESMA comentó que "las monjitas se fueron para arriba", en alusión a los vuelos mortales. Es probable que ese vuelo se haya producido el 18 o 19 de diciembre, cuando el Ejército decidió emitir el comunicado mendaz sobre quiénes habían sido los responsables del secuestro de las religiosas.

¿Videla pudo haber salvado la vida de las monjas que cuidaron a su hijo enfermo? Lo que es seguro es que tuvo la información sobre esos secuestros mientras las religiosas aún estaban en la ESMA. La desaparición de Domon y Duquet causó un gran revuelo por la inmediata movilización de familiares, de las entidades de derechos humanos y de la prensa extranjera, especialmente la francesa, en lo que Busquet cumplió un rol decisivo para hacer conocer por esa vía los reclamos humanitarios en Europa, ya que la prensa nacional estaba amordazada y autocensurada. Yofre contó que dos o tres días después de la desaparición de las monjas (hacia el 13 o 14 de diciembre): "Yo personalmente entré a darle la noticia a Videla. Había venido un periodista a decírmelo. Yo, inmediatamente, porque entendía la gravedad de la situación, fui a buscar a Villarreal, pero como no estaba, decidí comunicárselo a Videla. Era un mediodía muy caluroso y Videla estaba por irse a comer. Recuerdo que le dije: Mire, señor Presidente, me acaban de dar la noticia unos periodistas de que han secuestrado a dos monjas. Recuerdo que Videla se puso muy nervioso y me contestó: *Además de animales, son seguramente muy ineptos...*".

Tal vez porque ese episodio tensaba aun más las relaciones con la Iglesia y con los Estados Unidos, Videla creyó conveniente ser más locuaz que nunca con la prensa, sobre todo extranjera. Horas después del diálogo con Yofre, se reunió con periodistas japoneses. Repitió así los argumentos oficiales sobre las consecuencias de la represión ilegal, que respondían a una estrategia elaborada junto con Massera y Agosti: *En toda guerra hay personas que sobreviven, otras que quedan incapacitadas, otras que mueren y otras que desaparecen. La Argentina está finalizando esta guerra y, consiguientemente, debe estar preparada para afrontar sus consecuencias. La desaparición de algunas personas es una consecuencia no deseada de esta guerra. Comprendemos el dolor de aquella madre o esposa que ha perdido a su hijo o marido, del cual no podemos dar noticia, porque se pasó clandestinamente a las filas de la subversión, por haber sido presa de la cobardía y no poder mantener su actitud subversiva, porque ha desaparecido al cambiarse el nombre y salir clandestinamente del país, o porque en un encuentro bélico su cuerpo al sufrir las explosiones, el fuego o los proyectiles, extremadamente mutilado, no pudo ser reconocido, o por exceso de represión. La nocturnidad del régimen* invadía su cara diurna y Videla se veía obligado cada vez con más frecuencia a dar explicaciones públicas; también a inaugurar obras que demostraran la eficiencia del régimen no sólo en la represión, y a mantener una firme posición nacionalista en el conflicto por el Beagle o por Malvinas, aunque Videla nunca consideró hacerle la guerra a Pinochet (tenían una relación cordial y se tuteaban) ni romper lanzas con Gran Bretaña, como sí estaban dispuestos a hacerlo Massera, Suárez Mason, Menéndez y Galtieri. Videla no estaba dispuesto a hacer ninguna otra guerra fuera de la contrainsurgente en la que se había empeñado. El establishment nacional e internacional leyó esto como un gesto de sensatez. La reinauguración del puente Zárate-Brazo Largo fue una buena oportunidad para restablecer la cara diurna; también lo fue el debate en las Fuerzas Armadas acerca de cómo encarar la discusión sobre el Beagle. A mediados de diciembre, Videla habló por teléfono con Pinochet dos veces, porque las conversaciones del mediador argentino, el contraalmirante Julio Antonio Torti, con su colega chileno se habían trabado. Al desconocer el laudo de mayo del 77, la Argentina pedía, razonablemente, que se respetara la tradición en cuestiones limítrofes: ni Chile podía asomarse al Atlántico, ni la Argentina podía aspirar a tener un trozo de costa en el Pacífico. La conversación de Videla con Pinochet abrió un compás de espera. Se habló de una posible reunión de cancilleres, en febrero del 78, y hasta de un posible encuentro entre Videla y Pinochet. Junto con el análisis de la marcha de las negociaciones por el Beagle, cuyas dificultades prenunciaban lo que luego ocurrió (una escalada militar angustiosa y que sacudió al gobierno por motivos que excedieron los problemas limítrofes), hubo tres asuntos excluyentes ese fin del 77: la herencia política del Proceso, que incluía el debate sobre qué hacer con el proyecto de Díaz Bessone, resistido por Martínez de Hoz y por Villarreal; el estado del plan económico, y el recambio de las jefaturas militares que demostró, por el modo en que quedó diseñada la cúpula del Ejército, el más auténtico pensamiento de Videla respecto de con quiénes (halcones o palomas) quería gobernar hasta el final.

Con notable conocimiento de los secretos del régimen y abundante información —muy difícil de conseguir en la prensa censurada o autocensurada por convicción, por miedo o por interés—, tres documentos de la embajada, fechados el 15, 21 y 22 de diciembre y firmados por Castro, revelaban la interna caliente por la sucesión en el poder. El debate, en esos días, giraba alrededor de si el "cuarto hombre" o "presidente militar vestido de civil" debía gobernar sobre la Junta o quedar sometido a sus dictados. En el documento 09571 152203Z, Castro contó una conversación con Viola, quien le dijo que la Junta había "acordado tratar el tema del cuarto hombre este mes y llegar a una decisión firme, aunque los nuevos miembros de la Junta no estarían en funciones sino hasta 1978". "Recién a comienzos del otoño se definirá el cuarto hombre", le informó Viola. Castro observaba en el informe: "Videla se ve asimismo en el rol del cuarto hombre. La posición del Ejército es que el 'nuevo presidente' debería tener una autoridad considerable, es decir estar por encima de la Junta, ya que no sería comandante del Ejército". Luego, Castro explicaba la posición de Massera y de Agosti: "Quieren que el cuarto hombre esté sometido a la Junta. Bajo este sistema, el Presidente ocuparía un puesto parecido al de un presidente de empresa que responde a su directorio. Decidir esto será una discusión muy peleada. Y son visibles las exigencias políticas que hay detrás de las posiciones de cada una de las armas". El embajador apuntaba bien en cuanto a que Videla quería seguir siendo el número uno y que el Ejército debía tener en realidad "dos hombres": el presidente de facto por sobre la Junta y un representante en igualdad de condiciones en la Junta, junto con la Marina y la Aeronáutica. Sobre las aspiraciones y requisitos de Videla, Castro escribió: "Informes anteriores indican que Videla no aceptaría la presidencia bajo el plan de acción de los poderes limitados. Cree que hace falta un presidente fuerte para la próxima etapa del Proceso y, además, que le resultaría imposible actuar como presidente si tuviera que responder a órdenes de una nueva Junta compuesta por oficiales de una menor jerarquía que él". Por último, Castro anticipa que Massera se iría de la Junta en setiembre del 78, para comenzar a hacer campaña como posible candidato "civil". El segundo documento, 09753 01 a 02 212158Z, del 21 de diciembre, confirmaba un cronograma de decisiones políticas de los jefes militares. Y resumía: "Videla está tratando de adelantarse a Massera para quedar como el principal promotor y ejecutor de los planes de redemocratización del gobierno". Luego informaba sobre los pasos del Proceso durante esa semana: la reunión entre los tres secretarios generales de las tres armas, Bignone (Ejército), Fracassi (Marina) y Lami Dozo (Fuerza Aérea), para discutir el mecanismo de reemplazo de la Junta y la elección del cuarto hombre; una reunión de la cúpula del Ejército presidida por Videla; una reunión de la Junta para alcanzar la decisión final; una reunión con Díaz Bessone para escuchar su proyecto nacional. Y, por último, en Nochebuena, el viaje de Videla a Caucete, de Massera a la base naval de Ushuaia (un gesto simbólico relacionado con los reclamos por el Beagle) y de Agosti a la Antártida, que finalmente no se realizó por cuestiones climáticas. El cronograma que sintetizaba el segundo documento de Castro se cumplió tal como estaba descrito, pero no hubo fumata sobre los temas centrales. La lucha interna por el poder se encargó de empantanar al régimen, cosa que no asombró a Castro: "Sería sorprendente que llegaran a un acuerdo esta semana", escribió. Y, para fundamentar sus dudas, se refirió a los discursos de Harguindeguy, quien había manifestado a principios de diciembre que no habría apertura política ni retorno de los partidos. Es más, narró Castro, "Harguindeguy dijo que no habría transición alguna de un gobierno militar a uno civil por lo menos hasta 1987 y, si por él fuera, hasta 1991". El embajador interpretaba que el ministro del Interior reflejaba la opinión de los generales más conservadores. En realidad, reflejaba la opinión de Martínez de Hoz que coincidía con los generales más conservadores: aspiraba a permanecer diez años en sus funciones y se imaginaba candidato del establishment en la democracia calificada que emergería del Proceso. Respecto de la posición de Videla, Castro informó: "En su opinión, los integrantes de la Junta deben retirarse escalonadamente hasta fines del 79 siguiendo el orden de antigüedad, lo que supone que Massera se debía ir primero, luego Videla y por último Agosti. Videla cree que el 'cuarto hombre' debe ser elegido por los nuevos comandantes (la nueva Junta) para ser el presidente entre marzo del 79 y marzo del 82). Videla no dejó ninguna duda de que espera que la tarea recaiga sobre él". ¿Cuáles eran las condiciones que Videla ponía para ser *el elegido*? En primer lugar, ejercer el control total sobre el aparato represivo. En segundo lugar, definir los planes políticos a mediano y largo plazo. En tercer lugar, no quedar subordinado a la Junta. En un tercer documento, 09779 222134Z, del 22 de diciembre, Castro se dedicó a hablar de Massera, que había retrucado las condiciones de Videla en una conferencia de prensa, y de lo que presagiaba su enfrentamiento con Videla. "Al hacer públicas sus disidencias, Videla y Massera están reconociendo la existencia de una división profunda y amarga que podría volverse más seria en 1978. Una fuente de la presidencia nos dijo que Massera piensa dejar sus puestos en la Junta y en la Marina en medio de una explosión de acusaciones contra las políticas económicas y de trabajo de Videla/Martínez de Hoz, con la esperanza de ganar para su propio campo a los partidos tradicionales y a los sindicatos". Sin duda, esa fuente eran —y Massera lo sabía— Villarreal, Yofre y Mallea Gil. Por último, Castro se refirió a un asunto que todavía desvelaba a la Junta: el caso Timerman, quien aún permanecía en la Argentina como rehén del gobierno militar. "El Ejército está particularmente enojado por las provocaciones de Massera, por unas declaraciones realizadas en Washington por Larry Birns, director del Council of Hemispheric Affairs (COHA). Birns habría dicho que Massera había recomendado la liberación de Timerman y que por eso Birns habría dicho que en la disputa intermilitar en la Argentina había que apoyar a la Marina". Por supuesto, Birns desmintió más tarde esa supuesta declaración. Pero el fresco que pintó Castro revelaba que a fines del 77 el Proceso había entrado en una pendiente peligrosa en la lucha por el poder. El mismo COHA había hecho circular una estimación de que en la Argentina, ese diciembre, había cerca de 18.000 presos políticos. Videla respondió que eran 4.000.

Lo cierto es que de todo el enredo respecto de la herencia del Proceso lo único que estaba claro era que Massera quería transformarse en un político carismático que disputara el liderazgo del futuro MON tanto a Videla como a Martínez de Hoz y que Videla no quería dejar de ser el jefe supremo del régimen. Entonces, a pesar de que siempre lo negaría, ¿Videla peleaba y deseaba tener el poder supremo? En la entrevista invernal del 98, aclaró: *El poder no era para mí una aspiración. Tuve que ejercerlo porque era una obligación. Y reconozco que es una cosa tremendamente peligrosa. Y se necesita una templanza de santo.* Los informes del embajador Castro no dejaban traslucir que para Videla el poder haya sido *una obligación* angustiosa. En la misma entrevista del 98, Videla dijo sobre "el cuarto hombre": *Yo podría haber eludido la responsabilidad. Pero esto se lo digo y que sea para usted nada más... Si yo decía que no, ¿quién?* Años más tarde, ya retirado en Arizona, Castro aseguró a la periodista Marina Aizen en una entrevista telefónica que "Videla necesitaba todo el poder, no creía que hubiera nadie mejor que él para ejercerlo". ¿Para qué quería el poder Videla? Le había prometido a Martínez de Hoz cinco años para que cambiara la estructura económica de la Argentina. Ni Massera ni Suárez Mason, ni Agosti ni Díaz Bessone se creían obligados a ese pacto. Y apuntaban sus cañones en los resultados económicos: que no había liquidado la inflación, que quería privatizar empresas como Astilleros Navales o Fabricaciones Militares, u otras empresas nacionales o que era un aliado incondicional de los Estados Unidos. Más allá del discurso instrumental "nacionalista" —se trataba de pujas por lonjas de poder— de los jefes procesistas, los resultados económicos estaban a la vista y eran perjudiciales para la sociedad. El PBI había crecido un 6% y el saldo de la balanza comercial también —por el comercio con la URSS— pero además había aumentado la deuda externa y pronto la Argentina se transformaría en el país más endeudado de Latinoamérica. La reforma financiera había impulsado las tasas de interés de tal manera que la inversión giraba hacia la especulación y no hacia la producción. El índice de desocupación había bajado pero los salarios reales se habían depreciado en un 50 por ciento. La inflación, si bien había descendido a costa de una recesión pronunciada, se mantenía en más del 140 por ciento anual. Los hogares pobres comenzaban a aumentar. La distribución del ingreso tendía a afectar a los sectores bajos y medios, transfiriendo utilidades a los sectores más ricos; aunque este movimiento aún era imperceptible a fines del 77, se consolidó como tendencia a partir del 78. La fuga de capitales se había elevado, según el Banco Mundial, de 136 millones de dólares a 957 millones de dólares. El modelo basado en la agroindustria estaba primarizando a la Argentina, desindustrializándola: los índices de crecimiento industrial estaban cayendo porque los subsidios al sector industrial habían bajado del 11,7% del PBI en el 76 al 0,4% del PBI en el 77. La reconocida incapacidad de Videla en esta área estaba compensada por la confianza en Martínez de Hoz. Pero a las críticas al ministro se había sumado Díaz Bessone, herido porque su voluminoso proyecto milenarista no había sido ni siquiera debatido a fondo por los jefes militares ni suficientemente atendido por Videla. Los últimos días de diciembre, Díaz Bessone presentó su renuncia a Planeamiento. Videla —que en un largo discurso en la Cámara Argentina de Anunciantes había cuestionado indirectamente la propuesta de Díaz Bessone que lo dejaba sin posibilidades de desplegar la estrategia diurna del Proceso— vaciló en aceptarla, pero lo hizo. ¿Quién convenció finalmente a Videla de tomar esa decisión? Yofre contó, años más tarde, que "confluyeron dos fuerzas para tratar de liquidar a Díaz Bessone". "Una —dijo Yofre—, la de Martínez de Hoz, porque el proyecto de Díaz Bessone sostenía, por ejemplo, que no podía hacerse ninguna obra pública sin resolución previa de Planeamiento. Esto significaba una concentración fenomenal de poder, tanto es así que en determinados aspectos los ministros de Economía y Obras Públicas perdían sentido. Otro sector que lo combatió fue el de Villarreal —todos nosotros—. Porque nos limitaba con sus propuestas la capacidad de acción política. Videla estaba muy indeciso, pero el que forzó la aceptación de la renuncia fue Villarreal. Mientras Videla vacilaba, nosotros, desde la Secretaría General, hablamos con el periodista de Noticias Argentinas José Ignacio López y le pedimos que largara un cable de la agencia diciendo que Videla le había aceptado la renuncia a Díaz Bessone. El cable se difundió y Videla no se pudo retractar". Sin embargo, no fue sólo la presión y la maniobra comunicacional del equipo de Villarreal lo que convenció a Videla. Los días previos a la renuncia de Díaz Bessone, Martínez de Hoz se reunió con él a solas para hablar no sólo del presupuesto nacional, en el que el planificador quería incidir a toda costa. También, de la investigación por coimas en la licitación para la compra del mobiliario de la Secretaría de Planeamiento. Los precios pagados por el mobiliario según los pliegos y los valores de mercado tenían diferencias siderales: era un escándalo que el planificador no podía afrontar atornillado a su cargo y que se transformó, de hecho, en la principal arma de Martínez de Hoz para convencer a Videla de prescindir de Díaz Bessone. Además, fue la primera investigación por corrupción sobre un jerarca del régimen en pleno Proceso.

El lugar de Díaz Bessone fue ocupado, finalmente, por Laidlaw. Su puesto en la SIDE lo tomó el general Martínez, jefe de la temible estructura de inteligencia, quien, a su vez, dejó en la jefatura II, con acuerdo de Videla, al jefe del Batallón 601 (SIE), Alfredo Valín. El 77 terminaba, así, con el asentamiento de las bases de la Argentina en vías de desindustrialización, con la expansión del capitalismo financiero, altamente especulativo, y una tendencia a la distribución cada vez más desigual del ingreso. Terminaba con el debate sobre el "cuarto hombre", una figura que había sido creada por Perriaux y su usina de la SEA, una figura que enmascaraba que lo único que podía continuar en la cúspide del poder era el tándem Videla-Martínez de Hoz. También quedaba claro que la estructura principal de los *kapos* de la represión ilegal no podía ser removida en función de la "solución final". Videla decidió ya en esos días, junto con Viola, quiénes lo acompañarían hasta casi el término de su mandato, cuando se produjo el recambio de jefaturas. Junto con Videla siguieron, por supuesto Viola, Suárez Mason, Martínez, Riveros: los "halcones entre halcones". Continuaron, hasta el final, Martínez de Hoz y Harguindeguy. El 77 terminaba, tal como estaba previsto, con una "Navidad feliz": en diciembre, y durante los dos meses posteriores, comenzaron a ser "trasladados" —*al mar, al río de la Plata, al Riachuelo*— por lo menos 4.000 desaparecidos, lo que significó de hecho la reducción de los centros clandestinos de detención y la mayor masacre en masa de la historia argentina. El régimen se preparaba para el Mundial de Fútbol.

★ ★ ★

La marca de la represión ilegal que el gobierno militar cultivó como una rosa negra se profundizó durante el verano del 78. Videla pasó en el paradisíaco lago Futalaufquen, en el Sur, las vacaciones con su familia, disfrutando a pleno los placeres que el poder les reserva a quienes gobiernan la Argentina. Como lo atestiguan los registros de la época, nunca consideró la posibilidad de no aprovechar al menos en este aspecto, el turístico, los beneficios del poder. Tampoco hubo frugalidad en ese uso: la familia Videla tenía a su servicio un ejército de custodios y otro de cocineros y empleados que se trasladaban con ella cada vez que viajaban al Sur o a los balnearios de Chapadmalal. Pero las vacaciones de Videla, ese enero del 78, estuvieron signadas por la tensión económica: un informe de la liberal Fundación de Investigaciones Económicas Latinoamericana (FIEL) había señalado que la industria se deterioraba y la recesión crecía. Lo que también aumentaban eran las presiones para la liberalización total del mercado financiero, una tendencia que se impuso a partir del segundo semestre del 78. Tampoco cedían la tensión con Chile, la interna del poder, ni la presión internacional por la violación a los derechos humanos.

Jorge Ademar Falcone —primer intendente peronista de La Plata, entre 1950 y 1952— y Nelva Méndez de Falcone, padres de María Claudia Falcone, una de los estudiantes secundarios platenses secuestrados en la Noche de los Lápices (setiembre de 1976), fueron interceptados por un patrullero de la Policía Federal cuando recorrían en su propio automóvil una calle del centro de San Martín, ciudad del Gran Buenos Aires, la tarde del 14 de enero de 1978. Los agentes los entregaron más tarde a personal de civil que los condujo a "El Banco". Allí fueron vistos y vieron a numerosos otros secuestrados, entre ellos Nora Beatriz Bernal, Alfredo González, Horacio Cid de la Paz, Luis Guagnini y Guillermo Pagés Larraya. Fueron interrogados (el doctor Falcone bajo tortura) para que dijeran si su presencia en la localidad bonaerense tenía como objeto un encuentro con su otro hijo, Jorge Falcone, en la clandestinidad desde años antes. Jorge y Nelva Falcone fueron liberados el 27 de febrero. El automóvil en el que viajaban cuando fueron secuestrados no volvió a aparecer. El doctor Falcone murió en 1980 de una insuficiencia cardíaca agravada por la picana. (Juicio a las Juntas. Acusación a JRV. Privación ilegal de la libertad. Casos 256 y 257.)

Videla recién había regresado del Sur, cuando recibió una de las primeras protestas formales de un gobierno europeo. El presidente Valéry Giscard D'Estaing pidió información por la desaparición de las monjas Domon y Duquet a manos de la Marina. La diplomacia francesa tenía serios inconvenientes con el embajador argentino en París, Tomás de Anchorena. Los franceses estaban informados de los movimientos secretos que realizaba el Centro Piloto de París, creado a fines del 76 por Anchorena y usado intensivamente por el grupo de tareas de Massera para denunciar "la campaña antiargentina" en el exterior. Elena Holmberg Lanusse, pariente del general, era una diplomática de carrera, enérgica, visceralmente antiperonista, que participaba de la idea de Anchorena y solía enviar informes sobre las actividades de los exiliados. Pero Elena fue perdiendo peso en la embajada parisina y, con su cada vez más incómodo, riesgoso y despechado malestar, el Centro Piloto pronto se transformó en una mini-ESMA, comandada por el capitán de fragata Eugenio Bilardo y el teniente de navío Enrique Yon. También allí desembarcó el GT 3.3.2. El grupo no sólo buscaba una "alianza" política con Montoneros (Massera insistía tanto en la ESMA como fuera de ella en cooptar al peronismo en un movimiento antiliberal para oponerlo al de Videla y Martínez de Hoz), sino que andaba detrás del botín millonario que Montoneros había cobrado por el secuestro de los Born (en la ESMA estaban prisioneros varios montoneros que habían participado en ese cobro). Las arcas de la ESMA ya se habían quedado con más de un millón de dólares de esa operación, que no pudieron ser recuperados cuando, años más tarde, un montonero arrepentido, Rodolfo Galimberti, selló el acuerdo de colaboración con su viejo rehén, Jorge Born, para que parte de esa fortuna le fuera devuelta a través de la familia Graiver. Durante 1977, un montonero secuestrado en la ESMA, Pablo González Langarrica, que tenía en su poder una de las dos llaves de acceso a la caja de seguridad en un banco suizo donde estaba depositado ese millón de dólares, fue obligado, enyesado para que no pudiera huir y previo secuestro de su esposa y dos hijas, a entregarlo a la ESMA. En tanto, en el Centro Piloto, Holmberg, una videlista por convicción y prosapia militar, veía ir y venir el dinero destinado a financiar las actividades de los marinos que recalaban en París. En la escena diurna, la presión del gobierno francés por las monjas tuvo una respuesta oficial de Videla: *Nos comprometemos a averiguar lo que ocurrió y, si hubo excesos, a castigarlos*. La cancillería francesa tomó la respuesta como lo que era: sólo palabras. Años más tarde, el propio presidente D'Estaing le confirmó esta impresión a un diplomático argentino.

En ese verano del 78, Videla no lograba desprenderse de los "sabuesos" de la prensa internacional que insistían, en cada entrevista, en preguntarle por la violación a los derechos humanos. *Sabemos que somos incomprendidos. Son muchos los que nos condenan, pero no al terrorismo que hace necesarios nuestros actos,* le dijo a la revista Business and Energy International, en una admirable síntesis del mecanismo culpabilizador de la sociedad e irresponsabilizador de sí mismo que el Proceso repitió hasta el cansancio.

Juan Héctor Prigione fue secuestrado a la medianoche del 24 al 25 de enero, después de salir de su hogar en Solís 1500, Capital Federal, hacia el de Ana María Arrastía Mendoza, en la calle Trelles. Se lo mantuvo en cautiverio por un tiempo indefinido, en el "Club Atlético" y "El Banco". Ana Arrastía fue detenida dos días después de la desaparición de Prigione. El hermano de Juan Héctor, el doctor Armando Prigione, perdió todo contacto con la familia y desapareció de los lugares en los que se lo veía habitualmente en los primeros días de febrero. Ambos fueron vistos en "El Atlético" y "El Banco"; Armando se ocupaba de aliviar a los torturados. No reaparecieron. La pareja formada por Nora Beatriz Bernal y Jorge Daniel Toscano fue interceptada por un numeroso grupo de hombres armados en la esquina de Bonpland y Niceto Vega, en la tarde del 30 de enero del 78. Él llevaba en brazos a su hijo de un mes de edad y ambos estaban acompañados por la abuela paterna, Emma Ferrario de Toscano, a la que también se apresó. Emma Ferrario fue dejada en libertad poco después, con la criatura. Jorge fue visto dos días más tarde en el interior de una camioneta llena de personas armadas que se presentaron en el hogar materno de Nora Beatriz, en Avellaneda. La casa fue allanada, saqueada, y Patricia Bernal, de quince años de edad, secuestrada también. Permaneció en "El Banco" algo más de 24 horas, durante las que pudo ver a su hermana. Luego fue liberada. A fines de febrero también lo fue Nora, pero ambas hermanas volvieron a ser secuestradas a fines de abril. Entre esas fechas, Jorge llamó varias veces a su casa materna e incluso llegó a ir a la casa, acompañado de personas armadas de civil, en dos oportunidades. Las hermanas Bernal fueron nuevamente llevadas a "El Banco"; sus captores las interrogaron bajo tortura por un encuentro casual que habían tenido con una tercera persona, María Cristina Jurkievich, a quien estaban buscando. En esta segunda detención Nora logró volver a ver a su esposo, quien se hallaba en muy malas condiciones. Las hermanas fueron liberadas a mediados de mayo. Las llamadas de Jorge no se repitieron. Tiempo después, una persona que se presentó como "Julián" visitó el negocio de los Bernal, en Avellaneda, y les dijo que "con un cuarenta por ciento de margen de error, había sido fusilado". Jorge Toscano nunca reapareció. (Juicio a las Juntas. Acusación a JRV. Privación ilegal de la libertad y tormentos. Casos 300, 303, 304, 304 bis y 305.)

Mientras la nocturnidad llevaba a cabo su tarea, en las últimas semanas de enero ocurrió lo que se temía. Las conversaciones con Chile por el Beagle estaban en su punto de mayor tensión. Videla, presionado por Massera y aconsejado también por el embajador argentino en Santiago, su amigo el "sovietólogo" general Miatello, había dado su acuerdo para aumentar la pulseada con Pinochet. El

25 de enero, el canciller Montes anunció la decisión argentina de considerar nulo el laudo arbitral británico sobre el Beagle. Junto con esta decisión comenzó una vasta campaña de exaltación del nacionalismo belicista del Proceso en las escuelas y en los medios de prensa. La Argentina quería obligar a Chile a iniciar conversaciones directas, cosa que logró cuando el 2 de febrero de 1978 viajaron a Santiago de Chile el general Reynaldo Bignone, el contraalmirante Eduardo Fracassi y el brigadier Basilio Lami Dozo. El objetivo de la misión era preparar un encuentro entre Videla y Pinochet, en el marco de una escalada militar sin tregua, con giras e inspecciones de comandantes militares a destacamentos de combate en el Sur, rearme permanente y aumento de los ejercicios militares, en especial de la Armada. Los aprestos para la guerra y la necesidad de intensificar la campaña de prensa produjeron un enroque en la Secretaría de Información Pública (SIP), donde el contraalmirante Rubén Oscar Franco reemplazó a Carpintero y dejó como vocero de prensa de Videla al capitán de fragata Héctor De Pirro. Massera no cejaba en su control de la voz del gobierno y Videla daba pista libre a Villarreal para neutralizar su debilidad congénita frente al marino ("el 33 por ciento fue nuestra debilidad congénita", dijo Villarreal). En realidad, la debilidad no era tal: el Ejército no tenía sólo el tercio del poder sino más del 60 por ciento, ya que contaba con la neutralidad de Agosti, con la Presidencia y con el control operacional de la represión ilegal. Además, para Videla el 33 por ciento era algo más que un inconveniente en la comunicación de su gobierno. Era el reaseguro para compartir culpas por la represión ilegal. Formal, incómodo, pero reaseguro al fin.

Rodolfo Gutiérrez fue secuestrado por personal de civil en la puerta de su estudio jurídico de San Isidro, el 6 de febrero del 78. Otros abogados y empleados de la firma fueron testigos del procedimiento —uno de ellos alcanzó a tomar la chapa del auto del baúl en el cual introdujeron a Gutiérrez—, de modo que las denuncias ante la justicia civil y autoridades militares se sucedieron desde los primeros días. Gutiérrez pasó por la Unidad Regional La Plata de la policía de la provincia de Buenos Aires (fue visto allí por empleados civiles en abril del 78), la seccional de Punta Lara —donde fue visto por presos comunes, encapuchado y atado, en grave estado de desnutrición y abandono, entre el 14 de junio y el 30 de julio—, la subcomisaría de Brandsen, la U-1 del SSPB, la cárcel de Olmos (desde donde consiguió hacer llegar mensajes a su familia) y la clínica privada Brandsen, de esa localidad. A este último lugar fue llevado el 4 de noviembre de 1978 para que se lo tratase de una grave afección

urinaria. Las condiciones de clandestinidad del preso, que fue intro-
ducido en el sanatorio en secreto, aún encapuchado, fueron evidentes para el personal médico y paramédico que lo atendió. A pesar de
ellas consiguió que su guardián lo llevara al baño y allí lo golpeó y
escapó de la zona amenazando al conductor de una camioneta. Gutiérrez no pudo ser recapturado. A partir de su fuga, las actuaciones
administrativas y judiciales que hasta ahí habían sido infructuosas,
tuvieron diferente resultado. En respuesta a las requisitorias judiciales, el Comando en Jefe del Primer Cuerpo de Ejército, con firma
del general Suárez Mason, reconoció el arresto del 6 de febrero e
imputó al ahora "prófugo" varios delitos derivados de leyes antisubversivas. Sin embargo, ese mando no demostró luego con documentos que esas causas hubieran existido antes y durante su
detención. (Juicio a las Juntas. Acusación a JRV. Privación ilegal de
la libertad. Caso 258.)

El mismo día que Videla aterrizó en Tucumán para pronunciar
un eufórico discurso ante las tropas de Bussi por un nuevo aniversario del Operativo Independencia —*la lucha antisubversiva no terminó*,
dijo— tuvo una mala noticia: el ex embajador Hill lo había *traicionado*. En una entrevista concedida a la famosa revista People la primera semana de febrero del 78, el embajador confesó que no la había
pasado bien en la Argentina. Había tenido miedo de un ataque de
los grupos de tareas. "Nos sentíamos como prisioneros. No se nos
permitía ir a teatros o espectáculos deportivos. Si aceptábamos una
invitación para ir a comer, las fuerzas de seguridad tenían que revi-
sar la casa adonde íbamos. En cualquier evento deportivo, no podía
quedarme más de veinticinco minutos. Íbamos a restaurantes bajo
nombres supuestos (...) Mi residencia era un hermoso palacio estilo
francés antiguo. Había dos dormitorios y una biblioteca. Las ventanas y puertas eran a prueba de balas. Y había un sistema de vigilancia televisiva. Teníamos comida y agua para diez días, y máscaras de
gas, porque una llave podía llenar de gas todo el edificio en caso de
emergencia. Mi esposa Cecilia tenía dos funcionarios de seguridad
que la acompañaban. Cada uno de mis hijos tenía dos guardias. Yo
tenía todo un ejército a mi disposición, pero ¿qué podían hacer dos
guardias para proteger a mi esposa? Nada. (...) Este terrorismo estaba dirigido también contra los israelíes, rusos, alemanes, brasileños,
ingleses, chilenos. Y, por supuesto, contra los argentinos". La difusión de las declaraciones de Hill enfureció a Videla, quien pidió
contrarrestarlas con una campaña en la prensa argentina contra Hill,
de la que se hizo eco la revista Gente. Estas declaraciones, sin embargo, no eran la principal preocupación de Videla. Antes de expi-

rar febrero, tenía dos asuntos clave por delante: el encuentro con Pinochet y la definición de lo que el Proceso denominó "el esquema de poder", que no era más que la forma en que Videla debía heredarse a sí mismo sin vulnerar la unidad represiva. De modo que el 20 de febrero, con las condiciones básicas de un acuerdo prácticamente establecidas, Videla partió rumbo a la localidad sureña chilena de Puerto Montt para su reunión cumbre con Pinochet, quien le propuso firmar un documento previamente negociado. Allí se manifestaba el deseo de mejorar las relaciones bilaterales y que la Argentina y Chile conservaban sus puntos de vista sobre el conflicto pero se prometían resolverlo sin recurrir a la guerra. Se establecía también una comisión mixta con delegados de los dos países para proceder a las negociaciones, que abarcaron además la discusión sobre la Antártida y el estrecho de Magallanes. Videla estaba exultante. Sin duda este resultado era un éxito para él, que se oponía tenazmente a cualquier intento de guerra con Chile porque *era una locura;* es decir, porque creía que el Ejército Argentino estaba en desventaja con respecto al chileno y que cualquier guerra llevaría a un intento de invasión de otros territorios limítrofes, ya que con Chile se compartían miles de kilómetros de frontera. Además, Videla sabía que este principio de acuerdo con Pinochet significaba un parate no sólo a Massera sino también a Galtieri, quien desde el II Cuerpo aplaudía las posiciones del almirante, y a Menéndez, Suárez Mason, Riveros, Azpitarte y al flamante jefe de Operaciones, Cristino Nicolaides, que resistían cualquier salida política y querían continuar con la cerrada militarización del régimen que imponía una guerra. *No nació de Menéndez o Riveros parar la guerra con Chile,* confesó Videla en la entrevista invernal del 98. Ni qué hablar de Massera. Lo único que extrañó de la puesta en escena fueron los discursos en los que se dio a conocer, como si el acuerdo se hubiera generado allí, el acta de Puerto Montt. Pinochet fue el primero en leer su discurso. Afirmó que el laudo británico era "definitivo" y que no había ningún cambio en las posiciones de su país. Videla, que ya tenía armado su discurso, lo pronunció sin aludir en absoluto a esta posición de Pinochet, como si de hecho estuviera de acuerdo con la intransigencia chilena. Villarreal recordó que parte de la delegación argentina planteó irse de Puerto Montt, pero que en el almuerzo posterior a la lectura de los discursos, Pinochet pidió que comprendieran sus palabras pronunciadas sólo por razones internas, y la cuestión quedó saldada. El asunto, sin embargo, se transformó en un pequeño escándalo diplomático, convenientemente aprovechado por Massera, quien desde el Sur pronunció una arenga encendida de nacionalismo y envió un indisimulado mensaje belicoso a los chilenos. Cuando Videla volvió a Buenos Aires, desencajado, amenazó a la Junta, por segunda vez, con renunciar a la presidencia, si el almirante no sofrenaba sus ataques. Luego, tuvo que enfrentar el problema en una reunión de generales y ante las cámaras de televisión. Dio explicaciones, algunas infantiles como su dificultad de improvisar en un discurso, pero lo que subyacía era su acuerdo secreto con Pinochet, que no reveló aunque estuvo dispuesto a pagar todos los costos necesarios, incluidas la prepoteadas de Massera en la Junta, quien, según algunos, lo dejó como "un imbécil". Videla actuó en Puerto Montt como solía actuar cuando tomaba una decisión contra viento y marea —parar la guerra con Chile a cualquier precio— y soportó las palabras de Pinochet aun a riesgo de ser tomado como un débil. Esto mismo había hecho durante toda su vida en la carrera militar. En la entrevista invernal del 98, lo confirmó: *Estuvimos con Pinochet reunidos a solas durante tres horas. Nos preguntamos por nuestras familias, y también hablamos de nuestros países, de la situación... Sólo yo sé lo que allí se habló...* Videla se negó a proporcionar más información. Parece obvio que acordaron que Pinochet podía romper el protocolo por razones internas. O, en todo caso, entendió y justificó por qué lo hacía.

De cualquier manera, Massera no pudo utilizar este incidente para sumar poder como quería. Sus fracasos lo obligaban, cada vez más, a recurrir a los procedimientos "por izquierda" para embestir contra el pacto Videla-Martínez de Hoz. A fines de febrero, mientras se conocía la decisión de la OEA de investigar la represión ilegal, el secretario de Hacienda, Juan Alemann, cargó contra el EAM 78, iniciando un polémica pública contra el general Merlo y Lacoste. Alemann criticaba el despilfarro de Merlo y el almirante Lacoste en la remodelación de estadios y estudios de televisión (la inauguración de la televisión en colores). Su crítica reavivaba la eterna polémica de Massera con Martínez de Hoz, cuyo plan no era "el plan de la Armada". Alemann temió —y no se equivocó— un atentado de la Marina que efectivamente sufrió en pleno Campeonato Mundial. Videla le pidió a Martínez de Hoz calmar las críticas de sus colaboradores para un proyecto que era vital para su gobierno. En efecto, el Mundial 78 no era sólo una operación deportiva sino política: una nueva maniobra en momentos en que se concluía la operación de "vaciado" de los campos clandestinos y en los que el Proceso necesitaba un consenso público que la economía no aportaba. Videla, en tanto, intentaba detener la ofensiva de la OEA. A fines de febrero dio a conocer listas de detenidos "legales", y preparaba la desaparición gradual de los centros clandestinos: en 1978 su número descendió a 45 y también disminuyó la cantidad de desaparecidos.

La campaña de los exiliados argentinos contra los crímenes dictatoriales arreciaba en las principales ciudades de Europa, lo que tenía más activo que nunca al Centro Piloto de París. A principios de marzo, en una reunión del generalato Videla fortaleció su postura de sucederse a sí mismo como cuarto hombre, aunque este tema se trajinó en los pasillos secretos y violentos del poder hasta mayo. En el cónclave, Videla presentó el plan político del Ejército elaborado por Villarreal y Yofre. El plan había sido tan "tijereteado" que era como una larga declaración de principios generales que no establecía ni cronograma de fin del Proceso ni para la iniciación del diálogo político. Yofre recordó: "A fines de febrero, se reunieron Videla, Viola, Villarreal y Bignone, secretario general del Ejército, con un memorándum preparado por nosotros para que Videla informara del plan al generalato. Cuando llego al edificio Libertad, veo que había unos coroneles, entre ellos Jorge Hugo Arguindegui, munidos de tijeras, cortando por un lado y otro. Lo que quedó fue un borrador de ideas generales, pero ningún plazo. Y Videla fue a la reunión de mandos, dijo cosas generales sobre el consenso y la legitimidad política, y el documento salió con copia para Agosti y para Massera, que contestaron con un plan político unos meses después". Aún no lo sabían, pero Videla les daba una atención secundaria a esos planes previstos para él como formas de ganar tiempo para completar la represión ilegal y el plan económico. La cohesión del Ejército tenía sus costos. El mismo Yofre recordó que (en esa reunión): "Suárez Mason me tiró el caballazo porque el 31 de diciembre del 77 fui a comer a la Costanera con León Patlis y Jorge Daniel Paladino, el ex delegado de Perón. Un coronel retirado que era un alcahuete nos vio y le contó a Suárez Mason. Entonces, en esa reunión de generales de división, Suárez Mason dijo: ¡Acá hay que acabar la joda con los políticos, no puede ser que Yofre esté conversando con los políticos todo el tiempo, lo vieron ahí almorzando con Paladino...! Videla le contestó: *Y vos qué querés, ¿que yo viva en una torre de marfil? ¿Que no sepa lo que pasa y lo que piensan los políticos? ¿O el patrimonio de los contactos con los políticos los tiene que tener el señor Massera? Yo no puedo estar entrevistándome con todos*". Mientras la prensa y el cuerpo diplomático discutían la aparente buena voluntad de Videla para encarar una apertura del régimen, lo que sí ocurría era una creciente escalada en la militarización de las tropas regulares, de las Fuerzas Armadas diurnas. El 14 de marzo del 78, Videla, Massera y Agosti deliberaron en el portaaviones ARA "25 de Mayo" de la Flota de Mar, en Puerto Belgrano. Ese mismo día, a Videla lo esperaba, de regreso a Buenos Aires, una carta del cardenal Primatesta, quien le pedía que diera una respuesta sobre los desaparecidos, "y si ha sido

desaparecido poder decírselo a sus familiares con claridad y justicia". También se refería a la situación de los detenidos a disposición
del Poder Ejecutivo Nacional y a la pobreza que crecía entre los
argentinos que, en general, sin red estatal, golpeaban, como los familiares de los desaparecidos, las puertas de la Iglesia Católica, única
institución con fuerza política en aquel momento. En esa carta, Primatesta le recordaba a Videla su deseo de que su gobierno no quedara "ante los ojos de la historia manchado de injusticia o de culpas
de lesa humanidad". La cúpula de la Iglesia Católica tenía conciencia de que había habido crímenes de lesa humanidad; el lenguaje
episcopal, débil ante esos crímenes, era, sin embargo, uno de los
más directos para Videla, quien para atemperar condenas terrenales
invitó a la cúpula episcopal a un almuerzo en que procuraría acer-
car, piadosamente, posiciones. Poco después, el Videla diurno inau-
guraba la Feria del Libro del brazo de Borges, y recibía a los
escritores españoles Julián Marías y Camilo José Cela. Y viajaba con
su mujer Hartridge y sus hijos a descansar a las cataratas del Iguazú,
con toda la fanfarria que caracterizaba sus traslados al interior de la
Argentina. El embajador Castro dejó constancia, luego del receso
diplomático del verano, del clima que se vivía en el gobierno en
marzo en dos documentos confidenciales, uno del 10, firmado por
Chaplin, y otro redactado por él, del 29 de marzo, el mismo día en
que Videla festejaba su segundo aniversario en el poder. En el primero —01769 01 a 02 101603Z— el diplomático encendía una
alarma roja respecto del plan Martínez de Hoz y la capacidad del
gobierno militar argentino de procesar la represión ilegal: "Los problemas económicos amenazan la política con consecuencias serias e
imprevistas y los derechos humanos, que no fueron hasta ahora un
problema interno, pueden adquirir importancia política interna".
Chaplin definía así la agenda política de Videla: "La preocupación
central es 'el esquema de poder'. Este juego es tenso. Hace evocar la
imagen de tres leñadores haciendo equilibrio sobre troncos que van
río abajo, cada uno con un palo para golpear a los otros. Videla
quiere un nuevo mandato liberado de las restricciones de la pertenencia a la Junta; actuar como cuarto hombre, a lo que aspira, con-
trolando a la Junta. Esto no es fácil de lograr institucionalmente,
pero bastaría que Videla tuviera al integrante de la Junta bajo su
poder, algo que podría lograr si su sucesor al frente del Ejército es
Viola. La idea de Massera es otra. En cualquier esquema de cuarto
hombre, debería seguir habiendo una Junta como autoridad máxima
de la Nación; el presidente de la Nación se parecería entonces a un
presidente de empresa responsable ante su directorio. Hay indicios
de que Massera ya tiene un plan de acción en mente, tal vez, inclu-

so, más de uno. Agosti parece más inclinado a dar su apoyo a Videla que a contribuir a las ambiciones políticas del almirante Massera. (...) Sabemos muy poco sobre los planes de Videla: es un político sutil y paciente. Creemos que su plan para el futuro se basa en un traspaso gradual del gobierno a los civiles. (...) Los críticos de las políticas económicas del gobierno —son legión— se quejan de los sueldos bajos, del bajo poder adquisitivo y de las altas tasas de interés resultantes de la política monetaria del gobierno. Hay una recesión interna y una inflación (pese a las mejoras, la más alta del mundo) que empobrece a la clase media asalariada argentina. La clase trabajadora está malhumorada y resentida. Los cierres de fábricas presentan el fantasma del desempleo que hace seis meses prácticamente no existía. Los sueldos públicos son especialmente inadecuados. Todo esto genera hechos políticos sobre los que el gobierno tiene escaso control y la amenaza de enfrentamientos con consecuencias políticas imprevisibles. La inclinación de Videla será mantener su apuesta en el ministro de Economía, Martínez de Hoz. No obstante, lo bombardearán con quejas para mejorar las duras medidas del ministro (incluido su propio ministro de Trabajo Liendo) y la economía seguirá siendo el palo con el cual Massera o cualquier otro crítico golpeará al Presidente. En caso de un enfrentamiento serio, Martínez de Hoz debería ser sacrificado".

La descripción de la crisis económica era correcta. Chaplin terminaba el documento con un elogio indirecto a Videla: "En Puerto Montt, Argentina compró por lo menos seis meses de tranquilidad en su disputa por el Beagle". Los seis meses, en realidad, que Videla necesitaba para definir el esquema de poder que lo confirmó como el primer hombre o el jefe supremo (un presidente de facto no obligado a negociar en las reuniones de Junta), más allá de las presiones de Massera. Este juego de poder, que la prensa difundía como el debate sobre el "cuarto hombre", era sólo una distracción semántica. En el segundo informe de la embajada, del 29 de marzo —02390 01 a 02 311201Z—, Castro ironiza sobre este eufemismo: "Cuando Videla asuma como 'cuarto hombre' (es decir 'primer hombre')..." Los juegos semánticos aparecían en una prensa amordazada para denominar la política sin cargar de intenciones a sus protagonistas. Era peligroso decir, por ejemplo, que Videla nunca —nunca— cedería el lugar de jefe supremo a Massera. El perfil que Videla imponía, repleto de silencios y eufemismos, fue un hábito que se extendió más allá de su gobierno, más allá del silencio profiláctico con el que rodeó su vida después del poder. Y que le sirvió para mantenerlo y prolongarlo. Aquel 29 de marzo, con el aval del generalato, pronunció un discurso en el que anunció sus planes para los meses venideros, a pesar de la oposición de Massera. Dijo que nada era superior *a la cohesión de las Fuerzas Armadas*, que se avanzaría hacia la democracia pero *sin plazos,* que el esquema de poder cambiaría *durante este año con un militar retirado como Presidente*, que la Junta había vuelto a poner *en pie al país y ahora es necesario hacerlo caminar.* Respecto del discurso, el embajador Castro avanzó en sus análisis más allá de las palabras de Videla. En un documento del 31 de marzo —02390 01 a 02 311201Z—, escribió: "(...) Cabe señalar que Videla tuvo cuidado en no dar ningún marco temporal para el proceso de retorno del país a la democracia, ni tampoco estableció específicamente que el próximo gabinete vaya a incluir un número mayor de ministros civiles (...) Existe una sensación cada vez mayor en los círculos políticos de que su rival, el almirante Massera, está por salir de la Marina sin haber podido abortar los planes de Videla, que Videla podrá imponer al hombre que eligió como comandante del Ejército, el general Viola, al resto del Ejército, y que se están eliminando los obstáculos en el camino tendiente a comenzar el avance hacia la democratización política. (...) En el área económica, cabe señalar que el discurso no mostró evidencias de ninguna voluntad de cambio en el impulso a la política económica básica seguida por el gobierno militar hasta el momento, lo cual respalda otros informes que hemos recibido de que la posición del ministro Martínez de Hoz parece estabilizada, sin amenazas inmediatas de su desplazamiento a la vista". En síntesis, nada parecía haber cambiado en los planes de Videla, a pesar del alboroto propagandístico que anunciaba que la discusión sobre el esquema de poder traería modificaciones en su régimen. Y para que nada cambiara, debía sumar el silencio de los obispos. El 10 de abril, Videla almorzó con Primatesta, Aramburu y Zazpe, para responderles personalmente la carta enviada en marzo en la que criticaban al gobierno por la situación de los presos políticos, los desaparecidos y la pobreza que se insinuaba con fuerza a raíz del modelo económico. A la debilidad de la crítica de los obispos, que utilizaban todo tipo de delicadezas para no despertar la ira del gobierno, Videla respondió con la altisonancia típica del lenguaje cuartelero, aunque con muy buenos modales. En primer lugar, rechazó que hubiera "presos políticos". Sólo había *delincuentes subversivos y económicos presos.* Y prometió en general que su gobierno haría honor *a la vocación de justicia.* Los obispos salieron de allí molestos. Habían ido a buscar respuestas pero, como sucedería *in secula seculorum* con Videla y sus subordinados, sólo habían recibido frases vagas, tal vez tan vagas y discursivas como las de ellos mismos. Zazpe se atrevió a comentar, muy en privado, ese almuerzo: "Tuvo la arrogancia y el hermetismo de los pecadores".

Entre abril y mayo del 78, además de la escalada militar por el Beagle que no se detenía y de la preparación de los fastos del Mundial de Fútbol, Videla pujó en la pulseada política con Massera y ganó. Mientras, el almirante, cada vez más convencido de que había perdido la partida, trabajaba intensamente con sus armas legales e ilegales en la carrera política que apuntaría sobre dos de sus principales opositores, Videla y Martínez de Hoz. A partir de abril, los senderos de Videla y Massera se bifurcaron definitivamente. Los primeros días de ese mes, Massera se reunió con el peronista Héctor Villalón, que se presentaba como miembro del Consejo Superior del Peronismo en el exilio, en un hotel de París. Villalón le prometió a Massera intentar reunir a la "resistencia peronista" en el exilio para iniciar conversaciones sobre la formación de un movimiento de oposición a Videla (con el patrocinio de Massera), y hasta le prometió armar una "cumbre" entre Massera y Firmenich, que estaba en Roma. Pero Villalón no tenía acceso a la cúpula montonera que, por entonces, planeaba atentados contra el gobierno durante el campeonato de fútbol, aunque un Galimberti aún enrolado en las filas guerrilleras prometía en la prensa europea: "Los Montoneros no lanzarán ninguna operación que pueda poner en peligro a los jugadores, los numerosos periodistas y los miles de visitantes que llegarán a la Argentina de todo el mundo. Creemos que un boicot no es una política realista en las actuales circunstancias. Decimos a todos: vengan a la Argentina". Lo cierto es que el encuentro Massera-Firmenich nunca se realizó. Ambos lo negaron, al igual que los marinos y montoneros consultados años más tarde. Lo que Massera no negó es que Videla estuviera al tanto del funcionamiento del Centro Piloto. Es más, en la entrevista el primero de octubre del 98, en sus oficinas de la avenida Callao 322, Massera dijo que el funcionamiento del Centro Piloto "fue un proyecto del Poder Ejecutivo". "Se creó a propuesta del entonces embajador Anchorena —relató— y se concretó por un decreto firmado por el presidente Videla". Ya estaba claro en abril del 78 que Videla había logrado expulsar a Massera hasta los bordes del poder, aunque compartiera con él la faena final de la represión ilegal. El embajador Castro expresó con una libertad imposible de encontrar entre los jerarcas del régimen o en la prensa nacional en qué situación quedaba la relación Videla-Massera. En un documento del 18 de abril —02931 01 a 02 182216Z— Castro realizó el siguiente análisis: "Los esfuerzos del almirante Massera por ser el próximo caudillo de la Argentina deben ser tomados seriamente. Tiene mucho a su favor: habilidad, energía e inescrupulosidad en el campo político, sin serios retadores. Ha hecho incursiones en las filas peronistas y populistas y echado mano, todo lo posible, a la bandera de los derechos humanos. (...) Massera tiene muchas cosas a su favor. La primera de ellas es que ningún individuo llega a compararse con él. En esta tierra de 'personalismo' su oposición más importante consiste en un general de ejército —Videla— a quien sus seguidores más ardientes describen como sano, humano, prolijo, preciso, atractivo porque es un hombre de familia y tiene una imagen de buen católico. Pese a lo apreciadas que son estas cualidades, resultan insuficientes para inflamar las imaginaciones políticas en la Argentina. En cambio, Massera tiene un gran carisma. Se nota incluso en televisión. Es brillante y buen orador. Es infatigable en su manera de hacer política y ha reunido a un personal capaz —en su mayoría hombres de la Marina— para ayudarlo. Besa chicos y envía coronas a funerales y despacha notas personales con tacto y eficiencia. Tiene una amplia gama de contactos y es accesible. Massera es pragmático y no tiene la carga de una ideología. No le preocupa, al parecer, haberse convertido en el elefante bravo de la Junta y ser considerado desleal por muchos de sus colegas militares. Si Massera llegara a ser alguna vez el nuevo caudillo de la Argentina es imposible imaginar qué políticas aplicaría. (...) El estilo audaz y llamativo de Massera se destaca más al lado del buen ejército gris y su líder, que, además de otras desventajas, tiene la responsabilidad máxima de dirigir el país y poco tiempo para politiquear latosamente, aunque tuviera esa inclinación. (...) Videla tiene la tarea de mantenerse detrás de posiciones duras. Massera tiene el encanto de cualquier líder de la oposición que promete alivio. La arrogancia es otro problema del Ejército, ya se trate de enfrentar a políticos civiles o a almirantes molestos". Es evidente que el gobierno de los EE.UU. apostaba a Videla en cualquier caso, aunque debiera condenarlo por la violación a los derechos humanos.

El 26 de abril en el departamento de su madre —Darragueira al 2100— fue capturado Marcelo Senra. El comisario Benito de Vincenzi, vecino del edificio, interceptó a la comisión y le exigió que se identificara. Quien la mandaba presentó una credencial a nombre de Jorge Moyano, primer teniente de la Fuerza Aérea. Sin embargo Marcelo fue llevado a "El Banco", centro de detención propio de la Policía Federal, bajo comando del Primer Cuerpo de Ejército, donde desapareció para siempre. (Juicio a las Juntas. Acusación a JRV. Privación ilegal de la libertad. Caso 306.)

La artillería de Massera sobre Videla, a partir de ese momento, se enfiló no sobre su condición de futuro presidente vestido de civil, sino sobre el verdadero sostén del régimen: Martínez de Hoz. Era tal la furia del almirante contra el equipo económico, incluido Liendo, quien no le permitía ensayar un acercamiento con el sindicalismo para que le sirviera de base, que logró crear entre sus adláteres, como el entonces jefe de Operaciones Navales, vicealmirante Antonio Vañek, la sensación de que había llegado la hora de retirarse del gobierno. Pero Massera, que se definía como un conservador y no como un liberal, tenía otros planes: permanecer en el régimen hasta que las velas no ardieran. Si estaba fuera de la Junta lo haría a través de la prensa —el diario Convicción que aspiraba a digitar—, las alianzas comerciales con Suárez Mason más allá de las fronteras y una apuesta fuerte a romper la hegemonía de Viola en el Ejército, apuntalando los apetitos de poder de Galtieri. Éste era su plan, que desarrolló en los meses y años venideros. Algo más: contaba con "materia gris" para sus vínculos con la sociedad civil y con sindicalistas y peronistas, algo que el Ejército —imbuido en su faena exterminadora— no tenía. Massera contaba con los montoneros reducidos a la servidumbre en la ESMA.

El plan de Videla no se modificó. La última semana de abril del 78 comenzó una maratónica ronda de consultas entre los jerarcas militares, para consolidar la idea de que se sucediera a sí mismo. La reunión clave ocurrió el 28 de abril en el edificio Cóndor, sede de la Aeronáutica. Se reunieron, luego de una semana de largas deliberaciones, los 21 oficiales más antiguos de las tres armas (9 generales, 6 almirantes, 6 brigadieres). Por el Ejército estuvieron Viola, Urricariet, Súarez Mason, Riveros, Menéndez, Laidlaw, Galtieri, Harguindeguy y Vaquero. Por la Marina, Lambruschini, Vañek, Oliva, Torti, Jorge Isaac Anaya y Fracassi. Por la Aeronáutica, Miguel Ángel Osses, Omar Domingo Rubens Graffigna, Enrique Blas Desimoni, Pablo Apella, Capellini y Roberto Temporini. Hubo portazos, insultos, golpes sobre la mesa, amenazas de ruptura de la cohesión entre los jefes militares que tanto preocupaba a Videla. Los apóstoles de Massera presionaban contra la posibilidad de que Videla se quedara con todo el poder aun después de que saliera de la comandancia del Ejército. El embajador Castro, un observador siempre sutil, analizó en un documento denominado "El cuarto hombre se pone nervioso" —03176 01 a 01 252149Z— que en realidad Massera, más que apuntar contra Videla, intentaba "promocionar a la jefatura del Ejército a Suárez Mason, un duro. Aunque otros piensan que en realidad la resistencia de Massera es una táctica dilatoria para despegarse lo más posible (en la cabeza de la gente) de la responsabilidad suya del próximo mandato de Videla y quedar con las manos libres para su propia campaña política de los próximos años como político civil". Ambas cosas eran ciertas. Viola, el delfín de Videla y la voz cantante del Ejército, les dijo a los marinos: "Si a ustedes no les gusta Videla, nosotros lo mantendremos igual como Presidente porque somos más". Perdidos, los vicealmirantes pidieron entonces una terna de nombres para elegir el futuro Presidente. Viola les dijo: "¿Para qué quieren una terna? ¡La terna es Videla, Videla y Videla!". La defensa de los marinos la hizo Galtieri, que no sólo no quería a Viola sino que admiraba a Massera y era su amigo. "Esta imposición que queremos hacerles a las otras fuerzas no está bien, no es adecuada", dijo. Galtieri sabía que el sucesor de Videla en el Ejército era, claramente, Viola. Y que, de ser así, también era su seguro sucesor al frente de la presidencia, en ese sistema donde un puñado de jerarcas definían quién debía mandar a 25 millones de argentinos. El 2 de mayo, finalmente, mientras se iniciaba la segunda ronda de diálogo definitivo para resolver el diferendo del Beagle con Chile, Videla fue ungido presidente de facto y de civil por veintiún militares; para reinar, a partir de agosto del 78 y hasta marzo del 81, como jefe supremo, aunque se retirara del mando del Ejército. A partir de ese día, Videla debía imponer a su alter ego Viola en la grilla militar, como jefe del Ejército y miembro pleno de la Junta, que compartiría con Graffigna y Lambruschini. Este retiro, previsto para el primero de agosto del 78, Videla lo vivió como una amputación de poder. Como un etapa en la que *el Proceso comenzó a vegetar*. Los planes políticos, para entonces, habían entrado en un cono de silencio. Massera y Agosti aún no habían elevado el suyo; lo harían en vísperas del inicio del "tiempo civil" de Videla. Sin embargo, el ultraconservador Perriaux, que apostaba todas sus cartas a Martínez de Hoz y a su jefe de asesores, Luis García Martínez, le envió su plan político a Videla, aun cuando Villarreal y Yofre ya preparaban un plan B, es decir, cómo influir para que Videla iniciara su segundo mandato con un gabinete pletórico de civiles. El plan Perriaux tenía definiciones filosóficas que describían mejor que ninguna otra cosa cuál era el verdadero curso del Proceso, más allá de los vaivenes diurnos en los que se veía envuelto. "El destino de la República se juega a cara o cruz al éxito final del gobierno de las Fuerzas Armadas", dijo pomposamente el principal intelectual del videlismo. Pero aclaró que de nada servían las "victorias militares" si no se armaba urgente un plan político porque "ningún gobierno de las Fuerzas Armadas puede durar indefinidamente". La preocupación de Perriaux era clara: cómo y qué hacer, cuando se cuestionaran "severamente" los "métodos con los que las Fuerzas Armadas alcanzaron el triunfo en la lucha contra la subversión", para que "lo que pase sea bueno". En pocas palabras, cómo hacer para que las Fuerzas Armadas no fueran juzgadas por la represión ilegal. El sentido del plan residía en el principio de irresponsabilidad por la represión y cómo lograrlo. A continuación, Perriaux proponía que cualquier gobierno que surgiera debía tener a los militares como eje vertebral. Afirmaba que ese privilegio los militares lo habían conseguido al salir "victoriosos de la tercera guerra mundial" (la guerra sucia); que ello requería una reforma institucional, modificar el sistema de elección e implementar un sistema de candidato calificado, en el cual sólo pudieran ser elegidos "los virtuosos" para integrar un Congreso más reducido, y una Justicia también "elegida entre pocos". En síntesis, proponía una democracia ni pluralista ni popular, "de los muertos", basada en la tradición oligárquica. Respecto de quiénes podrían ser precandidatos para un cargo ejecutivo, Perriaux estipulaba que debían ser hombres de "no menos de 25 años", "casados y con un hijo", tener estudios universitarios y un "legajo policial impoluto". El ideal autoritario desbordaba el plan hasta en las formas; estaba presentado paso por paso, como si la realidad fuera una cuadrícula delineada por la suprema voluntad de un dictador. Perriaux, como es fácil suponer, no hablaba de plazos: lo suyo era ideología autoritaria en estado puro. También daba un consejo inmediato: crear "una ciudad educativa" para formar a los oficiales de las Fuerzas Armadas y a los ciudadanos en el "espíritu del Proceso", con la ayuda de los libros pero sobre todo con la ayuda de la SIDE, la comunidad de inteligencia y el Ministerio de Educación. En esos mismos días, Videla pareció atender los consejos de Perriaux y encaró la consolidación de su poder a futuro en un área que era, para él, estratégica: le encomendó a su discípulo en ideas y gestos represivos, Catalán, que revisara a fondo los contenidos de los textos escolares, incluyendo los de escuela primaria, porque, según afirmó, *a través de ellos se pueden introducir ideologías marxistas, en especial cuando los libros son de origen extranjero y necesitan ser traducidos*. Esta orden a su ministro de Educación, Catalán, fue coincidente con el negocio educativo que no se detuvo y que fue la piedra angular para "desestatizar" la educación, "desarmientizarla", como una forma de interrumpir la larga tradición de promoción social a través de la universidad gratuita y laica de los argentinos. A mediados de mayo, Videla pronunció una arenga a los rectores de las universidades privadas a las cuales el ministro Catalán había privilegiado en su gestión. "*Prescindencia y militancia fueron los antagónicos pero, a la postre, convergentes caminos por los cuales penetró el nihilismo subversivo a la universidad e intentó imponer, so pretexto de abrir los cauces de la imaginación, la más rígida uniformidad ideológica. Siempre he creído que estas dos versiones de la universidad son falsas y peligrosamente inconsistentes. La institución universitaria no debe ser prescindente ni militante, sino participante. Es decir, debe constituirse en un órgano abierto a los desafíos que le impone su circunstancia histórica y ser capaz de planteárselos como temas rigurosos de investigación científica".* Estas acciones de Catalán, que siguió al pie de la letra desde la Operación Claridad el coronel Valladares, fueron sus últimos gestos antes de abandonar el gobierno que marchaba hacia otra etapa. Dejó su cargo dos meses después y, como una metáfora del Proceso, fue reemplazado interinamente por Harguindeguy. El destino final de Catalán, por lo demás, puede ser considerado otra metáfora del régimen. En enero del 84, estuvo preso como sospechoso de haber matado de dos tiros a su esposa.

Videla estaba ya obligado a ser la cara diurna, omnipresente, en medio de la excitación masiva previa al Campeonato Mundial de Fútbol que tenía a la Argentina como sede, pero también bajo los reflectores del mundo. En ese mismo momento, los vuelos de la muerte despegaban con una frecuencia de cinco por día. Años más tarde, cuando el marino arrepentido Adolfo Scilingo contó al periodista Horacio Verbitsky cómo se realizaban esos vuelos cargados de prisioneros atontados por el "pentonaval", aún no se podía precisar cuántos raids le costó al régimen librarse del cuerpo del delito que incriminaría a Videla y a sus subordinados para siempre. En ese mismo momento, los funcionarios de las Naciones Unidas, en Ginebra, elaboraban las primeras listas completas de desaparecidos y miles de exiliados comenzaban a enviar cartas a la Casa de Gobierno con la cara de Videla, transformada en calavera por sus rasgos huesudos, en una pelota de fútbol. El 20 de mayo, en una entrevista concedida al diario alemán Die Welt, Videla volvió a culpabilizar a la sociedad, a la prensa libre, a los exiliados y a la conciencia crítica de Occidente: *No hay campos de concentración ni prisioneros políticos en la Argentina. La campaña desencadenada contra la Argentina antes del Mundial de Fútbol es obra de la izquierda internacional. Los 3.200 detenidos de los cuales el Ministerio del Interior publicó los nombres están presos por terrorismo, corrupción y criminalidad. Todos los detenidos en fase de instrucción se encuentran exclusivamente en cárceles y no en otros lugares. Las Fuerzas Armadas argentinas, amenazadas por 4.000 guerrilleros armados, se vieron obligadas a defender los derechos humanos de la mayoría. Hacia nosotros no hubo la comprensión que merecíamos.* Unos días más tarde, en un nuevo aniversario de la fundación del Ejército, Videla pronunció su último discurso como comandante en jefe del Ejército y definió su rol tutelar con simpleza: *seguir siendo el pilar del orden y el centinela de la soberanía.* La guerra sucia entendida como represión ilegal y la guerra externa aparecían en el trasfondo de esta misión. ¿Qué ocurrió para que ese Ejército sólo pudiera cumplir acabadamente con su misión de represión interna, frente a partisanos mal armados y ciudadanos desarmados? Videla estaba dispuesto sólo a reconocer los presos legales ante el mundo, y se opuso a las guerras de defensa de la soberanía con otros Estados. Se oponía a la confrontación con Chile. Se opuso luego a la aventura militar en Malvinas. Tal vez por eso, a fines de mayo, cuando Videla recibió al secretario de Asuntos Políticos del Departamento de Estado de los EE.UU., David Dunlop Newsom —el tercer hombre en la diplomacia estadounidense—, para discutir la marcha de la agenda acordada entre Videla y Carter, no le fue difícil prometer que estudiaría la posibilidad de dar nuevas listas de los presos legales y que la Argentina ratificaría el Tratado de Tlatelolco. El 31 de mayo, en una carta a Carter, Videla le contestó que tenía la decisión de ratificar el tratado de desnuclearización de América Latina. En esos días de fin de mayo del 78 hubo una visita a Washington que pasó inadvertida. El presidente del consorcio Yacyretá, Jorge Pegoraro, intentó, sin éxito, destrabar un préstamo del Eximbank de 270 millones de dólares para comprar turbinas para la represa, que la administración Carter había trabado por la violación a los derechos humanos.

El primero de junio Videla inauguró en la cancha de River Plate el XI Campeonato Mundial de Fútbol. Pidió a *Dios, nuestro Señor, que este evento sea realmente una contribución para afirmar la paz, esta paz que todos deseamos para todo el mundo y para todos los hombres del mundo*. Poco antes, había inaugurado la planta de Argentina Televisora Color (ATC), que dio a los franceses un título para su ironía sobre el régimen: "Regardez le mondial en Videlacolor" (L'epique) y a la prensa alemana otro: "Fussball macht frei" (el fútbol libera), en alusión a la frase que recibía a los que llegaban al campo de concentración de Auschwitz, "Arbeit macht frei" (el trabajo libera). Junio fue un mes alucinante porque la pasión vital por el fútbol se mezclaba con el perfil represivo del gobierno argentino, ya reconocido mundialmente. El periodista Abel Gilbert y el novelista Miguel Vitagliano, en su libro El terror y la gloria, lo definieron con notable precisión: "El Mundial lo envolvía todo: la fatiga, la excitación y el desamparo, la frivolidad y el pavor, se impregnaban de su lógica avasallante. El Mundial se esparcía sobre las mesas de dinero y las salas de interrogatorio. Lo jugaban en escuelas y hospicios. El Mundial hacía bajar la productividad laboral y que se recuperaran, en calidad de préstamo, espacios cercenados. Era sueño y pesadilla, guardián de las vigilias, los operativos y las rondas. Ilusión de ecumenismo afirmativo e hito fundante". En los pasillos del poder, Videla discutía su sucesión, la de Viola, que era resistido por Suárez Mason y Menéndez, y la carrera política paralela que Massera comenzaba, y de la que ignoraba su seguro y estrepitoso fracaso, tanto desde el diario Convicción —en el que obligó a trabajar a secuestrados de la ESMA— como desde el intranscendente Partido para la Democracia Social que fundó. Massera había perdido la interna del poder; debía retirarse de la jefatura de la Armada en setiembre. Videla analizaba con Martínez de Hoz por qué la inflación no descendía y tampoco la recesión; festejaba con él la apertura del comercio exterior a China y la marcha de las negociaciones con la URSS, ya que Europa y EE.UU. no cedían en el proteccionismo agropecuario. En ese momento, tres parientes de la esposa de una de las estrellas de la Selección argentina de fútbol, René Houseman, eran secuestrados en la villa miseria en la que trabajaban como maestros. Vinculados al movimiento de sacerdotes tercermundistas, los parientes del futbolista habían decidido su militancia entre los más pobres. En ese momento, miles de argentinos usaron la libertad deportiva para, en un acto de rebeldía, llenar de papelitos —como propiciaba Clemente, el personaje de historieta creado por Caloi— las calles y los estadios, a pesar de que el relator oficial José María Muñoz llamaba al orden y a la pulcritud. En ese momento, el merchandising infinito del fútbol con el gauchito Mundialito creado por la publicidad oficial y el cantito "Argentina, Argentina, vamos, vamos a ganar" describían el sueño nacional e inundaban las calles y los estadios. Videla había recibido a los jugadores de la Selección dirigida por César Luis Menotti (a quien le habían perdonado sus coqueteos con la izquierda peronista y a quien vigilaban porque sabían de su afiliación al comunismo) y les había pedido, casi obsesivamente, que fueran ganadores... *Señores, así como el comandante arenga a su tropa, así como el Presidente saluda y despide embajadores, así quiero exhortarlos a que se sientan y sean ganadores, ganadores del torneo, ganadores de la amistad, ganadores de la hidalguía y demuestren la calidad humana del hombre argentino.* El régimen necesitaba ganar. Tomar prestado un triunfo que no venía de su propia gestión ni modelo de país. Borges, a quien el Videla diurno abrazó para captar algo de su fama, tomó distancia con una ironía amarga: "No es posible que el país se sienta representado por jugadores de fútbol, es como si nos representaran los dentistas. La Argentina tiene dos cosas que ningún país del mundo posee: la milonga y el dulce de leche. ¿Qué más identidad pretenden?" En ese momento, Cacciatore era un intendente brillante; el general Merlo y el almirante Lacoste, prohombres que habían ganado la batalla por esa fiesta a pesar de las críticas de Juan Alemann, un hijo dilecto del establishment, a quien le pusieron un bomba el mismo día que Argentina le ganó a Perú 6 a 0. El Mundial había costado 517 millones de dólares en obras que efectivamente, como sostenían sus defensores, quedaron en el país; sin embargo, luego se demostró que en ellas se habían favorecido negocios ilícitos. Esto fue aun más evidente cuando en 1983 se supo que el Mundial de España del 82 costó 400 millones de dólares menos. Lacoste, un hombre de fortuna, siguió disfrutando de su gloria como vicepresidente de la FIFA (luego de pasar por el gabinete de Galtieri) y cambió sin demasiado problema la bandera nacional que lo cobijaba cálidamente por la de los Estados Unidos, país al que se mudó para siempre.

El 10 de junio del 78, en la calle María Reyna al 100, en Morón, fue secuestrado por un grupo armado José Alberto Saavedra. El grupo había capturado antes a Jorge Casalli Urrutia en su domicilio de la calle San Guillermo, en la localidad de Martín Coronado, a quien se llevó hasta la casa de Saavedra. Ambos secuestrados permanecieron en "El Banco", lugar del que reconocieron mucho después detalles como el piso de baldosas blancas y negras, la claraboya por la que se veía el ramaje de los eucaliptos y el ruido de la autopista cercana. Saavedra fue liberado el 22 de junio de ese año. Casalli, el 25 de julio. (Juicio a las Juntas. Acusación a JRV. Privación ilegal de la libertad. Casos 310 y 311.)

Pero Buenos Aires estaba limpia y ordenada, y lo que se comenzó a llamar por entonces "la patria contratista" —unas 20 empresas líderes— había sido beneficiada por Cacciatore, que en 1976 había permitido la construcción de cerca de 404 hoteles, casi 350 más que en los años anteriores. Había miles de kilómetros de calles señalizadas y hubo miles de toneladas de cemento Loma Negra para los estadios nuevos y para las remodelaciones. Fue un Mundial al que no faltaron Kissinger y su esposa e hijo, para acompañar —luego de un almuerzo— a Videla, a todos los ministros y jueces de la Corte, y a parte de la cúpula de la Iglesia, a la cancha. Kissinger había sido el estratega de golpes militares y había dado su bendición a la represión ilegal, pero en los días del Mundial era un lobbista que unía su pasión por el fútbol con la visita a viejos amigos mientras hacía negocios: le interesaba impulsar ese deporte a través del Cosmos americano, en los Estados Unidos. Las Madres de Plaza de Mayo y las entidades defensoras de los derechos humanos no fueron ambivalentes cuando criticaron de plano el Mundial como una cortina de humo.

Irma Niesich fue secuestrada el 15 de junio y Roberto Zaldarriaga el 20 del mismo mes, ambos en sus domicilios de Isidro Casanova, por un grupo de diez personas a bordo de tres vehículos. La puerta del hogar familiar de Zaldarriaga fue derribada por el paragolpes de uno de los autos. La pareja fue vista por una decena de otros prisioneros en "El Banco"; algunos de esos prisioneros compartieron con ellos la detención posterior en "El Olimpo". Encapuchados como se los habían llevado por primera vez, Irma y Roberto fueron conducidos a visitar a la familia del segundo por las mismas personas que participaron en los operativos clandestinos en que se los detuvo, en no menos de ocho oportunidades. La familia de Zaldarriaga reconoció posteriormente a algunos de esos individuos como miembros de la llamada "Banda Gordon". Ninguno de los dos recuperó la libertad. (Juicio a las Juntas. Acusación a JRV. Privación ilegal de la libertad. Casos 312 y 313.)

El gobierno intentó impedir que las Madres marcharan: las reprimió con gases, con perros, con golpes. Pero siguieron marchando. El PRT-ERP ya no existía en la Argentina. Montoneros, mientras defendía la realización del Mundial, realizaba con sus patrullas perdidas 18 atentados con un lanzacohetes portátil, la Energa RPG 7, contra la Casa de Gobierno, el Batallón 601, la ESMA, el edificio Libertador, el regimiento Patricios (sede del I Cuerpo), la Escuela Superior de Guerra, la de Policía, entre otros blancos. En tanto, el 11 de junio, Martínez de Hoz y Videla cerraban un capítulo que los había unido y los uniría. Se habían conocido personalmente en 1975 cuando Martínez de Hoz encabezaba el lobby de la Ítalo y ese 11 de junio del 78 anunciaron la decisión de estatizar la Ítalo, comprando las acciones en poder de los accionistas suizos en 93 millones de dólares. Una oferta que podía ser mejorada, para los suizos, dos meses después. El 20 de junio, en los festejos por el Día de la Bandera en Rosario, una multitud recibió a Videla, quien comenzaba a comprender la dinámica de la legitimación política por los pies; es decir, por una pelota de fútbol. Tal vez ésa fue la razón por la que Videla —junto con Massera y Agosti— gritó el gol del triunfo de la Selección argentina contra la de Holanda el 25 de junio del 78, en lo que sonó como un grito de guerra. Sus gestos quedaron estampados en una foto que dio la vuelta al mundo. Los holandeses —para Videla— merecían esa derrota que era también un castigo, un golpe a las Madres de Plaza de Mayo, a quienes el seleccionado holandés había ido a saludar antes del partido, al igual que el arquero del seleccionado sueco, Ronnie Helström (Suecia y Holanda habían recibido a miles de argentinos exiliados). Videla gritó ese gol junto con 80 mil personas, en un gesto que nunca antes se le había visto y que no se repetiría, como si estuviera festejando su propio triunfo como jefe supremo del régimen. Los argentinos no conocían la microfísica del terror que aún se desplegaba en las catacumbas, mientras gritaban "el que no salta es holandés". Pero sabían del terror.

Guillermo Moller fue secuestrado en Chacabuco al 1100, de Capital Federal, el 24 de junio de 1978. Dos días antes, la casa había sido allanada por personal de civil que dijo pertenecer a "Coordinación Federal", y se llevó a Roberto Gaidano, compañero de vivienda de Moller, al que confundió con el buscado. El mismo grupo regresó 48 horas más tarde y se llevó a Guillermo Moller. Gaidano y otros secuestrados lo vieron en "El Banco". Por las gestiones familiares, se interesaron en su suerte distintos organismos nacionales e internacionales, entre ellos la Iglesia, a través del cardenal Primatesta, la Comisión Interamericana de Derechos Humanos (OEA), la Comisión de Derechos Humanos de Naciones Unidas y la Cámara de los Lores de Gran Bretaña. Esta última nación otorgó el derecho de asilo y lo puso en conocimiento del gobierno argentino. Para entonces —diciembre de 1979—, el capitán de fragata Raúl José Cao se comprometió ante lord Avebury —integrante de la Cámara de los Lores— a profundizar en el caso. Más tarde, Avebury comunicó a la familia de Guillermo que, según informes —que se entiende que llegaron por la misma vía, es decir la Armada Argentina, aunque sin asumir la responsabilidad documental—, Moller habría permanecido en "El Banco" y "El Olimpo" desde su detención hasta diciembre del mismo 1978, y habría sido "trasladado" después. Moller no volvió a aparecer. (Juicio a las Juntas. Acusación a JRV. Privación ilegal de la libertad. Caso 262.)

Esa tensión, ese saber y no saber de los argentinos terminaría culpabilizándolos, los avergonzaría durante décadas. Ese Mundial tendría para siempre un sabor amargo. La gloria deportiva devendría en mueca trágica, porque fueron víctimas de una maniobra a la que no pudieron sustraerse, montada sobre su pasión por el fútbol. Y lo supieron casi inmediatamente. Supieron que se la había utilizado para darle aliento a un régimen que inicialmente reclamaron, luego padecieron, después odiaron y condenaron, cuando el canto aquel de las tribunas que habían denostado a los holandeses se transformó en "el que no salta es militar". Al promediar el campeonato, Videla había confesado: *Yo no soy un hincha, no he seguido el fútbol, no lo he vivido. Lo que me interesa del fútbol es lo que motiva: la tribuna, todo lo que significa el reverdecimiento que experimenta el país.*

Jesús Peña fue privado de su libertad en La Plata el 27 de junio de 1978. Según el relato de algunos sobrevivientes, fue visto en "El

Banco". Consta su traslado a "El Olimpo", pero no su reaparición. El mismo día, pero en la esquina de Santa Fe y Callao, en pleno centro de la Capital, fue secuestrado Roberto Omar Ramírez. Tres días después, su familia recibió un llamado anónimo que le advirtió del secuestro. Ramírez pasó por "El Banco" y "El Olimpo", donde además de los mecanismos habituales de tortura fue duramente golpeado con cadenas. En marzo de 1979 fue entregado a la Armada, que lo liberó a fines de ese año. El mismo 27 de junio fue capturado en la vía pública Helios Serra Silvera, en el trayecto entre su domicilio de Colombres al 400 y la sucursal de la Alianza Francesa de Almagro, que quedaba a pocas cuadras. Roberto Ramírez y Elsa Lombardo compartieron su cautiverio en "El Olimpo". Elsa Lombardo nunca recobró la libertad. El padre de Jesús Peña, Isidoro Peña, desapareció después del 8 de julio, tras un encuentro con su nuera. No hubo testigos de su captura, pero fue visto, al igual que ella, en "El Banco" y "El Olimpo". No reapareció. (Juicio a las Juntas. Acusación a JRV. Privación ilegal de la libertad y tormentos. Casos 314, 315, 316 y 318.)

El 28 de junio, Videla habló al país: *Es toda una nación la que ha triunfado*, dijo. Y explicó por qué había estado en ocho partidos del Mundial: *Quise estar a la cabeza de todos los argentinos que enfrentaron este compromiso con el mundo, que es más que un mero compromiso en el campo del deporte. Quiero estar en la primera línea liderando a mi gente en su compromiso con el mundo.* La explotación del sentimiento nacional que el gobierno había palpado con éxtasis y que Videla disfrutó saliendo al balcón de la Casa Rosada por primera y última vez en su vida (no sin resistencia, aunque tal vez sintió necesidad de palpar el consenso fugaz y prestado, el efecto que el fútbol producía en esas masas movilizadas a las que siempre había temido y en última instancia despreciaba). Desde ese lugar mítico de encuentro de un líder con su pueblo, Videla salió a saludar, el 26 de junio, a la multitud que festejaba el triunfo. Ésta fue la demostración más cabal de que la dictadura sólo podía buscar legitimarse a través de aquello que no estaba en sus procedimientos nocturnos ni en su plan económico, ni en sus bravatas de orden ni en su convocatoria a la delación, ni en sus obras públicas ni en la misión histórica de salvar a la Patria. Y a muchos no se les habrá escapado que el partido militar sólo podía mantener el poder si incentivaba el sentimiento nacionalista, los amores infantiles pero definitivos y legítimos de los argentinos por los territorios y los símbolos patrios, por ejemplo convocándolos a una guerra por la soberanía. Es decir, si era capaz de victimizarlos nuevamente, en otra tragedia. Quizá fue por esto que durante julio el tema de las negociaciones por el Beagle con Chile ocupó buena parte de las deliberaciones de la Junta, que aún compartían Videla, Massera y Agosti, y de las cúpulas de las Fuerzas Armadas. Para entonces, el fútbol había salido de la tapa de los diarios; entraba el Beagle. El 12 de julio, en Bahía Blanca, Videla pronunció un discurso nacionalista, que era una nueva vuelta de tuerca en la escalada militar con Chile. En tanto, mientras naufragaban todos los planes políticos, Videla seguía intentando imponer a Viola como su sucesor en el Ejército. Durante el Mundial, Videla había mantenido numerosas conversaciones con periodistas extranjeros, ante los cuales había declarado que su nuevo gobierno se encaminaría hacia la democracia (además de negar empecinadamente que en la Argentina hubiera desaparecidos). Le había dicho a la BBC de Londres, en una entrevista reproducida por el Buenos Aires Herald, cuyo director, Robert Cox, ya había recibido numerosas amenazas de muerte: *Yo no soy quien definirá la forma de la democracia. Queremos que la gente nos diga, cuando le presentemos nuestras ideas, qué puede contribuir a enriquecerlas, de modo que entre nosotros podamos delinear la democracia que la Argentina necesita, adecuada al presente.* El plan político de Massera se había estado debatiendo en el Ejército desde octubre del 77, y el almirante tenía toda la intención de llevarlo a cabo. Constaba de un MON integrado por peronistas, marxistas, socialistas, radicales, etcétera, que lo aceptaran como jefe. El plan de Agosti, que planteaba elecciones calificadas con las FFAA como árbitro, y elecciones escalonadas a partir de un período por determinar, tampoco prosperó. En realidad, y visto a la distancia de más de un cuarto de siglo, esos planes fueron castillos de arena sobre una playa tormentosa donde se discutía la herencia del Proceso sin la voluntad política de entregar el gobierno a los civiles. Ni siquiera la ola de consenso que el gobierno creía haber obtenido con el Mundial perforó esta decisión de no entregar el poder sin traumas. Videla no aceptó, en los hechos, las propuestas de su usina política. Yofre recordó años más tarde: "Cuando los planes fracasaron, con Villarreal pensamos que había que poner en marcha el plan B. Cuando Videla se convirtiera en 'cuarto hombre', proponer la incorporación de civiles al gabinete, un gabinete de apertura, incorporando a algunos embajadores y reemplazando por civiles a algunos gobernadores militares. Me acuerdo de que al lunes siguiente de que la Argentina ganara el Mundial 78 me llama un coronel de la Secretaría, (Félix Roberto) Aguiar, y me dice: ¿Qué tal doctor? ¿Cómo están pensando ustedes en aprovechar el triunfo del Mundial? Y yo le contesté: Sabe lo que haría yo, coronel, aceleraría la apertura política, la negociación con los partidos para una apertura, para hacer una concertación". La idea de

Villarreal y Yofre se basaba en un dato no poco importante para "civilizar" el poder: la mayoría de los municipios estaba aún en manos de civiles, que cogobernaban con los comandantes de cada zona. Gilbert y Vitagliano calcularon: "La administración de los 1.696 municipios existentes daba la siguiente radiografía: 301 intendentes eran de la UCR (35%), 169 del peronismo (19,3%), 23 correspondían a agrupaciones neoperonistas (2,7%), 109 al Partido Demócrata Progresista (12,4%), 94 al MID (10,7%), 78 a las fuerzas federalistas (8,9%), 16 a los demócratas cristianos (1,8%) y cuatro a los intransigentes (0,4%)". Esta base civil mayoritariamente de centroderecha eran los cimientos sobre los que Villarreal imaginaba que podía levantarse la fuerza política de Videla. Pero Videla estaba concentrado en imponer a Viola como su delfín al más bajo costo posible para la cohesión del Ejército, y en las disputas con Massera en la Junta. Al terminar el Mundial, Massera propuso declarar terminada la guerra antisubversiva y publicar una lista completa de bajas de las dos partes. Videla se opuso; también Agosti. Videla sabía que Massera estaba trabajando en su despegue, aunque intuía que no iba a resultarle fácil hacerlo. En una entrevista realizada en 1998, el contraalmirante retirado y ex agregado naval en Washington, Horacio Zaratiegui, explicó que, finalmente, Massera aceptó las decisiones de Videla, "incluida la del fin de la guerra contra la subversión que Marina lo propuso en el año 78". "Yo —agregó— me entrevisté con un senador norteamericano, Jacobo Javits, y le fui a preguntar por orden de Massera qué opinaba de la idea de la Marina de publicar la lista de muertos por ambos bandos diciendo que esa gente había caído durante la guerra. La intención era que la próxima Junta Militar entrara con las manos libres. Javits me dijo que era lo único que podíamos hacer y que si no lo hacíamos nos íbamos a arrepentir. Yo volví con esa respuesta y redacté la nota que, por orden de Massera, se les envió a las otras dos fuerzas proponiendo eso. Las otras dos fuerzas se negaron diciendo que no era el momento. Quedó demostrado que la Marina tenía razón, que se siguió una guerra que ya estaba ganada. No era que no hubiese más elementos terroristas o subversivos, sino que habían perdido su capacidad para copar ciudades o asaltar regimientos. No valía la pena seguir una lucha contra elementos en teoría residuales". En 1998, Massera confirmó estas afirmaciones de Zaratiegui y, además, dio las explicaciones que podía haber dado Pilatos: "Yo pedí que sacáramos la lista de los seudodesaparecidos (sic), pero Agosti y Videla se negaron. Yo intenté clarificar los muertos pero no pude. La Escuela de Mecánica no dependía de mí. Yo como comandante me hago cargo pero hay cosas que no las tenía por qué saber porque no llegaban al nivel del comandante". Finalmente, el 21 de julio Videla se despidió del Ejército al que había pertenecido de manera activa durante 36 años, con una arenga: *El brazo armado de la Nación debe estar listo para afrontar cualquier agresión externa e interna.* El discurso era para los jerarcas que ya acariciaban la posibilidad de aprovechar el consenso surgido del triunfo en el Mundial para sus planes guerreristas. Videla se despidió, también, con un elogio al I Cuerpo que comandaba Suárez Mason, lugar en el que pronunció su discurso: *En esta jurisdicción, la subversión ha llevado el esfuerzo principal a la más artera de las agresiones, cual es el atentado, atentado que costó la vida de sacerdotes, obreros, empresarios, mujeres y niños, militares, agentes del orden. Correspondió a esta gran unidad de batalla, con abnegación, con sacrificio y coraje, poner orden y brindar seguridad en el ámbito de su jurisdicción.*

Santiago Villanueva y Norma Leto fueron secuestrados en su domicilio de Capital entre el 25 y el 26 de julio del 78. El grupo operativo de "El Banco" copó la casa, redujo a Norma y esperó la llegada de Santiago. Luego de la captura de este último, saqueó la casa. Norma Leto recuperó su libertad el 14 agosto. Había visto cómo su compañero y media docena de detenidos eran golpeados hasta la inconciencia con una cadena por el "Turco Julián" (Juan Simón) en un ataque de ira por la respuesta de uno de ellos a una cuestión de rutina, por fuera de los interrogatorios habituales. El rastro de Santiago se perdió después de que lo trasladaron a "El Olimpo". Norma y otros detenidos de "El Banco" y "El Olimpo" recuerdan en forma especial a la chilena Cristina Magdalena Carreño Araya, que fue objeto de un tratamiento especialmente cruel, no habitual incluso en esos centros especializados en tormentos. La detención de Cristina no está precisada en el tiempo, aunque puede fijarse a mediados de julio. Desde su llegada a "El Banco" y durante casi seis meses fue torturada sin parar, hasta ponerla al borde de la locura. Los testigos la recuerdan como "una masa de carne machacada", que no controlaba esfínteres y casi no podía hablar. No se tuvieron más noticias de ella después de diciembre del 78. (Juicio a las Juntas. Acusación a JRV. Privación ilegal de la libertad y tormentos. Casos 320, 321 y 322.)

Videla consiguió su objetivo; logró imponer a Viola como delfín. Aparentemente, esto satisfizo a la embajada estadounidense, que informó a Vance su confianza en que el nuevo eje Videla-Viola fortaleciera la salida política y se volvieran a respetar los derechos humanos. Sin embargo, el Departamento de Estado veía con preocupación el trámite de la elección, que había mostrado al generalato dividido, lo que prenunciaba futuros sacudones. En efecto, la votación para la sucesión al mando del Ejército había dado cinco votos para Viola (Videla, Viola, Galtieri, Harguindeguy y Urricariet), tres en contra (Suárez Mason, Riveros, Menéndez) y dos abstenciones (Vaquero y Laidlaw). Menéndez se opuso porque aspiraba a ser el delfín de Videla, una aspiración a la que nunca renunció y que estuvo en la base de su levantamiento contra Viola meses después. En la entrevista del otoño del 99, Videla afirmó: *Yo tenía la facultad de nombrar a Viola, pero necesitaba un consenso. Porque si la cosa era 10 a 0 y yo tenía 0, al día siguiente tenía un golpe de Estado. Así que lo hicimos así... Vengan, siéntense, tomemos un café, conversemos... Y Viola tuvo la mayoría. ¿Menéndez? Ya se sabe lo que ocurrió después. ¿Urricariet? Era amigo de Viola. ¿Galtieri y Harguindeguy? Ambos matizaron su opinión.* Por su parte, el Departamento de Estado también había sido conmovido por peleas internas en relación con la Argentina. El mismo día que Videla se despidió del Ejército, Todman le dejó su lugar en Asuntos Interamericanos a Viron Vaky. A poco de la entrada en vigencia de la enmienda Humphrey-Kennedy, esto representaba un endurecimiento de la presión norteamericana sobre el régimen y un triunfo tácito de las posturas de Derian. Sin embargo, al mismo tiempo la CIA establecía acuerdos con el Proceso de los que Videla estaba al tanto, porque como jefe del Ejército primero y como presidente de facto después no pudo desconocer las operaciones de contrainsurgencia que comandó Suárez Mason en el exterior, especialmente en Centroamérica. No es posible afirmar, de acuerdo con los datos con que se contaba en el 2000, que Videla también conocía los detalles de esas operaciones y de los negocios sucios que se derivaron de ellas para financiarlas y para enriquecer a los que participaron en el entrenamiento contrainsurgente de la dictadura de Somoza, en el derrocamiento de la presidenta constitucional de Bolivia, Lidia Gueiler, y del entrenamiento a las fuerzas represivas de las dictaduras de Honduras y El Salvador. Los acuerdos de la CIA con el régimen de Videla fueron revelados en 1987 por el entonces agente del Batallón 601, Leandro Sánchez Reisse, ante el Senado de los Estados Unidos. Sánchez Reisse confesó que, junto con un agente civil de la inteligencia militar, Raúl Guglielminetti —conocido como mayor Rogelio Guastavino—, estableció un negocio encubierto en Fort Lauderdale en Florida, con colaboración de la CIA, que actuó como centro de las operaciones para las actividades militares argentinas en Centroamérica desde 1978 hasta 1981. También que la CIA colaboraba con ellos y que los argentinos realizaban operaciones a nombre de la CIA. Sánchez Reisse declaró: "Teníamos que estar presentes en Fort Lauderdale para facilitar los embarques de armas y dinero en apoyo de las actividades centroamericanas de tropas y asesores argentinos y de personas que desde los Estados Unidos trabajaban en ese área". Bajo la supervisión de Suárez Mason, y el entonces jefe del Batallón 601, Valín —luego sucedido por el coronel Alberto Roque Tepedino—, los militares argentinos formaron para la CIA el llamado Grupo de Tareas Exterior (GTE). Al parecer, la naturaleza y extensión de las actividades del GTE —manejaba fondos encubiertos en varios países, entre ellos EE.UU. y Suiza para transacciones financieras ilegales, lavado de dinero, tráfico de drogas y de armas— fueron posibles gracias a la connivencia de la CIA, empeñada en las últimas batallas de la Guerra Fría. El informe del Senado de los Estados Unidos precisa el inicio de estas operaciones precisamente en el período del Mundial del 78.

Isabel Mercedes Fernández Blanco de Ghezán y Enrique Carlos Ghezán sobrevivieron y estuvieron entre los principales divulgadores de lo que estaba sucediendo en los campos dependientes de la Policía Federal. Fueron secuestrados en puntos relativamente distantes pero durante la misma noche, la del 28 de julio. Mercedes lo fue en French y Pueyrredón, a las 20 hs. Había concurrido al Hospital Nacional de Odontología a realizarse un tratamiento, con su bebé de meses. Al salir del establecimiento un grupo de 20 personas, en el que participaban mujeres, la rodeó, le arrebató el niño y la obligó a entrar en un vehículo en el que fue vendada y atada. Fue conducida directamente a lo que luego reconocería como "El Banco" y torturada desde su arribo para arrancarle un modo de localizar a su esposo, lo que consiguieron a la postre por la receta que le acababan de dar en el hospital, en la que figuraba el domicilio de ambos. Enrique fue capturado muy cerca de allí, en la esquina de Ader y Zapiola, Munro, y la maestra Elsa Lombardo en el interior de la casa, sobre Zapiola. La banda armada llevaba consigo a Mercedes y torturó a Elsa en el lugar, con el fin exclusivo de localizar los objetos de valor que pudiera haber; luego saqueó minuciosamente la vivienda. Al regresar a "El Banco", Enrique y Elsa fueron torturados hasta que perdieron la conciencia. La misma noche del 28, pero en la esquina de Santa Fe y Canning fue secuestrada Graciela Irma Trotta, embarazada de tres meses. Graciela también fue conducida a "El Banco" y torturada de inmediato a fin de localizar a su esposo, Jorge Taglioni. Jorge fue secuestrado en Villegas al 700, Lomas del Mirador, días después, en presencia de Isabel que había sido llevada con el grupo de secuestrador. Ella fue liberada el 22 de agosto. Graciela Irma Trotta fue abandonada en la Maternidad Municipal Sardá, de Parque Patricios, el 26 de enero del 79; su compañero fue liberado el mismo día. Los esposos Ghezán recuperaron su libertad el 28 de enero. (Juicio a las Juntas. Acusación a JRV. Privación ilegal de la libertad, tormentos y robo. Casos 323, 324, 326 y 327.)

Videla dejó el Ejército y la Junta con todos los honores el 31 de julio. Hubo misas, medallas entregadas por Massera, lágrimas de alegría de Raquel Hartridge y de la madre de Videla, Olga Redondo, sus hijos y nietos. Se formó un "comité militar" —una Junta de transición— para que Massera y Agosti, que aún permanecían en la Junta, cogobernaran con Videla. Hubo un *compromiso de honor* de Videla de respetar los acuerdos respecto de los nuevos miembros de la Junta: Viola, Lambruschini a partir de setiembre y el brigadier general Graffigna a partir de diciembre. Hubo discursos de Videla que prometían la *convergencia cívico-militar* e invocaciones a Dios para que le diera *coraje y sabiduría*. El 2 de agosto, día de su cumpleaños, el teniente general retirado Videla se sucedió a sí mismo en un segundo mandato conferido por el poder de las armas y el voto de los jefes militares. Un terrible atentado de Montoneros a la casa de Lambruschini asesinó a su hija. La idea de la venganza, cultivada por el régimen y sus opositores, atravesó el debut de Videla como presidente de facto sin mando de tropa. En el mundo ya se sabía que la Argentina era el país más endeudado pero apetecible para los inversores extranjeros. Que su proceso de desindustrialización básica se intentaría compensar con la apertura del mercado financiero. Que integraba la Operación Cóndor. Que ninguna guerrilla urbana de Latinoamérica había alcanzado nunca un grado tan alto de desarrollo y había sufrido una derrota tan costosa en vidas. Que había vientos de guerra con Chile. Que la Argentina podía exportar know how en interrogatorios bajo tormentos para los rebeldes de otras latitudes. Que Buenos Aires era una de las ciudades más bellas del mundo. Que se construían algunas rutas y caminos. Que se abría un espectacular crecimiento de las exportaciones de carnes y cereales a China y a la URSS. Que en esos 29 meses impuestos a sangre y fuego por Videla y su régimen habían desaparecido por lo menos nueve mil personas, que había diez mil presos políticos y 300 mil exiliados. Que los trabajadores cargaban con la peor parte de la crisis económica. Que ningún dictador había sumado tantas muertes en su haber en tan corto período en toda la historia moderna de América del Sur. En el mundo, la Argentina dejaba de ser famosa por su cultura, sus artistas, sus científicos, sus escritores y los millones de libros que había producido hasta 1976. Comenzaba a ser famosa por sus campeones de fútbol y por los desaparecidos. Comenzaba a saberse que Videla había engendrado el régimen totalitario más dramático de la historia argentina.

6. Los negocios y las guerras

Nunca dejará de ser un enigma por qué, en la entrevista del otoño del 99, Videla confesó su nostalgia por los tiempos en que se veía
como el heredero natural del régimen. A pesar de que, según su
visión, la economía y la represión ilegal habían cumplido con éxito
sus objetivos, reconoció haber sentido que a partir del 78 el régimen
había empezado *a vegetar. La idea era politizar el Proceso* —dijo—. *El
problema es que para hacer política hay que poner nombres, y cada vez que
aparecía un nombre, allí venía la pelea. ¿Cuál era mi intención? Había dos
opciones: la entrega progresiva o la politización del Proceso. Dada la negativa de la entrega, yo me enrolé en la segunda. Pero había que hacer lo que
era imposible: ¿quién salía al frente de ese movimiento? Y aquí, discúlpeme
la soberbía... Yo, en el 78, tenía peso. Era el moderado y también el firme.
Tenía trato con todos, la economía estaba estabilizada, la subversión terminada... Yo creo que el hombre del MON podía haber sido yo. Pero a partir
del 78, el Proceso empieza a vegetar.* Según cuenta la historia, en realidad ese año la única tarea concluida era la de la represión ilegal.
¿Finalizada, el régimen perdía su razón de ser, su cohesión y su pulsión vital? ¿La solución final que trajo aparejada el desmantelamiento de los centros clandestinos fue también la disolución de la base
del poder real sobre el que se había asentado la vitalidad que Videla
extrañó a partir del 78? Si es así, la suya fue una confesión involun-
taria: el plan primordial había sido la matanza de opositores. Lo que
vino después fue un fracaso político que se arrastró durante el bienio 78-80 como una bala perdida entre las pujas internas del poder,
y que encontró su blanco sólo en la continuidad del plan de Martínez de Hoz y en nuevas aventuras guerreras.

Videla se mudó de Campo de Mayo a la residencia de Olivos
con toda su familia, como presidente vestido de civil, en agosto del
78. Festejó allí sus 53 años, y meditó cómo formar su nuevo gobierno que debía parecer "cívico-militar", tal como había prometido en
un sinnúmero de discursos elaborados por el equipo de Villarreal, y
como lo querían los Estados Unidos: un lento y gradual proceso de

democratización controlada. Los "civiles del Proceso", como se los llamó, tenían mentalidad militar, por lo cual la formación del nuevo gabinete de Videla fue el tiro de gracia para el equipo "civilizador" del general Villarreal y del abogado Yofre, y de su denominado "plan B". Ellos presionaban para que civiles que simpatizaban con la apertura política progresiva ascendieran al gabinete; el único eje que no cuestionaban era el de Martínez de Hoz y Harguindeguy. Una tarde de agosto, Videla aceptó la propuesta de Villarreal de que el embajador en el Vaticano, Blanco, fuera el nuevo ministro de Educación, que Camilión, entonces destacado como embajador en Brasil, ocupara la Cancillería y que el demócrata conservador Amadeo Frúgoli fuera destacado en Justicia. Dos días después, luego de una larga reunión con Martínez de Hoz, Videla cambió de idea. Sus nuevos factoministros serían aquellos que el poder económico y los comandantes de cuerpo señalaran. Ya para entonces, la embajada norteamericana era consciente de que los planes políticos habían naufragado y de que no existía ninguna posibilidad de que hubiera elecciones presidenciales en el 81, como se había especulado.

Un documento de Castro del 18 de agosto —06423 01 a 02 190010Z— daba cuenta de las dificultades del eje Videla-Viola: "La división de poder entre la Junta y el presidente todavía no está clara y probablemente pasarán más de algunas semanas hasta que el cuadro se aclare. Algunos observadores ven reducido el poder de Videla. Los planes de Videla dependen de que continúe el apoyo por parte del Ejército y su viejo camarada de armas, Viola, pero el voto dividido que derivó en la elección de Viola como sucesor de Videla y las demoras en resolver los temas pendientes indican que Viola podría encontrar dificultades para consolidar su control sobre la institución Ejército. Mientras tanto, el almirante Massera sigue adelante con sus propios planes políticos. (...) La clave del plan Videla-Viola para controlar el aparato de seguridad del Ejército es sacar al comandante del I Cuerpo, Suárez Mason", escribió Castro, que comenzaba al mismo tiempo a alarmarse por el creciente belicismo de Massera y Suárez Mason. Lo curioso es que, para entonces, la CIA había reclutado al "Cóndor dos" en la estratégica lucha anticomunista en América Latina y habilitaba sus movimientos en Centroamérica, tal como lo confesó años después ante el Senado estadounidense el espía Sánchez Reisse. Respecto de Massera, en ese invierno del 78 estaba claro que seguía con su plan: comenzaba a despedirse de los secuestrados en la ESMA con encendidos discursos sobre el futuro, visitaba el diario Convicción —saludaba a los periodistas y departía con ellos entre vasos de buen whisky— y planeaba viajes al exterior; buscaba, sobre todo, la manera de seducir al peronismo. En este tren de pactos no escritos con Massera, Videla autorizó a fines de agosto el traslado de Isabel Perón de la base naval de Azul a la quinta de Perón, en San Vicente, aún incomunicada y bajo el régimen de libertad vigilada. Massera era uno de sus visitantes, además de su abogado. Otra medida de Videla iba en la misma dirección: autorizó la libertad de varios dirigentes sindicales del peronismo. Sin embargo, junto con esto, permitió a Harguindeguy que hostigara a dirigentes políticos, como el jefe del MID, Arturo Frondizi, y a varios líderes democristianos y de los partidos provinciales por violación a la ley 21.323 que suspendía la actividad política, cosa que contradecía el supuesto espíritu aperturista del nuevo Presidente vestido de civil. La realidad, a través de la contundencia de los hechos, se encargaba obstinadamente de mostrar cuál era su verdadera postura.

En el juego de intrigas feroces, zancadillas, toma y daca que jugaban Videla y Massera, las últimas jugadas del almirante en la Junta de la que se despedía habían sido aumentar la presión para que se pusiera en marcha la maquinaria bélica por el Beagle y oponerse al viaje de Videla a Italia. Aun hasta el final, la relación entre Videla y Massera no fue más que una reproducción especular dentro del poder de la violencia y la mendacidad que el Proceso cultivaba con la sociedad. Años más tarde, el diplomático Wayne Smith explicó así esa relación: "Si Massera era un zorro vivo, inteligente, manipulador, Videla no era tan inteligente, pero Videla fue el jefe ideal para ese Estado feudal militar, y Massera fue su Richelieu". Tal como había señalado Castro, la indefinición de la relación entre Videla y la Junta —si estaba subordinado o no a sus designios— seguía siendo una fuente de conflictos y un escenario propicio para los enfrentamientos entre Videla y Massera. A fines de agosto, el primero debía viajar a Roma para asistir a la coronación de Juan Pablo I, llamado "el papa breve", ya que su papado duró 33 días y fue sucedido por Karol Wojtyla, Juan Pablo II. Viola, Lambruschini y Agosti debatieron durante horas si Videla debía viajar en calidad de jefe de Estado o de "jefe de gobierno". En tanto, fuera de la reunión, él aguardaba con las valijas listas. Esperó cuarenta minutos. Cuando el secretario general del Ejército, Bignone, salió a darle explicaciones, Videla debió amenazar con furia: *Dígales que voy o me voy*. Fue la tercera vez que amenazó con renunciar. En realidad, lo que la Armada cuestionaba era la capacidad de Videla para sellar acuerdos económicos y políticos con los líderes con los que finalmente se entrevistó en Roma, adonde llegó el primero de setiembre. El Videla diurno entró en acción apenas pisó suelo italiano. Declaró ante la prensa: *Hemos cumplido la etapa ordenancista* (sic)... *Somos conscientes de que hay*

*que abrir las válvulas de escape para aliviar las presiones y evitar que estalle
la caldera.* Pero Videla no dejó nunca de sentirse agredido por la
prensa europea, que lo trataba como a un sanguinario dictador latinoamericano. En ese viaje, se hospedó en el Le Grand Hotel de
Roma junto con su esposa. Ambos disfrutaron con inocultable alegría el besamanos de Juan Pablo I, según muestran las fotos de la
época, y agradecieron a Dios el privilegio que les había conferido el
poder. Videla tuvo otros encuentros protocolares, entre ellos con el
primer ministro francés Raymond Barre, con el canciller italiano
Giulio Andreotti y con los presidentes de las principales corporacio-
nes y entidades empresariales. Pero hubo dos citas clave: una con el
vicepresidente de los Estados Unidos, Walter Mondale, y otra con
el canciller suizo, Pierre Aubert, en las que se fusionaron la política
y los negocios. Con Mondale, Videla buscaba levantar el embargo
que de hecho pesaba sobre los créditos de los organismos financieros internacionales, especialmente del Eximbank, por la violación a
los derechos humanos. También buscaba destrabar otros negocios
en marcha, como la compra estatal de la Ítalo y la construcción de la
represa de Yacyretá.

La reunión de Videla con Mondale fue organizada por Orfila y
se realizó el 3 de setiembre en la embajada de los Estados Unidos
ante el Quirinale. A primera hora de la tarde, Mondale llegó vestido
de jaquette porque venía de una fiesta formal. Le pidió permiso a
Videla para cambiarse y lo hizo esperar menos que sus colegas de la
Junta. En el encuentro estuvieron también Mallea Gil y Yofre, y un
traductor de la embajada. El diálogo, en sus tramos esenciales, fue el
que sigue. Mondale le expresó: "Desearíamos tener buenas relaciones con usted y su país. Hay tensión entre los dos países. Y espero
que hoy podamos hacer progresos. El presidente Carter le envía sus
saludos, y le manifiesta que no quiere provocarle dificultades. Carter desea conocer su punto de vista". A lo que Videla respondió: *Le
agradezco la entrevista. Reconozco que las relaciones están deterioradas.
Conocemos la política de derechos humanos del presidente Carter, y la compartimos. Así como compartimos el sistema democrático como medio de vida.
No nos molesta la crítica. Pero algunas actitudes dan a pensar en la intervención en problemas internos. Existen dos problemas básicos: Tlatelolco y
temas políticos. Nosotros no queremos plantear un Videla-Carter como fue
Braden-Perón. Las declaraciones de Patricia Derian deterioran las relaciones
entre los dos países.* El vicepresidente de los Estados Unidos, entonces, manifestó que comprendía la sensibilidad del Presidente. Y
agregó: "Queremos cooperar con ustedes pero estamos en un momento difícil. Evidentemente la enmienda Humphrey-Kennedy va
a limitar la ayuda militar a países que cercenan los derechos huma-

nos. También puede haber condicionantes a los créditos que otorgue el Eximbank. Y luego está el tema de la visita de la CIDH. Y el caso Timerman, que no se resolvió. Si hay progresos en materia de derechos humanos eso facilitaría el mejoramiento de las relaciones. Nosotros sabemos lo que ha pasado". Con frases que demuestran hasta qué punto les interesaba a los argentinos recomponer la relación y, sin embargo, qué condiciones consideraban imprescindibles, Videla respondió: *Es necesario mantener el diálogo que se ve dificultado cuando los problemas toman carácter público que tienen una gran repercusión interna, en particular en el Ejército, cuyos hombres son los que mueren. Además nos condicionan nuestra relación con los políticos argentinos. Los empresarios tampoco pueden hacer negocios cuando los problemas toman dimensión pública. Respecto de la CIDH, dígale al presidente Carter que la respuesta va a ser positiva. Vamos a hacer progresos en la cuestión de Tlatelolco. Y también en cuanto a las listas de personas detenidas, en el tema Timerman y Bravo. Nosotros aceptamos todo tipo de visitas, pero no bajo la forma de una inspección. Queremos que la CIDH venga, pero no bajo la presión de Derian.*

En una muestra perfecta de cómo combinaban los Estados Unidos la presión política con los negocios, Mondale le señaló a Videla que existían dos fechas límite. Una era el 15 de setiembre, en la que los argentinos debían decidir qué turbinas usarían en Yacyretá, y la otra el 30 de setiembre, en la que entraba en vigencia la enmienda Humphrey-Kennedy. Con respecto a las turbinas, Mondale manifestó: "Nosotros tenemos interés que sean las de Allis Chalmers. Nuestro embajador en la ONU —Young, ex alcalde de Atlanta— está vinculado a Allis Chalmers y está presionando mucho para que ustedes tomen una decisión favorable". En cuanto al 30 de setiembre dijo: "Sin embargo, estoy contento con la respuesta que usted me ha dado con relación a la visita de la CIDH. Como ustedes saben, ha sido designado un nuevo secretario para Asuntos Latinoamericanos, el señor Viron Vaky. Le voy a recomendar al presidente Carter que Vaky, que tenía prevista una gira por Latinoamérica, vaya sólo a la Argentina como un gesto de buena voluntad para mejorar las relaciones". Videla sin duda registró la conexión que había establecido Mondale, porque respondió: *Nosotros necesitamos ampliar la relación y no ceñirnos exclusivamente a los temas de derechos humanos.* Su interlocutor, siguiendo fielmente la línea trazada por la administración estadounidense, terminó la conversación diciendo: "Nosotros no queremos intervenir en los asuntos internos argentinos, pero debemos preservar los valores por los cuales luchamos. Si hay progresos en esos valores, podremos ampliar la relación. Yo estoy acá con usted por especial pedido del presidente Carter, porque debemos cambiar el curso del rumbo actual".

Luego hubo saludos y despedidas protocolares. Videla salió de la entrevista conforme. En las semanas previas, el que más había insistido en que aceptara la visita de la CIDH —contrariamente a lo que sostenían Suárez Mason, Riveros y Menéndez— había sido Martínez de Hoz, que necesitaba destrabar el préstamo del Eximbank y otros antes de que entrara en vigencia la enmienda Humphrey-Kennedy. Evidentemente, el tema de los desaparecidos era un botín de guerra para los negocios, y no sólo para el régimen: al autorizar la visita de la CIDH, que se realizó un año más tarde, Videla efectivamente destrabó un préstamo de 550 millones de dólares del Eximbank destinado a inversiones. El Eximbank lo concedió inmediatamente después del encuentro entre Videla y Mondale, y un día antes de que entrara en vigencia la enmienda. No obstante, la mecánica del préstamo fue muy lenta. El 29 de setiembre del 78, el Eximbank redactó una carta de intención por la cual manifestaba interés por participar en el financiamiento de las turbinas de Yacyretá, pero el crédito fue aprobado el 9 de diciembre del 81, cuando Videla no estaba ya en el gobierno. Como se vio, los EE.UU. sabían cómo utilizar en provecho propio la presión por la violación a los derechos humanos. El dato clave es que en Yacyretá competían los EE.UU. y la URSS, y que Videla y Martínez de Hoz tomaron entonces la decisión salomónica de no afectar a ninguna de las dos potencias. Con la URSS estaba en juego la perspectiva de realizar la más suculenta exportación de carnes y granos de la historia, y para Martínez de Hoz estaba claro que debía defender ese negocio tanto como el de los Estados Unidos, que era el socio mayor con poder de veto en los organismos financieros internacionales. La licitación internacional llevada a cabo entre 1982 y 1983 tuvo este resultado: Allis Chalmers —que era la única empresa que en los EE.UU. producía las turbinas Kaplan, adecuadas para ríos de llanura, con patente y diseño de la alemana Voigt— ganó asociada a los canadienses y a la empresa que dirigían altos oficiales masseristas, Astilleros y Fabricaciones Navales del Estado (AFNE). La argentina Pescarmona no ganó la licitación pero, de la mano de Viola, entró en juego por la ley de compre nacional. En consecuencia, las veinte turbinas de Yacyretá fueron compradas a 13 millones de dólares cada una, 13 de ellas a Allis Chalmers y a los canadienses, y 7 a Pescarmona. La construcción y dirección de la obra civil las conquistó la italiana Impregilio-Dumez. A la rusa Energomatchexport le correspondió la compra de los generadores de la represa (habían competido por las turbinas pero no calificaron por razones técnicas). El contrato final para la construcción de la represa fue inicialado el 23 de diciembre de 1982, entre las partes y el entonces presidente del consorcio Yacyretá, el radical Jorge Carretoni. Años más tarde, algunos especialistas vinculados a Yacyretá refirieron una durísima charla entre Carretoni y Enrique Menotti Pescarmona. El empresario, un miembro de nota de lo que se conoció como la patria contratista, integrada por empresarios privados y grupos económicos que obtenían contratos y créditos del Estado con beneficios extraordinarios, exigió el reintegro del 25% del valor de cada turbina, unos 3 millones de dólares, argumentando que la ley de compre nacional así lo establecía. De este modo el Estado transfería —éste era sólo uno de los mecanismos— sumas extraordinarias a los privados. Ese traspaso estuvo en la base del crecimiento gigantesco de la patria contratista: Eduardo Acevedo (Acindar), Benito Roggio, Roberto Rocca (Techint), Carlos Alberto y Gregorio Pérez Companc (Pérez Companc), Amalia Lacroze de Fortabat (Loma Negra), Ricardo Grüneisen (Astra), Francisco Soldati (Sociedad Comercial del Plata), Carlos Bulgheroni (Bridas), Francisco Macri (Fiat), Eduardo Oxenford (Alpargatas), Federico Zorraquín (Garavaglio y Zorraquín) y Edmundo Paul (Celulosa Argentina), entre otros. Acindar, que fue una de las empresas más endeudadas de la Argentina, le era cara al ministro Martínez de Hoz, como accionista y ex presidente. El caso es ilustrativo del comportamiento de la clase dominante argentina, incapaz de asumir riesgos y decidida a vaciar a un Estado que la alimentaba hasta quedar exhausto y endeudado. Mientras las Fuerzas Armadas se apropiaban de las vidas y los bienes de los opositores políticos, ellos usufructuaban del Estado. Según refirieron los especialistas del caso Yacyretá, en entrevistas realizadas a mediados de 2000, en aquel entredicho entre Carretoni y Pescarmona, el primero respondió al reclamo del empresario manifestando que la ley ("compre nacional") regía sólo para quien hubiera ganado la licitación, y ése no era el caso de Pescarmona. Quienes participaron de las negociaciones refieren —siempre según los especialistas consultados— que "el empresario le ofreció a Carretoni en su jerga ítalo-argentina una módica suma de 300 mil dólares por turbina si facilitaba "la operación". El ingeniero se negó y le contestó en un lunfardo furioso: "Raje de acá, a ver si cree que puede bajarme los pantalones". Yacyretá comenzó a funcionar muchos años después —su marcha ocasionó varios encuentros entre Videla y Stroessner—, pero nunca a pleno.

Lo cierto es que en 1978, Videla y Martínez de Hoz querían el préstamo del Eximbank no sólo como un flujo de dinero que posibilitara inversiones. Era un asunto de alto voltaje político y Videla estaba dispuesto a ceder a la visita de la CIDH si con eso lograba revertir la asfixia política y las restricciones económicas que le imponía la administración Carter. El préstamo otorgado por el Eximbank sirvió para la compra de las 20 turbinas necesarias para la represa de Yacyretá, pero además constituyó una señal dirigida a las entidades crediticias del mundo, y marcó el fin de la etapa más agresiva en la política de derechos humanos de la era Carter. Patricia Derian se habría opuesto tenazmente a su concesión, así como otros demócratas estadounidenses. A través de un informe confidencial denominado "Yacyretá y las últimas novedades en el terreno de los derechos humanos", luego de conocerse el veredicto del Eximbank la embajada en Buenos Aires dejó constancia de la alegría de Castro y sus diplomáticos —menos Tex Harris, que comenzaba a preparar su salida de Buenos Aires— por el cambio de rumbo del que había hablado Mondale. Aconsejaba continuar con la asistencia para la seguridad: "El Departamento de Estado opina que la continuación de la asistencia financiera a la Argentina en el terreno de la seguridad nacional es un tema de interés nacional para los Estados Unidos. El Departamento monitorea cuidadosamente la situación". Una declaración del Senado de los EE.UU. que enjuiciaba la política exterior del presidente Carter, particularmente hacia la Argentina, y que se incluyó en el diario de sesiones explicaba el comienzo de un viraje: "Las decisiones arbitrarias no sólo privan a las compañías de Estados Unidos de hacer negocios en la Argentina hoy y en el futuro, sino que también privan a la economía de este país de inversiones necesarias y al pueblo argentino de mejores condiciones de vida. Estados Unidos tiene miles de millones de dólares invertidos en la Argentina y esa nación ha comprado miles de millones de dólares más en plantas y repuestos". En esos días, en el Senado de los Estados Unidos se escuchó una frase que sintetizaba bien el cambio de rumbo: "La matanza ya se realizó, no pudimos evitarla, así que es una vía muerta seguir en este camino de hostigamiento del gobierno de Videla". El viraje en la política de Carter, unido al interregno que se abrió con la muerte de Juan Pablo I en el Vaticano y la asunción de Karol Wojtyla —Juan Pablo II—, afectarían de manera creciente la presión internacional por la violación a los derechos humanos. A esta situación se sumó el silencio soviético promocionado por los negocios agroexportadores, y los católicos de buena fe tendrían que esperar hasta octubre del 79 para escuchar de boca de Juan Pablo II en Piazza San Pietro una condena directa a Videla por miles de desapariciones de su gobierno.

Un día después del encuentro con Mondale, y en la misma línea de transacción de derechos humanos por negocios, Videla se entrevistó con el canciller suizo Aubert. Un informe realizado por los historiadores oficiales suizos Antoine Fleury y Dietrich Schindler en febrero de 2000, por cuenta del Departamento Federal de Asuntos Exteriores (DFAE) de Suiza, en Berna, sobre lo actuado por la embajada suiza en Buenos Aires durante la desaparición del joven Alexei Jaccard, detalló los antecedentes políticos que precedieron la reunión entre Videla y Aubert, que tenía como objetivo concretar la compra de la Ítalo por parte del Proceso al precio más alto, para beneficio de sus accionistas. El 90 por ciento del paquete accionario estaba en manos de la multinacional helvética Motor Columbus, para quien había realizado tareas de lobby Martínez de Hoz junto con Juan Alemann, de origen suizo, meses antes del golpe militar. Es más, durante ese lobby el entonces estanciero y jefe del CEA había conocido personalmente a Videla, entonces comandante en jefe del Ejército. Luego del golpe, en julio del 76, durante una visita del ya ministro Martínez de Hoz a Berna, el gobierno suizo le había expresado su interés de que la Argentina apresurara la compra de la Ítalo al mejor precio para sus accionistas. Tal era el interés helvético que a fines del 76 el lobby ante Videla estaba liderado por el embajador suizo en Buenos Aires, Frei, también accionista de la Ítalo y que vio su mandato extraordinariamente prolongado (aunque debía jubilarse) para poder influir en el caso. En julio del 77 —el mismo día que era secuestrado el joven Jaccard en Buenos Aires— los suizos presionaron al embajador argentino en Berna, Luis María de Pablo Pardo, y luego a su sucesor a fines del 77, Enrique Quintana, por una alta valuación de activos y de acciones de la Ítalo que favorecieran a Suiza. Aubert, jefe del DFAE, conocía a fondo el caso Jaccard. Videla sabía que este caso, junto con la puja financiera por la Ítalo, entorpecían el apoyo de los banqueros suizos al plan de inversiones de Martínez de Hoz. Suiza estaba dispuesta a no pedir por su ciudadano desaparecido con tal de conseguir ventajas en la venta de la Ítalo. Videla estaba dispuesto a hacer todo lo necesario —menos devolver vivo a Jaccard— para comprar a precio alto la Ítalo y conseguir el favor de los banqueros suizos. Por lo tanto, la compra de la Ítalo en las condiciones que imponía la Motor Columbus era también a cambio de que Suiza silenciara sus críticas a la violación de los derechos humanos, acerca de la cual su conocimiento excedía el caso de Jaccard, porque que en su territorio se asilaban ya miles de argentinos y en las oficinas de la ONU se apilaban miles de denuncias. El informe de la DFAE señalaba: "Un cable del 22 de diciembre del 77 del embajador Frei hizo saber que el general Videla estaba particularmente interesado en arreglar el litigio con Suiza puesto que necesita la cooperación de capitales extranjeros para las reformas económicas liberales que decretó en contra de la opinión de algunos jefes de las Fuerzas Armadas. Los bancos suizos, efectivamente, estaban entre los principales suscriptores de los préstamos argentinos; ningún préstamo nuevo argentino sería cubierto sin el aval de esos bancos, que incluso llegaron a convencer a sus colegas alemanes, especialmente al Deutsche Bank, de no participar en la emisión de préstamos para la Argentina en Alemania mientras no se haya arreglado el caso CIAE (Ítalo)". La reunión entre Videla y Aubert, según el acta del encuentro, tuvo tres puntos en la agenda: el caso Ítalo, la posibilidad de ofrecer a los campesinos suizos inmigrar a la Argentina y el caso Jaccard. El informe reveló cómo fue la conversación, en la que se percibe con nitidez la esencia del encuentro. Según el acta, fechada en Roma el 4 de setiembre del 78, se trató en primer término el litigio relativo a la indemnización de los accionistas de la Ítalo. Videla dijo: *Dada la importancia que la opinión de Suiza puede tener en el mundo, estamos preocupados del efecto contrario que pudiera tener este expediente no liquidado acerca de las relaciones entre Suiza y la Argentina.* Luego, señala el informe, Videla se dedicó a resumir la situación interna, *la lucha contra el terrorismo* a la que dio como *virtualmente terminada (una lucha necesaria para el restablecimiento de una paz social relativa, condición para la recuperación económica en curso).* Aubert, por su parte, le agradeció a Videla su voluntad de realizar ese encuentro, subrayó la importancia de los vínculos bilaterales y reiteró los agradecimientos "por el arreglo del caso CIAE (Ítalo)", aunque agregó: "Hay un punto oscuro, que el presidente Videla conoce muy bien, y es precisamente el caso Jaccard". Aubert le expuso a Videla todas las diligencias realizadas por el comité Alexei Jaccard y le planteó que para mantener buenas relaciones bilaterales se debía arribar a "un arreglo satisfactorio y llegar a certezas sobre la suerte corrida por este estudiante". Videla le respondió con el argumento que esgrimía siempre que se tratara de desaparecidos: *Por supuesto estoy al tanto del problema. La Argentina tuvo que enfrentar un terrorismo subversivo comparable al de Alemania, Italia y otros países de Europa. Tuvimos que entrar en una verdadera guerra y debimos combatir al terrorismo con nuevas armas.* Luego, Videla repitió sus explicaciones remanidas sobre las diferentes posibilidades por las que los prisioneros podían haber desaparecido, *ya sea porque fueron aniquilados por el bando al que pertenecían o porque entraron en la clandestinidad o porque huyeron al exterior o porque fueron destrozados por explosivos y no pudieron reconocerse los cuerpos. O porque fue víctima de los excesos de la represión, que los hubo, y tenemos que admitir que debemos controlar mejor a elementos de nuestras Fuerzas Armadas.* Con respecto al caso puntual del estudiante suizo, subrayó su particularidad por el hecho de que hubiera trascendido: *Este caso salió del plano personal para influir directamente en nuestros vínculos.* Y atribuyó la publicidad a una difusa campaña internacional: *No es casual que el asunto sea explotado por un movimiento internacional contra la Argentina que busca aislarla de sus amigos y proyecta una imagen deformada, pero somos los primeros interesados en encontrar una solución que permita modificar nuestra imagen.* Aubert no se arriesgó a solicitarle a Videla de manera explícita que investigara lo que había sucedido con Jaccard. Videla, como era su costumbre, jamás informaría sobre la suerte corrida por el estudiante suizo. La argumentación esgrimida en esta oportunidad resumía la característica irresponsabilización del régimen por las muertes, fue constante y sirvió para fundamentar todas las leyes de impunidad que trató de imponer a lo largo de los años venideros. Según los historiadores suizos, el caso Jaccard fue una de las "mayores vergüenzas" de la diplomacia helvética. Finalmente, Videla aceptó acordar con los reclamos de los accionistas suizos, lo que costó al Estado 324 millones de dólares; por lo menos 155 de ellos —con la mirada más venial posible— fueron pagados de forma superflua. La operación financiera de traspaso de utilidades a los accionistas suizos fue decidida por Juan Alemann y Francisco Soldati, director del Banco Central, hijo de uno de los más fuertes accionistas y ex presidente de la Ítalo. La ley que aprobó el acuerdo definitivo de traspaso, con las firmas de Videla y Martínez de Hoz —el ministro fue forzado a firmar con la Junta, quizá como una manera de cerrar filas—, se promulgó en abril del 79 pero no se publicó en el Boletín Oficial hasta agosto de ese año. La publicación no fue la reparación de un olvido administrativo sino una respuesta política a la denuncia presentada ese mes por el radical Emérito González ante la Fiscalía Nacional de Investigaciones Administrativas presidida entonces por Conrado Sadi Massüe. En 1984, Videla, Martínez de Hoz y Juan Alemann responderían por este negociado ante el Congreso.

Hacia fines del 78, sin embargo, Videla disfrutaba de un poder omnímodo. Los encuentros diplomáticos con Mondale y Aubert lo mostraban transformado en presidente diurno, cuya tarea principal era ser el lobbista número uno de Martínez de Hoz para la prosecución del plan económico. Su supuesta "moderación" frente a la represión ilegal y su no menos supuesta puja con los "duros", por aceptar la visita de la CIDH y declarar su intención de "recivilizar" el Proceso, no tenían base en consideraciones morales o humanitarias sino, y principalmente, en la necesidad de evitar críticas internacionales que pusieran palos en la rueda al plan económico liberal de Martínez de Hoz, al bloque de empresarios y al establishment nacional y extranjero, para los que gobernaba. Y esto fue así hasta el final de su gobierno, en marzo del 81, no sólo en la cuestión de la represión ilegal sino también ante cualquier enfrentamiento militar "nacionalista" —como el caso del Beagle primero y el de Malvinas después— que pudiera poner en duda la bendición espiritual de Occidente —vía el Papa— y las fuentes extranjeras de crédito lideradas por los países más críticos de la violación a los derechos humanos. Estos últimos, además, colocaron bajo un "paraguas" sus objeciones más duras a los crímenes del gobierno militar a partir de los últimos meses del 78, para que sus empresas radicadas en la Argentina realizaran negocios en mejores condiciones. Éste, por lo menos, fue el caso de los EE.UU., de la URSS y de Suiza.

Entre setiembre y noviembre del 78 Videla gobernó para reforzar el plan económico y para conjurar la guerra con Chile, cuya escalada se notaba hasta en las manifestaciones del amigo y confesor de su familia, monseñor Tortolo, entonces vicario general de las Fuerzas Armadas, quien a principios de setiembre del 78 afirmó en la Base Naval de Puerto Belgrano que no temía decirles "a los soldados que llega la hora de dar una prueba grande de amor a la patria muriendo por ella, porque nuestros soldados están preparados". Su declaración tensó al clero argentino y al chileno, que exhortaron a los gobiernos de Videla y Pinochet a parar la escalada bélica. Mientras, Massera le pasaba la banda a Lambruschini y juraba que "el poder es un pacto con la soledad, aunque yo traté permanentemente de romperlo cada vez que pude". Tal vez para no sentirse tan solo, cerca del poder que existe únicamente en la posesión definitiva sobre el cuerpo y la vida de los otros, en la Navidad del 77 Massera había "brindado" por la paz y les había deseado "felicidad" a los cientos de secuestrados en la ESMA. A fines de octubre, Videla se reunió con el nuevo presidente de Bolivia, general Juan Pereda Asbún. El motivo de la reunión en la frontera fue lograr apoyo boliviano en el conflicto con Chile, con la promesa de que la Argentina apoyaría a cambio el reclamo boliviano de salida al mar (un histórico litigio que mantenía con Chile). En esos días, el embajador Castro, en el documento 08473 01 a 02 251906Z del 25 de octubre del 78, informó sobre una reunión con Viola, al que los estadounidenses consideraban, junto con Martínez de Hoz, el alter ego de Videla. En el informe, el embajador expresaba sus inquietudes sobre la marcha del conflicto por el Beagle y la molestia por la renuncia argentina a ratificar el Tratado de Tlatelolco. Además, daba cuenta de que el gobierno no controlaba a Massera, de que un grupo de jefes militares no comulgaba con el plan económico, y de que Viola prometía hablar con Harguindeguy para acelerar el cumplimiento del derecho de opción para los presos alojados en las cárceles diurnas de la dictadura. Castro, en este punto, solía presionar personalmente a la Corte Suprema —vía reuniones con su presidente Adolfo Gabrielli—, para "ayudar" a que la dictadura cumpliera con sus promesas de mejorar la administración de justicia. Decía Castro en el menciona-do informe: "Felicité a Viola por el anuncio del gobierno argentino de la invitación a la CIDH durante el segundo trimestre de 1979. Sonrió de oreja a oreja y estaba muy animado en comparación con su personalidad letárgica habitual. Viola puso de relieve que la visita de la comisión era su prioridad número uno, ya que convencer a los duros del Ejército no había sido tarea fácil. Me aclaró que ahora la pelota estaba en su campo" (...) "Le recordé que yo llevaba casi un año en la Argentina y que todo el tiempo me habían prometido la ratificación del Tratado... Que esto nos incomodaba y que si existía algún impedimento debíamos saberlo. Viola me dijo que no había ningún problema y que todo era atribuible a una chapucería diplo-mática. (...) Sobre el interés de los EE.UU. en participar del progra-ma nuclear argentino, Viola me dijo que le parecía bien, que les convenía trabajar con los Estados Unidos pero que el problema era que Brasil no estaba dispuesto a respetar las mismas reglas. (...) Aun-que parezca extraño, me preguntó si Massera estaba en la ciudad. Dije que había rumores de que se veía con el presidente francés y de que hablarían del paradero de las monjas francesas. Viola se enojó mucho por ese rumor, de modo que preferí cambiar de tema. (...) Le dije que una fuente me informó sobre el descontento en una gran cantidad de oficiales de las tres fuerzas. Coincidió en que había inquietud, pero no seria y admitió que el descontento era por las políticas económicas actuales y por los bajos salarios. (...) El canal de Beagle: Viola señaló que la situación era grave, pero que todavía era medianamente optimista de que las negociaciones serían un éxi-to.(...) Es evidente que los duros de las tres Fuerzas Armadas todavía están haciéndoles difíciles las cosas a Viola y a Videla. Dio a enten-der ahora que la visita de la comisión ya no es un problema. Los duros están usando a Martínez de Hoz como chivo expiatorio. En ningún momento hizo mención al despido de Martínez de Hoz. Desde este punto de observación, el interrogante sigue siendo Suá-rez Mason. Es el más duro de la línea dura. No es ningún secreto que no es amigo de Videla ni de Viola. Sigue siendo una incógnita si se queda o se va". El binarismo de "duros" o "moderados" que usaba el embajador, y en el que creía —o en el que le convenía creer— la administración estadounidense, era, sin duda, un triunfo de la estrategia destinada a licuar responsabilidades (de la mendaci-dad o el cinismo, en todos los casos) de los jefes dictatoriales, que solían repartir y eludir culpas, acusándose de manera rotativa; tal el caso de la puja entre Videla y Massera. En esos días de noviembre, en París, Massera le dio una lista al presidente D'Estaing de ciudadanos franceses detenidos y otra de desaparecidos —que incluía a las dos monjas— pero le echó la culpa al Ejército de todas las desapariciones. D'Estaing guardó las listas que en 1985 entregaría a la justicia argentina. Lo cierto es que en los reacomodamientos del gobierno, Suárez Mason dejó paso en el I Cuerpo a Galtieri, un amigo, entonces, de Viola, que compartía la inescrupulosidad y la pasión represiva y bélica de su antecesor.

Otra vez la "moral de los hechos" más que la de los discursos se expresó en el gabinete que formó Videla. En setiembre, luego de la renuncia de Catalán, el equipo de Villarreal había dado la última batalla para la designación del entonces embajador en México, Carlos Gómez Centurión, en el Ministerio de Educación. Videla optó por el católico integrista Juan Rafael Llerena Amadeo, y los contraalmirantes retirados David de la Riva en Defensa y Jorge Fraga, en Bienestar Social. Liendo se quedó hasta enero del 79 en Trabajo, y luego fue subjefe del EMGE. Lo reemplazó el violista general Llamil Reston. Videla llevó con él a su concuñado, el brigadier retirado Carlos Washington Pastor, a la Cancillería y a Alberto Rodríguez Varela, un aliado incondicional de Saint Jean y de Smart —y luego su abogado—, a Justicia. Videla había decidido estrechar aun más el Proceso a un círculo íntimo, y nombrar civiles con mentalidad cuartelera, de extrema derecha, aprobados por el eje militar de Harguindeguy, Suárez Mason y Menéndez, y por Martínez de Hoz, aun a pesar del creciente encono de Viola con el ministro de Economía. Pocos lo vieron en ese momento, pero los cambios parecían preparar el largo camino de Viola en la sucesión de Videla. Como consecuencia de esto, tanto Villarreal como Yofre consideraron perdida la batalla por la apertura y "civilización" del Proceso. El comentario de Castro sobre los cambios de Videla fue ingenuo o perturbado por la vorágine de aquel presente. "El gobierno de Videla se ve perjudicado por el embrollo del Beagle y sus cambios de gabinete también han causado desconcierto en muchos círculos (...) Videla (y Viola) se ven debilitados por el episodio del Beagle y es de suponer que Videla recibirá fuertes quejas de los duros del Ejército y tal vez un aumento de su influencia sobre el gobierno en los próximos meses. Una vez más, queda por ver si Videla-Viola pueden recuperar el control de la situación que tenían antes. La estratagema de imprimir un halo liberalizador político civil al nuevo gabinete obviamente está muerta debido a los obstáculos que les pusieron en el camino la Marina, los duros del Ejército y tal vez, incluso, Martínez de Hoz". En este documento —08800 01 a 02 042514Z del 4 de noviembre— Castro mismo daba a entender que a Massera no le interesaba forzar la guerra con Chile ni la caída de Videla, ya que no estaba aún preparado para reemplazarlo en el poder. Entonces, la decisión de ir a la guerra con Chile estaba en manos de Suárez Mason, de Menéndez y de los sucesores de Massera quien por supuesto aún reinaba en la Armada.

En medio de la escalada bélica por el Beagle, Videla presidió una reunión del comité militar que rechazó la propuesta chilena de marchar a la Corte de la Haya, pero aceptó la opción de que la mediación fuera realizada por un gobierno amigo de ambos países. Se barajaron varios nombres: Juan Pablo II, el monarca español Juan Carlos I y Kurt Waldheim, secretario de la ONU. Los plazos se acortaban. El 21 de noviembre, Chile dio por terminadas las negociaciones bilaterales directas. Videla no quería la guerra, pero en su discurso público se cuidaba de no desalentarla: le habló al país por la cadena nacional de radiodifusión —un gesto, éste, tan caro a los dictadores—, destacó la vocación de paz de la Argentina pero dijo *no nos faltará, llegado el caso, la decisión necesaria para afirmar nuestra soberanía*. El 27 de noviembre, llegaron el rey de España, Juan Carlos I, y su esposa, la reina Sofía, en un viaje de amistad y protocolar. Videla se había debatido entre ir a recibirlo "vestido de civil" o con su uniforme. Los últimos consejos de Yofre, que le sugirió ir de civil para reforzar su papel de presidente diurno, no prosperaron. Videla los recibió de uniforme y con fanfarria, pero por el argumento que entonces dio a Yofre (*qué va a pensar el capitán que está combatiendo en Jujuy*) aparentemente lo hizo porque necesitaba reforzar su autoridad militar frente al debate en curso por la guerra con Chile, a la que se oponía. Videla, en consecuencia, no desalentó la idea de que el rey, un hombre respetado por las democracias europeas, pudiera ser el mediador —o salvador providencial— en el conflicto con Chile. De todas maneras, eso no ocurrió. En cambio, su viaje quedó malamente reducido a una anécdota: el robo, en un cóctel, de la capa de la reina, perpetrado por una señora de la alta sociedad argentina. A principios de diciembre, ante el curso de los acontecimientos, el nuncio Laghi y el embajador Castro comenzaron a reunirse para discutir cómo detener la escalada bélica. El nuncio era un hombre polémico. La masacre que el régimen había realizado, de la que tenía constancia y por la que había tenido que participar en negociaciones (para salvar a algunos desaparecidos o presos), nunca había sido denunciada públicamente. Laghi había priorizado, como Videla, la cohesión del Episcopado argentino a pesar de los durísimos debates internos que enfrentaban y dividían a los obispos. Y esa cohesión también tenía *sus costos:* la Iglesia argentina no había hecho ni haría una denuncia institucional —como en Chile la Vicaría de la Solidaridad— que pudiera enfrentarla con el régimen y presionarlo públicamente para que detuviese, siquiera por un momento, el asesinato de opositores. Por qué la Iglesia argentina siguió la doctrina del papa Pío XII, que guardó silencio público sobre los crímenes de Hitler, es una pregunta cuya respuesta se puede encontrar en el libro Historia de la Iglesia argentina, de Roberto Di Stefano y Loris Zanatta: "La primera razón, sin dudas, es aquella sobre que tanto se ha insistido y que hacía afirmar a monseñor Alberto Devoto, en 1978, al constatar la reacción del Episcopado frente a las violaciones de los derechos humanos: 'Nos falta la necesaria libertad espiritual para hablar con claridad'. En suma, se trata de la antigua y orgánica unión entre Iglesia y Fuerzas Armadas y su representación recíproca como pilares de la nacionalidad. Era el carácter simbiótico de esta unión lo que inducía a sus respectivas cúpulas a no enfrentarse abiertamente, como habría sido natural entre dos instituciones autónomas separadas por motivos válidos de contraste, sino a hacer todo el esfuerzo posible para resolver en familia las tensiones, activando procedimientos confidenciales para su resolución". La confidencia, el secreto, el cuchicheo, fue el estilo de presión por el que optaron Laghi y los obispos argentinos, salvo rarísimas excepciones. Ese diciembre del 78, Laghi volvía a pedirles a los obispos subordinación y valor para presionar por la paz. La historia olvidó las numerosas reuniones que Videla realizó con distintos dirigentes políticos en esos días en función de su estrategia de rodearse de "civilidad" para conjurar las críticas al gabinete que había formado. Los políticos invitados a las cenas con Videla se reunieron en esos días para definir si estaban dispuestos a darle —o no— aire al régimen, en la casa de otro allegado de Videla, el conservador popular Vicente Solano Lima. Concurrieron los peronistas Miguel Unamuno, Benito Llambí y Vicente Leónidas Saadi, los conservadores Eduardo Paz y Julio Amoedo, los populares cristianos Enrique de Vedia y Néstor Vicente, los socialistas Simón Alberto Lázara y Víctor García Costa y el comunista Fernando Nadra, entre otros. Los políticos se dividieron en "concurrencistas" o "abstencionistas" a esas cenas propuestas por Videla. Excepto el comunista Nadra —la URSS pasaba una luna de miel con el régimen por el auge de los negocios de exportación—, todos se pronunciaron por el abstencionismo. El alejamiento paulatino —"el despegarse del régimen"— comenzó a ser la tendencia más evidente del fracaso de los planes políticos que Videla nunca pudo ni quiso imponer. La consecuencia fue, los primeros días de diciembre del 78, la renuncia de Villarreal —que ascendió a general de división y fue a la subjefatura del Primer Cuerpo—, de Yofre y del resto de los civiles que trabajaban con ellos. El general Eduardo Crespi sucedió a Villarreal, acompañado por Francisco Moyano (Política), el brigadier José Miret (Planea-miento) y el coronel, a poco ascendido a general, Antonio Llamas (Información Pública). Con la salida de Villarreal y su equipo, Vi-dela perdió el único nexo con la dirigencia política y cierta parte de la sociedad civil, que nunca recuperó. En esos días, Videla tuvo que interceder para lograr la libertad de Balbín y otros dirigentes radica-les que habían sido detenidos por realizar reuniones políticas en un restaurante. Para entonces, el radicalismo ya había entrado en un proceso interno de discusión que opacaba cada vez más la figura del viejo dirigente conservador Balbín y de su sucesores más jóvenes, los abogados cordobeses Eduardo Angeloz y Fernando de la Rúa. La estrella en ascenso era Alfonsín, cuyo Movimiento de Renovación y Cambio (MRC) recuperaba más la tradición yrigoyenista que la al-vearista. La dictadura había producido un parteaguas que estaba re-formulando tanto al peronismo como al radicalismo y haría estallar sus contradicciones internas cuando ambos debieran enfrentar la he-rencia del régimen. Era evidente, entonces, que Videla buscaba las reuniones con "los políticos" para frenar críticas pero también para rodear de cierto halo civil a la aventura bélica que estaba en marcha, en lo que consistía la continuidad lógica de un régimen que consi-deraba sus días contados si no mantenía la militarización (o que co-menzaba a *vegetar*). Sin embargo, Videla no quería la guerra con Chile, por razones militares y de afinidad ideológica con Pinochet, aliado fundamental en la guerra anticomunista latinoamericana; tampoco quería oponerse a los generales y almirantes que deseaban llevar hasta el final el Operativo Soberanía, tal como se había bauti-zado al plan contra Chile, que tenía el objetivo de partirlo a la mitad y forzar la invasión. En esa realidad, Videla les pidió ayuda a Laghi y a Castro para desmontar las presiones bélicas y lograr la mediación de la única autoridad en el mundo a la que le debía subordinación verdadera: el representante de Dios en la Tierra, Juan Pablo II. Los acuerdos en pos de esa mediación que había bendecido Videla, que había propuesto el embajador Blanco en el Vaticano y que Chile comenzaba a discutir con el amigo de Videla y embajador Miatello, tuvieron una primera etapa con el viaje del cardenal Primatesta a Roma el 11 de diciembre. Su misión era lograr que el Papa mediara con Chile y nombrara a su representante en el conflicto. Las gestio-nes siguieron en los encuentros de Videla, el canciller argentino Pastor y el chileno Hernán Cubillos, en los días sucesivos. Castro, por su parte, había logrado que Carter enviara una carta a Videla y a Pinochet, en la que hacía explícito que los Estados Unidos no apo-yaban esa guerra entre dos aliados estratégicos del Cono Sur. Un documento de Castro —09769 01 a 03 160935Z del 14 de diciembre— daba cuenta de la crisis política y económica a la que el régimen de Videla había llevado a la Argentina. Castro analizaba la debilidad de Videla frente a la ofensiva de los comandantes de cuerpo, disconformes con la formación del gabinete videlista, con la reafirmación de Viola como delfín y con la marcha de la economía. El embajador realizaba una disección notablemente precisa de la puja en el poder: "Hay dos cuestiones esenciales que en este momento están socavando los cimientos de Videla: la disputa por el Beagle y las políticas económicas. Estos dos elementos se cruzan con que Videla ni Viola han obligado al comandante del I Cuerpo a retirarse. Los datos recientes señalan un crecimiento negativo del PBI, recesión industrial, bajo poder adquisitivo de los salarios e incapacidad de Martínez de Hoz para bajar la tasa de inflación. Estos datos contribuyeron al resurgimiento del descontento en el alto mando del Ejército. En vista del ánimo cada vez más anti-Martínez de Hoz en el Ejército y el apoyo incondicional de Videla a su ministro —algunos dicen que amenazó con renunciar si lo obligaban a sacar a Martínez de Hoz—, Viola parece haberse distanciado un poco de Videla. No se sabe si como causa o efecto del problema Martínez de Hoz y/o la imposibilidad de librarse de Suárez Mason, Viola ha pasado a reconciliarse con él al punto de que ahora se los considera aliados con respecto al tema económico. Una idea que circula es que Viola nombrará a Suárez Mason como jefe de su estado mayor con la idea de que a la larga lo reemplace como comandante, siempre y cuando apoye la candidatura a presidente de Viola en 1981. (...) La relación simbiótica de Videla con Martínez de Hoz también abre un debate sobre Menéndez que, al igual que Suárez Mason, critica al ministro. Ambos son rivales potenciales". El embajador, después de analizar las dificultades de que Suárez Mason o Menéndez dieran un golpe dentro del golpe, concluía: "Si bien el gobierno es intrínsecamente débil y no tiene posibilidades de superar su imagen deslucida, la destitución del Presidente no es inevitable. Hay varios factores en juego que aumentan sus perspectivas de sobrevivir a las crisis económica y del Beagle, aunque sea en un estado erosionado, y llegar hasta el fin de su mandato. Uno de esos factores es la fluidez que hay dentro del Ejército y las ambiciones políticas rivales de sus jefes que, si bien es un elemento fundamental del ocaso de Videla, dificulta que un solo contendiente reúna suficiente apoyo entre sus pares para reemplazar tanto al Presidente como a Viola. Nuestra conclusión tentativa en cuanto a este informe es, sin embargo, que Videla tiene una posibilidad razonable de supervivencia". Efectivamente, tanto Massera como los declarados partidarios de la guerra con Chile (Menéndez, Galtieri, Suárez Mason, Riveros e Ibérico Saint Jean) conspiraban en esos días contra el eje Videla-Viola, con críticas crecientes hacia Martínez de Hoz —que Viola compartía, pero que no estaba dispuesto a hacer estallar porque pretendía ser el heredero de Videla—, y disputaban sin tapujos, especialmente Massera, Menéndez y Galtieri, la herencia a plazo fijo del régimen, después de que Videla dejara el gobierno en marzo del 81. La guerra, para ellos, era necesaria para crear un escenario donde reinaran los que mandaban en sus armas. Videla, en consecuencia, necesitaba más que nunca ser un abanderado de la paz no sólo para evitar el conflicto con su aliado Pinochet sino para seguir al frente del Ejército y, por ende, para continuar en el poder junto con Martínez de Hoz, quien bramaba contra el gasto militar en el momento del reino de los plazos fijos que anclaban la Argentina a la especulación desenfrenada, en el despegue de la era de la "plata dulce" que la inundó de dólares y la endeudó. Videla necesitaba salir victorioso, y en ese momento, la palabra victoria estaba asociada a la paz con Chile. En la entrevista invernal del 98, Videla confesó que *la guerra era una locura: la Armada era la más dura. Para Viola era un problema convencer a los generales. A esas alturas ya estaba en marcha la flota de mar y era difícil parar la guerra. El plan consistía en invadir territorio chileno y librar la batalla aeronaval y terrestre en la llanura. Y después de derrotarlos, decirles: las islas son nuestras por la fuerza. Era una locura, una locura.* A partir del 20 de diciembre del 78 Videla apostó todo a la paz. Ese día Pastor recibió una carta de Cubillos por la cual reiteraba la posición de Chile. El 21, Pastor declaró: "Ya no queda nada por decir". En tanto, Chile había presentado el caso ante la OEA y la Argentina ante la ONU —un foro donde el desprestigio del régimen de Pinochet era absoluto—, y había dado las primeras órdenes para el desplazamiento de las tropas de frontera. Videla, en secreto, presionó a Laghi para que enviara un delegado papal. Le dijo: *Si la Iglesia está decidida a hacer algo, debe hacerlo en horas, no en semanas, porque el reloj de la guerra está en marcha.* El embajador Castro también se había sumado activamente a convencer a los generales belicistas. El 20 había visitado a Suárez Mason, quien lo escuchó y lo mandó a hablar con Menéndez, sugiriéndole que, si lo convencía, él también aceptaría una tregua. Castro tomó el avión de la embajada y llegó a Córdoba para entrevistarse con Menéndez. "Él estaba convencido de que podían derrotar a los chilenos", contó años después. Castro le pidió cinco días de plazo a Menéndez para dejar avanzar las negociaciones antes de iniciar la guerra. "Él me lo concedió", relató el embajador, a quien nunca dejó de extrañarle la mezcla de estanciero y Hermann Goering de los jerarcas del régimen. Laghi y Castro calentaban las teletipos de sus sedes diplomáticas con comunicaciones urgentes al

413

Vaticano y a Washington. El 22, el Vaticano confirmó que el Papa había decidido enviar como mediador al cardenal Antonio Samoré y comenzó a llegar la orden de detener el Operativo Soberanía. Videla recordó ese momento, en la entrevista del invierno del 98: *El 22 estábamos reunidos con la Junta. Estaban Lambruschini, Viola y Agosti, que había postergado su retiro a raíz de este tema para no irse en medio del problema. Cuando estábamos deliberando, ahí llegó justo un cable del Vaticano que decía: "Su Santidad insta a no innovar a la espera de un enviado". En el cable, el Papa decía que la llegada se produciría el 26. Entonces se inició una discusión muy dura porque no era fácil parar, porque ya se había dado la orden, porque los buques navegaban hacia el objetivo y esperaban la orden de fuego. Yo dije, entonces, ésta es la oportunidad que buscamos, debemos parar y esperar al enviado. La posición más dura era de la Armada. Agosti era más flexible. Para Viola esto era un problema, él era mi sostén, y como comandante él tenía que convencer a los generales. Y no era fácil.* El Videla del 98 se inflaba de orgullo al recordar esa guerra frustrada de la que gustaba hablar, con una facilidad que no aparecía cuando hablaba del argencidio o *guerra informal* o *guerra justa* como prefería llamarla. De esa *guerra informal* contaba generalidades, cosas banales, para eludir la responsabilidad porque *no me considero un criminal sino un soldado.* Curioso soldado que guarda silencio sobre el destino de miles de ciudadanos mal matados en secreto, en una guerra hecha a medida y sin piedad. *Sí, es más fácil hablar sobre la guerra con Chile,* reconoció.

A partir del desembarco de Samoré comenzaron una tregua y un largo proceso de negociaciones no exentas de discursos inflamados y amagues bélicos de ambos países. El acuerdo inicial que dio origen a largas negociaciones bilaterales en Roma, Santiago y Buenos Aires, se firmó recién en enero del 79, pero el conflicto —por lo menos a nivel verbal— tuvo varios remezones a lo largo del 80. La primera aventura del régimen había abortado para alegría de los argentinos que sufrían la angustia de los apagones y la militarización explosiva de su vida cotidiana. Videla había dado un golpe de mano, asistido por los mayores poderes terrenales y divinos: Castro y Laghi. A partir de ese momento, le quedaba defender a capa y espada a Martínez de Hoz, sin la represión ilegal como masa que amalgamara la cohesión militar. Y estaba claro que ni Massera ni Galtieri ni Suárez Mason dejarían de apoyar una nueva aventura bélica territorial —Malvinas— o extraterritorial —la Operación Calipso en Centroamérica— para unir su supervivencia, y los negocios, al poder omnímodo de las armas. Ese diciembre del 78 desapareció en Buenos Aires la diplomática Elena Holmberg; fue secuestrada por el GT 3.3.2, con los tenientes Enrique Dunda y Jorge Radice, y por orden de Massera, tal como confirmaron a sus familiares distintos jerarcas del régimen, entre ellos Harguindeguy, el jefe de la Policía Federal, Ojeda, y el jefe del Batallón 601, Tepedino. La diplomática fue brutalmente torturada, deformada con ácido y tirada al río Luján, donde pocos días después apareció flotando su cadáver. La desaparición de Holmberg (por sus conexiones con el poder, el caso se asemejaba al de Hidalgo Solá) fue un acontecimiento sepultado por los aprestos guerreristas, y desnudó una vez más el modo en que el almirante Massera solía resolver cuentas con sus enemigos y cómo Videla fingía una piedad que apenas encubría su decisión de no detener ningún crimen para no poner en juego la inestable cohesión de las Fuerzas Armadas. Videla no sólo supo del secuestro sino que fue presionado por la familia Holmberg y el general Lanusse para que intercediera por la vida de la diplomática. Holmberg le había informado a Videla, y al vicecanciller Allara, de todos los movimientos de Massera en el Centro Piloto de París. Fiel a su estilo, Videla se limitó a enviar un radiograma a todas las unidades del Ejército. No pidió cuentas. No habló nunca más del tema. Fue cómplice silencioso de Massera una vez más, como siempre. En esta oportunidad tuvo un pretexto para salir del centro del asunto: la tensión por las negociaciones por el Beagle que se realizaban en Montevideo, los reacomodamientos en la Junta y la crisis económica. El fin de la represión ilegal había dejado paso, para Videla, a un extraño estado de cosas que llamó *vegetación* del régimen: de los más de 360 campos clandestinos de detención habían quedado siete. En tanto, la sociedad argentina, que intuía el drama con el que había convivido y la represión que había tolerado por terror, aún no despertaba.

Apenas despuntó el 79, el FMI informó que la Argentina era el país con la mayor inflación del mundo, un 175 por ciento anual, y un crecimiento negativo del PBI de 3,9 por ciento. El preferido de Videla, el hombre por quien estaba dispuesto a jugarse a fondo y para quien se disponía a trabajar como presidente diurno, Martínez de Hoz, había forzado una reforma financiera y la apertura de la economía hasta producir, por el impacto inicial, recesión en el consumo y el franco retroceso de las ramas vinculadas a la producción de bienes industriales y a la construcción. El Estado no se vendía o desarmaba sólo por razones políticas: para no forzar el estallido del generalato. El único rubro en que crecían las exportaciones era el de carne y cereales. El endeudamiento también aumentaba a ritmo sostenido; estaba a punto de duplicarse la deuda externa pública y privada que Videla había heredado de Isabel Perón. Los más favorecidos eran los grupos económicos que obtenían en el mercado financiero local tasas altas por sus depósitos y hacían fortunas que derivaban hacia la especulación, sustrayéndolas de la producción industrial. La reforma financiera del 77 había dado origen a numerosas entidades financieras y bancarias, desde donde cientos de aventureros y especuladores se lanzaron a captar ahorristas ofreciendo altas tasas de interés, con depósitos garantizados por el Estado. Se había fundado la "patria financiera" avalada por Videla y Martínez de Hoz, sin que existieran mecanismos serios de control de la Superintendencia de Entidades Financieras que, por entonces, manejaba el presidente del BCRA, Adolfo Diz, y directamente el vicepresidente de la entidad, Christian Zimmermann. Esta ausencia de controles era lo que la irresponsabilización por la represión ilegal había sido al régimen, pero en el terreno de la economía y los negocios. Por otra parte, durante el 78 el déficit fiscal no había disminuido a pesar de la rebaja de los salarios de la administración pública. En cambio, se había elevado por las erogaciones de capital, bajo cuyo rubro se anotaban las compras de armamentos. Los sectores medios y bajos perdieron parte de su participación en la distribución del ingreso a favor de los sectores más altos. La economía de la especulación que Videla respaldaba con las armas, según datos del Banco Mundial, había permitido la fuga de más de 3 mil millones de dólares al exterior, tres veces más que en 1977. El 78 fue, además, el año en que comenzó el crecimiento sostenido de la pobreza: se contabilizó un 7,5 por ciento de hogares pobres sobre el total, un 2,5 más que en 1975. Sin embargo, lo peor estaba por venir: hacia 1982 habría un 25,3 por ciento. Videla se aprestaba a lograr —con Martínez de Hoz— un récord en la historia moderna de la Argentina: pobres más pobres y ricos más ricos. Y una notable explotación intensiva (productividad) de la mano de obra. Estas tendencias fueron imparables y estarían en la base de las dificultades y las turbulencias políticas de la Argentina. Las luchas sindicales de resistencia al plan económico, sin embargo, habían descendido notablemente durante 1978 —de 100 a 40 protestas— como consecuencia de la represión ilegal, la presión salarial y la lenta recomposición del aparato sindical atravesado por viejas y nuevas fracciones internas, que aparecía dividido en el grupo de "los 25" y la Comisión Nacional del Trabajo (CNT).

Con este panorama, en 1979 Martínez de Hoz se dispuso a huir hacia delante, a aumentar la apertura económica y el endeudamiento. El 28 de diciembre del 78 había firmado la resolución 1.634, que entraba en vigencia el primero de enero del 79 y por la cual se disminuían progresivamente los impuestos a la importación, un tiro de gracia para la industria nacional. En tanto, Videla sacaba provecho a fondo de su victoria por la mediación papal. En numerosas entrevistas concedidas a la prensa extranjera se mostraba como el jerarca más previsible, un verdadero pacifista, y el que más predispuesto estaba a una apertura política, a propiciar una *democracia, fuerte, estable y moderna.* En esos reportajes contraatacaba con la denuncia de "la campaña antiargentina" cuando se le preguntaba por los crímenes de su gobierno. Era un Videla que se interesaba por la muerte de la famosa escritora Victoria Ocampo, una *irreparable pérdida,* como una cuestión de Estado. La vara de Videla se inclinaba ante la muerte de otros —siempre que fueran soldados, ciudadanos amigos del régimen o hijos dilectos del patriciado argentino al que ansiaba pertenecer por servicio más que por alcurnia— al ritmo de la pluma de su nuevo asesor y amigo Francisco Moyano, ex embajador en Colombia y dirigente de los "gansos" de Mendoza, un conservador del Partido Demócrata provincial, que debía encargarse del "diálogo político" y continuar —aunque ya no sucedería— con la ronda de almuerzos que había inaugurado Villarreal. Por esos almuerzos desfilaron decenas de civiles del mundo de la política, la economía, la ciencia y la cultura. En años sucesivos la mayoría de los otrora comensales de Videla se avergonzarían de haber compartido la mesa del régimen.

Así parecía en el verano del 79. Videla era *el único, el elegido.* Agosti había dejado su lugar al brigadier general Graffigna, que continuó con su tradicional política de apoyo condicional a Videla (la Fuerza Aérea no era un problema, aunque Graffigna se mostraba más partidario de criticar la gestión de Martínez de Hoz que su antecesor). Videla se sentía aliviado por el alejamiento de Massera del poder. El almirante retirado se había dedicado a viajar por el mundo, a los EE.UU., a Europa, a Japón y a China, donde llegó a entrevistarse con Deng Xiaoping, en viajes promovidos por la Logia P2, y en el verano del 79 aún no había descargado munición gruesa públicamente contra Martínez de Hoz y la tregua con Chile, como sí lo haría meses después. Por entonces, Massera atendía en sus oficinas de la calle Cerrito, con su mano derecha, su hijo Eduardo, daba instrucciones para dirigir el diario Convicción y recibía a una masa variopinta de dirigentes políticos, sindicalistas y empresarios, a los que intentaba sumar a su movimiento. Aún controlaba la ESMA, pero cada vez más para operaciones cuasi personales, como se había demostrado en el caso Holmberg, y se demostraría luego con los asesinatos de Marcelo Dupont y del empresario Carlos Branca. En febrero del 79 Videla podía veranear tranquilamente con su familia tres semanas —mientras Martínez de Hoz y Harguindeguy compartían un safari en Sudáfrica— y asistir a recitales de la cantante italiana Raffaella Carrà en Mar del Plata, donde también veraneaba el ya ascendido teniente general Viola. El poder estaba de vacaciones, pero no descansaba. En esos encuentros marplatenses, Viola le informó a Videla, entre otras cosas, sobre las actividades que desde el EMGE planeaba realizar Suárez Mason, como continuación de las que Viola había realizado en la época en que Videla fue comandante en jefe del Ejército. Lejos de entrar en un cono de sombra (Castro se había equivocado), con la comandancia de Viola el ex jefe del I Cuerpo había llegado en esos días a la jefatura del EMGE no para ser neutralizado sino para realizar operaciones especiales, además de las rutinarias de su función. Un mes antes, cuando al hermano de Elena Holmberg se había entrevistado con Harguindeguy para pedirle que la buscara, y le había preguntado si Suárez Mason podía saber sobre su suerte, el ministro político le había contestado: "No, él ya está en otra cosa". ¿En qué estaba Suárez Mason? Videla y Viola confiaban en que Suárez Mason fuera el jefe absoluto —ya sin Massera en el gobierno— del control de la represión ilegal residual del régimen, en conocimiento de las operaciones que realizaba el GT 3.3.2 que regenteaba el capitán Acosta desde la ESMA y de todas las operaciones de "exportación" de militares argentinos en la contrainsurgencia, en el Cóndor y en el Operativo Calipso, en Centroamérica; también del montaje de la estructura de negocios ilegales, según se descubrió años más tarde en los Estados Unidos. A partir de febrero del 79 (estas operaciones se extendieron hasta 1981) el Comando de Ingenieros del Ejército comenzó a pagar sumas tan abultadas por operaciones especiales que resultarían superiores a las partidas para el pago de sueldos de todo el personal militar y civil del Ejército. Suárez Mason administraba desde el EMGE una "cuenta especial secreta para la lucha antisubversiva". Desde esa cuenta, que absorbía partidas de Defensa, oficialmente se compraron cuarteles ensamblables en los EE.UU. por 100 millones de dólares, en una supuesta compra directa —sin licitación— a la firma Corat Internacional, creada y disuelta al único efecto de esa operación, en una orden firmada por Suárez Mason y ratificada por Viola. Nunca se pudo confirmar la existencia de esos cuarteles, denominados "material bélico secreto", no sólo porque no hubo registro de aduana que verificara el ingreso del material sino porque una de las primeras medidas que tomó Suárez Mason al asumir la jefatura del EMGE, el 14 de febrero, fue ordenar a través del boletín confidencial del Ejército 4853 la incineración de toda la documentación o actas referidas a los movimientos de dicha cuenta. Como declaró años más tarde el agente Sánchez Reisse ante el Senado de los Estados Unidos, la cuenta no sólo recibía el aporte del Tesoro argentino sino contribuciones de numerosos empresarios privados a los que le interesaba el país; entre ellos, dijo el agente de la inteligencia argentina, el empresario azucarero Carlos Pedro Blaquier (Ingenio Ledesma), que aportó 250 mil dólares, y Carlos Bulgheroni, de Bridas, un grupo que pasó de controlar siete empresas a controlar 43, entre 1976 y 1983. Ambos empresarios estaban asociados, al igual que Massera y Suárez Mason, al onorévole Licio Gelli. Lo cierto es que las nuevas ocupaciones de Suárez Mason —una trama que sólo puede ser enunciada en estas páginas pero que constituye un capítulo aparte, una decisiva pista sobre el dinero sucio de la dictadura— estaban ligadas a la nueva forma que había adoptado la nocturnidad del régimen: continuar la guerra anticomunista en Centroamérica. Para esa gesta, buscaba privatizar la causa en negocios de tráfico de armas y drogas, y lavado de dinero, con aval de la CIA e inicialmente para financiar la contrainsurgencia en otras latitudes. Las operaciones que dirigió Suárez Mason tuvieron como centro en primer lugar a Nicaragua (aún bajo la administración Carter). El pretexto político era que desde enero del 79 la inteligencia militar había detectado la participación de integrantes de Montoneros y del ERP en las filas del FSLN nicaragüense, cosa que efectivamente ocurrió. Respecto de los negocios derivados de esas operaciones anticomunistas en Centroamérica, Sánchez Reisse confirmó que "oficialmente" se armaron las empresas Argenshow SA y Silver Dollar Incorporated en Florida, que regenteaba Raúl Guglielminetti, jefe inmediato de Sánchez Reisse. El jefe de ambos era el coronel Raúl Gatica, del Batallón 601. Luego del triunfo del sandinismo en julio del 79, mientras importantes cuadros del ERP y Montoneros participaban de la fundación del Estado revolucionario nicaragüense, los comandos de inteligencia de Suárez Mason y Viola comenzaron a participar, junto con la CIA, en la organización de la Contra nicaragüense, en Honduras y El Salvador, con ramificaciones en Guatemala. Una actividad que tuvo su correlato en la organización de la inteligencia exterior sandinista por parte de antiguos miembros del ya desaparecido ERP. Centroamérica seguía siendo el escenario de una contienda política y militar que se había iniciado en el Cono Sur a principios de los 70. Este trabajo de "exportación" de la contrainsurgencia con financiamiento "negro" comenzado por Suárez Mason a fines del 1976 había tenido un desarrollo sostenido, pero tomó una dimensión importante a partir del verano del 79 con su llegada a la jefatura del EMGE. Mientras los centros clandestinos de detención se desmontaban, la nocturnidad se extendía a toda máquina a otras latitudes y a otros negocios. Videla no desconocía estas directivas de Viola para Suárez Mason —porque *no estaba descontrolado*—, aunque tal vez no conociera los detalles operativos y el manejo de los fondos que financiaron las operaciones. Como presidente de facto, como jefe diurno del régimen, en el rol que más le gustaba de *yo estaba por encima de halcones y palomas*, Videla había delegado la operativa legal e ilegal en Viola y Suárez Mason, y en los jefes de la inteligencia militar, Valín (Jefe II) y Tepedino (jefe del Batallón 601). Por las manos de estos hombres pasaron cientos de millones de dólares sin rendición y sin control, y estas operaciones recibían aportes de las empresas que, luego, pasaban por "caja" ante Martínez de Hoz, en un intercambio normal de favores del Estado anticomunista que ayudaban a consolidar a nivel local y a nivel extraterritorial. Videla no estaba obligado a dejar sus huellas en estas operaciones. Su aval no tuvo como contrapartida —al menos esto nunca fue probado— su enriquecimiento personal. Su apoyo fue por convicción ideológica, como jefe político de una dictadura que buscaba evitar su agonía y prolongar sus glorias en otras "batallas" de la tercera guerra mundial, con las que muchos videlistas —civiles y militares— hicieron buenos negocios.

En tanto, a partir del marzo del 79, dedicado a gobernar, motorizaba planes políticos de improbable curso, en reuniones que no tenían como escenario el umbroso secreto de las operaciones de inteligencia sino los iluminados pasillos de la quinta de Olivos o de la Casa de Gobierno, en el despacho limpio y ordenado de Videla, sobre la alfombra Windsor, y con muebles de peteribí con aplicaciones de cuero beige. Todos los martes, según contó el único superviviente del equipo de Villarreal que siguió hasta fines del 79 en la Secretaría General de la Presidencia, Mallea Gil, Videla se reunía para "discutir de política" con su asesor principal, Moyano, con Crespi, Llamas y el omnipresente Martínez, de la SIDE. Su presencia indicaba que Videla seguía entendiendo la política como una continuación de la guerra de inteligencia por otros medios. Es decir como una operación psicológica militar sobre la sociedad civil. Sostenía que, en esa etapa del régimen, se debía continuar con la batalla cultural contra la subversión. El desemboque probable de las reuniones donde se fantaseaban salidas políticas era la nada, a pesar del nombramiento de tres embajadores, cuya promoción fue difundida como un signo de apertura del régimen —Rafael Martínez Raymonda (demócrata progresista), en Roma, Walter Costanza (del socialismo democrático) en Lisboa y Juan Ramón Aguirre Lanari (del Partido Autonomista de Corrientes) en Caracas— y de las numerosas reuniones que distintos dirigentes mantuvieron con Viola y con Moyano. En realidad, se estaba produciendo un movimiento que el gobierno militar no percibió con claridad sino a partir de mediados del 79. A principios de año, Lorenzo Miguel, el líder histórico de los metalúrgicos, había pasado a un régimen de libertad vigilada, lo que impulsaba el reagrupamiento de su gremio. A partir de abril hubo también un despertar de las protestas sindicales. Mientras la dictadura comenzaba a *vegetar*, la sociedad civil empezaba a salir de la latencia. La incorporación al establishment de la dictadura de dirigentes como el empresario que representaba a los plásticos, Jorge Triacca, y el telepostal Ramón Baldassini, representantes oficiales a la OIT, no frenó la detención de dirigentes colaboracionistas de la CNT a la cual pertenecían. Por supuesto, tampoco la de los "combativos" dirigentes de "los 25", que encabezaban Roberto García (Taxistas), Roberto Digón (Tabaco), Saúl Ubaldini (Cerveceros), Ricardo Pérez (Camioneros), José Pedraza (Ferroviarios) y José Rodríguez (SMATA), entre otros, ni la del grupo de "los 20", que conducían Fernando Donaires (Papeleros) y Gerónimo Izzeta (Municipales), que habían convocado a una jornada nacional de protesta el 27 de abril de 1979. Esta convocatoria, que movilizó a más de un millón de trabajadores, fue el primer conato de huelga general realizado contra la dictadura. La ofensiva del régimen no haría más que unirlos, cosa que ocurrió en setiembre, cuando ambas entidades fundaron la Conducción Única de Trabajadores Argentinos (CUTA). La irradiación a la política del despertar de las luchas sindicales tuvo un efecto mortal porque neutralizó la influencia del poder militar sobre las dirigencias políticas; los partidos comenzaron a tomar distancia de Videla. El mismo efecto mortal tuvo, contradictoriamente, sobre Montoneros. Por esos días de abril, luego de la huelga general, la cúpula exiliada de esa organización decidió poner en marcha una "contraofensiva" a través del desembarco en la Argentina de unidades de combate, para realizar atentados contra el equipo económico de Martínez de Hoz, y para promover, aprovechando el auge de las luchas sindicales, un "argentinazo". La fecha elegida por Montoneros para iniciar esa "contraofensiva" fue setiembre, durante la visita de la CIDH.

La sociedad, tímidamente, comenzaba a moverse en sentido contrario al de su régimen pero Videla estaba demasiado dedicado a asistir a Martínez de Hoz, hasta en el terreno privado. La mujer de Videla, Hartridge, solía verse frecuentemente y pasear con Elvira Bullrich, esposa del superministro. Juntas eran también un mensaje político: la alianza de Videla con Martínez de Hoz gozaba de buena salud. En el balance que Videla realizó al cumplirse el tercer aniversario de su gobierno, lo expresó con claridad: *Así como colocamos el centro de gravedad de nuestra acción en la lucha contra el terrorismo y en la defensa de la soberanía, así también lo estamos colocando en la superación del persistente fenómeno inflacionario.* En mayo, Videla anunció en Tucumán que *el Proceso goza de buena salud*. Sin embargo, ya no era tan así. La economía daba respingos, y en el frente interno Videla había tenido que resistir a pie firme la presión de la Justicia por el caso Timerman, cuya posible libertad era cassus belli dentro del Ejército. Videla le había prometido a Carter resolver el caso, pero la resistencia de Menéndez y de Suárez Mason complicaba la cohesión del Ejército que Videla no quería afectar. A este caso se sumaba otro no menos complejo: crecía la presión internacional para que se le diera el salvoconducto al ex presidente Héctor Cámpora, asilado desde marzo del 76 y gravemente enfermo en la embajada de México en Buenos Aires. El gobierno mexicano del presidente José López Portillo estaba estudiando recurrir al Tribunal de La Haya para lograr el salvoconducto que permitiera la salida de Cámpora de su embajada. Videla odiaba y temía a Cámpora. Era uno de los pocos odios que no ocultaba. Le temía *porque su salida al exterior le permitirá seguir alentando a la subversión*. Lo odiaba porque lo consideraba *un gran responsable, sino el responsable total, de la sangre que se vertió en Argentina durante tres o cuatro años, y en alguna medida lo debe pagar*, dijo en una increíble declaración a la prensa mexicana que ya conocía, como el resto de la prensa internacional, que en su gobierno se había vertido más sangre que nunca en la historia moderna de la Argentina. En realidad, Videla era consciente de que debía cumplir la promesa hecha a Carter respecto de Timerman pero no podía aceptar —excepto que Cámpora estuviera a punto de morir— presiones por otro caso que irritaba al generalato aún más que el del periodista. La Iglesia también se sumaba lentamente a la creciente politización social y sindical, que despuntaba al margen de los pomposos discursos de "apertura política" que prometía Videla cada vez con más frecuencia pero con menos visos de concreción. Los obispos, luego de su habitual reunión de mayo, habían elaborado un documento que Primatesta presentó a Videla. En él definían como "angustiante" la "situación socioeconómica por la que atraviesan los hogares humildes", y exponían la inquietud por los desaparecidos y por los gremialistas detenidos tras convocar a una jornada de protesta nacional. Una de las consecuencias de esta presión fue que en agosto del 79, en una reunión de Viola, Lambruschini y Graffigna, en los preparativos de la visita ineludible de la CIDH, según consta en el acta secreta 106, se resolvió promover la redacción de una ley de "presunción de fallecimiento", para intentar cancelar por esta vía los reclamos por los desaparecidos y condicionar legalmente a sus familiares. Videla dio el visto bueno a esta iniciativa de Viola cuya importancia radicó en que fue la primera iniciativa legal del régimen para transitar el camino de la impunidad por sus actos. Esa acta dio lugar a las leyes de facto 22.062 y 22.068, que obligaban a los familiares de un desaparecido a declararlo muerto para poder acceder, entre otras cosas, a su herencia. Estas leyes, condenadas por la CIDH y los organismos humanitarios, demostraron que el Proceso le temía a su propia creación: la desaparición forzada de personas (a las que quería a toda costa declarar muertas, para que el asesinato no fuera sino un "fallecimiento"). A pesar de todo también constituían una señal indudable de que los tiempos estaban cambiando, por lo menos en cuanto a la cerrada resistencia a dar cualquier explicación por los crímenes, que, además, debía desfigurar u ocultar como fuera. En otro orden, el debate por el comienzo de las expropiaciones para la construcción de las autopistas porteñas que Cacciatore, el delfín de Harguindeguy, encaró con un costo faraónico, sacudían la escena pública. Pero Videla no sufrió el impacto de las tensiones acumuladas en la economía y la política hasta setiembre, un mes cuyos sucesos definieron la esencia de su gobierno en el 79.

Tal como había prometido a Mondale, Videla recibió a la CIDH los primeros días de setiembre, en los inicios de una visita que se extendió dos semanas. La delegación de la CIDH se entrevistó con la mayoría de los jefes de la dictadura, con obispos y dirigentes políticos y sindicales. Visitó, con suerte distinta, a Videla, Lanusse, Juan Bautista Sasiaiñ, Primatesta, Balbín, Lorenzo Miguel, Arturo Frondizi, Timerman, Isabel Perón, Sabato y Alfonsín, entre otros. También visitó a los presos legalizados en las cárceles de Caseros, La Plata, Córdoba y Villa Devoto. Y recogió miles de denuncias de los organismos defensores de derechos humanos, de familiares de las víctimas que se agruparon durante días y noches a las puertas del edificio de la Avenida de Mayo donde atendía la CIDH en el centro de Buenos Aires, a pesar del miedo y de que eran hostigados por bandas de provocadores, o por argentinos azuzados por la propaganda oficial. En esos momentos, la Selección juvenil de fútbol, donde se consagró el genio de Diego Maradona, ganó el Campeonato Mundial en Japón. Videla festejó las bravuconadas del comentarista de fútbol José María Muñoz, que aprovechó la euforia por el triunfo de la Selección juvenil para convocar a masas de hinchas al lugar donde los familiares esperaban para hacer sus denuncias bajo el lema fatal: "Los argentinos somos derechos y humanos". Otra vez la legítima pasión por el fútbol fue manipulada para condena y vergüenza póstuma de los argentinos. La CIDH escuchó a Videla dar explicaciones: *Se trató de una guerra imprecisa, una guerra no prolija durante la cual se pudieron cometer excesos,* pero se llevó una lista de 5.818 desaparecidos entre enero del 75 y mayo del 79. "Cualquiera sea la cifra, su cantidad es impresionante", dijo en su informe final en abril del

80, donde además acusó a los aparatos de seguridad del Estado de ser los principales responsables de esas violaciones "prescindentes de toda consideración moral y legal". Las consecuencias del Estado terrorista pergeñado por Videla y Viola y el resto de los jerarcas militares comenzaban a ser juzgadas internacionalmente.

Videla recordaría la visita de la CIDH como imborrable pero por otros motivos. En esos días, el generalato ya estaba enterado de que Viola pasaría a retiro a fines del 79 para suceder a Videla en marzo del 81. Menéndez no sólo se había opuesto a la orden de parar la guerra con Chile —él comandaba las tropas de ataque—; también se había opuesto a la visita de la CIDH. Había soñado con ser el sucesor de Videla en la comandancia del Ejército en el 78, y ya sabía que el sucesor de Viola sería Galtieri. La orden de la Corte Suprema de dejar salir del país a Timerman el 25 de setiembre —privado de su ciudadanía, fue expulsado hacia Israel— fue el pretexto público que Menéndez utilizó para acusar a Videla de traicionar el compromiso de "erradicar a la subversión" y amotinarse en Córdoba. Videla amenazó con renunciar, por cuarta y última vez, para imponer la liberación de Timerman tal como lo había ordenado la Corte, en total sintonía con el gobierno que, afanosamente, buscaba un atajo para dejar en libertad a Timerman. Liendo participó en las negociaciones para convencer a Menéndez de deponer su actitud y no ser reprimido por Viola. Menéndez terminó preso por noventa días y fue pasado a retiro. Mientras ocurría el levantamiento de Menéndez, comenzaron los atentados de Montoneros, cuyas unidades TEI (Tropas Especiales de Infantería), conducidas por Raúl Yager, tenían como objetivo asesinar a los miembros del equipo de Martínez de Hoz. Las TEA (Tropas Especiales de Agitación), conducidas por Horacio Mendizábal, tenían como tarea promover el "argentinazo" coordinando sus acciones con el movimiento sindical y barrial antidictatorial que despuntaba. Los comandos dinamitaron la casa del secretario de Programación Económica, Guillermo Walter Klein, que salvó su vida por azar; realizaron otro fallido atentado contra Juan Alemann en noviembre, y en el mismo mes, asesinaron al ex presidente de la Ítalo, Francisco Soldati padre, y a uno de sus custodios, con la intención de denunciar internacionalmente los negocios de los Soldati con el régimen. En el atentado murieron tres guerrilleros. La represión sobre los montoneros fue igualmente sangrienta. Yager y Mendizábal fueron asesinados; la mayoría de los militantes que participaron de la última aventura militar lanzada por Firmenich, también. El politólogo inglés Richard Gillespie, especialista en la historia de la guerrilla peronista, analizó: "(...) los montoneros volvieron a demostrar que sus iniciativas orientadas hacia las masas laborales seguían siendo incorregiblemente militaristas". A partir del 80, Montoneros dejó definitivamente las armas aunque muchos de sus militantes participaron en la revolución sandinista. En tanto, del ERP sólo quedaba una versión extraterritorial, que dirigía Enrique Gorriarán Merlo, integrado también al sandinismo en Nicaragua. Uno de sus comandos, en setiembre del 80, asesinó al ex dictador Anastasio Somoza, en Paraguay, donde estaba exiliado.

La Argentina subterránea se movía a una velocidad indeseable para el régimen por la presión sindical y política que crecía, mientras nacía definitivamente "la tablita" —el Estado fijaba el precio de la moneda, pautando devaluaciones sucesivas decrecientes, y para sostenerla contraía deuda externa—, se multiplicaban las entidades financieras y, por la apertura de la economía, comenzaba la fiebre de lo importado: los argentinos compraban con entusiasmo esponjas de Taiwán, camisas de Hong Kong, rompenueces dinamarqueses, chisperos alemanes, infladores belgas. La Argentina era el reino de la plata dulce, un bazar que dejaba atrás, lentamente, la cultura del trabajo industrial sin presentir sus consecuencias. En el mundo, también acababa de nacer, con la revolución iraní del ayatolá Ruhollah Khomeini, un nuevo poder islámico. El fundamentalismo comenzó a preocupar a Occidente, que temía la pérdida de privilegios en el abastecimiento de petróleo del golfo Pérsico. Y la URSS se sintió amenazada por Afganistán, un territorio donde pisaba fuerte el fundamentalismo islámico, y planeó su invasión. Entre el 4 y el 11 de octubre del 79, Videla acompañó a Martínez de Hoz a Japón. Luego de ser condecorado por el emperador Hirohito con el Gran Cordón de la Orden Suprema del Crisantemo, Videla debió declarar: *No vine acá para firmar contratos sino para crear el clima político para futuros contactos.* Pero los bancos japoneses extendieron, en esa visita, créditos por 50 millones de dólares, y se establecieron, entre otros, convenios vinculados a la exportación argentina de uranio. La apertura del mercado oriental demostró ser esencial para el plan de Martínez de Hoz. En los últimos meses del 79, mientras el gobierno de Carter analizaba impulsar sanciones a la URSS por su intervención en Afganistán, el régimen de Videla entraba en un período de empantanamiento político, ni siquiera atenuado por "la tablita" o por el gesto final de permitir la salida de Cámpora a México. El ex presidente Cámpora moriría en el exilio en diciembre del 80.

Videla anunció, a fines de noviembre del 79, la sanción de la nueva Ley de Asociaciones Profesionales, explicando que *no se busca la atomización o debilitamiento de los trabajadores* aunque de hecho era lo que se buscaba: quitar poder a la CGT. La ley de facto 22.105

establecía, entre sus puntos más importantes, la libertad de afiliación y el control sobre los fondos sindicales; prohibía la participación en política de los sindicatos, y permitía la formación de sindicatos y federaciones pero no de confederaciones, como la CGT. El sindicalismo llamó a resistir la ley, y sumó a este reclamo a la dirigencia política, que presionaba por el levantamiento de la veda a la actividad. De todos modos, en el frente interno y externo, y en el militar, Videla saboreó algunos éxitos importantes para su continuidad sin sobresaltos. El papa Juan Pablo II había criticado a fines de octubre y por primera vez a su gobierno desde el balcón de la iglesia de San Pedro, pidiéndole que se hiciera eco de los reclamos por "las personas desaparecidas en esa querida nación". Pero las incipientes críticas papales habían sido neutralizadas por Primatesta, lo que les había restado importancia hacia el interior de la Argentina. Los obispos mantenían con Videla una tregua originada en los tiempos de Roma: todavía no había caído el comunismo y Wojtyla estaba concentrado en su ofensiva pastoral sobre Polonia y la URSS. La administración Carter, por otro lado, acababa de dar por concluida su etapa más agresiva de denuncias contra el régimen y no sólo por razones económicas: necesitaba el servicio activo de los argentinos en la batalla anticomunista en el continente (no se sabía que era la batalla final). La salida de Vaky y su reemplazo por el secretario de Asuntos Latinoamericanos William Bowdler imprimió un giro conservador a las políticas del Departamento de Estado.

En el frente militar, Videla había logrado subordinar a los generales a su plan de ungir a Viola como sucesor. Y ya no les temía a las bravuconadas de Massera, quien desde el diario Convicción criticaba cada vez con mayor virulencia la política económica ("cierran empresas y abren bancos"). A quienes sí continuaba temiendo era a los civiles que lo estorbaban. En esos días, el GT 3.3.2 amenazó de muerte al director del Buenos Aires Herald, Robert Cox, quien debió huir de la Argentina. Más tarde denunció en Europa que la dictadura era responsable de la desaparición de más de 70 periodistas: la cifra era provisoria, serían más de 90. A comienzos de diciembre, Galtieri asumió como nuevo comandante en jefe del Ejército, y se modificó la estructura de la Junta que, además, pasaba a estar subordinada a Videla, sin duda quien expresaba el poder hegemónico en el régimen. Viola pasó a retiro, a la espera de que en octubre del 80, como estaba previsto, se discutiera la sucesión de Videla en la presidencia. La promoción de Galtieri, a quien se suponía aliado de Viola, permitió pasar a retiro a unos 30 generales que integraban la columna vertebral "nacionalista", "los halcones" que aumentaban sus críticas a Martínez de Hoz. La nueva estructura de mandos, en efecto, colocó en lugares destacados a violistas de la primera hora: Vaquero quedó como jefe del EMGE, Alfredo Saint Jean como subjefe; en Inteligencia fue promovido el general Mario Oscar Davico (JII), un hombre clave para Galtieri en la exportación represiva a Centroamérica junto al nuevo jefe del Batallón 601, coronel Jorge Alberto Muzzio. Los generales José Montes (I Cuerpo), Jáuregui (II Cuerpo), el recién ascendido Bussi (III Cuerpo, en reemplazo de Menéndez), Villarreal (V Cuerpo) y Cristino Nicolaides en Institutos Militares, en lugar de Riveros, que pasó a ser el representante argentino en la Junta Interamericana de Defensa (JID), revelaban que los "halcones" de la etapa más ferrosa de la dictadura pasaban a un segundo plano, pero que seguía intacta la línea de reforzar la inteligencia con funciones extraterritoriales. De esa determinación no escapaba Harguindeguy; el ministro político de Videla era el principal interlocutor del servicio secreto israelí (Mossad), que entrenaba oficiales de la Federal e intercambiaba información de inteligencia con los jerarcas argentinos. A partir de 1978, Israel vendió armas a la Argentina, una exportación cuyo monto trepó, en cinco años, a mil millones de dólares. En cuanto a la colaboración entre los israelíes y los servicios nacionales, el agente del 601 Héctor Francés, apresado años más tarde por los sandinistas por su participación en la Contra, confesó ante una cámara de video que el Mossad suministraba pasaportes falsos en Costa Rica a los "asesores" argentinos destacados en Honduras.

En verdad, luego de la "solución final", Videla creía que era necesario tirar lastre: los que habían participado en la organización feudal de la represión ilegal ya no eran presentables. Se abría la etapa "política". El "retiro" de Suárez Mason del Ejército merece un párrafo aparte, porque apenas unos meses más tarde pasó a integrar el directorio de Bridas y el de YPF. Desde allí, según se conoció años después, dirigió la venta adulterada de naftas a través de la empresa Sol Petróleo SA, que sirvió para financiar las operaciones anticomunistas extraterritoriales en las que participaba —con conocimiento del flamante jefe Galtieri— la estructura de inteligencia militar. El ex espía Sánchez Reisse explicó ante el Senado norteamericano que, con la bandera del anticomunismo, de esa estructura que comandaron Galtieri en la superficie y Suárez Mason en las sombras, partió el apoyo al llamado "golpe de la cocaína" promovido en julio del 80 contra la presidenta boliviana Lidia Gueiler por el narcogeneral Luis García Meza. El socio del general boliviano era Roberto Súarez Levy, a quien la administración Carter consideraba uno de los principales narcotraficantes del mundo. El estudioso de la vinculación de la represión ilegal con el narcotráfico, el politólogo Ariel

Armony, escribió: "El dinero proporcionado por Súarez Levy contribuyó a pagar la intervención argentina en el golpe contra Gueiler. A su vez, esos fondos solventaron las actividades argentinas en El Salvador. El general Suárez Mason, socio de los grandes traficantes de cocaína —entre ellos García Meza y su ministro del Interior, coronel Luis Arce Gómez—, dirigió una poderosa red dentro del aparato militar y paramilitar argentino, que combinó exitosamente los operativos anticomunistas con el narcotráfico y otras transacciones ilegales". Suárez Mason y sus asociados ya estaban en camino de "privatizar" la gesta contrainsurgente continental que, a juzgar por los negocios financieros realizados durante la gestión de Videla y de sus sucesores, también sería "privatizada" en la Argentina, como se sospechó años después en ocasión de analizar la estructura de ciertos grupos económicos. Hacia 1985, el gobierno de los Estados Unidos definía a Suárez Mason como "uno de los principales narcotraficantes latinoamericanos".

Videla se "libró" en la superficie de los señores de la guerra a fines del 79, aunque muchos de ellos continuaron en "servicio secreto activo" con Galtieri en las cruzadas en Centroamérica. Lo que reforzó Videla en ese período fue, definitivamente, su vínculo con el eje formado por Viola, Harguindeguy y Martínez de Hoz quienes, junto con el jefe de la SIDE, Martínez, fueron los únicos hombres que lo acompañaron desde el principio hasta fin de su régimen, aunque Viola esperara a partir de fin año en las gateras, para transformarse en su sucesor. Harguindeguy, además, era el presidente de facto suplente, en quien Videla delegaba el mando cuando debía viajar fuera de la Argentina. En diciembre del 79 Videla dejó en manos de Harguindeguy el trillado diálogo político, que fue anunciado con el pomposo título de Bases Políticas del Proceso de Reorganización Nacional. Se trataba de un documento discursivo cuya única meta era reafirmar que toda salida política debía contar con la presencia de las Fuerzas Armadas en un muy lejano gobierno civil. No había en el documento plazos ni cronogramas electorales. Harguindeguy fue muy directo cuando la prensa le preguntó por este último punto: "Si se entiende como apertura política actos eleccionarios y elecciones y acción política, digo terminantemente que no". Videla completó la idea: *En principio, y además no hay razón para que así no ocurra, mi intención es continuar hasta el fin de mi mandato con los hombres que me acompañan hasta el momento, es decir colaboradores más inmediatos de la Presidencia, ministros e inclusive gobernadores. En ese sentido no vislumbro de inmediato ningún cambio fundamental y mucho menos numeroso.* Videla y Martínez de Hoz no estaban dispuestos a producir cambios, pero la presión política obligaba al diálogo con los partidos mientras, como decía el ministro de Economía, se profundizaba su plan. "Hemos producido cambios económicos irreversibles en el país y necesitamos tiempos para su consolidación", declaró. Y no se equivocaba. A fines del 79 se produjo un punto de inflexión definitivo en la estructura productiva de la Argentina. Y esto explicó, también, el notable incremento de las protestas obreras: hubo 188 conflictos, que movilizaron a más de 1.800.000 trabajadores, más del triple de los registrados a lo largo del 78. El PBI había crecido al 6,8 por ciento, pero la inflación se había mantenido en la media de 155 por ciento anual con una pronunciada recesión; la tendencia a la pérdida de poder adquisitivo de los salarios y a la distribución desigual de los ingresos no se modificó (el último año del gobierno de Videla se duplicaría irrefrenablemente). Las importaciones habían aumentado en 3 mil millones de dólares, acompañadas por el descenso de la actividad industrial y de la construcción. Con los Estados Unidos el saldo comercial fue desfavorable, mientras que con la URSS se vislumbraba cada vez más favorable. La deuda externa había trepado ya a 19 mil millones. El endeudamiento del sector privado alcanzó por primera vez al del sector público, lo que explica el crecimiento desmedido de los grupos económicos locales a partir de ese año. Meses después, esos mismos grupos preservaron sus finanzas en la fuga de capitales, dejando una deuda que finalmente sería estatizada y repartida entre toda la sociedad. En tanto, los intereses de la deuda externa crecían, potenciando el déficit fiscal. Todos estos datos comenzaban a trazar con claridad las modificaciones definitivas de las que hablaba Martínez de Hoz, y explican el tesón de Videla en acompañar sin fisuras a su ministro. En realidad, su segundo mandato sólo tenía sentido, para él, si se lograban estas modificaciones estructurales que, no obstante, también prefiguraban un escenario socioeconómico —y por ende político— explosivo.

En enero del 80, cuando el gobierno de Carter decidió decretar el embargo cerealero contra la URSS por la invasión a Afganistán, Videla coincidió con Martínez de Hoz en la cerrada negativa a sumarse al embargo, y en criticar tibiamente a Moscú. Los resultados de esta política fueron espectaculares en el terreno económico: las exportaciones a la URSS se triplicaron; ese año sumaron más de 1.600 millones de dólares, un monto que representaba casi el 70 por ciento de todo lo que la Argentina exportaba al Asia y casi el triple de lo que exportaba a los Estados Unidos. La tendencia se mantuvo y creció en 1981. Videla quizás haya visto en este movimiento una "venganza" por el hostigamiento inicial de la administración Carter. Inmediatamente, Carter envió al general Andrew Jackson Goodpaster, ex jefe de la OTAN, y su principal consejero militar a entrevistarse con Videla. A fines de enero, mientras se levantaba la prisión que pesaba sobre algunos ex miembros del gobierno de Isabel —entre ellos Menem, aunque luego fue nuevamente confinado en la localidad formoseña de Las Lomitas hasta febrero del 81—, Videla y Carter intercambiaron cartas secretas y los embajadores Aja Espil y Castro festejaron el comienzo de una nueva era en las relaciones bilaterales, que incluían la promesa argentina de ratificar Tlatelolco. Lo cierto es que los EE.UU. aceptaron la independencia de Videla y Martínez de Hoz con respecto al embargo cerealero pero transformaron en "una cuestión de Estado" la participación argentina en la lucha contrainsurgente en Centroamérica. Este visto bueno a operaciones secretas en las que participó la CIA —ello explica que el enviado de Carter fuera Goodpaster— se transformó en el pasaporte argentino para lograr la neutralidad y la comprensión final del gobierno demócrata respecto de los derechos humanos, cuya violación efectivamente se había reducido, en momentos en los que aún regía la enmienda Humphrey-Kennedy. Faltaban apenas pocos meses para que el triunfo electoral del ultraconservador y republicano Ronald Reagan considerara esta participación una cuestión vital para la seguridad nacional de los Estados Unidos.

El reordenamiento del Ejército y de las relaciones con el Vaticano y con los Estados Unidos le dio, en el verano del 80, cierto respiro a Videla. No importaba, en función de la alianza estratégica con los Estados Unidos, que la OEA hiciera un juicio duro sobre la violación a los derechos humanos, al que Videla calificó como *injusto, excesivo, subjetivo y yo diría incluso falto de responsabilidad*. Ni que las Naciones Unidas se dispusiera a investigar la desaparición de opositores en varios países que incluían, por supuesto, a la Argentina. El canciller Carlos Washington Pastor, como una muestra de que los tiempos habían cambiado, manifestó: "No aceptaremos jamás que venga ninguna otra comisión a investigar nada, porque no tiene nada que investigar aquí". Tampoco le hacía mella a Videla, en este contexto, que la OIT condenara a la Argentina por violaciones a los derechos sindicales. Pero Videla necesitaba el diálogo político para ganar tiempo, el tiempo que necesitaba el programa económico, con su giro aperturista, para prosperar. Harguindeguy no estaba dispuesto a llevar adelante en serio ese diálogo: "El Proceso no tiene plazos", afirmaba, en comunión con el más íntimo pensamiento de Martínez de Hoz, el más acérrimo opositor a acortar los plazos de su permanencia en el poder. Sin embargo, como tampoco estaba todo en orden en la economía, Videla se vio obligado a anunciar el inicio oficial del mentado "diálogo", en un discurso que pronunció en el festejo del cuarto aniversario de su asalto al poder. Para su sorpresa, Galtieri se había encolumnado entusiastamente detrás de Harguindeguy: "Se ha iniciado oficialmente el diálogo político. Esto no quiere decir que mañana haya elecciones. Las urnas están bien guardadas y van a seguir bien guardadas". Este exabrupto motivó la respuesta del líder radical en ascenso, Raúl Alfonsín: "Si están bien guardadas, que les vayan pasando un plumero porque las llenaremos de votos", dijo desde Perú, donde estaba de visita y desde donde lanzó la consigna de "convocatoria inmediata a elecciones". No fueron los cimbronazos de la política, que ya daba señales más que vitales con la formación de la Multipartidaria —donde habían unido sus fuerzas justicialistas, intransigentes, radicales, conservadores populares, socialistas y populares cristianos—, sino el zarpazo de la economía lo que puso a Videla en el camino cierto del derrumbe definitivo de su gobierno, y en la antesala del desplome final del régimen que iniciaba una agonía violenta. Dos días después de inaugurado el diálogo político, estalló un primer gran escándalo financiero del Proceso: la quiebra del Banco de Intercambio Regional (BIR), que se había transformado en el segundo banco de importancia de la Argentina. Su titular, José Rafael Trozzo, era amigo de Massera y había sido un verdadero mecenas para no pocos generales y almirantes; participaba con entusiasmo en batallas anticomunistas y podía otorgarles desde favores personales hasta dinero rápido para la lucha antisubversiva. En realidad, Videla sabía desde fines de febrero que existían problemas serios en el mercado financiero. Los primeros días de marzo había quebrado la más importante entidad financiera, la Compañía Financiera Promosur, lo cual produjo una corrida de baja intensidad en el mercado. El jefe de la SIDE, Martínez, le venía informando a Videla del manejo descontrolado y de no pocos ilícitos en bancos y entidades financieras de la City porteña, en la que entre otros delitos figuraban fondos del Estado depositados ilegalmente como dinero personal por generales, brigadieres y almirantes, para obtener cuantiosos réditos en los plazos fijos. El asunto era, a todas luces, de una enorme gravedad para Videla que podía soportar acusaciones por crímenes pero no escándalos de corrupción que pusieran en tela de juicio su carácter de cruzado, de líder político de un régimen que había llegado al poder, precisamente, esgrimiendo la bandera de la anticorrupción. Debía enfrentar estas últimas con las fortunas personales de los jerarcas militares, amasadas de manera ilegal. Martínez de Hoz había viajado al exterior y Videla llamó a una reunión al reemplazante del ministro, el secretario de Coordinación Económica, Walter Klein, con quien tenía un vínculo (según contó Carlos Túrolo en su libro ya citado) más fluido, menos formal, que con Martínez de Hoz: ambos, a pesar de que se reunían semanalmente, mantenían una prudente distancia protocolar. Klein conocía, como Martínez de Hoz, lo que estaba sucediendo; Videla esperó el regreso del ministro. En una reunión donde estuvieron presentes Videla, Martínez de Hoz, Klein, Diz, el jefe de la Superintendencia de Entidades Financieras, Alejandro Reynal —sucesor de Zimmermann—, y el secretario general de la Presidencia, Crespi, se decidió ordenar la liquidación del BIR y que el Estado se hiciera cargo de sus deudas, un mecanismo de transferencia de recursos de la sociedad hacia los privados. Trozzo se fugó luego del vaciamiento del BIR y uno de sus socios, Raúl Erasto Piñero Pacheco, fue detenido y procesado por el delito de administración fraudulenta. La decisión de Videla produjo una corrida que no se detuvo y siguió con la quiebra de otros bancos y financieras, entre ellos el Internacional, el Oddone y Los Andes —de Héctor Osvaldo Grecco, luego detenido y procesado—, que totalizaban el 10 por ciento del total de depósitos. El sistema financiero ideado por Martínez de Hoz y su equipo era un "negocio redondo" para los privados: los bancos tomaban depósitos que estaban garantizados por el Estado y competían por pagar la tasa más alta de interés. A su vez, los fondos tomados a tasas cada vez más altas eran colocados en el Banco Central —a cargo de Diz y Zimmermann—, que por ley tenía la obligación de aceptarlos. Uno de los mecanismos tradicionales para el vaciamiento de esos bancos fueron los préstamos cruzados a empresas del mismo dueño o a empresas inexistentes, y la fuga de capitales al exterior, a Bahamas o a las islas Caimán. Cuando los ahorristas exigían sus depósitos, inevitablemente se producía una corrida que terminaba en el cierre de la entidad financiera o el banco. Respecto de la quiebra del BIR, Videla explicó: *El Estado no podía hacer de gendarme sobre el sistema financiero y dejó que se acomodara solo. Llegamos a una conclusión, que había que amputar. Así se resolvió, pero con una aclaración: el gobierno, el Presidente, decidió que se amputara.* Videla reconocía, así, que sólo podía desplegar su capacidad represiva contra personas; reconocía el carácter sagrado del dinero. La quiebra del BIR provocó la caída posterior de más de cien bancos y entidades financieras que se prolongó durante más de una década. Y se calcula que este proceso le costó a la Argentina una pérdida de más de 15 mil millones de dólares, por el pago de los depósitos de esas entidades quebradas. La burbuja financiera —esa cuantiosa transferencia de fondos de la sociedad a los dueños de bancos y empresas financieras— fue el talón de Aquiles que contaminó la etapa final del gobierno de Videla y, junto con "la tablita", contribuyó al crecimiento exponencial de la deuda externa.

Videla se dispuso, una vez más, a defender a Martínez de Hoz y a su equipo de las críticas crecientes del generalato y el almirantazgo y de la dirigencia política que, a esa altura, no sólo dudaba de las reales intenciones de Videla de promover una apertura política sino que comenzaba a reorganizar sus partidos, aún sin contactos muy cercanos con el movimiento de derechos humanos que, durante el año 80, fue reprimido. Lambruschini, la voz de Massera en la Junta, cargó en esos días de crisis financiera reiteradamente contra el plan económico. Hasta Balbín, en otros tiempos buen amigo de Videla, respondía ahora con frases lapidarias a lo de *el Proceso no tiene plazos*. Éstas fueron las palabras del viejo líder radical: "Cuando juegan las formas democráticas estables, las fechas las dan las leyes; cuando se viven situaciones de inestabilidad, los plazos los determinan los imponderables. Nosotros les decimos que hay una necesidad de no perder tiempo y de salir cuanto antes de la situación actual". En su retórica política, Balbín le haría un nuevo servicio al régimen que en ese momento debatía cómo dar por muertos a los desaparecidos. La ausencia del cuerpo del delito, pensada para la irresponsabilización de los jefes militares, se volvía una trampa, porque el delito se prolongaba precisamente por la ausencia de cuerpos que probaran la muerte. Balbín declaró: "Yo no tengo certificados de defunción de los desaparecidos en la Argentina, pero estoy seguro de que esas personas no están desaparecidas, están muertas". Balbín, que proponía que el régimen diera una lista de "muertos", transitaba los últimos años de liderazgo del más antiguo partido político de la Argentina moderna. El empinamiento de Alfonsín era inevitable, sostenido por los jóvenes y un radicalismo que comenzaba a imbricarse, como parte del peronismo entonces conducido por Deolindo Bittel, con el movimiento de derechos humanos que Alfonsín había contribuido a expandir desde la APDH, junto con el socialista profesor Bravo. Ante las fisuras que presentaba el diálogo político conducido por Harguindeguy, a fines de abril del 80 Videla se vio obligado a enviar una advertencia a la dirigencia política, que sonó a condicionamiento: *Si nosotros nos equivocamos el poder no va a ser ocupado por nuestros adversarios políticos, sino por la subversión. Esto no es una idea trasnochada, sino una posibilidad real. El Proceso tiene que ser heredado por una descendencia y no por el antiproceso*. Los límites entre la subversión y el antiproceso eran por supuesto tan borrosos que la expresión de Videla condensaba el espíritu con el que el régimen pensaba mantener cerrado bajo cuatro llaves cualquier proceso político que no estuviera pautado e incluyera a las Fuerzas Armadas como columna vertebral. Aun así, la *zanahoria* funcionaba: por las oficinas de Harguindeguy estaba pasando toda la dirigencia conocida hasta ese momento, incluidos los comunistas con quienes el régimen vivía su etapa de mayor acercamiento en función de la prosperidad de los negocios con la URSS (los soviéticos habían vetado la condena a la Argentina por violación a los derechos humanos en la ONU, en marzo).

En el terreno internacional, en tanto, Videla se anotaba algunos triunfos, abonados por la creciente debilidad de la administración Carter. Por primera vez en todo su gobierno, las relaciones con Brasil, atravesadas por la desconfianza mutua y temas pendientes como el desarrollo nuclear y la discusión sobre las represas de Itaipú y la improbable Corpus, entraban en un período de acercamiento. Videla recibió en mayo al presidente Figueiredo, un hombre que supo colaborar activamente en el despliegue del Cóndor en sus momentos fundacionales. Los acuerdos de Videla con Figueiredo fueron comerciales, propiciatorios de un sistema permanente de consultas y de complementación de los programas nucleares. De hecho, este encuentro se entendió como una nueva muestra de distanciamiento —por el tema de derechos humanos y la negativa a la transferencia de tecnología nuclear, es decir, la negativa mutua de la Argentina y Brasil a la ratificación del Tratado de Tlatelolco— con la administración Carter, que en el terreno diplomático sufría sus principales derrotas. Durante su administración había triunfado la revolución sandinista de Nicaragua, con pretensiones iniciales más claramente socialistas que las de Castro en el 59, reforzando un eje considerado amenazador para la seguridad nacional de los EE.UU. en su patio trasero más próximo. La crisis de El Salvador después del golpe contra el general Carlos Humberto Romero derivó en una guerra civil con el despliegue del Frente de Liberación Farabundo Martí, y un fuerte bando de centroizquierda construido sobre el poder de las organizaciones guerrilleras. Los revolucionarios salvadoreños y nicaragüenses compartían una concepción integracionista de las repúblicas centroamericanas, incluyendo la que contenía al canal de Panamá y al peligroso, según los EE.UU., general Omar Torrijos. Otras dos guerras nacionales de liberación algo más confusas habían triunfado en Angola y Zimbabwe. En Angola, los amenazaba nada menos que con tropas cubanas. El triunfo de la revolución islámica comandada por Khomeini había iniciado el ascenso del fudamentalismo: Irán y los regímenes del Cuerno de África representaban problemas en dos prioridades para los intereses norteamericanos, el petróleo y Palestina. La URSS había invadido Afganistán, usando de modo masivo tropas propias por primera vez desde el fin de la Segunda Guerra. Carter había pretendido tener un gesto de decisión militar cuando intentó la liberación de decenas de diplomáticos rehenes de los Guardias de la Revolución iraníes, pero la operación comando resultó un desastre sin atenuantes. La conciencia nacional o el instinto imperial de Estados Unidos, como se prefiera, estaba seriamente lastimado.

Las declaraciones de Videla en esos momentos muestran hasta qué punto aprovechaba la debilidad de la administración Carter: *La Argentina, que tiene una posición fuerte en estos momentos, no necesita comprar silencio ni negociar a costa de la soberanía*. Estas derrotas de Carter produjeron recambios impensados, por su brusquedad, en el Departamento de Estado, que fueron aprovechados por los regímenes dictatoriales del Cono Sur para reforzar su resistencia a cambios democráticos y a respetar los derechos humanos. El "golpe de la cocaína" en Bolivia se consolidaba en esos días de espaldas a las críticas de la administración Carter. Vance había sido reemplazado por Edmund Muskie, y le tocaba el turno a Castro, quien renunció a fines de junio a su cargo de embajador en Buenos Aires. Este nuevo escenario internacional que se prefiguraba con claridad a mediados de los 80, con el ascenso de Margaret Thatcher al poder en Gran Bretaña, e iniciaba la ola neoliberal más ortodoxa, no fue una buena noticia para los partidarios criollos de políticas vinculadas a las socialdemocracias europeas, como Alfonsín y un sector del peronismo. Tampoco fue una buena nueva para las entidades humanitarias, que durante el 80 soportaron un mayor hostigamiento pero no renunciaron a forzar la publicación de solicitadas ni a peticionar ante la Justicia complaciente de entonces. La situación en el Vaticano tampoco acompañaba las demandas humanitarias, con Wojtyla abocado a presionar por el derrumbe del comunismo, batalla que se libraba con fuerza en Polonia, su tierra natal. Este interregno espiritual y político incidía en la atenuación de las críticas de los obispos argentinos, nunca decididamente partidarios de un enfrentamiento abierto con los generales. En este contexto internacional, con vientos favorables por primera vez en todo su gobierno, Videla inició su viaje a Pekín a principios de junio del 80. Era el primer presidente argentino invitado por el gobierno comunista chino, al que en ese momento le preocupaba el estupendo vínculo de la Argentina con la URSS, a la que el régimen chino cuestionaba por viejos y nuevos antagonismos. La comitiva estuvo integrada también por su esposa y por su concuñado, el canciller Carlos Washington Pastor, entre otros. El viaje, el último de esa magnitud que realizó Videla —y que incluía una visita relámpago a Nueva Zelanda—, fue una muestra del pragmatismo que el régimen cultivaba en función de la apuesta de abrir los mercados internacionales para sostener el plan económico de Martínez de Hoz, por esos días en Londres. Estaba ocupado en una serie de reuniones con Thatcher, funcionarios y empresarios, a quienes intentaba seducir para que incrementaran las inversiones en la Argentina. El ministro y Klein habían abierto las fronteras chinas. Y Videla se mostraba partidario de terminar con "las barreras ideológicas" que dificultaban la libertad de comercio, en momentos en que se intensificaban, paradójicamente, las actividades de los comandos clandestinos en Centroamérica. En una escala en Bahía, Brasil, Videla explicó con simpleza la geopolítica del régimen que se proponía, luego del viaje a Japón, la conquista de los mercados asiáticos: *Mi viaje a China responde a una finalidad puramente política. Nosotros consideramos que en este mundo que ha roto la bipolaridad es menester mantener relaciones, en sentido pragmático, con todos los países. Dentro de ese pragmatismo se busca la posibilidad de abrir nuevos mercados para la Argentina.* Pero Videla abrió, en ese viaje, una línea de crédito a favor de China de 300 millones de dólares para la compra de bienes de capital y firmó acuerdos económicos y de intercambio científico y cultural. Se entrevistó con el premier Hua Guofeng y con el influyente Deng Xiaoping. Los chinos estaban dispuestos como nunca antes a estrechar las relaciones con la Argentina: poco antes del viaje, Videla había anunciado el boicot a las Olimpíadas de Moscú por la invasión soviética a Afganistán, una decisión que China compartía. Pero, al mismo tiempo, se negó a firmar un documento impulsado por los chinos en el que se criticaba "el hegemonismo soviético" evitando lanzar un dardo contra Moscú, el gran comprador de cereales y cliente privilegiado. Videla visitó, con todos los honores imperiales residuales en el protocolo del comunismo chino, la Gran Muralla, y participó de almuerzos y cenas con la dirigencia china, mientras su esposa y las de otros funcionarios de la comitiva, como siempre en cada viaje —según contaron los periodistas que los cubrieron—, compraban sin control cientos de metros de seda, piezas de porcelana, biombos y otros productos típicos que hicieron que la comitiva oficial debiera separarse en su viaje de regreso por ese cargamento privado que, al llegar a la Argentina, no pasaba por aduana. Molesto por los comentarios de la prensa extranjera sobre su viaje, apenas pisó Ezeiza, Videla profirió: *Los corresponsales extranjeros escribieron cualquier disparate. El de la agencia ANSA es un comunista, uno de barba (…) Y al de EFE ya le voy a arreglar las cuentas.*

Los problemas que lo esperaban al regreso tampoco tenían la suavidad de la seda china. Mientras visitaba la Gran Muralla, Videla se enteró de una nueva declaración de guerra de Massera en Montevideo. "El proceso político argentino conducido por las Fuerzas Armadas está muerto y no encuentra quién le extienda el certificado de defunción. El Proceso se ha desviado desde hace mucho tiempo. Yo lo señalé desde la época en que integraba la Junta Militar, cuando nos habíamos fijado como parámetros: producción, exportación y disminución de la inflación al menor costo social posible. Los resultados están a la vista. Producimos menos y nuestra industria está quebrada". Retirado y todo, el almirante intentaba incidir con su discurso populista increíble —todavía mantenía en funcionamiento la ESMA, a la sazón, junto con "El Campito" de Campo de Mayo, los últimos centros clandestinos de detención que quedaban en pie hacia fines del 80— en la discusión sobre la sucesión de Videla, al tiempo que intentaba seducir a algunos dirigentes peronistas. Solía reunirse, entre otros, con el ex vicepresidente del PJ, Ángel Robledo, y con el neurocirujano Raúl Matera. El candidato de Massera para suceder a Videla era Galtieri. Estaba relacionado con él por la guerra sucia y las críticas a Martínez de Hoz, por entonces su principal enemigo. También los unía el comienzo de un delirio largamente acariciado por Massera: la posibilidad de una recuperación guerrera de las islas Malvinas, una bandera tras la que se encolumnaban buena parte de los jefes militares navales y, en menor medida, de la aviación. El canciller Pastor ya tenía instrucciones de comenzar la presión para rediscutir la cuestión de la soberanía con Gran Bretaña. Galtieri, en tanto, se las ingeniaba para destejer de noche lo que Harguindeguy tejía de día con la dirigencia política. Con una arenga, ronca y estridente, había dicho en un acto militar: "Las Fuerzas Armadas tienen un compromiso de honor con la Nación que no es para hoy, sino para cien años más".

Así que ese primer semestre del año terminaba no sólo con la irremediable crisis financiera y económica que se anunciaba como terminal, sino con un estado deliberativo creciente en las Fuerzas Armadas, a los que se sumaban las intrigas de Massera, la certeza por parte de la dirigencia política de que la mentada apertura del régimen era una maniobra dilatoria y la presión que ejercían los gremios, dispuestos ya a convocar a una conducción unificada que reflotara la CGT. Las críticas al plan económico no provenían, sin embargo, sólo de los opositores políticos. El empresario Eduardo Oxenford, vinculado al grupo Alpargatas e interventor de la UIA, había descargado durísimas críticas por el comienzo de una sucesión de quiebras de empresas alimentarias, textiles y metalúrgicas. La onda desindustrializadora afectaba a las medianas y pequeñas empresas, algunas de larga historia. A pesar de estas objeciones, a las que se sumaron entidades del campo como CARBAP, Videla no dejó de avalar ni por un minuto el avance del plan económico. Es más, el 16 de setiembre firmó el decreto 1.922/80 (y el 13 de enero de 1981 el

38/81) que daba luz verde a la estatización del paquete mayoritario de Austral Líneas Aéreas y sus controladoras Lagos del Sur y Sol Jet SA. En ese momento, Austral estaba en condiciones de ser disuelta por falta de capital social. En esos días, Martínez de Hoz y Klein —a través del Banco Nacional de Desarrollo (BaNaDe)— recomendaron su compra en un plazo de cuatro días, contando los dos del feriado del fin de semana. Videla resolvió la compra en un día. Ni el gobierno ni el BaNaDe —según analizó años más tarde la Fiscalía Nacional de Investigaciones Administrativas— cumplieron con la obligación de solicitar la quiebra de la empresa: el Estado era el mayor acreedor. Tampoco se vendieron en licitación pública las acciones en el término de 180 días, como estipulaba el decreto 1.922/80, sino que se prorrogó el plazo por dos períodos más. A Austral, presidida por William Juan Reynal, el Banco Nación le había concedido en mayo del 80 un préstamo de cinco millones de dólares sin pedirle garantía alguna, cuando ya estaba en cesación de pagos. El BCRA, que vicepresidía Alejandro Reynal, pariente del presidente de Austral, participó de la operación a través de la confección de avales. Videla y Martínez de Hoz serían acusados por incumplimiento de los deberes de funcionario público, pero la causa quedó cerrada definitivamente por la Sala II de la Cámara Federal, que presidía el juez procesista Fernando Archimbal. Aunque Videla y Martínez de Hoz tendrían que responder por ella en 1984. La estela estatizadora de empresas como la Ítalo y Austral, entre otros casos paradigmáticos que iban a contramano de la liberalización extrema del mercado y la apertura económica propiciada por Videla y Martínez de Hoz, sólo podía comprenderse en el marco de los negocios que el equipo económico realizaba privadamente. Para Videla, el apoyo al plan no era una cuestión de negocios propios (no se le conocieron tarjetas de crédito ni cuentas bancarias abultadas) sino, como se dijo, una cuestión de ideología. Este movimiento estatizador se produjo en medio del áspero debate por su sucesión y de su viaje a Brasilia, donde Videla se entrevistó con Figueiredo, con éxito dispar. Pudo avanzar en la firma de cinco convenios bilaterales comerciales y tecnológicos. No pudo, tal como había pactado con Goodpaster, convencer a Figueiredo de dos cuestiones estratégicas para los Estados Unidos: la desnuclearización de la Argentina y Brasil —ya que Videla no podía forzarla solo, a riesgo de generar una conmoción en las Fuerzas Armadas ya no tan cohesionadas por la discusión sobre su sucesión— ni que Brasil participara, activamente, en la cruzada anticomunista en América Central. Así que a su regreso de Brasil, y en medio de la agitación que provocó la realización del Congreso Anticomunista Mundial —financiado con aportes del

Estado y del gobierno racista de Sudáfrica— y cuyo presidente era Suárez Mason, Videla encaró a partir de los primeros días de setiembre del 80 el arduo debate de su sucesión, que se prolongó hasta principios de octubre. Parece adecuado, a la distancia, el análisis que realizó Túrolo: "En el gobierno no eran pocos los liberales para quienes Harguindeguy era el candidato natural. Argumentaban que por haberse desempeñado como ministro del Interior conocía la situación de las provincias tan bien como sus gobernadores, o incluso más que ellos, y que, habiendo trabajado en colaboración estrecha con el equipo económico, participaba plenamente de su política. A los allegados de Martínez de Hoz les consta que éste decía: 'Harguindeguy hubiera sido la continuidad máxima como Presidente, pero la gente en este país no valora la experiencia de gobierno'. Ciertos uniformados que participaron de los tejes y manejes de septiembre y octubre de 1980 creyeron que algunos jefes de la Armada tenían otro motivo para oponerse a Viola, a saber: sacar de circulación a este militar porque era un potencial rival de Massera, que tenía pretensiones de ser presidente constitucional cuando se llamara a elecciones. Pensaban que si Viola accedía a la Presidencia y tenía suerte, a Massera se le dificultaría mucho disputar las elecciones contra un candidato del Proceso con una gestión exitosa detrás. Se decía, asimismo, que la Armada llevaría como candidato al general Harguindeguy. Lo cierto es que no sólo se habló de Harguindeguy sino también de otros generales como posibles candidatos a Presidente, entre ellos Ibérico Saint Jean". Este general duro, entre los duros, y el intendente Cacciatore aparecían en el tablero sucesorio como los candidatos favoritos de la Aviación. Más allá de los cabildeos de un generalato dispuesto a perpetuarse en el poder como fuera, la pregunta es por qué Videla defendió la sucesión de Viola a capa y espada, a pesar de no contar con el aval de Martínez de Hoz, cuyo candidato era Harguindeguy e, incluso, Cacciatore o Ibérico Saint Jean. Martínez de Hoz sabía que Viola tenía como candidato a sucederlo en Economía a Lorenzo Sigaut, que no le daba ninguna garantía de continuidad del plan aunque Viola le había jurado y perjurado a Martínez de Hoz que seguiría la misma política monetaria, es decir, que no devaluaría. Videla nunca lo dijo explícitamente, pero de las largas entrevistas sostenidas con él en el invierno del 98 y en el otoño del 99 se deduce que su defensa de Viola tenía dos sentidos. Viola había sido quien más había trabajado para encumbrarlo como presidente de facto en la planificación del golpe militar contra Isabel. Viola jamás había roto su pacto con Videla en los momentos clave del régimen y le había sido fiel en disciplinar al Ejército. Pero lo más importante era que Videla sabía que Viola era el único que podía garantizar, luego de su presidencia, que él volviera como candidato a presidente del MON, al que Videla —lo dijo— aspiraba a representar en 1984. Porque, para Videla, la tarea de su delfín era ésa: abrir el diálogo político, gestar un movimiento con los partidos provinciales procesistas y catapultarlo a él como la figura indiscutida de ese movimiento. Viola era para Videla la garantía de su retorno al poder. Y ésta fue la primera vez que no respetó el pacto primordial con Martínez de Hoz, quien primero intentó impedir la nominación de Viola; luego, influir en la conformación de su equipo económico y, por último, tratar de postergar su entrada al gobierno.

Octubre del 80 fue sin duda el mes en que Videla garantizó su sucesión, pero fue también cuando el dirigente humanitario Adolfo Pérez Esquivel fue consagrado como premio Nobel de la Paz, algo que Videla tomó como un verdadero producto *de la campaña antiargentina*, y como una nueva declaración de guerra de la socialdemocracia escandinava. Tendría que esperar hasta fines de noviembre, mes en el que también se produjo la detención de numerosos dirigentes humanitarios, entre ellos del profesor Emilio Mignone y de un grupo de Madres de Plaza de Mayo, ya conducidas por Hebe de Bonafini, para poder festejar *una batalla diplomática ganada a la subversión*. El embajador argentino ante la OEA, Orfila, le comunicó, exultante, que la OEA, abocada a tratar la violación de los derechos humanos, había realizado una condena general a varios países y no una particular a la Argentina, como habían propuesto varios gobiernos europeos. Pastor llegó a definir, en medio de la euforia de Videla, que éste había sido "uno de los éxitos más resonantes de la diplomacia argentina". Otra gran alegría para Videla fue el triunfo arrollador de Reagan en las presidenciales. Esto produjo el desembarco en Buenos Aires del banquero David Rockefeller, uno de los apoyos más sólidos del modelo económico de Martínez de Hoz en Washington y Nueva York, y de Harry Shlaudeman, en reemplazo de Castro, quien avaló con entusiasmo el último tramo del régimen videlista. No habló de derechos humanos, y una de sus primeras intervenciones giró en torno del Beagle. Shlaudeman le hizo saber a Videla que los EE.UU. querían ver resuelto el conflicto con Chile, lo que ayudó a la presión que Videla realizaba sobre el Ejército para neutralizar a los nunca convencidos generales y almirantes de que había sido correcto parar la guerra. Cada tanto, el tema saltaba como una chispa que amenazaba un pajar. La discusión sobre la marcha forzosa de las negociaciones con Chile —con conatos bélicos expresados en los discursos que Lambruschini y Galtieri pronunciaban cada vez que hablaban del Beagle— se prolongaría hasta 1982 cuando se conoció el laudo papal, que dio derechos a Chile y a la Argentina en la zona en disputa, además de dejar sentado el principio bioceánico por el cual Chile no podía tener costas sobre el Atlántico y, viceversa, la Argentina no podía poseerlas sobre el Pacífico. Hubo que esperar hasta 1985 para que la paz con Chile fuera ratificada por una consulta popular inapelable.

La larga transición que se inauguró con la nominación del delfín Viola, la debacle económica, el pase a la ofensiva de los partidos políticos y la unidad del movimiento sindical, cuyas tres vertientes —"los 25", la CNT y "los 20"— acordaron la unificación a fines del 80, abarcaron los últimos agónicos meses del gobierno de Videla, cuyo momento de gloria final fue, a principios de diciembre, la inauguración de las autopistas 25 de Mayo y Perito Moreno, junto con el intendente-brigadier Cacciatore. El balance económico del 80 no podía ser más turbulento. La Argentina había crecido 0,7 por ciento —seis puntos menos que en el 79—, la producción de servicios y agrícola-ganadera duplicaba a la industrial; el país se había primarizado y tercerizado. El alivio al desequilibrio en la balanza comercial, por la apertura irrestricta y caótica de las importaciones —que treparon de seis mil millones en 1979 a 10 mil millones de dólares en el 80—, sólo provino de las exportaciones agrícolas a la URSS, que se triplicaron pero únicamente compensaron la pérdida sufrida por el mismo valor en la balanza comercial con los Estados Unidos, el principal beneficiario de la apertura ilimitada de las importaciones argentinas. En consecuencia, el saldo de la balanza fue negativo. La deuda externa pública y privada pasó de casi 20 mil millones en 1979 a más de 27 mil millones. La fuga de capitales alcanzó los 3 mil millones de dólares. La inflación no descendió del 100 por ciento anual. En seis años, la población en hogares pobres había saltado del 3,2 por ciento sobre el total de la población —unos 30 millones de habitantes— al 10,1 por ciento a fines del 80. La crisis tenía su correlato en el incremento de las protestas obreras, que al mismo tiempo generaban la unidad sindical. Ese año hubo 261 conflictos que movilizaron a casi 400 mil trabajadores. La dirigencia política tomó nota del fenómeno. Al sucesor de Videla no le sería fácil tejer una alianza perdurable con los partidos mayoritarios, lo que hería de muerte la continuidad de la dictadura. La sociedad, entonces, se "recivilizaba" —alentada por la creciente incidencia de las organizaciones de derechos humanos— mientras Videla acariciaba, a contrapelo de la realidad, la "flexibilización" del esquema dictatorial, a través de Viola, y soñaba con que le permitiera perpetuarse en el poder.

A principios de enero del 81, las quiebras de nuevos bancos y de empresas como Noel, Siam y las diecisiete del grupo Sasetru, para citar sólo algunos ejemplos, demostraron que la nave del régimen comenzaba a hundirse. Alberto Jordán, en su libro El Proceso, lo describió así: "Las corridas hacia el dólar —evidentes ya a lo largo de noviembre y diciembre— fueron frenadas con el anuncio de la prolongación de 'la tablita' hasta el 29 de marzo, día en el que estaba previsto el cambio de gobierno. Pero a lo largo del mes de enero la estampida cobra mayor fuerza y genera una pérdida de reservas de cientos de millones de dólares. El equipo económico comprende entonces que el proceso se acelerará en los dos meses siguientes hasta crear una situación insostenible. Pide, pues, a las nuevas autoridades que declaren su intención de no alterar la política cambiaria. Sigaut se muestra inflexible ante Martínez de Hoz: la devaluación es inevitable". Era el fin de "la tablita" y el comienzo de la fuga masiva de capitales, en un movimiento expoliatorio que ya no se detendría. Descartada la renuncia anticipada de Videla, es decir un acortamiento de los plazos de la transición, Martínez de Hoz, en la certeza de que Viola no continuaría con su plan, le pidió a Videla que solicitara a la Junta una postergación de dos años más en el gobierno para completar lo que el ministro consideraba "su obra". Fue la segunda vez que Videla le dijo que no a su único y más perdurable aliado. Porque, una vez más y siempre, Videla no estaba dispuesto a poner en juego la cohesión de las Fuerzas Armadas *a pesar de los costos* y, mucho menos, la posibilidad de su regreso al poder. Lo cierto es que luego de extenuantes reuniones entre Videla y Viola y Martínez de Hoz y Sigaut, se decidió una devaluación que significó la defunción de "la tablita", para parar la sangría de las reservas del BCRA por la corrida cambiaria. Tal vez ese final caótico de su gobierno en el verano tórrido del 81 fue lo que lo inclinó a Videla a no jugar el todo por el todo a la propuesta de Martínez de Hoz. Quizá comenzó a vislumbrar que su sucesor, esta vez, no respetaría el credo del liberalismo argentino a rajatabla, como él lo había respetado. Dos semanas antes de dejar el poder, se había desatado un pánico económico por la compra de divisas que carcomía 300 millones de dólares diarios de las reservas del BCRA. Sigaut pronunció, para parar la corrida, una frase que fue una cantera para el incipiente periodismo de humor opositor: "El que apuesta al dólar, pierde". Sucedió lo opuesto, perdieron los que no apostaron.

El 23 de marzo Videla dejó la residencia de Olivos. Su último acto de poder había sido subir a trece el número de ministerios. El 26, en su último discurso como presidente de facto, habló de democracia, una palabra que sólo podía pronunciar pero que, como dijo en las entrevistas del 98 y 99, nunca pudo definir: *Prefiero hablar de República, porque la democracia siempre hay que explicarla*. En ese mensaje se quejó amargamente de los *grupos económicos irresponsables que se aprovecharon de la política económica liberal para buscar beneficios.* ¿Se había sentido traicionado por el establishment? ¿Lo culpaba de su deslucido final? Eran, pensó, civiles *desagradecidos,* a los que sólo les interesaba acumular dinero. Él, en cambio, era un soldado que no se enriquecía con el poder y a quien la sociedad debía agradecimiento y obediencia. Videla nunca llegó a comprender en plenitud que había ordenado la muerte de tantos argentinos para que apenas unos pocos se alzaran con la riqueza de muchos. Hizo un balance de su régimen que la historia se encargó de refutar y olvidar. Como ningún dictador antes, expresó con claridad cuál había sido la fuente de su poder autocrático y sus destinatarios: *Creo que la voluntad de la Junta Militar ha permitido que en mi caso se cumpliera algo que raras veces la política permite: ser reemplazado en el ejercicio del poder por la misma persona que uno hubiera elegido para hacerlo,* dijo el 29 de marzo de 1981, al dejar el régimen en manos de Viola. Ni siquiera fue él quien le colocó a Viola la banda presidencial en el Congreso: fue Galtieri, para reafirmar que, de ahora en más, la Junta volvía al poder. Tal vez por eso, para esa ocasión, como una ofrenda al Ejército que lo encumbró, Videla creyó necesario volver a vestir el uniforme militar.

★ ★ ★

Los pasos de Videla en el llano se pierden en los senderos caóticos que recorrió la dictadura hasta 1983. Los hombres que lo sucedieron en el poder —Viola, Galtieri y Bignone— marcaron tres etapas en las que se buscó perpetuar la estirpe del régimen en aventuras militares trágicas, continuar, con variantes, el modelo iniciado por Martínez de Hoz y conquistar la impunidad del Estado terrorista para proteger a los jefes militares del castigo por la represión ilegal. La caída en desgracia de Viola y su reemplazo por Galtieri en diciembre del 81 tuvieron que ver con las dos primeras etapas; la última, con la derrota final de ambos. Videla no hizo nada por detener la ruinosa caída de Viola y de Galtieri. Sí por sostener a Bignone en los desesperados intentos de justificación política de los crímenes que habían ocurrido, precisamente, durante su gobierno.

Videla había abrazado varias veces a Viola al final de la ceremonia de su empinamiento en el gobierno el 29 de marzo en el Congreso. Lo había acompañado bajo la lluvia a lo largo de la alfombra roja de las pompas oficiales. Le había dicho "hasta mañana" en la despedida. Eran algo más que camaradas de armas: habían sido los parteros del régimen. Pero, excepto en la guerra anticomunista ex-

443

traterritorial que ambos habían impulsado y en la errática resistencia a la participación política de la sociedad, no hubo continuidad entre el gobierno de Videla y el de Viola. En el gabinete de Viola no quedó ni uno solo de los colaboradores de su antecesor. La administración diurna de Viola fue completamente diferente de la que animó el período anterior. Había asumido genéricos compromisos de respeto por las metas fijadas en la economía y también Sigaut hizo esas promesas, y hasta se elaboró en conjunto un nuevo y complejo plan de minidevaluaciones programadas para corregir "la tablita" de Martínez de Hoz. Pero la única realidad fue la masiva devaluación del peso, la pérdida de reservas, la fuga de capitales y las quiebras industriales sin anestesia. Y una creciente e irreverente actividad política que se traducía en las declaraciones de Alfonsín, ya líder indiscutido de los radicales, en la presión ante la Justicia —que debió dar respuesta a los hábeas corpus con burócratas de segunda línea, pero respuestas al fin— y en las ya no susurradas recomendaciones de los obispos que, como Zazpe, exigían volver lo más rápido posible "al Estado de derecho". Viola, que quiso diferenciarse de Videla, tuvo que volver a pedir auxilio a Harguindeguy, un hombre que no lo quería ayudar y que apostaría fuerte a Galtieri cuando éste le prometiera a Martínez de Hoz continuar su tarea inconclusa. El giro "populista" de Viola era insoportable para el establishment y para Videla. En abril del 81, Videla reapareció fugazmente en la Feria del Libro. Le preguntaron qué libro estaba leyendo en esos días; sólo atinó a responder: *La vida de San Martín, siempre la leo.* Luego, se detuvo unos instantes en los stands, conversó unas palabras con el embajador de Uruguay, y se retiró. Fue aplaudido por una parte del público. Excepto en los actos oficiales, no se lo volvió a ver hasta setiembre del 81, y su aparición pública en esa ocasión estuvo sólo destinada a defender a los ministros de su gestión. Videla pasaba el tiempo entre su departamento y sus viajes a Mercedes o a San Luis. Sin embargo, se rumoreó sobre su papel de intermediario entre Viola (que cosechaba crisis) y la Junta, entonces formada por su ex amigo Galtieri, el almirante Jorge Isaac Anaya y el brigadier Graffigna. Para entonces, Viola había sufrido varios ataques de presión: su poder se licuaba a la velocidad de la luz.

A fines de noviembre, de regreso de su viaje a los Estados Unidos, Galtieri pidió una reunión a Videla; luego, Videla pidió reunirse con Viola. Respecto de este último encuentro, allegados a ambos desmintieron que hubiera habido un pedido de renuncia, pero el hecho es que Videla lo había dejado caer. Con 24 de presión, Viola había sido internado el 21 de noviembre. Ningún miembro de la Junta fue a visitarlo esta vez. Videla, nuevamente en función de la *cohesión del Ejército*, dejó que los hechos siguieran su curso. El 22 de diciembre del 81, sin abandonar la comandancia del Ejército, Galtieri asumió la presidencia. En los Estados Unidos se había reunido con Reagan, y había validado su carácter de "hombre fuerte" sin la investidura formal que ahora detentaba. Reagan prometió restablecer la hegemonía militar mundial de los EE.UU., suspendió toda ayuda económica a Nicaragua y dio vigor a las operaciones encubiertas de la CIA contra los sandinistas, que habían sido aprobadas ya por Carter en sus días finales. Las dictaduras en países aliados pasaron a ser "gobiernos autoritarios", una condición flexible y pasajera diferente en todo del "totalitarismo" que imperaba en los países socialistas y que volvía a ser considerado como la unidad enemiga estratégica. La Argentina era un arquetipo de la primera categoría. La CIA había mantenido a lo largo del verano boreal una serie de reuniones con los mandos directos de los argentinos en Honduras, después con los responsables de la Jefatura II (inteligencia) del Ejército y el Batallón 601 y en agosto, en Buenos Aires, con el mismo Galtieri. Inmediatamente EE.UU., Honduras y la Argentina, representada por el general Davico, firmaron un acuerdo tripartito para sostener la guerra de infiltración antisandinista. En noviembre del 81, Reagan había colmado de halagos a Galtieri por la participación argentina en las guerras secretas de Centroamérica, y la CIA recibió la orden presidencial de formar una fuerza de 500 "contras" en Honduras, reconociendo a la Argentina la formación previa de otra de mil. En Buenos Aires se inició un ciclo de reuniones de oficiales medios en las que se ofrecía irse a la guerra: los sueldos, de entre 2.500 y 3.000 dólares, eran excelentes al cambio de la época. Sus conocidos de la Agencia le pagaron a Galtieri copas, el secretario del Consejo de Seguridad Nacional de los EE.UU. lo definió como un "general majestuoso" y alguien, desde la prensa, dijo que se parecía al general George Patton. Su fantasiosa psiquis perdió el rumbo. El 1° de diciembre tenía todas estas novedades que contarle a Videla, quien había abogado por esa guerra lejana, continuación de la suya, y que probaba, como él siempre había sostenido, que la cruzada carecía de fronteras. El reconocimiento y la aprobación de Occidente que Videla tanto había deseado estaban llegando, y en un grado que no había imaginado, pero le estaban llegando a otro. En cuanto a Viola, Videla sólo exigió que el pedido de renuncia fuera respaldado por todos los generales de división, el mismo estamento que había decidido su nominación. El gabinete de Galtieri incluyó a Roberto Alemann como ministro de Economía —hermano de Juan, representante de los acreedores suizos y gurú del establishment financiero— y a otro miembro del patriciado terrateniente, Nicanor Costa Méndez, como canciller. Roberto Alemann en Economía implicaba el retorno al cauce neoliberal, redoblando la apuesta de Martínez de Hoz. Además de este color, el gobierno pretendía reforzar la imagen autoritaria que, según la impresión de los comandantes de cuerpo, se había desleído bastante durante el período anterior: para esa misión nombraron ministro del Interior a Alfredo Oscar Saint Jean. Sin embargo, la crisis parecía indetenible. El ala sindical más combativa, derivada de la "Comisión de los 25" que había producido el paro de abril del 79, tomó el nombre de CGT, resumiendo en sí el simbolismo de la que había sido la organización unitaria del movimiento obrero, y lanzó un llamado a paro y movilización para el 30 de marzo de 1982. Ninguna columna llegó a los puntos de concentración fijados ni se supo nunca a cuánta gente se convocó. El gobierno sacó a la calle a 3.000 policías, detuvo a más de mil personas y hubo un muerto en Mendoza.

Inmediatamente después de esa movilización Galtieri dio las órdenes para iniciar la "Operación Virgen del Rosario", la invasión de las Malvinas. Fue la primera acción de una guerra con Gran Bretaña de dos meses y diez días que terminó de enterrar al Proceso. También coexisten varias explicaciones para el momento preciso en que Galtieri desencadenó esa especie de golpe de gracia para la dictadura en disolución: los términos "fuga hacia adelante", que el periodismo popularizó meses después de la derrota, son una explicación tentadora, no sólo por lo que ocurrió el 30 de marzo sino por la cronología de protestas, paros y pequeños estallidos sociales que venían sucediéndose. Hay suficientes indicios de que la hipótesis de invasión estaba planificada desde bastante tiempo atrás e incluso de que había más de un plan: Massera había tenido el propio, construido sobre la base de "ideas" arrancadas a sus "asesores" prisioneros en la ESMA. Lo más probable es que todos estos factores hayan confluido: la infatuación de Galtieri, la falta de rumbo político del régimen en general, el sentido de la oportunidad tamizado por los dos whiskies matinales y una proyección subjetiva y totalmente errónea de la actitud que adoptaría el "amigo americano". Si no en el inicio, también fue decisivo en el resultado el grado de disolución de la dictadura con sus secuelas de corrupción, intrigas entre fuerzas y falta de coordinación general. El régimen, para cohesionarse, necesitaba de esa guerra, que si ganaba le garantizaría perpetuidad. Creyó comprobarlo en el apoyo inicial de una sociedad proclive a las gestas nacionalistas.

Videla no estuvo de acuerdo con la guerra, aunque viajó para asistir a la asunción del gobernador en Malvinas, general Mario

Benjamín Menéndez. Galtieri había organizado una delegación representativa de la sociedad que incluía opositores —estaba nada menos que Saúl Ubaldini, el líder más conocido de los sindicalistas que habían participado en los hechos del 30 de marzo— y Videla se sintió obligado a trabajar de símbolo, pero no estaba de acuerdo. Al regreso, en Ezeiza, la prensa argentina y estadounidense interrogó a los invitados de honor acerca de qué sucedería si los ingleses cumplían sus amenazas (Thatcher estaba reuniendo meticulosamente una flota de guerra en la isla Ascensión). Videla tomó la mano del periodista que le tocó en suerte, la sacudió y le dijo: *Mucho gusto*. El corresponsal creyó que el general no lo había escuchado y repitió la pregunta alzando la voz sobre el ruido. Videla le sacudió la mano con mayor énfasis repitiendo: *Mucho gusto, mucho gusto*. Y eso fue todo.

La guerra concluyó el 14 de junio, con una rendición argentina incondicional en el campo de operaciones. Hubo algunos disturbios esa misma noche y al día siguiente, pero sobre todo hubo una profunda sensación de desconcierto, en la sociedad y en la estructura del régimen. Galtieri no renunció de inmediato, aunque una Junta Militar a la que se había agregado el general Nicolaides, del I Cuerpo, se reunió enseguida a la espera de que lo hiciera. La Marina y la Aeronáutica decidieron retirarse de esa Junta y el país quedó en las exclusivas manos del Ejército. Entre lo que Galtieri tardó en darse por enterado de que había perdido una guerra y que lo habían desplazado por perderla, y estos pases de manos, el general Bignone (que se había retirado en diciembre del 81) recién el primero de julio se hizo cargo de la presidencia. Al día siguiente declaró levantada la "veda" política y, si no en ese día en los inmediatos, el Ejército inició una interminable serie de radiogramas a cuerpos de ejército, zonas, subzonas, áreas y subáreas, reclamando la concentración y envío a los niveles inmediatamente superiores de toda la documentación relacionada con la represión ilegal para incinerarla. Era la orden de retirada, pero sólo para uno de los dos partidos —el militar— que habían compartido el poder desde 1976. La retirada del otro —el partido del establishment— se había iniciado a principios del frustrado gobierno de Viola, en abril del 81, cuando el entonces ministro Sigaut abrió una línea de crédito de 3.800 millones de dólares destinado a que las empresas endeudadas en divisas pudieran convertir las deudas de corto plazo en otras de largo plazo. Era una indemnización por daños y perjuicios: las devaluaciones bruscas habían cerrado el largo período en que a través de "la tablita" esas mismas empresas habían hecho su principal actividad lucrativa, cambiar pesos sobrevaluados por dólares baratos. Los créditos a bajas tasas de interés, a su vez, fueron devueltos lentamente, en pesos cada vez más devaluados, o no fueron devueltos. La retirada de los viejos y nuevos ricos se completó en los mismos días en que se iniciaba la de los generales que quemaban papeles, cuando el primer ministro de Economía de Bignone, José María Dagnino Pastore, y el presidente del Banco Central, Domingo Felipe Cavallo, le confirieron el aval del Estado a las deudas externas de las empresas privadas. Según cifras del año siguiente, la deuda conjunta del sector privado trasladada al conjunto de la Nación por esta mecánica rondó los 23.000 millones de dólares. Era más de la mitad de la deuda externa total del país, y sólo 70 grandes empresas acumulaban el 50 por ciento de la porción, 11.500 millones. Como la lógica indica y las autoridades se cuidaron de no indagar, una buena parte estaba conformada por deudas de cada empresa consigo misma.

La fiebre de la actividad política había comenzado durante el desarrollo de la guerra, y creció a medida que la sociedad salía del estupor provocado por los despropósitos y delitos relacionados con Malvinas: cantidades de ropa, comida, efectos de valor y dinero reunidos por un "Fondo Patriótico" voluntario para las tropas habían sido vendidos en el interior del país y comenzaron a aparecer en diversos puntos. La Junta no volvió a hablar de elecciones ni a ponerles fecha hasta que se vio forzada a hacerlo por una sucesión de puebladas: una multitudinaria Marcha por la Vida convocada por las Madres de Plaza de Mayo y los organismos defensores de derechos humanos; un paro con movilización de la CGT —el 6 de diciembre—, y una marcha llamada por la Multipartidaria pero desbordada por juventudes de partidos y agrupaciones el 16 de diciembre, que derivó en una pedrea furiosa contra la policía y la Casa de Gobierno. Un manifestante —Dalmiro Flores de 21 años, salteño, peronista— fue muerto en la misma plaza por policías de civil; otros, uniformados, intentaron quemar la sede del Comité Nacional de la UCR, que estaba llena de refugiados de los disturbios. Al día siguiente, Bignone justificó la represión pero anunció el cronograma electoral. A fin de abril del 83, mientras los partidos políticos estaban sumergidos en sus campañas internas para definir las fórmulas, la Junta Militar dio uno de dos pasos en su intento de cerrar todo debate sobre la represión. Ese primer paso fue dar a conocer a través de la cadena nacional de radio y televisión el documento que llevaba el absurdo título de "Mensaje por la justicia y el derecho a la vida", pero al que todo el mundo conocía de antemano como "Informe final". Su publicación se esperaba desde mediados de marzo, pero una primera fecha de difusión se suspendió por prudencia, dada la resonancia que venían teniendo las declaraciones del ex oficial de la Policía Federal Raúl Peregrino Fernández, que relacionó a la Triple A con el Ejército a través de un continuum represivo; contó el origen de la organización parapolicial y diferentes atentados y secuestros que implicaban en forma directa, entre otros, a Harguindeguy. La espera generó una moderada expectativa de que hubiese, al menos, el inicio de una respuesta. El documento íntegro era una suma de clichés, algunos tradicionales y otros de estreno que se usarían con frecuencia en los tres años siguientes: "Las FFAA asumen la cuota de responsabilidad histórica (...) por el planeamiento y ejecución de las acciones" (...) "el accionar de sus integrantes en las operaciones realizadas en la guerra librada constituyen actos de servicio" (...) "Se cometieron errores que como sucede en todo conflicto bélico pudieron traspasar, a veces, los límites del respeto a los derechos humanos fundamentales, y que quedan sujetos al juicio de Dios en cada conciencia, y a la comprensión de los hombres". En los únicos puntos concretos referidos al destino de miles de secuestrados decía, lacónicamente, lo que sigue: "Fueron legalmente enterrados como NN los terroristas que se suicidaron y no pudieron ser identificados" (y por lo tanto) "los que figuran en las listas de desaparecidos, y no se encuentran exiliados o en la clandestinidad... se consideran muertos". El documento anexaba listas abiertas en el Ministerio del Interior a la consulta de familiares. En ellas se mezclaban "pedidos de paradero" de policías provinciales, un rubro de "muertos por la subversión" y los nombres de los detenidos (legales) a disposición del Poder Ejecutivo Nacional, ya muy conocidos, pero muy pocos de los nombres que figuraban en los miles de hábeas corpus que habían sido sistemáticamente bloqueados a lo largo de años por esa misma oficina.

Hubo centenares de declaraciones de personalidades con repudios más o menos tajantes, pero muy pocas voces a favor. Videla creyó que era el momento de romper el silencio. Permitió que le hicieran un largo reportaje en la televisión. Dijo, entre otras cosas: *Ésta es una contribución desinteresada de las Fuerzas Armadas para que los argentinos podamos cerrar esta parte de nuestra historia (...) Lleva a reconocer errores graves que —casi textualmente, dice el documento— llegan a quedar al límite de lo ético (...) El documento está hecho con amor, porque no se pide en él justificación si no tan sólo comprensión, porque no se puede amar si no se comprende y no se puede comprender si no se conoce (...) Los argentinos vivimos hoy casi un canibalismo, que hace que nos queramos devorar unos a otros.* Invitó a *quienes quieran leer este documento, que lo lean en el marco del documento producido por la Iglesia argentina, especialmente en ese artículo dedicado a los desaparecidos.* Enseguida leyó una cita de Juan Pablo II, a propósito (y a favor) de la reconciliación y el olvido. La cita se refería más bien a conflictos internacionales, pero vino al caso. Videla emitió también una señal a la tropa: *La Junta que hoy produce este documento no es muy distinta de la Junta que hubo de protagonizar estos hechos, porque está unida por el común denominador de ser ambas la institución Fuerzas Armadas.* (...) Se refirió de este modo a lo que ya se conocía como "los excesos": *(...) Eran imposibles de evitar en esa lucha, que yo llamo imprecisa, porque no puede haber guerras sucias y limpias.* Dijo, en cuanto a la imprecisión de la guerra: *No se sabe cuándo comenzó ni cuándo terminó, al punto de que yo pregunto hoy si está terminada...* Pero cuando las preguntas se refirieron a casos concretos, las desapariciones del embajador Hidalgo Solá y del sindicalista Oscar Smith, Videla desarrolló una curiosa teoría penal: *Las Fuerzas Armadas no desconocen la división de los poderes y saben que existe una justicia a cuyos estrados debe llegar el juzgamiento de actos que pudieran haber constituido delitos (...) Sepamos hacer los distingos. No sé cuál de ellos es o no encuadrable en el delito y cuál de ellos es o no encuadrable en este documento. Este texto encuadra a los hechos no justificados, pero que deben ser comprendidos dentro de una guerra. Simultáneamente pueden haber ocurrido delitos y ellos deben ir a la Justicia.* La traducción es innecesaria pero tentadora: Videla estaba diciendo que, así como existían desapariciones —miles— que debían ser entendidas y disculpadas como producto de inevitables arrebatos de amor por la patria, había otras —pocas y ajenas— que podían considerarse delitos. La frase *está hecho con amor*, con su innegable y macabro atractivo para la prensa, terminó titulando todas las transcripciones y referencias.

El segundo paso del régimen, para cubrir su retirada, fue dado en setiembre del 83 al amparo de la concentración de la opinión pública en las elecciones, con la sanción de la ley 22.294, llamada "de Pacificación Nacional", y popular y más certeramente conocida como ley de autoamnistía. En el ínterin, los organismos de derechos humanos habían realizado varias veces convocatorias cercanas a las 80.000 personas. En el interregno, también, manos anónimas habían volado —como una señal de los límites que los represores en retirada estaban dispuestos a aceptar— la redacción de un mensuario que publicó una investigación sobre niños desaparecidos. La ley podría resumirse en tres frases escogidas: "Las FFAA lucharon por la dignidad del hombre" (pero por) "el carácter artero con que la guerrilla llevó el combate (pudo llevar a que) se produjeran hechos incompatibles con aquel propósito", por lo que se trataba de "perdonar los agravios mutuos y procurar la pacificación nacional". Resultó repudiada desde todos los flancos, casi sin excepción, y los líderes de los dos partidos principales coincidieron en que carecía de validez y sería anulada por cualquier Parlamento democrático resultante de las elecciones. Esta vez Videla no se manifestó. Desde fines de 1982 venía siendo citado como testigo en algunos de los casos de desaparición que habían afectado su propio aparato, como los de Elena Holmberg e Hidalgo Solá, pero también en otros, fuera del ámbito represivo, que tocaban seriamente su rol en el gobierno, como la causa promovida por los defraudados ahorristas del BIR. En la Justicia estaban despertando los primeros de miles de hábeas corpus contestados de apuro. Se comenzaba a realizar el balance económico de lo ocurrido. Las estadísticas decían que la Argentina se había achicado, empobrecido, desindustrializado, endeudado para siempre. Esta realidad definió las décadas futuras.

El gobierno democrático de Alfonsín asumió el 10 de diciembre de 1983, Día Internacional de los Derechos Humanos. El 15, promulgó el decreto 158 que ordenaba el procesamiento de Videla y del resto de los comandantes de la dictadura. Ese día, Raquel Hartridge contestó el teléfono del departamento de Figueroa Alcorta en su nombre: "Le digo lo mismo que les dije a todos los demás: Él está bien, muy sereno. No nos pensamos ir del país". En la entrevista otoñal del 99, Videla confesó, con la banalidad del burócrata que no espera ser castigado: *El decreto 158 excedía lo que uno podía esperar. Iba a contramano de las reglas de juego de los golpes de Estado. Yo esperaba alguna crítica, quizás una investigación, pero nunca, nunca lo que pasó.*

Lo que pasó, entonces, fue el lento retorno a las reglas de juego de la Justicia, el brutal y también lento conocimiento de la microfísica de una represión que había sido normal en la historia argentina pero, por su magnitud y clandestinidad, era también excepcional. Lo que pasó fue la lenta develación del horror en su más secreta y escalofriante dimensión.

7. Crimen y castigo

Videla lo escuchó como si se tratara de una condena a muerte. No sintió dolor sino rabia, aunque pretendió mostrar indiferencia. El fiscal Julio César Strassera, ubicado a la derecha del tribunal, miró a los reos y, emocionado, pronunció la última frase de su alegato: "Señores jueces, quiero renunciar expresamente a toda pretensión de originalidad para cerrar esta requisitoria. Quiero utilizar una frase que no me pertenece porque pertenece ya a todo el pueblo argentino. Señores jueces: ¡nunca más!". Era el 18 de setiembre de 1985. Una catarata de aplausos, mezclada con algún insulto a los reos, descendió de las galerías. Estaban presentes los nueve acusados: Videla, Massera y Agosti; Viola, Lambruschini y Graffigna; Galtieri, Jorge Isaac Anaya y Lami Dozo. Videla había optado por la ropa civil para subrayar su desprecio por aquellos a quienes no consideraba sus jueces naturales, pero la suya fue la actitud más marcial del grupo. Rotó lentamente la cabeza —no el cuerpo— y miró a las barras con expresión desafiante. Quizá confió en hacerlas callar, en disciplinarlas como a los cadetes del Colegio Militar. Quizá corroboró su tesis de una guerra casi metafísica, una guerra universal contra un oponente desconcertante, que disparaba palabras. Así la había definido frente al Consejo Supremo de las FFAA un año antes: *Una guerra librada por un enemigo encubierto, sin bandera ni uniforme, de la que yo me pregunto si hoy podemos decir con certeza si, más allá de las operaciones militares, ha terminado. Y no me atrevo a dar una respuesta terminante.* Aquel día de setiembre de 1985, Viola insultó al público y a los fiscales. Massera se revolvió en su sitio, nervioso. Los fiscales se quedaron alelados, con sonrisas vagas —lagrimeando, según los dichos de quienes estaban cerca— y los jueces ordenaron desalojar la sala. La ovación duró más de un minuto, sorprendiendo a todos, más que a nadie a quienes la habían generado. Sólo Videla estaba prevenido, o al menos eso fue lo que mostró. Alzó la cara hacia la carga del público, resistiendo a pie firme, en el fragor de la —para él— mayor y más cruel batalla en la que hubiera participado nunca: ser juzgado por civiles.

A lo largo de las jornadas que duró la acusación, las únicas en las que debió estar presente, el acusado Videla había remarcado su desdén por la Cámara Federal, la fiscalía y sobre todo por los detalles de los testimonios y los sufrimientos de los "subversivos", a los que había asistido distanciado, leyendo Las siete palabras de Cristo en la cruz, del teólogo Charles Journet. Había permanecido con el pequeño volumen entre las rodillas, dentro de un portafolios agenda de cuero marrón, como un chico que se copia en clase y quiere que todos noten que lo hace. Averiguar qué leía Videla se transformó en una justa deportiva entre los periodistas presentes, que llegaron a usar binoculares y teleobjetivos. El 15 y el 16 de setiembre del 85, Videla frecuentó el capítulo titulado "Hoy, conmigo, en el paraíso", la promesa dirigida por Jesús agónico al buen ladrón según San Marcos (23:43). En ese capítulo se puede leer: "No todos los sufrimientos son benditos, no todas las lágrimas son santas. Hay dolores ensombrecidos por la rebeldía (...) hay lágrimas que son pecados mortales". Si resultaba y todavía resulta tentador profundizar en las diferentes resonancias de estas frases aplicadas a las víctimas o al reo principal del juicio, en la entrevista de marzo 99 el propio Videla dio una explicación más prosaica. Al preguntársele qué era lo que le impactaba de ese libro, por qué le había permitido aislarse, le había dado consuelo o le había ayudado a sobrellevar aquella situación, respondió: *A mí el juicio no me interesaba. No fue el único libro que llevé, pero con ése tuve una picardía. Vi que había un fotógrafo con teleobjetivo* —hizo la mímica— *tratando de sacar el libro... Entonces lo abrí en el capítulo "Perdónalos, Padre, no saben lo que hacen"*.

La imponente escena de golpistas juzgados por primera vez en la historia argentina no respondió a los intereses precisos de ninguna de las vastas fuerzas desatadas a su alrededor. No fue su consecuencia sino la resultante del choque de todas ellas. Uno de los partos más trabajosos de la democracia latinoamericana y un momento traumático y fulgurante de la historia argentina. A ese juzgamiento se llegó por un tortuoso camino tapizado de espinas, presiones militares, decisiones políticas valientes, también algunas claudicaciones, y exigencias de la sociedad. La crónica registró los momentos fundacionales y luego determinantes de este juicio histórico. Tras su neto triunfo en las elecciones, Alfonsín se había instalado en la suite presidencial del hotel Panamericano, propiedad de un correligionario, y acomodado en otras habitaciones a su gobierno en formación. La puerta y las inmediaciones del edificio en torre del Panamericano se transformaron en una Babel de reclamantes de una u otra cosa y policías de uniforme. En el lobby de la planta baja circulaba otra corte de los milagros compuesta por aspirantes a cargos, aspirantes a asesores, fauna política menuda, agentes de civil y espías. En los pisos superiores, Alfonsín se reunió con los futuros funcionarios de su gobierno. Entre estos colaboradores estaban quienes serían inicialmente sus principales asesores en materia de derechos humanos: Jaime Malamud Gotti y Carlos Nino. Ambos provenían de la Sociedad Argentina de Análisis Filosóficos (SADAF), un núcleo que le resultaba algo excéntrico y hasta esotérico al viejo tronco del partido radical, aunque también formaran parte de él viejos militantes como Genaro Carrió, que estaba destinado a presidir la primera Corte Suprema formada en la democracia. Tras las elecciones, Nino, Malamud, los ministros designados en Educación y Justicia (Carlos Alconada Aramburú), en Defensa (Raúl Borrás) y en Interior (Antonio Tróccoli), acompañados de unos pocos asesores (Genaro Carrió, Martín Farrel, Horacio Jaunarena, Enrique Nosiglia), discutieron la forma del juicio a las cúpulas militares. Estaba decidido que habría un juzgamiento; Alfonsín había hecho declaraciones al respecto desde principios de 1983, buena parte de la campaña de la UCR había girado alrededor del respeto a los derechos humanos y la cuestión de los desaparecidos movilizaba decenas de miles de personas de todos los partidos, jóvenes en su mayoría, e inquietaba al conjunto de la sociedad. Una vez decidido esto, y que se juzgaría a los miembros de las tres primeras juntas, excluyendo a la posterior a la guerra, que había administrado la salida de escena de los militares, surgían dos problemas esenciales. En primer lugar, ¿qué se juzgaría?, ¿el hecho mismo del golpe o los crímenes concretos cometidos contra las personas durante la represión? Luego, ¿quién sustanciaría el proceso? El cuadro institucional previo estaba condicionado por la existencia de la ley de autoamnistía promulgada en el último tramo del régimen militar y por la arrogada jurisdicción de las Fuerzas Armadas sobre la responsabilidad no sólo de sus propios cuadros sino sobre todo lo que tuviera que ver con la "guerra antisubversiva", incluyendo a los civiles procesados o condenados por consejos de guerra y que aún permanecían en las cárceles. La tercera cuestión por definir, consecuencia directa de las primeras dos preguntas clave, era hasta dónde llegarían las persecuciones legales. La sociedad situaba con claridad a los comandantes como los responsables últimos y principales de todo lo sucedido, pero en los pocos casos que conseguían sortear la maraña creada por la ley de autoamnistía y abrirse camino hacia la Corte Suprema de Justicia —como el del técnico del INTI Alfredo Giorgi—, y en muchísimos más que aparecían en las revistas a partir de declaraciones de víctimas, los ejecutores directos de secuestros, torturas y fusilamientos mencionados con nombre y apellido eran suboficiales, oficiales medios y auxiliares. La unidad interna de las Fuerzas Armadas atravesaba un nadir respecto del 24 de marzo del 76, a raíz de la decadencia económica, la catástrofe de Malvinas, el fracaso de todo intento de salida electoral concertada y/o con participación institucional del Ejército y el desprestigio ante la sociedad, que los cuadros bajos y medios percibían claramente como pago por platos rotos ajenos. Sin embargo, a diferencia de lo que había ocurrido al final de la dictadura de la Revolución Argentina en el año 73, en esta oportunidad no existía una clara derrota política del partido militar, más allá de la que se había infligido a sí mismo. Los uniformados todavía eran un poder con tendencia intrínseca a recuperarse. Desde 1928 no había habido en la Argentina un traspaso de mando entre dos presidentes civiles con cumplimiento de todas las condiciones constitucionales: después de un período completo, por medio del voto y en elecciones limpias. Un presidente electo, Perón, se había sucedido a sí mismo para acabar derrocado. Otros habían sido producto de elecciones más o menos patrocinadas por las Fuerzas Armadas, fraudulentas o con exclusiones, e indefectiblemente esos y todos los demás gobiernos de derecho habían concluido en golpes militares: siete desde el 30, sin contar asonadas y planteos. Alfonsín intuía la necesidad de aprovechar ese particular equilibrio dado por el desgaste y servirse de la desunión para consolidar la transición democrática. En el extremo opuesto, temía todo lo que pudiera contribuir a consolidar el decaído espíritu de cuerpo de los militares. Desde el principio, su voluntad fue que las responsabilidades y el castigo efectivo recayeran sobre no más de una docena de personas, entre comandantes y jefes de cuerpo.

La diferencia de posiciones respecto de a quién correspondía juzgarlos terminó de dirimirse al borde de la asunción del nuevo gobierno. El 6 de diciembre del 83, el pequeño ámbito formado por Borrás, Tróccoli, Malamud y Nino, asistidos por pocas personas, debatió la forma estricta durante doce horas. La decisión provisoria fue canalizar todo a través de la justicia civil, pero Raúl Borrás, que por su función sería quien tendría que lidiar directamente con los militares, convenció a Alfonsín esa misma noche de la inconveniencia de quitarles el proceso de las manos. Sostuvo que el hecho de que las Fuerzas Armadas participaran de algún modo de su propia depuración ayudaría a crear un antes y un después del fin de la dictadura, y a sosegar a centenares de cuadros medios temerosos. Para Alfonsín, ambos puntos eran claves para evitar que los sectores más ligados al régimen anterior aglutinaran detrás de sí a la estructura militar completa. La idea de tres niveles diferenciados de responsabilidad fue la médula del pensamiento del Presidente respecto de la represión, y apareció explícita en su discurso frente a la Asamblea Legislativa el día de la asunción: "(...) Se pondrá en manos de la Justicia la importante tarea de evitar la impunidad de los culpables. La Justicia, asimismo, tendrá las herramientas necesarias para evitar que sean considerados del mismo modo quienes decidieron la forma adoptada por la lucha contra la subversión, quienes obedecieron órdenes y quienes se excedieron en su cumplimiento". La ingeniería legal consistió en derogar la ley de autoamnistía y, enseguida, reformar el Código de Justicia Militar. En lo atinente al juzgamiento de los comandantes, lo esencial consistió en la reformulación del artículo 10, cuyo sentido era considerar como única autoridad de apelación de las decisiones del Consejo Supremo de las Fuerzas Armadas al propio presidente de la Nación en su calidad de comandante supremo, un rol que Alfonsín no quería considerar ni como posibilidad. En el cambio propuesto, la Cámara Federal ocuparía ese lugar de tribunal de alzada. El Consejo Supremo de Guerra y Marina, luego Consejo Supremo de las FFAA, cuya misión era juzgar oficiales superiores de las tres armas, había tenido vigencia continua desde 1893, y su última reforma databa de 1958. La propuesta del radicalismo implicaba, en términos institucionales, rebajar la jerarquía del Consejo Supremo de las FFAA a la calidad de juzgado de primera instancia. En términos políticos puntuales, forzaba la apelación ante el Poder Judicial y, por lo tanto, era un incentivo pensado para que las Fuerzas Armadas castigaran al Proceso de Reorganización Nacional y se apartaran de él, y una garantía en el caso de que no lo hicieran. El Consejo Supremo de las FFAA ya tenía a cargo la investigación ordenada por el general Bignone en 1982 sobre la conducta de los miembros de la tercera Junta Militar, formada por los comandantes en jefe de las tres armas (el general Galtieri, el brigadier Lami Dozo y el almirante Jorge Isaac Anaya), durante la guerra y hasta la derrota sin atenuantes de Malvinas. La causa estaba basada en el llamado "Informe Rattenbach", producto de una comisión militar de posguerra y duro en sus conclusiones. Aun así, el gobierno supuso con ingenuidad que podían ser veloces y severos en la sanción a quienes habían sido eficaces matando "comunistas", los mismos jueces que dilataban el castigo de quienes habían resultado ineptos para matar enemigos de uniforme en una guerra declarada.

El tercer —y principal— instrumento de la estrategia del gobierno radical residió en los decretos presidenciales 157 y 158, que ordenaban la persecución penal de un grupo de dirigentes de las organizaciones ERP y Montoneros, y la de los nueve miembros de las tres primeras Juntas. A los pocos días del dictado de los decretos, el ex gobernador de Córdoba Ricardo Obregón Cano, militante del peronismo de izquierda que se entregó espontáneamente a la Justicia, se convirtió en el primer preso derivado del 157. Ambos decretos, pero más que eso el símbolo de su promulgación simultánea, echaron luz sobre el pensamiento profundo de Alfonsín en la materia y la concepción histórica de la UCR: durante década y media una sociedad desprevenida y neutral había sido agredida desde ambos extremos ideológicos por terroristas armados en cierto modo ajenos a ella (ajenos a su ideología, su sentir y su tradición pacífica). Esta concepción no tardó en ser bautizada, popular y peyorativamente, "la teoría de los dos demonios", pero más allá de su denominación constituía una idea errónea de los graves enfrentamientos ocurridos en la Argentina. En cuanto al decreto 158, sus párrafos esenciales decían: "Artículo 1) Sométase a juicio sumario ante el Consejo Supremo de las Fuerzas Armadas a los integrantes de la Junta Militar que usurpó el gobierno de la Nación el 24 de marzo de 1976, y a los integrantes de las dos juntas subsiguientes, teniente general Jorge R. Videla, brigadier general Orlando R. Agosti, almirante Emilio E. Massera, teniente general Roberto E. Viola, brigadier general Omar D. R. Graffigna, almirante Armando J. Lambruschini, teniente general Leopoldo F. Galtieri, brigadier general Basilio Lami Dozo y almirante Jorge I. Anaya. Artículo 2) Ese enjuiciamiento se referirá a los delitos de homicidio, privación ilegal de la libertad y aplicación de tormentos a los detenidos, sin perjuicio de todos los demás de que resultaren autores inmediatos o mediatos, instigadores o cómplices los oficiales mencionados en el artículo 1. Artículo 3) La sentencia del Tribunal Militar será apelable ante la Cámara Federal en los términos de las modificaciones al Código de Justicia Militar una vez sancionado por el H. Congreso de la Nación el proyecto remitido en el día de la fecha". Este decreto tenía la virtud de señalar cómo había funcionado el plan de la represión clandestina. Mandaba enjuiciar a nueve personas que habían integrado las tres primeras juntas de gobierno y no incluía a la cuarta Junta, que fue la que convocó a elecciones y traspasó el gobierno dando tránsito a la salida institucional. Sin embargo, esta última Junta fue la que tuvo a su cargo la búsqueda de impunidad a través de dos instrumentos: la ley de autoamnistía y el decreto secreto 2.726/83, que ordenaba la incineración de todo documento oficial comprometedor, con lo cual se destruyeron pruebas fundamentales. La orden de Alfonsín significaba inaugurar un nuevo juicio —el de las Juntas— que se sumaba a los dos mil en trámite en ese momento contra diversos represores de todas las jerarquías y en todo el país, y que representaban el esfuerzo de la sociedad para llevar ante la Justicia los delitos cometidos por el régimen.

La palabra "usurparon", en el primer artículo del decreto 158, fue utilizada a todo lo largo del juicio por las defensas de los ex comandantes para alegar que había existido prejuzgamiento de parte del gobierno, y ciertamente era deliberado; estaba dirigido a impedir el bloqueo de la eventual causa por rebelión. Inmediatamente después de la promulgación de los decretos, el presidente llamó al Congreso a sesiones extraordinarias. El 14 de diciembre de 1983 ingresó a Diputados el proyecto de ley de reforma del Código de Justicia Militar. A pesar de la urgencia —y de la mayoría simple de los radicales, que les permitía resolver el trámite de modo también simple— la ley fue derivada a comisiones, de las que salieron despachos diferenciados. El 28 de diciembre, antes de que los despachos se debatieran, el ministro de Defensa Borrás ordenó al Consejo Supremo de las FFAA la instrucción del juicio. Tendría para expedirse un plazo de 180 días, que vencía el 28 de junio de 1984. El Consejo estaba integrado por nueve oficiales, tres por cada fuerza. Tres de ellos —uno por arma— debían ser auditores militares y entre los tres auditores se escogería al fiscal. La conformación del Consejo Supremo de fines del 83 era la siguiente: presidente, brigadier mayor Luis María Fagés; vocales, contraalmirantes León Scasso y Juan Carlos Fourcade, brigadieres Jorge Alberto Filipini y Julio Gómez, generales Tomás Sánchez de Bustamante y Osvaldo Azpitarte. Los auditores eran el contraalmirante Juan Carlos Frías y el general Eros Cazés; el fiscal, el brigadier Celestino Rosso, y el secretario, el coronel Jorge González Ramírez. Entre los vocales, Gómez —ex ministro de Justicia de Videla— y Azpitarte —ex comandante del V Cuerpo de Ejército— solicitaron se los relevara por sentirse parte del régimen. Formalmente correspondía que los cambios los hiciera el comandante supremo, pero Alfonsín no quiso ejercer esa prerrogativa, y se recurrió a un sorteo del que surgieron el brigadier Carlos Ramón Echegoyen y el general Emiliano Flouret. La reorganización del tribunal demoró un mes. En el ínterin, entre el 29 y el 30 de diciembre, ocho de los nueve comandantes fueron citados a fin de informarles sobre el proceso que se les sustanciaba. Videla se presentó el 30, acompañado por el general Miatello, su maestro en la guerra sucia y su defensor en esta instancia. Massera, detenido en el Apostadero Naval Buenos Aires desde hacía seis meses por la causa abierta por el asesinato del empresario Carlos Branca, fue el único que no concurrió.

A partir de mediados de diciembre del 83, entonces, y más allá de la voluntad de los protagonistas, la democracia había vuelto por sus fueros y devino en vorágine. Hubo una onda política expansiva que buscó restituir el orden de la libertad y la verdad, y que encontró resistencia de fuerza e intensidad similares entre los jerarcas del régimen y el partido militar que, aún disperso y malherido, hallaba en la autodefensa frente a la "agresión" de la justicia y el juicio de la sociedad, el verdadero leitmotiv de su unidad de posguerra. En el camino hacia la verdad, el 15 de diciembre, también por decreto presidencial, se creó la Comisión Nacional sobre la Desaparición de Personas (CONADEP), integrada por diez "notables": el filósofo Gregorio Klimovsky, la periodista Magdalena Ruiz Guiñazú, el rabino Marshall Meyer, el obispo metodista Carlos Gattinoni, el obispo católico de Neuquén Jaime de Nevares, el cardiólogo y cirujano René Favaloro, los juristas Ricardo Colombres, Hilario Fernández Long y Eduardo Rabossi, y el escritor Ernesto Sabato (que fue elegido presidente el 29, en la primera reunión). A este grupo debían sumarse seis miembros del Congreso, tres diputados y tres senadores, pero sólo Diputados designó a sus representantes, todos radicales: Santiago López, Hugo Piucill y Horacio Hugo Huarte se agregaron a principios de marzo a la comisión que ya estaba en funcionamiento. La CONADEP se organizó en cinco secretarías: la de Recepción de Denuncias estuvo a cargo de Graciela Fernández Meijide, madre de un desaparecido y miembro de la APDH. El mandato inicial de la comisión no fue la reunión y aporte a la Justicia de pruebas sobre la represión clandestina sino, más sencillamente y como su nombre indicaba, hallar desaparecidos. Una vez que la existencia de un método homogéneo para el secuestro y la eliminación de opositores comenzó a hacerse evidente, la misma comisión decidió que era imposible "largarse a buscar desaparecidos por todo el país; sólo a los que se encargaron de las desapariciones (...) y que ellos podrían decir qué había ocurrido con los desaparecidos", como la misma Fernández Meijide declaró en los inicios del juicio sustanciado en la Cámara Federal, en mayo del 85. En aquel momento estaba en pleno auge lo que después fue llamado "el show del horror": la información sobre desapariciones, torturas, centros clandestinos de detención, tumbas NN y fusilamientos vertida ya no sólo a través de los pocos medios que se habían atrevido a una oposición franca después de la derrota de Malvinas sino por casi todos los diarios, semanarios de actualidad y, por último, también la televisión. Los organismos de derechos humanos atravesaban su momento de máximo consenso social; tenían una enorme capacidad de convocatoria y concentraban una importante militancia juvenil. Esos jóvenes, pero también las juventudes de los partidos políticos, coreaban: "No hubo errores, no hubo excesos, son todos asesinos los milicos del Proceso", una consigna que se daba de narices con la política de castigo acotado del Presidente.

¿Cuál fue, en esos primeros momentos, la estrategia central de irresponsabilización y silencio que ensayaron Videla y el resto de los jerarcas del régimen? El general Ramón Camps desapareció de su domicilio días antes de la asunción de Alfonsín y reapareció en una quinta de Punta del Este, celosamente protegida por las Fuerzas Conjuntas uruguayas, desde donde realizó provocativas declaraciones: "Mientras yo fui jefe de policía, en la provincia de Buenos Aires desaparecieron unas cinco mil personas. A algunas de ellas yo mismo les di sepultura en tumbas NN". En el conurbano de la Capital, dentro del territorio de referencia, acababan de ser localizadas unas 400 tumbas sin nombre. Camps declaró también: "Cuando deteníamos a un subversivo, éste hacía una declaración de un minuto que no nos servía para nada, dando tiempo a sus compañeros de célula a huir. Por eso teníamos que sacarle información antes. Desde luego es preferible actuar sin torturas, sin chillidos, pero eso no es siempre posible...". Por su mansión del balneario uruguayo pasaron varios jerarcas militares argentinos, entre ellos Suárez Mason, también ausente de los lugares en que antes solía vérselo con frecuencia y a los que ya no retornaría. Dos diarios habitualmente difusores de información castrense publicaron, en esos días, un trascendido sobre una reunión de los integrantes de las juntas militares en el Apostadero Naval, por invitación de Massera, cómodamente preso allí, y como cortesía con el almirante. En esa reunión se había fijado una estrategia de defensa conjunta frente a la ola de citaciones. La esquela, escrita de puño y letra por Massera, invitaba "(...) a deponer cualquier tipo de diferencias que pudieran habernos separado al encarar la actual circunstancia histórica...". Sin embargo, Massera sería quien con más ahínco intentaría diferenciarse de los demás y descargar sus responsabilidades sobre ellos, en particular sobre Videla. El Ministerio de Defensa restó importancia al encuentro, aunque no era difícil adivinar que era allí donde se había decidido el mutis de Suárez Mason, y que el Consejo Supremo había demorado el juego para dar tiempo a que se realizara esta reunión. La fuga de Suárez Mason con documentación secreta a mediados de diciembre del 83, apareció como una jugada anticipatoria de los jerarcas militares con relación a la manera de probar y distribuir las responsabilidades, que no estaba aún decidida pero se podía deducir de los "tres niveles" reiteradamente explicados por Alfonsín. Algo más de un año después, en la quinta semana del juicio, la importancia de la ausencia del comandante del cuerpo de Ejército I, con jurisdicción en toda la provincia de Buenos Aires —donde se había producido el 60 por ciento de los crímenes que se juzgaban—, quedó meridianamente clara a partir de las declaraciones del coronel Roualdés, su mano derecha, quien descargó prolija y jerárquicamente, esta vez sin faltar a la verdad, todas las pistas en el eslabón perdido: Suárez Mason era el nexo entre los comandantes en jefe del Ejército y la ejecución concreta de más de la mitad de las acciones represivas ocurridas en todo el país. Pero Suárez Mason estaba lejos. Se ocultó, entre otros lugares, en los Estados Unidos. Allí fue detenido en 1987, bajo los cargos de narcotráfico de drogas y armas, y extraditado a la Argentina en 1988. Dos años después sería indultado por Carlos Menem.

El mayor retirado del Ejército y juez federal en actividad Héctor Gustavo de la Serna (que en el segundo de esos roles y en agosto de 1980 había ordenado, blandiendo la ley antisubversiva 20.840, la quema de un millón y medio de libros del Centro Editor de América Latina, buena parte de ellos dirigidos al público infantil, por "subversivos"), citó a declarar en esos días de diciembre del 83 a Videla y a Camps en la causa por la desaparición de Esteban Alaye, secuestrado en mayo de 1977 y visto por última vez en el campo clandestino de detención "La Cacha". De la Serna produjo un sofisticado ejercicio de distracción con decenas de policías frente al juzgado federal de La Plata —en plaza San Martín, en el centro mismo de la ciudad— para convencer a centenares de manifestantes de que los militares que iba a indagar estaban allí, en tanto se evadía y tomaba declaración a Videla y Camps en el Regimiento 7. Videla respondió que no tenía nada que responder *ni oficialmente ni extraoficialmente (...) sobre la desaparición del beneficiario de este recurso;* negó la participación de "paramilitares" en la represión e hizo además algunas declaraciones generales respecto a la distribución de las responsabilidades entre los mandos: *En principio esa zona* (Ensenada) *era de la competencia del Primer Cuerpo de Ejército.* Cuatro días más tarde, De la Serna libró orden de captura contra Suárez Mason, y levantó la prohibición de salir del país a Videla y a los demás procesados. Era una protección indirecta: podían, si querían, y antes de que fuera tarde, huir de la inexorable persecución de la Justicia. En esos días, Timerman hizo público que se proponía iniciar juicio a Videla y a Camps como particular damnificado. El ex jefe de la Policía Bonaerense cargaba con el peso mayor de su acusación, pero Timerman consideraba responsable a Videla del incumplimiento de las órdenes reiteradas de otorgarle la libertad emanadas de la Corte Suprema. También la familia del sindicalista combativo René Salamanca, dirigente del SMATA de Córdoba y desaparecido en esa ciudad el mismo 24 de marzo del 76, anunció su propósito de querellar criminalmente a Videla. Salamanca no volvió a aparecer, pero desde el gobierno se cometió el error de darlo como legalmente detenido en más de una oportunidad; aun en febrero de 1977, el gobierno respondió a un requerimiento de la ORIT (Organización Regional Interamericana del Trabajo) que Salamanca estaba siendo sometido a juicio por un consejo de guerra. El ex responsable del III Cuerpo de Ejército que debía responder por la desaparición de Salamanca, Menéndez, no estaba prófugo. El aviador Agosti inauguró el recurso de acogerse a la ley de autoamnistía —que se acababa de derogar— a fin de cuestionar la constitucionalidad de esa derogación. Marzo del 84 concluyó con un episodio curioso: una revista de actualidad presentó un estudio fotográfico soft con el título "Desnudamos a la sobrina de Videla". Liliana Eva María Videla no era pariente del general, quien se preocupó en aclararlo por medio de corteses cartas a los medios. El episodio sin duda era una cuestión menor, pero que tocaba al general en el apellido, algo a lo que era sumamente sensible. En tanto, el Consejo Supremo de las Fuerzas Armadas se declaró por fin organizado. Camps, que persistía en sus declaraciones de opereta en los medios, fue detenido por orden directa de Alfonsín en su calidad de comandante supremo de las FFAA. Tras introducir modificaciones formales, el Senado devolvió la ley de reforma del Código de Justicia Militar a la Cámara de Diputados. Ya en febrero del 84, la CONADEP había hecho pública la existencia de la gran fosa común del cementerio de San Vicente, la mayor de varias en las que según Sabato podía haber "hasta setecientos cadáveres". El escritor responsabilizó a Videla y al ex gobernador Adolfo Sigwald por la represión en la ciudad. También entregó al juez el libro de entradas de la morgue judicial, en el que figuraban 300 cadáveres NN ingresados entre 1976 y 1980. La investigación sobre San Vicente disparó la difusión de una historia colateral y macabra: dos de los sepultureros habían reclamado en una carta dirigida directamente a Videla "una mejor paga por la inhumación de cadáveres NN" en junio de 1980. La carta llegó a la Casa Rosada y el pedido fue derivado administrativamente a Córdoba. Los enterradores fueron exonerados, nunca se supo si por indiscretos o por irrespetuosos.

Finalmente, el Consejo Supremo de las FFAA tomó declaración informativa a Videla durante una hora y media, el 7 de febrero de 1984 en el Regimiento I de Palermo, donde el tribunal se constituyó pretextando que allí se guardaba la documentación. Era evidente que el ex jefe diurno y nocturno del régimen estaba siendo deliberadamente protegido por sus camaradas. La calificación del juicio era oficialmente de "sumario" y los comandantes la recurrieron colectivamente. El Consejo Supremo rechazó la presentación, pero expresó a través de su secretario general, el coronel González Ramírez, que "las actuaciones pueden llevar varios meses", ignorando expresamente que la duración de esas actuaciones estaba pautada con precisión por fuera del ámbito militar. En su declaración de ese día, Videla contestó una pregunta del brigadier Fagés respecto de si había tomado conocimiento de excesos represivos, y en caso afirmativo, si tales excesos habían sido sancionados. Videla respondió: (algunas informaciones) *llegaron a mi conocimiento sobre excesos, generalmente por vía de los propios comandantes, sin perjuicio de denuncias esporádicas que podían llegar por vías particulares que hacían conocer alguna irregularidad en tal sentido. Esto que yo digo eran denuncias, y fueron en todos los casos investigadas con resultados positivos, en cuyo caso los responsables fueron investigados, sancionados y aun condenados. Fundamentalmente podría dar un ejemplo de actos que podríamos denominar de pillaje, entrar a hacer un registro domiciliario, detener a una persona y, sin que hubiera necesidad de ello, tras la persona saquear la vivienda, llámese un artefacto electrodoméstico, llámese un automóvil (…). No es mucho más lo que puedo agregar en el sentido de que, conocido el hecho a través de una denuncia, de una desaparición de una persona, se ordenaba el esclarecimiento de este hecho irregular, que no formaba parte del contexto de esta guerra propiamente dicha. Si queremos dar un caso concreto: la desaparición de un diplomático argentino nombrado por el gobierno que tuve el honor de presidir, el señor Hidalgo Solá; desaparición de una persona y no aparición, a pesar de todas las investigaciones, diligencias que se hicieron por vía de los elementos de información e, inclusive, por vía de la propia Justicia".* Interrogado enseguida sobre si las desapariciones y muertes podían ser producidas por organizaciones ajenas al gobierno —el brigadier Fagés citó explícitamente a la Triple A como ejemplo— Videla volvió con placer a la tesis que había desarrollado en 1977 en conferencia de prensa con medios extranjeros: *Todas estas son presunciones sobre las cuales no puedo, honestamente, abrir juicio. Es decir: ¿quién fue el autor material de una presunta desaparición? Porque es bueno preguntarse: ¿la desaparición existe? Un presunto autor de una desaparición ¿fue uno de los llamados agentes de las fuerzas de seguridad?, cosa que no me consta; ¿elementos parapoliciales o paramilitares?, no me consta su existencia; ¿fueron delincuentes comunes los que actuaron en esto? Son todas presunciones que, en la medida en que la investigación se ha querido profundizar, nunca pudieron llegar a develarse y a ser un hecho cierto que permitiera llegar a una condena.* Ni en esta ocasión ni en la declaración indagatoria del primero de agosto el fiscal sintió que fuera necesario repreguntar; ni siquiera sobre las cuestiones más evidentes, como los nombres de esas personas que habían sido *investigadas, sancionadas y aun con-*

denadas o, más sencillamente en qué casos podía considerarse que sí era necesario saquear una vivienda después de detener a su habitante.

La ley 23.049 recibió sanción definitiva y fue promulgada el 13 de febrero de 1984. Determinaba que en caso de que los militares no fueran capaces de juzgarse a sí mismos, sería la justicia civil la encargada de hacerlo en última instancia. Días después, el fiscal nacional de Investigaciones Administrativas, Ricardo Molinas, formuló una denuncia contra Videla y Martínez de Hoz ante el juez federal Miguel del Castillo por incumplimiento de los deberes del funcionario público. El hecho concretamente cuestionado era la licitud de los decretos que en setiembre del 80 y enero del 81 definieron la estatización del paquete mayoritario de Austral Líneas Aéreas y sus controladoras. El ex secretario de Coordinación y Programación Económica de Martínez de Hoz, Walter Klein, la cúpula del Banco Nacional de Desarrollo y el vicepresidente del Banco Central, Reynal, quedaron implicados. (La causa fue sobreseída definitivamente en 1988 por la Sala II de la Cámara Federal presidida por Fernando Archimbal). La Fiscalía también impulsó denuncias por enriquecimiento ilícito contra el general Merlo y el vicealmirante Lacoste, presidente y vicepresidente del EAM 78. Martínez de Hoz y otros miembros de su equipo enfrentaban ya otra denuncia de la Fiscalía por el diferimiento de pagos a Yacimientos Petrolíferos Fiscales (YPF) por un monto de 9 millones de dólares. A fin de junio de 1985, Videla volvería a ser citado en estas causas por la Fiscalía Nacional. Para entonces había extendido su actitud de no declarar ni reconocer jurisdicción, iniciada frente a la Cámara, a Molinas y a cualquier otro civil que pretendiera juzgarlo. El 20 de marzo de 1984, la Fiscalía volvió a denunciar a Videla y a Martínez de Hoz por incumplimiento de los deberes del funcionario público. En esta ocasión, se trataba del progreso de una denuncia de Pablo Chevallier Boutell, presidente del Instituto Nacional de Reaseguros (INdeR) durante 1982, respecto de la falta de exigencia de deudas a las empresas aseguradoras, en la que el Instituto habría incurrido antes de su gestión. Molinas advirtió que la ley sancionada en octubre del 77, que transformaba al Instituto en una sociedad del Estado, jamás se había cumplido. Chevallier Boutell reaccionó de modo airado, con una carta a los medios en la que intentó desincriminar a los acusados y señalar que su denuncia se refería exclusivamente a una cuestión interna del Instituto; inmediatamente se puso a disposición de las defensas. El plazo de presentación de pruebas en el juicio llevado por el Consejo Supremo venció por primera vez y sin novedad alguna el 27 de marzo del 84. El 2 de abril, la Sala I de la recién formada Cámara Federal dio una clara respuesta política al poner en marcha la causa por rebelión contra la primera Junta de comandantes, que había permanecido en el limbo desde el 10 de diciembre. Ésta no era una batalla menor: se trataba de definir que no habría ya normalidad, como en el pasado, para asaltar el poder impunemente. La Sala I, integrada por los doctores Ricardo Gil Lavedra, León Carlos Arslanian y Jorge Edwin Torlasco, contradijo el fallo en primera instancia del juez José Nicasio Dibur que ya había sostenido que los actos de la Junta debían considerarse válidos a partir de que la Corte Suprema así los había declarado, por lo que "...estas facultades o atribuciones derivarían en última instancia, del hecho mismo revolucionario, que al tener la fuerza suficiente para hacer acatar sus decisiones, tendría entonces competencia para ejecutarlas; lo que comportaría, en definitiva, la validez normativa de una revolución triunfante". La Sala I dictaminó que "los hechos del 24 de marzo de 1976, cuya publicidad y notoriedad no pueden discutirse, cumplen prima facie con los requerimientos del tipo descrito por el artículo 226 del Código Penal, que reprime la rebelión". El pronunciamiento sostuvo que eran considerados sospechosos de ese delito "los denominados comandantes generales de las tres Fuerzas Armadas —responsables máximos por cada una de ellas—, quienes suscribieron la proclama revolucionaria haciéndose cargo del gobierno (...) por lo que deberá recibírseles declaración indagatoria". Al tiempo, y respecto al fallo de Dibur, opuso que "las argumentaciones del juez encubren equívocos (...). No cabe duda que una revolución triunfante que se apodera de todo el aparato de poder dispone de las fuerzas necesarias para imponer las reglas que crea convenientes y hacerlas cumplir por sus destinatarios. Pero de allí no puede seguirse que las autoridades de facto hayan tenido la 'facultad' o 'competencia jurídica' de realizar tales actos. La confusión surge de la utilización ambigua de la palabra 'poder' (...) si se confunden ambos conceptos (el poder de hecho y las atribuciones normativas) se arriba a la conclusión de que quien tiene la fuerza, tiene facultades jurídicamente válidas". En otro párrafo y en el límite de la cortesía, la Cámara Federal salía al cruce de la jurisprudencia establecida por la Corte Suprema en setiembre de 1930 —tras el golpe triunfante del general Uriburu contra el presidente Yrigoyen— que había determinado buena parte de la vida pública argentina de cincuenta años: "Es impensable que la Constitución autorice a suplantar por la fuerza el orden que ella misma establece (...). Dicha jurisprudencia de la Corte sobre el punto, si bien no contribuyó a esclarecer la cuestión, (...) en modo alguno autoriza a sostener que la sustitución del orden constitucional por vías de hecho sea un acto legítimo".

La resolución de la Cámara de considerar como delito de rebelión a un golpe militar triunfante —sin antecedentes en la historia— reenvió la causa a Dibur, su juez de primera instancia, generó un terremoto jurídico y demostró cuán inficionado por la dictadura había estado el Poder Judicial. Dibur vaciló y llamó a indagatorias, pero días más tarde se excusó, remitió el expediente al juez Norberto Giletta y se puso a disposición del mismo. Entendía, dijo, que era parte en el proceso, al "haber participado o encubierto el delito de rebelión". Dos días después, los ex camaristas Víctor Guerrero Leconte y Adolfo Casabal Elía pidieron ser procesados por los delitos de rebelión o apología del crimen: "Hice y seguí haciendo apología del golpe y del crimen, como todos los que ganamos la calle para exteriorizar nuestra alegría por haberse puesto fin a un régimen de oprobio", declaró Casabal Elía a la prensa. Guerrero Leconte mostró la intención de autoacusarse al señalar que "todos los jueces que actuaron durante el último gobierno militar también deben ser procesados por rebelión, si se sigue la línea de razonamiento de la Sala I". Giletta remitió las actuaciones a la Cámara y ésta designó al juez federal Siro de Martini (hijo del contraalmirante del mismo nombre que fue jefe de la inteligencia naval), que el 11 de abril del 84 también se excusó: "(...) Si se considera que el alzamiento militar del 24 de marzo de 1976 constituye un delito —de lo que alguien con cierta lógica podría seguir la necesidad de reponer en su cargo a la entonces presidenta de la Nación y de tener al actual gobierno como fruto último de un proceder espurio— podría pensarse que en mi carácter de fiscal federal primero, y de juez luego, omití denunciarlo o actuar de oficio, como es mi obligación legal". Y agregó: "No sólo yo, por cierto, sino todos quienes hemos tenido responsabilidades en la justicia penal en estos años". En la misma fecha en que De Martini se declaraba incompetente, dos de los tres acusados por rebelión, Videla y Agosti, participaron de una misa organizada por FAMUS (Familiares y Amigos de los Muertos por la Subversión) en la iglesia del Corazón Eucarístico de Jesús, cerca de plaza Irlanda. Formalmente, era un homenaje al directivo de la Fiat Oberdán Sallustro, el general Juan Carlos Sánchez y la vendedora de diarios Dora Cuco de Araya, muertos doce años antes —el 10 de abril de 1972— en diferentes atentados que involucraron al ERP y a las FAR. Los generales Videla, Viola, Liendo, Sasiaiñ, Merlo, Levingston, varios oficiales superiores de las otras dos armas y más de un centenar de menor graduación participaron junto a cuatrocientos civiles de la ceremonia, que se entendió claramente como un respaldo a quienes, por primera vez, comenzaban a imaginarse presos. El general Videla entregó a Hebe de Berdina, presidenta de

FAMUS y viuda de un teniente muerto en Tucumán en uno de los escasísimos combates abiertos con la guerrilla, una carta con el objetivo obvio de que la diera a publicidad. Entre otras cosas, decía: *Cuando me alejé del cargo de presidente de la Nación que desempeñé por decisión de las Fuerzas Armadas, me impuse como conducta el silencio, convencido que con mi conducta contribuía a afianzar la concordia y la unión del pueblo argentino. Hoy, ante la insistencia en deformar el sentido y alcance de las acciones bélicas emprendidas por las Fuerzas Armadas, y solidarizándome con el dolor de los familiares de muertos por la subversión, considero un deber inexcusable aportar mi palabra como contribución a la verdad histórica.* Después de reiterar que *el país había sido víctima de una agresión que no registra antecedentes en nuestra historia, tanto por su naturaleza como por su magnitud,* Videla creyó necesario subrayar que *durante aproximadamente una década, diversos grupos terroristas promovieron sistemáticamente el caos y la desintegración social.* Y tal vez para establecer un paralelo con los hechos por los que era acusado, detallaba: *Asesinaron a ancianos, mujeres, niños, militares, policías, sindicalistas, empresarios, periodistas, profesionales, obreros, docentes y miembros de todos los sectores sociales; ejecutaron actos vandálicos con su secuela de muertos, heridos y mutilados; cometieron atentados contra magistrados judiciales; secuestraron a un millar de personas y las sometieron a torturas inhumanas.* (...) Como si se tratara de refutar cifras, Videla seguía diciendo en su carta: *Las estadísticas, con sus cifras frías e inexorables, nos señalan que computando sólo el período entre 1973 y 1975, luego de la amnistía y liberación masivas de delincuentes subversivos que anunciaban públicamente la decisión de proseguir su accionar criminal, se perpetraron 5.079 actos terroristas.* Luego, descargaba la responsabilidad de la decisión de eliminar a los oponentes políticos en el debilitado gobierno constitucional de entonces: *En el curso de 1975, ante la pública declaración de guerra del enemigo, y frente al estado de emergencia que vivía el país, el gobierno constitucional decretó la ejecución de operaciones militares a cargo de las Fuerzas Armadas. Esta medida continuó vigente, ante la gravedad de la situación, después del 24 de marzo de 1976.* Y defendió su cruzada, la maquinaria subterránea de la represión, volviendo a conferirle el carácter de guerra, esta vez sin adosarle el adjetivo de "sucia": *El empleo integral del poder militar, desbordadas las posibilidades de los órganos previstos para tiempo de paz, configura una situación límite que universalmente se conoce como "estado de guerra". Fue una guerra impuesta por un enemigo que agredió a toda la sociedad argentina (...)* Videla pretendía compartir la responsabilidad del terror que nunca plebiscitó con la sociedad: *Fue una guerra reclamada y aceptada como respuesta válida por la mayoría del pueblo argentino, sin cuyo concurso no hubiera sido posible la obtención del triunfo; ejecutada con valor y alto espíritu de servicio por cua-*

dros y tropa de las *Fuerzas Armadas, de seguridad y policiales, en el marco de las reglamentaciones vigentes; ganada por la Nación Argentina en defensa de su honor, integridad y valores fundamentales* (...). Finalmente, reclamaba para sí y para sus generales de la noche el reconocimiento por la victoria: *Sus integrantes tuvieron —y continúan teniendo— la convicción de haber prestado un inestimable servicio derrotando al enemigo de la Nación y facilitando con su acción el restablecimiento del sistema representativo, republicano y federal.* (...) *Con base en lo expuesto, reclamo para el pueblo argentino en general, y para las Fuerzas Armadas en particular, el honor de la victoria.* Quizá para suavizar el tono de indudable alegato político de la carta —después de todo se trataba de una misa—, terminaba, como siempre, apelando a Dios *como argentino y cristiano.*

Sin embargo, no eran "acciones bélicas" lo que se le estaba reprochando en la ocasión, sino el alzamiento que en medio de tanto adjetivo el todavía general mencionaba en una sola línea (*Estas medidas siguieron vigentes (...) después del 24 de marzo del 76*) como si se tratara de un cambio atmosférico. Al día siguiente, la Cámara volvió a sortear el juzgado y esta vez la elección recayó en Norberto Giletta, quien no sólo había desarrollado todo su currículum de juez federal durante el régimen, convalidado consejos de guerra, mantenido sin respuesta ni medidas de protección arrestos prolongadísimos a disposición del gobierno, negado a detenidos la oportunidad de denunciar apremios ilegales, sino que había sido el autor de la condena a ocho años de prisión en primera instancia de la ex presidenta Isabel Perón después de su derrocamiento. Giletta no se excusó. Frente a la inquietud de los ex funcionarios civiles del régimen, el senador radical Antonio Berhongaray ideó una fórmula para sosegarlos. Sostuvo que "el alzamiento en armas termina en el preciso momento en que la rebelión tiene éxito" y que a partir de ese instante "se extingue la posibilidad de participar en el delito". Como el éxito del alzamiento del 24 de marzo había sido instantáneo, Videla, Massera y Agosti podían considerarse los únicos incursos; o en todo caso sus cómplices serían aquellos que hubiesen prestado ayuda previa a su realización.

Con el título en verso "El general Videla encabeza sin duda la reacción de las Fuerzas Armadas que se sienten víctimas de agresión", a tres líneas, el vespertino La Razón reprodujo por segunda vez en dos días la carta de Videla, esta vez con comentarios agregados entre párrafos. En el mismo extenso artículo reprodujo en parte el comunicado de 77 oficiales retirados de Ejército y Aeronáutica, que expresaban su preocupación por "la permanente y arbitraria denuncia de proceder ilegal contra personal militar que actuó en la lucha contra la subversión por expresas órdenes de un gobierno constitucional". El escrito había circulado para su firma en la misma misa de FAMUS. Entre tanto, el mes de abril había traído enfrentamientos: el 2, en Retiro, frente a la reproducción del Big Ben regalada a Buenos Aires por la corona inglesa, distintos grupos de ex combatientes, las juventudes peronista e intransigente, y organizaciones de izquierda y nacionalistas dirimieron a golpes de puño el contenido simbólico de la fecha, segundo aniversario del desembarco en Malvinas. Hubo vivas a los comandantes, pero también se cantó: "Paredón, paredón, para todos los milicos que vendieron la Nación". Días más tarde, personal cesante o marginado de Radio Belgrano y civiles armados ajenos a ella coparon la emisora y desde allí denunciaron "el autoritarismo de la 'patota cultural' de la Junta Coordinadora (radical)". La emisora, bajo control del Estado desde los años de la dictadura pero que había cambiado radicalmente de dirección y línea editorial tras el 10 de diciembre, aparecía como "Radio Belgrado" en sus comunicados. Poco después, una bomba de alto poder destruyó la planta transmisora; otras de menor poder tuvieron como objetivo distintas sedes de la Unión Cívica Radical, el Partido Justicialista, la Unión de Centro Democrático y la sede de Madres de Plaza de Mayo. Grupos de derecha autodefinidos como nacionalistas convocaron a una manifestación en la plaza de los Dos Congresos. Hubo atentados con bombas de alquitrán contra una sinagoga y contra la Catedral metropolitana. El 9 de abril, Alfonsín hizo un dramático llamado público a sus propios funcionarios reclamándoles "la identificación de quienes trabajan para enfrentarnos en una guerra fratricida". La APDH emitió inmediatamente después de las declaraciones presidenciales un documento titulado "Por la defensa de la democracia" en el que denunció todos los hechos puntuales mencionados, agregó a ellos "la criminal campaña de desabastecimiento de algunos productos de primera necesidad" y los conectó entre sí: "No son incidentes aislados sino, precisamente, parte de un plan de las fuerzas de la reacción que tienden a desestabilizar y entorpecer el camino democrático". La llamada "mano de obra desocupada", una metáfora creada por el ministro del Interior Tróccoli para aludir a agentes de servicios de información o grupos de choque que habrían quedado sin empleo al retornar la democracia, se transformó en un lugar común de la prensa. La carta de Videla fue repudiada en términos diferentes por el diputado justicialista Héctor Basualdo, miembro de la comisión que Diputados acababa de crear para investigar la escandalosa estatización de la Compañía Ítalo Argentina de Electricidad, por la Juventud Radical de Renovación y Cambio y por Hebe de Bonafini. Para Basualdo "la victoria sobre la guerrilla fue del pueblo argentino y no de un sector".

Videla, según su interpretación, sería divisionista al sostener "que quienes cumplieron honestamente con su obligación profesional" tenían "más mérito" en ese triunfo que los demás ciudadanos. Videla en cambio era "el máximo responsable de la ruptura del orden constitucional". Por su parte, la Juventud Radical ratificó su "lucha constante por los derechos humanos y por la consolidación de la democracia como forma de vida". La presidenta de Madres de Plaza de Mayo, por su parte, calificó a los militares de "casta privilegiada que convirtió al país en un campo de concentración". El 26 de abril de ese inflamado 84, Videla y su abogado defensor, Alberto Rodríguez Varela, se presentaron en el juzgado de Giletta. El general declaró durante dos horas en la causa por rebelión. En junio, otro persistente fantasma volvió a alcanzar a Videla: el juez federal de San Martín, Luis Córdoba, lo citó a declarar, igual que a Harguindeguy, en la causa por la desaparición del técnico del Instituto Nacional de Tecnología Industrial (INTI) Alfredo Giorgi, secuestrado el 27 de noviembre de 1978 en la sede de ese organismo frente a numerosos testigos. Videla ya había tenido que responder por Giorgi ante el Consejo Supremo (y había respondido exactamente lo mismo que por Alaye frente a De la Serna). La causa era promovida por sus familiares; se originaba en un hábeas corpus presentado pocos días después del secuestro y constituía una suerte de caso líder respecto al vacío entre la justicia militar y la civil: el Consejo Supremo reclamaba esta y otras denuncias, pero al tenerlas en sus manos no actuaba, o se limitaba a pedir información a los comandantes como si se tratase de los representantes de otra de las muchas reparticiones públicas —los hospitales nacionales, la prefectura de costas— que pudieran tener noticias sobre un ausente, o no tenerlas. La investigación era más minuciosa cuando los denunciantes eran citados como testigos: en ese caso, el Consejo los interrogaba detalladamente sobre la ideología y la pertenencia política del beneficiario del hábeas corpus, y de paso, también de los familiares que se atrevían a prestar testimonio, que no eran muchos dadas las circunstancias. En cambio, los familiares apelaban a la Cámara, que derivaba el expediente a un juez de primera instancia, quien debía enviarlo al Consejo Supremo después de practicar las primeras actuaciones. Giorgi era, hasta ese momento, el desaparecido por el que más jefes militares habían sido llamados a declarar: una decena. "Hay mentiras que no pasan por una puerta", dijo a la prensa el padre del científico desaparecido, al reclamar un careo entre Harguindeguy y Videla. Harguindeguy deslindó toda responsabilidad sobre la Junta, que "en lo político, era la que se encargaba de todo". El padre de Giorgi afirmó que "la existencia de 'El Olimpo', a diez minutos de la Casa Rosada, no puede ser ignorada por Videla, como no pueden ser ignoradas las prisiones clandestinas que dependieron de la Policía Federal". En sus declaraciones del 5 de junio de 1984, Videla mencionó por primera vez sus propias órdenes generales 405/75 y 504/77. La primera pretendía, según él, reglamentar los decretos 261/75, de Isabel, y 2.770, 71 y 72 del 75, del presidente provisional Luder. La segunda se comprendía como continuidad de la primera. Videla explicitó que se trataba de disposiciones que *reglamentan el accionar contra el enemigo subversivo*. Buena parte de la prensa comprendió que allí estaban, apenas metaforizados, el sistema de campos de concentración y la metodología de la desaparición de personas. Aunque el peso de la responsabilidad recayó sobre las cómodas —no por anchas, sino por ausentes— espaldas de Suárez Mason, el juez Córdoba prohibió a Videla, a Agosti y al general Haroldo Pomar abandonar el país, algo que al Consejo Supremo no se le había ocurrido. Casi un año después, la Cámara Federal iba a absolver a Videla en el caso Giorgi en razón de la fecha de la desaparición, posterior al fin de su mandato militar, ya que la Cámara juzgó a Videla sólo por las violaciones a los derechos humanos cometidas mientras fue comandante de las Fuerzas Armadas.

El plazo otorgado al Consejo Supremo para la resolución del proceso venció el 28 de junio de 1984. Los auditores militares solicitaron nuevo plazo, pero se tomaron hasta el 10 de julio, con pereza casi tangible, para elevar sus incompletas actuaciones a la Cámara. Los camaristas las devolvieron en 48 horas, lo que, dados el volumen y peso de las carpetas y el número de expedientes, significó que apenas habían revisado las portadas y el estilo. Las acompañaron con una severa reconvención, un instructivo sobre cómo realizar una investigación y un nuevo plazo de 90 días. Alfonsín fue más enérgico: su decreto 2.017/84, promulgado el mismo día 10 de julio, obligaba a los oficiales retirados o en actividad a ponerse a disposición y responder los cuestionarios de la CONADEP (para la mentalidad castrense, responder a una requisitoria de la comisión equivalía a entregarse a un tribunal popular). El 11, el gobierno democrático cerró la crisis militar que se fue haciendo evidente con el relevo del general Jorge Arguindegui, jefe del Estado Mayor del Ejército. Su reemplazo fue el general Gustavo Pianta. En esas fechas había casi cuatrocientas causas en manos de los tribunales militares —en un mes más serían mil—, la mayoría iniciadas a partir de denuncias de particulares. Y esta cifra no consignaba el total de causas, porque los jueces civiles ya no las derivaban automáticamente. El abogado civil de Videla, su ex ministro de Justicia, Rodríguez Varela, inició la práctica de plantear la incompetencia de los tribunales federales de modo automático y en todos los casos, al aproximarse la fecha en que su representado debía prestar declaración. A principios de julio, en una de ellas —por la desaparición en Tucumán del ex senador provincial del justicialismo Guillermo Claudio Vargas Aignasse— Videla pidió la intervención inhibitoria del Consejo Supremo de las Fuerzas Armadas y, simultáneamente, la suspensión de las acciones judiciales por vía civil, incluyendo una prórroga de la fecha en la que debía presentarse. El Consejo Supremo hizo lugar a la petición, pero el juez federal de Tucumán René Padilla no, ni en la oportunidad ni cuando, días más tarde, el mismo Consejo Supremo reclamó el congelamiento de la causa civil. En la causa abierta por el secuestro del senador Vargas Aignasse, desaparecido para siempre el mismo 24 de marzo del 76 después de una detención pública y algunas horas de figurar como un prisionero legal, ya habían testimoniado varios militares, pero fue el teniente coronel (retirado) Antonio Arrechea, ex jefe de policía de la ciudad de San Miguel de Tucumán, quien implicó a los comandantes cuando declaró que la detención había sido resultado de una orden emanada directamente de la Junta Militar. Arrechea había adquirido una breve notoriedad nacional a mediados de setiembre del 76, bajo la era de Bussi, cuando siendo jefe de policía de la capital tucumana procedió a cargar en camiones militares a personas sin techo y a mendigos de la ciudad, muchos de ellos enfermos mentales, y a bajarlos dentro del territorio provincial de Catamarca, en zona desértica, a la vera de la ruta que une esa provincia con la ciudad. Durante días los automovilistas trajeron y llevaron noticias sobre los desharrapados que hacían señas rogando un poco de comida o ropa de abrigo, hasta que Arrechea se hizo cargo de la operación de modo oficial. Cuando declaró a la prensa que quizás había cometido un exceso de celo, pero que había que tener en cuenta que entre los condenados al ostracismo había varios "reincidentes", la Junta lo relevó del cargo. Por el estrado de René Padilla habían pasado, en relación con la causa Vargas Aignasse y antes de que se citara a los comandantes, los generales Bussi y Menéndez. Ambos obedecieron las citaciones pero en sede judicial se negaron a declarar amparándose en el "secreto militar".

El abogado de Videla, Rodríguez Varela, pidió formalmente al fiscal de la Cámara Federal Julio Strassera y a los tres integrantes de la Sala I, Gil Lavedra, Arslanian y Torlasco, que se excusaran, bajo advertencia de que serían recusados si no lo hacían. En sustancia, Rodríguez Varela deseaba destacar que también los jueces de la Cámara lo habían sido del Proceso, y se apoyaba en las denuncias de los ex jueces Guerrero Leconte y Casabal Elía contra sí mismos y otros, a las que se habían sumado las de algunos videlistas espontáneos, ex miembros del Poder Judicial como Jorge Manuel Lanusse, Juan Carlos Zapiola y Tirso Rodríguez Alcobendas. Todas las auto-denuncias eran por "rebelión a título de copartícipes", "omisión de denuncia" y/o "omisión de resistencia a la rebelión". Para asegurar su posición, Videla, a través de su representante legal, declaraba mantener en todas sus partes la reserva de cuestión federal basada en el artículo 18 de la Constitución y la "garantía de juez natural" allí consagrada. También mantenía la reserva frente a la "pretensión de aplicar la ley 23.049" —de reforma al Código de Justicia Militar— aduciendo que de ese modo se introducía una segunda instancia judicial inexistente al momento de cometerse el supuesto delito. Por último, hacía reserva del recurso extraordinario frente a la Corte Suprema por entender que se hallaban en juego las interpretaciones del Estatuto del Proceso de Reorganización Nacional, la proclama del 24 de marzo del 76 y las Actas Institucionales de la Junta Militar. Strassera dictaminó de inmediato, eludiendo la propia excusación, pidiendo el rechazo de todo el recurso y negando en particular condición de "jurisprudencia" a las denuncias de los ex jueces y ex funcionarios: "Ni en la interpretación más generosa puede tenerse a las personas mencionadas como parte; sólo han de considerarse simples particulares ajenos a esta causa y cuyas presentaciones no fueron recogidas por el tribunal". En medio de esta oscura polémica, que crispaba al Poder Judicial y revelaba sus miserias y complicidades, el general Lanusse saltó a los titulares de los diarios al presentarse a declarar ante el juez de instrucción Juan Carlos Olivieri, en el marco de la causa por la desaparición del periodista Sajón. Lanusse responsabilizó a los servicios de inteligencia de la policía de la provincia de Buenos Aires por el secuestro y presunto asesinato de Sajón. Tras una declaración de cuatro horas, se prestó a una rueda de prensa en las escalinatas de Tribunales. Allí señaló a Camps como el mandante directo del secuestro y dijo que "desde Videla para abajo, todos están al tanto de lo ocurrido". Dijo, además, que el secuestro había sido "un episodio clandestino en la investigación de la Policía Bonaerense vinculada al denominado grupo Graiver". (Lanusse recién conocería en detalle la cruel muerte de su amigo, que había ocurrido más de un año después del secuestro, a mediados del 85, en el curso del juicio oral contra los comandantes.) Al día siguiente de la rueda de prensa en Tribunales, el 24 de julio del 84, el entonces detenido Camps solicitó al jefe de Estado Mayor del Ejército la formación de un tribunal de honor a Lanusse. Videla se sumó con otro pedido en el mismo sentido dos días más tarde. La formación de este tribunal fue infinitamente más veloz que la del Consejo Supremo. El 3 de agosto trascendía que el tribunal en cuestión sancionaría a Lanusse en función de sus antecedentes. Literalmente forzado por las orientaciones y el instructivo de la Cámara, el Consejo Supremo volvió a citar a Videla y a los demás ex comandantes a declarar a partir del 1º de agosto. La principal entre aquellas secas "instrucciones" era que el Consejo dejara de tratar a los sujetos como testigos genéricos y lo hiciera como lo que eran: imputados en gravísimos delitos contra las personas. Hasta ese momento, el Consejo sólo había tomado a los ex comandantes declaraciones informativas. A partir de entonces serían indagatorias y, dado el marco, el tribunal militar no tendría espacio más que para imponer las prisiones preventivas. Para el 2 de agosto, seis de las ocho organizaciones de derechos humanos estaban convocando a una concentración en la plaza de los Dos Congresos. Durante el acto se daría a conocer una lista de mil miembros de las tres fuerzas implicados en actividades ilegales entre el 76 y el 82. Los dos hechos sumados erizaron a los militares. Agosti debía declarar al día siguiente y Viola dos días después; se descontaba que quedarían presos. Massera estaba internado en el Hospital Naval con una "crisis aguda de nervios". El Washington Post opinó por boca de su corresponsal en Buenos Aires, Jackson Diehl, antes de que estos militares fueran llamados a declarar: "A pesar de la puesta en vigencia de una ley que regula el modo en que los crímenes de los militares han de ser juzgados, los procedimientos legales para investigar los casos de 8.800 secuestros y desapariciones aún están en duda. Defensores de los derechos humanos, tanto de dentro como de fuera del gobierno, están criticando las demoras y las políticas militares más amplias de Alfonsín y han presionado para lograr la transferencia de las causas de los comandantes a los jueces civiles (...) Al mismo tiempo, hay evidencia de sustancial inquietud entre los oficiales militares, quienes temen que la política militar de Alfonsín de escudar a la mayoría de sus filas de juicios y castigos es ineficiente".

En el marco de la primera indagatoria, el brigadier Fagés preguntó a Videla (dirigiéndose a él como Sr. general): "¿Existió algún organismo que centralizó la información total sobre el enfrentamiento referente a subversivos muertos, detenidos en averiguación y a disposición del Poder Ejecutivo y otras cosas, y que luego de procesarla la pusiera a disposición de la Junta Militar?" Esta vez, Videla no reclamó honores. Su respuesta fue la siguiente: *En principio, Sr. Presidente, manifiesto: negativo. Es decir no existió un organismo de la naturaleza que usted describe. Y no existió (...) en el sentido de que la Junta no tenía responsabilidad, no había asumido la responsabilidad del planeamiento y las operaciones que determinaban la lucha contra la subversión.* El brigadier Fagés se refirió entonces al documento denominado "Bases para la intervención de las Fuerzas Armadas en el proceso nacional", y específicamente al apartado donde se expresaban las "ideas rectoras que sustentan la intervención de las Fuerzas Armadas". Y continuó: "Se ha establecido que 'la intervención militar no implicaba la impunidad para los ideólogos y militantes de la subversión' pero también que 'no debía esperarse de ella efusión indiscriminada de sangre (...) bajo el aparente propósito de lograr justicia por vía expeditiva', quedando claro que los culpables serían sancionados en función de bases de justicia. La pregunta es ¿cómo se compadece entonces la aparente inacción de la Junta frente a denuncias relevantes de presuntas acciones delictuosas que evidentemente comprometían al referido objetivo?". *Yo entiendo* —respondió Videla— *que estas ideas rectoras no están comprendidas dentro del objetivo. Si bien fueron redactadas y acordadas por la Junta, no están dentro de lo que era la función suprema de la Junta: cambiar los objetivos en función de que hubiera que hacer rectificaciones en el Proceso, vigilar su cumplimiento... en tanto y en cuanto es así, no creo que haya habido inacción por parte de la Junta. Pero es más, creo que, además, no es necesaria ninguna acción de la Junta, más allá de la que correspondía, por cuanto todo apartamiento de las normas vigentes era especialmente investigado.* Enseguida, al referirse a la delimitación de responsabilidades, definió: *(...) En el Ejército había un responsable de su conducción, su comandante. Independientemente, insisto, no se pueden atribuir responsabilidades penales ante imputaciones referidas a hechos que son meras hipótesis (...) El Ejército, por razones específicas, por ser el componente terrestre, tenía la responsabilidad primaria en la conducción de las operaciones, sin perjuicio de zonas de responsabilidad que se habían hecho en beneficio de otras fuerzas, según acuerdos hechos en otros niveles fuera de la Junta, a niveles de comandos de cuerpos, brigadas, áreas y subáreas (...) La Junta no consideraba los temas referidos a la lucha contra la subversión en sus reuniones habituales (...), eso no impedía que se hiciera algún comentario en función de un hecho ocurrido recientemente, entre una y otra reunión semanal, pero era a título puramente informal, que no comprometía esa posición de la Junta de no absorber o asumir la conducción de operaciones".* En una pregunta posterior, el presidente del Consejo Supremo hizo referencia —pública, por primera vez— al anexo segundo a la orden de operaciones 504/77, casi estrictamente referido a la represión fabril: "(...) Allí dice, entre otras cosas, 'erradicar los elementos subversivos empleando el método que en el caso resulte más adecuado para el éxito de la operación...'. 'Para el caso de detenciones deberá tratarse de que las mismas se efectúen fuera de las empresas y en forma más o menos simultánea y velada'. La pregunta es, Sr. general, si tal directiva no pudo facilitar la comisión de hechos irregulares". La sorprendente respuesta de Videla fue: *Esta directiva, ya por de pronto, en función de su fecha, nos indica una temporalidad, el año 1977. La lucha asumida contra la subversión declinante y la configuración, digamos así, de un tratamiento más político que militar de dicha lucha.* En otro punto, a propósito del informe de Amnesty International titulado "Testimonios sobre campos secretos de detención en Argentina", Videla declaró: *Sr. Presidente, no tuve conocimiento oficial de ese documento. Lo he conocido como una versión, una de tantas versiones que sobre ese particular circularon en su momento. Fue motivo de investigación, como toda otra denuncia y, por lo que es de mi conocimiento, con resultados negativos, por lo cual no se pudo adoptar, no se tomó ninguna medida.* Preguntado sobre las respuestas a los hábeas corpus presentados durante su mandato, dijo: *Durante mi gestión, esta vez como Presidente, siempre fueron contestados.* Con esta última excepción, Videla asumió la "*total responsabilidad por los hechos registrados en las zonas y subzonas de operaciones de su fuerza*", añadiendo que lo hacía en los casos investigados que se hubieran producido durante su desempeño "*como comandante en jefe del arma, y no como miembro de la Junta Militar*". El brigadier Agosti utilizaría la misma fórmula, que buscaba desmarcarse del criterio del gobierno que había ordenado que se los juzgara en tanto integrantes de la Junta.

Al término de la declaración, Videla fue detenido por "gravísimas violaciones a los derechos humanos y a la dignidad de las personas" y conducido a Campo de Mayo. El Consejo se tomó veinticuatro horas más para imponerle prisión preventiva rigurosa. En esa condición, el 2 de agosto del 84 cumplió años en un chalet californiano del enorme predio militar, no lejos de donde había vivido durante sus años de comandante en jefe. Al día siguiente lo alcanzó la causa basada en el hábeas corpus presentado por el escritor Haroldo Conti, desaparecido en el 77. El 10 de agosto, el Consejo prometió un informe de avance a la Cámara Federal. Al día siguiente, la Cámara refrendó el dictamen de Strassera que desestimaba la recusación de la defensa de Videla surgida de la denuncia por participación en la rebelión de Guerrero Leconte y otros cuatro abogados. El 23 de agosto Videla fue trasladado al viejo edificio de la Cámara de Diputados para declarar frente a la comisión especial investigadora creada en marzo de 1984 por impulso del justicialista Julio César Araóz y encabezada por el radical Guillermo Tello Rosas para desentrañar el traspaso de la Ítalo al Estado. A través de auditorías y sucesivos allanamientos, el más resonante de ellos en los estudios de la firma jurídica Klein & Mairal, la comisión había acumulado una cantidad enorme de documentación. Entre esos papeles estaban los télex intercambiados a lo largo de los años por las sucesivas conducciones de la empresa y sus mandatarias del exterior, en los que se leía claramente que la Ítalo jamás había pensado en cumplir sus compromisos de inversión; también se advertía la importancia de su rol como dueña de un aval amplio del Estado para adquirir deuda, como gestora de negocios e inversora bursátil en el diseño general de la empresa y, sobre todo, se evidenciaba su formidable capacidad de lobby, que constituyó casi la única actividad del nivel gerencial. Aunque la comisión investigadora no tenía facultades judiciales y ninguna persona podía ser condenada a partir de sus interrogatorios, el caso de la Ítalo se mezclaba íntimamente con la causa de rebelión por una razón sencilla: el diseño de la operación de traspaso había concluido antes del 24 de marzo del 76 y los actores con intereses creados habían sido convocados con bastante anterioridad y podían perfectamente ser acusados de cómplices. El otrora poderosísimo ministro de Economía del régimen, Martínez de Hoz, había renunciado a su puesto al frente del directorio de la Ítalo para asumir el cargo público, después de haber sido durante años la cabeza visible del grupo de presión de la empresa. En su declaración del 23 de agosto de 1984, Videla intentó reivindicar para los militares la invención del plan económico, quizás para proteger a Martínez de Hoz en la causa por rebelión, más probablemente para acrecentar su estatura de estadista. Al principio, y para cubrir a Viola, adjudicó la paternidad del plan a la Secretaría General del Ejército ocupada por el general Dallatea. Poco después aceptó el rol de Perriaux y de *Dagnino Pastore en alguna oportunidad*. Un diputado lo confrontó con una revista que mencionaba a Martínez de Hoz como el candidato a ministro de Economía de las Fuerzas Armadas cuatro meses antes del golpe. Videla se mantuvo en sus trece: *(...) Días antes del 24 de marzo —días solamente— el Dr. Martínez de Hoz fue convocado a una reunión en la que se le dijo —antes de la ocurrencia de un hecho que podría ocurrir en un corto o un largo plazo—: Sr., éste es el plan que en materia económica tienen elaborado las Fuerzas Armadas. Queríamos conocer su opinión en cuanto a si Usted podría realmente ser el ejecutor de este plan. De lo contrario tomamos a otro.* Nunca alguien le dijo a Martínez de Hoz la frase "o tomamos a otro"; tampoco en la ocasión aludida, como surge de la lógica, de su propio testimonio y del de los otros ex comandantes. Videla defendió los aspectos técnicos y de política interna de toda la operación, pero remarcó además la existencia de un "interés nacional" ajeno y superior a ella. A la pregunta de Tello Rosas de si existía algún factor condicionante de esta situación internacional financiera, con los suizos y la banca internacional, Videla respondió: *No condicionante, pero creo que sí tenía una influencia importante en el campo político. Vamos a hablar con toda sinceridad. Nosotros éramos un gobierno de facto mal visto por las democracias europeas.*

Debíamos dar la mayor muestra de seriedad, de comprensión y de actitudes civilizadas (...) Creo que es ocioso decir que el mercado de capitales suizo (...) es un poco la llave de todo el mercado de capitales internacional. En consecuencia un arreglo correcto —desde luego— pero pronto, fundamentalmente pronto, hubiera descomprimido una situación y nos hubiese permitido a nosotros entrar en el mercado de capitales suizo para la colocación de títulos argentinos que ya los teníamos colocados con éxito en Alemania y Japón. Teníamos un poco cerrado el acceso al crédito suizo; en alguna medida estaba cerrado —no sé si con intención o no— en función de lo que ocurría en el país con Ítalo. En lo que hace a la intrincada mecánica de la venta de la Ítalo, Videla se mostró memorioso, informado y solvente hasta que comenzaron a aparecer las cifras más turbias. Así, recordaba con exactitud el precio neto de venta —92.300.000 dólares— pero no los excedentes pagados por deudas pretendidas por la empresa. El diputado radical Miguel Srur le señaló que no se trataba de un simple detalle sino de 47.600.000 dólares. Y Videla dijo: *No puedo profundizar más en esto porque, honestamente, no tengo el detalle fresco en la memoria. Esto era así, se me advirtió, lo asumí..., no le puedo dar una respuesta categórica. Sé que luego se le encontró una solución.* A partir de allí su memoria entró en barreno. Tampoco recordó que el contrato de compra fue en el 78, pero que el Estado entró en posesión en el 80, y que en esos años la empresa embolsó otros diez millones sin gastos; que ese dinero fue reconocido y pagado en moneda y territorio suizos aunque estaba depositado en bancos y en devaluadísimos pesos nacionales; que el Estado pagó intereses a partir del 78 y varios otros *detalles*. Frente al mapa de empresas relacionadas entre sí en las comisiones honorarias que habían participado del traspaso de la Ítalo, Videla fingió buena fe sorprendida: *De este artículo de esta revista tomo conocimiento recién ahora. Esta maraña —digamos así— de cruces de intereses también la advierto a través del comentario de esta revista.* (La revista era el ejemplar de junio del '76 de Cuestionario, dirigida por Rodolfo Terragno.)

Más allá del contenido de la declaración por el caso de la Ítalo, fue notoria y contrastante la humildad que Videla desplegó frente a la Comisión de la Cámara de Diputados, sobre todo si se compara su tono con el de la carta a FAMUS y las notas dirigidas al Consejo Supremo de las FFAA. Según las crónicas, Videla mantuvo una constante actitud nerviosa, jugueteó con las manos y sonrió varias veces de modo un poco crispado a lo largo de las cuatro horas y media que duró el trance. Sobre el final se permitió hacer una tímida reivindicación del régimen pero retrocedió de inmediato cuando el diputado Tello Rosas lo retó como a un chico. Había avanzado con un pequeño discurso: *Y eso era un poco el sentir que tuvo el Proceso;*

no apoderarse del poder por una satisfacción del poder sino corregir lo que humanamente nosotros pensábamos que se podía corregir, para que hoy tuviéramos lo que tenemos. Permítame esta digresión, que en esto me atribuya una pequeña cuota de orgullo al decir que el país tiene lo que hoy tiene porque las Fuerzas Armadas —no es mérito mío— en su momento hicieron lo que debían hacer, más allá de si bien o mal. Les pido que me perdonen esta digresión. Pero fue interrumpido por Tello Rosas, quien le espetó: "Indudablemente, es una apreciación suya que no aceptamos". *Muy personal,* concedió Videla. Lejos de dar por concluido el asunto, Tello Rosas precisó: "Por lo menos no acepto que las Fuerzas Armadas hayan hecho algo por la democracia". Llama la atención la respuesta del otrora arrogante Videla: *Y lo acepto y por eso le pido perdón por haberme excedido en esto.* Más adelante, cuando Tello Rosas insistió en que de cualquier manera ésa era su opinión "y no la nuestra". Videla sobreactuó su humildad: *Quisiera tener la retribución. Si fuera menester retirar este último juicio, lo retiro.* Tanta docilidad podía responder a la repugnancia que le causaba ser tenido por corrupto, a la inseguridad que le producía el terreno que pisaba frente a la evidencia acumulada por la comisión o, fuera de la causa Ítalo en sí, al momento político. Los cuestionamientos cruzados entre la Cámara Federal y el Consejo Supremo, y los de las defensas a la Cámara, podían abrir la posibilidad de que la decisión sobre las jurisdicciones volviera a quedar próximamente en manos del Congreso. Antes de que Videla saliera del Congreso de la Nación, en la entrada principal un sargento de policía de civil, perteneciente a la comisaría parlamentaria y llamado Victorio Cisneros, alto, seco y de bigote negro, recibió una pedrada en el rostro en función de su parecido físico a Videla. Allí aguardaban unas doscientas madres con sus pañuelos blancos; Videla se refugió en otra dependencia y salió pasadas las diez de la noche por una puerta reservada a los proveedores.

En setiembre del 84, la CONADEP entregó su informe final reseñado en un libro titulado Nunca más. En él figuraban los casos de casi 9.000 desapariciones, junto con una numerosa lista de militares y policías sospechados de la ejecución directa o indirecta de la matanza. El 11 de setiembre se cumplió el último plazo perentorio concedido al Consejo Supremo por la Cámara sin que aquél se pronunciase. Dos días después, la comisión del arma de Infantería en pleno, encabezada por su vicepresidente, el general Andrés Ferrero, "se corrió" diez kilómetros, desde la Escuela de Infantería donde festejaban el día del arma hasta la Escuela de Apoyo al Combate "General Lemos", donde se encontraba el chalet en el que transcurría la detención de Videla, para saludar al camarada. La decisión de visitarlo, a decir de los involucrados, fue tomada "espontáneamente", en medio del acto. El 21 de setiembre la Corte Suprema de Justicia resolvió no intervenir en querellas seguidas contra Videla y otros altos oficiales por delitos relacionados con violaciones a los derechos humanos, y ordenó remitir al Consejo Supremo la que había dado origen al pronunciamiento —basada en la desaparición de Salamanca y Raúl Molina y entablada por Sara Rosendo Luján de Molina— y otras. Luján de Molina recurrió el fallo mediante recurso de revisión; sostuvo que "no hay suficientes garantías" (en tanto que el Consejo Supremo) "ya prejuzgó sobre la situación de los desaparecidos". El mismo día, en nota a la Cámara, el brigadier Fagés emitió conceptos que equivalían a un adelanto del fallo, si es que alguna vez iba a haber uno. El presidente del Consejo Supremo empieza por informar que ese tribunal "sin ninguna duda, no se encontrará en condiciones de dictar sentencia" en el plazo previsto (la última prórroga, por 90 días, había sido fijada el 11 de julio). Pero más importante es lo que viene después: "Los comandantes no podrían ser legítimamente sentenciados sin determinarse previamente, mediante una adecuada investigación, qué y cuántos ilícitos han cometido los autores materiales o responsables inmediatos, para poder establecer luego cuál es el grado de participación de los enjuiciados en cada uno de ellos". Más adelante, Fagés desarrollaba un ejemplo perfecto de inversión de la prueba en perjuicio de las víctimas de desapariciones y sus denunciantes: "La configuración del delito de privación ilegal de la libertad requiere que la detención, efectuada por la autoridad con facultad para detener, recaiga en persona que no haya infringido ninguna norma penal, porque de haberlo hecho, es obvio, la restricción de su libertad no sería ilegítima. De donde se sigue que es requisito indispensable establecer previamente cuáles fueron los hechos cometidos por las presuntas víctimas. Pues bien, en la mayoría de las denuncias presentadas se omite mencionar los hechos que pudieran haber motivado las detenciones. En algunas se dice ignorarlos y en otras se los vincula, pálidamente, con su posición política o ideológica. No obstante, en muchos casos los informes policiales obrantes en autos ponen de manifiesto que las detenciones denunciadas como ilegales recayeron sobre personas que resultaban presuntas responsables de graves delitos contemplados en el Código Penal. El enjuiciamiento se encuentra básicamente motivado en denuncias de personas implicadas en los hechos enunciados o de sus parientes, y, consecuentemente, su objetividad y credibilidad resultan relativas. La posibilidad de concierto previo entre los denunciantes, nacido espontáneamente o por acción de terceros interesados, no puede descartarse toda vez que ciertas concordancias en contenido y estilo abren campo a las sospechas". El último punto de la declaración fue el que más llamó la atención. Decía: "Se hace constar que de los estudios realizados hasta el presente los decretos, directivas, órdenes de operaciones, etcétera, que concretaron el accionar militar contra la subversión terrorista son, en cuanto a contenido y forma, inobjetables". A pesar de la contundencia de estas definiciones, y de afirmar que el plazo era insuficiente no sólo para la consumación de todo el juicio —sumario y plenario— sino incluso para completar la parte sumarial, el Consejo Supremo no hizo nada más; no volvió a solicitar extensión del plazo, no levantó las prisiones preventivas, no derivó las actuaciones, no produjo nuevas citaciones ni consideró concluida su función. Durante el mes y medio que Videla y Massera permanecieron detenidos en estas condiciones, todos los miembros del tribunal militar habían estado recibiendo por correspondencia dirigida a la misma sede del Consejo o a sus domicilios particulares decenas de sobres con una pluma blanca, símbolo de la cobardía para los militares de Occidente. El secretario general del Consejo Supremo, coronel González Ramírez, agregó a través de declaraciones periodísticas una definición rimada a la que la prensa sacaría el jugo: "Duele al par sancionar". La nota fue recibida por la Cámara el 25 de setiembre. El mismo día el ministro de Defensa Raúl Borrás informó telefónicamente a Alfonsín, de gira en EE.UU. Ese día la Cámara ordenó la remisión de la causa. A todas luces, fue evidente que los militares no podían juzgarse a sí mismos. El Consejo Supremo se permitió demorar unos días más. El 9 de octubre de 1984, un comando paramilitar asaltó los tribunales de Rosario y robó gran cantidad de documentación relacionada con las causas referidas a la represión que se seguían allí. El 11 venció formalmente el plazo establecido en julio y la Cámara Federal volvió a reclamar toda la causa en un escueto escrito en el que consideraba que el Consejo estaba incurriendo en "demora injustificada". Además, dispuso el traslado de Videla y Massera, desde sus lugares de detención a la Unidad 22 del Servicio Penitenciario Federal, en la calle Viamonte, en el centro de la Capital. Desde una visita que los mandos de Infantería del Ejército le hicieron a Videla, el malestar en el gobierno era notorio y se mencionaba la posibilidad de "recortar" las ventajosas condiciones de prisión de los comandantes. Los organismos de derechos humanos y buena parte de la prensa y de la sociedad insistían sobre ese punto. A pesar de la decisión, el traslado también se demoró. La familia de Videla hizo circular una versión que hacía aparecer el traslado como concertado y lo adjudicaba a razones de seguridad: habría habido merodeos y ataques de grupos de desconocidos contra los puestos de vigilancia. El pintoresco secretario del Consejo,

González Ramírez, volvió a aparecer en los diarios con opiniones que excedían largamente el territorio de sus funciones. Dijo que la decisión del traslado se ajustaba "a las normas procesales vigentes" pero a la vez defendió los alojamientos que Videla y Massera habían tenido hasta ese momento (la Escuela "General Lemos", y el Apostadero Naval "no son unidades especiales comunes; tienen sus comodidades y son para un determinado tipo de detenidos"). De sus palabras se desprendía que daba por extinguidas su relación y la del tribunal al que pertenecía con la causa; se lo veía relajado. La Cámara Federal también ignoró al Consejo Supremo desde entonces, pero Videla no. El 15 de octubre del 84 presentó un recurso extraordinario de 36 carillas en el que reclamaba la devolución de su causa al ámbito militar y acusaba de prejuzgamiento a Alfonsín: *El propósito del gobierno no es que se sustancie un proceso para juzgar, sino para condenar... Debe ser el primer caso en la historia constitucional del país en que el presidente de la Nación asume funciones judiciales.* Afirmaba también, con un apego súbito a la ley que supo violar, que la decisión de la justicia civil de hacerse cargo del pleito *me causa perjuicio irreparable porque vulnera de modo directo la garantía del juez natural y el ejercicio de defensa consagrado en el artículo 18 de la Constitución.* Según Videla, el artículo 10 de la ley 23.049, que convertía a la Cámara en tribunal de apelación de la justicia militar, *estableció la posibilidad de que se aniquilara de modo total el principio de juez natural.* Conviene recordar que, antes de la modificación, el órgano de apelación del Consejo Supremo era el mismo presidente de la Nación que, según él, lo había prejuzgado y al que poco después adjudicaría *enemistad manifiesta.* Al cerrar el extenso escrito, Videla retomó la ardiente defensa de la represión: *Lo incuestionable es que la República Argentina derrotó a un enemigo implacable, que se encuentra empeñado ahora en desprestigiar a los vencedores y hacer perder a las Fuerzas Armadas la conciencia sobre la legitimidad de la causa que defendieron.* La Cámara rechazó el planteo el mismo día y notificó a Videla que debía designar abogado defensor. Videla avanzó un poco más y desconoció en su respuesta al órgano que iba a juzgarlo: *La Cámara Federal en lo Criminal y Correccional no tiene jurisdicción ni competencia para juzgarme. Mi actuación como comandante en jefe del Ejército que, con las otras Fuerzas Armadas, y con la adhesión de la mayoría del pueblo argentino, defendió a la Nación de la agresión subversiva sólo puede ser enjuiciada por el Honorable Consejo de las Fuerzas Armadas.* (La resolución de no legitimar al tribunal) *me obliga a no convalidar de ninguna forma actuaciones viciadas de absoluta e insanable nulidad. En consecuencia hago saber a VE que no designaré defensor, no ofreceré pruebas ni formularé alegatos; en síntesis, no participaré, en cuanto de mí dependa, de ninguna diligencia procesal que se cumpla ante los estrados de VE.*

Videla, era obvio, se disponía a pelear en otra guerra: contra el ejército de jueces civiles que se atreverían a juzgarlo. El traslado a la U-22 se realizó el 17 de octubre de 1984 a la madrugada, para burlar la guardia periodística. Algunas versiones indican que ese mismo día el abogado civil patrocinante —no defensor— de Videla, Rodríguez Varela, intentó establecer una estrategia única, similar a la de su cliente, por lo menos entre los comandantes del Ejército. Si esto ocurrió, Viola traicionó el acuerdo al día siguiente, nombrando como defensor al ex juez José María Orgeira y a los asociados de su estudio. Galtieri se demoró un poco, aparentemente más por desubicación que por lealtad: pretendió que la Cámara aceptase como su defensor al general Héctor Iglesias, que era auditor militar pero no abogado. El mismo 17, el fiscal Strassera dictaminó que también la causa por rebelión correspondía a la justicia federal y no a la militar. Strassera se pronunció contrariamente a la jueza Amelia Berraz de Vidal mediante argumentos formales, pero si ya resultaba paradójica la posibilidad de que el Consejo Supremo llevase adelante el juicio por las consecuencias de la represión, el que pudiera fallar contra el acto inicial que había encumbrado a sus miembros era inimaginable. El 18 de octubre de 1984, finalmente, Massera primero y Videla después fueron conducidos a declarar ante la Cámara formada en pleno: Jorge Torlasco, Ricardo Gil Lavedra, Andrés J. D'Alessio, León Arslanian, Jorge Valerga Aráoz y Guillermo Ledesma. El fiscal Strassera también estaba presente. Con su felonía habitual Massera se felicitó por haber sido sacado de la órbita del Consejo Supremo, convencido de que existía "un complot del Ejército" en su contra. Después abundó sobre la "responsabilidad primaria" que le cabía al Ejército en la represión, en función de su jurisdicción territorial. Massera desplegaba sin pudor un juego que jugó durante todo el juicio: endosar las culpas a otro. Videla compareció acompañado del defensor oficial, Dr. Carlos Tavares, a quien acababa de conocer. Ambos ganaron un amigo ese día. Tras las fórmulas de práctica —en las que se mostró humilde hasta la reverencia— Videla sostuvo su postura de no declarar. En días posteriores, él y otros seis de los comandantes juzgados —todos menos los almirantes Massera y Anaya— elevaron recursos extraordinarios a la Corte Suprema a través de la misma Cámara. Todos pretendían desconocer la jurisdicción en sus respectivos casos e invocaban la remanida garantía del "juez natural". Desde otro frente y como un francotirador solitario, el fiscal Molinas promovió ante el juzgado de Berraz de Vidal una causa en la que el principal acusado era el brigadier (retirado) Osvaldo Cacciatore, intendente de la Capital durante casi todo el régimen, y el objeto, su supuesto enriquecimiento ilícito a través de la construcción de las autopistas de Buenos Aires. Videla era considerado por Molinas partícipe necesario de la maniobra; el fiscal sostenía que los costos de las autopistas no deberían haber sobrepasado los 250 millones de dólares, mientras que a la fecha de la denuncia que daba fundamento a su intervención, realizada por el socialista Héctor Polino, se llevaban desembolsados 800, sin contar el costo de las expropiaciones. En 1984, el plan original de las ocho autopistas porteñas estaba muy lejos de haberse cumplido. La médula del negociado había estado en las contrataciones directas practicadas por la Dirección General de Investigación y Desarrollo del Ministerio de Defensa (a la vez "contratada" por el ente constituido entre los gobiernos nacional y municipal) que en su capítulo más grueso condujeron a la adjudicación de la obra al consorcio Huarte y Cía., luego Autopistas Urbanas SA. Parte de la deuda monumental del consorcio, más de 900 millones de dólares, había sido estatizada, en lo que resultó un negocio redondo para los privados, que Videla y Cacciatore festejaron exultantes a propósito de la inauguración de los primeros tramos de las autopistas a fines del 80.

A principios de noviembre del 84, el tironeo entre los jefes de las tres fuerzas y la Justicia trajo un respiro para los reos; se los trasladó al penal militar de Magdalena. Videla dejó una celda de dos cuartos, con un baño privado que tenía la ventaja por sobre los demás de poseer bidet y la desventaja de tener que compartirlo con Viola (incluido el bidet). Sólo había un celador del Servicio Penitenciario Federal al servicio de cada reo, con la excepción de Massera, a cuyo servicio se presentaba un cabo de la Armada todas las mañanas. En Magdalena, Videla dispuso del chalet del director del penal y los demás se alojaron en habitaciones del casino de oficiales. Todos tenían un soldado camarero propio, un cocinero y un suboficial jefe de servicio que compartían, y mozos generales seleccionados entre los conscriptos presos. Hubo también un auto oficial con chofer asignado a cada comandante, a fin de llevar y traer abogados y familiares. Las familias podían realizar visitas de varios días alojándose en otro casino de oficiales próximo, el del Regimiento VIII de tanques, pero la de Videla prefirió alojarse en la estancia de unos amigos. Cada fuerza armada hizo un aporte monetario extraordinario destinado a la manutención de los comandantes Videla, Viola, Massera, Agosti y Lambruschini, de medio millón de pesos argentinos (el presupuesto ordinario destinado a otros 150 internos era de doscientos mil mensuales). Sin duda, éste era un esquema de castigo infinitamente más benigno al que había reinado en los campos clandestinos de detención del régimen que comandaron. En Magdalena, Videla ganó también en materias espirituales: más silencio para la lectura y la oración, y mayor distancia de la grosería de sus vecinos, que en la U-22 llamaban abiertamente "las siervas" a los agentes penitenciarios-mucamos. Los conscriptos que le servían —en su mayoría Testigos de Jehová presos por su negativa a jurar la bandera— rivalizaban con él en humildad y "vida interior". A mediados de noviembre, Videla interpuso un recurso de queja frente a la Corte Suprema. La Cámara *asume las funciones del legislador* al pretender *que la causa tramite con sujeción al procedimiento sumarísimo previsto por el código militar para tiempo de guerra*. Dirigiéndose al presidente de la Corte Suprema, y entre resignado y altanero, terminaba diciendo: *Si vuestra excelencia desestima mis reclamos, aguardaré a que se serenen los espíritus y comience a perfilarse el fallo que en definitiva dictará la historia*. Como se ve, los límites de su guerra no sólo eran imprecisos, también le eran funcionales. Por estas fechas, el Consejo Supremo de las Fuerzas Armadas estaba amenazando con renunciar en pleno. El trascendido no causó ninguna conmoción. El 9 de diciembre de 1984, el fiscal Julio César Strassera concedió una larga entrevista a un matutino. Expresaba allí que los acusados pretendían "excusar sus responsabilidades endilgándoselas a sus subordinados". Strassera aludía a un recurso largamente utilizado por los abogados militares y civiles de los nueve comandantes —también Videla— para eludir la culpa en los casos puntuales de violaciones a los derechos humanos, tanto ante el Consejo Supremo como ante jueces civiles de primera instancia. En el razonamiento, primero debía existir la confesión de un miembro regular de las Fuerzas Armadas que asumiera haber ejecutado el hecho en cuestión para luego, al ampararse el confeso en la obediencia debida y justificar las órdenes recibidas, recién imputar el delito a sus superiores máximos. Videla se enfureció. Contestó desde Magdalena con una larga carta a los medios en la que afirmaba que las palabras de Strassera constituían *un nuevo agravio*. Luego, reiteraba el recurso que más le gustaba: endilgar su situación a una *campaña* para *destruir a las Fuerzas Armadas y dejar a la Nación inerme ante el previsible resurgimiento de la agresión subversiva*. Y súbitamente, para defenderse, recurría a un argumento falaz al declarar *he asumido en plenitud las responsabilidades castrenses derivadas de mi condición de comandante en jefe del Ejército*. Se trataba de un asunción metafísica, porque siempre, a lo largo de toda la batalla judicial, negaría cada uno de los hechos ocurridos y derivados de sus órdenes, los mismos por los que epistolarmente afirmaba haber asumido la responsabilidad *en plenitud*.

En la medida en que la oficialidad más joven creyera que se la abandonaba a su suerte, el resentimiento —apenas encubierto tras la mística— contra "los generales de escritorio" que se habrían enriquecido mientras ellos pagaban los platos rotos afloraría quebrando la unidad, que era lo único que hubiera podido sustraerlos del proceso legal. Éstos eran los extremos del arco en el que se movían la fiscalía y las defensas: Videla no resultaba simpático a la tropa, en buena medida por lo mismo por lo que no resultaba simpático a casi nadie, pero más que nada por la decadente herencia del Proceso, la guerra perdida por sus sucesores y el nacionalismo superficial que forma parte de la doctrina militar argentina dominante. Sin embargo, representaba mejor que nadie el sentido de casta que es sustancial en esa misma doctrina. Con él, la corporación Ejército había atravesado su etapa de mayor gloria, durante la cual vestir uniforme permitía ser interventor o funcionario de cualquier repartición pública o directivo de cualquiera empresa privada; abreviar trámites, obviar las colas, hablar y ser servido primero, casarse al mejor nivel y ser respetado y temido por todos. Como contraste, por primera vez desde por lo menos la década del 50 la oficialidad media y los cuadros subalternos comenzaba a tener problemas salariales. Strassera contestó por radio esta carta y otra simultánea de Jaime Prats Cardona, defensor de Massera: "Ellos dicen ser responsables de los actos aparentemente lícitos, pero ninguno dice 'acá señores hubo tantos detenidos, acá se privó ilegalmente de la libertad, acá desapareció gente'..., de eso no se responsabilizan (...) Se dice que había centros de detención, pero que era por horas, para ponerlos (a los detenidos) o a disposición del Ejecutivo o de la justicia militar, o de la justicia civil, según correspondiera (...) nadie asume la responsabilidad por los hechos ilícitos; aquí en el país no pasó nada; los 9.000 desaparecidos son producto de la fantasía". En las mismas declaraciones adelantó que la Corte Suprema de Justicia fijaría definitivamente la jurisdicción del juicio "probablemente para fines de febrero". El 21 de diciembre de 1984, la Cámara Federal revocó la decisión de la jueza Berraz de Vidal, que había declarado su incompetencia en la causa de rebelión y derivado las actuaciones al Consejo Supremo, y volvió a atraer la causa a competencia del fuero federal, según había recomendado la fiscalía. El 28, la Corte Suprema rechazó los recursos extraordinarios de todos los comandantes excepto Massera en contra del artículo 10 de la 23.049. El procurador general de la Nación, Juan Octavio Gauna, había dictaminado previamente, recomendando a la Corte atender en parte el pedido de inconstitucionalidad. El fallo de la Corte que desechó ese dictamen fue rubricado por todos los ministros, incluido su presidente Genaro Carrió, quien agregó voluntariamente su firma a pesar de estar de licencia. El 8 de enero de 1985, Rodríguez Varela interpuso otro recurso extraordinario ante la Cámara en la causa por rebelión, en la que seguía siendo defensor de Videla. Al mismo tiempo solicitó que se formara un incidente separado de la causa, por el que, en conjunto con los abogados de los otros ex comandantes, recusó al fiscal Strassera por enemistad manifiesta. Se basaban en la entrevista mencionada, publicada un mes antes. Tras la feria judicial, la Cámara se reunió por primera vez el lunes 4 de febrero. Strassera y su adjunto Luis Gabriel Moreno Ocampo prepararon el pedido de ampliación de indagatoria sobre 670 casos de privaciones ilegítimas de la libertad, extraídos en su mayoría del informe de la CONADEP (aunque los hubo anexos, surgidos de su propia investigación) y vueltos a sistematizar siguiendo a grandes rasgos un criterio de tramado y agrupamiento que había sido propuesto a la comisión por su secretaria, Graciela Fernández Meijide; se trataba de agrupar los testigos, de modo que en unos se sostuvieran otros. Esto implicaba seriar los casos con dos criterios: lugar de detención clandestina y época precisa. El escrito se presentó el 12. Las generalidades se acabaron. El jueves 14 la Cámara aprobó la solicitud que abría la etapa de instrucción. El martes 19 de febrero los comandantes fueron nuevamente trasladados a la U-22.

Sobre la base de algunas delegaciones regionales formadas casi espontáneamente por uno o varios de los organismos de derechos humanos, la CONADEP había acumulado 1.400 denuncias en total, con las que formó 1.086 legajos. De ellos surgían 8.960 casos de desaparición forzada en 340 centros clandestinos, cuyo cómputo final sería 364. Sobre el filo del juicio, 1.300 oficiales de las Fuerzas Armadas estaban en principio involucrados en la represión, unos por denuncia directa y otros por jerarquía y destino. La discriminación de las víctimas por ocupación que la CONADEP agregó a su informe final pudo resultar esquemática y hasta arbitraria, pero desmentía en profundidad la imagen de una "agresión subversiva" integrada fundamentalmente por terroristas rentados que todos los pronunciamientos de fondo de acusados y defensores trataban de generar en la opinión pública: casi el 50 por ciento de los desaparecidos eran asalariados y entre ellos eran mayoría los obreros. El 21 por ciento eran estudiantes; el 11 por ciento, profesionales; el 5 por ciento, niños. Rendido su informe final en setiembre la CONADEP se disolvió, al tiempo que nacía la Subsecretaría de Estado de Derechos Humanos, con Eduardo Rabossi como primer titular. Sobre la base de las casi 9.000 denuncias, la subsecretaría derivó a la Justicia 709 legajos entre la disolución de la comisión y el inicio del juicio oral. Otras 500 denuncias ya fundamentadas no habían ingresado aún a los juzgados en abril y no formaron parte de la causa. Un equipo de quince jóvenes al servicio de la fiscalía, abogados recién recibidos en su mayoría, redujo en primer término los casos a 1.500, elegidos por la claridad de la evidencia y para que cubrieran los períodos históricos que abarcaron los nueve acusados. Strassera recomendó a su equipo trabajar como si el "principio de libre convicción de los jueces" no existiera, tomando cada caso como si se tratara de uno independiente frente a la justicia penal, partiendo de las pruebas documentales —hábeas corpus y sus respuestas oficiales, denuncia, certificado de liberación, recibo por retiro de muebles, etc.—, recorriendo después los testimonios de víctimas, parientes o denunciantes y agregando a la estructura las terceras personas que hubieran sido testigos de los hechos en algún tramo de su desarrollo. La recomendación de prescindir del criterio de libre convicción fue más tarde tomada explícitamente por la Cámara y tuvo mucho peso en la forma definitiva y el resultado del juicio. En su contra se puede argüir que redujo el total de la represión a 687 casos: eran el iceberg de lo ocurrido porque representaban el siete por ciento de las desapariciones de la CONADEP, las que, al mismo tiempo, para varias organizaciones de derechos humanos constituían sólo un tercio de las reales. A la vez, en ninguno de los tres escalones se computaron los cinco mil presos políticos "legales", los dos mil muertos con aparición más o menos pronta de sus cadáveres y miles de exiliados. Entre el 21 de febrero y el 11 de marzo de ese 1985, la Cámara tomó ampliaciones de indagatorias a los acusados. El primer convocado fue Videla, que iba a negarse a declarar ya como norma de conducta. En un texto entregado previamente a los medios, acusó a Alfonsín de dictar en el mismo decreto 158/83 una *virtual sentencia condenatoria*. La nota —que fue rechazada— concluía anticipando el resultado: *Aguardaré serenamente la injusta condena que VE me imponga*. De todas maneras, Videla fue conducido frente al tribunal y al fiscal para cumplir con los trámites formales. Arslanian, a quien había tocado presidir el tribunal, le informó de qué se lo acusaba en setecientos casos diferentes y le ofreció los legajos resumidos. Para sorpresa de todos, Videla los aceptó y se encerró durante una hora con la pesada carpeta. A fines de febrero, el juez federal Miguel del Castillo envió la causa contra Alfredo Astiz por el secuestro de la estudiante secundaria y militante de la UES Dagmar Hagelin al Consejo Supremo, basándose en el dictamen de diciembre del procurador general (que la Corte había desatendido casi instantáneamente) y sin esperar la apelación de la parte querellante. En dinámica desmentida de sus anteriores performances, el Consejo tardó un día en resolver la causa de 600 fojas y aplicó el principio de "cosa juzgada" el 1° de marzo. El 6 de marzo, el ministro de Defensa Borrás instruyó al fiscal militar para que planteara la nulidad de lo actuado y al día siguiente relevó al jefe de Estado Mayor Conjunto, reemplazándolo por el brigadier Teodoro Waldner. Fue el último acto público del ministro, que murió de cáncer dos meses después. La etapa de ampliación de indagatorias se cerró el 11 de marzo. La Cámara amplió las bases de las preventivas de las dos primeras juntas para evitar que recorrieran el mismo camino que el caso Astiz, mientras que no adoptó medidas cautelares personales en los tres casos de la tercera. Sólo Graffigna siguió en libertad gracias a ello: Galtieri y Anaya tenían prisiones preventivas a raíz de la causa Malvinas. Existen testimonios de una propuesta secreta de los comandantes de las tres fuerzas al ministro de Obras Públicas Roque Carranza, que a la sazón estaba supliendo a Borrás en Defensa (Carranza ocuparía el puesto formalmente una vez fallecido el primer titular). Se trataba de que los ex comandantes se declarasen culpables a cambio de suspender las audiencias, o al menos su carácter público. El 15 de marzo, de modo bastante abrupto, la Cámara concedió tres días a Strassera para manifestar los hechos sobre los que pensaba acusar. El fiscal respondió comprometiéndose a probar: "Que en el lapso que abarca este juicio los integrantes de las Fuerzas Armadas cometieron numerosísimas privaciones ilegales de la libertad. Que quienes actuaron en estos hechos tenían órdenes superiores para ocultar su identidad. Que las detenciones se efectuaban sin orden legal y en muchos casos con actos de violencia contra la familia del detenido. Que las víctimas eran llevadas a lugares de detención dependientes o bajo control de alguna de las tres armas. Que ese grupo actuante podía también eliminar a las víctimas, y en muchos casos lo hizo, y en algunos casos por métodos atroces. Que las víctimas de esos delitos sufrían el robo de sus pertenencias y el apoderamiento de sus inmuebles. Que todas estas acciones eran oficialmente negadas, produciéndose así un gran número de documentos públicos falsos. Que los procesados mantuvieron en vigencia tal sistema represivo pese a los reiteradísimos reclamos de la OEA y de las Naciones Unidas, de gobiernos como los de Estados Unidos, Italia, España, Francia, Suecia, Alemania Federal y otros. Que esa situación fue señalada por la misma Corte Suprema, la Conferencia Episcopal Argentina, representantes de otras religiones, innumerables organismos nacionales y extranjeros. Que todas esas conductas dieron lugar a miles de acciones judiciales y denuncias a organismos privados. Que a pesar de proclamarse el éxito logrado contra los grupos guerrilleros, el número de detenidos por autoridad judicial competente no guarda relación con las estimaciones sobre la cantidad de elementos que integraban esas organizaciones subversivas. Que todos esos hechos eran publicados en la prensa internacional y, con las limitaciones vigentes, en la Argentina por los medios nacionales. Que los oficiales o integrantes de las Fuerzas Armadas que manifestaban su disconformidad con el método adoptado eran alejados de sus funciones, cuando no corrían la misma suerte de las víctimas a las que se hace referencia". La fiscalía propuso tres mil testigos. Las nueve defensas reunidas, sólo un centenar. La diferencia en el número es una señal de estrategias enfrentadas. La voluntad de la fiscalía —mucho más próxima a la de la Cámara— era acusar de hechos concretos, relacionados unos con otros pero probados en sí mismos, como crímenes individuales. La de las defensas era politizar el juicio al máximo, para luego desacreditarlo justamente a raíz de ese cariz político. La Cámara aceptó 2.170 testimonios directos, en el marco de las audiencias orales o por medio de exhortos judiciales y diplomáticos. Cuando el juicio terminara, sólo se habrían escuchado 400. Sin embargo, en ese camino los desaparecidos dejaron de ser la abstracción, la *hipótesis*, la inexplicable curiosidad estadística a que Videla deseaba verlos reducidos. Cobraron forma. Recobraron sus nombres, sus profesiones, su biografía; los rasgos distintivos que habían quedado detrás de las capuchas, su terror y su coraje. Habían sido secuestrados, torturados con electricidad, apaleados, hambreados, quemados, baleados o arrojados al *mar, al río de la Plata, al Riachuelo*; recobraron por turnos y por horas sus vidas y sus muertes, rodeadas por un interrogante poderoso que sacudió a la sociedad. En el transcurso de los cinco meses que duraron los testimonios, se forjó un nuevo consenso social en el país. En la segunda de las entrevistas de 1998, en la penumbra de su departamento, Videla lo describió de esta manera: *Las Fuerzas Armadas han pasado de ser llamadas fuerzas del orden a fuerzas de represión, luego represión de Estado, hasta llegar a terrorismo de Estado... del otro lado, la escala ha ido de delincuentes subversivos, luego jóvenes subversivos, jóvenes, hasta llegar a jóvenes idealistas y a la idea de hacerles un monumento.*

El 20 de abril de 1985, el fiscal Molinas volvió a citar a Videla, pero esta vez detrás de un premio mayor: el caso Ítalo. Videla alimentaba una inquina creciente contra el titular de Investigaciones Administrativas. El todavía general sentía que Molinas lo enfrentaba a una realidad insoportable: que su régimen no había sido "intachable" y "patriótico", sino que había apañado negocios para favorecer a sus aliados, entre ellos a Martínez de Hoz. Videla ya se había negado a declarar frente a Molinas, con los mismos argumentos que venía presentando a la Cámara Federal, y respondió esta vez de forma más destemplada: *Le niego autoridad para interrogarme sobre un tema que en su momento investigó exhaustivamente su predecesor, el Dr. Conrado Sadi Massüe, con estilo judicial que VE no ha observado.* Videla utilizó contra Molinas el sayo de la "enemistad manifiesta", que ya había aplicado a Strassera, a la Cámara en pleno y al presidente Alfonsín, y concluyó: *Me niego a declarar ante el señor fiscal o cualquier funcionario de su dependencia.*

Las audiencias públicas del Juicio a las Juntas se iniciaron el 22 de abril de 1985. En la sala había espacio para 150 de los 670 periodistas acreditados, 75 invitados especiales a cada sesión en particular —a través de tarjetas limitadas distribuidas entre jueces, defensores y fiscalía— y 100 personas que habían retirado sus entradas con más de una semana de anticipación y que representaban al "público general", distribuidas en dos galerías laterales. Los seis camaristas, con la fiscalía en el extremo izquierdo del estrado y la defensa oficial del otro, enfrentaban los cuatro escritorios y veintiún sillas del resto de los defensores. Detrás del presidente del tribunal, sobre un gran panel de roble, había un crucifijo de buen porte y debajo un vitraux emplomado que representaba un libro abierto con las palabras "Afianzar la justicia". Del total de periodistas, 158 eran corresponsales extranjeros; el proceso no reconocía otros antecedentes internacionales que los juicios de Nuremberg, el de Adolf Eichmann en Israel y los practicados contra los autores de la Dictadura de los Coroneles, en Grecia. El registro grabado de audio y video estaba restringido: el tribunal se encargó de distribuir quince minutos diarios de video sin sonido simultáneo, captado por las cámaras del canal estatal. En el momento más expectante del juicio, la acusación de la fiscalía en setiembre, la Cámara Federal reduciría el material a tres minutos diarios, y aun ese mínimo le fue arrancado por la protesta y la presión de los medios, contrapuesta a la de la corporación militar. A las 15 de aquel histórico 22 de abril de 1985, la hora de inicio de las audiencias, una marcha de cincuenta mil personas encabezada por referentes de organizaciones de derechos humanos y de juventudes políticas recorrió las calles del centro sin pasar nunca a menos de dos cuadras de Tribunales por pedido especial del fiscal Strassera a los organizadores: "Ustedes lo entenderán como un apoyo —les había dicho— pero para nosotros es una presión". Las consignas eran casi las mismas que en el último año de la dictadura. Se cantaba: "No hubo errores, no hubo excesos/ son todos asesinos los milicos del Proceso", una definición que desbordaba la obvia intención oficial de poner un límite al cuestionamiento de la sociedad a las Fuerzas Armadas y, al mismo tiempo, corporizaba la peor fantasía de la oficialidad media: una cadena interminable de citaciones, purgas, persecuciones y carreras interrumpidas. Entre el 22 y el 26 de abril de 1985 testimoniaron frente a los seis jueces tres políticos que habían ocupado cargos encumbrados en el gobierno depuesto por el golpe del 24 de marzo: Luder, presidente del Senado y presidente provisional de la República, además de candidato presidencial del peronismo derrotado por Alfonsín en las elecciones un año y medio antes; Antonio Cafiero, ministro de Economía de Isabel Perón, y Carlos Ruckauf, ministro de Trabajo durante el mismo período. Los tres habían sido propuestos por las defensas. Los tres dieron cuenta del estado de desborde de las fuerzas policiales y de seguridad en cuanto a sus posibilidades de "enfrentar el accionar de la subversión" que habían hecho en su opinión necesarios los decretos 2.770, 71 y 72 de octubre del 75, por los que se había convocado a las Fuerzas Armadas a la lucha y extendido su jurisdicción a todo el país. Con mayor o menor énfasis, los tres negaron que la expresión "aniquilar el accionar del enemigo subversivo" contenida en el decreto 2.772/75 significara aniquilamiento físico, licencia para violar la ley, privar de libertad a personas sin recorrer el camino judicial, torturar y matar a esas personas y —muchísimo menos— autorización para dar un golpe de Estado en contra, justamente, de quienes habían promulgado tales decretos. Testimoniaron tras ellos Theo van Boven, ex director de Derechos Humanos de la ONU, los oficiales superiores de la Armada Luis María Mendía, Antonio Vañek, Salvio Menéndez y el ex canciller almirante Oscar Montes. Estos últimos, y en general los militares que habían actuado durante la represión ilegal, utilizaron invariablemente la misma estrategia de negar los hechos ("desconozco") o la amnesia ("no recuerdo"). Posteriormente declaró el almirante Antoine Sanguinetti, ex comandante de la Armada de la República Francesa y miembro de la Liga Internacional de los Derechos del Hombre (entidad oficialmente adherida a las Naciones Unidas). La pelea de fondo, que se prolongó más allá de estas declaraciones, se dio para probar las detenciones ilegales en la ESMA, la existencia de una denuncia constante y organizada respecto a violaciones graves a los derechos humanos y la negativa oficial de la Argentina a satisfacer esos requerimientos. En la semana testimoniaron también los sindicalistas pertenecientes al sector que había sido más proclive a la colaboración, Ramón Baldassini, de correos y telecomunicaciones; Rubén Marcos, metalúrgico, y Jorge Triaca, de los plásticos. De Baldassini, Marcos y Triaca lograron los defensores la base para sus argumentaciones que no habían conseguido de los políticos justicialistas. Cuando la fiscalía preguntó al primero si "sabía si en algún caso durante el período 76-82, bajo pretexto de reprimir al terrorismo subversivo, se hubiera detenido o eliminado físicamente a personas por su actividad sindical", Baldassini contestó: "Tengo el caso de Vandor, Rucci, Alonso, Valle". Ninguno de los cuatro mencionados había sido asesinado en el período por el que Strassera inquiría sino entre una y dos décadas antes del golpe militar. Baldassini no pudo recordar al dirigente de Luz y Fuerza Oscar Smith, uno de los pocos desaparecidos institucionalmente reclamado por las dos centrales obreras, ni aun después de que Strassera se lo sugirió hasta la impertinencia (y hasta que el presidente del tribunal, Arslanian, lo hizo callar). Frente a aproximadamente la misma pregunta de la fiscalía, Marcos recordó las prisiones de Lorenzo Miguel (metalúrgicos), Rogelio Papagno (construcción) y Diego Ibáñez (petroleros). Arslanian preguntó: "¿Muertes?". Y Marcos respondió: "No, bajo ningún punto de vista". Triaca, que estuvo legalmente detenido durante los primeros ocho meses del régimen, señaló que la Armada le había brindado "un trato ejemplar" ("nos atendían en la mesa de suboficiales"), aunque como había estado presente durante el testimonio de Baldassini no pudo menos que mencionar a Oscar Smith. En general, para los defensores era importante generar la idea de que el 24 de marzo no había significado la ruptura del orden establecido sino tan sólo una escalada y la consecuencia lógica de una dirección impuesta por las mismas instituciones. Ésta era, además, la línea argumental de Videla. Según esta interpretación de los hechos, el golpe había sido una decisión instrumental tomada en el fragor y la confusión de una guerra *de límites imprecisos*. Durante esa primera semana, y en las respuestas del general Cristino Nicolaides, miembro de la cuarta Junta Militar, a preguntas de las defensas, la concepción se dibujó con claridad. Dijo textualmente Nicolaides: "Sr. Presidente, fue una guerra porque, primero, había dos oponentes armados cuyo objetivo político esencial era la conquista del poder, aquí no había alternativa (...) la subversión buscaba el poder para imponer una ideología de izquierda totalmente ajena a las tradiciones, al sentir y al sistema de vida nacional, era algo distinto que se quería, se pretendía imponer al país; ése era el objetivo político por el que se buscaba el poder dentro de la Nación; y las Fuerzas Armadas, ante la gravedad de la situación, convocaron mediante decreto del Poder Ejecutivo a las Fuerzas Armadas para oponerse a esa aspiración de conquista del poder, y las Fuerzas Armadas salieron en cumplimiento de un mandato constitucional para oponerse a esa aspiración y lo lograron". La curiosa confusión semántica de Nicolaides, según la cual las Fuerzas Armadas —cuyo objetivo esencial era la conquista del poder— se convocaron a sí mismas mediante un decreto del gobierno constitucional, y dieron un golpe militar en contra de ese mismo gobierno en función de un mandato de la Constitución que estaban derogando, no fue aprovechada por nadie.

La fiscalía presentó luego a los científicos norteamericanos Erik Stover y Clyde Collins Snow que, a partir de la militancia del primero por los derechos humanos desde la Asociación Americana de Ciencias, y la profesión de antropólogo forense del segundo, formaron el primer equipo de investigación de identidad de cadáveres NN, que no cesaban de aparecer en fosas comunes. Cristina Constanzo, secuestrada en Rosario en setiembre del 76, torturada en la Unidad Regional II de la Policía de Santa Fe bajo la responsabilidad de Agustín Feced, asesinada en Los Surgentes (Córdoba) junto con otras siete personas el 17 de octubre de ese año e inhumada clandestinamente en San Vicente, fue la primera desaparecida que recobró su identidad después de muerta, gracias a las particularidades de su dentadura. El caso de la beba de la familia Lanuscou, relatado inmediatamente después por Clyde Snow, conmovió mucho más a la opinión pública: el domicilio de los Lanuscou en San Isidro había sido rodeado y acribillado a balazos. Los partes de combate posteriores adjudicaron cinco bajas a "la subversión". Se trataba del matrimonio y sus niños de seis, cuatro años y seis meses de edad. La dictadura negó la investigación pedida por los padres de la pareja y éstos, a su vez, no se enteraron de que se había realizado una autopsia —por parte de médicos de la policía provincial— en forma inmediata. El juez Juan María Ramos Padilla impulsó la investigación en 1982. La autopsia policial reencontrada daba cuenta de las cinco muertes con características de sexo y edad correspondientes, pero al exhumarse los cajones sólo se hallaron restos humanos en cuatro de ellos. En el quinto, el más pequeño, correspondiente a la bebita llamada Magdalena, sólo se encontraron su ropa, una manta y un chupete. En 1984 y con la colaboración de los norteamericanos, el féretro fue sometido a pruebas que dieron como resultado que nunca había contenido a la niña. Sus restos tampoco estaban mezclados con los otros. En la última semana de abril del 85 el clima se tensó entre los internos de la U-22 y en ocasiones estalló en gresca. Ambos episodios fueron provocados por Massera. En el primero se peleó con Agosti, a quien acusó —tan luego él— de descargar toda la responsabilidad de la represión en Marina y Ejército. En el segundo, Massera le tomó el pelo a Viola por su abogado civil, José María Orgeira (Orgeira era un noctámbulo conocido, amigo de la farándula, en particular de algunas jóvenes vedettes, y aficionado a las apariciones televisivas). En las dos riñas hubo unos pocos, y torpes, empujones y algunas trompadas. Al enterarse, Arslanian recomendó al director de la U-22 que sancionara a los revoltosos con celda de castigo, como a cualquier interno común. El director del Servicio Penitenciario Federal (SPF), Carlos Ángel Daray, no se atrevió a aplicar las sanciones. Videla no tomó partido por ninguno, jamás alzó la voz, pero estaba visiblemente harto de ellos, especialmente de Viola y de Galtieri. El viernes 26, el mismo día del testimonio de Nicolaides, una movilización en defensa de la democracia que Alfonsín había convocado el domingo anterior por la red nacional de radio y televisión, abarrotó la plaza de Mayo con unas 150.000 personas. Pero el mensaje de Alfonsín no estuvo dirigido a denunciar intentos desestabilizadores, como lo esperaban los manifestantes; el Presidente, en cambio, hizo un balance de la complicada situación económica y terminó anunciando un duro plan de ajuste al que llamó "economía de guerra". La desconcentración y el retorno tuvieron un aire de desconcierto. Robert Cox, ex director del Buenos Aires Herald, relató ante el tribunal sus reuniones con Massera, Videla y su ministro del Interior, Albano Harguindeguy, el general Pita y otros jerarcas del régimen, y las reiteradas presiones para que dejara de publicar información sobre desapariciones y represión. En sus respuestas a los jueces, al fiscal y los defensores comenzó a desnudar lo que poco después Patricia Derian llamaría "balcanización del poder": el mando ilimitado de cada arma e incluso de oficiales de menor jerarquía que los comandantes sobre regiones, áreas, instituciones y/o sobre la represión a determinados grupos de personas. También develó el temor y la autocensura de la prensa a la publicación no sólo de datos referidos a la represión sino tan sólo a la mención de "internas" entre quienes detentaban el poder. El relato de Cox sobre la investigación de la masacre de los padres Palotinos en la iglesia de San Patricio, del barrio de Belgrano, contribuyó a mostrarle a la sociedad argentina su propia doble conciencia, porque no solamente las autoridades y la Iglesia —el nuncio Laghi en primer término— conocían con bastante detalle lo que había ocurrido y dónde se había gestado, sino que todo el barrio lo sabía. La decisión del Buenos Aires Herald —tomada por el propio Cox— de publicar información y reclamos sobre personas desaparecidas sólo cuando el familiar que aportaba la denuncia presentara un hábeas corpus hecho frente a la Justicia puede haber sido producto del miedo o, más indirectamente, del afán de recurrir a las formas legales cuando la misma "legalidad" imperante las despreciaba; no obstante, ese requisito contribuyó a difundir un método de acción homogéneo entre los familiares y los organismos de derechos humanos, y durante el juicio, e incluso en las diligencias previas, los centenares de hábeas corpus sin respuesta se convirtieron en la primera prueba de otras tantas causas. En el 70 por ciento de los casos presentados por la fiscalía había un pedido de hábeas corpus anterior, y en esas presentaciones se relataban historias que en rasgos generales eran similares a las volcadas por los testigos entre siete y nueve años después. Un par de semanas después de la declaración de Cox, la defensa, en un intento de contrarrestar la impresión generada por esa declaración, citó al estrado a Máximo Gainza Paz, director y copropietario del diario La Prensa, y al periodista Mariano Grondona. Ambos —al igual que Cox— habían sido partidarios de la dictadura en sus inicios. Sin embargo, los aportes de Gainza Paz y Grondona resultaron netamente contraproducentes a los fines buscados por la defensa. Como una consecuencia más de estos interrogatorios, en los tres, en los practicados después por la Cámara al general Lanusse, a Patricia Derian y en otra media docena, aparecieron relatos de entrevistas con Massera. En todas ellas, el almirante "Cero" intentó descargar la responsabilidad de la represión en Videla y el "arma Ejército". Inmediatamente después de Cox, la fiscalía citó a Adriana Calvo de Laborde, una física de la ciudad de La Plata. El suyo fue uno de los testimonios más importantes porque mostró la enorme dosis de sufrimiento infligido a una persona; también por su impacto en la conciencia social (Strassera comentaría más tarde que ése fue el día en que comprendió que estaba ganando el juicio). Pero su importancia mayor residió en que Laborde testimonió que las fuerzas de Camps la habían paseado a ella, su marido y a un pequeño grupo de desaparecidos por los lugares centrales de la estructura de campos clandestinos de detención de la provincia, Investigaciones de La Plata, la Cacha, Arana, la comisaría 5ta y el Pozo de Banfield, además de permitirles establecer contacto con prisioneros que habían estado en el Pozo de Quilmes, en el Puesto Vasco y en la División de Cuatrerismo, entre otros sitios. De su testimonio, el de su esposo y el de Ana María Caracoche surgieron datos concretos sobre más de veinte desaparecidos y media docena de partos clandestinos realizados en las condiciones más terribles. Entre todos estos casos de bebés nacidos en cautiverio se destacaba el de la niña de Silvia Isabella Valenzi, por su excepcionalidad: su madre, una mujer de rara belleza, había sido especialmente cuidada y alimentada —mientras sus compañeras agonizaban de hambre— hasta el momento del parto, producido en un sanatorio público. La obtención de esa niña "de criadero" costó su vida y la de otras dos personas, desaparecidas sólo por su calidad de testigos. A lo largo de cinco testimonios relacionados, la defensa declinó repreguntar. Andrés Sergio Marutián —defensor de Viola— sí lo hizo, sobre el fin de la exposición de Caracoche, buscando destacar la militancia peronista de la testigo, que ella asumió de inmediato. Tal militancia parecía ameritar, desde el punto de vista de la defensa, la fractura intencional de un brazo, las torturas posteriores con especial énfasis en ese brazo sin curar y la semiinvalidez que le quedó como secuela; la separación de sus dos hijos, que se prolongó durante siete años; la ceguera temporaria, el hambre, el maltrato y el terror.

En esos días, un semanario político denunció la preparación de una "Noche Azul y Blanca" en la que grupos de "mano de obra desocupada" masacrarían a unas quinientas personas. En la lista publicada había políticos radicales y peronistas renovadores, sindicalistas combativos, militantes de organismos de defensa de los derechos humanos y unos cincuenta periodistas. La versión decía que el general Menéndez era el ideólogo de la operación, desde el Hospital Militar de Córdoba, donde cumplía su arresto. El 3 de mayo de 1985 se presentó a declarar el ex director del diario La Opinión, Timerman, que por las características inusuales de su secuestro había sido uno de los exponentes más notorios —en el plano nacional e internacional— del tipo de represión que se había ejercido en el país. La detención de Timerman había sido reconocida oficialmente sin que eso obstara para que durante semanas no se diera fe de su paradero y sin que variaran las condiciones de detención, calificadas por el tribunal, como en la inmensa mayoría de los demás casos, como "infrahumanas". Su secuestro y tormentos primero, su detención cubierta apenas por una legalidad aparente, inventada sobre la marcha; las reiteradas órdenes de la Corte Suprema respecto a su puesta en libertad, que no fueron obedecidas por la Junta Militar, y por último, el conato de putsch del general Menéndez cuando por fin se produjo su expulsión del país, habían hecho que el caso Timerman figurara en los diarios desde el primer momento. El defensor Tavares preguntó sobre este último punto al prestigioso periodista: "El testigo manifestó en el transcurso de su declaración que pasaron tres o cuatro días hasta que el gobierno reconoció su detención. ¿Cómo sabe que el gobierno conocía inicialmente su detención?". A lo que Timerman respondió que el día de su secuestro los diarios y las radios del país habían difundido en grandes titulares la noticia de su detención y/o secuestro. Y abundó: "No hubo radio ni diario que hubiera dejado de decirlo. Se me hace muy difícil creer que ese día o por tres días la Junta Militar decidió no leer los diarios ni escuchar la radio". En otro pasaje de la exposición de Timerman respecto a la discusión internacional desatada a posteriori de su expulsión del país, empezaron a conocerse datos que señalaban la actitud complaciente de la DAIA (Delegación de Asociaciones Israelitas Argentinas) frente a la represión. La DAIA confrontó con Timerman en diversos foros internacionales, acusándolo de "exagerar el carácter antisemita de la represión". Las defensas citaron el caso, pero en la conciencia social tal cosa no operó en el sentido de desacreditar a los testigos sino, por el contrario, agregó una más a la lista de instituciones oficiales, oficiosas, de colectividad y religiosas que por complicidad, temor, comodidad o conveniencia, habían "dejado hacer, dejado pasar". En sólo dos semanas, la jerarquía católica había aparecido complicada en varios casos que había conocido y en los que no había actuado, o bien en los que había actuado... ayudando a ocultar. Monseñor Emilio Graselli, secretario del Vicariato castrense, reconoció haber tenido en su poder 2.500 fichas de desaparecidos (que incluían los datos de quienes realizaban las denuncias). Esas fichas jamás llegaron a otra parte que al Ministerio del Interior y a manos de su superior, monseñor Tortolo. Si Graselli no exageró los números, tal fichero podría haber acortado en una tercera parte la labor de la CONADEP, pero nunca le fue entregado. El nombre del obispo Antonio Plaza apareció por primera vez en los casos de secuestro de la familia Miralles. Ramón Miralles, ministro del Gobierno de la provincia de Buenos Aires antes del golpe, había sido secuestrado a principios del 77; mientras lo buscaban, fueron secuestrados otros tres miembros de su familia, y antes o después, media docena de ex funcionarios del mismo gobierno. El arzobispo de la ciudad había permanecido indiferente a los pedidos de intermediación, como en casi todos los casos relacionados con la represión en La Plata. También aparecieron constantemente en el juicio evidencias de que los capellanes militares o policiales, encabezados por el ex capellán de la Policía Bonaerense Christian von Wernich, habían tenido contacto con desaparecidos. Un chiste se hizo popular en todos los cuarteles. Ramón Camps, detenido en el Regimiento 3 de La Tablada, lo contaba con fruición a sus visitas: "A los desaparecidos de la próxima vez, no se los llamará NN sino MM: Muchos Más". Entre los beneficiados por el gracejo castrense estuvo Roberto Favelevic, entonces presidente de la Unión Industrial Argentina, que siempre negó enfáticamente la entrevista con Camps.

El tribunal analizó, el 9 de mayo, lo que los mismos policías y militares habían bautizado "la Noche de los Lápices": el secuestro de nueve adolescentes relacionados entre sí a partir de la militancia en la Unión de Estudiantes Secundarios (UES) de la mayoría de ellos, y en particular por el activismo alrededor del boleto estudiantil. El caso se conoció en la sala a través del testimonio del único de los tres sobrevivientes que se animó a prestarlo, Pablo Díaz. Otros seis chicos habían padecido un calvario de por lo menos dos meses —hasta que Pablo fue transformado en un preso "legal"— y su rastro se había perdido en el Pozo de Banfield. Todos tenían entre 15 y 18 años. La calle recogió enseguida el nombre en clave de la operación, y "la Noche de los Lápices" se transformó en un icono para generaciones de estudiantes secundarios. En el momento del juicio, también puso en evidencia el modelo bestial de la policía de Camps y el I Cuerpo de Ejército; la complicidad, el desinterés o la cobardía de la jerarquía eclesiástica, por lo menos de monseñor Antonio Plaza, y de los funcionarios del rectorado universitario y de los colegios a los que los estudiantes concurrían. La complicidad de buena parte de las instituciones y de la dirigencia política durante el régimen no fue un dato inoperante: las defensas intentaron convertirla en un carta fuerte a favor. El 14 de mayo, el defensor oficial de Videla repreguntó a Harguindeguy si había recibido "como ministro del Interior a distintas personalidades y si con las mismas conversó (en las entrevistas me estoy refiriendo) sobre la lucha contra la subversión". La respuesta de Harguindeguy fue: "En la ejecución del diálogo político realizado desde el Ministerio del Interior, el suscrito entrevistó a toda la dirigencia política que en ese momento se estimó representativa de las fuerzas empresariales, del trabajo, de las academias, de los colegios profesionales, etcétera. Deben haber sido más de sesenta entrevistas, con un promedio de cuatro interlocutores en cada una de ellas. Acerca del diálogo político, puedo decir que la casi totalidad de los entrevistados manifestó su aprobación a la lucha contra la subversión desarrollada por las Fuerzas Armadas por cuanto comprendieron que si no se hubiese obtenido la victoria, era imposible pensar en una futura institucionalización del país, que era uno de los objetivos del Proceso de Reorganización Nacional". También fue recurso común de los defensores el intento de desacreditar testimonios a partir de la presunción de militancia en organizaciones ilegales o no, ya fuera por parte del testimoniante o de la víctima a la que se hiciera referencia. El 16 de mayo compareció el ex miembro de la CONADEP y en ese momento subsecretario de Derechos Humanos, Rabossi. Tavares le preguntó si podía establecer un porcentaje de denunciantes que hubieran reclamado por personas desaparecidas, reconociendo que esa persona era "subversiva o terrorista". Rabossi respondió que no. "No puedo dar ese porcentaje —agregó—. En el formulario de la CONADEP una de las preguntas era ésa, pero para nosotros era un dato hasta cierto punto irrelevante". Tavares repreguntó esta vez "para que diga el testigo qué valor probatorio y verosimilitud se les asignaban a los testimonios rendidos por individuos o sujetos que reconocieron o confesaron su propia participación en gravísimos hechos ilícitos". El ex integrante de la CONADEP, después de insistir en su negativa, expresó: "No puedo dejar pasar la calificación de individuos que hace el señor abogado defensor. Para la CONADEP, nosotros no tratamos con individuos. Tratamos con seres humanos, ciudadanos argentinos".

El 17 de mayo, Día de la Armada, mientras se encontraba hospitalizado en Puerto Belgrano por la fractura de una pierna en un accidente deportivo, Astiz recibió la visita de cien oficiales de su fuerza de todas las graduaciones encabezados por el a la sazón jefe del arma. Astiz iba a testimoniar en el juicio a fin de mes. La oficialidad media del Ejército presentaba el espíritu de cuerpo de la Armada como una conducta por imitar. El 23 la plaza de Mayo había vuelto a ser desbordada, pero esta vez por manifestantes que no habían concurrido a apoyar al gobierno; la convocatoria la había realizado la CGT conducida por Ubaldini. Se reunieron 120.000 personas para apoyar el arranque de un plan de lucha contra el FMI y el programa económico del gobierno, que consideraban derivado directamente de las directivas del organismo financiero multinacional. El 28, la investigación del reciente secuestro del empresario Menotti Pescarmona derivó en un curioso juego de espejos entre el pasado revisado en el juicio y el presente de esos días: mientras en el tribunal se conocían detalles respecto del campo de concentración de la Capital Federal denominado Automotores Orletti, pieza clave del Operativo Cóndor, la banda de delincuentes comunes adscriptos a la inteligencia militar que había campeado en Orletti, integrada por el "Coronel" Aníbal Gordon, Eduardo Ruffo, el "mayor" Guglielminetti y otros, aparecía en los diarios relacionada con nuevos secuestros, esta vez solamente extorsivos. El 27 de mayo, Héctor Ratto, un ex obrero y ex delegado sindical de Mercedes Benz SA, hizo el relato de su secuestro en agosto del 77, en el interior de la planta y por tropa uniformada, y de su cautiverio en el "Campito". Ratto permaneció desaparecido durante casi dos años, entre el "Campito" y diferentes comisarías, pero otros cinco obreros de Mercedes secuestrados al mismo tiempo en sus domicilios o en la calle desaparecieron para siempre. Ratto vio además a una veintena de otros compañeros de la fábrica, que fueron detenidos por el tiempo estrictamente necesario para torturarlos una o dos veces, con el único fin de amedrentarlos. En el caso se veía una aplicación "de libro" del anexo segundo a la orden 504/77, referido a la represión fabril. No era la única comisión interna desbaratada mediante el secuestro en masa.

Videla faltó por primera vez a la boda de una de sus hijas. En la U-22 pasaba las jornadas recibiendo visitas y respondiendo a mano correspondencia de amigos y admiradores; vestía normalmente de sport, con mocasines, chombas y algún suéter. Su celda estaba dividida en diagonal por un tabique. El mobiliario lo formaban la cama, la mesita de luz, un armario y la mesa que hacía las veces de escritorio. Allí, los domingos y fiestas de guardar un sacerdote celebraba misa especialmente para él. La mayoría de los libros que leía eran piadosos. Se trataba fundamentalmente con Viola y Lambruschini, aunque prefería cenar a solas, en la celda. Fuera de sus devocionarios, sólo leía con atención los periódicos, desde la madrugada. Excepto por la noche, siempre estaba con él algún miembro de la familia. Una fuente anónima, presumiblemente Rodríguez Varela, declaró off the record al diario Clarín que "los supuestos ejecutores no han sido individualizados. No se ha comprobado la existencia de ninguna orden aberrante. Nadie se ha amparado en la obediencia debida. Se ha resuelto condenar a los ex comandantes simplemente porque desempeñaron cargos en tiempos de guerra interna, durante cuyo transcurso, como suele ocurrir en los conflictos bélicos, se cometieron presuntas extralimitaciones". Cuando el juicio promediaba, Videla repetía a familiares y amigos: *Estoy preparado para lo peor*.

El 11 de junio de 1985 declaró Marta Candeloro, la única sobreviviente del secuestro colectivo y coordinado, el 7 de julio del 77, de cinco abogados con antecedentes de defensa de presos políticos y de trabajadores en conflicto. Los represores llamaron al operativo "la Noche de las Corbatas". El lugar donde Marta presenció la muerte de su marido y del doctor Norberto Centeno, y del que salió convencida de que los demás ya no sobrevivirían, era una vieja base de radar semiabandonada en las cercanías de Mar del Plata, apodada "La Cueva".

Patricia Derian, la ex funcionaria del Departamento de Estado de los EE.UU. que había sido punta de lanza de la política de derechos humanos del gobierno de Carter, se presentó ante la Cámara el día 13 de junio. Derian había visitado el país en tres oportunidades durante el año 1977, y había sido calificada entonces por las revistas de Editorial Atlántida Gente, Somos y Para Ti como la "Enemiga número 2 del país" (apenas un escalón por debajo de Mario Eduardo Firmenich). Cuando Derian ingresó a la sala, los defensores particulares se levantaron y la abandonaron en fila, de uno en fondo. Sólo Tavares permaneció allí, en su rol de defensor oficial. Tras contar sus entrevistas con Videla, Massera, Harguindeguy, Viola, representantes de la Iglesia Católica y miembros de la Corte Suprema de Justicia de entonces, Derian hizo alusión al Operativo Cóndor: "En la época en que Chile, Paraguay, Brasil, Uruguay y la Argentina se encontraban bajo dictaduras militares, existía una asociación secreta extralegal de fuerzas de seguridad. Así sucedió que personas de otros países que estaban en la Argentina fueron detenidas aquí y más tarde aparecieron en cárceles de Uruguay, Brasil o

Paraguay. Era como una especie de ferrocarril subterráneo". Inmediatamente antes de Derian había testimoniado el periodista uruguayo Enrique Rodríguez Larreta, e inmediatamente después lo hicieron las maestras Sara Méndez Lompodio, Ana Cuadros Herrera y Margarita Michelini. Ellos y otros habían sido secuestrados en la Argentina y habían reaparecido como presos políticos de la dictadura uruguaya.

El fiscal Molinas citó oficialmente a Videla una vez más, el 20 de junio de 1985. Esta vez se trataba de la causa por irregularidades en el EAM 78, en la que todavía no había sido acusado, aunque el fiscal de Investigaciones Administrativas no ocultaba su intención de hacerlo. Videla compareció acompañado por los abogados Rodríguez Varela y Adrián García Moritán, quien se agregó a su defensa desde entonces en todas las causas excepto en la que se hallaba en juicio oral. Videla volvió a alegar *enemistad manifiesta* de Molinas para negarse a declarar. Dos días más tarde, la Corte Suprema revocó un fallo de la Cámara Federal que cerraba la causa entablada por el gobernador de La Rioja Carlos Saúl Menem. Menem había demandado a Videla y Harguindeguy por su segunda detención durante el período en que el primero había detentado el poder, y su confinamiento en el paraje Las Lomitas (Formosa), ambas medidas tomadas por decreto presidencial. Esa segunda detención se prolongó entre setiembre del 80 y febrero del 81, y Menem la calificó de "arbitraria y agravada". En junio, Molinas volvió al ataque; su fiscalía denunció a Videla y Martínez de Hoz en un caso que mezclaba el delito económico con la represión, el del empresario Federico Gutheim. El fiscal Ricardo Molinas inició querella a Videla y Harguindeguy como autores y a Martínez de Hoz como instigador del delito de privación ilegítima de la libertad. La querella inicial fue presentada en mayo del 85 frente al juzgado federal de Fernando Archimbal. En la última semana de junio, el semanario Gente incluyó declaraciones del jefe de Estado Mayor General del Ejército, general Héctor Ríos Ereñú. Éste se manifestó explícitamente a favor de una amnistía. "Es la única forma de hacer una gran Nación", afirmó, ya que "en el pasado hubo que defender valores esenciales, y eso se hizo a costa de una guerra; hay hechos que no pueden ser discrecionados y asépticamente tratados como una cuestión puntual casual". Respecto de los desaparecidos, el máximo referente del Ejército declaró que la cuestión no era "fácil, porque las acciones de esta guerra no están encuadradas en el marco clásico". En otro párrafo, y en nombre de toda la institución, agregó: "Aceptamos la decisión del Poder Ejecutivo de determinar las responsabilidades de los conductores de esta guerra. Pero el resto de la institución, los que actuaron cumpliendo órdenes, los que arriesgaron sus vidas, están preocupados porque no alcanzan a ver cuál es la verdadera situación". El ministro Roque Carranza descartó la posibilidad de una amnistía, sin mencionar a su subordinado pero contestando puntualmente que el gobierno deseaba que "todos los responsables de los excesos cometidos en la represión" fueran sancionados "mediante la legislación vigente". Pocos días después, Alfonsín en persona, cara a cara con la oficialidad en la cena de camaradería de las Fuerzas Armadas, declaró: "No creo en los 'puntos finales' por decreto (...) es la sociedad misma la que en un acto severo de contrición y de reconocimiento de su identidad está recogiendo la experiencia el pasado y comienza a decidirse a encarar el futuro con la mirada hacia delante, el paso decidido, con humildad y osadía".

Todos los ex integrantes de la ya disuelta "Comisión Ítalo" del Parlamento avalaron una denuncia penal por fraude en perjuicio del Estado presentada el 6 de julio del 85 por el peronista Julio César Aráoz contra Martínez de Hoz, Videla, Massera, Agosti y el ex negociador de la compra y ex juez de la Corte Suprema, Alejandro Caride. Antes de hacerlo, Aráoz y el radical Guillermo Tello Rosas habían promovido el juicio político contra la jueza Amelia Berraz de Vidal por la tardanza en procesar a Guillermo Walter Klein. Al hacer la presentación, el diputado Aráoz aludió al juicio oral en desarrollo: "Existe un correlato directo entre las violaciones a los derechos humanos y los ilícitos cometidos por los sectores encaramados al poder (...) Mientras unos mataban, otros robaban". El 9 de julio, cien oficiales en actividad de las tres fuerzas se presentaron en la U-22 de la calle Viamonte con la pretensión de "saludar a los camaradas por la fecha patria". Hubo un incidente al ingresar por la insistencia del Servicio Penitenciario Federal en cumplir con la requisa de seguridad a la que, se suponía, estaban obligadas todas las visitas, pero los escollos fueron rápidamente superados (el penal acabó por servirles chocolate). En tanto, FAMUS estaba organizando una misa por mes desde el inicio del juicio; la familia de Videla y los generales Levingston, Sasiaiñ, Pita, Ochoa, Bignone, Mario Benjamín Menéndez —el de Malvinas— y el juez Lucio Somoza eran algunos de los participantes habituales. En julio, el ex detenido desaparecido en "La Perla" Gustavo Contepomi relató en su testimonio cómo la creación de FAMUS había sido una idea original del oficial de Ejército Ernesto "Nabo" Barreiro, como continuidad de los clandestinos "Comando Libertadores de América" (versión cordobesa de la Triple A) y "Falange de Fe". Según el testigo Contepomi, los primeros volantes de FAMUS habían sido impresos en el interior del campo de concentración, en base al trabajo en servidumbre de algunos prisioneros y con un mimeógrafo robado a uno de ellos, para responder desde el anonimato a la primera visita de Derian, en el 77.

Mientras en el juicio se ventilaban algunos de los secuestros que por sus implicancias habían sido conocidos en el momento en que habían ocurrido (Solari Yrigoyen, Oscar Smith, el abogado y empresario Cerutti, el embajador Hidalgo Solá, su colega Elena Holmberg, el periodista Horacio Agulla), los pronunciamientos militares comenzaron a ser cotidianos. La fiscalía decidió desistir de mil testigos y acordó con jueces y defensores el fin de las audiencias públicas para mediados del mes siguiente. El 23 de julio de 1985 un documento supuestamente representativo del Ejército Argentino, con la única firma del general auditor Carlos Horacio Cerdá pero sin sellos ni membretes, calificó el juicio de "parcial", exigió la revisión de las acciones "subversivas" desde inicios de los 70 y cuestionó a los testigos presentados hasta entonces. Carranza dispuso el pase a retiro de Cerdá. El Ejército logró que el retiro fuera incluido en el legajo como "voluntario". El ex presidente Arturo Frondizi, cada vez más un vocero oficioso de las Fuerzas Armadas, declaró que el juicio estaba encaminado a desprestigiar a las instituciones militares en su conjunto. El dirigente conservador Emilio Hardoy manifestó que (el juicio) "está dando un mal resultado (...) porque se pretende que se condene a quienes salvaron al país de la subversión y el terrorismo". El vicario castrense, monseñor José Miguel Medina, se preguntaba si existía "un trabajo subterráneo que quiere desmembrar a instituciones tan nobles e indispensables para la sociedad como mis queridas Fuerzas Armadas y mi querida policía". Las audiencias orales finalizaron con el testimonio de Zulema Chester, que a los doce años había presenciado el secuestro de su padre Jacobo en el marco de la brutal represión a los profesionales del hospital Posadas. Zulema Chester había tenido el coraje de preguntar a los captores dónde podía encontrar a su padre. La respuesta había sido: "Buscá en los zanjones". De los algo más de dos mil testigos aceptados inicialmente por el tribunal, habían alcanzado a presentarse en los estrados o a deponer por exhorto 833 personas.

Videla presentó a los jueces de la Cámara, en agosto del 85, un pedido para que le ahorraran lo que consideraba una humillación pública: *(...) He tomado conocimiento que VE ha resuelto que debo asistir a la requisitoria del fiscal. Esta decisión constituye un nuevo pronunciamiento arbitrario que carece de sustento normativo. (...) En consecuencia, acorde con la posición asumida desde la iniciación de este proceso, declino toda intervención en el mismo y requiero no se me obligue a participar en actos que considero viciados de nulidad. (...) Según el todavía general,* en el juicio se había cometido una larga lista de *transgresiones* a las que calificaba de *gravísimas*, entre ellas *testigos preparados, terroristas que comparecen y pretenden asumir el rol de víctimas* (y) *subversivos que declaran en el exterior para no correr el riesgo de ser procesados en territorio argentino*. Además, cargaba contra Strassera, del que decía que no actuaba con *la necesaria objetividad* y contra la sociedad que lo repudiaba: *las audiencias se han sustanciado en un clima de presión forjado a través de los medios de comunicación social, de las movilizaciones callejeras, y de la declaración de funcionarios que corroboran algo que ya sabe la opinión pública: éste es un juicio político, instaurado para condenar, no para juzgar*. Volviendo a la defensa de la "pureza" de su régimen, seguía diciendo: *Se ha procurado descalificar a las Fuerzas Armadas mezclando delitos comunes, que ninguna vinculación tienen con la guerra desatada por la subversión. Han quedado en cambio en la penumbra los 21.800 actos vandálicos ejecutados por las organizaciones terroristas y el desempeño heroico de las fuerzas regulares que en forma justiciera impidieron que la agresión subversiva consumara sus designios de dominación totalitaria. (...)* Después de esta arenga, volvía a pedir que *no se me haga comparecer, abusando de la fuerza pública, a las audiencias* porque —decía— *ya he sido condenado por el Poder Ejecutivo*. Videla consideraba el juicio como un *trámite vejatorio,* en el que *no se administrará justicia* y que *sólo servirá para acentuar la discordia, malversar una legítima victoria y frustrar la genuina reconciliación entre los argentinos*.

Además de la reformulación de cargos contra los poderes Judicial y Ejecutivo, el argumento de la descalificación de testigos que pretendían pasar por "víctimas" cuando en realidad se trataría de "militantes extremistas" aparecía cuatro veces. Y transparentaba una concepción: la condición de víctima y la de extremista como auto-excluyentes, de lo que surgía que para que alguien fuera considerado víctima de alguna clase de violencia o ilícito, primero debía demostrar no haber sido "extremista". Más aún, la militancia "extremista", "marxista" o "subversiva" parecía una cualidad eterna e inalterable; en el texto de Videla, los testigos no "fueron" sino que "son" militantes subversivos (de lo que se desprende que la única manera de acabar con esa condición perenne es eliminando a su portador). Los actos terroristas —según Videla— habían pasado de los 5.079 adjudicados en su carta del 10 de abril del 84 al período 1970-75 a 21.800 en total, de modo que para cumplir el promedio las organizaciones guerrilleras debieron haber cuadruplicado su poder de fuego en los años en que, justamente, él conducía la represión. La aceptación de los testimonios por parte del tribunal era, para Videla, un elemento que quitaba objetividad, no ya a la Cámara, sino a la fiscalía. El mismo reclamo en contra de Strassera apareció más tarde en la defensa de Tavares. No reflejaba sino su desconcierto y el del resto de las defensas, que esperaban una discusión política global sobre los resultados generales de la acción de los ex comandantes, y se habían encontrado con una fiscalía basada en una estrategia "caso a caso", perfectamente documentados todos ellos; no hallaron el camino —en los cuatro meses que duraron las exposiciones— para enfrentarla en ese terreno. En cuanto al decreto 158 de Alfonsín, y a la recusación del juicio por su carácter político, resultaron esclarecedoras las declaraciones del propio Videla en la entrevista de marzo de 1999: *El decreto 158 excedía lo que uno podía esperar... Pero no puedo hablar de traición, porque nunca proyectamos nada en común con Alfonsín, ni hubo ninguna promesa de garantía de su parte. Sí fui sorprendido en lo que yo imaginaba como desenlace posible. ¡Ni sospecha de algo parecido!*

El 27 de agosto la Cámara rechazó en sólo cinco líneas el pedido de Videla para que no se lo obligara a estar presente en las audiencias. Ese mismo día se conocieron las fechas en las que se pronunciaría el alegato de la fiscalía. Según la resolución de la Cámara, Videla estaría nuevamente obligado a presenciar la defensa de Tavares de su caso específico. Como un último recurso para desconocer la jurisdicción de la Cámara, Videla adelantó que pensaba presentarse en traje de civil: el código, según cuyas reglas los ex comandantes estaban siendo juzgados, establecía que los acusados deben presentarse ante el juez en sus uniformes de gala. Dos días después la Cámara hizo saber informalmente que el atuendo del general no le importaba a nadie más que a él. En la entrevista de marzo del 99, a Videla le costó reconocer que su manifiesto desprecio por la Cámara no hubiera sido una idea enteramente propia: *Yo pretendía estar ausente, y así fue... Sin embargo, admitió haberlo conseguido a medias: (Lo logré) Con altibajos. Hay que pensar en una sala callada, una voz altisonante... Le recuerdo que estuvimos sólo durante la acusación. Yo había pedido no asistir, pero no había otra opción, pues iba a ser llevado por la fuerza pública, así que tampoco iba a armar un circo. Es que yo estaba condenado de entrada, ese juicio era político. Con esto no quiero desmerecer a quienes se defendieron, a quienes tomaron otra actitud. Yo tomé por mi parte esa actitud, fue idea mía.* Respecto de si había conversado sobre el tema con el resto de los acusados, dijo: *No, no. Tenía mi abogado, Alberto Rodríguez Varela, que dejó de serlo en esa ocasión pues yo rechazaba el juicio. Cuando sale el juicio, hablé con él y con otro amigo, nos reunimos. Entre las alternativas que consideramos, me sugirieron tomar esa posición. Cuando estaba bajo el Consejo Supremo, sabía cómo venían las cosas, era distinto. Después me pregunté qué haría, y vino esta sugerencia...*

El fiscal Strassera inició así su exposición, el 11 de setiembre de 1985: "Señores jueces, la comunidad argentina en particular, pero también la conciencia jurídica universal me han encomendado la augusta misión de presentarme ante ustedes para reclamar justicia. Pero no estoy solo en esta empresa. Me acompañan en el reclamo más de nueve mil desaparecidos que han dejado, a través de aquellos que tuvieron la suerte de volver de las sombras, su mudo pero no menos elocuente testimonio acusador. Empero, ellos serán mucho más generosos que sus verdugos pues no exigirán tan sólo el castigo de los delitos cometidos en su perjuicio. Abogarán en cambio para que ese ineludible acto de justicia sirva también para condenar el uso de la violencia como instrumento político, venga ella de donde viniere; para desterrar la idea de que existen muertes buenas y muertes malas..." Strassera historió enseguida los principales atentados de las organizaciones guerrilleras, que en la época seguían siendo nombradas con el genérico "la subversión", tanto por fiscales y jueces como por defensores y acusados. Tras esta revisión, Strassera dijo: "Tal, en apretada síntesis, el cuadro de violencia imperante en el país cuando tres de los hoy procesados deciden una vez más, en nombre de las Fuerzas Armadas, tomar por asalto el poder despreciando la voluntad popular. ¿Y cuál fue la respuesta que se dio luego de esto, desde el Estado a la guerrilla subversiva? Para calificarla, señores jueces, me bastan tres palabras: feroz, clandestina y cobarde". Casi enseguida, Strassera dio por primera vez una definición del terrorismo de Estado: "Los guerrilleros secuestraban y mataban. ¿Y qué hizo el Estado para combatirlos? Secuestrar, torturar y matar en una escala infinitamente mayor y, lo que es más grave, al margen del orden jurídico instalado por él mismo, cuyo marco pretendía mostrarnos excedido por los sediciosos (...) ¿Cuántas víctimas de la represión eran culpables de actividades ilegales? ¿Cuántas inocentes? Jamás lo sabremos, y no es culpa de las víctimas. No bastan los chismorreos de los servicios de informaciones que, de manera vergonzante, se han esgrimido en este juicio en muchas oportunidades (...) Las juntas militares no sólo fracasaron en la misión de establecer la inocencia de los inculpados injustamente sino también en probar la culpabilidad de los actos criminales".

Poco después, todavía en la introducción general del alegato, a partir de una cita de San Martín, el fiscal Moreno Ocampo comparó al ejército de la Independencia con el que había desatado la masacre. "Si es cierto que cada comandante impone a su tropa su sello personal, está claro que el sello impreso por el general Videla no fue similar al del general José de San Martín", comenzó Moreno Ocampo. Al sentirse mencionado, el aludido levantó por primera vez la cara de su libro; tal vez recordó la prosapia sanmartiniana de sus familiares, luego unitarios fusilados. Videla había conseguido permanecer con la cabeza baja, mirando fijamente sus rodillas, durante la descripción puntual de los sufrimientos de Adriana Calvo, Susana Caride, Inés Olleros, Ramón Miralles, Floreal Avellaneda, pero no pudo hacerlo cuando Moreno Ocampo volvió sobre el tema de las responsabilidades asumidas: "...Las huecas referencias del general Videla afirmando que se hace responsable de todo, pero que los hechos no sucedieron, exponen un pensamiento primario que, dando un valor mágico a las palabras, pretende que con ellas desaparezca la realidad que se quiere negar". Después del cuarto intermedio, Strassera retomó la palabra y comenzó a particularizar la acusación. Hizo hincapié primero en algunas de las masacres colectivas: la "batalla" de Fátima, el "combate" de Palomitas (Jujuy), los muertos de Los Surgentes (Córdoba), los asesinados en Margarita Belén (Chaco). Luego, se refirió a los casos de bebés nacidos en cautiverio o secuestrados junto a sus padres, para pasar a los casos de secuestro y su secuela de encubrimiento oficial. En determinado punto señaló: "La tesis del Ministerio Público es que ningún comandante es inocente, si bien el grado de culpabilidad, y por tanto de pena a pedir, puede ser distinto entre la primera y las siguientes juntas".

Un día después del alegato de Strassera, Videla remitió al general Ríos Ereñú una carta en la que se quejaba de que la Justicia había hecho *uso abusivo de la fuerza pública* para obligarlo a comparecer *personalmente a oír la requisitoria del fiscal*. Repetía sus argumentos de que había sido *vejado*, sustraído de *mis jueces naturales* y que, por eso, decidía *no concurrir a ninguna audiencia con uniforme militar*. En la audiencia de ese mismo día, el fiscal Moreno Ocampo recorrió las desapariciones de Eduardo Jorge Alday, Eduardo Schiel, Néstor Busso, Luis Guillermo Taub, Adolfo Omar Sánchez, la familia de Francisco Nicolás Gutiérrez, el grupo Galarza-Moncalvillo-Mainer, el teniente de Marina Jorge Devoto, los casos colectivos de "la Noche de los Lápices", "la Noche de las Corbatas" y de Mercedes Benz. Entre caso y caso se describió el funcionamiento de La Perla, La Ribera, la red de campos dependientes del Ejército. Videla se mostraba algo más distendido que en la jornada anterior, y se permitió algunos comentarios acompañados de sonrisas con su rival y cómplice, Massera.

Antes de su resonante frase final: "Señores jueces, nunca más", y de la más resonante respuesta del público, Strassera se había referido así a la culpa de Videla: "Con relación a la responsabilidad que atribuyo al general Videla, no hace falta extenderme para fundamentar la severidad de la sanción a requerir. Su rol protagónico en la instauración y mantenimiento del aparato delictivo que estamos denunciando resulta innegable. Era el comandante en jefe del Ejército —que tenía la responsabilidad primaria en la lucha contra la subversión— y uno de los artífices principales de la metodología represiva que aquí enjuiciamos". La fiscalía reclamó cinco reclusiones perpetuas, tres de ellas con accesoria definida por el artículo 52 del Código Penal, que las aseguraba como verdaderamente perpetuas. Videla, Massera, Agosti, integraron esta categoría. Los pedidos para Viola y Lambruschini fueron también de reclusión perpetua, pero sin esta accesoria. En escalones inferiores en la severidad de las penas solicitadas, Galtieri mereció un pedido de 15 años de prisión, Anaya de 12 y Basilio Lami Dozo de 10. El pedido de pena para Videla se hizo sobre el supuesto de su autoría en 83 homicidios calificados, 504 privaciones ilegítimas de la libertad, 254 aplicaciones de tormentos, 94 robos agravados, 180 falsedades ideológicas, seis robos de bebés y otros seis cargos, cada uno cometido en múltiples ocasiones.

El todavía teniente general Videla perdió la "batalla" del 18 de setiembre con el público y, además, resultó herido en ella: el 19 de setiembre fue trasladado de la U-22 al Hospital Militar Central con diagnóstico de hemorragia gastrointestinal a raíz de una antigua úlcera reabierta. Su enfermedad le impidió asistir a su propia defensa, que Tavares desarrolló entre el 30 de setiembre y el primero de octubre. Antes tuvo que *sufrir la humillación* de que la Cámara no aceptara el justificativo médico sin comprobar fehacientemente la dolencia por sus propios medios; Videla fue revisado por médicos forenses, los que, para acentuar su derrota, no aceptaron hacerlo en el nosocomio militar, sino que lo trasladaron a un hospital general para civiles. La defensa de Tavares, entonces, se inició sin Videla y con una cita de Aristóbulo del Valle: "Esta causa es una causa esencialmente política. Sin embargo, es mi propósito mantenerme alejado del terreno político en cuanto fuere posible, y conservarme dentro de la fría circunscripción del debate judicial". Sin embargo, no se mantuvo tan alejado en las trece horas repartidas en dos jornadas que llevó su exposición. Comenzó por recordar las dos únicas recomendaciones que desde el principio Videla le había hecho: "No desviar hacia sus subordinados las imputaciones que se le formulen (...) y, por sobre todo, que se defienda, primero, la legitimidad de la guerra emprendida por las Fuerzas Armadas contra la subversión y, segundo, la integridad y prestigio de las Fuerzas Armadas". Su alegato tuvo muchos rasgos técnicos, pero el más importante fue que arguyó contra debilidades de testimonios en una decena de casos, entre ellos el de la masacre de 30 personas en Fátima. Tavares cuestionó las actuaciones de la CONADEP por no haber investigado "crímenes y desapariciones provocados por las organizaciones terroristas", por lo que, según él, habían "salido favorecidos en el informe publicado los miembros de las bandas subversivas y sus mentores, ya que las conclusiones del informe han resultado colaterales". Se permitió también conceptos políticos generales, el más importante de los cuales estuvo ligado al cuestionamiento del decreto 158. Previsiblemente, cerró pidiendo la absolución de su defendido. Hasta mediados de octubre, mientras se sucedían los alegatos de las otras ocho defensas, Videla viajó varias veces entre la U–22 y el Hospital Militar, donde en dos oportunidades quedó internado en observación. En la última semana, la Cámara le ofreció la oportunidad de hacer su propio alegato. Videla la rechazó, pero ya no esgrimiendo la postura de *no participar de ningún modo* que siempre había sostenido, sino quejándose de que la sesión se llevara a cabo sin público ni prensa (la Cámara no había vuelto a permitir el ingreso después de la demostración de entusiasmo durante la acusación). En su queja, Videla resumió el juicio como *la gran revancha de los derrotados*.

Una encuesta sobre 580 casos de la Capital Federal, en zonas que promediaban todo el espectro y con franjas proporcionales a las de los votantes de 1983, dio como resultado que más del 72 por ciento de la población estaba a favor del juicio y la manera en que estaba siendo llevado y sólo el 8,3 en contra. Si se tomaban las críticas de aquellos que opinaban mal del juicio porque les parecía blando, creían que estaba concertado, que no juzgaba a la totalidad de los responsables, o simplemente que la solución debía ser más drástica, los números favorables a la condena se elevaban al 92 por ciento. Los seis jueces de la Cámara Federal deliberaron sobre la condena todo el sábado 7 y la mañana del domingo 8 de diciembre de 1985, en lo que fue la culminación de casi dos meses de análisis por separado y en conjunto. Las tareas habían sido sistematizadas: D'Alessio y Torlasco revisaron toda la documentación; Ledesma, cada uno de los delitos que se consideraron probados; Gil Lavedra se ocupó de analizar la distribución de las autorías; Arslanian y Valerga Aráoz hicieron la revisión final. La mañana del domingo concluyó con un almuerzo en la pizzería Banchero, de Talcahuano y Corrientes. Allí, Arslanian garabateó nombres y cifras sobre una servilleta —las servilletas de Banchero siempre fueron rectángulos simples de áspero y absorbente papel de estraza— y la hizo circular entre los demás. "Para mí, son ésas", dijo. Los camaristas fueron firmando sobre el papel, en un acto sin valor jurídico pero de innegable valor histórico. Había sólo cinco nombres, acompañados cada uno de una frase, y tres de ellos de cifras: Jorge Rafael Videla, reclusión perpetua;

Emilio Eduardo Massera, prisión perpetua; Orlando Ramón Agosti, cuatro años y seis meses de prisión; Roberto Eduardo Viola, diecisiete años de prisión; Armando Lambruschini, ocho años de prisión. Todas las penas fueron acompañadas de inhabilitación absoluta perpetua y destitución; los camaristas ya habían decidido de antemano absolver a los cinco acusados restantes. El criterio había sido extremadamente garantista. En todos los cargos se había optado por condenar por medio de la ley más benigna. Los casos sólo se consideraron probados si existían tres pruebas indiciarias. Se descartaron cargos, en algunos casos por razones paradójicas: no se condenó a nadie por falsedad ideológica, por ejemplo, porque en la inmensa mayoría de las respuestas a los hábeas corpus las policías y el Ministerio del Interior habían respondido mediante documentos sellados, pero sin forma legal. No se condenó por robo de bebés porque la Cámara consideró que el número de acusaciones no era suficiente para probar un método concertado. La pertinaz tarea de los organismos humanitarios, especialmente de Abuelas de Plaza de Mayo, lograría en el futuro acumular pruebas y reabrir las causas.

Inmediatamente después del almuerzo, los camaristas organizaron la tarea de la redacción final. La distribuyeron de manera tal que nadie, ni los copistas directos, ni las Fuerzas Armadas ni los servicios de informaciones supieron de su contenido. Esto fue cierto también para el mismísimo Alfonsín, que se enteró al día siguiente a través de la televisión, como todos los ciudadanos. Videla fue condenado por 66 homicidios alevosos, privación ilegal de la libertad agravada por amenazas y violencia en 306 ocasiones, aplicación de tormentos en 93 oportunidades, en concurso real con tormentos seguidos de muerte en 4 de esos casos y 26 robos. Las penas podían considerarse extraordinariamente leves según el código vigente, y muchísimo más si se tenía en cuenta que los comandantes estaban siendo juzgados según el Código de Justicia Militar; en setiembre algunos colaboradores de la fiscalía habían calculado que de acumularse los cargos contra Videla, le hubieran correspondido 10.248 años de prisión. Su propia esposa dijo a una revista: "Está bien, está bien. Podría haber sido peor. Lo podrían haber condenado a muerte. No existe la pena de muerte, ya lo sé, pero la podrían haber inventado. ¡Se inventan tantas cosas!". Hartridge se equivocaba por partida doble: en el Código de Justicia Militar sí existía la pena de muerte, aunque su aplicación no entrara en los límites de la sensatez política. Pero desde otro punto de vista había ocurrido lo inimaginable: un tribunal civil había condenado la acción de quienes habían detentado el poder absoluto en la Argentina. El juicio más conmovedor y significativo de la historia nacional, cuyas audiencias habían durado

512

900 horas, que había reunido a 672 periodistas, 833 testigos (546 hombres y 287 mujeres, entre ellos 64 militares y 14 sacerdotes), y producido tres toneladas de expedientes de los que formaban parte 4.000 hábeas corpus o denuncias de desaparición de Capital Federal, 5.000 del interior del país y 4.000 reclamos diplomáticos, había terminado. Un juicio que había demostrado con dolorosa nitidez, como se afirmó durante su curso, que si en la "batalla" ilegal que comandó Videla contra la sociedad civil hubo una heráldica del "ejército en operaciones", ésa fue una picana y una capucha.

Pero el fallo contenía un punto, el número 30, que no satisfizo al gobierno. Por él se ordenaba la continuidad de los procesos contra "...los oficiales superiores, que ocuparon los comandos de zona y subzona de Defensa durante la lucha contra la subversión, y de todos aquellos que tuvieron responsabilidad operativa en las acciones". En principio, de aquí se desprendía que unos 450 militares resultaban implicados. Para el gobierno, la continuidad de los procesos era la concreción de una pesadilla que se había querido evitar desde el principio. Diez años después, en diciembre de 1995, las dos partes se explicarían. Uno de los camaristas de entonces relató: "Querían (en el gobierno) que asumiéramos un indulto encubierto. Pero ésa no era tarea nuestra sino del poder político. Así que dijimos: ya que no nos van a aplaudir de todos lados, al menos que nos puteen parejito". Por su parte, Alfonsín rememoró: "Siempre creí que no se podía iniciar la transición hacia la democracia sobre una claudicación ética. También estaba persuadido de que por resolver casos de violaciones a los derechos humanos del pasado no se podía poner en juego los derechos humanos de los argentinos en el presente y el futuro". Videla, Viola, Lambruschini y Agosti fueron llevados finalmente al penal de Magdalena (Massera ya se encontraba allí). Gran parte de la opinión pública creía de buena fe que permanecerían presos de por vida.

En la entrevista del invierno del 98, Videla volvió a juzgarse a sí mismo: *Yo entiendo que el ciudadano común me señale y tiene razón en llamarme "delincuente". "Usted mató a 66 personas". "Asesino"... Pero de los 66 casos por los que se me condenó, lo que se juzgó es mi responsabilidad. Yo no maté a nadie.* En ese recodo del camino, le servía decir que la orden de matar no era matar con las propias manos, una argumentación repetida hasta el hartazgo por los burócratas de la muerte de otras guerras. Era, tal vez, su ejercicio para obtener el perdón divino. Para *el ciudadano común* ese veredicto fue el primer acto de justicia, pero a la luz de los acontecimientos posteriores esa primera condena no alcanzó para reparar la excepcionalidad de los crímenes ni la desmesura de la corrupción del régimen que Videla fundó.

8. El reo

El helicóptero del Ejército se posó sobre el césped del penal militar de Magdalena con los condenados por la Cámara Federal. A los integrantes de las juntas de comandantes de la dictadura no los esperaba, sin embargo, un destino de paredes lúgubres, nariz contra las rejas y disciplina presidiaria. A pesar de que la condena judicial había corrido en paralelo con una creciente condena pública, ganaban sus módicas batallas dentro del mundo castrense. Fue por eso que al llegar al nuevo destino carcelario, el 17 de diciembre de 1985, no se dirigieron a las celdas que, según se había anunciado, serían especialmente refaccionadas para ellos en uno de los pabellones, sino que enfilaron al sector de los más favorecidos chalets alejados de las moles enrejadas y destinados habitualmente al personal de Gendarmería encargado de la custodia. Estaban ubicados a un costado de la ruta y rodeados de un verde reconfortante. La convivencia entre Videla, Massera, Agosti, Lambruschini y Viola había pasado por su prueba de fuego y alcanzado su punto de ebullición en las más sombrías cárceles porteñas. Ya se habían trenzado y auscultado como para encarar la prisión del modo más llevadero posible. Estaba claro que Videla no compartiría habitación con Massera, su adversario personal en la Junta. Viola sí aceptaría la compañía del ex marino, mientras que Agosti y Lambruschini sintonizaban por el lado de una melancolía con esporádicas pausas. Videla acordó compartir su cuarto con Ovidio Pablo Riccheri, el general que había reemplazado a Ramón Camps en la jefatura de la feroz Policía Bonaerense entre 1977 y 1980. En esta suerte de country club para condenados, los encartados no podían quejarse de su hábitat: el chalet lucía su techo con tejas a dos aguas, las paredes blancas, las puertas y ventanas pintadas al barniz, los dormitorios, un living de 16 metros cuadrados con una mesa y sillas donde cabían hasta diez personas, una galería embaldosada. La vasta troupe procesista de civiles y militares que desfiló ante sus ex jefes no se sintió incómoda allí luego de recorrer los 125 kilómetros que separan la Capital de la localidad bonaerense de Magdalena. En el penal, el trato que les dispensaban los cancerberos no era el de la vigilancia debida. Se acercaba más a la condescendencia y al respeto a los superiores. Las condiciones distaban de las del presidiario argentino promedio: recibían a gusto diarios y revistas, tenían televisión en color, videocasetera y radio. Como un trámite formal, la Justicia había quedado encargada de velar por que se cumplieran las flexibles normas establecidas para la prisión, y la Cámara Federal que los había juzgado envió regularmente a sus representantes. Pero siempre fue en vano, como un signo más del desconocimiento a la justicia civil ninguno de los ex comandantes los recibió ni presentó reclamo alguno. No tenían razones para hacerlo. No sólo gozaban de un radio de movimientos que los alejaba de la claustrofobia y recibían visitas a discreción, sino que cuando la vida monótona en el chalet les acercaba el deseo de cambiar de ambiente requerían, y siempre conseguían, permiso médico para ser trasladados a los hospitales militares de la Capital Federal, donde todos, incluido Videla con sus frecuentes problemas gástricos, pasaban semanas internados. Viola pronunció una frase de dudoso humor negro para definir aquellas jornadas: "Bueno, de esto no se puede decir que sea un centro de tortura". No lo era. Pero el advenimiento de la democracia, con sus secuelas de juicio y condena, impactaron en Videla, quien nunca se había imaginado sometido al escarnio público en los niveles que determinaron las estremecedoras jornadas de la Cámara Federal. De aquel asombro inicial que lo había llevado a exclamar: *¡Jamás me imaginé el 13 de diciembre de 1984!* (el día que el presidente Alfonsín decretó el juicio a las ex juntas militares de la dictadura), Videla pasó a actuar un arte de victimizado y a emplear palabras santas como "martirio", para desdibujar su condición de reo, invertirla e investirla de una alta dosis de redentorismo cristiano. Videla preso se sintió un Cristo vernáculo. Desde su apresamiento en agosto de 1984, padeció una declinación de sus ingresos que se manifestó en el patrimonio familiar y en el cambio de vivienda. Una vez concluida su presidencia, había rechazado los ofrecimientos para integrarse a la actividad privada que le fueron acercados por camaradas de armas y representantes de los grupos económicos favorecidos por su gestión. Más tarde, el juicio implicó la destitución de su grado de teniente general, por lo que dejó de pertenecer a las filas del Ejército. Para quienes infrinjan la ley o sus reglamentaciones internas, la institución provee un resguardo económico impensable en otra actividad: el degradado se parangona con un muerto y de este modo sigue percibiendo su sueldo a través de su mujer, que cobra como si fuera una viuda. La declinación salarial fue decisiva en la venta del departamento que la pareja poseía sobre la avenida Figueroa Alcorta, casi esquina Salguero, en la zona norte de Buenos Aires. A los pocos meses de permanecer preso en Magdalena, ese piso fue negociado para adquirir otro más reducido en Parera 166, casi Quintana. Sobre Quintana, a la vuelta del nuevo domicilio de los Videla, ya vivía el ex ministro Carlos Washington Pastor, concuñado de Videla. La vecina del piso inmediatamente superior era entonces la modelo y actriz Graciela Alfano, quien tuvo actitudes solícitas en el período en el que Raquel Hartridge se quedó sola. Pero la condena a Videla había sido dictada a perpetuidad y los 125 kilómetros entre Buenos Aires y Magdalena conformaban para ella una peregrinación de difícil tránsito diario. Por esta razón, Hartridge aceptó el ofrecimiento de la familia Pérez Companc que le cedió una casa en Magdalena, cerca de uno de sus criaderos de cerdos. Sin embargo, los días en las afueras de ese municipio que giraba en torno al penal militar y a la actividad rural no le resultaron soportables. Se sentía sola, por las noches tenía miedo y no confiaba del todo en la custodia. Con la ayuda económica de Martínez de Hoz consiguió mudarse hacia el centro del pueblo, a una casa modesta de la calle Maipú 498. A tono con el color sacrificial con el que Videla tiñó su reclusión, Hartridge dispuso su vida cotidiana al servicio de su esposo. Concurría al penal todos los días y pasaba largas horas con él, casi como si hubiera decidido compartir la prisión. Dos choferes se turnaban para manejarle el auto, tenía asignado un custodio, y fuera de las tareas para atender a su marido (hacer las compras, cocinar) se distraía con los almuerzos en el Sport Club o en Las Amalias, las visitas del matrimonio Martínez de Hoz y las reuniones de Cáritas en la iglesia Santa María Magdalena.

Videla se propuso transcurrir la condena sin poner en evidencia debilidades emocionales que traicionaran la pose del digno ofendido por *juicios políticos que favorecieron la revancha del terrorismo*. A su lado, Massera, Agosti, Viola y Lambruschini pasaban por momentos de furia o de depresión o se las componían para trasponer los límites de la prisión militar. Videla, fuera de sus escapadas al Hospital Militar Central, en el barrio porteño de Belgrano, prefería no transgredir las normas. Recibía a su mujer y aceptaba entre tres y cinco visitas diarias, respondía la correspondencia semanal, leía los matutinos La Nación y Clarín, se exasperaba atribuyéndole al presidente Alfonsín una expresa campaña antimilitar y se quejaba de la falta de energía con la que el Ejército defendía su papel de dictador. Entre las visitas habituales estuvieron las del general Bussi, la del general Riveros, frecuente organizador de asados, la de los generales Pomar y Colombo. "A Videla siempre lo veíamos íntegro. A la mañana hacía gimnasia durante un par de horas. Llegábamos y teníamos que esperarlo porque estaba corriendo. Ahí aparecía, con su buzo. Tomó la prisión como un martirio pero no lo afectó. Nosotros no hablábamos mucho de política, preferíamos distraerlo, charlábamos de nuestros recuerdos de cadetes", repasó Colombo. Su ex celador en el San José, el padre Morales, acordó con esa visión: "Gran parte de los compañeros de clase iban a visitarlo a Magdalena y almorzaban con él. Yo fui también algunas veces y su estado de ánimo era siempre el mismo, tranquilo; más tranquilo que Viola, por ejemplo. Jamás lo vi fuera de sí". El penal militar fue vivido por Videla como un territorio propio en el que no había por qué cometer transgresiones ni forzar límites. Su hijo Jorge Horacio relataría años después, al repasar la conducta de su padre como presidiario, que la habitación en la que se hallaba alojado en Magdalena tenía una puerta que daba a la ruta, a la que formalmente tenían prohibido salir. Videla tenía en su poder la llave que abría paso a la libertad, para hacerse escapadas que seguramente nadie o casi nadie del mundo militar denunciaría en caso de descubrirlo pero, se enorgulleció su hijo, "en seis años nunca traspasó esa puerta". Al preso Videla le importaba revertir otros límites: la descalificación moral y política que la sociedad civil le infligía por intermedio de la Justicia. Cuando a poco más de un año de estar preso la Corte Suprema confirmó las condenas a las juntas militares, salió al cruce y acusó al máximo tribunal de convalidar *un proceso inicuo en el que se cometieron gravísimas transgresiones constitucionales*. Ese año, 1987, no le dio tregua a Videla en la medida en que las múltiples y virulentas infracciones a la legalidad cometidas desde su gobierno salían a la luz pública. Así, el 17 de marzo se negó a declarar en el proceso que se le seguía por la detención ilegal del empresario textil Federico Gutheim y de su hijo. La línea argumental desarrollada por Videla resulta ilustrativa tanto de su conducta denegativa como de la imposibilidad de salir airoso de cualquier situación ajustada a derecho.

La Fiscalía Nacional de Investigaciones Administrativas determinó que la detención de los Gutheim fue ilegal ya que "privándolos de la libertad con una imputación falsa ('subversión económica') se trató de presionarlos para que transfirieran en beneficio de una empresa multinacional un contrato de exportación de fibras textiles a Hong Kong por 12 millones de dólares". En la misma causa estaban apuntados dos de sus ex ministros: Martínez de Hoz y Harguindeguy. Como ya se señaló antes, el caso ponía de manifiesto cómo los mecanismos ilegales y violentos que se utilizaron para la represión política y social estuvieron también al servicio de negocios turbios. Videla fue trasladado de Magdalena en automóvil ante el juzgado federal de Martín Irurzun y allí se arropó en su silencio para negarse a declarar. En cambio, presentó un escrito en el que definió al terrorismo de Estado como una *gesta heroica* que *la revancha terrorista* procuraba minimizar. Nunca se investigó si Videla, en ese y en otros episodios en los que se movilizaron las patotas del régimen con fines mafiosos, resultó beneficiario directo de algunas de estas operaciones. Su situación patrimonial indica que no. Pero de lo que nunca pudo librarse es de haber encubierto el secuestro de Gutheim y de haber seguido haciéndolo en nombre de supuestos afanes patrióticos. La actitud y el lenguaje se repetirían el 26 de marzo de 1987 ante la querella que le impuso el entonces gobernador de La Rioja Menem por privación ilegítima de la libertad después del golpe de 1976 y por su confinamiento posterior en la localidad formoseña de Las Lomitas. Otra vez ante el juez Irurzun, Videla comunicó que no prestaría declaración indagatoria ni designaría defensor. Lo que sí hizo fue aprovechar la oportunidad para lanzar una andanada de críticas al gobierno de Alfonsín que, para Videla, había *sembrado hasta hoy semillas de discordia* por no querer *reconocer la legitimidad de la defensa frente a la agresión terrorista ni la justicia de la victoria frente a quienes pretendieron imponernos un régimen totalitario.* Y concluyó: *El escepticismo, el odio y el resentimiento son los frutos amargos de esa política sin grandeza.* Cada caso de represión que se destapaba en la Justicia desarmaba aún más al ya ex militar. Pero la misma operación intelectual que había utilizado su gobierno para encubrir sus crímenes con definiciones tan altisonantes como vagas del tipo *gesta heroica* fue la que usó para hacer desaparecer su responsabilidad. La dinámica judicial puesta en marcha en muchos juzgados del país lo obligaban cada día a sustituir una comparecencia en la que debía responder cosas concretas ante hechos concretos por esa doble jugada de silencio y grandes palabras. Una vez más, Videla no podía con la moral de los hechos; sustituía la respuesta por la presentación de escritos declamatorios. Tenía, sin embargo, sus consuelos.

El 29 de marzo, una entidad ligada al Círculo Militar de Buenos Aires, la Cruzada Cristiana Anticomunista, le entregó al jefe del penal militar de Magdalena, teniente coronel Aníbal Martinucci, una plaqueta destinada a Videla en la que reconocía su tarea "en la lucha contra la subversión". El ex general no era el único que tenía problemas con las consecuencias de sus actos. Numerosos oficiales y suboficiales de las tres fuerzas, y del Ejército en mayor medida, eran reconocidos y denunciados por sobrevivientes o familiares de las víctimas. La citación del mayor Ernesto Barreiro, quien se negó a declarar y se escondió en una unidad militar de Córdoba, desató el 16 de abril de 1987 la rebelión de Semana Santa encabezada por el teniente coronel Aldo Rico. El levantamiento, dominado por oficiales de rango intermedio que se embetunaron la cara —carapintada— para subrayar su pretendida fiereza, se concretó con la toma de la Escuela de Infantería de Campo de Mayo. Los sublevados buscaban el cierre de esas causas que día a día transparentaban su comportamiento criminal y, como Videla, pretendían una reivindicación de lo actuado durante la dictadura. La primera rebelión carapintada generó una de las más rotundas reacciones civiles de las que se tenga memoria. La gente se movilizó en todas las capitales del país y rodeó al emplazado gobierno de Alfonsín, mientras que el Ejército, que recibió la orden de reprimir a los amotinados, optó por dilatar su cumplimiento. Ante ese cuadro, Alfonsín no encontró la manera de utilizar el arrollador poder que le estaba otorgando la sociedad junto con el abrumador apoyo de todo el arco político y negoció en Campo de Mayo cara a cara con los alzados, en una jugada que le dio un dramático suspenso al domingo de Pascua de 1987. Al retornar a la sede del gobierno, desde los balcones de la Casa Rosada inició su discurso con el famoso "Felices Pascuas, la casa está en orden" y definió a los carapintadas como "héroes de Malvinas". La ciudadanía se quedó con la acertada percepción de que la rendición de Rico y sus cómplices había tenido un precio tan alto como realmente tuvo: la posterior votación de la Ley de Obediencia Debida, aprobada en el Congreso y refrendada por tres votos contra dos por la Corte Suprema.

En ese marco, Videla volvió a ofrendar el gesto público de clavarse solo en su cruz, retomó el reflejo de sentirse único desde esa verbosidad que, en verdad, no tenía demasiadas consecuencias. En un escrito presentado el 29 de abril del 87 ante los tribunales federales en la causa que se le seguía por el delito de rebelión militar en marzo de 1976 asumió *en plenitud* y *sin reservas de ninguna especie* su responsabilidad en el golpe. Era la suya una curiosa manera de hacerse cargo, porque al mismo tiempo negaba una vez más la competencia de los tribunales civiles para juzgarlo. Reiteró que no designaría defensor, ni ofrecería pruebas, ni formularía alegatos. El derrotero del conflicto entre civiles y militares dejó entre la ciudadanía que le había puesto el cuerpo al alzamiento carapintada un aire de decepción. Algo había quedado claro con los sucesos de Semana Santa del 87; los militares embetunados que posaron amenazantes ante las cámaras salían de la escaramuza con su botín: la Ley de Obediencia Debida, que liberó de responsabilidad a los militares que cometieron crímenes de lesa humanidad en cumplimiento de órdenes de la superioridad. Su vigencia generó polémicas en el seno del gobierno radical, rechazo del peronismo renovador y repudio entre las organizaciones de derechos humanos.

Un costo similar había pagado el gobierno de Alfonsín en 1986, cuando ante la presión militar envió al Congreso la Ley de Punto Final, que estableció un límite de 60 días para las denuncias judiciales sobre la violación de los derechos humanos. La prepotencia militar tenía el nombre de "solución política" para el problema jurídico que se les presentaba a las Fuerzas Armadas. Ante los inocultables resultados de sus presiones, los procesistas se envalentonaron y fueron por más: la reivindicación pública del símbolo más acabado del terrorismo de Estado, la reivindicación de Videla. A eso se animó un grupo de civiles y militares retirados con una solicitada de "reconocimiento y solidaridad" que pretendieron difundir el 25 de mayo. El texto reparatorio estaba destinado a aparecer en los diarios Clarín, La Nación, La Prensa, Crónica y Ámbito Financiero. Los cinco matutinos se disponían a publicarlo cuando un recurso judicial impulsado por el periodista Horacio Verbitsky ante el juzgado federal de Irurzun y apoyado por los gremios de prensa, gráficos y vendedores de diarios, lo impidió. El juez señaló que su resolución había obedecido "estrictamente a la necesidad de analizar si resulta pertinente prohibir la publicación de la solicitada, a los fines de impedir la consumación de un delito". Irurzun sabía que aquello que se iba a cometer era una lisa y llana apología del delito, ya que el texto alababa la actuación de un condenado por 66 crímenes. Los restos del procesismo, en paralelo con las presiones institucionales de las Fuerzas Armadas y los levantamientos carapintadas, buscaban dar su batalla cultural para recuperar el terreno perdido con el informe de la CONADEP, el juicio a las juntas, las numerosas querellas entabladas en todo el país, las declaraciones a la prensa de los represores "arrepentidos" y, en fin, ante la vasta circulación de relatos que entregaban ya microscópicamente, el desenvolvimiento y aun la topografía del terrorismo de Estado. Una vez que el fallo contra la difusión de la solicitada estuvo firme, Videla no dejó pasar la oportunidad para hacerse presente con su inconfundible estilo. Escribió desde Magdalena: *No quiero, en modo alguno, que mi nombre sirva de pretexto para enjuiciar criminalmente a personas honorables. Solicito en consecuencia a los firmantes que el testimonio de gratitud vertido en el texto tenga como únicos destinatarios a las Fuerzas Armadas policiales y de seguridad. Se sentará así homenaje a quienes derramaron su sangre generosa en una gesta histórica que las autoridades nacionales, desde hace cuatro años, están empeñadas en malversar. Sólo he sido un soldado más en legítima defensa de la patria agredida. Declino, por ello, todo reconocimiento ante mi persona. Prefiero sumarme a la legión de hombres y mujeres que guardarán eterna gratitud hacia los héroes y mártires que impidieron con su esfuerzo benemérito que la Argentina quedara sometida, como otros países de Améri-*

ca, a la esclavitud del totalitarismo marxista. A tanta grandeza encogida se le notaban las costuras, el deseo de hacerse presente por ausencia declinando homenajes para amplificarlos como numen espiritual de todo uniformado, consciente, quizá, de que el régimen que había presidido consiguió polarizar en su máximo nivel al país entre civiles y Fuerzas Armadas.

El espíritu antimilitarista de la sociedad había estallado en Semana Santa y los que guardaban y guardarán *eterna gratitud* estaban muy lejos de ser legiones. Pero algunos legionarios se acercaban a la cárcel de Magdalena, personalmente o por carta como Gustavo de Gainza, primo de los ex propietarios del diario La Prensa y asiduo concurrente a FAMUS, junto a su mujer, la incondicional admiradora de Videla, Platina Wölher. Gainza, que había conocido al matrimonio Videla en las playas de Chapadmalal, le envió al preso, por intermedio de la secretaria de FAMUS, Dolores Barceló, un par de poemas de su autoría sobre la guerra de Malvinas. Videla retribuyó con una tarjeta de agradecimiento que conmovió hasta las lágrimas a Gainza, quien respondió: "Le pasé su tarjeta a mi mujer y una cara de puchero y ojos húmedos saltó a la distancia hasta Magdalena para hacerse un hueco de fraternal cariño humano, al lado del corazón del Señor General. Su tarjeta quedará hermanada con los viejos recuerdos de la patria eterna que todo argentino de Ley guarda como tesoros inapreciables". Videla agradeció una vez más por *las muestras de afecto y solidaridad tan apreciadas en estos momentos de injusta pero honrosa prisión, que asumo como un servicio más que debo prestar desde este particular puesto de combate.* Desde su chalet de presidiario, emprendía batallas públicas y batallas reservadas.

Sus interlocutores de entonces, como el presidente de la Academia Argentina del Lunfardo, José Gobello, dejaron testimonios de esa etapa. Gobello, ex diputado peronista y orgulloso defensor de la era videlista, conoció al reo poco después de terminada su presidencia de facto, cuando aún vivía en el piso de Figueroa Alcorta. Los presentó un amigo común, el también procesista y luego menemista Emilio Perina. La amistad continuaría en Magdalena. Allí Gobello le confesó a Videla que la Revolución Libertadora lo había encarcelado dos años y le propuso escribir un libro de reportajes. Videla accedió. Once entrevistas que Gobello grababa, desgrababa y corregía y que luego eran sometidas al escrutinio del entrevistado, que a su vez las discutía con su esposa, quedaron listas avanzado el año 1989. Gobello se entusiasmó: cuando en la sociedad se acentuaba la impugnación por los crímenes del videlismo, él iba a pasar a la ofensiva e intervenir en el debate. Más realistas, los defensores de Videla, su amigo y general retirado Miatello y el abogado Rodríguez Varela, le aconsejaron a su defendido que si aspiraba a salir alguna vez de Magdalena se guardara esas entrevistas pues los flancos para que le llovieran nuevos juicios por apología del crimen eran evidentes. Gobello obedeció y destruyó el libro para evitarse "problemas": "A ver si en una de ésas me hacían un allanamiento para endosarme a mí un juicio por apología del delito o alguna de esas pelotudeces que hacen los democráticos". Sin embargo, Gobello dejó algunas marcas por si la historia volvía dar vueltas en favor de otro gobierno totalitario. Rescató una página manuscrita de Videla y se la entregó para que la guardara como testimonio de aquellas jornadas de Magdalena. Una década después Gobello no pudo contenerse y en el libro Fuera de contexto, en el que recopiló sus trabajos periodísticos y literarios, dio a conocer un tramo de aquellas conversaciones que ayudaron a Videla a matar el tiempo en Magdalena. Gobello lo publicó con la aclaración de que se trataba de "párrafos salvados de la destrucción" del libro nonato En la cárcel con Videla. El volumen editado por Prensa Subterránea, un sello del autor, tuvo circulación restringida. En la serenidad de Magdalena, Videla había dicho a Gobello en 1989: *Yo no tengo por qué estar arrepentido ni hacer propósito de enmienda porque todo me está indicando que lo pasado se puede repetir en cualquier momento. ¿Y a título de qué las Fuerzas Armadas van a arrepentirse de haber luchado contra la subversión y de haberla derrotado, si tal vez mañana mismo van a ser llevadas nuevamente al combate; si cualquier día les van a exigir que vuelvan a pelear, en función de su misión específica, que es la de defender a la Patria?* Videla seguía con el casco puesto. También mantenía su absoluta convicción de tener a Dios como un interlocutor privilegiado que le preparaba milagros ad hoc como el que le relató a Gobello: *En una oportunidad, con un criterio estrecho de la caridad, y poniendo en duda lo infinito de la misericordia divina, monseñor Miguel Hesayne expresó que a mí ni Dios podría perdonarme y que, en lo que de él dependiera, impediría mi entrada en los templos de su diócesis y me negaría la administración de los sacramentos, decretando así una suerte de excomunión contra mí. Sucedió que habiendo dejado la presidencia, viajé a Bariloche para visitar a uno de nuestros hijos, que prestaba servicio en esa guarnición militar. Llegado el día domingo, como es mi costumbre, concurrí a misa acompañado por mi familia. Ese mismo día, culminando una visita pastoral monseñor Hesayne se encontraba también en Bariloche y oficiaba la misa a la que yo concurriría, sin que cada uno conociera la presencia del otro. Cuando llegó el momento de la comunión, me incorporé en la procesión y me dirigí hacia el altar. Mientras caminaba iba pensando cuál sería la actitud del oficiante al momento de enfrentarnos. Estaba en esas cavilaciones cuando, de repente, se apagaron las luces del templo y, a la tenue luz de la vela, se siguió distribuyendo la comunión. Al llegar de regreso a mi asiento, las luces del templo volvieron a encenderse. Indudablemente, por encima de la voluntad de monseñor Hesayne había otra Voluntad, que no deseaba privarme de mi encuentro con Él en la Eucaristía.* Dios lo había hecho comulgar en la oscuridad, la misma que él había impuesto a los argentinos.

A pesar de que su gobierno había dictaminado el fin y el triunfo en la *guerra contra la subversión*, Videla —y su interlocutor Gobello— no declinaba de la visión binaria de la sociedad que más le convenía para justificar la criminalidad y el inocultable afán de repetirla. Gobello le cedió a su entrevistado un vocablo de su máximo agrado: paraterrorismo. "Llamo paraterroristas a todo lo que ayude al terrorismo, a todo lo que marche paralelamente a él, no importa si deliberadamente o no. Y el que exige a las fuerzas de la República una completa asepsia metodológica ayuda al enemigo", definió Gobello. A tal dictador, tal "intelectual". Las palabras sonaron a música en los oídos de Videla y colorearon los aburridos días de presidio. Por fin aparecía un pensador capaz de utilizar palabras largas y hablar tan bien del vía libre para matar, a salvo de "asepsias metodológicas". Videla se apropió adecuadamente del neologismo: *Eso que usted llama paraterrorismo se vale de una confusión malévola para lograr de nosotros un acto de humillación en la plaza pública.* Con casi seis años de vigencia de la democracia Videla apostaba a un Ejército listo para defender a la Patria del nuevo demonio: los que revisaban el pasado. Para él, ya llegaría el momento de volver a cuadricular el país en zonas y subzonas, en otro apasionante capítulo de la tercera guerra mundial, prolongada ahora por los nuevos réprobos, los paraterroristas, una categoría política que evidenciaba otra vez su imposibilidad de pensar la sociedad más allá de la división entre honorables y atormentables. Videla guardaba en su biblioteca este incunable *Fuera de contexto* que no se salvó de quedar marcado por el amplio desprecio que su persona generaba en la sociedad. El libro de Gobello contiene también un panegírico de Videla en su capítulo 56. Los trabajadores gráficos que lo tipiaron adornaron esas páginas con insultos al ex general y el autor se vio obligado a componer nuevamente el texto y pegar "artesanalmente" las nuevas páginas para no tirar toda la edición. Los cambios políticos de fines de los 80 le dieron al preso algunos motivos de entusiasmo y expectativa. En el mismo año del primer levantamiento carapintada, el justicialismo recompuesto desde su ala renovadora había castigado electoralmente a Alfonsín. En los comicios de gobernadores, el PJ obtuvo el 41,5 por ciento de los votos contra el 27,3 de la UCR, y se alzó además con la estratégica provincia de Buenos Aires a la que se había postulado Antonio Cafiero, cuyo camino a la presidencia parecía asfaltado por los errores radicales, aunque ese mismo año Menem lanzaría su precandidatura, advirtiendo su disposición a dar pelea.

El gobierno de Alfonsín no conseguía empinarse desde la abdicación pública de Semana Santa. La economía no lo ayudaba a cambiar el clima: la inflación había recrudecido en 1987 y se presentaba indomable en 1988. Los carapintadas iniciarían ese año desafiando al gobierno radical por segunda vez, aunque con menos fortuna: Rico se sublevó desde el regimiento de Monte Caseros, Corrientes, con un petitorio que incluyó la reivindicación del terrorismo de Estado videlista, la reconsideración del presupuesto para la defensa y el pedido de aumentos salariales. El alzamiento tuvo costados cómicos de la mano de la verborragia riquista que dejó estampadas un par de frases famosas antes de rendirse, a saber: "Los asturianos no se rinden" y "La duda es la jactancia de los intelectuales".

Hacia fines del mismo año fue el coronel Seineldín quien con 300 oficiales y suboficiales levantó la Agrupación Albatros de la Prefectura y se atrincheró en Villa Martelli. A las 48 horas los insurrectos se rindieron ante el jefe de Ejército, el general José Dante Caridi: los sublevados y quienes debían reprimirlos tenían un acuerdo básico: la dictadura —sobre todo su accionar represivo— debía ser reivindicada, y la corporación militar merecía otro trato presupuestario. La seguidilla de sublevaciones militares expresaba dos cuestiones irresolubles: la imposibilidad castrense de imponer un pliego de condiciones a las autoridades civiles y la imposibilidad de las autoridades civiles de capitalizar el descrédito público de los militares ahogando su accionar político y sus bravatas. Ni los números de la economía, ni la ecuación civiles-militares le terminaban de cerrar al gobierno alfonsinista, que en el arranque de 1989 sería vapuleado por un episodio que resucitaría el espíritu corporativo y la más profunda razón de ser de las Fuerzas Armadas: el asalto, el 23 de enero, al cuartel de la localidad bonaerense de La Tablada, realizado por una cincuentena de militantes del Movimiento Todos por la Patria (MTP), dirigidos por uno de los ex jefes del desaparecido ERP, Enrique Gorriarán Merlo. Según la conducción del MTP, esa toma era la piedra de toque para iniciar la resistencia a un golpe contra la democracia que preparaba Seineldín. En una tardía reactualización del fracasado militarismo, el MTP calculaba que a la conquista del cuartel le seguiría una amplia movilización popular que ahogaría la asonada del carapintadismo. El MTP, en su diagnóstico y en su accionar, se movió como un trágico pelotón perdido, reponiendo la violencia como arma privilegiada de los iluminados y abriendo paso a una delectación represiva concretada por la Policía Bonaerense y las Fuerzas Armadas, que sumaron otros treinta muertos, varios desaparecidos y 44 heridos. Para doblegar al MTP se utilizaron piezas de artillería y tanques mientras el jefe de la Policía Federal, el comisario Juan Pirker, declaraba que él se animaba a reducir a los rebeldes con gases lacrimógenos. Con la supuesta resurrección de la guerrilla, el procesismo puro y duro volvió a sentir que su vida recobraba sentido. Fue en este marco que Videla le declaró a Gobello su fe en que las Fuerzas Armadas serían nuevamente invitadas *al combate*. Videla disfrutaba con el deterioro del gobierno alfonsinista. Su encono era mayúsculo pues, en sus cálculos políticos, nunca había tenido lugar un repudio del radicalismo hacia su persona. Según la caracterización que Videla había hecho cuando aún detentaba el poder, si el "Proceso" no conseguía institucionalizarse en una nueva fuerza política, el país quedaría servido para la UCR. Así lo explicó en 1999: *Los usufructuarios del Proceso eran los radicales, los perseguidos eran los peronistas. Por lógica los radicales eran amigos y si de algún sector se podía esperar algún revanchismo era de los peronistas. Es más, creo que muchos militares votaron a la UCR porque eran los amigos, que habían estado en las intendencias, etc. Que frente a esto saliera lo otro no se esperaba.* Lo *otro* era por supuesto el juicio a las juntas y algo que Videla no consiguió definir: que el radicalismo se inficionara del antimilitarismo que atravesaba a la sociedad y sobre todo a los sectores medios que fueron por excelencia su vértice electoral en 1983. Videla trató de aproximar la lupa a su relación con el radicalismo: *Nunca fui antirradical, aunque frente a los radicales me defino como conservador. Así como digo que no fui ni soy antiperonista, lo mismo vale con los radicales, aunque con un matiz de aceptación.* La aceptación de Videla a la UCR tiene que ver con una visión congelada, con la imposibilidad de indagar en la dinámica política: traza una línea de empatía con el radicalismo de los comandos civiles del 55, con el radicalismo gorila que promovió y participó en la Revolución Libertadora, pero la versión alfonsinista le resultaba insoportable en lo que cargaba de reclamo civilista y de impugnación al golpismo.

Durante sus años de presidio en Magdalena, Videla procuró no deberle favores a Alfonsín. En junio de 1987, cuando murió su madre María Olga prefirió incluso no elevar una solicitud de permiso excepcional para concurrir al velatorio en Mercedes. Sin embargo, el general Caridi, jefe del Ejército, tramitó ese pedido directamente ante el Presidente. La piedad política sólo es una ley de la democracia. A Videla se le concedió una prerrogativa humanitaria que su dictadura le había negado al entonces gobernador de La Rioja, Menem, cuya madre había fallecido cuando estaba confinado en Las Lomitas. Sin embargo, sería ese apellido de origen sirio el que terminaría entrelazándose con su libertad. Menem se había impuesto en las internas presidenciales a Cafiero y desarrolló su campaña mientras la realidad vapuleaba el último tramo de la gestión de Alfonsín. Con un discurso de anclaje peronista, que mentaba la "revolución productiva" y el "salariazo", encontró en los amplios sectores económicamente postergados la base electoral que lo llevaría a la presidencia. El 14 de mayo de 1989 Menem obtendría un contundente triunfo ante el radical Eduardo Angeloz, quien durante su campaña había forzado la renuncia del ministro de Economía, Juan Vital Sourrouille, sin que los cambios le jugaran a favor: la inflación de mayo fue del 78,4 por ciento; la de junio del 114 y la de julio del 196. En febrero ya se había concretado una devaluación del peso y la anomia se apoderó de la economía con la rápida licuación de los ahorros, el salario y la misma moneda. La hiperinflación tuvo su correlato en una respuesta social inorgánica y desesperada: los saqueos a los supermercados que se produjeron en la provincia de Buenos y en el interior del país. En este marco, Alfonsín decidió adelantar el traspaso del poder previsto para el 10 de diciembre. El 8 de julio Menem ocupó el sillón presidencial y veinte días después declaraba que solucionaría "personalmente el tema militar". La frase, por supuesto, tenía aroma a indulto, un beneficio que rápidamente recibieron 277 militares y civiles entre carapintadas, ex jerarcas dictatoriales y ex montoneros. Del beneficio quedaron expresamente excluidos los comandantes y el ex jefe montonero Mario Eduardo Firmenich, aunque esas liberaciones entraban en la cuenta regresiva. Acaso la expectativa alargó las jornadas de Magdalena, cuyos chalets se iban despoblando: Agosti quedó libre con la condena cumplida el 8 de mayo de 1989, Lambruschini obtuvo la libertad condicional tras cumplir las tres cuartas partes de la suya el 28 de febrero de 1990. El 6 de octubre de 1989, Videla daba cuenta de su ansiedad en una carta a su amigo Gustavo de Gainza y su esposa Platina. Éstas fueron sus reflexiones: *En cuanto a mi particular situación, puedo decirles que estamos viviendo una expectante vigilia ante la posibilidad de una próxima solución. Al respecto quiero hacerlos partícipes de mi personal posición. Quiero mi libertad, sí. Pero una libertad que merezca ser vivida. Que me restituya lo que injustamente se me quitó (mi grado militar y mis derechos ciudadanos) y que repare el daño producido a las instituciones militares, por un juicio calumnioso y politizado del cual arbitrariamente fui objeto e instrumento.*

Cuando la liberación de los ex comandantes entraba ya en pleno tiempo de descuento, Videla hizo trascender su disposición a rechazar la dispensa menemista, que no iba a llegar atada a los desagravios que él pretendía y con los cuales buscaba mantener prestigio ante el mundo que más le importaba: el militar. Pero a las amenazas de semejante sacrificio no les puso el cuerpo. Antes, prefirió mostrarse razonable: *Si se da el indulto, de acá me van a mandar a una patada al otro lado del alambrado sin preguntarme si acepto o no.* Videla coincidía con el carapintada Seineldín en un punto: tratar de conseguir una reivindicación institucional, impulsada por el poder político, ya que era imposible que la proveyera la sociedad civil. Durante la campaña electoral Menem había tendido puentes con Seineldín, a través de uno de sus hombres, César Arias. En esas negociaciones buscó contener al carapintadismo que había contribuido al acorralamiento radical. Sin embargo, el "giro copernicano" que Menem le impondría a la política, esto es su decidida opción por las recetas neoliberales y su alineamiento sin matices con el bloque triunfante de la Guerra Fría, lo alejó de los militares nacionalistas. Su plan implicaba un desmantelamiento del Estado que comprometía en forma severa el presupuesto para la Defensa y, por lo tanto, los reclamos económicos que contemplaban la reversión del "maltrato" alfonsinista a los uniformados se tornaron incumplibles. Seineldín aguardó en vano que se honraran sus acuerdos con el menemismo, que incluían un papel activo para él en una supuesta resurrección pública de las Fuerzas Armadas. Cuando se dio por traicionado, sus diatribas amenazantes contra el Presidente lo llevaron a la prisión en una unidad militar de San Martín de los Andes. Desde allí comandó el último alzamiento carapintada el 3 de diciembre de 1990 que buscó hacerse fuerte con la toma de la sede del Estado Mayor del Ejército —donde mataron a dos oficiales— y del regimiento Patricios. Menem ordenó la represión y a diferencia de su antecesor consiguió que le obedecieran. En menos de 24 horas había sofocado a los rebeldes con un saldo de trece muertos y unos doscientos heridos. Con la autoridad que le había conferido doblegar otra sublevación desde el pleno ejercicio de su papel de comandante de las Fuerzas Armadas, Menem otorgó el indulto a los comandantes el 29 de diciembre mediante el decreto 2.741. Que los militares hubieran obedecido por fin a un presidente civil equilibraba, para él, la impopularidad de la medida. Una encuesta del Centro de Estudios para la Nueva Mayoría arrojó que el 70,9 por ciento de la población se oponía a los indultos.

La noche del 29 un Peugeot 504 azul metalizado, manejado por uno de sus hijos, retiró a Videla del penal de Magdalena. Desde su apresamiento por orden del Consejo Supremo de las Fuerzas Armadas, el 1° de agosto de 1984, había transcurrido 2.341 días preso. Pero Videla no salió agradecido por el favor presidencial que aliviaba la condena aunque no perdonaba los delitos, sino que se dispuso a mostrar los dientes. El domingo 31 se exhibió en público, pese a que se lo habían desaconsejado, al concurrir a una misa en la capilla del Cottolengo Don Orione, donde comulgó junto a su esposa a muy pocas cuadras del edificio de Parera 166. A las 11 y 30 se retiró; media docena de mujeres acompañaron con aplausos sus pasos hasta el auto. Vestía saco azul y pantalón beige; las largas mañanas de gimnasia en el campo del presidio le habían dado un tostado parejo. Acaso, las muestras de apoyo en un barrio de clase alta le insuflaron más confianza para lo que se proponía emprender. En la puerta de la parroquia les dijo a los periodistas: *Las declaraciones que tenga que hacer las haré pura y exclusivamente por escrito, como es mi costumbre.* Se retiró a su domicilio donde por la tarde recibió la visita de Martínez de Hoz y de su esposa. A esa misma hora, en la plaza de Mayo, unas 40 mil personas protestaban contra el indulto. Al salir del domicilio de Parera, Martínez de Hoz le dijo a la guardia de movileros: "Lo encontré sereno como de costumbre y dispuesto a acomodarse a esta nueva vida". Pero no sólo la tranquilidad cruzaba el ánimo del indultado; otras ambiciones lo tironeaban. Sin perder tiempo, Videla iniciaría la cruzada de desagravio con una carta dirigida al jefe de Ejército, general Martín Bonnet ese mismo día. Decía en ella: *El señor presidente de la Nación ha resuelto ejercer las atribuciones conferidas por el artículo 86, inciso 6, de la Constitución Nacional con relación a quienes comandamos las Fuerzas Armadas, de seguridad y policiales que, en cumplimiento de órdenes impartidas por el Poder Ejecutivo, defendieron a la Nación de la agresión subversiva, impidieron que se estableciera en nuestra patria un régimen totalitario e hicieron posible la subsistencia del sistema republicano y democrático. He permanecido en la cárcel durante más de seis años, consciente de que el cumplimiento de mi injusta condena constituía un acto de servicio. Por eso nunca solicité mi libertad. Sólo reclamé, en todas mis manifestaciones públicas, la reivindicación del Ejército y la reparación del honor militar. Respeto la decisión del señor presidente. Debo, no obstante, expresar que continúa pendiente un pleno desagravio institucional. Reitero mediante esta presentación el testimonio de mi solidaridad ante los que lloran muertos, heridos y mutilados, caídos en defensa de la patria o de ideales equivocados. Y pido a Dios que extinga para siempre el odio entre los argentinos a fin de que todos podamos reconciliarnos en paz, unión y libertad.* La carta, que repetía su clásica línea defensiva, el desplazamiento de la responsabilidad personal hacia las órdenes *impartidas por el Poder Ejecutivo* para ejecutar la matanza, desataría un vendaval en su contra, y le generaría una querella por apología del delito, entre otras consecuencias que, de a poco, le harían abandonar la batalla discursiva y la pose altanera.

El mismo presidente Menem se manifestó como el primer ofendido por la incomprensión social ante su magnanimidad. Desde La

Rioja, donde pasaba el comienzo del nuevo año, le respondió que "actitudes de esa naturaleza lo único que consiguen es crear una cierta intranquilidad en toda la comunidad argentina". El ministro de Defensa, Humberto Romero, le pidió que se dedicase a "disfrutar de su libertad" y aguardara el juicio de la historia. El dirigente democristiano Augusto Conte pidió al Episcopado de Buenos Aires la excomunión de Videla, y Emilio Mignone recordó que el derecho canónico establece que "no podrán ser admitidos a la sagrada comunión los que obstinadamente perseveren en un manifiesto pecado grave". Es que apenas salido del presidio, el dictador buscó y consiguió ser fotografiado del modo que más le importaba: recibiendo la hostia. Recibir los anatemas de Conte y Mignone, dos padres de desaparecidos, no debió haber impactado al ex general. Sí, mucho más, la carta de un grupo de católicos practicantes publicada en el diario La Nación, en la que le aconsejaban que cumpliera su credo en la intimidad porque su imagen recibiendo la hostia, dijeron, los agraviaba. El 4 de enero, el jefe del Ejército le envió su respuesta en tres carillas manuscritas en las que repasó la gestión del Ejército para conseguir una reivindicación institucional. En la cúpula de la propia fuerza la carta había caído mal y dirigían sus miradas hacia el círculo íntimo del reo, donde, tras la definitiva caída en desgracia de Seineldín y los carapintadas, se podría ver a Videla como una figura en condiciones de capitalizar un descontento militar. Pero si entre los más cercanos conseguía algunas palmadas en la espalda, los apañamientos no se repetían apenas ampliaba el radio de acción de su recuperada libertad ambulatoria.

El 7 de enero de 1991 Videla concurrió temprano, a las 7 y 10, a la Dirección de Educación Vial para tramitar el registro de conductor y en tres ocasiones, a su arribo, mientras le tomaban la foto carnet y al retirarse, recibió abucheos cruzados con los insultos de "asesino" e "hijo de puta". Alertado, el periodismo lo rodeó pero sólo para irse con una negativa y una orden. *No voy a hablar y terminemos con las fotos.* La gesta reivindicativa y las apariciones públicas sólo obtenían respuestas enervadas, como la del vocero de Menem, Humberto Toledo, para quien "Videla no comprendió el gesto de generosidad del Presidente". Quienes lo habían juzgado en la Cámara Federal fustigaron el indulto. Andrés D'Alessio dijo que "después del juicio creíamos que las leyes estaban para ser cumplidas, pero con el indulto nos encontramos con un gran retroceso". Torlasco apuntó a Menem: "Sólo en este país llega a Presidente un irresponsable. El indulto tal como fue otorgado es una deformación de la facultad que la Constitución establece sólo para casos excepcionales y para ser usada con mucha cautela y prudencia". Valerga

Aráoz sumó su decepción: "El indulto consagra la impunidad pero lo que se determinó en el juicio a los ex comandantes no va a ser borrado por ningún acto de gobierno ni legítimo ni ilegítimo". Aun así, ni los insultos ni la catarata de declaraciones públicas en su contra parecieron modificar las actitudes de Videla, blindado en sus virtudes imaginarias. A la nueva causa por apología del delito, presentada por el ex detenido desaparecido de la ESMA Horacio Eliseo Maldonado, por haber defendido los crímenes de su dictadura en la misiva al general Bonnet, respondió con lo de siempre: el desconocimiento de la autoridad civil para juzgarlo. Pero pese a que les reservaba el discernimiento y el sentido de la justicia a los uniformados, no se resignaba del todo a perder su circulación entre los civiles. Junto a un custodio armado y en ocasiones acompañado por su mujer, concurría tres veces por semana a hacer footing en la avenida de los Españoles de la Costanera Sur, un rincón abierto y no muy concurrido de la ciudad donde tanteaba la reacción que su presencia provocaba en la gente. Algunos se paralizaban, muchos lo ignoraban. También estaban los que querían llevarse un saludo. Más adelante, el descubrimiento de la prensa y algunas invectivas lo disuadieron de esta práctica. Más protegido se sentía en el pueblo bonaerense de Tornquist, situado a 70 kilómetros de Bahía Blanca, muy cerca de las sierras de la Ventana. Allí vivía su hija María Isabel, casada con Cristian Kleine, administrador del hogar y la estancia Rodolfo Funke, donde se alojan ancianos de ascendencia alemana. Sobre el hogar Funke, a cuya manutención contribuye la embajada alemana, se tejieron habladurías en torno de la presencia de criminales de guerra nazis. En la zona también se encuentra el hotel donde el gobierno argentino les dio refugio a los nazis sobrevivientes del acorazado "Graf Spee" frente a las costas de Montevideo en 1939.

En Tornquist la presencia de Videla parecía no despertar animadversión: concurría a la Escuela 28 a retirar a sus nietos, compraba empanadas en Il Buon Piacere e iba a misa los domingos. Algunas personas se acercaban a saludarlo en la capilla, otros propusieron, sin suerte, que se lo declarase persona no grata. Marisa Kluger, la primera intendenta de Tornquist tras el retorno de la democracia en 1983, de origen radical, optó en una ocasión por retirarse de la parroquia al ver que Videla, recién indultado, bajaba de su auto para concurrir a misa. No se trató de un gesto público ostensible, sino de un reflejo preventivo para que no se armara una discusión política en el templo. Videla se movía en la zona con una discreta custodia. A sus allegados les decía que los problemas de seguridad no lo conmovían: *Si me quieren pegar un tiro me lo pegan igual. A Kennedy lo mataron, a Reagan casi también.* Fue en el parque del hogar Funke donde se reencontró con sus amigos y admiradores Gustavo de Gainza y Platina Wölher, quienes buscaron enriquecer la sobria vida social del ex general con una invitación a cenar. Gainza llamó por teléfono a un conocido en común, Francisco Azamor, el ex condiscípulo de Videla en el San José y le dijo: "Estuve con Videla en Sierra de la Ventana y quedamos en vernos en Buenos Aires. Lo invité a comer. Pero me resulta muy difícil encontrar a alguien que quiera compartir la mesa. Todas las personas con las que hablo me dicen no, no". Azamor aceptó la invitación para el 17 de octubre de 1991, pese a la aprehensión de su esposa: "Ni a él ni a mí nos nació abrazarnos —contó Azamor—, sólo fue un hola, cómo te va. Había otras personas, muy poca gente. Ahí me enteré de que la estaba pasando muy mal porque vive de la pensión de viuda que tiene su esposa. Él no había sido un hombre de fortuna, pero tampoco había vivido mal". Además de los Azamor estuvieron invitados la sobrina de Platina Wölher, Delia Diehl, y su hijo Fernando. Del peceto al ron no participaron Dolores Barceló, la secretaria de FAMUS, y su madre Leonor, invitadas para la hora del café. El matrimonio Videla devolvió la gentileza días después con una cena en su departamento de Parera. La velada resultó mucho más interesante, Videla había invitado a dos de sus ex ministros, Martínez de Hoz y Llerena Amadeo. A Platina Wölher le impresionó que no tuvieran chica con cama y que el ex general hubiera ayudado a preparar una mousse y a rellenar bocaditos. El matrimonio no escondía su estrechez económica. Seguían manteniéndose con una pensión y con la ayuda de los hijos. Alicia Hartridge gestionó sin éxito ante la Secretaría de Seguridad Social el cobro de una jubilación especial para su marido como ex presidente, según los términos de la ley 16.989, que en su artículo primero establece que "los ciudadanos que hayan ejercido la presidencia o vicepresidencia de la Nación gozarán de una asignación mensual móvil, vitalicia e inembargable". Pero la Procuración General del Tesoro, en el expediente 05138904-75 denegó la solicitud y sentó una doctrina que también serviría para rechazar solicitudes similares de Viola y de Galtieri. El argumento clave para desestimar el pedido fue que durante la vigencia del autodenominado Proceso el cargo de Presidente no fue ocupado con las facultades y el marco normativo establecido en la Constitución Nacional. La escasez de fondos no les impidió a los Videla cambiar el modelo de su auto Peugeot 504 por el flamante 405. En aquella cena en su casa, Videla se exhibió más suelto ante los Gainza: se despachó contra Massera y recriminó a sus camaradas del Ejército que no se ocuparan de él. Videla libre, indultado, rumiaba amargamente la pretensión de un reconocimiento y no digería bien las recomendaciones de la cúpula de su fuerza y de sus propios abogados de guardar silencio. Fuera de esa búsqueda reparatoria, no le interesaba dar opiniones políticas sobre la actualidad. Tuvo un rictus de desprecio cuando en la Costanera Sur un periodista lo consultó sobre una versión de que se postularía a senador: *No. No pienso postularme y si alguien me hiciera el ofrecimiento lo rechazaría de inmediato. A mí déjenme de joder*, les decía a sus íntimos cuando trataban de interesarlo en temas de coyuntura. Videla ocupaba su tiempo visitando a hijos y nietos junto a su mujer, huía de Buenos Aires apenas podía y cumplía con la recomendación de no hacerse presente en los actos del Ejército. Esa abstinencia era la que más lo resentía. Otra institución le acercó una pizca de amparo: el 23 de octubre fue invitado a la Nunciatura Apostólica en la celebración de un nuevo aniversario de la asunción de Juan Pablo II. Allí también concurrió Massera, pero ni siquiera se saludaron. Por entonces, el ex jefe de la Marina cumplía a rajatabla la promesa que uno de sus hijos le había llevado al presidente Menem de no hacer declaraciones tras su liberación. El ex marino repartía su tiempo entre su departamento de Palermo Chico y la quinta de Pacheco, en la provincia de Buenos Aires, y atendía un stud al que irónicamente había bautizado Magdalena. En el verano del 91, en Punta del Este, había pasado un mal rato cuando en la playa le gritaron "asesino". Decidió proseguir sus vacaciones en Río de Janeiro. Viola había apoyado, con un reportaje concedido en Mar del Plata, la carta de Videla a Bonnet con la misma línea argumental de su camarada: la orden de "aniquilar la subversión" provenía del decreto del gobierno constitucional de 1975. Recibió las mismas críticas que Videla y de allí en más prefirió respetar las recomendaciones de mutismo, hasta su muerte, el 30 de septiembre de 1994.

Videla volvió al centro de las controversias en diciembre de 1992, cuando la APDH dirigió una carta al presidente Menem para que la imagen de Videla no se sumara al "Hall de los bustos" pues sería "un agravio para el pueblo de la Nación Argentina". En el mismo sentido se expidió la Asociación de Abogados de Buenos Aires. Videla guardó silencio pero a la semana siguiente tuvo algún momento de satisfacción cuando concurrió a la ceremonia de egreso de los oficiales de estado mayor de la Escuela Superior de Guerra. Su hijo, el entonces capitán de infantería Patricio Videla, fue uno de los egresados. En el estrado principal estaba el secretario de Defensa, Juan Ferreira Pinho, junto a otras autoridades, entre ellas el jefe del Estado Mayor del Ejército, teniente general Martín Balza. Ambos se acercaron a saludarlo al final del acto. La paternidad le había dado la ocasión de pisar una institución militar. Sus ex cadetes de la Promoción 81 del Ejército, todos retirados, le darían otra, en noviembre del 93, cuando le organizaron una cena en la sede de la Sociedad de Socorros Mutuos para Militares Retirados. Allí Videla retomó a fondo las banderas de la gesta reivindicativa, agradeció la reunión a la que definió como un canto a la vida y describió su situación como la de quien está *militarmente destruido, civilmente inhabilitado* para consolarse con la línea de razonamiento que había expresado mientras estaba preso: *Creo que también hoy, a pesar de esa circunstancia, igual que ustedes sigo prestando un servicio a la Nación.* Y describió ese servicio apelando a la Biblia: *Desde los tiempos más remotos, y así lo narra la Biblia, las sociedades echaron mano a la figura del chivo expiatorio para lavar las culpas colectivas. La sociedad argentina no escapó a esa regla.* Sin nombrarlos, ni siquiera como "guerra sucia" o "lucha contra la subversión", habló de los crímenes de su dictadura en estos términos: *Nuestra sociedad, que tuvo el privilegio de ser protagonista de un momento crucial de nuestra historia reciente, no supo asumir ese compromiso y mucho menos aún afrontar sus consecuencias.* Y encontró en la figura del chivo expiatorio la forma de saldar esas supuestas culpas que tenía que saldar. Por cierto, *las Fuerzas Armadas, parte de esa sociedad, no fueron ajenas,* dijo como preámbulo para embestir contra las cúpulas militares del período democrático: *Y alguna vez se pensó que era necesario pagar algún precio por supuestos errores. El menor precio posible, pero un precio al fin. Cuando creo que es al revés, y perdónenme en esto la impertinencia si ustedes quieren, lejos de pagar un precio habría que haber cobrado el servicio prestado a la nación, al precio de sus hijos muy queridos, héroes y mártires que dejaron sus vidas en defensa de los ideales que habían sido agredidos por el enemigo terrorista.* Nombrándose en tercera persona, enseguida se desplazó hacia su lugar de víctima: *Jorge Rafael Videla está separado del Ejército por una decisión judicial producto de un juicio ignominioso, injusto y arbitrario que lo mantiene en esa situación de segregado. Jorge Rafael Videla no concurre a las ceremonias del Ejército porque, además de estar segregado judicialmente, ha recibido instrucciones de sus autoridades que no debe presentarse en público porque las compromete. Y Jorge Rafael Videla, en consecuencia, porque quiere al Ejército, no se hace presente en las unidades del Ejército.* Y concluyó: *Esto no quita, señores, que en esta reunión, cuyo común denominador ha sido un canto a la vida, yo no me sume a este canto. Y de ese canto a la vida le diga a Dios Nuestro Señor, gracias por haberme dado la vida. Y gracias a la vida... glosando una canción, más allá de que me pueda gustar o no su intérprete, gracias a la vida que me ha dado tanto.* Sin duda, Violeta Parra, la cantante chilena autora de la canción "Gracias a la vida" y militante de izquierda, difícilmente habría sobrevivido al régimen de Videla o al de su colega Augusto Pinochet, si se le hubiera puesto a su alcance.

Videla había aprovechado la comida que algunos camaradas le habían armado en pos de distraerlo del ostracismo militar para derramar un discurso bilioso y sincero, que podía acarrearle consecuencias. Quienes lo estaban homenajeando no se entusiasmaron con sus palabras, ni las interrumpieron con aplausos en los pasajes clave. ¿Ignoraba Videla que una letanía con ese voltaje estaba destinada a trascender, al menos, en el ámbito militar? Es posible que una vez más se estuviera manejando en una frontera vacilante, tanteando el límite. Y consiguió traspasarlo: empleados gastronómicos que sirvieron la cena grabaron sus palabras y las filtraron a la prensa. El discurso le generó una nueva ola de repudios que esta vez no excluyeron ni a su propia fuerza. El ex jefe de Ejército Ríos Ereñú, que no había concurrido a la cena pese a ser la promoción 81, lo lapidó: "Yo no puedo aceptar eso..., ningún Ejército puede pedir que se le pague porque sería un mercenario y las Fuerzas Armadas están al servicio de la Nación". Ríos Ereñú reaccionó porque Videla había tocado un tema especialmente sensible: ¿se quejaba el ex general que tenía un ingreso de unos mil trescientos pesos por mes de no haberse enriquecido como muchos de sus pares?, ¿desconocía que Massera, Suárez Mason o Bussi sí le habían puesto precio a su accionar represivo y habían engordado sus patrimonios y sus cuentas en el exterior?, ¿se le pasaba de largo que los beneficiarios de la reestructuración económica de su dictadura pagaron adecuadamente su canon haciendo partícipes a muchos militares de la prosperidad de sus negocios?, ¿develaba de una manera un tanto brutal el papel de fondo que había tenido su gobierno?, ¿se arrepentía de no haber participado de esa fiesta?

El 11 de noviembre del 93 el gobierno menemista denunció a Videla por apología del crimen. Vapuleado, Videla se llamó a silencio. Un mes después probó suerte al concurrir a la celebración por la Inmaculada Concepción en la capilla Stella Maris del barrio de Retiro. No había inocencia en esa salida del brazo de su esposa ya que estaba anunciada la presencia del presidente Menem. Las cámaras lo descubrieron e hicieron de quien había pedido una reivindicación personal por su papel en el terrorismo de Estado, su blanco predilecto. El sacerdote oficiante, monseñor Eugenio Martínez, debió pedir cordura a los fotógrafos. Terminada la misa, Videla se escondió en la sacristía para salir una hora más tarde. Con indisimulable alteración, alcanzó a decir que había ido al oficio religioso porque un amigo suyo se ordenaba como diácono. Pero era indudable que había asistido a esa capilla castrense para probar el clima entre los suyos después del revuelo que había causado con el pedido público de reparación monetaria. No le fue muy bien: Menem prefirió quedarse en la residencia presidencial de Olivos jugando al golf; los jefes del Estado Mayor Conjunto, general Mario Cándido Díaz; de la Armada, almirante Enrique Molina Pico; de la Fuerza Aérea, brigadier José Paulik, y el prefecto general Jorge Humberto Maggi no se acercaron a saludarlo, al menos en público. Sí le dieron la mano algunos oficiales de menor jerarquía. El juez correccional Fernando Larraín reunió declaraciones testimoniales de unos veinte militares que presenciaron la autorreivindicación de Videla y del personal gastronómico que sirvió en aquella cena. Cuando tuvo todos los elementos para indagarlo lo citó para las diez de la mañana del 17 de marzo, pero Videla quiso evitar el revuelo y se presentó el día anterior, a las 8. El Tribunal accedió y el juez Larraín recitó la pregunta que tenía preparada: "A usted se le imputa el delito de apología del crimen, previsto en el artículo 213 del Código Penal porque se le acusa, según el Ministerio del Interior, de que usted, en la cena del mes de noviembre en la Sociedad de Socorros Mutuos para Militares Retirados, dijo que 'tendría que haber cobrado un precio por los servicios prestados al país durante la lucha contra la subversión'". *En ningún momento dije eso. Hablé de cuestiones relativas a las Fuerzas Armadas, a su historia y a su accionar*, dijo Videla, resucitando un nunca olvidado entrenamiento de mentir a sabiendas. Sin embargo, doce días después, Videla se salvaría por encima de esa falsedad porque el juez entendió que sus palabras habían sido dichas ante camaradas de armas de su conocimiento personal y porque la difusión posterior no la había concretado el apologista del crimen sino el periodismo. "Lo que la ley pena —dijo en su fallo confirmado dos meses más tarde por la Cámara del Crimen— es que la apología haya sido pública, con aptitud para llegar a un indeterminado número de personas. Si por motivos ajenos o ignorados por el apologista, su alabanza cobra publicidad, no responde como autor o cómplice del delito". Videla se salvó de ser condenado de seis meses a dos años de prisión, de acuerdo con el Código Penal, o de tres a seis años que es lo que le puede corresponder a un ciudadano que ensalza el crimen "en razón de su estado, cargo público o condición análoga".

Pero Videla no se salvaba de otras execraciones como la que le hicieron militantes de derechos humanos el 24 de marzo del 94 en su domicilio de la calle Parera. Sobre el pavimento inscribieron: "Treinta mil desaparecidos, asesino suelto", flechas dibujadas con colores fluorescentes apuntaban a su domicilio. El matrimonio, que ya había padecido otros desplantes en el barrio, se mudó poco después a Belgrano. Resentido con la cúpula del Ejército, obligado por sus camaradas y por sus abogados a callarse si quería conservar su libertad, Videla ahogaba sus aspiraciones de reparación. Descubierto por periodistas en la iglesia de San Benito de su nuevo barrio, dijo secamente: *Mi palabra no serviría, no pacificaría.* En abril de 1995 su esposa fue operada de vesícula en el sanatorio Sàn Camilo; la presencia de Videla generó irritación entre otros pacientes y el personal debió intervenir para que el repudio no derivara en cruces violentos. Buenos Aires le era hostil y Videla prefería tomar distancia en Tornquist, junto a su hija María Isabel, o en San Luis, entre las apacibles serranías de El Trapiche, cerca de la otra hija, Cristina, que vivía en la capital de la provincia con su marido, el veterinario Francisco Adaro, y los hijos de ambos. Videla había retornado a ese solar del pasado, al pueblo de las vacaciones de su juventud, donde había conocido a Raquel Hartridge, en su primer veraneo tras los años de presidio en Magdalena. Allí encontró un ambiente más propicio, a pesar del disgusto de algunos vecinos como el profesor Julio Navarini que describió con desencanto: "En el interior hay zonas rurales, bolsones que no llegaron a vivenciar totalmente el drama de la dictadura. Quizás alguna vez leyeron los diarios y dijeron ¡qué barbaridad! Pero no les tocó. De pronto apareció este personaje, después de los años que estuvo preso y no sé si tuvo suerte o habilidad pero se arrimó a los lugareños, a gente que en otras épocas no hubiera mirado ni por sobre el hombro". En el verano del 91, cuando reapareció por la casa heredada, se calzaba el short y la musculosa y salía a correr todas las mañanas. Algunos insultos recibidos en el camino le hicieron abandonar el hábito. Pero podía asistir a misa y comulgar sin que lo apuntaran las cámaras o alguien se molestase, pasear con sus nietos, dar vueltas con su auto, recibir familiares o amigos a la hora del té, arreglar con paciencia el canasto de la basura o pintar las rejas verdes del frente de su casa con el deseado status de un vecino entre otros. Algunos de esos vecinos refirieron una breve serie de agresiones al general: dos pintadas con la palabra asesino frente a la casa de El Trapiche cuando estaba preso; otra más en 1997; un momento de tensión a la orilla del arroyo con un grupo de gente que dio muestras de malestar por su presencia, y una mujer que lo reconoció cuando avanzaba en su auto lentamente por las calles de tierra y lo hizo parar como para decirle algo: cuando Videla bajó la ventanilla ella le escupió en la cara la palabra "asesino". Pero esas agresiones eran considerablemente menos frecuentes y ruidosas que en la Capital y cargaban con la ventaja de no cobrar trascendencia pública.

El Trapiche, además, le entregó otras confortaciones. En 1994 un grupo de vacacionistas que tenían en común haber pasado allí sus veraneos en los años '60, mientras eran adolescentes, venía amasando la idea de armar una reunión de reencuentro y evocación. Aunque Videla no pertenecía precisamente a esa franja generacional fue invitado a lo que llamaron "La comida de los veraneantes antiguos". Después de un primer encuentro en un hotel de las cercanías, los organizadores pidieron la sede comunal para reunirse y las autoridades, encabezadas por el intendente Gabriel Juaneda, permitieron que todos los veranos, algo más de veinte personas se encontraran a comer con el reo indultado. Algunos vecinos, como Navarini o Beba de Gennaro, se abstuvieron de concurrir; otros, vergonzantes, optaban por ingresar por una puerta lateral. En el Diario de la República, de San Luis, se publicó que la comida se hacía especialmente en honor a Videla y se criticó que las autoridades de la democracia cedieran su espacio. Un punto de vista con el que coincidió Navarini: "El personaje central era él, por más que muchos lo quieran negar". El reo indultado encontró allí su círculo, los representantes de la iglesia local lo visitaban en su casa y lo aguardaban en sus misas. Videla llegó a considerar la posibilidad de radicarse en la tierra de sus antepasados y aun de comprar El Pencalito, una propiedad más grande en los alrededores, que había pertenecido a su abuelo Jacinto. *Mi gente está acá* les decía a sus allegados. Con su gente hablaba poco de política. Quienes lo frecuentaron en esos años lo escucharon despotricar contra Alfonsín, criticar las asonadas del carapintada Aldo Rico y su posterior trayectoria política porque se movía *por intereses personales*. De Menem decía: *Se portó bien con nosotros, era un buen preso. Un turco pícaro. Cuando estaba detenido se charlaba a los guardias para tener permisos.* También recordaron el habitual cierre de cualquier debate sobre el terrorismo de Estado: *Las Fuerzas Armadas hicieron lo que tenían que hacer.* Un pariente de su mismo apellido, que lo frecuentó en cada ocasión que apareció por El Trapiche, dijo, con su identidad bajo resguardo, que Videla nunca exhibió remordimientos, ni arrepentimientos, que en San Luis siempre se mostró en paz con su conciencia, que una de sus frases habituales era *¿qué sería de este país si no hubiéramos exterminado a la guerrilla?* y que estaba seguro de que Dios y la Patria lo iban a reconocer *algún día.* De ese reconocimiento no formaría parte, seguramente, su confesada incompetencia en el manejo de los asuntos públicos. En el primer tramo de su presidencia, dos de sus sobrinos sanluiseños, Eduardo y Jorge Alejandro, viajaron a Buenos Aires para entrevistar al tío presidente porque consideraban que la gestión del segundo gobernador de facto, brigadier Hugo Raúl Marcilese era desastrosa. En la entrevista Videla les recordó que como resultado del esquema del poder, que repartió el 33 por ciento para cada fuerza, San Luis había recaído en la Fuerza Aérea; que no sabía muy bien quién era ese tal Marcilese y que no podía hacer nada. Sin embargo, en contradicción con aquella declinación de responsabilidades, también acostumbraba a resguardar su lugar único: *Si el pueblo le tiene que reclamar a alguien por mi gobierno es a mí. Yo fui el Presidente, no lo fueron ni Massera ni Agosti.*

Para la vida pública, para su circulación en Buenos Aires, Videla había bajado el telón. Su nombre desaparecía de la prensa. Había aprendido a moverse por circuitos restringidos donde no lo reprendían, como el homenaje a Aramburu, el 29 de mayo de 1995 —*Aramburu fue un hombre cabal, no voy a hablar más,* dijo cuando le acercaron los micrófonos—; o las misas por los militares muertos por la guerrilla, organizadas por FAMUS. En 1996, su ex ministro de Justicia, Rodríguez Varela, lo invitó al casamiento de una de sus hijas en Paraná. Allí coincidió con Menem. Videla vaciló antes de saludar a quien lo había devuelto a la libertad, pero su mujer se acercó al Presidente y se presentó como la señora de Videla. Menem respondió: "Ah, ¿cómo está el señor general?". La formalidad encubría una gran deferencia ya que, como bien sabía Menem, Videla había perdido su condición militar. Después de eso, Videla se acercó a estrecharle la mano. Menem había conseguido la reelección el 14 de mayo de 1995, luego de pactar con el jefe radical Alfonsín la reforma de la Constitución Nacional. El radicalismo seguía electoralmente depreciado y en esas elecciones quedó relegado al tercer lugar. Menem consiguió el 48 por ciento de los votos frente a la novedad electoral del Frepaso, que con la fórmula José Octavio Bordón-Carlos Chacho Alvarez obtuvo el 28 por ciento; la UCR, con Horacio Massaccesi como candidato, alcanzó el 16 por ciento. Menem había consolidado su posición política con los primeros tramos del Plan de Convertibilidad que había llevado adelante desde 1991 su ministro de Economía Domingo Cavallo, basado en la paridad dólar-peso y en la prohibición de emitir moneda sin respaldo. El freno a la inflación fue una consecuencia inmediata, pero el crecimiento de la economía y el equilibrio fiscal dependieron de un irrecuperable desguace del Estado y del crédito externo, que dejaría a la economía nacional en una situación en extremo dependiente y, por lo tanto, especialmente sensible a los flujos y reflujos de los mercados internacionales de dinero. En 1995, cuando Menem se presentó a la reelección por otro período de cuatro años, las amenazas sobrevolaban el Plan de Convertibilidad. Esta situación crítica fue hábilmente aprovechada por Menem, quien impuso la idea de que cualquier cambio político generaría severos trastornos económicos.

En otra de las cenas en la casa de Gustavo de Gainza, antes de las elecciones, el anfitrión le preguntó a Videla a boca de jarro: "General, ¿a quién hay que votar?". *A uno que lo tuvimos no preso, más bien alejado... A Menem, no queda otra*, contestó Videla. Con quien no estaba conforme Videla era con el jefe del Ejército, general Martín Balza, quien ese mismo año, en un programa de televisión que conducía Bernardo Neustadt, "Tiempo Nuevo", cambió la caracterización que venía defendiendo la fuerza sobre la dictadura videlista con una fuerte autocrítica, en la que reconoció que el régimen militar había cometido delitos aberrantes, que la obediencia debida no servía como coartada moral y que los crímenes eran más deplorables aún por haber sido perpetrados desde el aparato de seguridad estatal. En paralelo, el ex capitán de la Armada Adolfo Scilingo relató, como represor arrepentido, los vuelos de la muerte, el método empleado para hacer desaparecer a buena parte de los detenidos clandestinos de la dictadura arrojándolos al mar desde los aviones de la Marina.

En ese clima, algún amigo como Rodríguez Varela le procuraba espacios de lisonja. El ex ministro de Justicia de la dictadura, titular de la cátedra de Derecho Político de la Universidad Católica Argentina (UCA), dictó en la primavera del 95 un curso extracurricular sobre historia argentina. Cuando abordó el período 1976-1983 invitó a Videla a presenciar la clase a la que concurrieron más de cincuenta personas. Rodríguez Varela hizo un panegírico del golpe y justificó la represión ilegal a partir, dijo, de la grave situación por la que atravesaba el Estado. Videla no intervino en la hora y media que duró la conferencia. Al concluir le dio un apretón de manos a su ex ministro, cambió unas pocas palabras con él y recibió el saludo de algunos invitados, ya que las charlas eran abiertas. El apellido de Videla resurgía en los numerosos pedidos de las organizaciones de derechos humanos para que se dieran a conocer las listas de desaparecidos, cuya existencia era negada una y otra vez por los jefes castrenses. En diciembre de 1997, el diario La Nación lo descubrió en El Trapiche. En mayo del 98, un programa de televisión del canal América TV —Zoo, las fieras están sueltas— ubicó a Videla en su domicilio de Belgrano, al volante de su Peugeot 405 rumbo al odontólogo. Videla pidió credenciales a quienes lo filmaban pero se negó a hacer declaraciones. De la misma pesquisa periodística fue objeto el otro ex dictador, Galtieri. El objetivo, cumplido, fue demostrar cómo los represores se movían sin sobresaltos en la sociedad. Su trabajada circulación en la libertad, contorneada en la familia y en un estrecho círculo social, sólo parecía estorbada por la insistencia de un juzgado civil de San Martín en determinar el paradero de los restos de Santucho.

Videla ya sabía lo que le diría al tribunal que lo había citado para el 10 de junio: que eran hechos por los que ya había sido juzgado y

que ni siquiera recordaba si había ordenado en persona el operativo
en el que había caído el jefe del ERP. Pero sería el afán por recuperar a los vivos, ya no a los muertos o a los desaparecidos, el que haría
añicos ese paisaje de tranquilidad anciana del ex general a sus 72
años. En 1985, las Abuelas de Plaza de Mayo habían denunciado
ante la justicia federal de San Isidro el robo y la apropiación de cinco menores nacidos en cautiverio. En la fanática lectura militar de la
era Videla, transcripta más tarde por Álvaro Alsogaray, "las madres
guerrilleras querían que sus hijos siguieran el camino de ellas; hubo
que adoptar medidas para recuperarlos". Es decir, entregarlos con
identidad cambiada al cuidado de la tropa y los amigos. Aquellos
primeros casos denunciados eran los de Carolina y Pablo, apropia-
dos por Norberto Bianco, un ex mayor médico de Traumatología
del Hospital de Campo de Mayo que huyó a Paraguay y fue extraditado junto con su mujer en 1997; los de María Sol y Carlos, y el de
Mariana Zaffaroni Islas, arrancada en su casa de los brazos de sus
padres. El juez federal Roberto Marquevich apuró la investigación.
Cuando el 9 de junio de 1998 terminó de escuchar la declaración de
Jorge Caserotto, jefe de Ginecología del Hospital de Campo de
Mayo en la época de aquellos nacimientos, sintió que había llegado
la hora de apuntar más alto. El médico le acababa de confirmar la
existencia de "órdenes escritas y verbales por la superioridad para
que asistieran a las parturientas traídas por personal de Inteligencia",
sin registrar "a las madres ni los nacimientos". En la misma causa,
enfermeras, parteras y hasta personal de limpieza que trabajó en el
hospital de Campo de Mayo entre 1976 y 1980 describieron el funcionamiento de la maternidad clandestina en el área de Epidemiolo-
gía. Interrogado por el juez, Caserotto declaró también que las
órdenes las daba "la comandancia de Institutos Militares (Riveros)
que tiene inmediatez con el comando en jefe". "¿Qué quiere decir
que tiene inmediatez?", preguntó el juez. "Que no se reportaba
ante los jefes de zona ni otros inferiores. Sólo dependía de Jorge
Rafael Videla".

Sirviéndose de la figura de "autor mediato" aplicada en los juicios de 1985, el juez le imputó a Videla retención y ocultamiento
de menores, sustracción de dos menores, supresión de estado civil y
falsedad de documento público, delitos con penas de entre 3 y 25
años. Videla había sido indultado por crímenes cometidos entre
1976 y 1983, pero la privación de la libertad de aquellos niños sus-
traídos seguía cometiéndose y no podía prescribir. No había obediencia debida ni punto final a los que el ex comandante pudiera
recurrir. El juez Marquevich, un ex medio scrum de rugby de prolongada carrera judicial, que ya había arrastrado a su juzgado a Fran-

co Macri e intervenido intempestivamente en el escandaloso caso Cóppola, volvió a la acción. Dictó el procesamiento, redactó la orden de arresto de Videla y la anotició a la Policía Federal quince minutos después de firmarla, el 9 de junio. En la televisión estallaban los colores de la fiesta inaugural del Mundial 98 en la plaza de la Concordia en París. El ex general llevaba 2.718 días de indultado y se aprestaba a concluir uno más cuando sonó el timbre en el quinto piso de Cabildo 639. Antes de las siete de la tarde, apenas notificado por funcionarios del juzgado federal, besó a su mujer y partió dócilmente detenido para pasar la noche en una celda de San Isidro. Menem gozaba personalmente de la efervescencia futbolística cuando recibió la noticia por teléfono. "Qué locura", rezongó desde París cuando lo llamó su ministro del Interior, Carlos Corach, aunque tal vez recordó que en el 78 él había visto un Mundial bajo arresto, como en esta oportunidad Videla. Después de reunirse con su colega Jacques Chirac, Menem había afinado el discurso público: "No indulté por este tipo de delitos; son imprescriptibles". Desde Madrid, el candidato radical De la Rúa avaló la intervención judicial sin más compromisos. Los planteos militares nunca pasaron de los rumores en la prensa, y el general Balza aventó fantasmas en su Ejército: "Videla es un civil, ya no es un militar". Alfonsín desentonó entre sus pares al advertir sobre intentos de manipulación, una sensación que dominaba en las Madres de Plaza de Mayo, pese al incondicional apoyo de las Abuelas a Marquevich. El juez tardó nada en conceder reportajes en los que negó motivaciones políticas a la decisión de arrestar en ese momento a Videla. El fallo le permitía a Menem pavonearse en Francia, uno de los países que más presionó a la Argentina en materia de derechos humanos, y hacerlo además en plena carrera por la re-reelección. Pétreo, con aire profesional, Marquevich valoró en cambio el hallazgo de una conexión entre las antiguas causas de los cinco menores y expuso las bases para probar todo un sistema criminal. Su colega porteño, Adolfo Bagnasco, se había propuesto originalmente en 1996 probar un "plan sistemático" y en el país había otra treintena de causas abiertas. La disputa de competencia estaba planteada. En Madrid, el juez Baltasar Garzón se frotaba las manos mirando su causa por genocidio y terrorismo de Estado por la desaparición de 600 ciudadanos españoles.

Mientras tanto, Videla recomponía bajo arresto su hábitat de método, rigor y disciplina. Como antes en el cuartel o en el penal, restringido, esperaba su turno de declarar haciendo flexiones de rodilla. Tras dos noches de cárcel en San Isidro fue llevado ante el juez. El detenido compareció de pie, impertérrito como un granadero pese a la lluvia de gritos de "asesino, asesino" e insultos que llegaban desde temprano desde fuera del juzgado, en una arbolada y empedrada, clásica, esquina de San Isidro. Por la demora del magistrado en atenderlo, Videla esperó largos minutos en una sala en la que los manifestantes parecieron a punto de entrar; según testigos, apenas parpadeaba. En la primera audiencia, Videla pidió la palabra y, con tono marcial, expuso que los hechos que se planteaban eran para él cosa juzgada y que, en cualquier caso, su fuero natural era el militar. Siguiendo el consejo de sus abogados, inmediatamente se negó a declarar y no hizo más que apresurar la siguiente movida de Marquevich: trasladarlo como procesado a la cárcel de Caseros de la Capital Federal, un presidio civil y para presos por delitos comunes. Videla dejó entonces sus huellas digitales, se sometió mansamente a una pericia psicológica ("se halla lúcido, coherente y ubicado en tiempo y espacio") y, siempre esposado, entre pedradas, huevos, naranjas, y embates de la policía contra grupos de manifestantes en las puertas del juzgado, partió en una camioneta hacia Caseros. Una placa de bronce anunciaba que ésa no era su primera visita: como Presidente había inaugurado obras en 1979.

¿Cuántos militares temieron verse obligados a hacer el mismo recorrido? El poder político se había desmarcado y el clima social, sensibilizado por la suerte de los niños, alentaba las investigaciones desde las encuestas. El Foro de Generales Retirados lució patético en su denuncia de una acción psicológica del "terrorismo subversivo". Llamativamente, el mejor aliado de los ex subordinados de Videla a los que Marquevich y Bagnasco podían apuntar resultó ser el ex fiscal adjunto del juicio a las juntas, Luis Moreno Ocampo. La Cámara Federal señaló que la sustracción de menores no formó parte del plan criminal aprobado por Videla. Las pruebas surgidas después demostrando lo contrario no servirían. "Nos guste o no, Videla ya fue juzgado", dijo. Su antiguo jefe, el ex fiscal Julio Strassera, le salió al cruce con el argumento de que las sustracciones de menores ventiladas años después no habían sido abordadas en 1985. Para los abogados de las Abuelas de Plaza de Mayo, había una luz a falta de precedentes jurídicos. La clave, para el ex camarista Arslanian, uno de los que había condenado a Videla, seguía estando en las víctimas vivas: el delito seguía ensañándose con ellos, aunque algunos fueran ya mayores de edad. "Está claro que el tema es oscuro", resumió D'Alessio —otro de los jueces que condenó a las Juntas— desde su autoridad de decano de la Facultad de Derecho de la UBA. Sabiéndose primer blanco de un efecto en cascada de estas causas, Massera desafió a los que quisieran buscarlo y trató de "señor" a su viejo camarada ex presidente, "que igual que yo se hizo

543

responsable de la guerra". Rumbo a Caseros, ese jueves 11 de junio de 1998, se lo vio absorto en sus pensamientos, tan introvertido como lo verían llegar sus nuevos compañeros de la Unidad 16, la parte vieja del penal convertido en sector VIP, destinada a ex funcionarios y ex integrantes de organismos de seguridad. Unos días antes, cuando creía que sólo la causa Santucho podía distraerlo en ese invierno, había preparado un escrito: *Siento el mayor respeto por el dolor de los que lloran muertos, heridos o mutilados, caídos en el curso de la guerra, tanto en el ámbito de las fuerzas legales como entre sus oponentes, cualesquiera hayan sido sus ideas.* La fauna que lo recibió en la U-16 no entendía esas categorías de cruzado. Ni siquiera el mayor Bianco, el protagonista de la causa abierta en 1985 por la que se devolvía a Videla a la prisión. La U-16 estaba poblada en esa época por personajes con fama de delincuentes bastante más fresca: el ex policía José Ribelli (caso AMIA), los ex jueces Francisco Trovato, Carlos Wowe y Carlos Branca, el ex secretario antidroga Gustavo Green, el ex comisario José Ahmed (caso Macri), los ex policías Daniel Diamante, Antonio Gerace y Carlos Gómez y el ex secretario judicial Gustavo Schlägel (caso Cóppola), el chileno Enrique Arancibia Clavel (caso Prats) y el ex teniente Ignacio Canevaro (caso Carrasco), repartidos en seis celdas de 2,5 por 1,3 metros con baños, cocina y salita hospital propias del sector, cuyo centro era un amplio patio común. A la carta, y según el dinero de cada cual, se podía acceder a teléfono, TV por cable, computadora, heladera, bidet y más. Videla no parecía encajar y su llegada fue desaprobada. El director de la cárcel, el prefecto Juan Alberto Cid, tuvo que insistir: "Muchachos, no tengo dónde ponerlo". Después de media hora de cabildeos el grupo asintió. Green lo recibiría en su celda doble, mientras acondicionaban la que esa misma noche dejaría libre un policía condenado a 18 años por homicidio, trasladado a otra celda, porque ya gozaba de un régimen abierto. Videla ocuparía el lugar que le dejaba un asesino material.

Al principio, Videla leía todos los diarios a los que podía echar mano, pero eludía cualquier conversación. La seguridad, como todos temían, se había reforzado con celadores exclusivos que lo llamaban "mi general" y se cuadraban. El pasillo común volvió a tener candado. Videla recibía casi diariamente a sus hijos, salía a correr al mediodía en el patio común y mantenía metódicamente sus horarios para comer y dormir, con trato especial para acceder solo a las duchas y los baños. El grupo estaba impresionado por el aspecto envejecido y el ánimo abatido de Videla en esos días. *De ésta no me salvo*, se desahogó Videla ante un funcionario del penal. "No diga eso, mi general", lo animaron. *Esta vez no creo que salga. Pienso que van a caer muchos más.* Green lo trató muy bien en la primera semana de celda compartida y el ex policía Diamante lo empezó a atender como a un padre y a cocinarle. Hasta le ofreció una televisión, pero Videla se negó amablemente y dijo que prefería leer y dormirse. *Estudie y sea hombre de bien*, le aconsejaba al ex policía. De a poco, ya solo, fue alternando sus lecturas de la Biblia, el Código de Justicia Militar y derecho administrativo con partidos del Mundial 98. También recuperó su estado físico. Comenzó a hablar de fútbol y tardó en compartir partidas de truco porque demoraron en invitarlo. Fue Trovato quien probó los límites de convivencia con Videla. En una oportunidad, lo incitó a que contara alguna anécdota. *Yo no tengo anécdotas*, respondió, cortante, Videla. También fue Trovato quien le provocó un ataque descontrolado de risa, cuando el ex juez se paseó por el pasillo al ritmo de sonoras flatulencias. Para entonces ya era uno más pasando el lampazo y poniendo la mesa, aunque sus hijos insistían en que debía salir de allí por sus problemas cardíacos. El 10 de julio, una versión sacudió a la población extramuros: un joven reo había intentado matar a Videla lanzándole un cuchillo en un gimnasio. Marquevich acababa de negarle a Videla el beneficio del arresto domiciliario. En la versión judicial, se trató de un episodio menor en que el joven preso intentó con ese acto ser retirado de la U-16. En el almuerzo, Videla comentó el asunto como una anécdota sin importancia. Para entonces, una fiscal de San Isidro, Rita Molina, había declarado que en las causas contra Videla existía "cosa juzgada" —apoyada en la sentencia de la Cámara Federal de 1985— y que Marquevich era incompetente. Por su parte, el fiscal de la Cámara de San Martín, Pablo Quiroga, lo denunció por prevaricato citando el caso de otro procesado al que el juez sí le había concedido arresto domiciliario. Un mes después de la detención de Videla, la posibilidad de que Marquevich tuviera que ceder la competencia de las investigaciones tomaba aspecto de probabilidad cierta. Bagnasco anunció desde Europa su pretensión de juzgar a Videla en su calidad de ex presidente —no de ex comandante— en la causa abierta en su juzgado por seis Abuelas de Plaza de Mayo y orientada a probar ya no casos particulares sino un "plan sistemático" de robos de niños durante la dictadura, en la que cabría castigar las "responsabilidades políticas" del ex general. Marquevich apuró el trámite: 37 días después de la detención de Videla y cuatro días antes de la feria judicial de invierno, le dictó prisión preventiva y un embargo de cinco millones de pesos, por considerarlo "prima facie autor mediato penalmente responsable" de los delitos que ya le había imputado. En sus fundamentos, el fallo de un centenar de folios contestaba las pretensiones de Bagnasco: Videla "en su calidad de ex comandante en jefe del Ejército ordenó un plan sistemático destinado al apoderamiento de menores". Cuando tres funcionarios del juzgado acudieron a notificar a Videla a la U-16, la prensa del día ya había anticipado la noticia, pero él parecía no entender. Recibió fotocopias varias de la causa y explicaciones técnicas básicas sobre las posibilidades de apelación que podía considerar con sus abogados, pero escuchaba sin comprender; lucía desconectado. Esa semana de julio le esperaba la postergada cita en el tribunal que investigaba el paradero de los restos de Santucho. Pero podría considerar el asunto en familia, porque la Cámara Federal de San Martín le otorgó en menos de 48 horas el arresto domiciliario, fundado en la edad del reo, más de 70 años. Su hijo cardiólogo, Jorge Horacio, había preparado la solicitud judicial junto a los abogados defensores apoyándose más en que la cárcel era "un ámbito insalubre para una persona cardíaca" y en que debía someterse a una dieta de "imposible cumplimiento" en un penal, que en la edad. "Mi padre, con 72 años, no es un anciano", dijo.

Fue haber pasado la barrera de los 70 lo que devolvió a Videla al seno familiar. Al atardecer del jueves 16 de junio, se despidió uno por uno de sus compañeros de la U-16. Se mostró agradecido. Antes de la medianoche, tan rápido como para abortar manifestaciones de protesta, Videla estaba nuevamente en su casa. Quedaba al cuidado del Cuerpo de Delegados Tutelares, asistentes sociales que habitualmente atienden a menores involucrados en causas judiciales. A las 23.35 el auto gris patente BJJ 716 con cinco personas y Videla en el asiento trasero ingresó a la cochera del edificio de Cabildo 639. En pocos minutos el vehículo volvió a salir con los cuatro acompañantes. El operativo se concretó con rapidez y sigilo, pero resultó inevitable que al llegar ya estuviera instalada la guardia periodística. Se trataba, fundamentalmente, de que la primera noche de regreso al hogar transcurriera en paz y se descontaba que en los días siguientes los organismos de derechos humanos y algún partido de izquierda manifestarían ante su domicilio. Sin embargo, sólo habían pasado dos horas cuando la titular de las Madres de Plaza de Mayo, Hebe de Bonafini, se hizo presente con un exiguo grupo que entonó consignas de repudio ante una escasa custodia policial. Bonafini tocó los timbres de todos los departamentos del edificio para avisar que el asesino estaba cerca. Al mediodía siguiente, militantes del Movimiento Socialista de los Trabajadores (MST) y la agrupación HIJOS —que reúne a los descendientes de los desaparecidos— armaron otra manifestación pero esta vez se encontraron con el edificio vallado y la presencia policial de cincuenta efectivos. Bonafini se quejó a los organismos de derechos humanos y a las agrupaciones de izquierda por la escasa reacción y entre todos acordaron convocar a una nueva parada de repudio.

En su casa, Videla transcurría las primeras horas de preso domiciliario en cama, afectado por una bronquitis y con un estado febril que llegó a los 39 grados. En la puerta de su edificio, el jueves 18 por la noche, su hijo médico y ex militar, Jorge Horacio, molesto ante la presencia de periodistas hizo un simbólico toque de prepotencia: mientras lo fotografiaban exhibió un pequeño cuchillo, souvenir de su llavero, en un gesto entre distraído y amenazante. La enfermedad le permitió al ex general, previas visitas de los médicos forenses, postergar una y otra vez la audiencia con el juez federal de San Martín Alfredo Bustos en la causa Santucho. Recién el 21 de julio se concretaría una manifestación de unas quinientas personas frente a su domicilio, apoyada y organizada por las Madres de Plaza de Mayo, la agrupación HIJOS y el Centro de Profesionales por los Derechos Humanos y otras organizaciones de izquierda. Los grupos de militantes se reunieron en la esquina de avenida Cabildo y avenida Federico Lacroze; algunos vecinos aplaudieron cuando las columnas avanzaron una cuadra y media y caía la tarde. El departamento de Videla lucía protegido por más de cien efectivos entre federales a pie, a caballo e integrantes del Cuerpo de Infantería. "Asesino, asesino" fue la consigna que unificó a todos los presentes. En la pared de la cuadra quedó pintada la advertencia "Aquí vive un asesino". La fuerza incriminatoria de esa palabra y aun la de la presidenta de Abuelas de Plaza de Mayo, Estela Carlotto, que objetó el traslado desde Caseros porque consideró "peligroso" que Videla cumpliera arresto domiciliario, no parecía coincidir con los informes que levantaron en el grupo familiar los encargados de evaluar el cumplimiento de la detención en el departamento de Belgrano. Antes de que la Cámara Federal de Apelaciones de San Martín favoreciera a Videla, el prosecretario de Menores del tribunal, el doctor Alberto Dillon, recibió de sus asistentes un tranquilizador informe de las características del detenido y de su entorno cotidiano. Así describieron la nueva prisión de Videla: "La vivienda está ubicada en un edificio de departamentos, en la zona comercial de un barrio de clase media-media alta. El edificio es de construcción relativamente antigua, acorde con las características generales del barrio, sin detalles ostensibles de lujo pero con un nivel constructivo que denota calidad. El departamento consta de un living-comedor mediano, dos dormitorios (uno para el matrimonio y otro para los nietos), un pequeño escritorio, baño, cocina, comedor de diario y dependencia de servicio. Cuenta con un balcón a la calle y sus condiciones de habitabilidad cumplimentan lo necesario para el grupo conviviente. El mobiliario y la decoración son los esperables en un hogar de clase media-media alta en el que habita una pareja mayor y, al igual que el estilo constructivo, resultan de calidad pero sin lujos". Si las condiciones habitacionales resultaban poco menos que ideales para el cumplimiento de la detención domiciliaria, Raquel Hartridge disiparía cualquier otro temor sobre el comportamiento del reo: "A él no le va a costar —le dijo a la asistente social—, él es muy casero, muy rutinario". Y, de acuerdo con el informe, describió así su cotidianidad: "Su esposo se levantaba temprano, preparaba el desayuno, desayunaba y hacía gimnasia; luego tendía la cama, leía el diario en su escritorio, almorzaba y dormía la siesta. Por la tarde merendaba y después se dedicaba a responder cartas en forma manuscrita. Por la noche veían juntos alguna película por televisión". A las autoridades que conceden una detención domiciliaria les preocupa si el carácter y el comportamiento diario del preso pueden afectar la vida de quienes conviven con él. Pero la señora Hartridge fue terminante: "En casa no molesta para nada", dijo. Y dio más garantías: su esposo, como preso domiciliario, no sólo "se avendría a cumplimentar todas las obligaciones que se le impusiesen, sino que hasta se excedería en su cumplimiento". La señora de Videla reforzó esa línea, contó que cuando gozaba de la libertad ambulatoria que le había dado el indulto presidencial, en muchas ocasiones ella le había pedido que cenaran afuera, pero él había preferido quedarse en su casa para que su presencia no levantara revuelo. Y recordó también que cuando lo visitaba en Caseros él mismo instaba a los carceleros a que lo devolvieran a la celda para no excederse un segundo en el tiempo concedido. El hijo médico, Jorge Horacio, designado responsable del cumplimiento de las normas de la detención domiciliaria, no desentonó: "Es el tipo de persona que si se le prohíbe salir fuera del hogar, por las dudas no va a salir ni al balcón; más aún, va a dejar una franja varios centímetros antes de la puerta sin pisar para no incurrir en el riesgo de incumplimiento", dijo. Abundó: su padre era "tan reglamentarista que en poco tiempo iba a tener un reglamento de las pautas —aun las más mínimas— que debían seguirse en estos casos para ofrecérselo a la Justicia". Por si a los jueces les quedaba algún resquemor agregó que su padre tenía sólo un pequeño círculo de amigos que lo visitaba y que el ex general mantenía "cero actividad política". Los asistentes sociales también entrevistaron a los nietos Francisco y Santiago Adaro. Santiago fue el más locuaz; Raquel Hartridge ya había advertido que "Panchito habla muy poco, tiene el mismo carácter reservado que el abuelo". Los chicos, "provincianos y familieros", como también los definió Hartridge, aseguraron que no tenían ningún inconveniente en respetar y seguir estrictamente las normas de una casa convertida ahora en el ámbito de detención de su abuelo. Contaron que tanto para estudiar en grupo como para celebrar reuniones o cumpleaños utilizaban el departamento porteño de sus padres al que, sin embargo, no querían ir a vivir porque estar con los abuelos "es más cómodo para nosotros y sobre todo para que ellos no estén solos", dijo Santiago. Tras las visitas a la casa y las entrevistas la evaluación final no podía ser mejor: "De la información recabada en las entrevistas no surgen elementos del orden de lo sociofamiliar que permitan inferir la existencia de obstáculos a una eventual convivencia del encartado con su grupo familiar en el marco de la detención domiciliaria. Tampoco aparecen indicadores que alienten la presunción de que exista un riesgo cierto de que el encartado pretenda evadir el cumplimiento del arresto domiciliario que ha solicitado". Y Videla cumpliría. Él también dijo a las autoridades judiciales que no tenían de qué preocuparse porque era *una persona de escasa vida social*, que apenas extrañaría no hacer la ronda de visitas a hijos y nietos. Se guardó la segura pena de no poder viajar a la paz de Tornquist y su silencioso perdonavidas, a las montañas de San Luis y a sus homenajes subrepticios. *Si puedo tomar sol o viajar, lo hago. Pero si no, no. Yo soy un hombre muy casero, no me aburro de estar en mi casa, ni me canso de no hacer nada.* El 2 de agosto celebró sus 73 años. Todos sus hijos se reunieron en Buenos Aires, pero para obedecer los consejos de recato festejó en tres tandas *para que las reuniones fueran moderadas,* según le dijo a la asistente social encargada de seguir su comportamiento en la visita de evaluación del 18 de agosto. Pasada la gripe, retomaría la batalla por aprender computación ayudado por los nietos. Pero las cartas a quienes se mantenían fieles a su cruzada procesista e indignados con su situación siguió respondiéndolas a mano. A principios de septiembre, los médicos forenses consideraron que estaba en condiciones de presentarse frente al juez Bustos para declarar sobre la desaparición de los cadáveres de Santucho y Urteaga. No tuvo más remedio que dejarse llevar por una ambulancia para liquidar el interrogatorio con la obstinada reiteración de la palabra "desconozco", la insistente abstención a responder otras preguntas que pudieran aportar indicios o pruebas firmes, o la ¿falsa o irónica? repetición de frases de bien nacido del tipo *entiendo que no hay razón que obste para no proceder a la entrega de esos restos.* La causa seguiría abierta; Videla volvería al departamento de la avenida Cabildo. Con los pulmones restablecidos, se treparía a la cinta fija para hacer footing y tratar de recuperar ese digno envaramiento cuartelero que a la faz pública se había desvanecido con las fotos de su última detención, en las que aparecía como un anciano enjuto y sorprendido. En casa, trotando sobre la cinta de goma negra volvería a inflar el pecho.

Ante Daniela Vizzón, la encargada de tutelar la detención domiciliaria, Raquel Hartridge sólo deslizaría una queja: extrañaba ir a misa los domingos con su marido. Pero él se las arreglaba para cumplir con su fe; seguía la ceremonia por televisión y lo visitaba un sacerdote. El primer informe sobre la marcha de la prisión domiciliaria, fechado el 20 de agosto, no pudo ser más favorable: "Jorge Videla tuvo buena predisposición ante la entrevista, como así también para el seguimiento que se le realizará sobre su arresto domiciliario. Denota clara conciencia de su actual situación y las limitaciones que le impone la misma, mostrándose receptivo a las sugerencias que se dieron anteriormente para el cumplimiento satisfactorio del arresto en cuestión. Para ello cuenta con el apoyo de su mujer, quien también se mostró permeable a las orientaciones que se le brindaron sobre la sobriedad y moderación que debería existir en su domicilio". La causa que le había quitado la libertad ambulatoria siguió agitándose: el 2 de octubre pasó del juzgado de Marquevich al del juez federal Bagnasco. La Sala I de la Cámara Federal de San Martín había dejado a Marquevich de lado, declarándolo incompetente porque entendió que con dos investigaciones en curso "se llegaría a dos conclusiones, una de cada causa". Mientras el general trotaba en la cinta fija, recibía a hijos y nietos, contestaba una correspondencia que menguaba, su paso erguido de gobernante tímido y terrible seguía resonando: el 8 de diciembre una jueza de Suiza pidió su captura internacional por la desaparición del estudiante suizo chileno Alexei Jaccard en 1977. Por la misma causa se había pedido la extradición de Pinochet. En la querella por el robo de bebés, los defensores de Videla, Tavares y Rodríguez Varela, atacaban en tres frentes: el reclamo de prescripción de la causa, la insistencia en que se trataba de "cosa juzgada" y el paso de las actuaciones a la justicia militar. Videla ya había corrido muchos kilómetros en casa y peleado contra la amenaza de sentirse un viejo recluido y tembloroso cuando en septiembre de 1999 la Cámara Federal de la Capital Federal dejó claro que el delito de robo de bebés era en efecto imprescriptible, que no cabían entonces la cosa juzgada y tampoco el fuero militar. La delegada tutelar de la detención domiciliaria seguía elevando informes rutinarios sobre la vida del preso: "Denota buen estado de ánimo, aduciendo que está llevando de buena manera su permanencia en el domicilio ya que desde que no trabaja, ha aprendido a disfrutar del 'estar en su casa' (quizás porque cuando trabajaba no estaba nunca). Por el momento se ha mentalizado totalmente para adaptarse a la circunstancia de no poder salir y no siente necesidad de hacerlo". En febrero de 2000, con las resoluciones de la Cámara Federal a favor, el juez Bagnasco lo citó a declarar. Los abogados de Videla intentaron ganar tiempo; lo instruyeron para que no se presentase y, en tanto, recusaron al juez por enemistad manifiesta. Pero fracasaron en primera y en segunda instancia. A último momento presentaron un recurso de "nulidad y apelación". En vano. El 24 de febrero Videla estuvo cara a cara con el juez, quien tenía listo un cuestionario en torno a 22 casos que, a su criterio, probaban la existencia del plan sistemático para robar recién nacidos. Videla se negó a declarar y a hacer cualquier comentario. Su silencio fue ocupado por el presidente del Consejo Supremo de las Fuerzas Armadas, el general retirado Héctor Bianchi, que se declaró competente para llevar la causa adelante.

El temor de los dinosaurios se tornaba explícito: ¿se dibujaba en el horizonte una sentencia que descendería a los uniformados del Proceso y a quienes los seguían defendiendo a la infame categoría de ladrones de niños? La avanzada de Bianchi, concretada el 30 de marzo, disgustó al flamante gobierno de la Alianza encabezado por Fernando de la Rúa, quien inmediatamente anunció su remoción. Bagnasco consideró que el planteo de competencia del tribunal militar ya estaba zanjado por pronunciamientos anteriores y lo humilló: el valor jurídico del Consejo Supremo de las Fuerzas Armadas, dijo, no es superior al de la Asociación de Fútbol Argentino (AFA). Pero el nuevo gobierno, que buscaba exhibirse más respetuoso de los derechos humanos que sus predecesores inmediatos, recibiría pronto una incriminación pública del juez español Baltasar Garzón, que en diciembre del 99 había pedido la detención y captura de 48 militares, Videla entre ellos. La solicitud debía ser recibida por el juez federal de turno Gustavo Literas, pero la Cancillería retuvo la documentación y el ministro de Justicia Ricardo Gil Lavedra dijo que se trataba de una "comedia de enredos" y que lo que debía hacer el juez español era "pedir de una vez la extradición". El 12 de mayo y el 7 de junio de 2000 Garzón insistió en vano. Después disparó: "El gobierno argentino ha desconocido la gravísima envergadura de los hechos delictivos que se imputan".

Videla se deslizaba por la cinta; seguramente comprobaba que sus músculos se mantenían firmes. Los informes sobre su comportamiento como preso domiciliario podrían calcarse hasta el aburrimiento: "Jorge Videla tiene buena disposición ante el seguimiento realizado por la suscripta. Denota clara conciencia de su estado actual, no surgiendo elementos que permitan suponer que el arresto domiciliario no será cumplido". Videla no molestaba, trotaba en su departamento de Cabildo 639 5° A; se movía sin avanzar. Ejercitaba las piernas, trajinaba la paradoja de moverse y no, de no hacer nada para que todo fuera hecho. ¿Esa rara mezcla de quietismo y acción no era al fin uno de los signos de su vida? Quizá ni siquiera lo supiese. Pero en su país, la sombra de sus crímenes se levantaba como uno de los capítulos más ominosos. Videla trotaba en la cinta, atravesaba otro siglo en el mismo lugar, mientras no sólo entre los argentinos el conocimiento de la tragedia que había provocado y sus consecuencias era, seguiría siendo, indetenible.

Epílogo: 25 años después

La culminación de este trabajo, en los umbrales del 25° aniversario del golpe militar de 1976, encuentra a la Argentina en un período particularmente sombrío. Mientras corre el cuarto gobierno nacional elegido en las urnas tras la recuperación de la democracia de 1983, el país permanece en un ya largo y profundo estancamiento, con altos índices de desempleo que treparon en este período del 3,5 por ciento al 16 por ciento y una creciente deuda externa que asciende a 150 mil millones de dólares. Pese a la fragilidad de este cuadro se cierne sobre él la permanente amenaza de un inminente ingreso a un descalabro económico y político aún mayor apenas se incumpla con las siempre renovadas presiones de los mercados. En la Argentina videlista y posvidelista no predominó ni predomina el progreso sino su contrapartida: la caída hacia el desamparo de los sectores bajos de la población y el deterioro de su otrora famosa clase media. Ahora los desaparecidos son desaparecidos sociales, grupos que abultan las estadísticas de quienes viven por debajo de la línea de la pobreza o que ingresan al mundo del delito. Esto, a su vez, permite criminalizar a los sectores más desprotegidos de la sociedad en un esquema que resucita a aquel positivismo oligárquico que ve entre las mayorías arrojadas del circuito económico un espectro delictivo.

Sería reduccionista tomar al golpe del 76 como matriz única del infierno: ya se ha visto cómo la dictadura militar, y aun la conformación ideológica de su principal protagonista, están ligadas a corrientes profundas y antiguas de la vida nacional y a las marcas excluyentes y sanguinarias de sus grupos de poder. Sin embargo, la potencia criminal del Estado procesista se planta como un mojón insoslayable a la hora de repasar las miserias presentes. En el ámbito estrictamente económico la deuda externa que cobró su impulso inicial durante el videlismo (tocó los 12 mil millones en 1978 y alcanzó los 43 mil millones de dólares en 1982) ocupa un alto rango en el retroceso nacional al generar una espiral deudora que obstaculiza el desarrollo y promueve la desinversión social. Su fuerza condicionante es inevitable a la hora de evaluar distribución regresiva del ingreso y el crecimiento de la pobreza. Con todo, la deuda externa no es la única variable que aletarga a la economía. La concentración de recursos juega también un papel decisivo y junto con ella, la conformación de nuevos grupos que reúnen a empresas nacionales y transnacionales con una gran autonomía con respecto al Estado y a la sociedad. Este cuadro se completa con la pérdida de activos estatales por la vía de la privatización y la aceleración de la fuga de capitales. En 1976 el diez por ciento más rico de la sociedad ganaba ocho veces más que el diez por ciento más pobre. En este 2000 gana 25 veces más. He allí un verdadero cambio.

El proceso de regresión de ingresos que se describe en forma somera se produjo en este cuarto de siglo del cual menos de la tercera parte (1976-1983) transcurrió bajo dominio militar. Pero también hay dos elementos que ligan la etapa democrática con la dictadura que la antecedió. Por un lado, la gran capacidad de los nuevos actores económicos para vaciar de contenido esta democracia y mantener, en su terreno, un autoritarismo activo que salta sobre las formas de la representación política, sobre el tan declarado como falso liberalismo ideológico y aun sobre la libertad de opinión. Estos reflejos del poder reiteran las peores características de la conformación ideológica totalitaria que circuló por excelencia en la dictadura. La impronta del "toma todo" que Videla y Martínez de Hoz restauraron sobre los restos del Estado de bienestar no consigue ser disipada.

Pero, por otro lado, esa índole autoritaria del poder económico encuentra una cantera sobre la cual operar: la onda expansiva del terrorismo de Estado procesista. El videlismo actuó de manera directa sobre los cuerpos, en efecto consiguió aterrorizar a la sociedad y abrió las compuertas de sus actuales capitulaciones, su miedo y su inercia. Cuando Videla dijo que le tendrían que pagar por sus servicios, estaba señalando una verdad insoportable: la comodidad con que los actores económicos que respaldaron su gestión han conseguido reciclarse y moverse en estos años de sociedad abierta no podría entenderse sin la aplicación de sus perdurables antídotos sobre las conciencias libres, sobre las aspiraciones de poder popular y sobre la actividad política y gremial satanizadas durante su mandato.

En la era del posterrorismo, la imposibilidad de expandir la democracia a la economía, aunque sea en niveles mínimos, se cruza con un escenario internacional preciso, con un discurso triunfante que es reactivo a la generalización del bienestar. Su expresión argentina es aun más fuerte. El activismo de los grupos locales consiguió también desnaturalizar los mensajes y los deseos que acompañaron a las elecciones presidenciales. Así, el desiderátum democratizador contenido en el voto a Raúl Alfonsín explotó por los aires con un golpe de mercado. El reclamo de reparación económica que empinó a Carlos Menem concluyó, para las mayorías que más lo encarnaron, en su reverso. La nueva oportunidad que implicó la Alianza UCR-Frepaso en 1999 capotó enseguida, arrastrada por la imposibilidad de trasvasar su masa crítica a una expresión de poder real.

En este punto, la Argentina parece plantarse como un reino de la imposibilidad al cual el videlismo cimentó con mucho más éxito que otras gestiones conservadoras de facto. La situación alimenta hoy el mito de una frustración y de un fracaso inherentes al ser argentino. Pero quizá la normalización del fracaso sea la presa más codiciada para renunciar a la búsqueda de una solución política que religue a la sociedad en otros términos, con el protagonismo de otros actores y de otras alianzas sociales. Pero en nada se equivoca tanto el hombre como en la futurología. Así que aun tomando en cuenta la impronta procesista que perdura en la vida nacional analizada aquí, no hay nada más serio que dejar el final abierto.

Este libro ha buscado aproximar una lectura del pasado reciente a través de la vida pública y privada de su mayor protagonista. Mientras se escriben sus últimas líneas deja ver, entre tantas otras, dos grandes deudas en el terreno del periodismo, el ensayo y la reflexión política: un estudio pormenorizado de las responsabilidades del poder económico y el sector externo en el genocidio que incluya su circulación e incidencia en los gobiernos posteriores y aún en la actualidad. Y otro sobre el comportamiento de la sociedad en su conjunto ante el autoritarismo armado ya que no son suficientes ni las execraciones ni las exculpaciones masivas ante fenómenos tan complejos y terminales como el terror estatal cuando lacera y da muerte a millares de cuerpos que, además, desaparecen. Lo que sí queda claro es que el videlismo, como política de liquidación de energías de cambio, ha dejado huellas profundas que explican, en buena parte, el estancamiento socioeconómico y las recurrentes penurias de la democracia representativa. Como si en el comienzo del siglo XXI las marcas del terror estuvieran más presentes de lo que estamos dispuestos a reconocer.

ANEXOS

BIBLIOGRAFÍA

Andersen, Martin: *Dossier secreto. El mito de la guerra sucia.* Planeta, Buenos Aires, 1993.

Anguita, Eduardo y Caparrós, Martín: *La voluntad I, II y III.* Grupo Editorial Norma, Buenos Aires, 1997, 1998.

Arendt, Hannah: *Eichmann en Jerusalén. Un estudio sobre la banalidad del mal.* Lumen, Barcelona, 1999.

Arendt, Hannah: *Los orígenes del totalitarismo. Parte 2: Imperialismo. Parte 3: Totalitarismo.* Alianza Universidad, Madrid, 1987.

Armony, Ariel: *La Argentina, los Estados Unidos y la cruzada anticomunista en América Central (1977-1984).* Ediciones de la Universidad Nacional de Quilmes (UNQ), Buenos Aires, 1999.

Asociación de Periodistas de Buenos Aires: *Periodistas desaparecidos: con vida los queremos.* Buenos Aires, 1986.

Azpiazu, Daniel y Basualdo, Eduardo: *Cara y contracara de los grupos económicos.* Alcántara, Buenos Aires, 1989.

Ballester, Horacio: *Memorias de un coronel democrático.* Ediciones de la Flor, Buenos Aires, 1996.

Basualdo, Eduardo: *Deuda externa y poder económico en la Argentina.* Nueva América, Buenos Aires, 1987.

Bataille, Georges. *Teoría de la religión.* Taurus, Buenos Aires, 1999.

Benjamin, Walter: *Para una crítica de la violencia.* Premiá Editora, Puebla, 1982.

Bignone, Reynaldo: *El último de facto.* Planeta, Buenos Aires, 1992.

Bonasso, Miguel: *Recuerdo de la muerte.* Puntosur, Buenos Aires, 1988.

Bonasso, Miguel: *El Presidente que no fue.* Planeta, Buenos Aires, 1997.

Botana, Natalio: *El siglo de la libertad y el miedo.* Sudamericana, Buenos Aires, 1998.

Botana, Natalio: *El orden conservador. La política argentina entre 1880-1916.* Sudamericana, Buenos Aires, 1994.

Brennan, James P.: *El Cordobazo. Las guerras obreras en Córdoba 1955-1976.* Sudamericana, Buenos Aires, 1996.

Calveiro, Pilar: *Poder y desaparición. Los campos de concentración en Argentina.* Colihue, Buenos Aires, 1998.

Calloni, Stella: *Los años del lobo. Operación Cóndor.* Peña Lillo Editor, Buenos Aires, 1999.

Camarasa, J.; Felice, R. y González, D.: *El Juicio. Proceso al horror.* Sudamericana/Planeta, Buenos Aires, 1985.

Camilión, Oscar: *Memorias políticas. De Frondizi a Menem (1956-1996).* Planeta, Buenos Aires, 2000.

Camus, Albert: *Moral y política.* Losada, Buenos Aires, 1978.

Cardoso, Oscar Raúl; Kirschbaum, Ricardo y Van der Kooy, Eduardo: *Malvinas, la trama secreta.* Planeta, Buenos Aires, 1992.

Cavarozzi, Marcelo: *Autoritarismo y democracia (1955-1996).* Ariel, Buenos Aires, 1997.

Ciancaglini, Sergio, y Granovsky, Martín: *Nada más que la verdad. El Juicio a las Juntas.* Planeta, Buenos Aires, 1995.

CISEA/ CEAL: *Argentina 1983.* Ediciones del CISEA y Centro Editor de América Latina, Buenos Aires, 1984.

Clarridge, Duane R.: *Spy for all Seasons. My Life in the CIA.* Scribner, Nueva York, EE.UU., 1997.

CONADEP: *Nunca más.* Eudeba, Buenos Aires, 1985.

Chomsky, Noam: *La cultura del terrorismo.* Ediciones B, Barcelona, España, 1988.

D'Andrea Mohr, José Luis: *El escuadrón perdido.* Planeta, Buenos Aires, 1998.

D'Andrea Mohr, José Luis: *Memoria deb(v)ida.* Colihue, Buenos Aires, 1999.

Deheza, José Alberto: *¿Quiénes derrocaron a Isabel Perón?* Ediciones Cuenca del Plata, Buenos Aires, 1981.

Deheza, José Alberto: *La República sin ley (1976-1983).* DTP Ediciones, Buenos Aires, 1995.

De la Plaza, Guillermo: *La Patria fue mi causa.* Soberanía, Buenos Aires, 1984.

Díaz Bessone, Genaro. *Guerra revolucionaria en la Argentina (1959-1978).* Círculo Militar, Buenos Aires, 1996.

Di Stefano, Roberto, y Zanatta, Loris. *Historia de la Iglesia argentina. Desde la Conquista hasta fines del siglo XX.* Grijalbo-Mondadori, Buenos Aires, 2000.

Di Tella, Guido: *Perón-Perón (1973-1976).* Sudamericana, Buenos Aires, 1983.

Di Tella, Torcuato S.: *Los partidos políticos. Teoría y análisis comparativo*. AZ Editora, Buenos Aires, 1998.

Edelman, Murray: *La construcción del espectáculo político*. Ediciones Manantial, Buenos Aires, 1991.

Ezcurra, Ana María: *Iglesia y transición democrática*. Puntosur, Buenos Aires, 1988.

Feinmann, José Pablo: *La sangre derramada. Ensayo sobre la violencia política*. Ariel, Buenos Aires, 1998.

Feinmann, José Pablo: *Filosofía y Nación. Estudios sobre el pensamiento argentino*. Ariel, Buenos Aires, 1992.

Filc, Judith: *Entre el parentesco y la política. Familia y dictadura 1976-1983*. Biblos, Buenos Aires, 1997.

Foucault, Michel: *Microfísica del poder*. La Piqueta, Madrid, 1979.

Fraga, Rosendo: *Ejército, del escarnio al poder (1973-1976)*. Sudamericana, Buenos Aires, 1988.

Fraga, Rosendo: *El Ejército y Frondizi*. Emecé, Buenos Aires, 1993.

Frontalini, Daniel, y Caiati, María Cristina: *El mito de la "guerra sucia"*. Ediciones CELS, Buenos Aires, 1984.

García Lupo, Rogelio: *Diplomacia secreta y rendición incondicional*. Legasa, Buenos Aires, 1983.

García Lupo, Rogelio: *La rebelión de los generales*. Proceso, Buenos Aires, 1962.

Gasparini, Juan: *La pista suiza*. Legasa, Buenos Aires, 1986.

Gasparini, Juan: *Montoneros, final de cuentas*. Puntosur, Buenos Aires, 1988.

Gasparini, Juan: *El caso Graiver*. Ediciones B., Buenos Aires, 1990.

Gilbert, Isidoro: *El oro de Moscú*. Planeta, Buenos Aires, 1994.

Gilbert, Abel, y Vitagliano, Miguel. *El terror y la gloria*. Grupo Editorial Norma, Buenos Aires, 1998.

Gillespie, Richard: *Soldados de Perón (Los Montoneros)*. Grijalbo, Buenos Aires, 1998.

Gobello, José: *Fuera de contexto*. Ediciones Prensa Subterránea, Buenos Aires, 1998.

Godio, Julio: *El movimiento obrero argentino (3 tomos)*. Legasa, Buenos Aires, 1988.

González Breard, Eusebio. *La guerrilla en Tucumán*. Círculo Militar, Buenos Aires, 1999.

González Jansen, Ignacio: *La Triple A*. Contrapunto, Buenos Aires, 1986.

Goñi, Uki: *Judas. La verdadera historia de Alfredo Astiz, el infiltrado*. Sudamericana, Buenos Aires, 1996.

Graham-Yool, Andrew: *De Perón a Videla*. Legasa, Buenos Aires, 1989.

Granovsky, Martín: *Misión cumplida*. Planeta, Buenos Aires, 1992.

Grüner, Eduardo: *Las formas de la espada. Miserias de la teoría política de la violencia*. Colihue, Buenos Aires, 1997.

Guitton, Jean: *Mi testamento filosófico*. Sudamericana, Buenos Aires, 1997.

Hassoun, Jacques: *El oscuro objeto del odio*. Catálogos, Buenos Aires, 1999.

Herrmann, Horst: *2000 años de tortura en nombre de Dios*. Flor del Viento, Buenos Aires, 1996.

Hobsbawm, Eric: *La historia del siglo XX*. Crítica, Barcelona, España, 1995.

Horowicz, Alejandro: *Los cuatro peronismos*. Planeta, Buenos Aires, 1990.

Jauretche, Arturo: *El medio pelo en la sociedad argentina*. A. Peña Lillo Editor, Buenos Aires, 1966.

Jordán, Alberto R.: *El Proceso 1976/1983*. Emecé Editores, Buenos Aires, 1993.

Kosacoff, Bernardo, y Azpiazu, Daniel: *La industria argentina, desarrollo y cambios estructurales*. CEAL, Buenos Aires, 1989.

Lanusse, Alejandro: *Mi testimonio*. Lasarre, Buenos Aires, 1977.

Lanusse, Alejandro: *Confesiones de un general*. Planeta, Buenos Aires, 1994.

Laudano, Claudia Nora: *Las mujeres en los discursos militares 1976-1983*. Editorial La Página, Buenos Aires, 1998.

López Saavedra, Emiliana: *Testigos del "proceso" militar 1 y 2 (1976-1983)*. CEAL, Buenos Aires, 1984.

Ludwig, Emil: *Genio y carácter*. Ediciones Ercilla, Santiago de Chile, 1936.

Luna, Félix: *Los caudillos*. Planeta, Buenos Aires, 1998.

Luna, Félix: *Breve historia de los argentinos*. Planeta, Buenos Aires, 1994.

Malamud Goti, Jaime: *Terror y justicia en la Argentina*. Ediciones de la Flor, Buenos Aires, 2000.

Mariano, Nilson Cezar: *Operación Cóndor. Terrorismo en el Cono Sur*. Editorial Lohlé-Lumen, Buenos Aires, 1998.

Martínez de Hoz, José Alfredo: *15 años después*. Emecé Editores, Buenos Aires, 1991.

Martorell, Francisco: *Operación Cóndor. El vuelo de la muerte*. LOM Ediciones, Santiago de Chile, Chile, 2000.

Mittelbach, Federico: *Informe sobre desaparecedores*. Ediciones de la Urraca, Buenos Aires, 1987.

Mittelbach, Federico, y Mittelbach, Jorge: *Sobre áreas y tumbas. Informe sobre desaparecedores*. Sudamericana. Buenos Aires, 2000.

Morales Solá, Joaquín: *Asalto a la ilusión*. Planeta, Buenos Aires, 1991.

Nino, Carlos S.: *Juicio al mal absoluto. Los fundamentos y la historia del juicio a las juntas del Proceso*. Emecé Editores, Buenos Aires, 1997.

Nosiglia, Julio E.: *Botín de guerra*. Cooperativa Tierra Fértil, Buenos Aires, 1985.

Novak, Jorge: *Iglesia y derechos humanos*. Conversaciones con José María Poirier. Ediciones Ciudad Nueva, Buenos Aires, 2000.

Núñez, Urbano J.: *Historia de San Luis*. Plus Ultra, Buenos Aires, 1980.

O'Donnell, Guillermo: *El Estado burocrático autoritario*. Editorial de Belgrano, Buenos Aires, 1996.

O'Donnell, Guillermo: *Contrapuntos. Ensayos escogidos sobre autoritarismo y democratización*. Paidós, Buenos Aires, 1997.

Ollier, María Matilde: *El fenómeno insurreccional y la cultura política (1969-1976)*. CEAL, Buenos Aires, 1986.

Olmos, Alejandro: *Todo lo que usted siempre quiso saber sobre la deuda externa y siempre se lo ocultaron*. Editorial de los Argentinos, Buenos Aires, 1995.

Palomino, Mirta: *De tradición y poder. La Sociedad Rural Argentina (1955-1983)*. CISEA-Grupo Editor Latinoamericano. Buenos Aires, 1988.

Pasarelli, Bruno: *El delirio armado*. Sudamericana, Buenos Aires, 1998.

Perdía, Roberto: *Montoneros: La otra historia*. Ediciones Agora, Buenos Aires, 1996.

Pichon-Rivière, Enrique, y Pampliega de Quiroga, Ana: *Psicología de la vida cotidiana*. Ediciones Nueva Visión, Buenos Aires, 1991.

Piñeiro, Armando: *Crónica de la subversión en la Argentina*. Depalma, Buenos Aires, 1980.

Potash, Roberto: *El Ejército y la política en la Argentina 1928-1945. De Yrigoyen a Perón*. Sudamericana, Buenos Aires, 1984.

Potash, Roberto: *El Ejército y la política en la Argentina 1945-1962. De Perón a Frondizi*. Sudamericana, Buenos Aires, 1984.

Potash, Roberto: *El Ejército y la política en la Argentina 1962-1973. De Frondizi a la restauración peronista*. Sudamericana, Buenos Aires, 1984.

Quiroga, Hugo: *El tiempo del "Proceso". Conflictos y coincidencias entre políticos y militares 1976-1983*. Fundación Ross, Rosario, 1994.

Rapoport, Mario, y colaboradores: *Historia económica, política y social de la Argentina (1880-2000)*. Ediciones Macchi, Buenos Aires, 2000.

Rock, David: *La Argentina autoritaria*. Ariel, Buenos Aires, 1993.

Rodríguez Molas, Ricardo: *El Servicio Militar Obligatorio*. CEAL, Buenos Aires, 1983.

Romero, José Luis: *Las ideas políticas en Argentina*. FCE, Buenos Aires, 1983.

Romero, Luis Alberto: *Breve historia contemporánea de la Argentina*. Fondo de Cultura Económica, Buenos Aires, 1994.

Romero, Luis Alberto: *Argentina: una crónica total del siglo XX*. Aguilar, Buenos Aires, 2000.

Rouquié, Alain: *Poder militar y sociedad política en la Argentina I. Hasta 1943*. Emecé Editores, Buenos Aires, 1982.

Rouquié, Alain: *Poder militar y sociedad política en la Argentina II. 1943-1973*. Emecé Editores, Buenos Aires, 1982.

Sabato, Jorge: *La clase dominante en la Argentina moderna*. CISEA-Imago Mundi, Buenos Aires, 1992.

Sarmiento, Domingo Faustino: *Facundo*. Emecé, Buenos Aires, 1999.

Schvarzer, Jorge: *Empresarios del pasado. La Unión Industrial Argentina*. CISEA-Imago Mundi, Buenos Aires, 1986.

Schvarzer, Jorge: *La industria que supimos conseguir*. Planeta. Buenos Aires, 1996.

Sebreli, Juan José: *Apogeo y ocaso de los Anchorena*. Siglo Veinte, Buenos Aires, 1969.

Sebreli, Juan José: *Buenos Aires, vida cotidiana y alienación*. Siglo Veinte, Buenos Aires, 1969.

Selser, Gregorio: *El Onganiato*. Carlos Samonta Editor, Buenos Aires, 1973.

Seoane, María, y Ruiz Núñez, Héctor: *La Noche de los Lápices*. Planeta, Buenos Aires, 1992.

Seoane, María: *Todo o nada*. Planeta, Buenos Aires, 1993.

Seoane, María: *El burgués maldito*. Planeta, Buenos Aires, 1998.

Sivak, Martín: *El asesinato de Juan José Torres*. Ediciones Serpaj, Buenos Aires, 1997.

Siwak, Pedro: *Víctimas y mártires de la década del 70 en la Argentina*. Ediciones Guadalupe. Buenos Aires, 2000.

Troncoso, Oscar: *El Proceso de Reorganización Nacional/1. Cronología y documentación, de marzo de 1976 a marzo de 1977*. CEAL, Buenos Aires, 1984.

Troncoso, Oscar: *El Proceso de Reorganización Nacional/2. Cronología y documentación, de abril de 1977 a junio de 1978*. CEAL, Buenos Aires, 1985.

Troncoso, Oscar: *El Proceso de Reorganización Nacional/3. Cronología y documentación, de julio de 1978 a octubre de 1979*. CEAL, Buenos Aires, 1988.

Troncoso, Oscar: *El Proceso de Reorganización Nacional/4. Cronología y documentación, de noviembre de 1979 a septiembre de 1980*. CEAL, Buenos Aires, 1992.

Troncoso, Oscar: *El Proceso de Reorganización Nacional/5. Cronología y documentación, de octubre de 1980 a mayo de 1981*. CEAL, Buenos Aires, 1994.

Túrolo, Carlos M.: *De Isabel a Videla*. Sudamericana, Buenos Aires, 1996.

Uriarte, Claudio: *Almirante Cero*. Planeta, Buenos Aires, 1992.

Vázquez, Enrique: *La última. Origen, apogeo y caída de la dictadura militar*. Eudeba, Buenos Aires, 1985.

Vazeilles, José Gabriel: *La ideología oligárquica y el terrorismo de Estado*. CEAL, Buenos Aires, 1985.

Verbitsky, Horacio: *Ezeiza*. Contrapunto, Buenos Aires, 1985.

Verbitsky, Horacio: *Rodolfo Walsh y la prensa clandestina*. Ediciones de la Urraca, Buenos Aires, 1987.

Verbitsky, Horacio: *Un siglo de proclamas militares*. Editora/12, Buenos Aires, 1987.

Verbitsky, Horacio: *La posguerra sucia. Un análisis de la transición*. Legasa, Buenos Aires, 1985.

Zinn, Antonio: *Historia de los gobernadores de las provincias argentinas*. Tomo III, parte I. Hispamérica, Buenos Aires, 1987.

TESTIMONIOS

Adelina Alaye	Madres de Plaza de Mayo - La Plata
Alejandro Armendáriz	Compañero del Colegio San José - Político radical - Gobernador de la provincia de Buenos Aires 1983-1987
Francisco Azamor	Compañero del Colegio San José - Vicerrector del Colegio Nacional de Buenos Aires
Horacio Ballester	Coronel retirado - Presidente del Centro de Militares para la Democracia Argentina (CEMIDA)
Hugo Bonafina	Integrante de la Comisión de Homenaje a los Desaparecidos y Muertos de Mercedes (Mercedes)
Juan Antonio Buasso	General de brigada retirado
Alberto Samuel Cáceres	General de brigada retirado
Antonio Cafiero	Ministro de Economía de Isabel Perón - Senador nacional justicialista
Ismael Calcagno	Sacerdote - Primo hermano de Alicia Raquel Hartridge
Javier Antonio Casaretto	Político mercedino - Ex detenido-desaparecido - Integrante de la Comisión de Homenaje a los Desaparecidos y Muertos de Mercedes (Mercedes)
Raúl Castro	Embajador de los Estados Unidos en Buenos Aires entre 1977 y 1980 (Arizona)

Carlos Alberto Cerdá	General retirado – Abogado y ex auditor militar
Juan Jaime Cesio	Coronel retirado – Miembro del CEMIDA
Juan Carlos Colombo	General de brigada retirado
José Antonio "Lura" Chacur	Amigo de infancia y vecino (San Luis)
Adrián González Charbay	Secretario del Juzgado Federal N° 1 de San Isidro a cargo del juez Roberto Marquevich
José Luis D'Andrea Mohr	Ex capitán del Ejército – Investigador y escritor
Carlos Daray	Ex juez – Ex director nacional del Servicio Penitenciario Federal (SPF).
José Alberto Deheza	Ministro de Justicia y de Defensa en el gobierno de Isabel Perón
Guillermo de la Plaza	Diplomático – Ex embajador en el Uruguay
Carlos César Ildefonso	
Delía Larocca	General de división retirado
Alberto Desouches	Director de la Colonia Montes de Oca
María Olga Espil	Sobrina (Mercedes)
Emilio Ferré	Compañero del Colegio San José
Alberto Florella	Periodista (Mercedes)
Eduardo Fracassi	Vicealmirante retirado
Rosendo Fraga	Politólogo – Ex asesor del general Viola
Bella Friszman	Consuegra del ex jefe del Ejército Tte. Gral. Alberto Numa Laplane
José Luis García	Coronel retirado
Horacio García Belsunce	Compañero del Colegio San José – Economista y abogado
Rodolfo García Leyenda	Político radical – Ex senador nacional por Santa Cruz
Rogelio García Lupo	Periodista
Luis García Martínez	Economista – Jefe del gabinete de asesores de José Alfredo Martínez de Hoz
Isidoro Gilbert	Periodista

José Gobello	Periodista y escritor - Presidente de la Academia Argentina de Lunfardo.
Hernán Eduardo Guinot	Primo político (Mercedes)
Emilio Gutiérrez Herrero	Ejecutivo de empresas (Montevideo)
Emilio Teodoro Graselli	Sacerdote
Tex Harris	Ex consejero de la embajada de los Estados Unidos en Buenos Aires (Washington)
Margarita Laplane	Hija del ex jefe del Ejército Tte. Gral. Alberto Numa Laplane
Mario Laprida	General de brigada retirado
Guillermo Lascano Quintana	Abogado, ex asesor de la Secretaría General de la Presidencia y ex subsecretario del Ministerio del Interior
Félix Loñ	Abogado, ex asesor de la Secretaría General de la Presidencia
Alcides López Aufranc	General de división retirado
Julio Luján	Abogado y militar retirado - Ex detenido político
Miguel A. Mallea Gil	General de brigada retirado - Ex subsecretario de Relaciones Institucionales
Anselmo Marini	Ex gobernador de la Prov. de Buenos Aires - Político radical
Emilio Eduardo Massera	Ex almirante - Ex jefe de la Armada y miembro de la Junta militar que derrocó a Isabel Perón
Luis María Mendía	Vicealmirante retirado
Beba de Genaro y Alfi Menéndez	Vecinos de El Trapiche (El Trapiche)
Néstor Pedro Menéndez	Historiador sanluiseño (San Luis)
José Benjamín Meritello	Teniente coronel retirado
Hugo Miatello	General retirado y amigo personal
Federico Mittelbach	Ex capitán de Ejército - Periodista e investigador
Jorge Mittelbach	Teniente coronel retirado - Investigador
Juan Morales	Sacerdote - Preceptor de estudios del Colegio San José

Julio Navarini	Vecino de El Trapiche (El Trapiche)
Rodolfo Ojea Quintana	Sobrino - Abogado
Pedro Pasquinelli	Docente e historiador mercedino - Vecino (Mercedes)
Roberto Cirilo Perdía	Ex miembro de la conducción de Montoneros
Martha de Perlinger	Viuda del coronel Luis César Perlinger
Yvonne Pierron	Monja - Compañera de las hermanas Alice Domon y Léonie Duquet
Raymundo Podestá	Compañero del Colegio San José - Ex secretario de Industria
Estela Puccio de Borrás	Viuda del brigadier Jorge Landaburu
Manuel Haroldo Pomar	General de brigada retirado
Augusto Rattenbach	Coronel retirado
Cleto Eduardo Rey	Director de la Colonia Montes de Oca
Alberto Rodríguez Varela	Abogado y amigo - Ex ministro de Justicia
Carlos Federico Ruckauf	Ex ministro de Trabajo - Ex senador - Ex vicepresidente - Ex ministro del Interior - Gobernador de la Pcia. de Bs. As.
Carlos Sánchez Toranzo	Coronel retirado
Mohamed Alí Seineldín	Ex coronel (Penal Militar de Campo de Mayo)
Jorge Felipe Sosa Molina	Coronel retirado
María Lidia Sostres	Vecina de Hurlingham
Wayne Smith	Ex consejero político de la embajada de los Estados Unidos en Buenos Aires (Washington)
Julio César Strassera	Fiscal del juicio a las juntas militares
Pedro Uncal Basso	Vecino - Amigo de infancia del brigadier Agosti (Mercedes)
Claudio Uriarte	Periodista
Antonio Vañek	Vicealmirante retirado
Sara Videla	Prima (San Luis)

José Rogelio Villarreal	General de división retirado - Ex secretario general de la Presidencia
Platina Wölher de Gainza	Esposa de Gustavo de Gainza
Carlos Wowe	Ex juez
Ricardo Yofre	Abogado - Ex subsecretario general de la Presidencia
Horacio Zaratiegui	Contraalmirante retirado

ARCHIVOS Y FUENTES DOCUMENTALES

Archivos y bibliotecas

Archivo del Poder Judicial de la Nación: tribunales federales y de la Corte Suprema.
Archivo del Consejo Supremo de las Fuerzas Armadas.
Archivo de la Conferencia Episcopal Argentina.
Archivo de la Comisión Nacional sobre Desaparición de Personas (Conadep), Subsecretaría de Derechos Humanos.
Archivo de la Inspección General de Justicia de la Nación.
Biblioteca del Congreso de la Nación.
Biblioteca del Círculo Militar.
Biblioteca Sarmiento, Mercedes.
Biblioteca Nacional.
Centro de Documentación e Información del Ministerio de Economía.
Diario *Clarín*.
Archivo del Centro de Estudios Legales y Sociales (CELS)

Diarios

Argentina:

Clarín
La Nación
Página/12
La Prensa
La Razón
Buenos Aires Herald
Crónica
La Opinión
La Tarde

El Oeste, Mercedes
El Orden, Mercedes
La Gaceta, Tucumán
La Voz del Interior, Córdoba

Latinoamérica, Europa y EE.UU.:

La República, Uruguay
El Mercurio, Chile
Última Hora, Paraguay
The New York Times, EE.UU.
O Globo, Brasil
El Nacional, Venezuela
Le Monde, Francia
The Guardian, Gran Bretaña
El País, España
El Comercio, Perú

Revistas

Argentina:

Gente
Somos
La Semana
Humor
Siete Días
Noticias
Trespuntos
Veintiuno
El Periodista de Buenos Aires
El Porteño
Caras y Caretas
Mercado

Latinoamérica, Europa y EE.UU.:

Veja, Brasil
Time, EE.UU.
L'Express, Francia
L'Espresso, Italia

Los documentos

Legajo militar de Jorge Rafael Videla - Archivo General del Ejército.

Proclamas del 24 de marzo de 1976 y Estatuto del Proceso de Reorganización Nacional.

Consideraciones sobre el proceso de institucionalización y el Movimiento de Opinión Nacional. Armada Argentina, octubre de 1977.

Carta del secretario general de la Presidencia, general José Rogelio Villarreal, al ministro del Interior, general Albano Eduardo Harguindeguy / Directiva a los gobernadores de las provincias para la confirmación, reemplazo o designación de intendentes. Abril de 1976.

"Plan Nueva República". De la secretaría general del Comando en Jefe del Ejército, 1977 (general Jorge Carlos Olivera Rovere).

Comentario sobre el documento "Plan Nueva República". Secretaría General de la Presidencia, 1977.

Propuesta política de Jaime Perriaux para el Proceso de Reorganización Nacional (borrador). Abril de 1978.

Carta y propuesta política de Américo Ghioldi al Gral. José Rogelio Villarreal. 22 diciembre de 1977.

Bases políticas para la reorganización nacional. Fuerza Aérea, julio de 1978.

Plan de Reforma Política Institucional, 1977.

Bases políticas del Ejército para el Proceso de Reorganización Nacional, 1978.

"Proyecto Nacional". Ministerio de Planeamiento (general Ramón Genaro Díaz Bessone), 1977.

Crítica al "Proyecto Nacional". Secretarías de los comandos en jefe del Ejército, la Armada y la Fuerza Aérea, 1977.

Directiva secreta 404/75 del comandante en jefe del Ejército, "Guerra contra la subversión". 28 de octubre de 1975.

Directiva secreta 504/77 del comandante en jefe del Ejército, "Continuación de la ofensiva contra la subversión durante el período 1977/1978". 20 de abril de 1977.

Directiva 604/79 del comandante en jefe del Ejército, "Continuación de la ofensiva contra la subversión". 1979.

El terrorismo en la Argentina. Poder Ejecutivo Nacional, Buenos Aires, 1979.

Plan de Capacidades (Placintara). Contribuyente a la Directiva Antisubversiva. Comandante de Operaciones Navales, Puerto Belgrano, noviembre de 1975.

Plan del Ejército contribuyente al Plan de Seguridad Nacional. Octubre de 1975.

"Operación Claridad" (archivos secretos de la represión cultural), 1976-1983.

Decreto secreto del Poder Ejecutivo Nacional N° 261 del 5 de febrero de 1975 por el cual ordena las operaciones militares antisubversivas en la provincia de Tucumán.

Decretos del Poder Ejecutivo Nacional N° 2770, 2771 y 2772 del 6 de octubre de 1975 para la intervención de las Fuerzas Armadas en la lucha antisubversiva a nivel nacional bajo el mando de un Consejo de Seguridad Interior presidido por el presidente de la Nación, e integrado por los ministros y los comandantes en jefe de las Fuerzas Armadas.

Operación Cóndor. Archivos sobre la Operación Cóndor en Paraguay, Brasil y Chile.

Plan de Operaciones Navales en el conflicto Argentina-Chile por el canal de Beagle, diciembre de 1978. Del jefe de Inteligencia del Estado Mayor General de la Armada, Clmte. Jorge Demetrio Casas, al subsecretario de Relaciones Exteriores, Cap. de navío Guálter Oscar Allara.

Actas secretas de la Junta Militar, 1977-1982.

Ley de autoamnistía militar N° 22.924, octubre 1983.

Escrituras públicas y actas de constitución de las empresas Transporte Aéreo Rioplatense S.A. Comercial e Industrial (TAR) y Empresa de Desarrollos Especiales S.A. (EDESA). Inspección General de Justicia de la Nación.

Documentos del Episcopado argentino 1965/1981. Editorial Claretiana, Buenos Aires, 1982.

Declaración indagatoria del teniente general (R) Jorge Rafael Videla ante el Consejo Supremo de las Fuerzas Armadas. 1° de agosto de 1984.

Declaración testimonial del teniente general (R) Jorge Rafael Videla por la desaparición de Carlos Esteban Alaye, en el Juzgado Federal N°1 de La Plata (Dr. Héctor Gustavo de la Serna) constituido en el Regto. de Infantería Mecanizado "Coronel Conde" - 18 de enero de 1984.

Sentencia dictada el 9 de diciembre de 1985 por la Cámara Nacional de Apelaciones en lo Criminal y Correccional Federal de la Capital Federal en la causa 13 del año 1984 seguida al Tte. Gral. (R) Jorge Rafael Videla, Alte. (R) Emilio Eduardo Massera, Brig. Gral. (R) Orlando Ramón Agosti, Tte. Gral. (R) Roberto Eduardo Viola, Alte. (R) Armando Lambruschini, Brig. Gral. (R) Omar Domingo Rubens Graffigna, Tte. Gral. (R) Leopoldo Fortunato Galtieri,

Alte. (R) Jorge Isaac Anaya y Brig. Gral. (R) Basilio Arturo Ignacio Lami Dozo. Tomos I y II. Imprenta del Congreso de la Nación.

Declaración testimonial de Jorge Rafael Videla en el Juzgado Federal N°2 de San Martín (Dr. Alfredo Bustos) en la causa que busca establecer el destino de los cuerpos de los guerrilleros Mario Roberto Santucho y Benito Urteaga, 3/9/98.

Informe social encargado por la Cámara de Apelaciones de San Martín para evaluar el pedido de prisión domiciliaria de Jorge Rafael Videla, 10/7/98, e informe complementario evaluatorio del 20/8/98.

Sentencia dictada el 19 de julio de 2000 por el juez federal Jorge Ballestero en la causa 14.467 "Olmos Alejandro s/denuncia", en la que se investigó el crecimiento de la deuda externa argentina en el período 1976-1982.

160 documentos desclasificados del Departamento de Estado de los Estados Unidos originados en informes de la embajada de los Estados Unidos en Buenos Aires. Octubre a diciembre de 1975; enero a diciembre de 1976; enero, marzo a julio, agosto, setiembre y diciembre de 1977; marzo a mayo y agosto a diciembre de 1978.

SOA. Students and Instructors from Argentina 1949-1996. Listado de alumnos e instructores argentinos de la Escuela de las Américas del Ejército de los Estados Unidos (US Army School of the Americas —SOA—). Información provista bajo el Acta de Libre Acceso a la Información.

Carta abierta de Rodolfo Walsh a la Junta Militar, 24 de marzo de 1977.

Informes sobre la situación de los derechos humanos en la Argentina - Comisión de Derechos Humanos de las Naciones Unidas, 1976 a 1978.

Boletín de la Junta de Historia de San Luis N°6, Diciembre de 1982 (editado en 1983).

Decreto 157/83 del 13/12/83 por el cual el presidente Alfonsín ordenó la persecución penal de las cúpulas guerrilleras (Mario Eduardo Firmenich y otros cinco dirigentes de Montoneros, y el único dirigente con vida de la cúpula del ERP, Enrique Haroldo Gorriarán Merlo).

Decreto 158/83 del 13/12/83, por el cual el presidente Alfonsín ordenó al Consejo Supremo sustanciar juicio sumario a las tres primeras juntas militares por su responsabilidad en la metodología empleada para combatir la subversión.

Diario del Juicio. Periódico sobre el juicio a las juntas militares, Perfil, 1985.

El caso Ítalo. Informes y conclusiones de la Comisión Especial Investigadora. Cámara de Diputados. Congreso de la Nación. Tomo I. Buenos Aires, 1985.

El diario de la CGT de los Argentinos. La Página, Buenos Aires, 1997.

Correspondencia Videla-Pinochet / Pinochet-Videla, 1978-1979.

Correspondencia Massera-Graffigna, 1980.

Correspondencia Videla-Familia Gainza, 1989-1991.

Bases del Partido para la Democracia Social, 1980-1982.

Testimonio del agente de inteligencia Leandro Sánchez Reisse ante el Subcomité de Investigación sobre Terrorismo, Narcóticos y Operaciones Internacionales de la Comisión de Relaciones Exteriores del Senado de los Estados Unidos. 23 de julio de 1987.

Caso Jaccard. Informe de actividades de la embajada suiza en Buenos Aires durante la desaparición de Alexei Jaccard. Departamento Federal de Asuntos Exteriores de Suiza. Berna, febrero de 2000.

Decretos de indulto del presidente Carlos Menem del 29/12/90 en beneficio de los ex comandantes Jorge Rafael Videla, Emilio Massera, Roberto Eduardo Viola y Orlando Ramón Agosti; los generales Ramón Camps y Ovidio Pablo Riccheri; el almirante Armando Lambruschini; el líder montonero Mario Eduardo Firmenich; los dirigentes peronistas Norma Kennedy y Duilio Brunello; José Alfredo Martínez de Hoz y el ex general Carlos Guillermo Suárez Mason.

Anexo informativo

Las juntas militares y los gabinetes de ministros

24 de marzo de 1976

Junta:
Tte. Gral. Jorge Rafael Videla (hasta agosto 1978)
Almte. Emilio Eduardo Massera (hasta set. 1978)
Brig. Gral. Orlando Ramón Agosti (hasta enero 1979)

29 de marzo de 1976 al 1° de agosto de 1978
Presidente de la Nación: Tte. Gral. Jorge Rafael Videla

Gabinete:
Interior • Gral. Brig. Albano Eduardo Harguindeguy
Defensa • Brig. My. (R) José María Klix
Rel. Ext. • Vlmte. César Augusto Guzzetti - Vlmte. Oscar A. Montes
Justicia • Brig. auditor Julio Gómez
Cultura y Educación • Ricardo Bruera - Juan José Catalán
Economía • José Alfredo Martínez de Hoz
Bienestar Social • Clmte. Julio Bardi
Trabajo • Gral. Brig. Horacio Tomás Liendo
Planeamiento • Gral. Div. Ramón Genaro Díaz Bessone - Gral.
Brig. Carlos Laidlaw

Nota: los ministros juraron el 29 de marzo de 1976 junto a Jorge Rafael
Videla, quien había sido nombrado presidente por la Junta el día 26, reteniendo al mismo tiempo el cargo de jefe del Ejército. A los nueve ministerios iniciales se sumó luego Planeamiento, donde Díaz Bessone asumió el 25
de octubre de 1976, permaneciendo hasta diciembre de 1977 cuando fue
reemplazado por Laidlaw.

1° de agosto de 1978 al 29 de marzo de 1981
Presidente de la Nación: Tte. Gral. (R) Jorge Rafael Videla

Junta:
Tte. Gral. Roberto Eduardo Viola (agosto 1978 a dic. 1979)
Almte. Armando Lambruschini (set. 1978 a set. 1981)
Brig. Gral. Omar Domingo Rubens Graffigna (enero 1979 a dic. 1981)

Gabinete:
Interior • Gral. Brig. Albano Eduardo Harguindeguy
Defensa • Cmte. David Rogelio Horacio de la Riva
Rel. Ext. • Brig. My. (R) Carlos Washington Pastor
Justicia • Alberto Rodríguez Varela
Cultura y Educación • Juan Rafael Llerena Amadeo
Economía • José Alfredo Martínez de Hoz
Bienestar Social • Cmte. Jorge A. Fraga
Trabajo • Gral. Div. Llamil Reston

Nota: los ministros Pastor, Rodríguez Varela, Llerena Amadeo, De la Riva y Fraga asumieron sus cargos el 6 de noviembre de 1978. El general Llamil Reston, el 19 de enero del 79.

29 de marzo de 1981 al 11 de diciembre de 1981
Presidente: Tte. Gral. (R) Roberto Eduardo Viola

Junta:
Tte. Gral. Leopoldo Fortunato Galtieri (dic.1979 a agosto 1982)
Almte. Jorge Isaac Anaya (set. 1981 a octubre 1982)
Brig. Gral. Basilio Arturo Ignacio Lami Dozo (dic. 1981 a agosto 1982)

Gabinete:
Interior • Gral. Div. Horacio Tomás Liendo
Defensa • Norberto Couto
Rel. Ext. • Oscar Camilión
Justicia • Amadeo Frúgoli
Educación • Carlos Burundarena
Economía • Lorenzo Sigaut
Trabajo • Brig. Julio César Porcile
Agricultura • Jorge Aguado
Industria y Minería • Eduardo Oxenford

Comercio • Carlos García Martínez
Obras Públicas • Gral. Div. (R) Diego Urricariet
Salud Pública • Amílcar Argüelles
Acción Social • Vlmte. Carlos Alberto Lacoste

Nota: el general Viola fue reemplazado en forma interina por el general Liendo del 21 de noviembre al 11 de diciembre de 1981. Decidido el desplazamiento de Viola, el 11 la Junta Militar nombró al vicealmirante Carlos Alberto Lacoste como ministro del Interior a cargo del Poder Ejecutivo hasta el día 22, en que Galtieri asumió la presidencia jurando formalmente junto a los miembros de su gabinete.

22 de diciembre de 1981 al 17 de junio de 1982
Presidente: Tte. Gral. Leopoldo Fortunato Galtieri

Gabinete:
Interior • Gral. Div. Alfredo Oscar Saint Jean
Defensa • Amadeo Frúgoli
Rel. Exteriores • Nicanor Costa Méndez
Justicia • Lucas Lennon
Educación • Cayetano Licciardo
Economía • Roberto Alemann
Trabajo • Brig. Julio César Porcile
Obras Públicas • Sergio Martini
Salud Pública • Horacio Rodríguez Castells
Acción Social • Vlmte. Carlos Alberto Lacoste

Nota: al asumir la presidencia, Galtieri retuvo el cargo de comandante en jefe del Ejército.

1° de julio de 1982 al 10 de diciembre de 1983
Presidente: Gral. Div. (R) Reynaldo Benito Bignone

Junta:
Tte. Gral. Cristino Nicolaides (agosto 1982 a dic. 1983)
Almte. Rubén Oscar Franco (octubre 1982 a dic. 1983)
Brig. Gral. Augusto J. Hughes (agosto 1982 a dic. 1983)

Gabinete:
Interior • Gral. Llamil Reston
Defensa • Alfredo Battaglia

Rel. Ext. • Juan Ramón Aguirre Lanari
Justicia • Lucas Lennon
Educación • Cayetano Licciardo
Economía • José Dagnino Pastore - Jorge Wehbe
Trabajo • Héctor Villaveirán
Obras Públicas • Conrado Bauer
Salud Pública • Horacio Rodríguez Castells
Acción Social • Adolfo Navajas Artaza

Los secretarios de informaciones del Estado (SIDE):
Gral. Otto Carlos Paladino (febrero 1976 a enero 1977)
Gral. Carlos Enrique Laidlaw (enero 1977 a enero 1978)
Gral. Carlos Alberto Martínez (enero 1978 a dic. 1983)

La Corte Suprema de Justicia

Se constituye el 2 de abril de 1976.

Ministros de la Corte:

1976: Horacio H. Heredia (presidente), Adolfo Gabrielli, Abelardo
F. Rossi, Alejandro R. Caride y Federico Videla Escalada.

1977: Pedro J. Frías y Emilio Miguel Daireaux ocupan, respectivamente, los lugares de los ministros renunciantes Videla Escalada y Caride.

1978: Elías P. Guastavino reemplaza en octubre a Horacio H. Heredia, fallecido en agosto. Gabrielli, ministro decano, ocupa
la presidencia del cuerpo.

1980: César Black es nombrado ministro en agosto, en lugar de
Daireaux, quien había fallecido en abril.

1982: Carlos Alfredo Renom ocupa en febrero el puesto de Frías,
quien había renunciado en 1981.

Procurador general de la Nación

1976: Elías P. Guastavino
1978: Juan Francisco Linares
1981: Mario Justo López

Las Fuerzas Armadas de la dictadura

Ejército

Comandantes en jefe del Ejército
Tte. Gral. Jorge Rafael Videla (08-75/08-78)
Tte. Gral. Roberto Eduardo Viola (08-78/12-79)
Tte. Gral. Leopoldo Fortunato Galtieri (12-79/06-82)
Tte. Gral. Cristino Nicolaides (06-82/12-83)

Jefes del Estado Mayor General del Ejército (EMGE)
08/75 a 08/78   Gral. Roberto Eduardo Viola
01/79 a 12/79   Gral. Carlos Guillermo Suárez Mason
12/79 a 06/82   Gral. José Antonio Vaquero
06/82 a 10/82   Gral. Rodolfo Enrique Luis Whener
10/82 a 12/83   Gral. Edgardo Ernesto Calvi

Subjefes del EMGE
08/75 a 10/76   Gral. Brig. Leopoldo Fortunato Galtieri
12/76 a 11/77   Gral. Brig. José Antonio Vaquero
12/77 a 12/78   Gral. Brig. José Montes
01/79 a 12/79   Gral. Brig. Horacio Tomás Liendo
01/80 a 12/80   Gral. Brig. Alfredo Oscar Saint Jean
01/81 a 12/81   Gral. Brig. Edgardo Ernesto Calvi
01/82 a 09/82   Gral. Brig. Rodolfo Enrique Luis Whener

Secretario general del EMGE
01/76 a 12/76   Gral. Carlos Alberto Dallatea
12/76 a 12/77   Gral. Jorge Carlos Olivera Rovere
12/77 a 12/80   Gral. Reynaldo Bignone
12/80 a 12/81   Gral. Alfredo Oscar Saint Jean
12/81 a 10/82   Gral. José Víctor Gutiérrez
10/82 a 11/82   Gral. José Horacio Ruiz
11/82 a 12/83   Gral. Mario Alfredo Piotti

J-1 Personal del EMGE

02/76 a 03/76	Gral. Brig. José Rogelio Villarreal
05/76 a 02/79	Gral. Brig. Luis Jorge Warckmeister
02/79 a 12/79	Gral. Brig. Arturo Gumersindo Centeno
12/79 a 09/82	Gral. Brig. Miguel Ángel Podestá
09/82 a 12/83	Gral. Brig. Carlos Horacio Garay

J-2 Inteligencia del EMGE

08/75 a 12/75	Cnl. Carlos Alberto Martínez
01/76 a 12/77	Gral. Carlos Alberto Martínez
01/78 a 12/79	Gral. Alberto Alfredo Valín
12/79 a 12/81	Gral. Mario Oscar Davico
12/81 a 12/83	Gral. Alfredo Sotera

Batallón de Inteligencia del Ejército 601 (jefes)

10/74 a 10/77	Cnl. Alberto Alfredo Valín
10/77 a 09/79	Cnl. Carlos Alberto Roque Tepedino
10/79 a 09/81	Cnl. Jorge Alberto Muzzio
09/81 a 12/83	Cnl. Julio César Bellene

J-3 Operaciones del EMGE

01/76 a 12/77	Gral. Luciano Adolfo Jáuregui
12/77 a 12/79	Gral. Cristino Nicolaides
12/79 a 12/81	Gral. Arturo Gumersindo Centeno
12/81 a 06/82	Gral. Mario Benjamín Menéndez
09/82 a 12/83	Gral. Oscar Enrique Guerrero

J-4 Logística del EMGE

09/75 a 12/76	Gral. Brig. José Montes
01/77 a 02/79	Gral. Brig. Oscar Bartolomé Gallino
02/79 a 12/79	Gral. Brig. Alfredo Oscar Saint Jean
12/79 a 12/81	Gral. Brig. Eugenio Guañabens Perelló
01/82 a 08/82	Gral. Brig. Gerardo Juan Máximo Núñez
09/82 a 12/83	Gral. Brig. Jorge Arguindegui

Comandante del Cuerpo de Ejército I (Palermo)

12/75 a 01/79	Gral. Div. Carlos Guillermo Suárez Mason
01/79 a 12/79	Gral. Div. Leopoldo Fortunato Galtieri
01/80 a 12/80	Gral. Div. José Montes
12/80 a 12/81	Gral. Div. Antonio Domingo Bussi
12/81 a 07/82	Gral. Div. Cristino Nicolaides
07/82 a 12/83	Gral. Div. Juan Carlos Trimarco

Comandante del Cuerpo de Ejército II (Rosario)
08/75 a 10/76   Gral. Div. Ramón Genaro Díaz Bessone
10/76 a 12/78   Gral. Div. Leopoldo Fortunato Galtieri
01/79 a 12/80   Gral. Div. Luciano Adolfo Jáuregui
12/80 a 07/82   Gral. Div. Juan Carlos Trimarco
08/82 a 12/83   Gral. Div. Eduardo Alfredo Espósito

Comandante del Cuerpo de Ejército III (Córdoba)
08/75 a 09/79   Gral. Div. Luciano Benjamín Menéndez
10/79 a 12/79   Gral. Div. José Antonio Vaquero
12/79 a 12/80   Gral. Div. Antonio Domingo Bussi
12/80 a 12/81   Gral. Div. Cristino Nicolaides
12/81 a 12/83   Gral. Div. Eugenio Guañabens Perelló

Comandante del Cuerpo de Ejército IV (La Pampa)
02/82 a 06/82   Gral. Div. Llamil Reston
07/82 a 10/82   Gral. Div. Alfredo Oscar Saint Jean
10/82 a 12/83   Gral. Div. Miguel Ángel Podestá

Comandante del Cuerpo de Ejército V (Bahía Blanca)
01/76 a 12/77   Gral. Div. Osvaldo René Azpitarte
12/77 a 10/79   Gral. Div. José Antonio Vaquero
10/79 a 12/79   Gral. Div. Abel Teodoro Catuzzi
12/79 a 12/81   Gral. Div. José Rogelio Villarreal
12/81 a 07/82   Gral. Div. Osvaldo Jorge García
10/82 a 12/83   Gral. Div. Rodolfo Whener

Comandante de Institutos Militares (Campo de Mayo)
08/75 a 01/79   Gral. Div. Santiago Omar Riveros
02/79 a 12/79   Gral. Div. José Montes
12/79 a 12/80   Gral. Div. Cristino Nicolaides
12/80 a 12/81   Gral. Div. Reynaldo Benito Bignone
12/81 a 10/82   Gral. Div. Edgardo Ernesto Calvi
10/82 a 12/83   Gral. Div. Luis Santiago Martella

Armada

Comandantes en jefe de la Armada (CJA)
Almte. Emilio Eduardo Massera (06-73/09-78)
Almte. Armando Lambruschini (09-78/09-81)
Almte. Jorge Isaac Anaya (09-81/10-82)
Almte. Rubén Oscar Franco (10-82/12-83)

Jefes de Estado Mayor General Naval (EMGN)

02/76 a 09/78	Vlmte. Armando Lambruschini
09/78 a 01/80	Vlmte. Antonio Vañek
01/80 a 09/81	Vlmte. Jorge Isaac Anaya
01/82 a 10/82	Vlmte. Alberto Gabriel Vigo
10/82 a 12/83	Vlmte. Carlos Pablo Carpintero

Secretaría General del EMGN

01/76 a 11/77	Clmte. Humberto José Barbuzzi
02/78 a 09/78	Vlmte. Eduardo René Fracassi
09/78 a 01/79	Cap. Nav. James Mac Donald Whamond
02/79 a 01/80	Clmte. Alberto C. Barbich
02/80 a 01/82	Vlmte. Jorge Demetrio Casas
01/82 a 12/83	Clmte. Joaquín Gómez

J-2 Inteligencia del EMGN

01/76 a 02/77	Cap. Nav. Lorenzo de Montmollin
02/77 a 12/79	Clmte. Jorge Demetrio Casas
01/80 a 12/80	Clmte. Guálter Oscar Allara
12/80 a 01/82	Clmte. Eduardo Girling
10/82 a 12/83	Cap. Nav. Juan Alberto Iglesia

J-3 Operaciones del EMGN

01/76 a 06/77	Clmte. Oscar Antonio Montes
06/77 a 12/77	Clmte. Manuel Jacinto García Tallada
12/77 a 09/78	Vlmte. Julio Antonio Torti
02/79 a 11/79	Vlmte. Humberto José Barbuzzi
01/80 a 12/80	Clmte. Juan José Lombardo
12/80 a 01/82	Clmte. Leopoldo Alfredo Suárez del Cerro
01/82 a 12/83	Clmte. Edgardo Otero

Comandante de Operaciones Navales del EMGN

01/76 a 12/76	Vlmte. Luis María Mendía
01/77 a 09/78	Vlmte. Antonio Vañek
09/78 a 01/80	Vlmte. Julio Antonio Torti
01/80 a 12/80	Vlmte. Pedro Antonio Santamaría
12/80 a 01/82	Vlmte. Alberto Gabriel Vigo
01/82 a 10/82	Vlmte. Juan José Lombardo
10/82 a 12/83	Vlmte. Rodolfo Antonio Remotti

Jefes de Aviación Naval
01/76 a 12/78   Clmte. Martín Ángel Lionel
01/79 a 01/80   Clmte. Rafael Serra
01/80 a 01/81   Clmte. Carlos Pablo Carpintero
01/81 a 01/82   Clmte. James Mac Donald Whamond
10/82 a 12/83   Clmte. Máximo Eduardo Rivero Kelly

Directores de la Escuela de Mecánica de la Armada (ESMA)
01/76 a 02/78   Cap. Nav. Rubén Jacinto Chamorro
02/78 a 12/80   Cap. Nav. José Antonio Suppisich
12/80 a 12/82   Cap. Nav. Edgardo Otero
12/82 a 12/83   Cap. Nav. José María Arriola

Fuerza Aérea

Comandantes en jefe de la Fuerza Aérea Argentina (CJFAA)
Brig. Gral. Orlando Ramón Agosti (01-75/01-79)
Brig. Gral. Omar Rubens Domingo Graffigna (01/79-12/81)
Brig. Gral. Basilio Arturo Ignacio Lami Dozo (12/81-08/82)
Brig. Gral. Augusto J. Hughes (08/82-12/83)
Brig. My. José María Insúa (06/12/83-14/12/83)

Comandantes de Personal
12/75 a 12/77   Brig. My. Francisco Cabrera
12/77 a 01/79   Brig. My. Jesús Orlando Capellini
01/79 a 12/79   Brig. My. Aldo Mario Capellini
12/79 a 12/80   Brig. My. Basilio Arturo Ignacio Lami Dozo
12/80 a 12/81   Brig. My. Juan A. García
12/81 a 08/82   Brig. My. Sigfrido Martín Plessl
08/82 a 10/83   Brig. My. Alfredo Ramón Berazategui

Comandantes de Operaciones Aéreas
76/78   Brig. My. Miguel Ángel Osses
79/80   Brig. My. Jesús Orlando Capellini
1981   Brig. My. Basilio Arturo Ignacio Lami Dozo
81/82   Brig. My. Hellmuth Conrado Weber
1983   Brig. My. Teodoro Waldner

Comandantes de Material
76/77   Brig. My. Eduardo Luis Savigliano
1978   Brig. My. Roberto Temporini
1979   Brig. My. Antonio Carlos Burgos

1980	Brig. My. Hipólito Rafael Mariani
81/82	Brig. My. Ubaldo Alfonso Díaz
1983	Brig. Serafín Julio Iribarren

J-2 Inteligencia del EMGFAA

01/76 a 12/76	Brig. Francisco Salinas
03/77 a 01/78	Brig. Antonio Diego López
01/78 a 12/80	Brig. Francisco Salinas
80/82	Brig. Gustavo Adolfo Rebol
1983	Brig. Julio César Santuccione

Comando de Regiones Aéreas

77/78	Brig. My. Enrique Blas Desimoni
79/80	Brig. My. Hugo Nicolás Di Rissio
1981	Brig. My. Francisco Salinas
1982	Brig. My. Alfredo Baños
1983	Brig. My. Héctor René Roy

ABREVIATURAS:

Almte.	almirante
Br.	Brigada
Brig.	brigadier
Cap.	capitán
Clmte.	contraalmirante
Cnl.	coronel
Div.	División
EA	Ejército Argentino
EM	Estado Mayor
EMGE	Estado Mayor General del Ejército
EMGFAA	Estado Mayor General de la Fuerza Aérea Argentina
EMGN	Estado Mayor General Naval
FAA	Fuerza Aérea Argentina
Gral.	general
My.	mayor
Nav.	navío
Tte. Gral.	teniente general
Vlmte.	vicealmirante

La estructura de la represión ilegal

La totalidad del territorio del país se cuadriculó en zonas de responsabilidad operativa que coincidían con el asentamiento de los cuerpos de Ejército. Dentro de cada zona se establecieron subzonas y áreas.

Elementos	Zonas	Subzonas	Áreas
Cuerpo de Ejército I (Comando de Zona 1)	1	7[1]	31[2]
Cuerpo de Ejército II (Comando de Zona 2)	1	4	28
Cuerpo de Ejército III (Comando de Zona 3)	1	4	24
Comando de Institutos Militares (Comando de Zona 4)	1	–	8
Cuerpo de Ejército V (Comando de Zona 5)	1	4	26
Totales	5	19	117

[1] Incluye Subzona 16, a cargo de la 1ª Brigada Aérea (El Palomar).
[2] Incluye en Subzona Capital Federal: Área I, a cargo de Policía Federal; áreas III A y VI, a cargo de la Armada. En Subzona 16: áreas 160, 161, 162 y 163, a cargo de Fuerza Aérea. En Subzona 11: áreas 4 (Zárate) y 5 (Berisso y Ensenada), a cargo de la Armada. En Subzona 14: Área 6 (Base Naval de Mar del Plata) y Área Fuerza Aérea (Mar del Plata).
Fuente: Federico y Jorge Mittelbach, *Sobre áreas y tumbas. Informe sobre desaparecedores.*

La violencia política argentina en cifras

Muertos y desaparecidos (cifras oficiales)	14.005
Desaparecidos durante la dictadura (cifras oficiales al 2000)	9.251
Desaparecidos durante la dictadura (cifras de organismos de derechos humanos)	30.000
Presos políticos (1976-1983)	10.000
Centros clandestinos de detención	364
Porcentaje de asesinatos políticos y desapariciones durante la dictadura con respecto a todo el siglo XX	90%
Proporción de civiles entre las víctimas	94%

Personal de las fuerzas de seguridad y militares muertos entre 1976 y 1983

Militares	515
Civiles	172
Total	687

Fuente: *La guerrilla en Tucumán*, del coronel Eusebio González Breard. Círculo Militar, Buenos Aires, 1999.

Bajas argentinas en la guerra de las Malvinas (1982)

Muertos	641
Heridos	1.208

Fuente: Informe Rattenbach

Los organismos de derechos humanos y su fundación*

Madres de Plaza de Mayo	Abril 1977 [1]
Abuelas de Plaza de Mayo	Oct. 1977 [2]
Asamblea Permanente por los Derechos Humanos (APDH)	Dic. 1975 [3]
Movimiento Ecuménico por los Derechos Humanos (MEDH)	Feb. 1976 [4]
Liga Argentina por los Derechos del Hombre (LADH)	1937 [5]
Servicio de Paz y Justicia para América Latina (SERPAJ)	1974 [6]
Familiares de Desaparecidos y Detenidos por Razones Políticas	Set. 1976 [7]
Centro de Estudios Legales y Sociales (CELS)	1978/1979 [8]
Asociación de ex Detenidos y Desaparecidos por Razones Políticas	Oct. 1984 [9]
Movimiento Judío por los Derechos Humanos	1978/79 [10]

* En algunos casos las fechas deben ser tomadas como orientativas pues la constitución de varios de los organismos se fue dando como un proceso impuesto por las circunstancias de la realidad.

[1] Creado a instancias de Azucena Villaflor —quien luego fue secuestrada y desaparecida—, participó de la fundación un grupo de catorce madres, entre ellas, María Adela Antokoletz y Angélica "Chela" Sosa de Mignone. En 1986 Madres sufrió una escisión por razones políticas y filosóficas, quedando constituida la Asociación Madres de Plaza de Mayo, presidida por Hebe de Bonafini, y Madres de Plaza de Mayo-Línea Fundadora, integrada entre otras por Nora Cortiñas y Tati Almeyda.

[2] Entre sus fundadoras se contaron Isabel de Mariani y Estela de Carlotto.

[3] La primera reunión se realizó en la iglesia de la Santa Cruz. Estuvieron presentes el obispo Jaime de Nevares, el obispo Carlos Gatinoni, Alicia Moreau de Justo, Raúl Alfonsín, Oscar Alende, Susana Pérez Gallart, Adolfo Pérez Esquivel y Alfredo Bravo, entre otros.

[4] Su antecedente es la Comisión Argentina de Refugiados Chilenos creada luego del golpe de Pinochet en Chile, en setiembre de 1973; si bien el MEDH nace en febrero, recién en setiembre del 76 es asumido por las iglesias evangélicas (Metodista Argentina; Reformada; del Río de la Plata; Dis-

cípulos de Cristo; Luterana Unida; de Dios) y las cuatro diócesis católicas (Quilmes, Neuquén, Viedma e Iguazú) que lo conforman.

[5] Es el más antiguo de los organismos, y fue creado por el Partido Comunista como sucesor del Socorro Rojo Internacional.

[6] Creado por el premio Nobel Adolfo Pérez Esquivel, nació como un movimiento latinoamericano y no como un organismo propiamente dicho.

[7] Es el primero en surgir que reúne a los afectados en forma directa por la represión ilegal. Entre otros, fueron sus fundadores: Lucas Orfanó y Lilia de Orfanó, Hilda Velasco, Catalina Guagnini, Mabel Gutiérrez y Ángela "Lita" Boitano.

[8] Fundado por Emilio Fermín Mignone junto a Augusto Conte, Boris Pasik, Alfredo Galetti, Federico Westerkamp y Carmen Aguiar de Lapacó, se constituyó formalmente en marzo de 1980.

[9] Fundado por Adriana Calvo de Laborde.

[10] El MJDH surgió por iniciativa de Herman Schiller, en torno de la revista Nueva Presencia, identificada con el judaísmo de izquierda. En 1981 confluye la corriente religiosa liberal al sumarse el rabino Marshall Meyer, quien pasó a copresidir el MJDH junto con Schiller. También participaron del movimiento el rabino Baruj Plavnick y el empresario Fernando Socolowicz.

La carrera militar de Jorge Rafael Videla

Fecha de nacimiento:	2 de agosto de 1925
Lugar:	Mercedes (provincia de Buenos Aires)
Fecha de casamiento:	6 de abril de 1948
Esposa:	Alicia Raquel Hartridge (nac. 28-9-27 en Morón)
Hijos:	María Cristina (nac. 5-2-49 en Morón)
	Jorge Horacio (nac. 16-5-50 en Morón)
	Alejandro Eugenio (nac. 7-10-51 en Mercedes. Fallec. 1-6-71)
	Rafael Patricio (nac. 6-5-53 en Morón)
	María Isabel (nac. 25-1-58 en Washington).
	Fernando Gabriel (nac. 7-2-61 en Morón)
	Pedro Ignacio (nac. 24-3-66 en Morón)
Ingreso al Colegio Militar:	3 de marzo de 1942
Egreso:	21 de diciembre de 1944
Calificación:	8,6171
Orden de mérito:	6to. de la promoción 73° sobre 196
Estudios superiores:	Oficial de Estado Mayor (OEM) - Escuela Superior de Guerra

Los ascensos

• Subteniente:	22 de diciembre de 1944
• Teniente:	15 de junio de 1947
• Teniente primero:	3 de noviembre de 1949
• Capitán:	1° de marzo de 1952
• Mayor:	18 de julio de 1958
• Teniente coronel:	28 de diciembre de 1961
• Coronel:	17 de enero de 1966
• General de brigada:	23 de noviembre de 1971
• Teniente general:	20 de octubre de 1976

La cúpula de la Iglesia Católica (1976-1983)

Nuncio apostólico (embajador del Vaticano en Buenos Aires)

Mons. Pío Laghi (1974-1980)
Mons. Ubaldo Calabressi (1981-2000)

Autoridades de la Conferencia Episcopal

Mayo 70 / Mayo 73	Presidente:	Mons. Adolfo Tortolo
Mayo 73 / Mayo 76	Presidente:	Mons. Adolfo Tortolo
	Vice 1°:	Mons. Raúl Primatesta
	Vice 2°:	Mons. Vicente Zazpe
Mayo 76 / Abril 79	Presidente:	Mons. Raúl Primatesta
	Vice 1°:	Mons. Vicente Zazpe
	Vice 2°:	Card. Juan Carlos Aramburu
Abril 79 / Abril 82	Presidente:	Card. Raúl Primatesta
	Vice 1°:	Mons. Vicente Zazpe
	Vice 2°:	Mons. Jorge López
Abril 82 / Abril 85	Presidente:	Card. Juan Carlos Aramburu
	Vice 1°:	Card. Raúl Primatesta
	Vice 2°:	Mons. Jorge López

Nota: Tortolo era arzobispo de Paraná y vicario castrense. Primatesta era arzobispo de Córdoba. Aramburu era arzobispo de Buenos Aires y primado de la Argentina. Una figura eclesiástica clave en la Argentina de la dictadura fue también el provicario castrense Victorio Bonamín.

Los presidentes de la UIA y la SRA

Unión Industrial Argentina

Carlos E. Coquegniot	1974–1976
Intervención	1976
Jacques Hirsch	1981–1983

Sociedad Rural Argentina

Celedonio V. Pereda	1972–1978
Juan A. Pirán	1978–1980
Horacio F. Gutiérrez	1980–1984

Los secretarios de Estado de los Estados Unidos durante la dictadura

Henry A. Kissinger. Desde el 22 de septiembre de 1973 hasta el 20 de enero de 1977.

Cyrus Vance. Desde el 23 de enero de 1977 hasta el 28 de abril de 1980.

Edmund Sixtus Muskie. Desde el 8 de mayo de 1980 hasta el 18 de enero de 1981.

Alexander Haig, Jr. Desde el 22 de enero de 1981 hasta el 5 de julio de 1982.

George P. Shultz. Desde el 16 de julio de 1982 hasta el 20 de enero de 1989.

Los secretarios de Estado para Asuntos Interamericanos

William Rogers. Desde el 7 de octubre de 1974 al 18 de junio de 1976.

Harry Shlaudeman. Desde el 22 de julio de 1976 al 14 de marzo de 1977.

Terence Todman. Desde el 1º de abril de 1977 hasta el 27 de junio de 1978.

Viron Vaky. Desde el 18 de julio de 1978 hasta el 30 de noviembre de 1979.

William G. Bowdler. Desde el 4 de enero de 1980 hasta el 16 de enero de 1981.

Thomas O. Enders. Desde el 23 de junio de 1981 hasta el 27 de junio de 1983.

Langhorne A. Motley. Desde el 29 de junio de 1983 hasta el 3 de julio de 1985.

Los embajadores estadounidenses en la Argentina (1976-1983)

Robert C. Hill. Desde el 15 de febrero de 1974 hasta el 10 de mayo de 1977.

Raúl H. Castro. Desde el 16 de noviembre de 1977 hasta el 30 de julio de 1980.

Harry W. Shlaudeman. Desde el 4 de noviembre de 1980 hasta el 26 de agosto de 1983.

La economía argentina durante la dictadura

El equipo económico en el gobierno de Jorge Rafael Videla

Ministro de Economía:	José Alfredo Martínez de Hoz
Secretario de Programación y Coordinación Económica:	Guillermo Walter Klein
Secretario de Hacienda:	Juan Alemann
Secretario de Industria:	Raymundo Podestá
	Pablo Benedit
	Alberto Luis Grimoldi
Secretario de Comercio Exterior:	Alberto A. Fraguío - Alejandro Estrada
Secretario de Comercio:	Guillermo Cándido Bravo
Secretario de Energía:	Guillermo Oscar Zubarán
Secretario de Agricultura:	Mario Antonio Cadenas Madariaga - Jorge Zorreguieta
Sec. Obras Públicas y Transporte:	Federico Benito Camba
Sec. Recursos Naturales y Ambiente Humano:	Fernando Vicente Puca Prota
Jefe del gabinete de asesores:	Luis García Martínez
Presidente del Banco Central:	Adolfo Diz
Vicepresidente del Banco Central:	Alejandro Reynal

El equipo económico en el gobierno de Roberto Viola

Ministro de Economía, Hacienda y Finanzas:	Lorenzo Sigaut
Subsecretario de Programación Económica:	Horacio Arce
Subsecretario de Hacienda:	Jorge Berardi

Secretario de Finanzas e Inversiones Extranjeras:	Hugo Lamónica
Subsecretario técnico y de Coordinación:	Máximo Setuaín
Subsecretario de Negociaciones y Organismos Internacionales:	Alfredo Espósito
Asesor:	Ramiro Esteverena
Presidente del Banco Central:	Julio José Gómez
	Egidio Ianella
Vicepresidente del Banco Central:	Martín Lagos

El equipo económico en el gobierno de Leopoldo Galtieri

Ministro de Economía:	Roberto Alemann
Secretario de Hacienda:	Manuel Solanet
Secretario de Industria y Minería:	Elvio Baldinelli
Secretario de Intereses Marítimos:	Ciro García
Secretario de Comercio:	Alberto Emilio de las Carreras
Secretario de Energía:	Gustavo Luis Petracchi
Sec. de Agricultura y Ganadería:	Raúl Salabarren
Presidente del Banco Central:	Egidio Ianella

El equipo económico en el gobierno de Reynaldo Bignone

Ministro de Economía:	José María Dagnino Pastore
	Jorge Wehbe
Secretario de Hacienda:	Raúl Fernández
	Ismael Feliciano Alchourron
Secretario de Industria y Minería:	Luis Felipe Antonio Gottheil
	Gustavo Enrique Yrazu
Secretario de Comercio:	Alberto A. Fraguío
	Alberto Ricardo Noguera
Secretario de Agricultura y Ganadería:	Víctor Hugo Santirso
Presidente del Banco Central:	Domingo Felipe Cavallo
	Julio González del Solar

LA DEUDA EXTERNA ARGENTINA

DEA 1976/1981   en millones de u$s

1976 (31-3-76)	sector público	3.936
	sector privado	3.697
	total	7.633
1981 (31-3-81)	sector público	17.170
	sector privado	12.417
	total	29.587

Fuente: informe del BCRA en fallo del juez federal Jorge Ballestero, en la causa que investigó el crecimiento de la DEA, 19-7-2000.

LA ESTATIZACIÓN DE LA DEUDA PRIVADA

"El régimen de privilegio establecido por las Comunicaciones A 31, A 54, A 75, A 76, A 137, A 163, A 229, A 241, A 251, todos ellos permitieron e hicieron efectiva la transferencia al Estado de la deuda privada con seguro de cambio y operaciones de pase, también se transfirió las deudas que no renovaron su seguro de cambio, todo ello ratificado por la ley N° 22.749; luego de estimular el endeudamiento del sector privado, se provocó un alivio al sector con los regímenes señalados, y luego se produce la transferencia al Estado, sin estudiar las causas del endeudamiento. Ocurriendo ello durante la gestión de Lorenzo Sigaut, Roberto Alemann, José María Dagnino Pastore y Jorge Wehbe, como ministros de Economía y de Julio Gómez, Egidio Ianella, Domingo Felipe Cavallo y Julio González del Solar, como presidentes del BCRA, y Horacio Arce, Jorge Bustamante, Adolfo Sturzenegger, Miguel Iribarne y Víctor Poggi, como secretarios de Coordinación y Programación Económica y subsecretarios de Economía; Jorge Berardi, Manuel Solanet, Raúl Fernández, Raúl Ducler e Ismael Alchourron, como subsecretarios y secretarios de Hacienda". Fiscalía Nacional de Investigaciones Administrativas, Dictamen N° 14, expte. 2881, 22-7-85.

Fuente: fallo del juez federal Jorge Ballestero en la causa que investigó el crecimiento de la DEA, 19-7-2000.

ALGUNAS CONCLUSIONES
DEL JUEZ JORGE BALLESTERO

"Ha quedado evidenciado en el trasuntar de la causa la manifiesta arbitrariedad con que se conducían los máximos responsables políticos y económicos de la Nación (...) Así también se comportaron directivos y gerentes de determinadas empresas y organismos públicos y privados; no se tuvo reparos en incumplir la Carta Orgánica del Banco Central de la República Argentina; se facilitó y promulgó la modificación de instrumentos legales a fin de prorrogar a favor de jueces extranjeros la jurisdicción de los tribunales nacionales; inexistentes resultaban los registros contables de la deuda externa; las empresas públicas, con el objeto de sostener una política económica, eran obligadas a endeudarse para obtener divisas que quedaban en el Banco Central, para luego ser volcadas al mercado de cambios; se ha advertido también la falta de control sobre la deuda contraída con avales del Estado por las empresas del Estado.

"Todo ello se advirtió en no menos de cuatrocientos setenta y siete oportunidades, número mínimo de hechos que surge de sumar cuatrocientos veintitrés préstamos externos concertados por YPF, treinta y cuatro operaciones concertadas en forma irregular al inicio de la gestión y veinte operaciones avaladas por el Tesoro Nacional que no fueron satisfechas a su vencimiento.

"A ellos deben agregarse los préstamos tomados a través del resto de las empresas del Estado y sus organismos, así como el endeudamiento del sector privado que se hizo público a través del régimen del seguro de cambio.

"Empresas de significativa importancia y bancos privados endeudados con el exterior, socializando costos, comprometieron todavía más los fondos públicos con el servicio de la deuda externa a través de la instrumentación del régimen de seguros de cambio.

"La existencia de un vínculo explícito entre la deuda externa, la entrada de capital externo de corto plazo y altas tasas de interés en el mercado interno y el sacrificio correspondiente del presupuesto nacional desde el año 1976 no podían pasar desapercibidos en autoridades del Fondo Monetario Internacional que supervisaban las negociaciones económicas.

"El archivo de la presente causa no debe resultar impedimento para que los miembros del Honorable Congreso de la Nación evalúen las consecuencias a las que se han arribado en las actuaciones labradas en este Tribunal para determinar la eventual responsabilidad política que pudiera corresponder a cada uno de los actores en los sucesos que provocaran el fenomenal endeudamiento externo argentino.

"(...) Ninguna duda cabe en cuanto a la dirigida política económica adversa a los intereses de la Nación que se llevó adelante en el período 1976/83.

"(...) Deseo recalcar la importancia que pudieran llegar a tener cada una de las actuaciones que se sustanciaron en el desarrollo de este sumario, las que, sin lugar a dudas, resultarán piedra fundamental del análisis que se efectuó para verificar la legitimidad de cada uno de los créditos que originaron la deuda externa argentina.

"(...) Remitiré copia de la presente resolución al Honorable Congreso de la Nación para que, a través de las comisiones respectivas, adopte las medidas que estime conducentes para la mejor solución en la negociación de la deuda externa de nación que, reitero, ha resultado groseramente incrementada a partir del año 1976 mediante la instrumentación de una política económica vulgar y agraviante que puso de rodillas al país a través de los diversos métodos utilizados, que ya fueran explicados a lo largo de esta resolución, y que tendían, entre otras cosas, a beneficiar y sostener empresas y negocios privados —nacionales y extranjeros— en desmedro de sociedades y empresas del Estado que, a través de una política dirigida, se fueron empobreciendo día a día, todo lo cual, inclusive, se vio reflejado en los valores obtenidos al momento de iniciarse las privatizaciones de las mismas."

Fuente: fallo del juez federal Jorge Ballestero en la causa que investigó el crecimiento de la DEA, 19-7-2000.

EL JUICIO A LAS JUNTAS MILITARES

1) El juzgamiento

Decreto 158 del 13 de diciembre de 1983

Considerando:

Que la Junta Militar que usurpó el gobierno de la Nación el 24 de marzo de 1976 y los mandos orgánicos de las Fuerzas Armadas que se encontraban en funciones a esa fecha concibieron e instrumentaron un plan de operaciones contra la actividad subversiva y terrorista, basado en métodos y procedimientos manifiestamente ilegales.

Que entre los años 1976 y 1979 aproximadamente, miles de personas fueron privadas ilegalmente de su libertad, torturadas y muertas como resultado de la aplicación de esos procedimientos de lucha inspirados en la totalitaria "doctrina de la seguridad nacional".

Que todos los habitantes del país, y especialmente, los cuadros subalternos de las Fuerzas Armadas, fueron expuestos a una intensa y prolongada campaña de acción psicológica destinada a establecer la convicción de que "los agentes disolventes o de la subversión", difusa categoría comprensiva tanto de los verdaderos terroristas como de los meros disidentes y aun de aquellos que se limitaban a criticar los métodos empleados, merecían estar colocados fuera de la sociedad y aun privados de su condición humana, y reducidos por tanto a objetos carentes de protección jurídica.

Que, por otra parte, y en el marco de esa acción psicológica, se organizó la represión sobre la base de procedimientos en los cuales, sin respeto por forma legal alguna, se privó de su libertad a personas que resultaron sospechosas a juicio de funcionarios no individualizados y sobre la base de esa mera sospecha, no obstante haber sido encontradas en actitud no violenta, fueron conducidas a lugares secretos de detención, sin conocerse con certeza su paradero ulterior, a pesar de lo cual cunde en la opinión pública la seria presunción de que muchos de ellos fueron privados de la vida sin forma alguna de juicio, y, además, de que durante el tiempo de esa detención muchos o casi todos los detenidos fueron víctimas de salvajes tormentos.

Que en numerosas manifestaciones los integrantes de los mandos superiores de las Fuerzas Armadas y de la Junta Militar que usurpó el gobierno de la Nación en la fecha antes indicada, han reconocido la responsabilidad que les cupo en los procedimientos descriptos, esas manifestaciones se han visto corroboradas por la explícita declaración contenida en el Acta de la Junta Militar del 28 de abril del año en curso, donde se declara que todas las operaciones fueron ejecutadas conforme a planes aprobados y supervisados por los mandos superiores orgánicos de las Fuerzas Armadas, y por la Junta Militar.

Que la existencia de planes de órdenes hace a los miembros de la Junta Militar actuante en el período indicado, y a los mandos de las Fuerzas Armadas con capacidad decisoria, responsables en calidad de autores mediatos por los hechos delictivos ocurridos en el marco de los planes trazados y supervisados por las instancias superiores (art. 514 del Código de Justicia Militar); la responsabilidad de los subalternos, que el texto de esa norma desplaza, se ve especialmente reducida por las circunstancias de hecho derivadas de la acción psicológica antes destacada, que bien pudo haberlos inducido, en muchos casos, a error sobre la significación moral y jurídica de sus actos dentro del esquema coercitivo a que estaban sometidos.

Que además de los atentados derivados del cumplimiento de las órdenes recibidas, es también un hecho de conocimiento público que en el curso de las operaciones desarrolladas por el personal militar y de las fuerzas de seguridad se cometieron atentados contra la propiedad de las víctimas, contra su dignidad y libertad sexual y contra el derecho de los padres de mantener consigo a sus hijos menores.

Que en esos casos como en cualesquiera otros en los cuales se haya incurrido en excesos por parte de los ejecutores de las órdenes de operaciones, o en que éstas fueran de atrocidad manifiesta, la responsabilidad de esos ejecutores no excluye la que corresponde a los responsables del plan operativo. La puesta en práctica de un plan operativo que, por sus propias características, genera la grave probabilidad de que se cometan excesos, la que se vio confirmada por los hechos, genera para los responsables de haber creado la situación de peligro, esto es, los que aprobaron y supervisaron el plan operativo, el deber de evitar que ese peligro se materialice en daño.

Que, por otra parte, se ha señalado también la existencia de casos en los cuales se ejerció con desviación de poder, la facultad de detención emergente del art. 23 de la Constitución Nacional, y consecuentemente se menoscabó de modo ilegal la libertad personal.

Que la existencia de textos normativos públicos o secretos, destinados a amparar procedimientos reñidos con principios éticos básicos, no puede brindar justificación a éstos, pues son insanablemente nulas las normas de facto cuya eventual validez precaria queda cancelada ab initio por la iniquidad de su contenido.

Que la restauración de la vida democrática debe atender, como una de sus primeras medidas, a la reafirmación de un valor ético fundamental: afianzar la justicia. Con este fin, corresponde procurar que sea promovida la acción penal contra los responsables de aprobar y supervisar operaciones cuya ejecución necesariamente había de resultar violatoria de bienes fundamentales de la persona humana tutelados por el derecho criminal.

Que con la actuación que se preconiza se apunta, simultáneamente, al objetivo de consolidar la paz interior.

Que esa persecución debe promoverse por lo menos, en orden a los delitos de homicidio, privación ilegal de la libertad, y aplicación de tormento a detenidos; todo ello, sin perjuicio de los demás delitos que se pongan de manifiesto en el curso de la investigación, y en los que las personas a quienes se refiere este decreto hayan intervenido directamente, o como autores mediatos o instigadores.

Que para el enjuiciamiento de esos delitos es aconsejable adoptar el procedimiento de juicio sumario en tiempo de paz, concebido para aquellos casos en que sea necesaria la represión inmediata de un delito para mantener la moral, la disciplina y el espíritu militar de las Fuerzas Armadas (art. 502 del Código de Justicia Militar). Esos valores se han visto afectados de modo absoluto con la adopción, por los mandos superiores orgánicos de esas fuerzas, de un procedimiento operativo reñido con los principios elementales del respeto por la persona humana.

Que, de acuerdo con lo establecido en el art. 122, inc. 1 del Código de Justicia Militar, corresponde intervenir en el juzgamiento al Consejo Supremo de las Fuerzas Armadas.

Que corresponde respetar la competencia de ese tribunal en atención a la prohibición del art. 18 de la Constitución Nacional de sacar al imputado del juez designado por la ley con antelación al hecho; sin embargo, dado que el ser juzgado penalmente en última instancia por un tribunal de índole administrativa constituye tanto un privilegio como una desprotección para el procesado, ambos vedados por la Constitución, se prevé enviar inmediatamente al Congreso un proyecto de ley agregando al procedimiento militar un recurso de apelación amplio ante la justicia civil.

Que la persecución penal de los derechos a que se refiere este decreto interesa a todos y cada uno de los habitantes, en particular a las víctimas, los que podrán, en uso de sus derechos, realizar aportes informativos dirigidos al esclarecimiento de esos delitos y al acopio probatorio contra sus autores.

Que con la finalidad de atender a estos requerimientos es necesario practicar los ajustes presupuestarios destinados a permitir que el presidente del Consejo Supremo de las Fuerzas Armadas cuente con el equipamiento de personal y elementos que hubiere menester.

El Presidente de la Nación decreta:

• Art. 1°. Sométase a juicio sumario ante el Consejo Supremo de las Fuerzas Armadas a los integrantes de la Junta Militar que usurpó el gobierno de la Nación el 24 de marzo de 1976 y a los integrantes de las dos juntas militares subsiguientes, Teniente General Jorge R. Videla, Brigadier General Orlando R. Agosti, Almirante Emilio E. Massera, Teniente General Roberto E. Viola, Brigadier General Omar D. R. Graffigna, Almirante Armando J. Lambruschini, Teniente General Leopoldo F. Galtieri, Brigadier General Basilio Lami Dozo y Almirante Jorge I. Anaya.

• Art. 2°. Ese enjuiciamiento se referirá a los delitos de homicidio, privación ilegal de la libertad y aplicación de tormentos a los detenidos, sin perjuicio de los demás de que resulten autores inmediatos o mediatos, instigadores o cómplices los oficiales superiores mencionados en el art. 1°.

• Art. 3°. La sentencia del tribunal militar será apelable ante la Cámara Federal en los términos de las modificaciones al Código de Justicia Militar una vez sancionadas por el H. Congreso de la Nación el proyecto remitido en el día de la fecha.

• Art. 4°. Practíquense los ajustes presupuestarios necesarios para el cumplimiento del presente decreto, y la dotación de equipamiento y personal transitorios que requiere el señor Presidente del Consejo Supremo de las Fuerzas Armadas.

Extractos del alegato del fiscal Julio César Strassera

• "Las huecas referencias del general Videla afirmando que se hace responsable de todo pero que los hechos no sucedieron, exponen un pensamiento primario que, dando un valor mágico a las palabras, pretende con ellas que desaparezca la realidad que se quiere negar"...

• "Con relación a la responsabilidad que atribuyo al general Videla, no hace falta extenderme para fundamentar la severidad de la sanción a requerir. Su rol protagónico en la instauración y mantenimiento del aparato delictivo que estamos denunciando resulta innegable. Era el comandante en jefe del Ejército, que tenía la responsabilidad primaria en la lucha contra la subversión, y uno de los artífices principales de la metodología represiva que aquí enjuiciamos...

"Pido..: Para Jorge Rafael Videla: reclusión perpetua, con más la accesoria del art. 52 del Código Penal.

"Imputaciones: Jorge Rafael VIDELA, autor de 83 homicidios calificados, artículo 80, incisos 2 y 6, ley 21.338, ratificada por ley 23.077; 504 privaciones ilegales de la libertad calificada, artículo 144 bis, inciso 1, ley 14.616, aplicada por ser la más benigna; 254 aplicaciones de tormentos, artículo 144, primer párrafo, ley 14.616, de aplicación por ser más benigna; 94 robos agravados, artículo 166, inciso 2, ley 20.642, vigente igual pena a la 21.338; 180 falsedades ideológicas de documento público, artículo 293 del Código Penal, ley 20.642; 4 usurpaciones, artículo 181, inciso 1, texto original con la corrección de la ley 11.221, vigente por más benigna; 23 reducciones a servidumbre, artículo 140 del Código Penal en su texto original; 1 extorsión, artículo 168, ley 20.642; 2 secuestros extorsivos, artículo 170, ley 20.642; 1 supresión de documento, artículo 294 y texto original de Código Penal; 7 sustracciones de menores, artículo 146, en su texto original; 7 tormentos seguidos de muerte, artículo 144, último párrafo, ley 14.616."

• "...Este juicio y esta condena son importantes y necesarios para las Fuerzas Armadas, este proceso no ha sido celebrado contra ellas, sino contra los responsables de la conducción en el período 1976-1983. Finalmente, este juicio y esta condena son importantes y necesarios para las víctimas que reclaman y los sobrevivientes que merecen esta reparación. Se trata simplemente de que a partir del respeto por la vida y el sufrimiento de cualquier ser humano, restauremos entre nosotros el culto por la vida.

"A partir de este juicio y de la condena que propugno, nos cabe la responsabilidad de fundar una paz basada no en el olvido sino en la memoria; no en la violencia sino en la justicia.

"Por estas consideraciones, acuso aquí a los procesados.

"Señores jueces:

"Quiero renunciar expresamente a toda pretensión de originalidad para cerrar esta requisitoria. Quiero utilizar una frase que no me pertenece, porque pertenece ya a todo el pueblo argentino. Señores jueces: ¡nunca más!".

2) Extracto de la sentencia a Videla

9 de diciembre de 1985

Condenando al Teniente General (retirado) Jorge Rafael Videla como autor responsable de los delitos de homicidio agravado por alevosía, reiterado en dieciséis oportunidades; homicidio agravado por alevosía y por el concurso de tres personas, por lo menos, reiterado en 50 oportunidades; privación ilegítima de la libertad agravada por amenazas y violencias reiterado en 306 oportunidades; tormentos, reiterados en 93 oportunidades; tormentos seguidos de muerte, reiterados en 4 oportunidades; robo, reiterado en 26 oportunidades, a la pena de reclusión perpetua, inhabilitación absoluta perpetua, accesorias legales, accesoria de destitución y pago de costas.
- Privaciones ilegítimas de la libertad.
- Torturas y vejaciones a los cautivos.
- Torturas y tratos humillantes y degradantes.

Total de cargos

66 HOMICIDIOS
306 PRIVACIONES ILEGALES DE LA LIBERTAD
93 TORMENTOS
26 ROBOS

Años de prisión que le hubieran correspondido a Videla si las penas fueran acumulativas: 10.248 años.

3) Cifras del juicio a las juntas

- 500: Éste fue el número de expedientes que la Cámara Federal recibió el 4 de octubre de 1984 del Consejo Supremo de las Fuerzas Armadas. Con ellos se abrió la causa que tiene origen en el decreto 158/83 firmado por el presidente Alfonsín. Cada expediente consta de 200 folios.
- 4.000: En los Tribunales de Capital Federal se recibió ese número de denuncias sobre privaciones ilegítimas de la libertad a través de hábeas corpus que se agregaron a la causa.
- 5.000: De los tribunales del interior del país se recibieron 3.000 informes y 2.000 causas con documentación sobre privaciones ilegítimas de la libertad.
- 4.000: Cifra de reclamos diplomáticos documentados, agregados a la causa madre.

- 709: Casos presentados por la Fiscalía para ser tratados en el juicio oral y público. Por sobreabundancia de pruebas el fiscal prescindió de 427 casos.
- 1.984: Número de testigos citados inicialmente, de los cuales presentaron testimonio 833 en los 281 casos tratados. De aquéllos, 546 fueron hombres y 287 mujeres. En la cifra global están incluidos 64 militares (12 en actividad), 15 periodistas, 13 sacerdotes y 12 extranjeros.
- 1.600: Con esta cifra de folios incluidos en 8 cuerpos más la correspondiente documentación se abrió el cuaderno del fiscal, quien cursó 2.000 oficios a todo el país.
- 2.600: Cifra de folios distribuidos en 13 cuerpos con los que los defensores de los 9 comandantes incitaron la causa.
- 7.400: A lo largo de la causa el cuaderno del fiscal llegó a alcanzar este número de folios divididos en 37 cuerpos. A ello hay que agregar 1.500 expedientes.
- 700: Peso total en kilos de la documentación que sobre denuncias internacionales envió a la Cámara la representación argentina ante las Naciones Unidas en Ginebra.
- 1.300.000: Cifra estimada de fotocopias sacadas en las 4 fotocopiadoras de que dispone la Cámara.
- 80: Cantidad de declaraciones solicitadas por exhorto diplomático.
- 30: Cantidad de empleados judiciales afectados directamente a la causa.
- 7.800: Para registrar textualmente las declaraciones de los testigos se precisó esa cantidad de folios, contenidos en 39 cuerpos.
- 13 hs. 25': Ésa fue la duración de la más larga de las 78 audiencias. Ocurrió el 22 de mayo de 1985.
- 5 hs. 40': Ese tiempo insumió la declaración más larga de las audiencias de testigos (fue Víctor Melchor Basterra, detenido en la ESMA).
- 672: Periodistas acreditados para el juicio. De ellos, 158 representaron a medios extranjeros.

4) Videla después del juicio

1985-1990: en prisión carcelaria.
1990: indulto del presidente Carlos Menem.
1998: prisión domiciliaria por 5 casos de robo de bebés.
Orden de captura internacional a pedido de España. Causas en España, Suiza, Suecia, Alemania, Francia e Italia.

ÍNDICE DE NOMBRES

Abdala, José Sabino: 295
Acevedo, Eduardo: 401
Acha, Claudio de: 266, 267
Acosta, Jorge Eduardo "Tigre":
    13, 242, 245, 250, 291, 335,
    418
Actis, Omar: 268, 269
Adaro, Francisco (h): 537, 548
Adaro, Francisco: 537
Adaro, Santiago (h): 537, 548,
    549
Agosti, Héctor P.: 271
Agosti, Orlando Ramón: 68,
    70, 72, 73, 74, 75, 78, 80,
    81, 82, 84, 84, 232, 234,
    235, 236, 238, 246, 247,
    252, 279, 283, 285, 289,
    293, 304, 305, 330, 340,
    353, 361, 362, 363, 369,
    373, 375, 380, 386, 389,
    390, 394, 397, 414, 417,
    453, 458, 463, 467, 469,
    472, 475, 477, 485, 495,
    504, 510, 512, 513, 515,
    517, 527, 539
Agüero, Julián: 109
Aguiar, Félix Roberto: 389
Aguirre Lanari, Juan Ramón:
    420, 580
Agulla, Horacio: 256, 505
Ahmed, José: 544
Aizen, Marina: 363

Aja Espil, Jorge Daniel: 271, 342,
    430
Alaye, Adelina: 467
Alaye, Carlos Esteban: 462, 471
Alba, Hermenegildo: 110, 111
Alconada Aramburú, Carlos: 455
Aldao, José Félix: 114
Alday, Eduardo Jorge: 509
Aldaya, Olga: 291
Alemann, Juan Ernesto: 253,
    263, 341, 372, 384, 403,
    405, 424, 445
Alemann, Roberto: 320, 321,
    445, 446
Alfano, Graciela: 517
Alfonsín, Raúl Ricardo: 13, 23,
    176, 271, 288, 342, 411,
    423, 431, 433, 435, 444,
    451, 454, 455, 456, 457,
    458, 459, 461, 463, 470,
    472, 482, 483, 489, 492,
    493, 496, 504, 507, 512,
    513, 516, 519, 520, 521,
    524, 525, 526, 527, 538,
    539, 542, 555
Allara, Guálter Oscar: 317, 334,
    336, 415, 574, 585
Allende, Jorge María: 352
Allende, José Antonio: 44
Allende, Salvador: 45, 55, 63,
    224
Alonso, José: 493

Alsogaray, Álvaro: 67, 96, 200, 207, 355, 541
Alsogaray, Julio: 210, 211
Álvarez Rodríguez, familia: 252
Álvarez, Arnedo: 304
Alvarez, Carlos "Chacho": 539
Álzaga, Federico de: 66
Alzogaray, Conrado Oscar: 269, 270
Amaya, Mario Abel: 255
Americe, Roberto: 296, 297
Amit, Ismael: 256
Amoedo, Julio: 410
Anaya, Jorge Isaac: 379, 444, 453, 457, 458, 510
Anaya, Leandro Enrique: 29, 32, 33, 34, 36, 37, 38, 39, 40, 42, 46, 230
Anaya, Orencio César: 181
Anchorena, Joaquín: 318
Anchorena, Tomás de: 259, 366, 367, 377
Andreotti, Giulio: 398
Andrews, Samuel: 269
Angarotti, Abel Pedro: 215
Angelelli, Enrique: 268
Angeloz, Eduardo César: 411, 527
Antokoletz, María A.: 590
Apella, Pablo: 379
Aquino, Santo Tomás de: 133
Aramburu, Juan Carlos: 267, 317, 356, 376, 593
Aramburu, Pedro Eugenio: 119, 130, 173, 197, 212, 215, 224, 246, 319, 539
Arancibia Clavel, Enrique: 63, 544
Aráoz, Julio César: 477, 504
Aráuz Castex, Manuel: 73
Arce Gómez, Luis: 428
Archimbal, Fernando: 438, 465, 503

Arenas, Alberto Francisco: 339
Ares y Maldes, Gumersindo: 113
Ares y Maldes, Romualdo: 112
Ares, Roberto: 77
Argente, Jorge Daniel: 271
Arguedas, Guillermo: 64
Arguindegui, Jorge Hugo: 175, 373, 472, 583
Arias, César: 528
Armendáriz, Alejandro: 132, 133, 134, 137, 139, 144
Armony, Ariel: 427, 428
Arns, Paulo Evaristo: 354
Arrastía Mendoza, Ana María: 367, 368
Arrechea, Antonio: 473
Arroyo, Ercilia: 161, 189
Arslanian, León Carlos: 26, 466, 473, 484, 494, 495, 511, 543
Astiz, Alfredo: 13, 210, 291, 358, 489, 490, 501
Athos, René: 277
Aubert, Pierre: 322, 398, 402, 403, 404, 405
Avebury, Lord: 387
Avellaneda, Floreal Edgardo: 247, 509
Azamor, Francisco: 133, 134, 135, 137, 138, 140, 144, 145, 147, 532
Azpitarte, Osvaldo René: 50, 56, 65, 68, 70, 238, 243, 259, 263, 371, 459, 584

Bagliotto, Oscar: 88
Bagnasco, Adolfo: 542, 543, 545, 550, 551
Baigorria, Manuel: 112, 113
Balbín, Ricardo: 31, 35, 37, 38, 65, 67, 77, 144, 225, 229,

254, 255, 259, 288, 306, 411, 423, 433

Baldassini, Ramón: 256, 421, 493, 494

Ballester, Horacio: 153, 154, 158, 168, 169, 210, 269

Ballestero, Jorge: 468

Ballestrino de Careaga, Esther: 312, 358

Baltiérrez, Rodolfo: 259

Balza, Martín: 86, 533, 540, 542

Banzer Suárez, Hugo: 260, 278, 279

Barbeito, Salvador: 267

Barbuzzi, Humberto José: 239, 585

Barceló, Dolores: 522, 532

Barco Guevara, Luis Ángel: 277

Bardi, Julio: 253, 577

Barletti, Emilio: 267

Barre, Raymond: 398

Barredo de Schroeder, Rosario del Carmen: 261

Barreiro, Ernesto Guillermo: 504, 519

Barrionuevo, Hugo: 256

Bartfeld, Federico: 332

Basile, Edgardo Antonio: 235

Basualdo, Héctor: 470

Battaglia, Alfredo: 579

Bauer, Conrado: 580

Bauza, Roberto: 36, 40,

Béccar Varela, Horacio: 321

Becerra, Nicolás: 12

Bellene, Julio César: 583

Belluscio, Augusto: 12

Benazzi, Miguel Ángel: 306

Benegas Lynch, Alberto: 355

Bengolea, Ercilia: 107, 108

Benítez, Antonio: 50

Berdina, Hebe de: 467

Bergeret Lafon, padre: 134, 140

Bergés, Jorge Antonio: 296

Berhongaray, Antonio: 469

Bernal, Nora Beatriz: 366, 368

Bernal, Patricia: 368

Berraz de Vidal, Amelia: 484, 487, 504

Betti, Eduardo: 34, 35, 56

Bianchi, Héctor: 551

Bianco, Norberto: 541, 544

Bignone, Reynaldo Benito Antonio: 68, 332, 361, 369, 373, 397, 443, 448, 457, 504, 583, 584, 598

Bilardo, Eugenio: 367

Birns, Larry: 362, 363

Bittel, Deolindo Felipe: 255, 354, 433

Black, César: 581

Blair, Joseph: 177

Blanca, María Angélica: 220

Blanco, Rubén: 259, 268, 396, 411

Blaquier, Carlos Pedro: 66, 419

Blumenthal, Werner Michael: 348

Bolasini, Oscar Inocencio: 239

Bombelli, Hugo: 256

Bonafina, Hugo: 103, 122, 125, 127, 566

Bonafini, Hebe Pastor de: 440, 470, 546, 590

Bonamín, Victorio Ángel: 222, 223, 253

Bonanni, Pedro: 50

Bonasso, Miguel: 220

Bonich, Luis: 219

Bonino, Carlos: 64

Bonnet, Martín: 529, 531, 533

Bordaberry, Juan María: 74

Bordón, José Octavio: 539

Borges, Jorge Luis: 116, 265, 374, 384

Born, Jorge: 241, 367

Born, Juan: 241

Borrás, Raúl: 455, 456, 459, 482, 489, 490,

Bowdler, William: 426, 595

Branca, Carlos: 417, 459, 544

Braslavsky Núñez, Guido: 7, 17, 18

Braun, Armando: 325

Bravo, Alfredo: 271, 342, 343, 433

Bravo, Leopoldo: 256, 259

Bray, James: 279

Brisoli, Blas: 168, 169

Brites, Francisco: 12, 260

Brizuela, Guillermo: 256

Brizzi, Ari: 322

Broner, Julio: 241, 289, 291, 306

Bronzel, José Daniel: 271

Bruera, Ricardo Pedro: 80, 253, 265, 309, 310, 577

Brunello, Duilio: 576

Brzezinski, Zbigniew: 284, 342

Buasso, Juan Antonio: 56, 68, 251, 253, 566

Buisson, Rafael: 269

Bulgheroni, Carlos: 401, 419

Bullrich, Elvira: 421

Burundarena, Carlos: 578

Busquet, Jean Pierre: 358

Bussi, Antonio Domingo: 13, 14, 41, 56, 68, 70, 71, 152, 165, 307, 427, 473, 517, 535, 583

Busso, Néstor: 509

Bustos, Alfredo: 27, 547, 549, 575

Bustos, Juan Bautista: 109

Bustos, Pedro: 111

Cabrera, Carlos Raúl: 354

Cacciatore, Osvaldo: 254, 384, 385, 423, 439, 441, 484, 485

Cáceres Monié, José: 312

Cáceres, Alberto Samuel: 35, 36, 41, 50, 52, 53

Cadenas Madariaga, Mario: 49

Caeiro, Oscar: 294

Cafiero, Antonio: 51, 53, 61, 62, 81, 493, 524, 527, 566

Caggiano, Antonio: 327

Calabró, Victorio: 51, 53, 72

Calcagno, Alfredo: 85

Calcagno, Carlos: 305

Calcagno, Ismael: 136, 160, 184, 245, 357, 566

Calcagno, Raúl: 159, 160

Calderón, José Gregorio: 112

Caloi (Carlos Loiseau): 384

Calveiro, Pilar: 247, 248, 358

Calvi, Edgardo Ernesto: 271, 582, 584

Calvino, Juan: 133

Calviño, José: 140, 143, 144

Calvo de Laborde, Adriana: 295, 296, 351, 497, 509, 591

Câmara, Hélder: 354

Camilión, Oscar: 259, 396, 578

Campana, María Carmen: 317

Cámpora, Héctor J.: 49, 85, 225, 226, 227, 229, 422, 425

Campos Hermida, Hugo: 12, 260

Campos, Luis María: 86

Camps, Ramón Juan Alberto: 152, 241, 266, 274, 289, 307, 308, 342, 461, 462, 463, 474, 497, 499, 500, 515, 576

Candeloro, Marta: 502

Cánepa, Rodolfo Eugenio: 41, 56

Canevaro, Ignacio: 544

Canicoba Corral, Rodolfo: 12, 13

Cañas, María Angélica: 220

Cañas, María del Carmen: 220

Cañas, Santiago Enrique: 220

Cañas, Santiago Sabino: 220, 221

Cao, Raúl José: 387

Capellini, Jesús Orlando: 47, 68, 69, 379, 586

Caracoche de Gatica, Ana María: 295, 296, 497

Carcagno, Jorge: 34, 85, 154, 165, 227, 228, 229, 230

Cardozo, Cesário Ángel: 56, 68, 251, 253

Careaga, Ana María: 294

Caride, Alejandro: 253, 321, 504, 581

Caride, Susana: 509

Caridi, José Dante: 525, 526

Carlotto, Estela: 351, 547, 590

Carnaghi, Carmen: 271

Caro, Carlos Augusto: 52, 53

Carossio, Juan: 318

Carpintero, Carlos Pablo: 254, 358, 369, 585, 586

Carrà, Raffaella: 417

Carranza, Roque: 265, 490, 504, 505

Carrasco, Omar: 544

Carreño Araya, Cristina Magdalena: 391

Carrera, José Miguel: 109

Carretoni, Jorge: 401

Carrió, Genaro: 455, 487

Carrizo, Jorge Anselmo: 269, 270

Carter, James: 71, 274, 280, 283, 284, 287, 291, 308, 323, 334, 335, 338, 340, 342, 343, 346, 349, 350, 383, 398, 399, 402, 411, 419, 422, 425, 426, 427, 429, 430, 434, 435, 445, 502

Carulla, Juan: 97

Casabal Elía, Adolfo: 467, 473

Casal, Raúl: 310

Casalli Urrutia, Jorge César: 385

Casaretto, Javier Antonio: 566

Casas, Jorge Demetrio: 239, 574, 585

Caserotto, Jorge: 541

Castellani, Leonardo: 265

Castellanos, coronel: 301

Castellini, Leonardo (hijo de María Eloísa): 296

Castellini, María Eloísa: 296, 297

Castillo, Andrés: 358

Castillo, Ramón S.: 97, 99, 149, 151

Castro Olivera, Raúl: 254

Castro, Fidel: 174, 208, 313, 434

Castro, Raúl: 308, 354, 360, 361, 362, 363, 374, 375, 376, 377, 379, 396, 397, 402, 403, 406, 407, 408, 409, 411, 412, 413, 414, 418, 430, 434, 435, 440, 566, 596

Catalán, Juan José: 310, 380, 381, 382, 408

Catón: 145

Catuzzi, Abel Teodoro: 68, 584

Cavallo, Domingo Felipe: 448, 539, 598

Cavallo, Gabriel: 12

Cavallo, Ricardo Miguel: 282, 291

Cazés, Eros: 459

Cela, Camilo José: 374

Centeno, Arturo Gumersindo: 583

Centeno, Norberto: 502

Cerdá, Carlos Horacio: 252, 505, 567

Cerutti, Victorio: 281, 282, 505

Cesio, Juan Jaime: 102, 166, 170, 230, 567
Chacur, José Antonio: 162, 567
Chamorro, Rubén: 242, 586
Chaplin, Maxwell: 261, 264, 274, 286, 308, 329, 330, 331, 334, 335, 336, 374, 375
Chartout, padre: 133
Chasseing, Carlos Bernardo: 172
Chester, Jacobo: 505
Chester, Zulema Dina: 505
Chevallier Boutell, Pablo: 465
Chirac, Jacques: 542
Christopher, Warren: 283, 287, 334, 335, 342, 354
Cid de la Paz, Horacio: 366
Cid, Juan Alberto: 544
Ciga Correa, Juan Martín: 63
Ciocchini, María Clara: 267
Cirullo de Carnaghi, Haydée Rosa: 271
Cisneros, Victorio: 480
Cole, William: 204
Colombo, Juan Carlos: 171, 200, 517, 518
Colombres, Ricardo: 460
Colotto, Jorge Silvio: 258
Comas, Alberto Evaristo: 270
Concha, Zoilo: 114
Constanzo, Cristina: 495
Conte, Augusto: 530, 591
Contepomi, Gustavo: 504
Conti, Haroldo: 265, 477
Contreras, Manuel: 12, 260
Cooke, John William: 202
Cooper, Richard: 346, 348, 349
Cóppola, Guillermo: 542, 544
Coquegniot, Carlos E.: 594
Corach, Carlos: 542
Corbetta, Arturo Amador: 253
Cordero, Eduardo: 269, 270
Cordero, Manuel: 12
Córdoba, Luis: 471, 472

Córdoba, Marisa: 294
Coronel, Pastor Milcíades: 260
Corti, Carlos Alberto: 254, 299
Cortiñas, Nora: 590
Costa Méndez, Nicanor: 322, 446, 579
Costanza, Juan Walter: 420
Coughlin, Paul: 274
Couto, Norberto Manuel: 352, 578
Cox, Robert: 389, 426, 496, 497
Crespi, Eduardo: 410, 420, 432
Cruces, Esteban: 299
Cruz, Elena: 14
Cuadros Herrera, Ana: 503
Cubas, Lisandro: 306
Cubillos, Hernán: 411, 413
Cuco de Araya, Dora: 467
Cuevas: 277, 278

D'Alessandro, José: 339
D'Alessio, Andrés: 26, 484, 511, 530, 543
D'Andrea Mohr, José Luis: 7, 567
D'Arienzo, Juan: 158
Dadea, Oscar: 292
Dagnino Pastore, José María: 448, 478, 580, 598
Daher, Américo: 285, 292, 293
Daleo, Graciela: 358
Dallatea, Carlos Alberto: 35, 56, 65, 68, 73, 172, 238, 289, 478, 582
Damasco, Vicente: 51, 58
Daneri, Abelardo Nemesio: 206, 212
Daray, Carlos Ángel: 495, 567
Dávalos, Julia Elena: 322
Davico, Mario Oscar: 427, 445, 583
De Francesco, Carlos: 295

De Gaulle, Charles: 88, 175, 297
De Genaro, Beba: 538
De la Peña, Rafael: 110
De la Plaza, Guillermo: 73, 567
De la Riva, David: 35, 408, 578
De la Rosa, Graciela: 277
De la Rúa, Fernando: 63, 72, 411, 542, 551
De la Serna, Héctor Gustavo: 462, 471
De la Torre, Lisandro: 91
De Martini, Siro: 467
De Montmollin, Lorenzo: 239, 242, 318, 585
De Nevares, Jaime: 460
De Pablo Pardo, Luis María: 322, 403
De Pirro, Héctor Hugo: 369
De Vedia, Enrique: 410
De Vincenzi, Benito: 378
Deheza, José Alberto: 77, 79, 81, 567
Del Castillo, Miguel: 465, 489
Del Contte, Fernando Omar: 339
Del Valle, Aristóbulo: 510
Delía Larocca, Carlos César Ildefonso: 41, 50, 52, 53, 54, 65, 567
Della Crocce, Osvaldo: 161
Della Croce, Ernesto Federico: 41
Demarco, Aníbal: 50, 52, 53
Derian, Patricia: 284, 286, 304, 309, 323, 334, 335, 336, 337, 340, 353, 354, 392, 398, 402, 496, 497, 502, 503, 505
Derqui, Santiago: 107
Desimoni, Enrique Blas: 379
Desouches, Alberto: 219, 220, 567
Devoto, Alberto: 410

Devoto, Jorge: 509
Di Stefano, Roberto: 410
Diamante, Daniel: 544, 545
Díaz Bessone, Ramón Genaro: 41, 50, 56, 67, 71, 233, 238, 243, 263, 274, 275, 276, 284, 287, 289, 327, 328, 332, 333, 341, 345, 352, 355, 360, 361, 363, 364, 365, 573, 577, 584
Díaz, Mario Cándido: 536
Díaz, Pablo Alejandro: 266, 267, 499
Díaz: 277
Dibur, José Nicasio: 466, 467
Dickson, José Guillermo: 254
Diehl, Delia: 532
Diehl, Fernando: 532
Diehl, Jackson: 475
Digón, Roberto: 421
Dillon, Alberto: 547
Diz, Adolfo: 341, 416, 432, 597
Domínguez, Jacinta: 106
Domon, Alice: 14, 186, 356, 357, 358, 359, 366
Donaires, Fernando: 421
Donato: 102
Dorrego de Unzué, Dolores: 85
Dorrego, Manuel: 112
Duarte: 277
Duffau, Pedro: 267
Dulevich, Miguel: 88
Dunda, Enrique: 414
Dunlop Newsom, David: 383
Dupont, Marcelo: 417
Dupuy, Abel: 276
Dupuy, Vicente: 106
Duquet, Renée Léonie: 14, 186, 356, 357, 358, 359, 366
Duret, Alejandro: 274

Echegoyen, Carlos Ramón: 459
Eichmann, Adolf: 492
Erb, Patricia: 272, 338
Espil, Alberto: 85
Espil, Felipe: 85
Espil, Juan: 127, 128, 262
Espil, María Olga: 128, 567
Espil, Solano: 103, 127
Espinoza Coronel, Pedro: 12, 260
Espósito, Eduardo Alfredo: 549
Estenssoro, José: 325
Etchecolatz, Miguel Osvaldo: 266, 289
Ezcurra, Guillermo: 41

Fagés, Luis María: 459, 464, 475, 481
Falavella de Abdala, Susana: 295, 296, 297
Falcone, Jorge (h): 366
Falcone, Jorge Ademar: 366
Falcone, María Claudia: 267, 366
Farrel, Martín: 455
Farrell, Edelmiro Julián: 88, 89
Fautario, Héctor Luis: 36, 58, 59, 61, 68
Fava, Athos: 304
Favaloro, René: 265, 460
Favelevic, Roberto: 499
Febres, Héctor Antonio: 13
Feced, Agustín: 436
Fernández Blanco de Ghezán, Isabel Mercedes: 393
Fernández Long, Hilario: 460
Fernández Meijide, Graciela: 460, 488
Fernández, José: 111
Ferrario de Toscano, Emma: 368
Ferré, Emilio: 134, 138, 143, 144, 145, 146, 147, 567
Ferreira Pinho, Juan: 533

Ferrer, Rafael: 325
Ferrero, Andrés Aníbal: 56, 67, 480
Feu, Cyris: 56
Figueiredo, João Baptista: 260, 434, 438
Figueroa, Joaquín: 110
Filipini, Jorge Alberto: 459
Firmenich, Mario Eduardo: 30, 352, 377, 424, 502, 527, 576
Fleury, Antoine: 402
Florella, Alberto: 127, 567
Flores, Dalmiro: 448
Flouret, Emiliano: 459
Ford, Gerald: 44, 71, 234
Fourcade, Juan Carlos: 459
Fracassi, Eduardo René: 64, 361, 369, 379, 567, 585
Fraga, Jorge: 408, 578
Fraga, Rosendo: 181, 567
Fraguío, Alfonso: 258
Framini, Andrés: 196
Francés, Héctor: 427
Franco, Francisco: 98
Franco, Rubén Oscar: 13, 369, 579, 584
Franke, Roberto: 352
Franzen, Luis Arturo: 277
Fratassi, Generosa: 297
Frei, William: 318, 322, 403
Fresco, Manuel: 118, 150, 160
Freud, Sigmund: 223
Frías, Juan Carlos: 459
Frías, Pedro J.: 253, 293, 310, 581
Friedman, Anthony: 354
Friszman, Adriana: 326
Friszman, Bella: 567
From Taub, Benjamín: 261
Frondizi, Arturo: 179, 194, 195, 196, 201, 320, 322, 397, 423, 505
Frontini, Norma Susana: 271

Frúgoli, Amadeo: 256, 396, 578, 579

Gabrielli, Adolfo: 253, 406, 581
Gaetán, Claudio: 269, 270
Gaetán, Juan: 269, 270
Gaidano, Roberto: 387
Gainza Paz, Máximo: 497
Gainza, Gustavo de: 248, 522, 527, 532, 539
Galarza: 509
Galimberti, Rodolfo: 367, 377
Galland, Alfredo: 321
Gallardo, Cecilio: 87
Gallino, Oscar: 238, 308, 583
Gallo, Guillermo: 297
Galtieri, Leopoldo Fortunato: 41, 50, 56, 60, 67, 79, 81, 177, 238, 243, 274, 315, 322, 355, 360, 371, 379, 380, 385, 392, 408, 412, 413, 414, 424, 426, 427, 428, 431, 437, 443, 444, 445, 446, 447, 453, 457, 458, 484, 490, 496, 510, 532, 540, 574, 578, 579, 582, 583, 584, 598
Garay, Carlos Horacio: 583
García Belsunce, Horacio: 49, 134, 135, 136, 137, 138, 139, 141, 142, 321, 567
García Costa, Víctor: 410
García Leyenda, Rodolfo: 567
García Lupo, Rogelio: 567
García Martínez, Luis: 49, 263, 380, 567, 579, 597
García Meza, Luis: 427, 428
García Moritán, Adrián: 503
García Tallada, Manuel Jacinto: 239, 585
García, José Luis: 155, 156, 157, 158, 567

García, Osvaldo Jorge: 584
García, Roberto: 354, 421
Garona, Alberto: 35, 38
Garrido, Jorge: 50, 58
Garzón, Baltasar: 13, 542, 551
Gasparini, Juan: 291
Gatica, Felipe Martín: 295, 296, 297
Gatica, María Eugenia: 295, 296, 297
Gatica, Raúl: 419
Gattei, Juan: 302
Gattinoni, Carlos: 460
Gauna, Juan Octavio: 487
Gavazzo, José Nino: 12, 260
Gazarri, Pablo: 317
Geisel, Ernesto: 260, 315, 342
Gelbard, José Ber: 31, 37, 49, 241, 290, 291, 306, 308, 312, 313
Gelli, Licio: 256, 257, 419
Gelsi, Celestino: 256
Gennaro, Beba de: 538
Genta, Jordán Bruno: 150, 152, 175
Gerace, Antonio: 544
Gettor, Antonio: 302
Ghezán, Enrique Carlos: 393
Ghioldi, Américo: 259
Ghioldi, Orestes: 304
Gigena, Alberto: 339
Gil Lavedra, Ricardo: 26, 466, 473, 484, 511, 551
Gilbert, Abel: 383, 390
Gilbert, Isidoro: 7, 568
Giletta, Norberto: 467, 469, 471
Gillespie, Richard: 424
Giorgi, Alfredo: 455, 471, 472
Giovannoni, Fortunato: 90
Girondo, Alberto: 358
Giscard D'Estaing, Valéry: 366, 367, 407, 408

Gnavi, Pedro: 312
Gobello, José: 522, 523, 524, 526, 568
Goering, Hermann: 413
Gómez Centurión, Carlos: 408
Gómez Morales, Alfredo: 38, 43
Gómez, Carlos: 544
Gómez, Conrado: 281, 282
Gómez, Joaquín: 64, 585
Gómez, Julio Arnaldo: 253, 459, 577
Gómez, Norberto: 299
González Charbay, Adrián: 567
González Langarrica, Pablo: 367
González Ramírez, Jorge: 459, 464, 482, 483
González, Alfredo: 366
González, Emérito: 405
González, Joaquín V.: 85, 117
González, Julio: 72
Goñi, Cesáreo: 352
Goodpaster, Andrew Jackson: 429, 430, 438
Gordon, Aníbal: 501
Gorriarán Merlo, Enrique Haroldo: 252, 425, 525, 575
Goyret, José: 41
Graffigna, Omar Domingo Rubens: 379, 380, 394, 417, 422, 444, 453, 458, 490, 574, 576, 578, 586
Graiver, David: 241, 289, 290, 291, 305, 306, 307, 308, 312, 313, 316, 317, 367, 474
Graselli, Emilio Teodoro: 499, 568
Grecco, Héctor Osvaldo: 432
Green, Gustavo: 544, 545
Grondona, Mariano: 199, 289, 330, 331, 497
Grüneisen, Ricardo: 325, 401
Guagnini, Catalina: 272

Guagnini, Luis: 366
Guanes Serrano, Benito: 260, 305
Guañabens Perelló, Eugenio: 583, 584
Guardo, Ricardo: 77
Guastavino, Rogelio (Raúl Guglielminetti): 299
Gueiler, Lidia: 392, 427, 428
Guerrero Leconte, Víctor: 467, 473, 477
Guerrero, Oscar E.: 583
Guevara, Ernesto Che: 204, 208, 253
Guglielminetti, Raúl (Rogelio Guastavino): 84, 299, 392, 419, 501
Guido, José María: 135, 195, 196, 203, 208
Guinot, Hernán Eduardo: 568
Guitton, Jean: 253
Guofeng, Hua: 436
Gutheim, Federico: 258, 503, 518, 519
Gutheim, Miguel Ernesto: 258, 518, 519
Gutiérrez de Palmieri, Guillermina: 131
Gutiérrez Herrero, Emilio: 98, 568
Gutiérrez Ruiz, Héctor: 261, 302
Gutiérrez, Francisco Nicolás: 509
Gutiérrez, José Víctor: 582
Gutiérrez, Rodolfo: 369, 370
Guzmán, Horacio: 256
Guzmán, María Cristina: 256
Guzzetti, César Augusto: 253, 259, 262, 291, 294, 297, 298, 306, 308, 317, 577

Habbeger, Norberto: 69
Hagelin, Dagmar: 489
Haig, Alexander Jr.: 595
Hardoy, Emilio: 505
Harguindeguy, Albano Eduardo: 19, 56, 68, 69, 70, 80, 152, 154, 172, 200, 248, 253, 254, 257, 258, 260, 263, 268, 273, 279, 280, 286, 310, 312, 344, 345, 362, 365, 374, 379, 382, 392, 396, 397, 406, 408, 415, 417, 418, 423, 427, 428, 430, 431, 433, 437, 439, 444, 449, 471, 496, 500, 502, 503, 518, 573, 577, 578
Harris, Allen "Tex": 284, 286, 287, 329, 354, 402
Hartridge, Alicia Raquel: 28, 32, 66, 89, 102, 102, 122, 136, 159, 160, 161, 162, 178, 182, 184, 187, 211, 220, 237, 252, 297, 298, 331, 332, 342, 394, 398, 421, 427, 451, 512, 517, 532, 537, 548, 566
Hartridge, Jorge Pedro "Quinny": 160
Hartridge, Loly: 160
Hartridge, María Isabel "Tita": 160, 162, 193
Hartridge, Samuel: 159, 161, 185, 187, 191
Hartridge, Samuel "Teté": 160
Hartridge, Sara: 160
Hathaway, Gardener: 302
Helstrom, Ronnie: 386
Heredia, Horacio: 253, 581
Herreras, Casildo: 36
Hesayne, Miguel: 523
Hidalgo Solá, esposa de: 331, 332

Hidalgo Solá, Héctor: 128, 259, 306, 317, 322, 331, 336, 415, 450, 451, 464, 505
Hill, Cecilia de: 370
Hill, Ken: 337
Hill, Robert: 44, 45, 46, 61, 62, 63, 67, 71, 73, 74, 78, 79, 240, 268, 272, 274, 275, 279, 285, 286, 287, 297, 300, 301, 304, 308, 309, 338, 370, 596
Hirohito: 425
Hitler, Adolf: 98, 410
Hobbes, Thomas: 244
Holmberg Lanusse, Elena Angélica Dolores: 128, 366, 367, 414, 415, 417, 418, 451, 505
Houseman, René: 384
Huarte, Horacio Hugo: 460
Huergo, Carlos: 321
Hughes, Augusto: 579, 580, 586

Ibáñez, Diego: 494
Iglesias, Héctor: 484
Illia, Arturo: 201, 208, 320
Imbaud, Marcos: 213
Imposti, Félix: 285, 292
Insaurralde Melgar, Gustavo Edison: 305
Irurzun, Martín: 519, 521
Iturbe, Atanasio: 318
Izzeta, Gerónimo: 421

Jaccard, Alexei: 317, 318, 322, 403, 404, 405, 550, 576
Jaunarena, Horacio: 455
Jáuregui, Luciano Adolfo: 56, 68, 232, 238, 242, 247, 251, 257, 308, 317, 427, 583
Jáuregui, Mónica: 291

Jauretche, Arturo: 151, 193, 282, 319
Javits, Jacobo: 390
Jordán, Alberto: 442
Journet, Charles: 454
Juan Carlos I: 409
Juan Pablo I: 322, 397, 398, 402
Juan Pablo II, Wojtyla, Karol: 397, 402, 409, 411, 426, 435, 449, 533
Juaneda, Gabriel: 538
Juárez Celman, Miguel: 115, 116
Jurkievich, María Cristina: 368
Justo, Agustín Pedro: 95, 97, 118, 132, 149, 160, 319

Kaladjian, Elena: 299
Kelly, Alfredo: 267
Kennedy, John: 532
Kennedy, Norma: 576
Kessel, cadete: 182
Keynes, John Maynard: 355
Khomeini, Ruhollah: 425, 434
Kinkelín, Emilio: 96
Kirchner, Néstor: 13, 14
Kissinger, Henry: 45, 61, 71, 73, 78, 79, 234, 235, 237, 261, 262, 272, 274, 283, 284, 308, 343, 385, 595
Klein, Guillermo Walter: 253, 263, 321, 355, 424, 431, 432, 436, 438, 465, 477, 504, 597
Kleine, Cristian: 531
Klimovsky, Gregorio: 460
Klix, José María: 253, 577
Kluger, Marisa: 531
Krieger Vasena, Adalbert: 209

Labayrú de Lennie, Silvina: 358
Labayrú, Bernardino: 199

Laborde, Miguel Ángel: 295, 297
Labourie, padre: 134
Lacoste, "la Gringa": 159, 160, 161
Lacoste, Carlos Alberto: 159, 268, 372, 384, 385, 465, 467, 579
Lacoste, María Isabel, "la China": 159, 160
Lacroze de Fortabat, Amalita: 401
Laghi, Pío: 44, 61, 72, 73, 74, 79, 253, 268, 309, 353, 354, 409, 410, 411, 413, 496
Lagos, Julio: 45, 179
Laidlaw, Enrique: 41, 56, 239, 252, 285, 365, 379, 392, 577, 580
Lambruschini, Armando: 35, 239, 379, 380, 394, 397, 406, 414, 422, 433, 453, 458, 485, 502, 510, 512, 513, 515, 517, 527, 574, 576, 578, 584, 585
Lami Dozo, Basilio Arturo Ignacio: 65, 81, 289, 361, 369, 453, 457, 458, 510, 575, 578, 586
Lanari, Alfredo: 265
Landaburu, Adriana: 246
Landaburu, Jorge: 246
Landaburu, Laureano: 109
Landrú (Juan Carlos Colombres): 209
Langarrica González, Pablo: 366
Lanuscou, familia: 495
Lanuscou, Magdalena: 495
Lanusse, Alejandro Agustín: 32, 36, 48, 75, 130, 158, 164, 165, 169, 198, 201, 202, 211, 212, 214, 217, 218, 223, 224, 225, 254, 306,

307, 313, 415, 423, 474, 475

Lanusse, Jorge Manuel: 474

Laplane, Alberto Numa: 33, 35, 36, 40, 41, 42, 43, 47, 50, 51, 52, 53, 54, 70, 228, 326, 568

Laplane, Margarita: 568

Laprida, Manuel: 200, 202

Laprida, Mario: 568

Larrabure, Julio Argentino del Valle: 222

Larraín, Fernando: 536

Larrateguy, Alcides: 277, 278

Larregle, Pedro: 88

Lascano Quintana, Guillermo: 568

Lastiri, Raúl: 44, 50, 229

Lastra, Alejandro: 321

Lavalle, Juan: 87, 106, 112

Lázara, Simón Alberto: 410

Le Goff, Jacques: 245

Leaden, Alfredo: 267

Ledesma, Guillermo: 26, 484, 511

Leiva, Ángel: 269, 270

Leloir, Federico: 265

Lennon, Lucas: 580

Leonetti, Juan Carlos: 27

Lerner, Mario: 299

Leto, Norma: 391

Levingston, Roberto Marcelo: 212, 213, 217, 218, 225, 504

Liendo, Horacio Tomás: 68, 253, 256, 263, 274, 280, 284, 285, 286, 292, 327, 333, 341, 378, 424, 467, 577, 578

Linares, Juan Francisco: 581

Lindsay, John: 344

Linowitz, Sol: 308

Literas, Gustavo: 551

Lladós, José María: 254

Llamas, Antonio: 65, 411, 420

Llambí, Benito: 410

Llerena Amadeo, Juan Rafael: 408, 532, 578

Lohezic, Ricardo Martín: 156, 157

Loiácono, Virgilio: 254, 568

Loiseau, Carlos (Caloi): 384

Lombardo, Elsa: 388, 393

Lonardi, Eduardo: 117, 192, 197

Loncán, Enrique: 49

Loñ, Félix: 254, 568

López Aufranc, Alcides: 48, 76, 167, 168, 210, 215, 216, 217, 341, 568

López Echeverry, Edmundo: 161

López Muntaner, Francisco Bartolomé: 267

López Portillo, José: 345, 356

López Rega, José: 29, 30, 31, 34, 35, 36, 37, 38, 39, 40, 41, 42, 43, 44, 48, 49, 51, 58, 228, 229, 313, 422

López, Antonio Diego: 239, 247, 587

López, Jorge: 593

López, José Ignacio: 364

López, Mario Justo: 581

López, Santiago: 460

Lorio, Juan Carlos: 199

Lozano, Jorge: 165

Lucero, Franklin: 89

Lucero, Pedro: 170

Luceti, Carlos: 321

Luder, Ítalo Argentino: 37, 38, 44, 47, 58, 59, 60, 61, 62, 72, 73, 74, 81, 354, 472, 493

Lugones, Leopoldo: 70, 95, 149

Luján de Molina, Sara Rosendo: 481

Luján, Julio: 234, 245
Lutero, Martín: 133

Mac Arthur, Douglas: 169
Mac Donald Whamond, James: 585, 586
Machi, Carlos: 292, 293
Macri, Francisco: 401, 541, 542
Macri, Mauricio: 544
Mactas, Mario: 339
Madanes, Manuel: 241, 291, 306, 312
Maggi, Jorge Humberto: 536
Maggi, Piero: 87
Maglio, Julio Ángel: 172
Maguid, Carlos: 298
Mainer, Pablo: 509
Malamud Gotti, Jaime: 455, 456
Maldonado, Horacio Eliseo: 531
Maleplate: 85
Mallea Gil, Miguel: 65, 66, 73, 76, 252, 254, 272, 333, 335, 337, 342, 343, 362, 398, 420, 568
Manzi, Homero: 151
Maradona, Diego Armando: 423
Maradona, Jorge Antonio: 68
Marandet, Adriana Claudia: 294
Marcilese, Hugo Raúl: 538, 539
Marcos, Rubén: 493, 494
Mariani, Aída "Chicha": 351
Marías, Julián: 374
Marquardt, Eduardo: 313
Marquevich, Roberto: 19, 21, 23, 27, 541, 542, 543, 545, 550, 567
Marroco, Cristina: 296
Martella, Luis Santiago: 345, 378, 584
Martí, Ana María: 358

Martín, Osvaldo R.: 163
Martínez de González, María Luisa: 297
Martínez de Hoz, Federico: 319
Martínez de Hoz, José Alfredo: 12, 19, 31, 48, 49, 66, 67, 78, 118, 142, 168, 232, 233, 234, 253, 256, 258, 259, 262, 263, 264, 274, 276, 284, 287, 288, 289, 290, 294, 297, 300, 302, 303, 315, 318, 319, 320, 321, 322, 324, 326, 328, 330, 331, 333, 334, 340, 341, 345, 346, 347, 348, 350, 355, 360, 362, 363, 364, 365, 367, 372, 374, 375, 376, 377, 378, 380, 383, 386, 395, 396, 400, 401, 403, 405, 406, 407, 408, 412, 413, 414, 415, 416, 417, 420, 421, 424, 425, 426, 429, 430, 431, 432, 433, 434, 435, 437, 438, 439, 440, 442, 443, 444, 446, 465, 478, 491, 503, 504, 517, 518, 529, 554, 567, 576, 577, 578, 597
Martínez de Perón, María Estela "Isabel": 23, 24, 29, 30, 35, 36, 38, 40, 42, 44, 46, 48, 50, 53, 54, 57, 58, 61, 62, 63, 65, 68, 70, 71, 72, 73, 74, 75, 76, 77, 78, 79, 80, 81, 82, 222, 229, 232, 233, 235, 238, 252, 253, 259, 262, 267, 273, 313, 320, 397, 415, 423, 430, 431, 469, 472, 493, 532, 566
Martínez Raymonda, Rafael: 420
Martínez Segovia, Pedro: 289, 290

Martínez Zuviría, Gustavo: 152

Martínez, Carlos Alberto: 51, 56, 57, 60, 68, 69, 177, 233, 239, 242, 252, 256, 262, 282, 305, 308, 312, 317, 365, 420, 428, 431, 580

Martínez, Enrique: 12, 260

Martínez, Eugenio: 535

Martinucci, Aníbal: 519

Marutián, Andrés Sergio: 497

Massaccesi, Horacio: 539

Massera, Carlos: 282

Massera, Eduardo: 282, 417

Massera, Emilio Eduardo: 13, 14, 35, 36, 37, 38, 44, 47, 48, 49, 50, 53, 54, 55, 57, 58, 59, 61, 63, 64, 66, 67, 68, 69, 70, 72, 73, 74, 75, 76, 77, 78, 80, 81, 82, 137, 232, 233, 234, 235, 236, 237, 238, 241, 242, 245, 246, 248, 252, 253, 254, 256, 257, 258, 259, 260, 262, 263, 264, 267, 271, 272, 273, 279, 280, 282, 283, 285, 286, 288, 289, 290, 291, 293, 297, 298, 299, 300, 304, 305, 306, 307, 308, 313, 315, 317, 326, 327, 328, 330, 331, 332, 334, 335, 336, 337, 340, 342, 343, 345, 346, 347, 351, 352, 353, 355, 359, 360, 361, 362, 363, 366, 367, 368, 371, 372, 373, 374, 375, 376, 377, 378, 379, 380, 383, 384, 386, 389, 390, 394, 396, 397, 406, 407, 412, 413, 414, 415, 417, 418, 419, 426, 427, 431, 433, 436, 437, 439, 446, 453, 458, 461, 469, 475, 482, 483, 485, 487, 495, 496, 497, 502, 504, 509, 510, 512, 513, 515, 517, 532, 533, 535, 539, 543, 568, 574, 576, 577, 584

Massüe, Conrado Sadi: 405, 491

Matera, Raúl: 437

Maurras, Charles: 95

Mc Carthy, Joseph: 207

Medina, José Miguel: 505

Meinvielle, Julio: 175

Méndez Casariego, Gervasio: 294

Méndez de Falcone, Nelva: 366

Méndez Lompodio, Sara: 503

Méndez, Aparicio: 260, 328, 329, 353

Mendía, Luis María: 57, 239, 493, 568, 585

Mendizábal, Horacio: 424

Menem, Carlos Saúl: 13, 22, 325, 350, 430, 462, 503, 519, 525, 526, 527, 528, 529, 530, 533, 535, 536, 538, 539, 540, 542, 555, 576

Menéndez, Adolfo: 221

Menéndez, Alfi: 568

Menéndez, Benjamín Andrés: 69

Menéndez, Luciano Benjamín: 13, 35, 41, 50, 56, 67, 71, 130, 152, 153, 165, 238, 243, 251, 254, 259, 279, 302, 315, 331, 360, 371, 379, 383, 392, 400, 408, 409, 412, 413, 422, 424, 427, 463, 498

Menéndez, Mario Benjamín: 446, 447, 504, 583

Menéndez, Néstor Pedro: 104, 105, 106, 107, 568

Menéndez, Salvio: 242, 493

Menotti Pescarmona, Enrique: 401, 501
Menotti, César Luis: 384
Meritello, José: 136, 199, 211, 215, 568
Merlo, Antonio Luis: 268, 372, 384, 465, 467
Meyer, Marshall: 354, 460, 591
Mezzadri, Francisco: 254
Miatello, Hugo: 48, 49, 66, 67, 75, 259, 260, 368, 411, 459, 522, 568
Michelini, Margarita: 503
Michelini, Zelmar: 261, 302
Micó, Enrique: 354
Mignone, Emilio Fermín: 356, 440, 530, 591
Miguel, Lorenzo: 54, 72, 420, 423, 494
Miguens, José: 199
Míguez, Víctor: 87
Milcíades, Néstor: 12
Mingorance, Antonio: 358
Minicucci, Federico Antonio: 266
Miralles, Ramón: 499, 509
Miret, José: 254, 411
Miró, Luis María Julio del Corazón de Jesús: 53, 56
Mittelbach, Federico: 7, 165, 166, 167, 169, 170, 172, 175, 243, 568
Mittelbach, Jorge: 7, 243, 568
Molfino, familia: 298
Molina Pico, Enrique: 536
Molina, Juan Bautista: 96, 98, 99, 151
Molina, Raúl: 481
Molina, Rita: 545
Molinas, Ricardo: 465, 484, 485, 491, 492, 503
Moller, Guillermo: 387
Moncalvillo, Domingo: 509

Mondale, Walter: 283, 342, 354, 398, 399, 400, 402, 405, 423
Montenegro, José: 305
Montes, José: 41, 56, 68, 238, 342, 346, 369, 426, 582, 583, 584
Montes, Oscar Antonio: 80, 239, 317, 332, 493, 577, 585
Moore, arq.: 143, 144
Mor Roig, Arturo: 254
Mora, Lola: 87
Morales Bermúdez, Francisco: 260, 297, 298
Morales, Juan: 135, 138, 139, 140, 141, 142, 143, 518, 568
Morando de Lasala, Elena: 131
Moreau de Justo, Alicia: 271
Moreno Ocampo, Luis Gabriel: 488, 508, 509, 543
Morresi, viuda de Piérola: 278
Mosquera, Juan José: 339
Moyano, Francisco: 259, 411, 417, 420
Moyano, Jorge: 378
Mujica, Rodolfo: 56, 68, 251
Muñoz, José María: 384, 423
Muñoz, Ricardo: 37
Muñoz, Silvia: 296, 297
Musich, Arnaldo Tomás: 259, 271
Muskie, Edmund: 435, 595
Mussolini, Benito: 95, 97, 98, 118, 333
Muzzio, Jorge Alberto: 427, 583

Nadra, Fernando: 410
Nanclares, Jorge Augusto Daniel: 212

Navajas Artaza, Adolfo: 580
Navarini, Julio: 537, 538, 569
Navarro, Héctor: 235
Nazareno, Julio: 12
Neustadt, Bernardo: 289, 540
Nicolaides, Cristino: 68, 276,
    371, 427, 447, 494, 496,
    579, 582, 583, 584
Niesich, Irma: 385, 386
Nino, Carlos: 455, 456
Nixon, Richard: 44
Nocetti, Inés: 269, 270
Noriega, Manuel: 205
Nosiglia, Enrique: 455
Novak, Jorge: 317
Núñez, Diego Eustaquio: 338,
    339
Núñez, Gerardo Juan Máximo:
    583
Núñez, Urbano: 115

Obando y Bravo, Miguel: 353
Obregón Cano, Ricardo: 458
Ocampo, Adolfo: 269
Ocampo, Selma Inés: 269, 270,
    271
Ocampo, Victoria: 417
Ogñenovich, Emilio: 84, 221
Ojea Quintana, Esteban: 245
Ojea Quintana, Ignacio: 245
Ojea Quintana, Rodolfo: 103,
    116, 117, 223, 569
Ojea, Julio (Julito): 89, 117
Ojea, Julio Oscar: 117
Ojéa, Justino: 117
Ojea, Leopoldo: 117
Ojea, Marcelina: 117, 120, 121,
    125
Ojeda, Edmundo René: 56, 68,
    254, 318, 415
Oks, Enrique Félix: 258
Oliva, Gabriel N.: 379

Olivera Rovere, Jorge Carlos:
    56, 67, 238, 289, 314, 330,
    573, 582
Olivera, Julio: 265
Olivieri, Juan Carlos: 474
Olleros, Inés: 576
Olmos, Alejandro: 574, 575
Onganía, Juan Carlos: 63, 64,
    130, 193, 198, 200, 201,
    207, 208, 209, 211, 212,
    214, 216, 225, 320
Orfanó, Lilia: 272
Orfanó, Lucas: 272
Orfila, Alejandro: 289, 290,
    291, 398, 440
Orgeira, José María: 484, 495
Ortega, Inés: 296, 297
Ortiz, José Raúl: 65
Ortiz, José Santos: 110
Ortiz, Roberto M.: 97, 118,
    149, 160
Osatinsky, Marcos: 70, 224
Osella Muñoz, Enrique: 354
Osinde, Jorge: 228
Osses, Miguel Ángel: 379, 586
Oxenford, Eduardo: 401, 437,
    578

Padilla, René: 432
Páez Quiroga, Feliciana: 105
Pagés Larraya, Guillermo: 366
Painé, cacique: 112
Palacios, José Serapio: 281
Paladino, Jorge Daniel: 373
Paladino, Otto Carlos: 41, 50,
    56, 68, 239, 242, 252, 256,
    262, 265, 580
Palma, Horacio: 186, 281, 282
Papagno, Rogelio: 494
Papaleo, Lidia: 289
Pardo Parragués: 105
Parenti: 276

Parodi Ocampo: 277
Parra, Violeta: 534
Pasquinelli, Pedro: 101, 124, 140, 569
Pastor, Carlos Washington: 160, 162, 191, 192, 193, 194, 408, 411, 413, 430, 434, 437, 517, 578
Pastor, Reynaldo: 160, 161, 191, 202
Pastor, Robert: 342, 354
Pateta, Luis Alberto: 277, 278
Patlis, León: 373
Patton, George: 445
Paul, Edmundo: 401
Paulik, José: 536
Paulo VI: 73, 253, 268, 353
Paulucci, Juan Carlos: 254
Paz, Eduardo: 410
Paz, José María: 106, 112
Paz, Rosita: 215
Pazos, Agustín: 258
Pedraza, José: 421
Pedrini, Susana Elena: 271
Pegoraro, Jorge: 383
Peña, Isidoro: 388
Peña, Jesús: 387, 388
Perdía, Roberto Cirilo: 69, 569
Pereda Asbún, Juan: 406
Pereda, Celedonio: 259, 303, 325, 341, 594
Peregrino Fernández, Raúl: 449
Pereyra de Avellaneda, Iris: 247
Pereyra: 277
Pérez Companc, Carlos Alberto: 401
Pérez Companc, Gregorio: 401
Pérez Esquivel, Adolfo: 272, 305, 440, 591
Pérez, Ana María: 293
Pérez, Carlos Andrés: 68, 291, 306, 315
Pérez, Dámaso: 172

Pérez, Ricardo: 421
Perina, Emilio: 522
Perkins, Diego: 163
Pernía, Antonio: 267, 306
Perón, Eva Duarte de: 173, 252, 280, 313
Perón, Juan Domingo: 30, 31, 32, 34, 48, 55, 69, 77, 117, 119, 151, 152, 164, 166, 167, 168, 171, 173, 194, 195, 201, 201, 209, 215, 223, 227, 228, 229, 230, 233, 241, 252, 264, 266, 280, 290, 313, 316, 320, 355, 373, 397, 456
Perramon Pearson, Gustavo: 310
Perriaux, Jaime Luis E.: 49, 66, 67, 78, 80, 236, 310, 330, 365, 380, 381, 478, 573
Peyronel, Aldo: 68
Pianta, Gustavo: 472
Pichún, cacique: 112
Piérola, Fernando: 277, 278
Pierron, Yvonne: 186, 356, 569
Pilli, Ángel Mario: 352
Pincolini, Omar: 281
Pinedo, Federico: 319
Pinochet Ugarte, Augusto: 12, 55, 62, 142, 237, 260, 276, 283, 317, 360, 368, 369, 371, 372, 411, 413, 550, 576
Piñero Pacheco, Raúl Erasto: 432
Pío XII: 410
Piotti, Mario Alfredo: 582
Pirán, Juan A.: 594
Pirker, Juan: 526
Pita, Juan Alberto: 284, 496, 504
Piucill, Hugo: 460
Plaza, Antonio: 499, 500

Poblet, Margarita: 107, 108
Podestá, Miguel Ángel: 583, 584
Podestá, Raymundo: 134, 135, 137, 139, 142, 341, 569, 597
Polino, Héctor: 485
Pomar, Manuel Haroldo: 158, 159, 171, 218, 472, 517, 569
Porcile, César: 578, 579
Potash, Robert: 197, 200
Prats Cardona, Jaime: 487
Prats, Carlos: 63, 544
Prigione, Armando: 368
Prigione, Juan Héctor: 367, 368
Prim, Guy: 354
Primatesta, Raúl: 267, 317, 356, 373, 374, 376, 387, 422, 423, 426, 593
Puccio de Borrás, Estela: 246, 569

Quarracino, Antonio: 221
Quieto, Roberto: 69, 70
Quijada, Hermes: 225
Quijano, Raúl: 77
Quintana, Enrique: 403
Quiroga, Annabella: 7, 17
Quiroga, Facundo: 110, 112
Quiroga, Félix: 191
Quiroga, Francisca: 105
Quiroga, Jorge: 67
Quiroga, Lindor Laurentino: 114
Quiroga, Pablo: 545
Quiroz, Rosa: 276

Rabossi, Eduardo: 460, 488, 500
Racero, Daniel Alberto: 267
Radice, Jorge: 282, 414

Ramírez, Guillermo: 12, 260
Ramírez, Pedro Pablo: 96, 117
Ramírez, Roberto Omar: 388
Ramos Padilla, Juan María: 495
Rattenbach, Augusto: 167, 252, 457, 569
Ratti, Horacio: 265
Ratto, Héctor Aníbal: 338, 339, 501
Reagan, Ronald: 430, 440, 445, 532
Redondo Ojea, Alicia: 121
Redondo Ojea, Manuel: 121, 131
Redondo Ojea, María Olga "Mamanina": 83, 85, 87, 101, 103, 117, 120, 121, 122, 123, 125, 126, 127, 128, 184, 189, 221, 394, 526
Redondo Ojea, Mercedes: 121
Redondo, Manuel: 83, 120, 121
Reimer, Esteban: 338
Renner, Máximo: 119, 264, 265
Reston, Llamil: 41, 65, 408, 578, 579, 584
Rey, Cleto Eduardo: 219, 569
Rey, Luis Alberto: 312
Reyes, María del Carmen: 299
Reynal, Alejandro: 432, 438, 465, 597
Reynal, William Juan: 438
Reznimsky, Elías: 354
Ribelli, José: 544
Riccheri, Ovidio Pablo: 515, 576
Riccheri, Pablo: 92
Rico, Aldo: 520, 525, 538
Ríos Ereñú, Héctor: 503, 509, 535
Ríos Guelar, César: 134
Riveiro, José Osvaldo: 62, 260

Riveros, Santiago Omar: 14, 56, 66, 70, 77, 130, 152, 238, 241, 243, 258, 259, 294, 331, 338, 365, 371, 379, 392, 400, 412, 413, 541, 584
Robledo, Ángel: 37, 58, 437
Roca, Eduardo: 321
Roca, Julio Argentino: 87, 92
Rocamora, Alberto: 51
Rocca, Agostino: 325, 341
Rocca, Roberto: 401
Rockefeller, David: 440
Rodrigo, Celestino: 43, 44, 50
Rodríguez Alcobendas, Tirso: 474
Rodríguez Castells, Horacio: 580
Rodríguez Galán, Alberto: 321
Rodríguez Larreta, Enrique: 503
Rodríguez Varela, Alberto: 274, 408, 471, 472, 473, 484, 487, 502, 503, 507, 522, 523, 539, 540, 550, 569, 578
Rodríguez, José: 421
Rodríguez, Mariano: 115
Rogers, William: 61, 79, 237, 291, 595
Roggio, Benito: 401
Roig, Miguel: 190
Rojas, Isaac: 197
Rolón, Juan Carlos: 13, 306
Romeo, Felipe: 39
Romero, Carlos Humberto: 434, 530
Romero, Humberto: 51
Romero, Luis Alberto: 208
Rondon, Fernando: 323, 324, 325, 334, 347
Roosevelt, Franklin: 319
Rosas, Francisco Enrique: 34, 39, 41, 52
Rosas, Juan Manuel de: 106, 112, 150, 151

Rossi, Abelardo: 253, 581
Rosso, Celestino: 459
Rotta, Horacio: 239
Roualdés, Roberto: 152, 210, 232, 241, 259, 260, 282, 285, 291, 292, 326, 327, 332, 462
Rouquié, Alain: 92, 153, 154
Rowlands, Edward: 294
Rubinstein, Jorge: 289
Rucci, José Ignacio: 229, 493, 569
Ruckauf, Carlos: 81, 493, 569
Ruffo, Eduardo: 501
Ruibal, Eduardo: 294
Ruiz Guiñazú, Magdalena: 460
Ruiz Palacios, José: 200
Ruiz Villasuso: 276
Ruiz, José Horacio: 582

Sá, Edgard: 320
Saá, José de: 106
Saá, Teófilo: 104, 114, 115
Saadi, Vicente Leónidas: 410
Saavedra, Cornelio: 86
Saavedra, José Alberto: 385
Sabatino, Laura: 185
Sabatino, Tino: 183
Sabato, Ernesto: 265, 423, 460, 463
Sáenz Peña, Roque: 90, 91
Saint Jean, Alfredo Oscar: 427, 446, 579, 582, 583, 584
Saint Jean, Ibérico Manuel: 75, 123, 232, 235, 241, 259, 263, 274, 289, 307, 316, 329, 408, 413, 439
Sajón, Edgardo: 202, 306, 307, 313, 474
Salamanca, René: 462, 463, 481
Salas, Néstor "Indio": 277
Salazar Sotomayor, Gregoria: 105

Salazar, Antonio de Oliveira: 259

Salinas, Francisco: 239, 247, 587

Sallustro, Oberdán: 467

Samoré, Antonio: 414

San Martín, José de: 87, 105, 155, 190, 508

Sánchez de Bustamante, Tomás: 459

Sánchez Junoy, Victorio: 254

Sánchez Lahoz, Eliodoro: 216

Sánchez Reisse, Leandro: 392, 396, 418, 419, 427, 576

Sánchez Sorondo, Marcelo: 150

Sánchez Toranzo, Carlos: 174, 198, 199, 569

Sánchez, Adolfo Omar: 509

Sánchez, Juan Carlos: 467

Sansierra, Ildefonso: 317

Santa Coloma, los 160

Santa María, Mariano: 63

Santamaría, Pedro: 81, 585

Santiago, Fernando Humberto: 56

Santucho, Mario Roberto: 23, 27, 28, 30, 69, 224, 257, 544, 546, 547, 548, 575

Sarmiento, Domingo Faustino: 91, 101, 130

Sasiaiñ, Juan Bautista: 68, 423, 467, 504

Savino, Adolfo: 34, 37, 38, 39, 40, 41, 50

Scalabrini Ortiz, Raúl: 151, 319

Scasso, León: 459

Schiel, Eduardo: 509

Schiller, Herman: 548, 591

Schlägel, Gustavo: 544

Schlinder, Dietrich: 402

Schopenhauer, Arthur: 223

Scilingo, Adolfo: 382, 540

Segade, José L.: 64

Segnorelli: 169

Segura, Juan Carlos: 38, 39

Seineldín, Mohamed Alí: 118, 177, 203, 204, 205, 214, 226, 525, 528, 530, 569

Senra, Marcelo: 378

Serna, "Pupé" Hebe: 281, 282

Serra Silvera, Helios: 388

Sexton, José Luis: 81

Shlaudeman, Harry: 440

Sierra, Natividad: 105

Sigaut, Lorenzo: 80, 439, 442, 444, 447, 578, 597

Sigwald, Adolfo: 56, 68, 463

Silva, Julio Enrique: 180

Silva, Rodolfo: 297

Silveira, Jorge: 12, 260

Simón, Juan (el "Turco Julián"): 391

Siri, Emilio: 85

Siro, Fernando: 14

Smart, Jaime: 67, 274, 408

Smith, Adam: 355

Smith, Carlos: 93

Smith, Oscar: 273, 285, 292, 293, 320, 450, 494, 505

Smith, Wayne: 73, 274, 279, 308, 397, 569

Snow, Clyde Collins: 495

Sofía, reina de España: 409

Solano Lima, Vicente: 127, 225, 410

Solari Yrigoyen, Hipólito: 255, 505

Solari, Héctor: 162

Soldati, Francisco (h): 322, 405

Soldati, Francisco (p): 325, 401, 424

Somoza, Anastasio: 327, 328, 351, 352, 425

Somoza, Lucio: 504

Sosa de Mignone, Angélica "Chela": 590

Sosa de Videla, Emma: 191

Sosa Molina, Jorge Felipe: 38, 40, 41, 206, 207, 569

Sosa, Petrona: 107

Sostres, María Lidia: 186, 252, 282, 569

Sostres, matrimonio: 186

Sostres, Víctor: 281, 282, 569

Sotera, Alfredo: 583

Sourrouille, Juan Vital: 527

Srur, Miguel: 478

Stada, Alejandro: 395

Stover, Erik: 495

Strassera, Julio César: 453, 473, 477, 484, 486, 487, 488, 489, 490, 492, 494, 497, 506, 508, 509, 543, 569

Stroessner, Alfredo: 12, 260, 305, 401

Suane, Enrique: 269

Súares Araujo, Alberto: 14

Suárez Levy, Roberto: 427, 428

Suárez Mason, Carlos Guillermo: 12, 13, 34, 35, 38, 39, 41, 50, 56, 57, 66, 67, 70, 71, 72, 78, 163, 232, 233, 238, 243, 254, 257, 259, 260, 261, 263, 264, 282, 285, 289, 291, 293, 298, 305, 306, 307, 308, 326, 327, 328, 329, 331, 332, 338, 342, 344, 345, 353, 360, 363, 365, 370, 371, 373, 379, 383, 391, 392, 393, 396, 400, 407, 408, 409, 412, 413, 414, 418, 419, 421, 422, 427, 428, 349, 461, 462, 472, 535, 576, 582, 583

Sznaider, Jorge: 14

Tabossi: 85

Taglioni, Jorge: 393

Tasselkraut, Juan R.: 338, 339

Taub, Luis Guillermo: 509

Tavares, Carlos: 484, 498, 500, 502, 507, 510, 550

Tejerina, Raúl: 260

Tello Rosas, Guillermo: 477, 478, 479, 480, 504

Temporini, Roberto: 379

Tepedino, Carlos Alberto Roque: 239, 393, 415, 420, 583

Terragno, Rodolfo: 321, 479

Thatcher, Margaret: 435, 436, 447

Tierno, Patricio: 276, 277

Tillet, Carlos Miguel: 103, 127

Timerman, Jacobo: 48, 241, 291, 307, 308, 309, 316, 336, 342, 343, 362, 363, 422, 423, 424, 462, 498

Todman, Terence: 284, 287, 323, 325, 329, 334, 342, 346, 347, 348, 349, 354, 392, 595

Toledo, Humberto: 530

Tomé, Luis: 123

Torlasco, Jorge Edwin: 26, 466, 473, 484, 511, 530

Torres, Juan José: 260, 302

Torrijos, Omar: 327, 434

Torti, Julio Antonio: 360, 379, 585

Tortolo, Adolfo Servando: 72, 221, 222, 223, 253, 406, 499, 593

Toscano, Jorge Daniel: 368

Toullaret, padre: 134

Touron, padre: 134

Triacca, Jorge: 421, 493, 494

Trimarco, Juan Carlos: 583

Tróccoli, Antonio: 455, 456, 470

Trotta, Graciela Irma: 393

Trovato, Francisco: 544, 545
Trozzo, José Rafael: 290, 431
Túrolo, Carlos: 66, 431, 439

Ubaldini, Saúl: 421, 447, 501
Unamuno, Miguel: 410
Uncal Basso, Pedro: 101, 569
Ungaro, Horacio Ángel: 267
Unzué, los: 85, 87
Uriarte, Claudio: 63, 257, 569
Uriburu, José Félix: 89, 90, 94, 95, 96, 97, 99, 120, 149, 466
Urquiza, Justo José de: 107
Urricariet, Diego Ernesto: 50, 52, 56, 268, 379, 392, 579
Urso, Jorge: 12
Urteaga, Benito José: 27, 257, 549, 575

Vaca Castex: 299
Vaca Narvaja, Fernando: 224
Vadora, Julio: 260
Vaky, Viron: 392, 399, 426, 595
Valenzi, Silvia Isabella: 296, 297, 497
Valerga Aráoz, Jorge: 26, 484, 511, 530, 531
Valín, Alberto Alfredo: 63, 69, 239, 242, 312, 365, 393, 420
Valladares, Agustín: 265, 266, 267, 310, 382
Valladares, Norma: 276
Valle: 493
Valle, Juan José: 173, 493
Vallejos, Claudio: 332
Van Boven, Theo: 493
Van der Broeck, Miguel: 40
Vance, Cyrus: 283, 285, 286, 287, 300, 309, 342, 343, 354, 355, 391, 435, 595

Vandor, Augusto Timoteo: 493, 569, 585
Vanoli, Enrique: 38, 354
Vañek, Antonio: 239, 379, 493, 569, 585
Vapora, Julio: 12,
Vaquero, José Antonio: 56, 68, 238, 379, 392, 427, 582, 584
Vargas Aignasse, Guillermo Claudio: 473
Vega, Horacio Rodolfo: 258
Velasco, Hilda: 271
Vélez, Ramón: 269, 270
Velloso, José María: 163
Ventura, Carlos: 338
Verbitsky, Horacio: 382, 521
Verplaetsen, Fernando Ezequiel: 14, 252, 295
Vicente, Néstor: 410
Vidal Guiñazú, Prudencio: 110
Videla de Adaro, Cristina: 19
Videla Domínguez, Blas: 106, 114
Videla Domínguez, Daniel: 106, 107
Videla Domínguez, José de la Cruz: 106, 107, 114
Videla Escalada, Federico: 253, 581
Videla Sierra, Dolores: 106, 109
Videla y Pardo Parragués, Alonso de: 105
Videla y Salazar, Bernabé: 105
Videla y Salazar, Blas de: 105, 106, 110, 111
Videla y Salazar, Gonzalo de: 105
Videla y Salazar, Ignacio de: 105, 106, 111
Videla y Salazar, Juan de Dios de: 105, 106, 107, 109, 112
Videla y Salazar, Luis de: 105, 106, 110, 111

Videla, Alejandro Eugenio: 108, 125, 178, 179, 184, 187, 211, 219, 220, 223, 356, 357
Videla, Alonso de: 105
Videla, Angélica: 107
Videla, Bernabé: 105
Videla, Blas: 107, 109, 114, 120
Videla, Carlos: 107
Videla, Cruz: 107
Videla, Ercilia: 107, 189
Videla, Eufrasio: 106, 111, 112, 113, 114
Videla, Fernando Gabriel: 182
Videla, Gonzalo: 105
Videla, Hilaria: 107
Videla, Ignacio: 107, 110, 111
Videla, Jacinto (h): 107, 115, 116
Videla, Jacinto: 96, 104, 106, 107, 114, 194, 538
Videla, Jorge Horacio: 23, 178, 246, 518, 546, 547, 548
Videla, Jorge: 83, 120, 127, 184
Videla, Juan de la Cruz: 114
Videla, Julia: 356, 357
Videla, Liliana Eva María: 463
Videla, Margarita: 107
Videla, María Cristina: 178, 184, 252, 537
Videla, María Isabel: 182, 531, 537
Videla, María Olga "Lala": 102, 126, 127, 128
Videla, María: 107
Videla, Mariano: 107
Videla, Marta: 86, 103, 126, 127, 128, 161
Videla, Olga: 120
Videla, Oscar: 107
Videla, Patricio: 533
Videla, Pedro Ignacio: 82, 182, 184, 187
Videla, Rafael Eugenio: 83, 85, 87, 88, 89, 90, 91, 92, 93, 94, 95, 96, 98, 99, 100, 107, 120, 121, 126, 128, 140, 161, 181, 188, 189, 190, 213
Videla, Rafael Patricio: 83, 120, 127, 182, 184, 533
Videla, Rafael: 83, 120, 127
Videla, Rosario: 107
Videla, Sara: 101, 104, 107, 114, 569
Vides, Héctor: 266
Vigil, Constancio: 342
Viglioglia, Pablo: 134, 137
Vigo, Alberto Gabriel: 585
Vilas, Adel Edgardo: 37, 56, 68
Vilas, Guillermo: 344
Villaflor, Azucena: 312, 358, 590
Villalón, Héctor: 377
Villanueva, Santiago: 391
Villarreal, José Rogelio: 42, 56, 68, 77, 79, 81, 82, 238, 252, 254, 255, 256, 258, 259, 265, 274, 286, 287, 288, 289, 290, 293, 294, 298, 299, 300, 304, 308, 309, 313, 317, 329, 332, 333, 335, 336, 337, 342, 343, 353, 355, 359, 360, 362, 364, 369, 371, 373, 380, 389, 390, 395, 396, 408, 410, 411, 420, 427, 569, 573, 583, 584
Villaveirán, Héctor: 338, 580
Villegas, Osiris: 198, 210
Viola, Roberto Eduardo: 29, 32, 33, 34, 35, 36, 37, 38, 39, 41, 42, 43, 44, 45, 47, 48, 49, 50, 51, 52, 53, 54, 56, 57, 58, 60, 61, 65, 66, 67, 68, 70, 71, 73, 74, 75, 77, 78, 79, 163, 177, 195, 197, 198, 200, 230, 232, 238, 242, 244, 247, 251, 257, 259, 264, 265, 267, 279, 280, 282, 285, 288, 291, 292, 293, 304, 313, 314, 317, 327, 328, 351, 352, 355, 360, 361, 365,

373, 374, 376, 379, 380, 383, 390, 391, 392, 394, 396, 397, 400, 406, 407, 408, 412, 414, 418, 419, 420, 422, 424, 426, 428, 439, 440, 441, 442, 443, 444, 445, 447, 453, 458, 467, 475, 478, 484, 485, 495, 496, 497, 502, 510, 512, 513, 515, 516, 517, 518, 533, 574, 576, 578, 582, 597, 605

Vitagliano, Miguel: 383, 390
Vizzón, Daniela: 550
Von Hayek, Friedrich: 355
Von Krechtmann, baronesa: 248
Von Wernich, Christian: 499
Vottero, Tomás: 58, 61

Waldheim, Kurt: 409, 568
Waldner, Teodoro: 490, 586
Walsh, Rodolfo: 273, 283, 301, 302, 303, 304, 575
Warckmeister, Luis Jorge: 68, 238, 583
Wehbe, Jorge: 583, 598
Whener, Rodolfo Enrique Luis: 582, 584
Whitelaw, William: 261
Wilson, Thomas Woodrow: 223
Wölher, Platina: 248, 522, 527, 532, 570
Wowe, Carlos: 544, 570

Xiaoping, Deng: 417, 436

Yäger, Raúl: 424
Yedro: 277
Yofre, Ricardo: 7, 252, 254, 259, 287, 288, 299, 322, 342, 343, 355, 359, 362, 364, 373, 380, 389, 390, 396, 398, 408, 409, 410, 570
Yon, Enrique: 367
Young, R. (ex alcalde de Atlanta): 399
Yrigoyen, Hipólito: 89, 90, 91, 96, 466

Zaeferer Toro, Jorge: 321
Zaffaroni Islas, Mariana: 541
Zaldarriaga, Roberto: 385, 386
Zamudio, Carlos: 277, 278
Zanatta, Loris: 410
Zapiola, Juan Carlos: 474
Zaratiegui, Horacio: 63, 390, 570
Zavala Ortiz, Miguel Ángel: 255
Zavala, Rafael: 68
Zazpe, Vicente: 267, 356, 376, 444, 593
Zieschank, Claudio Manfredo: 235
Zimmermann, Christian: 416, 432
Zimmermann, Richard W.: 323, 324, 325, 347, 354
Zorraquín, Federico: 325, 401
Zorreguieta, Jorge: 123, 597
Zubarán, Guillermo Oscar: 49, 294, 597

NOTA: Hay algunas personas de las que sólo se registran los apellidos. No fue posible, en todos esos casos, confirmar los nombres de pila con exactitud en los registros existentes. Pero se optó, por razones de veracidad, registrar sus apellidos y los hechos en los que son mencionados.

ÍNDICE GENERAL

Agradecimientos 7
Prólogo a la quinta edición 11
Prólogo a la primera edición 17

1. Inquisiciones 21
2. El golpe 29
3. El nombre de los muertos 83
4. Dios, familia y Ejército 149
5. General de la noche 231
6. Los negocios y las guerras 395
7. Crimen y castigo 453
8. El reo 515

Epílogo: 25 años después 553

ANEXOS
   Bibliografía 559
   Testimonios 566
   Archivos y fuentes documentales 571
   Anexo informativo 577
   Índice de nombres 609

María Seoane nació en Buenos Aires en 1948. Estudió Economía en la Universidad de Buenos Aires. Es una periodista con vasta trayectoria. Trabajó en el diario *UnomásUno* y *El Universal*, ambos de México. En la Argentina, integró, entre otras, las redacciones de la revista *El Periodista de Buenos Aires*, del diario *Sur* y de la revista *Noticias*. Dirigió el suplemento dominical "Zona" del diario *Clarín*. Como escritora, se especializa en la crónica y el ensayo. Publicó los libros *La noche de los lápices* (crónica, 1986), *La Patria sociedad anónima* (ensayo, 1990), *Todo o nada* (la biografía del ex jefe guerrillero Mario Roberto Santucho), elegido el Libro del Año 1991 por la crítica, *El burgués maldito* (la biografía del ex empresario y ex ministro de Perón, José Ber Gelbard, 1998), *El saqueo de la Argentina* (2003), *Argentina, el siglo del progreso y la oscuridad* (2004) y *Nosotros* (2005). Enseñó periodismo de investigación en el Taller Escuela Agencia (TEA) e integra el cuerpo docente del Master de Periodismo, como titular de la cátedra de Investigación Periodística, de la Universidad de San Andrés, Clarín y la Universidad de Columbia. En 1991, integró el jurado del Premio Casa de las Américas para el género Testimonio en La Habana, Cuba. En 1994, recibió el Diploma al Mérito en Letras otorgado por la Fundación Konex por ser considerada una de las cinco mejores figuras argentinas de la década del 90 en la disciplina Biografías y Memorias. En 1998, recibió el Premio Internacional de Prensa Rey de España por una investigación periodística publicada en el diario *Clarín* sobre el golpe militar de 1976 en la Argentina. En 2000, el suplemento "Zona" recibió el premio Cortázar otorgado por la Cámara Argentina del Libro. Ese mismo año, la Fundación Henry Moore le entregó el Premio a la Trayectoria por ser una de las mujeres más destacadas en su profesión. Recibió también el premio Al maestro con cariño, de TEA (2002); el premio Rodolfo Walsh a la labor periodística, de la Universidad de La Plata (2002), y el Premio Liberarte a la trayectoria (2004).

Vicente Muleiro nació en Buenos Aires en 1951. Es periodista y escritor. En periodismo se inició como corrector, luego redactor y jefe de sección del diario *Sur Argentino*, de Neuquén. En Buenos Aires trabajó como cronista deportivo del diario *Crónica*; redactor de temas de Sociedad y de Cultura del semanario *El Periodista de Buenos Aires* y redactor especial de las revistas *Crisis* y *Expreso*, entre otras. También colaboró con los suplementos culturales de *La Opinión*, *La Razón* y *Clarín* de Buenos Aires y con el suplemento cultural del diario *El País* y el semanario *Brecha* de Montevideo. En 1990 se incorporó a la sección Política del diario *Clarín* y desde 1997 es subeditor del suplemento dominical "Zona", de ese matutino. En "Zona" obtuvo los premios de Periodismo Rey de España (1998) y el Julio Cortázar que otorga la Cámara del Libro (2000). Actualmente es editor de la revista cultural Ñ. Como poeta integró el grupo El Ladrillo junto a Jorge Boccanera, María del Carmen Colombo y Adrián Desiderato en los años '70 y publicó *Para alguien en el mundo estamos lejos* (1978); *Boleros* (1982); *Pimienta negra* (1990), *El árbol de los huérfanos* (2000) y *Milongas de modo tal* (2004). En este género obtuvo en 1977 el segundo premio de las Nuevas Promociones de la SADE; un accésit en el Concurso Gutiérrez Padial fiscalizado por la Universidad de Granada (1980), y la beca a la creación literaria de la Fundación Antorchas (1990). También compiló y prologó la obra del salvadoreño Roque Dalton, bajo el título *Con manos de fantasma* (1986). Muleiro publicó tres novelas: *Quedarse con la dama* (1994), galardonada con el tercer premio especial Eduardo Mallea de la Ciudad de Buenos Aires, correspondiente al bienio 1994-1996; *Sangre de cualquier grupo* (1996), segundo premio del Fondo Nacional de las Artes, y *Cuando vayas a decir que soy un tonto* (2004), finalista del Premio Planeta 2003.

Esta edición de 3.000 ejemplares
se terminó de imprimir en
Quebecor World Pilar S.A., Parque Industrial Pilar,
ruta 8, km 60, calles 8 y 3, Buenos Aires,
en el mes de febrero de 2006